JN027391

島根県古代文化センター研究論集第26集

日本書紀と出雲観

島根県古代文化センター

序

日本最初の正史である『日本書紀』が編纂された養老四年（七二〇）から、令和二年（二〇二〇）はちょうど一三〇〇年の節目の年にあたります。これに合わせて、島根県古代文化センターでは平成二九年度から令和元年度までの三年間、「日本書紀と出雲観に関する研究」と題した研究事業を進めて参りました。令和二年十月から十二月には、島根県立古代出雲歴史博物館で企画展「編纂一三〇〇年　日本書紀と出雲」と題した展覧会を開催し、研究成果の一端を情報発信したところです。

『日本書紀』には国譲り神話をはじめ、出雲に関わる神話や伝承が多数記載されており、古代日本において出雲が特別な地域とみなされていたことがうかがえます。また、『日本書紀』は時代とともに様々な場で読み解かれ、新たな解釈が加えられていきました。それが今日の出雲に対する「神話の舞台」、「神々が集う国」、「縁結びの地」といった地域イメージの形成に大きな影響を与えたと考えられます。

「日本書紀と出雲観に関する研究」は、『日本書紀』と出雲の関わりについて、古代から近現代に至る一三〇〇年間の過程を総覧しようとしたもので、本書はその成果をまとめた論文集です。「出雲」という地域が都や他地域からどのように見られていたのかを、文学・歴史学・民俗学など様々な視点から深く追究した内容となっております。本書を通じて、「出雲」という個性豊かな地域の魅力が多くの方に理解され、関心がさらに高まることを期待いたします。

最後になりましたが、この研究事業を進めるにあたり格別のご指導、ご協力をいただきました関係の皆様に厚く御礼申しあげます。

令和三年三月

島根県教育委員会
教育長　新　田　英　夫

目次

研究事業の経過と概要

一、研究体制

本書は島根県古代文化センターが平成二九～令和元年度に実施したテーマ研究事業「日本書紀と出雲観に関する研究」の成果をまとめた論文集である。

研究事業の実施体制は次のとおり。※所属・職名は事業最終年度の令和元年度のものを記載した。

［客員研究員］

○髙橋　周（出雲弥生の森博物館専門研究員）
○伊藤　剣（明治大学法学部准教授）
○西岡和彦（國學院大學神道文化学部教授）
○斎藤英喜（佛教大学歴史学部教授）

［研究指導者］

○田中　聡（立命館大学文学部教授）
○松長直道（出雲大社周防分院分院長）
○小林准士（島根大学法文学部教授）
○工藤泰子（島根県立大学人間文化学部教授）
○大東敬明（國學院大學研究開発推進機構准教授）
○渡邉　卓（國學院大學研究開発推進機構准教授）

［研究担当者］

○佐藤雄一（島根県古代文化センター主任研究員：平成三十年度・令和元年度主担当／令和二年四月より駒澤大学文学部講師）
○松尾充晶（島根県古代文化センター専門研究員：平成二九年度主担当）
○品川知彦（島根県立古代出雲歴史博物館調整監）
○岡　宏三（島根県立古代出雲歴史博物館専門学芸員）
○林　健亮（島根県立古代出雲歴史博物館学芸情報課長）
○平石　充（島根県古代文化センター主席研究員）
○濱田恒志（島根県立古代出雲歴史博物館主任学芸員）
○吉永壮志（島根県古代文化センター主任研究員）
○吉松大志（島根県立古代出雲歴史博物館主任学芸員）
○面坪紀久（島根県古代文化センター特任研究員）

二、検討会の内容

島根県古代文化センターを会場に、計六回の検討会をおこない、研究発表・討議・関連地巡見などを実施した。各回の内容は以下のとおり。

［第一回］平成二九年十月二十九日・三十日

・松尾充晶「日本書紀と出雲観　～研究視座の整理～」
・伊藤　剣「『日本書紀』神代巻の構造　―異伝掲載の意義―」
・佐藤雄一「古代の氏族伝承と出雲」
・髙橋　周「中近世出雲の風土記及び記紀受容について」
・平石　充「佐太大社縁起にみる『風土記』の地域的伝承」
・ホムチワケ伝承関連地巡見（曽伎能夜神社／出雲郡家跡／鵠神社／鹿島神社／神代神社／波迦神社旧社地）

［第二回］平成三十年三月二四日・二五日

・小林准士「岡部春平の「古代史」像と出雲」
・西岡和彦「近世杵築周辺の〝神学〟」
・松尾充晶「『佐陀大社縁起』の比較検討」
・岡　宏三「佐陀神能と中世神話」
・髙橋　周「近世出雲における『出雲国風土記』の写本系譜」
・品川知彦「近代の〝出雲観〟」
・八叉大蛇伝承関連地巡見（松本古墳群／三屋神社／八本杉／天が淵／温泉神社／湯村温泉／石壷神社／三沢城三沢池／加茂岩倉遺跡／松江歴史館）

［第三回］平成三十年八月二九日・三十日

・岡　宏三「近世八叉大蛇退治図の図像的分析」
・面坪紀久「近世中後期における在地神職の文化受容と集団内秩序の変

容—雲州奥飯石神職集団を事例として—」
・斎藤英喜「『日本書紀』の解釈史と折口信夫の「出雲」」
・佐藤雄一「北島国造家自重館文庫の調査報告（概要）」
・髙橋　周「自重館本『出雲国風土記』の系譜」
・西岡和彦「自重館所蔵『日本書紀』関連図書の調査仮報告」
・佐太大神関連地巡見（佐太神社／神目山／恵曇神社／加賀の潜戸／加賀神社／出雲弥生の森博物館）

［第四回］平成三一年三月二二日・二三日
・佐藤雄一「出雲臣と出雲観—出雲国造神賀詞を例に—」
・伊藤　剣「『先代旧事本紀』の大己貴神と杵築」
・渡邉　卓「中世の日本書紀注釈における出雲観」
・大東敬明「素戔烏流（出雲流）神道と御流唯一神道—近世の中世神道—」
・髙橋　周「近世前期の出雲における『風土記』『古事記』の受容—出雲市宇賀神社を中心に—」
・黄泉伝承関連地巡見（宇賀神社／冥土さん、夜見神社／猪目洞窟／日御碕周辺（某家墓）／松林寺、国造墓／古代出雲歴史博物館（自重館文庫資料熟覧））

［第五回］令和元年九月十一日・十二日
・佐藤雄一「論点整理・一八五〇～一九五〇の「出雲観」史」
・工藤泰子「出雲大社と近代観光　—鉄道敷設との関係を中心に—」
・田中　聡「近代史学史からみた「古代出雲」観の変遷」
・松長直道「近代神社制度における出雲大社、神葬祭」
・斎藤英喜「折口信夫にとって「出雲」とはなにか—近代神道史の文脈のなかで—」
・意宇平野巡見（国造館跡／正林寺／神魂神社／立正大湘南高校（天之磐座（宿禰岩））／熊野大社、天狗山麓／八雲山／大本関連地／須賀神社）

［第六回］令和二年三月九日・十日
・平石　充「中世の国引き神話について」
・髙橋　周「近世出雲における出雲国風土記の受容」
・西岡和彦「自重館文庫と近世神道書」
・佐藤雄一「「日本書紀と出雲観の研究」三年間の総括」
・安来方面巡見（揖夜神社／黄泉比良坂／王陵の丘／能義神社／毘売塚古墳／支布佐神社／神代塚古墳／粟嶋神社／塩津神社古墳／飯梨岩舟古墳）

三、展覧会の開催

研究事業の成果をふまえた左記展覧会を開催した。

展覧会名　「企画展　編纂一三〇〇年　日本書紀と出雲」
主　　催　島根県立古代出雲歴史博物館・島根県古代文化センター
会　　期　令和二年十月九日～十二月六日（五七日間）
観覧者数　一九七二〇人
展示構成　プロローグ　出雲世界の成り立ち／Ⅰ日本書紀とはなにか／Ⅱノミノスクネ伝承—相撲の祖—／逸品展示『日本書紀』—向日神社本と内神社本—／Ⅲヤマタノオロチ退治伝承／Ⅳ出雲大社の復古と出雲信仰の広がり／Ⅴ近世の『日本書紀』解釈—幽顕の世界—／Ⅵ自重館文庫の世界／Ⅶ国譲り神話—諸手船神事・青柴垣神事・出雲神楽—／エピローグ　神々の国出雲

序論

「出雲」をめぐる思想史的展開

――研究史の整理――

「出雲」をめぐる思想史的展開
―研究史の整理―

佐藤雄一

はじめに

令和二年度島根県の観光認知度調査では、「あなたがイメージする島根県の「観光」について、当てはまるものをお答えください。島根県を知らない方も、イメージで結構ですのでお答えください。」という問いに対して、「神話の地、神秘的」が三五・七%、「ご縁の国（縁結びの地）」が三二・一%と、上位二位の回答となっている。他に、小泉八雲『知られぬ日本の面影』の一章「神々の国の首都」なども観光の謳い文句に用いられており、およそ現代人が「出雲」に対して抱くイメージというものが知られる。一体、このような「出雲」に対する観念（出雲観）は、どこに淵源があるのか。

『日本書紀』編纂一三〇〇年の節目にあたる二〇二〇年前後には、『日本書紀』（以下、『書紀』とも）を冠した刊行物が多く出され[1]、『書紀』をテーマとした展覧会やシンポジウムなど様々なイベントも各地で開催された。島根県内においても、県立古代出雲歴史博物館にて企画展「編纂一三〇〇年　日本書紀と出雲」（令和二年一〇月九日～一二月六日）が開かれ、また、東京においても、島根県と奈良県が東京国立博物館と共同で開催した特別展「日本書紀成立一三〇〇年　出雲と大和」（令和二年一月一五日～三月八日）[2]が開催された。この展覧会のあいさつには次のようにある。

> 国譲り神話によると、出雲大社に鎮座するオオクニヌシは「幽」、すなわち人間の能力を超えた世界、いわば神々や祭祀の世界を司るとされています。一方で、天皇は大和の地において「顕」、すなわち目に見える現実世界、政治の世界を司るとされています。つまり、古代において出雲と大和はそれぞれ「幽」と「顕」を象徴する場所として、重要な役割を担っていたのです。

本展覧会において幽と顕がキーワードとして提示されているが、これは『書紀』神代下第九段一書第二、いわゆる国譲り神話の異伝に記された言葉である。一般に、日本古代の神話といえば『古事記』神話が想起されることが多く、事実『書紀』の神話に関する一般書は『古事記』のそれに比べて圧倒的に少ない。しかし、かつて原武史が指摘したように、幽・顕の解釈が現代における「出雲観」にも大きな影響を与えていることは疑いない。

本テーマ研究は、養老四年（七二〇）に編纂された『書紀』に記された出雲関係記事、特に神代巻における「出雲」とその神々が、その後の約一三〇〇年にわたる歴史の中で如何に解釈され、変容し展開してきたか。また、地域社会の中でどのように受容されてきたのか、その実態を明らかにすることを目的として開始された。

一三〇〇年という解釈史の全てをここで記すことは、筆者の力量を遥か大きく超えるものである。したがって、本稿においては、『書紀』解釈史の中で「出雲」がどのように位置づけられてきたのか。これまでの先行研究に拠りつつ、『書紀』の国譲り、特に神代下第九段一書第二を切り口として概観していきたい。『書紀』神代下第九段一書第二の記載は次のとおりである。

> 天神、経津主神・武甕槌神を遣して、葦原中国を平定《しづ》めしむ。〔中略〕既にして二神、出雲の五十田狭《いたさ》の小汀《をばま》に降到りて、大己貴神に問ひて曰はく、「汝、将に此の国を以て、天神に奉らむやいなや」と。対《こた》へて曰はく、「疑ふ。汝二神は、是吾が処に来ませるに非ざるか。故、許さず」と。是に、経津主神、則ち還り昇りて報告す。
> 高皇産霊尊、乃ち二の神を還し遣して、大己貴神に勅《みことのり》して曰はく、「今、

汝が所言《まうすこと》を聞くに、深く其の理有り。故、さらに条《をちをち》にして勅したまふ。夫《そ》れ汝が治《しら》す顕露の事は、是吾孫《すめみま》治すべし。汝は以て神事を治すべし。又汝が住むべき天日隅宮は、今供造《つく》りまつらむこと、即ち千尋の栲縄《たくなわ》を以て、結ひて百八十紐《むすび》にせむ。其の宮を造る制《のり》は、柱は高く大《ふと》し。板は広く厚くせむ。又田供佃《つく》らむ。又汝が往来《かよ》ひて海に遊ぶ具の為には、高橋・浮橋及び天鳥船、亦供造りまつらむ。又天安河に、亦打橋造らむ。又百八十縫の白楯供造らむ。又汝が祭祀を主《つかさど》らむは、天穂日命、是なり」と。

是に、大己貴神報《こた》へて曰さく、「天神の勅教《のたまふみこと》、如此《かく》慇懃《ねむごろ》なり。敢へて命《おほせごと》に従はざらむや。吾が治す顕露の事は、皇孫《すめみま》当に治めたまふべし。吾は退《さ》りて幽事を治めむ」と。乃ち岐神《ふなとのかみ》を二の神に薦めて曰さく、「是、当に我に代りて従へ奉るべし。吾、将に此より避《さ》去りなむ」と。

大意としては、①天神（高皇産霊尊）の要請により、大己貴神（大国主神）は顕露を天孫に譲り、幽事を治める。②大己貴神が居住する天日隅宮は天神が造営する。③大己貴神の祭祀を司るのは天穂日命（出雲臣の祖先神）である。以上であるが、経津主神・武甕槌神から地上世界（葦原中国）の主権の移譲を迫られた際に、大己貴神は不審を述べている。また、大己貴神に道理があると認めた高皇産霊尊は、国譲りの代償として宮殿（天日隅宮）の造営などの配慮も示す。

記紀の国譲り神話のなかでは、本条が最も出雲側に有利な内容であるといえ、かつて津田左右吉は『書紀』の一書を全ての点において後の潤色が加わっているものと位置づけ、この異質さを「イヅモ人の附加したもの」と断じた。その是非は措くとしても、この神話解釈をめぐる問題が、その後の「出雲観」に大きく影響を与えることとなる。

なお、行論上、後掲の各論と重複するところもあろうかと思うが、本稿はあくまで解釈史の整理であり、詳細な検討については各論を参照いただきたい。また、個別の典拠記載は省略し、参考・引用文献は本文末尾にまとめて記載した。ご海容願いたい。

一　古代における『日本書紀』の受容

一―一　八～一〇世紀の日本紀講筵

『日本書紀』解釈は、編纂直後から「講書」という形で行われていた。一三世紀末、鎌倉時代に編纂された『書紀』の注釈書である『釈日本紀』には、康保二年（九六五）の外記勘申に基づいて「日本紀講例」が立項されている。そこには講書の年月日、博士の氏名、講書場所、竟宴年月日、歌会の序者、歌人数などが記録されている。それによると、養老五年から康保三年までの約二五〇年間で、計七回の日本紀講が実施されていた。なお、開催年次、博士、他史書との異同等については【表】としてまとめた。

『釈日本紀』記載の日本紀講一覧

	開催年次	博士	備考
1	養老5年（721）	太安万侶？	
2	弘仁3年（812）	多人長	『私記』（甲本）では弘仁4年
3	承和6年（839）6月1日	菅野高年	『続日本後紀』では承和10年
4	元慶2年（878）2月25日	善淵愛成	『三代実録』同年同月の記載有り
5	延喜4年（904）8月21日	藤原春海	『日本紀略』同年同月の記載有り
6	承平6年（936）12月8日	矢田部公望	『日本紀略』同年同月の記載有り
7	康保2年（965）8月13日	橘仲遠	『日本紀略』同年同月の記載有り

初回にあたる養老五年講は時期的に孤立しており、二回目以降は概ね三〇年間隔で開催されていることから、日本紀講は九世紀以降に定例化されたとみられている。

養老五年講は『書紀』編纂後まもなく開催されているが、他に情報はなく、他史料からも直接確認することはできない。具体的な記述がないため、詳細は不明である。そのため、講書の実施そのものを疑う見解もあるものの、現在のところはその史実性を認め、完成したばかりの『書紀』の披露あるいは、諸官人への講書が実施されたと概ね理解されている。

現存する『日本書紀私記』本文の記載内容からは、弘仁以降の講書では主に漢語で表現されている文言に対し、和語訓読が問題にされている。このように『私記』にみえる『書紀』講書における出雲神話関係の注釈は、管見の限り全て和語訓読であり、その内容・解釈に関する言及はみられない。

一―二　『出雲国風土記』と『日本書紀』

『書紀』とほぼ同時代に編纂された各国風土記は、編纂の官命が『書紀』成立以前の和銅六年（七一三）に出されたこともあり、あまり時を置かず成立したとみられる『播磨国風土記』『常陸国風土記』には、『書紀』の直接的影響がほとんど見出せない。一方、天平年間（七二九～七四九）以降に成立したとされる九州風土記（肥前・豊後）甲類には、『書紀』景行紀からの引用が認められ、『書紀』を参照して編纂された可能性が高いとされている。

天平五年（七三三）勘造の『出雲国風土記』に関しては、『書紀』からの影響があまりみられず、所載の諸伝は地域性（独自性）が強いとされてきた(3)。しかし、『出雲国風土記』楯縫郡総記には『書紀』第九段一書第二からの影響がうかがえる。楯縫郡総記では、神魂命の命令により大穴持命の宮（天日栖宮）の造営がなされたとあるが、これは、出雲独自の主張に説得力をもたせ、その正当性を保証する働きを有しているものと見做される。すなわち、楯縫郡総記の天日栖宮造営伝承は、『出雲国風土記』勘造者である出雲国造出雲臣広嶋が、『書紀』第九段一書第二を選択的に受容した記載であったのである（第一部2伊藤論文）。

また、同様の傾向は霊亀二年（七一六）以降、天長一〇年（八三三）まで史料上確認することが出来る出雲国造神賀詞奏上儀礼における祝詞にもうかがえる。風土記編纂とほぼ同時期の八世紀初めには、出雲側において『書紀』第九段一書第二に対する受容姿勢が確認できる（第一部4佐藤論文）。

大同二年（八〇七）成立の『古語拾遺』やその後の『先代旧事本紀』など平安時代の氏文は、氏族の起源や職掌を保証するために多様なテキストに拠りながら神話を再構成、再構築し一元化している。それらは奉事根源を語る手法として『書紀』神代巻本文のみならず一書をも選択的に受容しているのだが、同様の姿勢は既に天平年間の『出雲国風土記』においてうかがうことができるのである。

このように出雲に即して述べれば、『書紀』第九段一書第二の影響がうかがえる。その背景には、一書第二が『古事記』や『日本書紀』本文その他一書の国譲りとは異質の叙述がなされていたことがあるのだろう。

古代における『書紀』国譲りの解釈は、神代巻の神話構造を如何に解釈し、自らの氏族の起源や奉事根源を優位に述べるかというものであった。古代においては、顕・幽の問題が表立って取り沙汰されている様子はあまり見受けられない。

二　顕幽論

二―一　顕幽論の端緒

『書紀』第九段一書第二の国譲りの内容が記紀の中で異彩を放っていることは先にも述べたが、その中で最も特徴的なのが顕と幽である。この言葉は『古事記』序文以外にみえず、独立した意味で成立しているのは一書第二のみである。しかしながら、顕と幽とが具体的に何を指しているのか、残念ながら『書紀』にその説明はみられない。

『書紀』注釈の歴史において画期と見做されるのは中世であり、中世の日本紀注釈の営みが後の顕幽論に影響を与えた。特に貞治六年（一三六七）に神道家の忌部正通が著した『神代巻口訣』と、康生年間（一四五五～五七）に一条兼良が著した『日本書紀纂疏』がその嚆矢として位置付けられる。まず『神代巻口訣』の顕幽に関する注釈を確認しよう。

> 汝が治す顕露の事（云々）とは、国を造り天下を治むるは、以て宜しく皇孫に奉るべきをいふ也。汝は即ち以て神事を治すべしとは、徳を仰ぎ祭祀に奉るべきをいふ也。

『口訣』の解釈では、顕は政治、幽は祭祀を指す。すなわち、天下を治める政治権力は皇孫（天皇）に渡したが、祭祀権は大国主神が引き続き保ったということになる。この解釈は日本古典文学大系『日本書紀』も採用しており、現代の通説的な理解といえる。

一方、『日本書紀纂疏』は次のように述べる。

顕露の事は人道也。幽冥の事は神道也。二道は猶ほ昼夜陰陽のごとし。二にして一たり。人顕明之地に悪を為さば、即ち帝皇之を誅し、悪を幽冥の中に為さば、即ち鬼神之を罰す。善を為し福を獲るもまた之に同じ。神事とは即ち冥府の事にして、祭祀牲幣は猶ほ顕露事に属するがごとし。

『纂疏』では、政治と祭祀はひとつで「顕」を構成し、いずれも天皇に受け持たれるものであるとされる。すなわち大国主神はそれまで地上で有していたすべての権限を天皇に譲り渡し、別領域の統治者となるのである。『纂疏』がいう「幽」とは「幽冥」であり、「冥府」である。それは鬼神が人の目には見えない悪事を罰し、善事を賞することである。ここでは『口訣』の解釈は否定されている。

『纂疏』は天皇ですら侵すことのできない領域があり、そこでは神による賞罰が行われるという解釈を示している。このことについて原武史は、この領域が明治以降に普及する「宗教」という概念と結びつき、国譲り後の大国主神が宗教的支配者となる可能性が開かれていることを示していると述べる。

このような『纂疏』の解釈については、津田左右吉が佛教の因果応報論からの附会であると批判した。この批判は村岡典嗣など近代日本の学知に支持され、現在に至っている。しかしその一方、『纂疏』の見解を唯一継承したとされるのが折口信夫であった。

二―二　顕幽論の展開

江戸時代後期に国学が隆盛し、『書紀』第九段一書第二の顕幽が再び注目されると、顕幽論は大きく展開することとなる。ここでは、顕幽論に大きな影響を与えた幾人かの思想を追っていく。

①本居宣長

国学者の中で、『書紀』第九段一書第二の顕幽について最初に言及したのは、本居宣長である。宣長は『古事記』を重視し、『書紀』を「漢意」の書として斥けたことで知られるが、『書紀』を完全に無視したわけではなかった。例えば、寛政一二年（一八〇〇）刊『神代紀髻華山蔭』においては、書名に込められた意味として「己今ソノ漢文漢意ノ潤色ヲワキマヘタ、シテ、此ウスノ山カケヲ見レハ、神代ノ紀ハマコトニ尊トシトノ意也」と述べている。この書を手引きとして漢意に惑わされることなく『書紀』神代巻を読めば、それは誠に尊いものであるという。これによると宣長は、『書紀』については誤解誤読を生じやすいところもあるが、神代のことを述べる『古事記』『日本書紀』は同じ主題で書かれたので、二つとも尊いと考えることから論を展開させていることが知られる。同様の態度は『古事記伝』にもみられ、宣長は必要に応じて『古事記』に併記する形で『書紀』の該当箇所を引用し、注釈している。

宣長は国譲りの注釈に『書紀』第九段一書第二を引用しており、その関心の高さがうかがえる。『古事記伝』では顕幽の問題に触れ、それによると顕とは「現人の顕に行ふ事」であり、幽とは「顕に目にも見えず、誰為すともなく、神の為したまふ政」のことであり、大国主神が「此世間にありとある幽事」を統治する（『古事記伝』一四）とされた。『玉くしげ』には顕幽について「世中のことはみな、神の御はからひによることなれば、顕事とても、畢竟は幽事の外ならねども云々」とあり、顕に対する幽の本源性を示している。このような宣長の主張は、幽の世界を統治する大国主神に対する高い評価につながる。宣長はやはり『玉くしげ』において、大国主神は幽事を主宰する神であり、身分にかかわらず天下の人々はみな恐れ敬い崇拝しなくてはならないと述べている。

宣長の述べる幽とは目に見えない世界であり、顕を包括するものであった。また、その幽を支配する大国主神の権限は絶大であり、人々はみなこの神を恐れ敬わなければならないと解釈したのである。

宣長が出雲に対する関心を強めた背景に、七六代出雲国造千家俊秀の弟であった千家俊信（一七六四～一八三一）の存在があった。俊信は寛政四年（一七九二）に伊勢へ赴き宣長のもとで学び、弟子となった。『古事記伝』を出雲大社に奉納し、「出雲国造神賀詞」の注釈に乗り出していた宣長は、俊信の入門を喜び、古学（国学）を伝授した。その後も両者は頻繁に書簡を交わすなど、交流を続けている。

俊信は帰郷後に私塾梅之舎（梅廼屋）を開き、それ以後、杵築の地に国学が本格的に広まることになる。俊信は『出雲国風土記』研究に注力し、初めての風土記版本である『訂正出雲国風土記』を著した人物としても知られるが、宣長の顕幽論を発展させた人物でもある。彼の顕幽に関する考えがうかがえるものとして、入門者に対して示した「梅廼舎三箇条」とその講義録である「梅廼舎翁三箇条講義打聴」がある。

それによれば、顕事とは皇孫命の治める「御政事」のことで、「幽冥」とは「誰ナストモナシニ万事ノナルコト」であり、出雲大神（大国主神）がこれを治めている。天地で起こる全てのことは、顕と幽の二つの原理から成り立っているという。さらに俊信は「御政事ニモレタル罪重ルトキハ出雲大社ノ幽事ノ罪ニアフ也、ヲソルヘキコト也、（中略）何事モ出雲大神ノ幽冥ヲカシコミテ神ノ御所為ニ背カサルヤフニスヘシ」と述べ、大国主神が眼に見えない人の罪を裁くことを述べている。すなわち大国主神は「幽冥」を治める神として、人々の罪を審判するという。このような俊信の幽冥論には、平田篤胤の大国主神＝幽冥主宰神説と共通する点もある（第三部西岡論文[4]）。

②平田篤胤

宣長の没後門人を自称した平田篤胤は、『書紀』の一書を重視し、大国主神が幽冥界を主宰したことを主張した。文化八年（一八一一）の『霊能真柱』では、『書紀』第九段一書第二を重視し『纂疏』を引用しながら、大国主神が幽冥界を主宰したとする。

「大国主神は、杵築宮に鎮まり坐して、いはゆる冥府の事を掌しりしろし看めすなり」「凡人も如此生て現世に在るほどは、顕明事にて、天皇命の御民とあるを、死ては、その魂やがて神にて、かの幽霊・冥魂などもいふ如く、すでにいはゆる幽冥に帰けるなれば、さては、その冥府を掌り治めす大神は、大国主神に坐せば、彼神に帰命《まつろ》ひ奉り、その御制《みおきて》を承け賜はることなり」とあり、ここでは、人は、生前は顕を支配する天皇の下にあるが、死後に霊魂は幽冥界に赴き、大国主神の支配を受けることが述べられている。

篤胤の解釈によると幽冥界は顕界と繋がっており、人間の霊魂は死後も永遠に、地上にある幽冥界に帰属するという。

このような篤胤の解釈は、後に柳田国男の思想にも影響を与えたようだ。柳田は「先祖の話」において、

> 日本人の死後の観念、即ち霊は永久にこの国土のうちに留まって、そう遠くへは行ってしまわないという信仰が、恐らくは世の始めから、少なくとも今日まで、かなり根強くまだ持ち続けられているということ（中略）これがいずれの外来宗教の教理とも、明白に食い違った重要な点であると思う。

と述べているように、死後の霊魂の行方について篤胤と同様の態度をとっている。

篤胤の、人は生前には「顕」を支配する天皇の下にあるが、死後に霊魂は「幽冥界」に赴き、大国主神の支配を永久に受けるという幽冥観は、門人である六人部是香によって発展的に継承され、幕末・明治維新期の国学者・神道理論家に多大な影響を与えることとなる。

二―三　篤胤神学の分裂と顕幽論の継承

『書紀』第九段一書第二を重視した篤胤の論じた幽冥論は宣長のそれを継承しつつ、さらに「出雲」を重視する姿勢をとっていた。彼の大国主神＝幽冥主宰神説は、天照大神ひいてはその子孫とされる天皇による支配の正統性を脅かしかねず、大きな波紋をもたらすこととなる。

篤胤の神学を拒否する姿勢をとったのが、佐藤信淵・鈴木雅之・大国隆正らである。彼らは『古事記』冒頭に登場する造化三神「アメノミナカヌシ・タカミムスヒ・カミムスヒ」といった「天津神」「天」の優位性を重視した。佐藤は『鎔造化育論』において、人の霊魂は「天」から「大地」へ送られ、死後はオオクニヌシが支配する「幽界」を経て「天」へ還るとし、幽界とは、天と大地の間に位置し霊魂が大地から天に向かう途上の通過点に過ぎないものであるとした。佐藤は篤胤門人であったが、大国主神の幽界支配という篤胤神学を踏襲しつつも、その権限を矮小化する解釈を示した。

下総出身の国学者である鈴木は『撞賢木』において、天神の筆頭であるア

メノミナカヌシが天下万物を創成（造化）し、当初は顕幽双方を主宰したとし、然る後に顕事はタカミムスヒ・カミムスヒに譲られるとした。鈴木の論はアメノミナカヌシを絶対化しており、宣長・篤胤の神学は否定されている。

　津和野出身の大国は幕末・明治維新期に活躍した国学者・神道理論家で、篤胤の門人とされているが、思想的には鋭く対立することとなる。大国は「神道興隆につき意見書」で篤胤に対する見解を述べているが、そこでは「古事記、日本書紀をも自己之見識にて刪定いたし、古史を被認候」「宇宙第一の宝典をけがし候罪もかろからず」と厳しく断罪している。

　彼の幽冥論は幽界を五分類し、高天原（日輪中の幽界）を最も高位の幽界とする。すなわち天照大神を幽冥界の主宰神であると位置づけ、「至大至尊の神霊」（『神道道しるべ』）とした。その一方、大国主神に対しては「地球上の幽界をつかさどりたまふ神霊」であり、地球上の顕露を統治する天皇を助ける存在であるとする（『古伝通解』）。

　彼ら篤胤神学に対抗した者たちに共通しているのは、大国主神を軽視あるいは無視し、「天神」を幽冥主宰神とすることにより、国津神を思想体系から切り離し、顕幽支配を天津神に一本化する方法であった。これにより「天」の優位性を保とうとし、天津神による神道の一神教化を図ったのである。

　一方、篤胤の顕幽論を発展的に継承していったのが、六人部是香・矢野玄道らの門人である。

　山城国向日神社の社家出身であった六人部は、『顕幽順考論』『産須那社古伝抄』において、自身の幽冥観を示している。そこでは、大国主神による国作りを全地球的規模に捉え、幽冥界＝産須那社とする。この産須那社は世界の津々浦々に存在し、また大国主神は幽冥界の万機を執政する存在であるとされる。出雲大社は「公庁」であり、各地の産須那社の頂点として位置づけられ、天皇ですら大国主神の裁きを免れないと述べる。

　このような六人部の思想形成の契機として、山中芳和はペリー来航事件の影響を指摘している。ペリー来航以来の階層分化により解体しつつある地域社会を産須那社神官として、産須那神の幽政的原理＝仁慈によって再編しようとしたというのである。

　伊予国大洲出身の矢野は、『神典翼』『本教学柱』『志斐賀他理』『献芹詹語』などの著作において六人部の説を継承しつつ、幽冥界には生前の世界も含まれると解釈した。「トカク世ノ治乱興廃、トモニ幽界ノ大神等ノ御心ヨリ出候」（『献芹詹語』）とあるように、この世の全ての事象は「幽界の大神」から生じ、王政復古もまた幽冥界に帰せられるとした。すなわち「幽界ノ大主宰」は大国主神であり、「皇祖天神」も幽冥界に属すことになる。

三　明治初期以降の神学論争

三―一　津和野派の台頭と平田派の追放

　慶応三年（一八六七）の大政奉還を経て明治新政府が樹立されると、翌四年二月に神祇事務局が設置された（閏四月には神祇官に改組）。平田銕胤（篤胤養子）・矢野玄道らは判事に任命されたのだが、在職期間は約一ヶ月と短く、彼らの神学が維新政府に受け入れられることはなかった。篤胤の思想を継承した「平田派」は政権から遠ざけられた。

　一方、改組後の神祇官主要ポストは、大国隆正の学派に連なる福羽美静や亀井茲監といった「津和野派」が占めることとなる。しかし、天照大神を主宰神とする津和野派は、造化三神（アメノミナカヌシ・タカミムスヒ・カミムスヒ）を主神と主張する薩摩派と対立していく。

　明治五年（一八七二）に教部省が設立されると、仏教勢力も取り込み国民教化運動が展開されていく。薩摩派はこの教部省に進出するとともに、神祇省（明治四年八月に神祇官から改組）から引き続き教部大輔の地位にあった福羽を解任し、同年一二月までには津和野派を政府から追放して実権を握った。津和野派が構想していた神道国教化もまた、ここに瓦解することになった。

三―二　千家尊福の教学と祭神論争

　幕末に千家国造家に生まれ、出雲大社大宮司であった千家尊福は、明治五年六月に教部省から、東西二部制であった神道教導職のうち、神道西部管長に任命された。その時点で既に平田派は中央から一掃されていた状況ではあったが、これを契機に千家尊福の社会的活動が開始される。

尊福は、教部省の教化機関である大教院に対して、そこで祭られていた造化三神・天照大神に加え、大国主神を合祀すべく運動する。明治五年「出雲大社特別昇格の請願」には「天下ノ治要ハ幽顕二道」と見え、尊福の幽冥観が初めて表出している。この幽冥観の根底には、『書紀』第九段一書第二の「幽顕分任の神勅」に対する尊福の確信があり、この頃の尊福の神学には篤胤神学の影響もうかがえる。

明治八年（一八七五）大教院の解散後、神官や神道家らが集い、新たに創設したのが神道事務局である。神宮遥拝所でもあった事務局神殿には、天照大神を筆頭に造化三神が祭神として定められていたが、これに千家尊福が「大国主神」も祭ることを主張した。大国主神が幽冥界を治めているとする千家尊福とそれに共感する出雲派の主張、これに社格の問題も加わり、出雲派と伊勢大宮司・田中頼庸ら伊勢派との対立につながっていく。神道事務局内神殿の祭神をめぐって起きた問題は、いわゆる祭神論争として一層先鋭化した。

神道界を二分した祭神論争は、明治一四年（一八八一）二月に東京で開催された「神道大会議」における天皇勅裁により、一応の決着をみることになる。神道事務局の祭神は、皇祖神を軸とする宮中三殿（賢所・歴代皇霊・天神地祇）と定められた。これ以降、顕幽論は政府の見解からみられなくなる。

祭神論争の決着を受け、出雲大社教会は神道大社派（大社教）として神道事務局から独立することとなる。大社教初代管長に就いた千家尊福は、大社教東京分祀を創設し、東日本における布教の足掛かりとした。明治五年の国造承継以後、既に島根県内や中国・四国地方の布教活動に乗り出していた尊福であったが、明治一五年（一八八二）の大社教管長就任以降は、福岡や新潟などの遠方への長期巡教を行っている。こうした尊福の熱心な布教活動は生涯にわたって行われ、大社教の発展に大きく寄与した。

尊福の顕幽論は、『大道要義』（明治一四年）、『教旨大要』（同一七年）に示されている。そこでは、顕世とは我々が生活している目に見える世界のことで、幽世とは死後の霊魂の世界である。この顕世と幽世とは相即不離の関係にあり、一体のものである。そして、この世は顕世と幽世の二つの世界「幽顕二道」によって治まるとする。また、人間の霊魂は、死後大国主神が治める幽世に帰り、その帰着すべきところを決められるとある。霊魂は生前の善悪に関し幽冥主宰たる大国主神の審判を受けるとされる。先述したように、尊福の幽冥観の根底には、『書紀』第九段一書第二に対する眼差しがあった。この尊福の神学が、現在にまで受け継がれるのである。

おわりに

これまで、古代から近代にいたる「出雲観」について、『書紀』第九段一書第二の解釈を中心に概観してきたが、ここで中世から近世における「出雲神話」の、地域社会における受容と変容、展開について触れておきたい。

当該分野については既に井上寛司、斎藤英喜らの研究がある。これらによると、中世出雲大社祭神が素戔嗚尊へ変容した時期は一一世紀末頃までのこととみられ、素戔嗚尊は、『出雲国風土記』の国引き神話の八束水臣津野神とも重ねられていく。また、中世出雲におけるスサノヲ神話生成の拠点となったのは、浮浪山鰐淵寺であった。これは、鰐淵寺に祭られていた蔵王権現が荒ぶる神としてのイメージを持つ英雄神スサノヲにきわめて適合的であったこと、杵築大社と鰐淵寺との宗教的な一体性が強まり、相応しい縁起が求められたことにより、蔵王信仰の拠点である金峰山が中国五台山・天竺霊鷲山から飛来したという伝承と、出雲の国引き神話とが結びつき、その主体がスサノヲとされたとみられている。

また、一六世紀に成立したオロチ退治伝承『天淵八叉大蛇記』など、中世出雲では『書紀』原典にとらわれない新たな神話が創出され、展開していた。

近世になると、出雲大社の寛文度造営を機に古代への「復古」が指向され、記紀のみならず『出雲国風土記』の重要性が高まってきたことが、出雲国内の神社棟札の内容からうかがえる。寛文・延宝期以降、従来の中世神話的要素は記紀や『出雲国風土記』により修正されていくこととなる（第三部髙橋論文）。

また、近代観光の側面からは、明治以降の交通網が整備されていく過程において、観光のキャッチとして「神国」出雲という表現が用いられるようになったことが指摘されている（第五部品川論文）。その背景には、当該期の『書紀』神代巻（顕幽論）を基とした神話解釈があろう。

以上、古代から近代における国譲り神話の解釈をめぐる「出雲観」解釈史を概観してきた。無論、一三〇〇年の解釈史を網羅し切れていないことは承知しているが、少なくとも「ご縁」「神々の国」といった現代人が漠然と持つ出雲観が、決して直線的な過程を経て形成されたわけではなかったことが理解されよう。

本書の前提となる共同検討会では、『日本書紀』に記された出雲が歴史的にどのように観念されてきたか、古代から近代に及ぶ時間軸を対象として学際的に検討した。その中で、時代ごとにそれぞれの「出雲観」があり、有形無形に互いが連関していることを改めて確認できたことは大きな成果であった。『日本書紀』という同じ文献に対しても、その解釈はしばしば変貌・更新、または創出されたのである。

《参考文献》

井上寛司「「出雲神話」における古代と中世―スサノヲ論を中心に―」『出雲古代史研究』一〇、二〇〇〇年
岡本雅亨『千家尊福と出雲信仰』筑摩書房、二〇一九年
神野志隆光『古代天皇神話論』若草書房、一九九九年
斎藤英喜「日本紀講から中世日本紀へ」伊藤聡編『中世神話と神祇・神道世界』竹林舎、二〇一一年
斎藤英喜『荒ぶるスサノヲ、七変化』吉川弘文館、二〇一二年
坂本太郎「風土記と日本書紀」『坂本太郎著作集四　風土記と万葉集』吉川弘文館、一九八八年、初出一九四二年
坂本太郎ほか校注『日本古典文学大系　日本書紀　上』岩波書店、一九六七年
島根県古代文化センター『神々のすがた・かたちをめぐる多面的研究』二〇一一年
島根県商工労働部観光振興課『令和二年度　しまねの観光認知度調査報告書（第一回調査）』二〇二〇年
島根県・奈良県『日本書紀成立一三〇〇年特別展　出雲と大和』二〇二〇年
https://www.pref.shimane.lg.jp/tourism/tourist/kankou/chosa/ninchido.html
島根県立古代出雲歴史博物館『編纂一三〇〇年　日本書紀と出雲』二〇二〇年
津田左右吉『津田左右吉全集一　日本古典の研究』岩波書店、一九六三年
津田左右吉『津田左右吉全集九　日本の神道』岩波書店、一九六四年
西岡和彦『近世出雲大社の基礎的研究』大明堂、二〇〇二年
西宮一民「本居宣長と日本書紀」『鈴屋学会報』一八号、二〇〇二年
長谷部将司『日本古代の記憶と典籍』八木書店、二〇二〇年
原武史『〈出雲〉という思想』講談社、二〇〇一年、初出一九九六年
松永直道「近代神社制度における出雲大社、神葬祭」第五回客員研究員共同検討会報告資料、二〇一九年
柳田国男「先祖の話」『柳田国男全集一三』ちくま文庫、一九九〇年、初出一九四五年
山中芳和「六人部是香の国学びにおける篤胤学の受容」『岡山大学大学院教育学研究科研究集録』一五一、二〇一二年

註

（1）管見の限りにおいても、二〇二〇年には中央公論新社『日本書紀』が版を新たに文庫化され（『井上光貞監訳／川副武胤・佐伯有清訳、中央公論新社）、津田左右吉『古事記及び日本書紀の研究』も新書化（毎日ワンズ）された。その他書籍としては、吉田一彦『『日本書紀』の呪縛』（集英社、二〇一六年）、遠藤慶太ほか編『日本書紀の誕生』（八木書店、二〇一八年）、山下久夫・斎藤英喜編『日本書紀一三〇〇年史を問う』（思文閣出版、二〇二〇年）、斎藤英喜『読み替えられた日本書紀』（KADOKAWA、二〇二〇年）、及川智早『変貌する古事記・日本書紀―いかに読まれ、語られたのか―』（筑摩書房、二〇二〇年）、遠山美都男監修『別冊太陽　日本のこころ二八四　日本書紀―編纂一三〇〇年―』（平凡社、二〇二〇年）などがある。また、『上代文学』（一二四、二〇二〇年）、『國學院雑誌』（一二一―一一、二〇二〇年）においても、『日本書紀』に関する特集が組まれた。なお、『日本書紀』とは距離を置くが、三浦佑之『出雲神話論』（講談社、二〇一九年）は、『古事記』国譲り神話から古代社会における「出雲」の位置付けについて論じる。

（2）新型コロナウイルス感染拡大防止のため、実際には二月二六日で閉幕した。

（3）代表的なものとして、加藤義成『修訂 出雲国風土記参究』（松江今井書店、一九八一年）。

（4）森田康之助『日本思想の構造』（国書刊行会、一九八八年）によれば、俊信と篤胤の間に直接の学問的交流はなかったようである。

第一部

古代の出雲観

――古代王権と「出雲」――

古代の氏族伝承と出雲

佐藤雄一

問題の所在

本テーマ研究では、古代史料にみえる「出雲」が、どのような歴史的変遷を経て後世に伝わっていったのかを明らかにすることを目的としている。現代「出雲観」の淵源は、『古事記』『日本書紀』『出雲国風土記』をはじめとする史料に依拠するところが大きい。平安時代初め頃に成立した、諸氏族の氏族伝承を記した諸書（氏文）や、『延喜式』の「出雲国造神賀詞」等にみられる「出雲観」を今後考察していくためにも、上記八世紀に編纂された史料に関する考察は避けて通れない。

『古事記』『日本書紀』（以下『記』『書紀』とし、両書を総称する際は記紀）に言及されている出雲に関わる伝承については、人口に膾炙しているいわゆる出雲神話以外にも、神宝検校伝承やホムチワケ伝承など地域内における氏族伝承を王権側が一定程度参照していると思われるものもある。しかし、『記』と『書紀』とでは、同じ出雲の氏族伝承であっても異なる部分も多い。記紀にみえる出雲の氏族伝承については、既に平石充氏[1]の考察があり、東西出雲の氏族とヤマト王権との関係についての分析が進められている。また、近年では『出雲国風土記』（以下、『風土記』）をはじめとする各国風土記に関する記紀の「享受」についても活発に議論されている。[2]本論では、記紀にみえる出雲の氏族伝承についてそれら先行研究に依拠しつつ、地域の氏族伝承がどのような経緯を経て王権内部で共有されたか、あるいはされなかったかという視点から考察する。

一　東西出雲の氏族伝承とヤマト王権

一―一　出雲東部の氏族伝承とヤマト王権（野見宿祢と淤宇宿祢伝承）

『書紀』の野見宿祢にまつわる伝承は、垂仁七年及び同三二年条にみえる。

【史料1】『書紀』垂仁七年七月乙亥条

七年秋七月己巳朔乙亥、（中略）臣聞、出雲国有二勇士一。曰二野見宿祢一。試召二是人一。欲レ当二于蹶速一。即日、遣二倭直祖長尾市一、喚二野見宿祢一。於是、野見宿祢自二出雲一至。

また、淤宇宿祢の伝承は仁徳紀にみえる。

【史料2】『書紀』仁徳即位前紀

是時、額田大中彦皇子、将レ掌二倭屯田及屯倉一、而謂二其屯田司出雲臣之祖淤宇宿祢一曰、是屯田者、自レ本山守地。是以、今吾将レ治矣。爾之不レ可レ掌。時淤宇宿祢啓二于皇太子一。太子謂之曰、汝便啓二大鷦鷯尊一。於是、淤宇宿祢啓二大鷦鷯尊一曰。臣所任屯田者、大中彦皇子距不レ令レ治。大鷦鷯尊、問二倭直祖麻呂一曰、倭屯田者、元謂二山守地一、是如何。対言、臣之不レ知。唯臣弟吾子籠知也。適二是時一、吾子籠遣二於韓国一而未レ還。爰大鷦鷯尊、謂二淤宇一曰、爾躬往二於韓国一。以喚二吾子籠一。其兼二日夜一而急往。乃差二淡路之海人八十一。為二水手一。爰淤宇往二于韓国一、即率二吾子籠一而来之。因問二倭屯田一。対言、伝聞之。於纒向玉城宮御宇天皇之世、科二太子大足彦尊一、定二倭屯田一也。是時、勅旨、凡倭屯田者、毎御宇帝皇之屯田也。其雖二帝皇之子一、非二御宇一者、不レ得レ掌矣。是謂二山守地一非之也。

（傍線筆者）

【史料1】では、出雲国の勇士である野見宿祢を召喚するために倭直祖長尾市が遣わされたとある。この野見宿祢と倭直との関係については、後世の付加とする見做す見解もあるが、[3]【史料2】仁徳即位前紀の倭屯田伝承に、大鷦鷯尊が「屯田司出雲臣祖淤宇宿祢」から倭屯田の不治を知らされたときに倭直祖万呂・吾子籠に由来を尋ねたことなどから、倭直と出雲臣との間に何らかの関係を想定する見解がある。[4]

土師氏・出雲臣との同祖関係は『書紀』神代下第六段本文に「天穂日命〈是出雲臣・土師連等祖也。〉」と記されており、『新撰姓氏録』（以下、『姓氏録』）には次のように確認できる。

【史料3】『新撰姓氏録』山背国神別

土師宿祢　天穂日命十四世孫野見宿祢之後也
出雲臣　同神子天日名鳥命之後也
出雲臣　同天穂日命之後也

また、八世紀後半に土師氏が菅原への改姓を要求した記事では、

【史料4】『続日本紀』天応元年（七八一）六月壬子条

遠江介従五位下土師宿祢古人・散位外従五位下土師宿祢道長等一十五人言、土師之先出レ自天穂日命一。其十四世孫。名曰二野見宿祢一。

以上のように確認できることから、少なくとも八世紀段階の土師氏・出雲臣氏に同族意識があったことは疑いない。問題は、この同祖関係の系譜が作成されたのを、七世紀以前にまで遡らせて考えられるかということになる。この当否については差し当たり措くとするが、【史料1・2】に土師氏の祖として記される野見宿祢と倭直との関係は、意宇を中心とした出雲東部を舞台としている点が平石氏により指摘されている。その指摘に拠るならば、この伝承は出雲東部の盟主的首長（原・出雲臣）にまつわる氏族伝承であるといえる。

出雲東部の首長層として最も古く確認できるのは、松江市岡田山一号墳出土鉄刀（六世紀後半）銘文にみえる「各田マ臣」（額田部臣）である。この被葬者は意宇地域の盟主的首長の勢力下にある集団（=額田部臣）に属するとみられる。[5]

カバネ「臣」を有する地方中小豪族の存在は不可解であるが、この問題については、額田部臣が出雲の額田部集団を統括していること。カバネ「臣」を名乗ったことに関しては、出雲国内額田部集団の統括的首長層が出雲臣と同族関係（擬制的同族関係を含む）を結んだ事によるものとして理解されている。[6]また、森公章氏は、額田部臣は額田部皇女（推古）の仕養のために設置された伴造であり、中央にあって額田部全体を統括する額田部連への貢納物の管理徴収や、軍事・労働の人役派遣等の職掌を担っていたとする。[7]すなわち額田部臣は中央との序列を形成すると同時に、出雲国内での出雲臣との関係も結ぶという重層的な構造を形成していたということになる。[8]

また、額田部皇女（推古）は蘇我馬子の姪であるが、出雲東部の盟主的首長（原・出雲臣）と蘇我氏とが関係性を有していたことについては、これまで主に考古学的側面からの指摘がされている。[9]

一―二　出雲西部の氏族伝承とヤマト王権（①神宝検校伝承）

出雲西部地域にまつわる伝承としては、崇神紀のいわゆる神宝検校伝承が知られる。以下、引用が少々長くなるが、煩を厭わず挙げる。

【史料5】『書紀』崇神六〇年七月己酉条（傍線筆者）

六十年秋七月丙申朔己酉、詔二群臣一曰、武日照命。〈一云、武夷鳥。又云、天夷鳥。〉従レ天将来神宝、蔵二于出雲大神宮一。是欲レ見焉。則遣二矢田部造遠祖武諸隅一〈一書云、一名大母隅也。〉、而使レ献。当二是時一、出雲臣之遠祖出雲振根主二于神宝一。是往二筑紫国一、而不レ遇矣。其弟飯入根、則二被皇命一、以二神宝一、付三弟甘美韓日狭与二子鸕濡渟一而貢上。既而出雲振根、従二筑紫一還来之、聞三神宝献二于朝廷一、責二其弟飯入根一曰、数日当待。何恐之乎、輙許二神宝一。是以、既経二年月一、猶懐二恨怒一、有二殺レ弟之志一。仍欺レ弟曰、頃者、於二止屋淵一多生レ菨。願共行欲レ見。則随レ兄而往之。先レ是、兄竊作二木刀一。形似二真刀一。当時自佩之。弟佩二真刀一。共到二淵頭一、兄謂レ弟曰。淵水清冷。願欲二共游沐一。弟従二兄言一。各解二佩刀一、置二淵辺一、沐二於水中一。乃兄先上レ陸。取二弟真刀一自佩。後弟驚而取二兄木刀一。共相撃矣。弟不レ得レ抜二木刀一。兄撃二弟飯入根一而殺之。故時人歌之曰、椰勾毛多菟、伊頭毛多鶏流餓、波鶏流多知、菟頭邏佐波磨枳、佐微那辞珥、阿波礼。於是、甘美韓日狭・鸕

濡渟、參二向朝廷一、曲奏二其狀一。則遣三吉備津彦与二武渟河別一、以誅二出雲振根一。故出雲臣等、畏二是事一。不レ祭二大神一而有レ間。時丹波氷上人、名氷香戸辺、啓二于皇太子活目尊一曰、己子有二小児一。而自然言之、玉萎鎮石。出雲人祭、真種之甘美鏡。押羽振、甘美御神、底宝御宝主。山河之水泳御魂。静挂甘美御神、底宝御宝主也。〈萎。此云レ毛。〉是非レ似二小児之言一。若有二託言一乎。於是、皇太子奏二于天皇一。則勅之使レ祭。

以上が全体であるが、概要としては次のとおりである。

①出雲大神宮の神宝を見るため、矢田部造の遠祖武諸隅がヤマトより派遣される。

②神宝を主る出雲臣の遠祖出雲振根は不在であった。

③不在振根に代わり弟飯入根が甘美韓日狭・鸕濡渟に神宝を貢上させる。

④それを恨んだ振根は、飯入根を止屋淵で殺害する。

⑤甘美韓日狭と鸕濡渟が経緯を奏上したことにより、吉備津彦・武渟河別が派遣され、振根は誅殺される。

⑥振根が殺されたことを畏れた出雲臣らは大神の祭祀をとりやめる。

⑦丹波氷上の人・氷香戸辺の小児を通してうけた神託によって、出雲大神の祭祀が再開される。

なお、①ヤマトから派遣された矢田部造武諸隅については「天孫本紀」に饒速日命八世孫とみえ、『姓氏録』においても物部氏とは同祖関係にあった。

【史料6】『新撰姓氏録』摂津国神別、左京神別

物部韓国連　　伊香我色雄命之後也

矢田部造　　同上

矢田部連　　伊香我色乎命之後也

伊香我色雄命は、『書紀』崇神七年八月己酉条ならびに、同年一一月己卯条にみえ、物部連の祖と位置付けられている。物部氏の職掌については、これまで主に軍事・警察を本来のものとする直木孝次郎説[10]、祭祀を本来のものとする志田諄一・加藤謙吉説[11]があるが、近年篠川賢氏は王権に関わる物一般（武器や祭具も含む）の製作に携わった部とし、「イカガシコヲを祖とする系譜を持つ氏（物部氏もその一つ）の性格ないし職掌として、王権の祭祀における神への幣物の製作に関係する」と述べる[12]。

祭祀に携わる氏族として物部関係氏族が出雲へ派遣されたとする伝承の全てに史実性を認めることは難しいが、物部氏と出雲西部地域との何らかの関係性を見出すことは可能であろう。

なお、『書紀』は次代の垂仁二六年八月庚辰条において、物部十千根が出雲へ派遣され、神宝を検校する話を載せる。前年の二五年条において物部十千根は「五大夫」に任命されているが、この任命記事は『書紀』編纂の最終段階で加えられた潤色であり、続く垂仁二六年条も本来的な伝承でないとする見解がある[13]。しかしながら、出雲西部地域を舞台とする伝承が、物部氏との関りのなかで展開するという点は確認しておきたい。

本条において、やはり出雲西部との関連がうかがえるのが、地名「止屋淵」である。地名ヤムヤは『風土記』神門郡に塩冶郷として確認でき、この地が舞台として設定されているとみてよいだろう。現在、出雲市大津町の斐伊川沿いに止屋淵伝承地がある。無論これが古代からの伝承地であるとは言えないが、塩冶郷が『風土記』の出雲大川（斐伊川）に面する領域に位置していたことからしても、「止屋淵」は斐伊川流域の一地名であったとみることに問題はない。

『風土記』で確認できる限り、神門郡の有力氏族は郡名を負った神門臣であり、出雲臣ではない。塩冶郷に隣接する朝山郷新造院は「神門臣等」によって建立されているなど、神門郡は神門臣の本拠地と目されるが、特に塩冶郷周辺地域を中心とした氏族であったと推測される。

ここまでのことをまとめると、出雲西部を舞台とした神宝検校伝承・止屋淵での伝承は、原・神門臣に関わる伝承であるといえる。後述するが、『姓氏録』では出雲臣と神門臣は同祖関係にあり、【史料5】で出雲振根が出雲臣の祖とされているが、これは本来的な系譜関係ではなく、『書紀』編纂時（七二〇）八世紀の認識によるものであると推察される。

一―三　出雲西部の氏族伝承とヤマト王権（②ホムチワケ伝承）

垂仁天皇皇子のホムチワケにまつわる話は、記紀両書にみられる伝承である。まずは『記』の記述を挙げる。

【史料7】『古事記』垂仁段

故、其御名宜称本牟智和気御子。（中略）故、率遊其御子之状者、在於尾張之相津、二俣榲作二俣小舟而、持上来以、浮倭之市師池・軽池、率遊其御子。然、是御子、八拳鬚至于心前、真事登波受。〈此三字以音。〉故、今聞高往鵠之音、始為阿芸登比。〈自阿下四字以音。〉尓、遣山辺之大鶙〈此者人名。〉令取其鳥。故、是人追尋其鵠、自木国到針間国、亦、追越稲羽国、即到旦波国・多遅麻国、追廻東方、到近淡海国、乃越三野国、自尾張国伝以追科野国、遂追到高志国而、於和那美之水門張網、取其鳥而、持上献。故、号其水門謂和那美之水門也。亦、見其鳥者、於思物言而、如思尓、勿言事。於是、天皇患賜而、御寝之時、覚于御夢曰、修理我宮如天皇之御舎者、御子必真事登波牟。〈自登下三字以音。〉如此覚時、布斗摩迩々占相而、求何神之心、尓崇、出雲大神之御心。故、其御子令拝其大神宮将遣之時、令副誰人者吉。尓、曙立王食卜。故、科曙立王、令宇気比白、〈宇気比三字以音〉。因拝此大神、誠有験者、住是鷺巣池之樹鷺乎、宇気比落。如此詔之時、其鷺堕地死。又、詔之宇気比活。尓者、更活。又、在甜白檮之前葉広熊白檮令宇気比枯、亦、令宇気比生。尓、名賜曙立王、謂倭者師木登美豊朝倉曙立王。〈登美二字以音。〉即曙立王・菟上王二王、副其御子遣時、自那良戸遇跛・盲。自大坂戸亦遇跛・盲。唯木戸是掖月之吉戸卜而、出行之時、毎到坐地、定品遅部也。故、到於出雲、拝訖大神、還上之時、肥河之中、作黒巣橋、仕奉仮宮而坐。尓、出雲国造之祖、名岐比佐都美、餝青葉山而、立其河下、将献大御食之時、其御子詔言、是於河下、如青葉山者、見山非山。若坐出雲之石硐之曽宮、葦原色許男大神以伊都玖之祝大庭乎問賜也。尓、所遣御伴王等、聞歓見喜而、御子者、坐檳榔之長穂宮而、貢上駅使。尓、其御子、一宿婚肥長比売。故、窃伺其美人者蛇也。即見畏遁逃。尓、其肥長比売患、光海原自船追来。故、益見畏以自山多和、〈此二字以音。〉引越御船、逃上行也。於是、覆奏言、因拝大神、大御子物詔。故、参上来。故、天皇歓喜、即返菟上王、令造神宮。於是、天皇、因其御子、定鳥取部・鳥甘部・品遅部・大湯坐・若湯坐。

以上であるが、概要としては次のとおりである。

①ホムチワケは八拳鬚が胸先に至るまで、ものをいえなかった。

②鵠の音を聞き、初めて声を出した（アギトヒ）ので、山辺之大鶙を遣わしてその鳥を捕らえさせる。山辺之大鶙は、木→針間→稲羽→旦波・多遅麻→近淡海→三野→尾張→科野→高志と追い、和那美之水門（遺称地不明）で捕まえて献上する。しかし、それでもホムチワケの発語はなかった。

③天皇が夢に「我が宮を天皇の御舎の如く修理めれば、御子は必ずものを言う」という神の言葉を聞く。

④このことを占うと、ホムチワケが発語できなかったのは出雲大神の御心によるものであったので、大神宮を拝さしめるためにホムチワケを派遣する。

⑤大和より紀伊に進み、出雲へ至る地ごとに品遅部を定める。

⑥出雲で大神を拝し、還る途上で肥河の中に仮宮を作り仕奉する。

⑦出雲国造の祖・岐比佐都美が出雲大神（葦原色許男大神）へ大御家を献上するのに際し、ホムチワケは発語する。「若し出雲之石硐之曽宮に坐す葦原色許男大神を以ち伊都玖祝が大庭や」

⑧ホムチワケは肥長比売と婚姻する。

⑨ホムチワケが発語したことに歓喜した天皇は、菟上王に神宮を造らせる。

⑩また、鳥取部、鳥甘部、品遅部、大湯坐、若湯坐を定める。

ここでも、出雲西部の肥河（斐伊川）を舞台に説話が展開している点を確認しておく。また、同様の伝承は『書紀』にもみられる。

【史料8】『日本書紀』垂仁二三年九月条～一一月条

廿三年秋九月丙寅朔丁卯、詔群卿曰、誉津別王、是生年既卅、髯鬚八掬一、猶泣如レ児。常不レ言、何由矣。因有司而議之。
冬十月乙丑朔壬申、天皇立二於大殿前一。誉津別皇子侍之。時有二鳴鵠一。度二大虚一。皇子仰観レ鵠曰、是何物耶。天皇則知二皇子見レ鵠得一レ言而喜之。詔二左右一曰、誰能捕二是鳥一献之。於是、鳥取造祖天湯河板擧奏言、臣必捕而献。即天皇勅二湯河板擧一〈板擧、此云二拕儺一。〉曰、汝献二是鳥一、必敦賞矣。時湯河板擧遠望二鵠飛之方一、追尋詣二出雲一、而捕獲。或曰、得二于但馬国一。
十一月甲午朔乙未、湯河板擧献レ鵠也。誉津別命弄二是鵠一、遂得二言語一。由レ是、以敦賞二湯河板擧一。則賜レ姓而曰二鳥取造一。因亦定二鳥取部・鳥養部・誉津部一。

以上である。大筋において同様の内容になっているのだが、記紀間で異同もある。まず『書紀』では『記』と異なり、出雲大神にかかわる話が記載されていない。また、鵠を捕獲したのは出雲のこととする。さらに、『記』ではホムチワケの発語に因んで鳥取部を設置したとあるが、『書紀』では天湯河板擧に対し、鵠を献上したことにより鳥取造として任命し、鳥取部を設置したとある。

品遅（治）部は大和・山城・摂津・伊勢・越前・越中・但馬・出雲・播磨・備後にその存在が確認できる氏族で、本伝承に出てくる地名（播磨・但馬・越・出雲）と品治部が設置された地域には、ある程度の共通性が確認できる。

鳥取部は鵠を捕らえ貢納することを職掌とした部民集団である。捕鳥（鳥取）部・大市造、・漆部造・押坂部（刑部）は、用明二年（五八七）の丁未の乱（蘇我・物部戦争）において物部側としてみえる氏族で、これらは八世紀段階で出雲西部に濃密に分布していることが「出雲国大税賑給歴名帳」等から確認できる【図1】。平石氏は出雲西部地域の有力首長（原・神門臣）が物部氏と紐帯関係にあったと述べており、この見解は首肯される。記紀のホムチワケ伝承には、物部氏と出雲西部の首長との間のつながりが背景にあったものと思われる。

また、出雲大神に関わる出雲郡神戸郷は、『記』で祭祀が行われたとされる「肥河之中」ともいえる場所にあり、やはり「歴名帳」から当地に鳥取部が存在していたことが知られる。

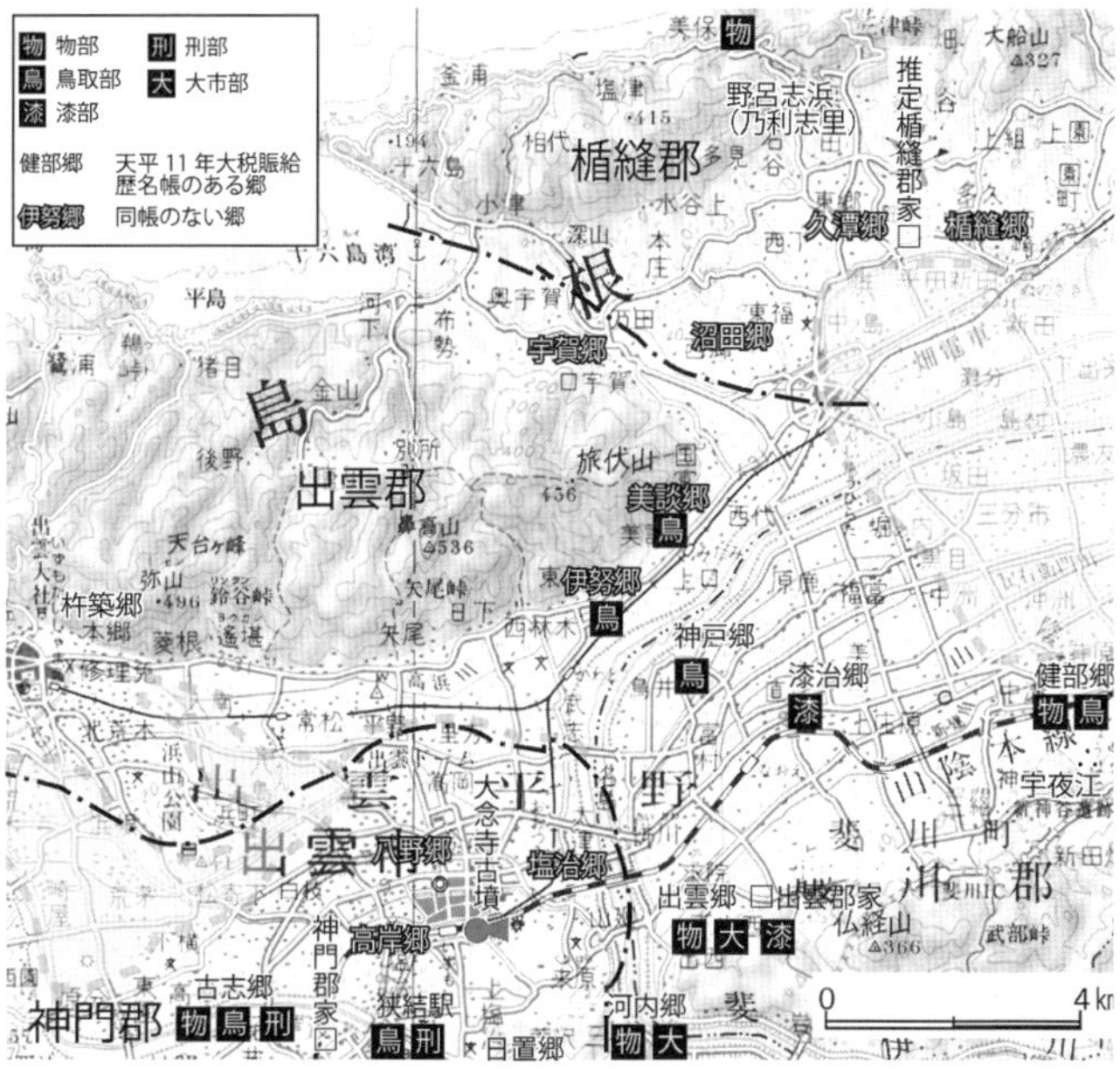

図1　出雲西部の物部関係氏族分布

出雲平野に置かれた鳥取部は、『記』に「出雲大神」と称される神を奉祭する集団の一つであったとみられるのである。[14]

ただ、ホムチワケ伝承は尾張国風土記逸文（後述）にもみられ、また、不語についても記紀のスサノヲや『風土記』のアジスキタカヒコと類似する要素である。不語の説話はある意味で普遍的なモチーフであり、鳥取氏の氏族伝承もその一つとして捉えるべきかもしれないが、『記』のキヒサツミにまつわる伝承は、元来それとは別個の地域伝承であったとみてよいのではなかろうか。

また、『姓氏録』には『書紀』に基づく鳥取氏の氏族伝承が載せられている。

【史料9】『新撰姓氏録』右京神別

鳥取連
角凝魂命三世孫天湯桁命之後也。垂仁天皇皇子誉津別命。年向二三十一不二言語一。于レ時見二飛鵠一。問曰。此何物。爰天皇悦レ之。遣二天湯河桁一尋求。詣二出雲国宇夜江一。捕貢レ之。天皇大嘉。即賜二姓鳥取連一。

ここでは、鵠を捕らえた場所は止屋淵ではなく、出雲国の宇夜江のこととある。『風土記』では、地名ウヤは出雲郡健部郷の昔の地名であるとされる。

【史料10】『出雲国風土記』出雲郡健部郷条

健部郷。郡家正東一十二里二百廿四歩。先所三以号二宇夜里一者、宇夜都弁命、其山峯天降坐之。即、彼神之社主、今猶坐二此処一。故、云二宇夜里一。而後、改所三以号二健部一之、纏向檜代宮御宇天皇勅、不レ忘二朕御子倭健命之御名一、健部定給。尓時、神門臣古弥、健部定給。即、健郡臣等、自レ古至レ今、猶居二此巡処一。故、云二健部一。

ここにみえる宇夜里は、出雲市斐川町神庭宇屋谷周辺が遺称地であり、鳥取部にまつわる伝承は、やはり出雲西部に濃密に分布していたことがうかがえる。

一―四　キヒサツミとキヒサカミタカヒコ

キヒサツミは【史料7】『記』ホムチワケ伝承において出雲国造の祖であり、出雲大神を祀っていたとされる。また、出雲国造家に伝えられた『出雲国造北島家系譜』【表1】では、来日羅積命がこれにあたる。高嶋弘志氏によると、この国造系譜は現在失われた古代史料に基づいた独自の記述もみえるとされる。(15) しかし、出雲臣氏と土師氏とが同祖であったとする説話群（野見宿祢など）を載せる『書紀』や『姓氏録』にキヒサツミの名は確認できない。

		備考
1	天穂日命	
2	武雛命	アメノヒナテル
3	伊佐我命	
4	津狭命	
5	櫛瑤前命	
6	櫛月命	
7	櫛瑤鳴海命	
8	櫛田命	
9	知理命	
10	世毛呂須命	
11	阿多命	
12	伊幣根命	イイリネ
13	氏祖鵜濡淳命	ウガツクヌ
14	襲髄命	
15	来日羅積命	キヒサツミ
16	三嶋足奴命	ミシマノスクネ
17	意宇足奴命	オウノスクネ
18	宮向宿祢	
19	布奈宿祢	
20	布祢宿祢	
21	意波苦大臣	
22	美許奈大臣	
23	叡屋臣　帯評督	意宇評督か

表1　出雲国造系図復元案（松江市史）

『記』では、垂仁段で大后ヒバスヒメが亡くなったときに土師部を定めたとある。しかし、土師氏と野見宿祢にまつわる伝承は『播磨国風土記』や『続日本紀』にもみられるなど、八世紀の社会においてはよく知られていたと考えられるのだが、垂仁段に野見宿祢と埴輪の起源伝承に対する言及はない。

キヒサツミにまつわる伝承は『風土記』にみられる。

【史料11】『出雲国風土記』出雲郡神名火山条

神名火山。郡家東南三里一百五十歩。高一百七十五丈、周一十五里六十歩。曽支能夜社坐、伎比佐加美髙日子命社、即在二此巖一。故、云二神名火山一。

ここでは、曽支能夜社（伎比佐加美髙日子命の社）が山の嶺にあることが神名火山の山名由来とされている。『風土記』では出雲郡官社に曽岐乃夜社が確認でき、これは『延喜式』「神名帳」の曽枳能夜神社にあたる。また、出雲郡神名火山は仏経山（出雲市斐川町神氷）に比定されているが、その麓には曽岐乃夜社の後継を称する曽枳能夜神社がある。かつて加藤義成氏(16)や高島氏が想定したように、キヒサカミタカヒコとキヒサツミとの間には何らかの関係性がうかがえよう。また、仏経山は斐伊川が出雲平野に向かって流れる口の部分に位置している【図1】。

鳥取部の氏族伝承が記紀両書に記載されているのは、『書紀』編纂段階でも王権内部において鳥取氏の氏族伝承として共有されていたためではなかろうか。『風土記』段階には東部首長の後継である出雲臣が圧倒的優位な存在であり、原・神門臣は丁未の乱以降東部勢力に統合されていくなかで始祖伝承も結合を図られたものと思われる。

キヒサツミの伝承は出雲西部を舞台としており、出雲臣が基盤としていた出雲東部にまつわる伝承とは本来的には別系統のものであったのであろう。すなわちキヒサツミの伝承は、後に東部首長に統合される出雲西部の有力首長にまつわるものであったのではないか。そのような出雲西部の有力首長は後の神門臣につながる氏族であったと思われ、キヒサツミの伝承は部民制段階の出雲西部と王権との関係を示唆するものと推測されるのである。

なお、『姓氏録』右京神別上出雲臣・神門臣の記載[17]では、出雲臣の氏祖は鵜濡渟命とされている。かつて岸氏が指摘したように、出雲国内の郡司層氏族にみえる臣姓が、出雲臣との同族関係の表れであるという見解[18]に立てば、壬辰年（六九二）の鰐淵寺観音菩薩立像銘文「若倭部臣」の記載が注目される。

若倭部臣は『風土記』に出雲郡主帳としてみえ、出雲西部の首長として認められるため、出雲西部の有力首長との同族関係の成立が少なくとも七世紀末まで遡ると考えて問題ない。【史料5】『書紀』にみえる「出雲臣之遠祖出雲振根」は、「出雲大神宮」へ奉仕しているはずでなければならない出雲臣について、整合的に説明するため仮託された存在である可能性がある。

二　物部氏、鳥取氏を介した伝承の展開

本章では、前章にみたホムチワケ伝承が、鳥取氏や物部氏を介して古代社会において共有された可能性について考察していきたい。鳥取氏にまつわる伝承の伝播形態を示唆するのが、尾張国風土記逸文である。

【史料12】『釈日本紀』所引『尾張国風土記』逸文（吾縵郷）

丹羽郡。吾縵郷。巻向珠城宮御宇天皇世、品津別皇子、生七歳而不レ語。傍㆓問郡臣㆒、無レ能レ言之。乃後、皇后夢、有レ神告曰、吾多具国之神、名曰㆓阿麻乃弥加都比女㆒。吾未レ得レ祝。若為レ吾宛㆓祝人㆒、皇子能言、亦是寿考。帝、卜㆓人覓レ神者㆒、日置部等祖、建岡君卜食。即遣覓レ神時、建岡君、到㆓美濃国花鹿山㆒、攀㆓賢樹枝㆒、造レ縵誓曰、「吾縵落処、必有㆓此神㆒」。縵去落㆓於此間㆒。乃識レ有レ神。因竪レ社。由レ社名レ里。後人訛言㆓阿豆良里㆒也。

尾張国丹羽郡吾縵郷は、愛知県一宮市の字あずらが遺称地である。物部氏は尾張国にも濃密に分布しており、史料上では丹羽郡には確認できないのだが、中島郡・海部郡・春部郡・山田郡・愛智郡に確認できる。[19]また、尾張国に鳥取氏はみえないが、【史料7】『記』のホムチワケ伝承では、そのルート上に尾張が記されている。かつて志田氏が指摘したことだが、鳥取氏分布・関連地名と伝承にみえるルートとは概ね一致している。[20]また、「多具国」とその神「阿麻乃弥加都比女」については、出雲国楯縫郡の神名樋山に関する記載との関係がこれまで注目されてきた。

【史料13】『出雲国風土記』楯縫郡神名樋山条

神名樋山。郡家東北六里一百六十歩。高一百廿丈五尺、周廿一里一百八十歩。嵬西在㆓石神㆒。高一丈、周一丈。往側在㆓小石神百余許㆒。古老伝云、阿遅須枳高日子命之后、天御梶日女命、来㆓坐多宮村㆒、産㆓給多伎都比古命㆒。尒時、教詔、汝命之御祖之向位欲レ生、此処宜也。所謂石神者、即是、多伎都比古命之御託。当レ畢乞レ雨時、必令レ零也。

ここでは、阿遅須枳高日子命の后神であるアメノミカヂヒメ（天御梶日女命）が多宮村に来坐して、多伎都比古命を生むとある。神名と地名タクが共通することから、これまで関和彦氏や古市晃氏らにより尾張と出雲の日置氏を介した伝承の共有を指摘する見解が出されている。[21]この伝承は逸文であり、他史料にもみえないため、これ以上追うことが出来ないのが悩ましいところではあるが、尾張と出雲はホムチワケ伝承にも登場する地であった。

物部氏は各地に広く分布しているが、平城宮二条条間大路南側溝からは、和銅七年（七一四）の年紀を有する「尾張国愛知郡物部里」木簡が検出されている。[22]また、天平一四年（七四二）一二月五日「優婆塞貢進解」には、尾張国中島郡郷原里の人名として物部人足・物部東人が確認できる（『大日古』八―一四九）。さらに、『延喜式』「神名帳」尾張国春部郡・愛智郡には物部神社が掲載されているなど、尾張国においても物部氏の存在が確認できる。出雲西部を舞台とした伝承の形成過程に、物部関連氏族である鳥取氏が関わっていることからすると、物部氏を介した伝承の共有の可能性も認められるのではないか。

【史料8】『書紀』ホムチワケ伝承の別伝にもみえるように、鵠を献上した国は出雲以外にもあり、別系統の伝承の存在も確認できる。それにも関わらず、記紀にみえる鳥取氏の伝承が出雲に焦点をあてているのはなぜか。

話題が変わるが、およそ八世紀初めから九世紀前半まで催行されていた出

雲国造神賀詞奏上儀礼では、これまで主に玉の献上の意義について議論されてきた[23]。確かに、天皇親祭の新嘗祭・神今食の神事と並行して行われる大殿祭に出雲の玉が用いられていること、神賀詞奏上儀礼で天皇に出雲国造から玉類が献上されていることから、古代出雲の特質を語るうえで玉の存在は見逃せない。しかしながら、神賀詞奏上儀礼においては、出雲国造からの献上物として同時に鵠も献上されていることにも注目したい。

【史料14】『延喜式』臨時祭36神寿詞条[24]

玉六十八枚〈赤水精八枚、白水精十六枚、青石玉四十四枚〉、金銀装横刀一口、鏡一面、倭文二端、白眼鴾毛馬一疋、白鵠二翼、御贄五十舁

このように、神賀詞奏上儀礼においては、出雲国造から白鵠二翼が貢納されている。話を出雲に戻すと、志田氏[25]は、鳥取部が出雲に突出して存在している【表2】ことの背景として、『風土記』にみえる多数の池・陂、禽獣項目

道名	国名	郡名	郷里名	内容	出典
畿内	右京			鳥取連嶋麻呂	天平五年「右京計帳」（『大日古』一－五〇二）
				鳥取連	『姓氏録』右京神別
	山城			鳥取連	『姓氏録』山城国神別
	河内	高安		鳥取連国万呂	宝亀二年「経師労劇帳」（「大日古」一－一三四）宝亀四年「倉代西端雑物下用帳」（『同』一－四六五）
		大県	鳥取		「和名抄」
				鳥取	『姓氏録』河内国神別
	和泉	日根	鳥取		『法隆寺伽藍縁起并流記資材帳』・「和名抄」
				鳥取	『姓氏録』和泉国神別
	摂津	嶋上		鳥取部□	郡家今城遺跡（大阪府高槻市）出土木簡（『木研』一四－一一三八（一一））
東山道	美濃	本簀	栗栖太	鳥取部古尼売	大宝二年「御野国本簀郡栗栖太里戸籍」（『大日古』一－三五）
東海道	伊勢	員弁		鳥取神社・鳥取山田神社	「神名帳」
	三河	碧海	鳥取駅家	鳥取駅家・鳥捕駅家	伊場遺跡出土三〇号木簡（『木簡選』）・『延喜式』
	武蔵	豊島	日頭	鳥取部角	国分寺出土人名瓦（石村喜英『武蔵国分寺の研究』）
				鳥取部万呂	泉井窯址出土人名瓦『同右』
	下総	印旛		鳥取駅	『日本後紀』延暦二四年一〇月二五日条
	常陸	那賀		鳥取□	『常陸台渡廃寺跡・下総結城八幡瓦窯跡』（高井悌三郎）
		河内	浮島	景行天皇の代に鳥取を賜姓	「常陸国風土記」逸文「賀久賀鳥」
北陸道	越中	新川	鳥取		「和名抄」
	加賀	石川	綾部	鳥取福□	『上荒屋遺跡Ⅱ』（金沢市教委）
山陰道	丹後	竹野	鳥取	旦波国竹野評鳥取里・丹後国竹野郡鳥取郷鳥	藤原宮木簡（『荷札集成』一－一五六）・平城宮木簡（『城』三一－四下（二八））・正倉院調庸関係墨書銘・「和名抄」
	因幡	邑美	鳥取		『和名抄』
	出雲	神門	狭結駅	鳥取部臣赤売	天平一一年「歴名帳」
			古志	鳥取部留・文虫	同右
			神戸	鳥取部造大羽売・鳥取部奈良売	同右
			朝山	鳥取部黒売	同右
			多伎	鳥取部祢津売	同右
				鳥取部臣稲足・女足女	同右
		出雲	建部	鳥取部首嶋足・刀良、鳥取部祢都女・石津女	同右
			神戸	鳥取部丑牟自売他八名	同右
山陽道	備前	赤坂	鳥取		『和名抄』
	備中	賀夜	板倉	鳥取部伎美麻呂	天平一一年「備中国大税負死亡人帳」（『大日古』二－二五〇）
南海道	讃岐	大内	入野	鳥取加々女	寛弘元年「讃岐国入野郷戸籍」（『平遺』二－五六九）
西海道	肥後	合志	鳥取		『和名抄』

※志田諄一「鳥取造」（『古代氏族の性格と伝承』雄山閣、1971年）所載の「鳥取部・鳥養部の分布」をもとに加筆。
なお「歴名帳」については、野々村安浩「出雲国西部地域の氏族構成について」（『出雲国風土記の研究Ⅲ　神門水海北辺の研究（論考編）』島根県古代文化センター、2007年）所載の「校訂　出雲国大税賑給歴名帳」による

表2　古代の「鳥取」分布

（秋鹿郡入海・出雲郡）に鵠を初めとした水鳥がみられること、また神門郡の来食《くぐい》池に注目し、白鳥が飛来する環境が整っていたとする。また、神賀詞奏上儀礼における献物や、『続日本紀』神亀三年（七二六）二月辛亥条（出雲臣広島の神賀詞奏上）では、出雲国造出雲臣から御調として鵠が献上されていることから、ホムチワケ伝承に神賀詞奏上儀礼の淵源を求めている。

これを批判的に継承した菊地照夫氏は、王権の信仰・祭儀のなかで出雲から献上される鵠が特別な意味を持っていたこと。すなわち王権の宗教的世界観において出雲が特別な位置づけをされていたことによるとした[26]。また、出雲の神宝としての鏡・剣・玉の献上（神宝検校伝承）と、タマフリ儀礼を基調とした白鳥献上（ホムチワケ伝承）は、これらが六世紀中葉に儀礼化したことを示す別個の伝承であり、かつ両儀礼は七世紀後半に統合されたとする。

稿者も、先学が述べるところの神賀詞奏上儀礼における玉献上の意義や、部民制段階における出雲の玉生産と忌部氏との関係性についてまで否定するものではない。しかし、出雲の玉生産は七世紀には一度断絶している。六世紀と八世紀との玉生産は系譜的に繋がらないことが指摘されており[27]、八世紀における出雲の玉作は復古的なものである。この玉類の再生産には、和銅三年（七一〇）に出雲国司として赴任した忌部宿祢子首の関与が想定されている[28]。

神賀詞奏上儀礼の開始時期については諸説あり、未だ定見が得られていないが、神賀詞奏上が二月に実施されること、出雲国造が国内の祝も引き連れて上京すること、下賜物の類似などから、祈年祭と神賀詞奏上の整備についての関連性が指摘されている[29]。また、忌部子首が神賀詞奏上の整備に関わったであろうことは、既に多くの指摘がある[30]。

その淵源が古墳時代の出雲における玉生産にあるとしても、律令期の復古的な玉生産は、忌部氏も関与した八世紀的な神賀詞奏上・祈年祭などの王権祭祀・儀礼整備との関連性で捉えられる。

一方、鳥類の献上については、『書紀』雄略一〇年九月条および一〇月条に、筑紫の水間君による鴻（白鳥）献上と養鳥人上番にかかわる伝承としてみえる。

【史料15】『日本書紀』雄略一〇年秋九月～冬一〇月条

秋九月乙酉朔戊子、身狭村主青等、将㆓呉所献二鵝㆒、到㆓於筑紫㆒。是鵝為㆓水間君犬㆒所噛死。〈別本云、是鵝為㆓筑紫嶺県主泥麻呂犬㆒所噛死。〉由㆑是。水間君恐怖憂愁、不㆑能㆓自黙㆒、献㆔鴻十隻与㆓養鳥人㆒。請㆓以贖㆒㆑罪。天皇許焉。

冬十月乙卯朔辛酉、以㆓水間君所献養鳥人等㆒、安㆓置於軽村・磐余村、二所㆒。

水間（沼）君は筑後国三潴郡（現在の福岡県久留米市周辺）を本拠とした氏族である。天平一〇年『筑後国正税帳』には鷹養人三〇人の上番に関する記載があり、これは本条にみえる養鳥人の後裔氏族であると考えられている[31]。また、平石氏は筑後平野における養鳥・鳥取集団と、物部関連地名【図2】の存在から、出雲西部と同様に部民制段階の物部氏と鳥取氏との関係を想定できると述べる[32]。

かつて吉井巌氏が指摘したように、ホムチワケ伝承は元来、王位を嗣ぐ者としての伝承であったものと思われる[33]。それが応神（ホムタワケ）の物語に付加された時期を、斉明四年（六五八）の建王死去（斉明の孫）に求める見解もある[34]。しかし、筑後国の養鳥・鳥取集団の伝承成立が部民制段階にまで遡って想定されることを踏まえれば、『記』のホムチワケ伝承にみえる鵠献

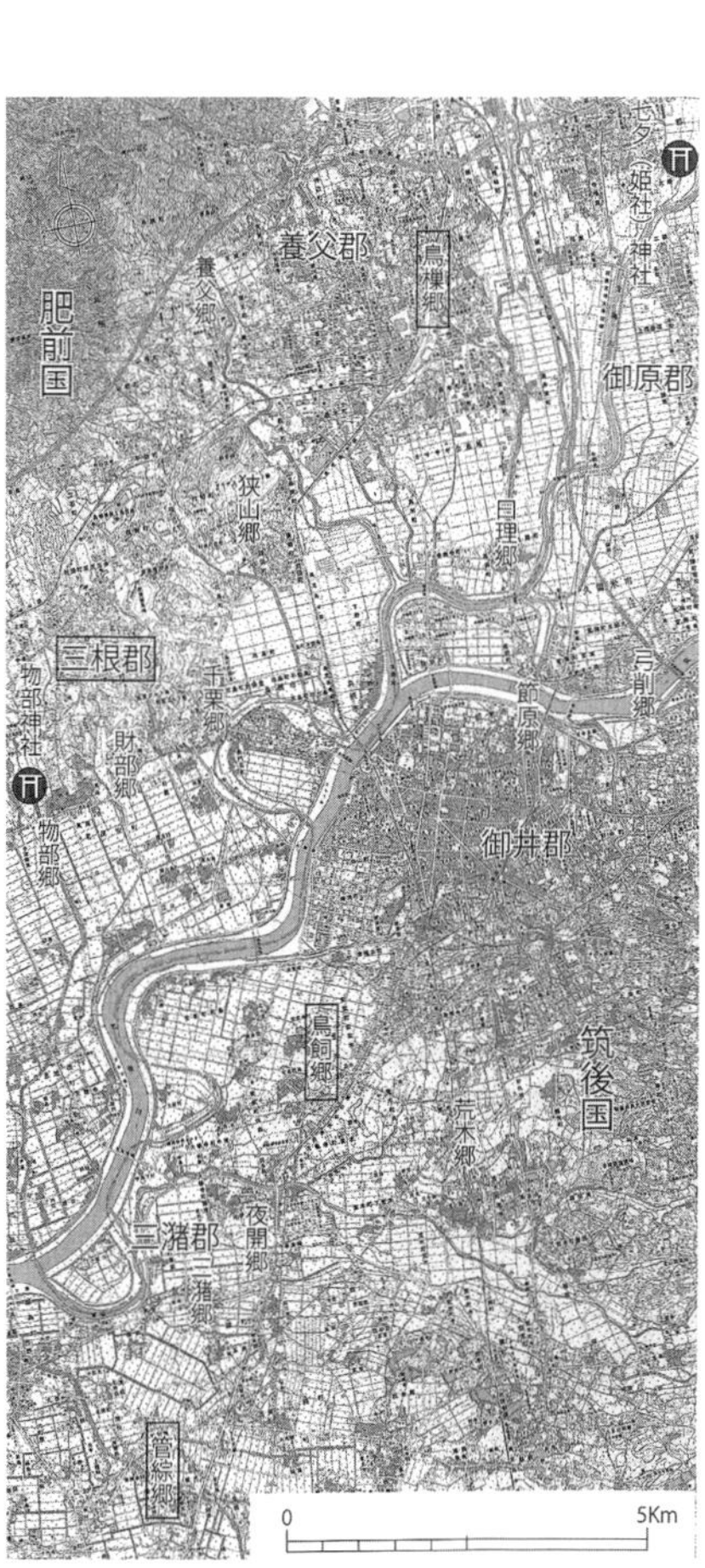

図２　筑後平野の養鳥・鳥取集団関連地名

上は、部民制段階までの出雲西部と王権との関係を反映しているものである蓋然性は認められるであろう。

　白鳥に観念されたマジカルな要素については、霊魂の運び手あるいは霊魂そのものとされるが[35]、吉井氏はホムチワケ伝承を「鳥と人間の生命力との呪的関係を底にふまへた復活儀礼の説話的展開」と位置づけている[36]。先の志田氏の指摘にもあるように、出雲西部には鳥取部が濃密に分布しており、そのような鵠の献上を担う貢納地として出雲は位置づけられていたとも考えられる。また、上述のように【史料7】『記』ホムチワケ伝承は、鵠献上と出雲大神への「参拝」の二つの伝承によって形成されているが、ここにみえるキヒサツミは原・神門臣に関わる存在であったと想定される。

　鳥取氏の氏族伝承にまつわる鵠献上の伝承は、物部氏や各地の鳥取氏を介して広域に展開していたものと思われる。一方、原・神門臣（キヒサツミ）にまつわる出雲ローカルの伝承は出雲国内でほぼ完結しており、物部本宗家滅亡を起因として出雲西部の首長が東部の首長（原・出雲臣）と同族関係を結び系譜上一体化したことにより、『風土記』や「出雲国造系譜」にのみその残滓をとどめることとなったのではなかろうか。

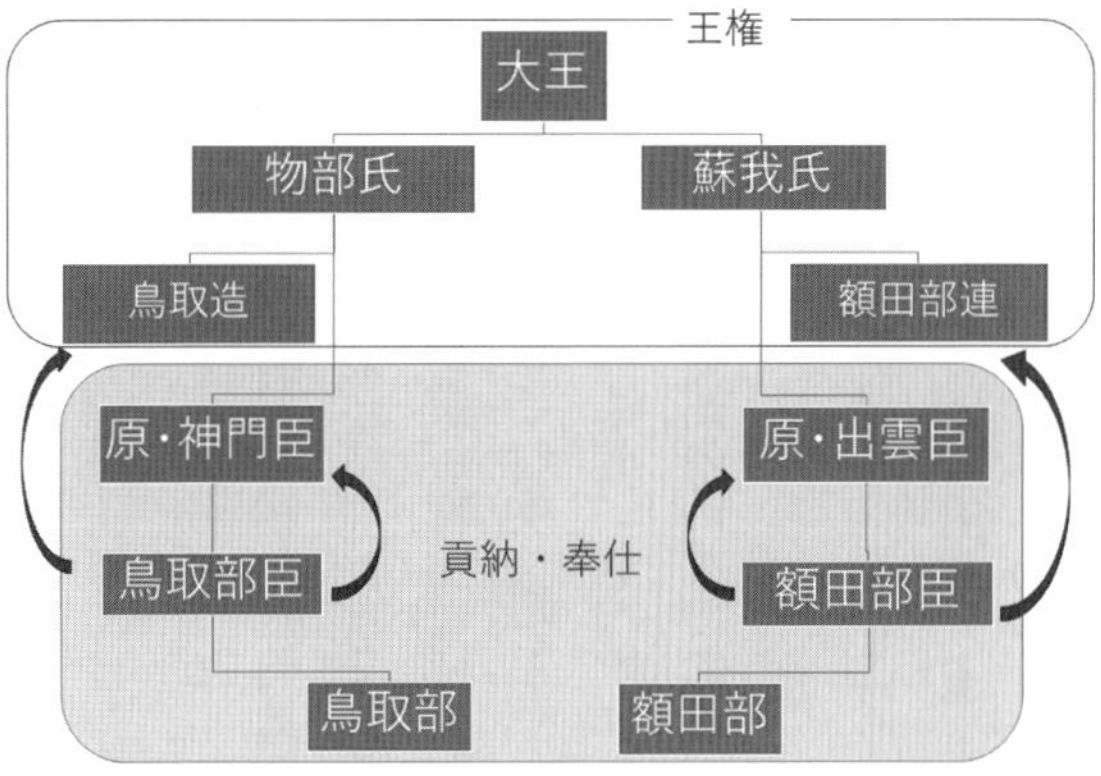

図３　６世紀の地域社会構造モデル

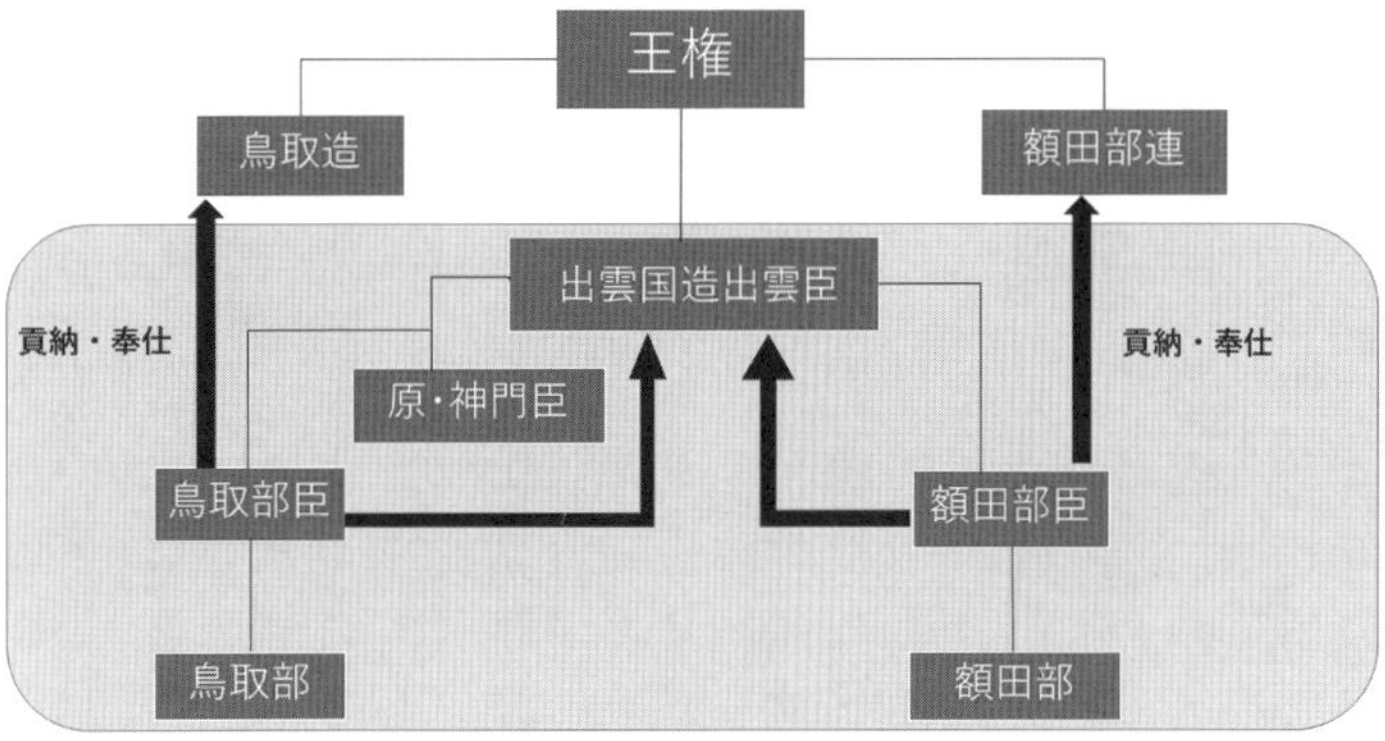

図４　7世紀の地域社会構造モデル

　次に、【史料5】『書紀』神宝検校伝承にみえる鸕濡渟命について、菊地氏は神名のうち「ヌ」に着目し「玉」の象徴であるとする[37]。出雲における玉生産場所およびその担い手について、『風土記』では忌部神戸、『古語拾遺』では出雲玉作、『延喜式』では神戸玉作氏とされるが、これら玉生産者を管掌していたのは神賀詞奏上にあたる出雲臣氏であったと考えられる[38]。

　『姓氏録』右京神別上にみえるように、少なくとも九世紀には出雲臣・神門臣の始祖は鸕濡渟と認識されているが、これは原・出雲臣と原・神門臣とが同族化したのちに出雲臣によって仮託されたものとみられ[39]、『書紀』の神宝検校伝承は出雲西部を舞台としつつも、原・出雲臣を主体とする伝承として投影されたものと思われる。

　王権にとって出雲西部が「出雲」の象徴であったであろうことは、オロチ退治や国譲りをはじめとした記紀の神話伝承の多くでその舞台とされていることからも推察されるが、そのような王権の「神話的世界観」に寄り添う形で神宝検校伝承は展開しているといえる。

　以上のことから、『書紀』の神宝検校伝承の成立は、出雲東部の首長が西部の「出雲大神」の祭祀権を獲得し、鳥取部を統率下においた時期（六世紀末以降か）に定点が置かれると考えられるのではないか。

結語

　以上、本論においては先行研究に導かれながら、野見宿祢およびホムチワケ伝承という記紀における出雲関係の氏族伝承を検討対象として、その形成と受容、展開について考察してきた。

　第一章では、野見宿祢伝承は出雲東部と王権との関係がうかがえること。ホムチワケ伝承には出雲西部と王権との関係がうかがえることを確認した。

第二章では、他地域との比較検討も含め、ホムチワケ伝承を詳細に検討した。ホムチワケ伝承に組み込まれた鳥取氏の貢納奉仕に関わる伝承は、物部氏を介して王権にもたらされた伝承であった。この鳥取氏の貢納奉仕にまつわる氏族伝承は、各地の鳥取氏が独自の伝承を有していたのであろうが、記紀編纂の段階でホムチワケ伝承と接合され、出雲の話として再生産された可能性についても言及した。

ホムチワケ伝承に関しては、品治部（品遅部）と吉備部の問題もある。出雲西部、特に斐伊川流域には品治部と吉備部が集中的に分布しており、このことから東西だけではなく、南北における地域間通交も指摘されている[40]。また、『風土記』では仁多郡三津（澤）郷のアジスキタカヒコの伝承も不語と発語に関するものであり、神賀詞祝詞との関係も併せて議論されるべきであろう。

これらの点について今回は検討できなかったが、後考を期すこととして擱筆する。

《図版出典》

【図1】島根県古代文化センター編『解説出雲国風土記』二〇一四年

【図2】平石充「人制再考」『前方後方墳と東西出雲成立の研究』島根県古代文化センター編、二〇一五年

【表】『松江市史　通史編一』二〇一五年を基に作成

註

（1）平石充「出雲西部地域の権力構造と物部氏」（『古代文化研究』一二、二〇〇四年）

（2）荻原千鶴「『出雲国風土記』研究の現在」（『国文学　解釈と鑑賞』九六〇、二〇一一年）

（3）溝口優樹「『日本書紀』成立後の野見宿禰伝承―再解釈される『日本書紀』の氏族伝承―」（『國學院雑誌』一二一―一一、二〇二〇年）、同「土師氏の系譜と伝承―野見宿禰を中心に―」（篠川賢編『日本古代の氏と系譜』雄山閣、二〇一九年）など。

（4）志田諄一「倭直」（『古代氏族の性格と伝承』雄山閣、一九七一年）、古市晃「倭直の始祖伝承に関する基礎的考察」（『国家形成期の王宮と地域社会― 記紀・風土記の再解釈―』）塙書房、二〇一九年、初出二〇一三年）

（5）渡邊貞幸「山代・大庭古墳群と五・六世紀の出雲」（『山陰考古学の諸問題』山本清先生喜寿記念論文集刊行会、一九八六年）

（6）岸俊男「『額田部臣』と倭屯田」（『日本古代文物の研究』塙書房、一九八八年、初出一九八五年）

（7）森公章「額田部氏の研究」（『国立歴史民俗博物館研究報告』八八、二〇〇一年）

（8）武廣亮平「額田部臣と部民制」（瀧音能之編『出雲世界と古代の山陰』名著出版、一九九五年）

（9）渡邊貞幸「松江市山代方墳の諸問題」（『山陰地域研究』一、一九八五年）大谷晃二「上塩冶築山古墳をめぐる諸問題」（島根県古代文化センター編『上塩冶築山古墳の研究』一九九九年）、松尾充晶「出雲地域の装飾付大刀と後期古墳」（島根県古代文化センター・島根県埋蔵文化財調査センター編『装飾付大刀と後期古墳』二〇〇五年）

（10）直木孝次郎「物部連に関する二、三の考察」（『日本書紀研究』二、一九六六年）

（11）志田諄一「物部連」（前掲註4）、加藤謙吉「ソガ部と物部」（『蘇我氏と大和王権』吉川弘文館、一九八三年）

（12）篠川賢「オホヘソキとイカガシコヲの伝承」（『物部氏の研究』雄山閣、二〇〇九年）

（13）篠川賢「石上神宮神宝伝承とトチネ」（前掲註12）

（14）平石充「出雲臣とその伝承」（『松江市史　通史編一』、二〇一五年）

（15）高嶋弘志「出雲国造の成立と展開」（前掲註8）

（16）加藤義成『修訂　出雲国風土記参究』（今井書店、一九七九年）

（17）『新撰姓氏録』右京神別上

出雲臣　天穂日命十二世孫鵜濡渟命之後也

神門臣　同上

（18）岸俊男（前掲註6）

（19）篠川賢「物部氏の成立とその性格」（前掲註12）

（20）志田諄一「鳥取造」（前掲註4）

（21）関和彦「二つの「イヌ」郷と多久国」（『古代出雲世界の思想と実像』大社文化事業団、一九九七年）、古市晃「記紀・風土記伝承が語る出雲と葛城」（島根県古代文化センター編『古代出雲ゼミナールⅡ』二〇一五年）、同「葛城と出雲」（島根県古代文化センター編『古代出雲ゼミナールⅣ』二〇一七年）

（22）奈良国立文化財研究所『平城宮発掘調査出土木簡概報』六―六下(五七)

（23）和田萃「出雲大社の成立」（『日本古代の儀礼と祭祀・信仰　下』塙書房、一九九五年、初出一九九一年）、菊地照夫「出雲国造神賀詞奏上儀礼の意義」「出雲大神の祭祀と物部氏のタマフリ儀礼」（『古代王権の宗教的世界観と出雲』同成社、二〇一六年、初出一九九五年・二〇〇九年）

（24）虎尾俊哉編『延喜式　上』（集英社、二〇〇〇年）

（25）志田諄一（前掲註20）

（26）菊地照夫（前掲註23）

（27）米田克彦「考古学からみた出雲玉作の系譜」（『出雲古代史研究』一九、二〇〇九年）

（28）平石充「古代における地域社会と手工業生産―出雲地域の玉生産を中心として―」（鈴木靖民編『日本古代の地域社会と周縁』吉川弘文館、二〇一二年）

(29) 内田律雄「出雲の神社遺構と神祇制度」(国士舘大学考古学会編『古代の信仰と社会』六一書房、二〇〇六年)、菊地照夫(前掲註23)

(30) 門脇禎二『出雲の古代史』(ＮＨＫ出版、一九七六年)、大浦元彦「出雲国造神賀詞奏上儀礼をめぐる国司と国造」(『出雲古代史研究』二、一九九一年)、瀧音能之「出雲国造神賀詞奏上の起源とその背景」(『出雲古代史論攷』岩田書院、二〇一四年、初出二〇〇五年)

(31) 井上辰雄「地方豪族の歴史的性格」(『日本歴史』二八〇、一九七一年)

(32) 平石充「人制再考」(島根県古代文化センター編『前方後方墳と東西出雲成立の研究』二〇一五年)

(33) 吉井巌「ホムツワケ王」(『天皇の系譜と神話　二』塙書房、一九七六年)

(34) 上田正昭「国つ神群像」(『上田正昭著作集四　日本神話論』角川書店、一九九九年)

(35) 西村亨「鳥のあそび考」(伊藤清司・大林太良編『日本神話研究三　出雲神話・日向神話』学生社、一九七七年)

(36) 吉井巌「応神天皇の周辺」(『天皇の系譜と神話　一』塙書房、一九六七年)

(37) 菊地照夫(前掲註23)

(38) 平石充(前掲註32)

(39) 高嶋弘志(前掲註15)

(40) 今津勝紀「「吉備」に関する基礎的考察」(新納泉編『岡山市造山古墳群の調査概報』岡山大学大学院社会文化科学研究科、二〇一二年)

『日本書紀』神代巻と『出雲国風土記』

伊藤　剣

はじめに

　養老四年（七二〇）に成立した『日本書紀』は、成立直後から重視されてきた文献である。たとえば、天平十二年（七四〇）頃までの成立とみられる西海道諸国甲類風土記[1]には、景行紀をはじめとする記事が直接引用されている。小島憲之は、この点を念頭に、「日本書紀を当時の古典としたことは天平以降の一般の傾向」だと述べた[2]。一方で、『日本書紀』の強い影響力を指し、「〈『日本書紀』の呪縛〉」と呼ぶ言説も見られる[3]。「古典」と呼ぶか「呪縛」と認識するかは、『日本書紀』のどの側面に光を当てたかの違いの現れであるが、いずれにせよその権威を前提にした評価であるのは変わりない。ただし、一口に『日本書紀』と言っても、神代と天皇代とでは大きな違いもある。すなわち、本文に対する異伝を掲載する点で、神代巻は天皇代の追随を許さないのである。

　神代巻を取り扱う際は、本文・一書の書式にも注意を払わねばならない。「平安時代初期または奈良時代末期の書写」と目される四天王寺本[4]では、本文を大書、一書を分注で記し、一書から本文に移る際も改行していない。このような四天王寺本の形態こそが、神代巻本来の姿だと考えられている。また、本文の訓注は、対象となる語の直後に割注で記されるのに対し、一書の訓注は文末にまとめて記される。その理由も、割注で記されていた一書の文の途中で更に小書にするのが避けられた形式的な面に求められている[5]。これも一書の書式を考える傍証となるだろう。

　それでは、このような神代巻を権威視するとはどういうことなのだろうか。小稿では、『日本書紀』の奈良時代の流布状況や、神代巻の受容の在り様を確認した上で、神代巻を意識していたとみられる『出雲国風土記』の『日本書紀』受容史上の位置付けについて、卑見を述べてみたい。

一　奈良時代の『日本書紀』

一―一　奈良時代の『日本書紀』の流布状況概観

はじめに、奈良時代の『日本書紀』の流布状況を確認する。この問題をとりあげる際に言及される史料が、『日本書紀私記甲本』である。

　親王及安麻呂等更撰此日本書紀三十巻并帝王系図一巻〔今見在図書寮及民間也[6]〕

『日本書紀私記甲本』は、平安時代最初の日本書紀講莚である「弘仁私記」の面影を留めている[7]。そこに、右のような九世紀初頭の『日本書紀』流布状況が述べられる。官撰の『日本書紀』が図書寮にあるのは当然だとしても、民間にあるのはどういうわけなのか。ここでは、民間に流布するに至った状況を探ってみたい。

図書寮での管理は厳格に行われたようだ。『類聚三代格』を引用する。

　勅。於㆓図書寮㆒所㆑蔵仏像及内外典籍書法屏風障子幷雑図絵等類。一物已上。自今以後。不㆑得㆔輙借㆓親王以下及庶人㆒。若不㆓奏聞㆒私借者。本司科㆓違勅罪㆒[8]。（巻第十九・禁制事、神亀五年九月六日）

この記事によれば、神亀五年（七二八）九月には、図書寮の所蔵物の私的な利用が禁じられた。主として内典を対象とした言及であるが、小川徹はこの勅の背景として、「禁制を出さなければ書物が汚損するほど借用して、これを原本としてコピーするという事態」があったと想定する[9]。書物を手に取る動機に知識への渇望があるのは事実だろう。しかし、書物が権威である時代には、それを所持することもまた権威そのものであった[10]。まして『日本書紀』には官撰の史書としての価値が付与された。[11] 図書寮での厳格な管理も、官人たちが『日本書紀』へ迫る意欲を減退させはしなかったとみられる。禁制が強ければ強いほど、それを手に入れたい欲求が増幅される場合もありえたろう。

もっとも、図書寮の官人はその蔵書を閲覧できたとしても、個人が直接『日本書紀』を借用するのは難しかったようだ。[12] そのため、公的な機関などを通して『日本書紀』が書写されていったと推定される。長谷部将司が、「『書紀』は、その奏上された原本が図書寮に保管されると同時に、奏上と平行して「撰国司所」で作成された写本が諸司に分配され、しばらく後には「民間」すなわち諸官人・諸氏族の宅にも広まったものと考えられる」と述べる[13]のが、正鵠を射ていると思われる。

一―二　奈良時代の『日本書紀』の流布状況を示唆する例

こうした奈良時代の『日本書紀』の流布状況を推測する際の例として、『太神宮雑事記』の記事を見てみたい。『太神宮雑事記』は貞観十七年（八七五）から延喜五年（九〇五）まで禰宜を務めた荒木田徳雄神主の家に伝えられた記録に、その子孫が書き継いでいったもので、徳雄よりも前の記事はおおよそ荒木田氏に伝来した史料を基にすると考えられている。[14] その天平神護二年（七六六）条には、次の記事が掲載されている。

十二月十八日夜子時、宮司神館五間、萱葺二宇仁、火飛来既以焼亡畢。件焼亡間、日本紀二部、神代本記二巻、当年以往記文、及雑公文焼失畢。爰神宮印一面、其形不レ見二火所一。因レ之禰宜内人等、愁歎而三箇日之間、且祈二申太神宮一、且触二宮司一之程、禰宜夢中被レ仰云、「件印地底三尺許入天在也、早可レ捜覓之一也」者。禰宜夢覚之後、驚恐天文殿之所掘求波礼、以宛如二御示現一尓有。専無二破損一也。具有二別記文一。[15]

このとき焼亡した日本紀を養老四年の『日本書紀』の忠実な写本とみてよいかどうかには、慎重な態度をとらねばならない。本書では、白鳳二年のこととして記される記事に天皇親拝・遥拝の両説が掲載され、それに続けて「記二日本紀一也」とある。現行の『日本書紀』にはこれが記されておらず、天武天皇元年の遥拝を勘違いしたとも説明される。[16] 本書の言う日本紀が現行『日本書紀』と同内容であるのかは不明と言わざるをえない。

ただし、神宮が日本紀を保持していたと主張しているのは注目に値しよう。八世紀にあって、『日本書紀』が現行のそれと異なる形で写されながら流布した可能性が指摘されているのも、[17] この際思い合わせてみる必要があろう。少なくとも神宮で『日本書紀』が受容されていた可能性を読み取ることは許されるのではないか。神宮を民間とするのは無理があるものの、『日本書紀』が流布していく具体例として、右の記事を挙げる次第である。

一―三　奈良時代の『日本書紀』の直接引用例

さて、奈良時代に『日本書紀』が書写されただけでなく、その分析も進められていたのは、上代特殊仮名遣を反映した古訓の存在からも確実である。それが訓読を目指したものなのか、[18] あるいは字義の検討が中心であるのかは[19] 説が分かれ、稿者には断じる準備がない。もっとも、奈良時代に官人たちが『日本書紀』の内容にまで踏み込んで検討をしていたのは間違いない。

官人たちが『日本書紀』を依拠するべき権威と捉え、必要に応じてそれを見ていた確例となるのが、『令義解』公式令で言及される「古記」の記事である。嵐義人は、「「古記」に相当する内容をもつ注釈書、或いは注釈の覚え書の類」たる「原「古記」」は天平十年前後」に成立したと述べる。[20] この「古記」では、神代巻第四段本文が、現行の『日本書紀』とほぼ同じ形で引かれる。「古記」による引用は、『日本書紀』受容史千三百年の中でも、天平十年（七三八）頃という、その成立に比較的近い時期の例として知られている。

また、天平期の文献と目される西海道諸国の甲類風土記の中には、『日本書紀』の文辞を前提に構成される記事が散見される。左に一例のみ記してみよう。両者の間で完全に一致する箇所には線を引いた。

○天皇初将レ討レ賊、次二于柏峡大野一。其野有レ石。長六尺、広三尺、厚一尺五寸。天皇祈之曰、「朕得レ滅二土蜘蛛一者、将レ蹶二茲石一、如二柏葉一而挙焉」。因蹶之、則如レ柏上二於大虚一。故号二其石一、曰二蹈石一也。[21]（『日本書紀』景行天皇一二年十月）

○同天皇（景行天皇――稿者注）、欲レ伐二土蜘蛛之賊一、幸二於柏峡大野一。々中有レ石。長六尺、広三尺、厚一尺五寸。天皇、祈曰、「朕、将レ滅二此賊一、当下蹶二茲石一、譬如中柏葉上。」而即蹶之、騰レ如二柏葉一。因曰二蹶石野一[22]。（『豊後国風土記』直入郡）

両書の間には、景行天皇の行為が結び付く先に違いも認められる。すなわち、『日本書紀』では遺物たる「石」に関連付けられるのに対し、『豊後国風土記』では「野」の地名に結び付けられるのである。ただし、傍線部に端的なように、景行天皇の行為の描写は両書で酷似している。これは、『豊後国風土記』が景行紀の記述に忠実に接し、それを下敷きにしたためである。両者の違いは、地名の起源へと関心が向かう風土記一般の特徴に基づいており、兄弟関係という原資料の次元に還元させて論じるべき性質のものではない。

実際の『日本書紀』の利用状況は国により異なるが、甲類風土記に見られる現象は、『日本書紀』を踏まえるよう大宰府から指令があった結果もたらされた産物である[23]。その過程を考える上で、『続日本紀』神護景雲三年（七六九）十月条を見てみたい。

大宰府言、「此府人物殷繁、天下之一都会也。子弟之徒、学者稍衆。而府庫但蓄二五経一。未レ有二三史正本一。渉猟之人、其道不レ広。伏乞、列代諸史、各給二一本一。伝二習管内一、以興二学業一」[24]。

この提言は、大宰府にあっても蔵書数が乏しかった実状を語る例とされる。しかし、そのような観点とは別に、甲類風土記編纂にあたっての『日本書紀』の利用状況を推測する際の参考にもなると考える。すなわち、『日本書紀』の大宰府への頒布後、その府庫内に収められたものが、風土記編纂までの間に各国で利用もしくは書写されたと考えられるのだ。

ここまで奈良時代の『日本書紀』の流布・利用状況を概観してきた。次に問われるのは、奈良時代の『日本書紀』神代巻の具体的な受容の様相である。先述のとおり、神代巻は本文に加え数多くの一書とともに構成される。このように異伝を抱える神代巻を権威視するとは、具体的にどういうことなのだろうか。神代巻の読まれ方や一書の存在意義が問われるところである。

この点を考察するにあたり、迂遠なようでもあるが、平安時代冒頭の大同二年（八〇七）に、斎部広成の手によって成立し、神代巻の本文・一書双方を直接引用した比較的早い受容例として知られる『古語拾遺』を扱ってみる。

二　『古語拾遺』の手法

二―一　『日本書紀』神代巻との向き合い方

まずは大己貴神が葦原中国を実効支配している問題をとりあげてみる。『古語拾遺』は、素戔嗚神の八岐大蛇退治・大己貴神の誕生・根国への退去を語る神代巻第八段本文の内容と、第九段のいわゆる国譲り神話の間を次の記事で繋いでいる。

大己貴神〔一名大物主神。一名大国主神。一名大国魂神者、大和国城上郡大三輪神是也。〕与二少彦名神一、〔高皇産霊尊之子。遁二常世国一也。〕共戮レ力一レ心、経二営天下一。為二蒼生畜産一、定二療レ病之方一。又、為レ攘二鳥獣・昆虫之災一、定二禁厭之法一。百姓至レ今、咸蒙二恩頼一。皆有二效験一也[25]。

傍線部は、神代巻第八段一書第六と文辞が一致している箇所で、その内容は大己貴神・少彦名神の天下経営を語るものである。天上界が大己貴神と交渉する理由は、右の記事が置かれるために、『古語拾遺』の方が『日本書紀』神代巻本文のみをつないで読んだ時よりも明瞭になる。『古語拾遺』の措置は、神代巻一書第六が話を円滑に進める役割を果たすと判断されてとられたものである。この点に『日本書紀』神代巻の読まれ方の一端が示されており、本文が触れない事柄を述べる一書も是認されていたことが分かる[26]。

大己貴神の天下経営に触れた後、『古語拾遺』は次のように展開する。

天祖吾勝尊、納二高皇産霊神之女、栲幡千千姫命一、生二天津彦尊一。号曰二皇孫命一。〔天照大神・高皇産霊神二神之孫也。故曰二皇孫一也。〕既而、天照大神・高皇産霊尊、崇二養皇孫一、欲三降為二豊葦原中国主一。仍、遣二経津主神〔是、磐筒女神之子。今、下総国香取神是也。〕・武甕槌神一、〔是、甕速日神之子。今、常陸国鹿嶋神是也。〕駆除平定。於レ是、大己貴神及其子事代主神、並皆奉レ避。仍、以二平レ国矛一、授二二神一曰、吾以二此矛一、卒有レ治レ功。天孫、若用二此矛一治レ国者、必当二平安一。今我将二隠居一矣。辞訖遂隠。於レ是、二神、誅二伏諸不レ順鬼神等一。果以復命。

傍線部は、『日本書紀』神代巻第九段本文の字句をそのまま引用した箇所である。このように、天上界と大己貴神との交渉を語る場面では、神代巻本文を軸に話が進められ、一書は影を潜めている。

しかし、これに続く天孫降臨神話となると、叙述方法が一変する。すなわち、諸一書を並べ替えて新たな神話を組み立てるようになるのである。

于レ時、天祖天照大神・高皇産霊尊、乃相語曰、「夫、㊀葦原瑞穂国者、吾子孫可レ王之地。皇孫就而治焉。宝祚之隆、当下与二天壌一无上レ窮矣。」即、以二八咫鏡及薙草剣二種神宝一、授二賜皇孫一、永為二天璽一。〔所謂神璽剣・鏡是也。〕矛・玉自従。即、勅曰、「㊁吾児視二此宝鏡一、当レ猶レ視レ吾。可二与同レ床共レ殿、以為二斎鏡一」。仍、以二天児屋命・太玉命・天鈿女命一、使二配侍一焉。因、又勅曰、「吾則起二樹天津神籬〔神籬者、古語、比茂侶伎。〕及天津磐境一、当下為二吾孫一奉上レ斎矣。㊁汝天児屋命・太玉命二神、宜下持二天津神籬一、降二於葦原中国一、亦為二吾孫一奉上レ斎焉。惟、爾二神、共侍二殿内一能為二防護一。宜下以二吾高天原所レ御斎庭之穂一、〔是、稲種也。〕亦当上レ御二於吾児一矣。宜下太玉命率二諸部神一、供二奉其職一、如中天上儀上」。仍、令二諸神亦与陪従一。復㊁勅二大物主神一、宜下領二八十万神一、永為二皇孫一奉上レ護焉。仍、使下㊃大伴遠祖天忍日命、帥二来目部遠祖天槵津大来目一、帯レ仗前驅上。

各種傍線に付した漢数字は、神代巻第九段一書の掲載順を示している（例：㊀は一書第一）。傍線のない部分は、『古語拾遺』の独自記事である。

右の『古語拾遺』の天孫降臨条では、神代巻本文が引用されていない。国譲り・天孫降臨両条とも神代巻第九段が扱う箇所であるにもかかわらず、このような違いが生じている。そこで、『日本書紀』の一書の内容を確認しつつ『古語拾遺』を見ていきたい。

まず一書第二に着目すると、この一書からは、宝鏡と床・殿を共にするよう天孫に命じる勅などが引かれる。特に一書第二の二番目の引用箇所では、斎部氏の祖神太玉命が天児屋命などと並んで随伴する上に、特別な役割を与えられている。また、一書第一からは、いわゆる天壌無窮の神勅が引用される。一書第二に見られた、特に太玉命が選ばれて皇孫に随伴するとともに、祭祀にも与りえたという斎部氏の栄誉は、一書第一により皇孫の降臨がさらに荘厳化されることで自ずと高まっている。なお、神代巻本文は、高皇産霊尊の指令により瓊瓊杵尊が単独で天降る伝で、降臨の荘重さの演出の視点から眺めると、一書第一には及ばない。

二―二 『古語拾遺』独自の説の作られ方

このように論じてくると、『古語拾遺』における神代巻本文・一書の採用基準は、斎部氏の顕彰につながるか否かにあったと推測できる。つまり、斎部氏に関わるところでは、一書の所伝を駆使して自氏に有利な神話を新たに作り上げたのである。この点を押さえた上で、前節に引用した記事の内、框にした司令神や神器をめぐる独自の内容を確認してみたい。

便宜上、神器から見てみよう。鏡・剣は天璽とされており、天孫降臨条ばかりでなく神武即位条にも登場する。

道臣命、帥二来米部一、衛二護宮門一、掌二其開闔一。饒速日命、帥二内物部一、造二備矛・盾一。其物既備、天富命、率二諸斎部一、捧二持天璽鏡・剣一、奉レ安二正殿一、幷懸二瓊玉一、陳二其幣物一、殿祭祝詞。〔其祝詞文於在二別巻一。〕次、祭二宮門一。〔其祝詞、亦在二於別巻一。〕然後、物部乃立二矛・盾一。大伴・来目建レ伏、開レ門令下朝二四方国一、以観中天位之貴上。当二此之時一、帝之与レ神、其際未レ遠。同レ殿共レ床、以レ此為レ常。故、神物・官物、亦未二分別一。宮内立レ蔵、号二曰斎殿一。令三斎部氏永任二其職一。

傍線部のように、神武即位条では、斎部氏の祖天富命が天璽を捧げ持ったことと、これが天皇と正殿を共にしたことが記される。神野志隆光は、『古語拾遺』の天孫降臨条と神武即位条とを照らし合わせ、『日本書紀』神代巻を利用して天皇即位儀礼に関する祭儀神話が述作されたと説いており、[27]首肯される。なお、『古語拾遺』の降臨条で一書第四を引用し天忍日命に言及するのも、神武即位条で大伴氏の関わりを記すのと無縁ではあるまい[28]。

次に、降臨神話における司令神に触れていきたい。神代巻では、皇孫が天降る際に司令にあたる神が天照大神・高皇産霊尊の何れか一神とされており、両神が並び立つ所伝は見られない[29]。『古語拾遺』の「天祖天照大神・高皇産霊尊、乃相語曰」は、神代巻諸伝間で立場を異にしている事柄について、一方を排除するのではなく、双方を並び立たせたものなのだ。

なお、この問題との関わりで付言しておくと、国譲り神話の冒頭で、高皇産霊尊ばかりでなく、天照大神までもが皇孫を鍾愛する説明は、『古語拾遺』独自の内容である。これは司令神の在り様と響き合っている。

二―三　『古語拾遺』に見る『日本書紀』神代巻受容の在り様

これまで確認してきた神代巻の本文・一書観をまとめてみたい。『古語拾遺』の国譲り神話は、神代巻本文を襲って語られていた。斎部広成は、自氏との関わりの薄い箇所では『日本書紀』神代巻本文を立てて展開させているようだ。この点に、まずは本文を基本に考えていく意識が認められる。

次に、降臨神話における『古語拾遺』の一書引用態度はどうだろうか。前節最後に触れた司令神の問題を通して確認してみよう。天照大神を司令神とするのは、神武条での即位儀礼の伏線とするための一書第二や、天上無窮の神勅により降臨に重みを持たせる一書第一を踏まえたものである。一方、高皇産霊尊を司令神とする背後には、大伴氏の祖天忍日命などの随伴を語る一書第四の存在がある。加えて、本文の主張をも認めねばならないのかもしれない。また、『古語拾遺』冒頭では、斎部氏の祖の太玉命が高皇産霊尊の子とされているのも無視できない。「天祖天照大神・高皇産霊尊、乃相語曰」以下に見る『古語拾遺』の新たな神話は、これら複数の所伝や観念を排斥せずに、組み合わせることで作られているのだ。つまり、諸伝間の相違点を生かした結果、神武即位前紀に「我天神、高皇産霊尊・大日孁尊」とあるのにも通じる司令神に関する記事が、天孫降臨条で述べられるわけである。

以上の点からすると、神代巻本文と一書との間には、大書される前者と小書双書される後者という書式ほどの格差は認められない。さらに、本文・諸一書は、互いの相違事項をもって矛盾を云為するような扱われ方をされていたわけではないことも分かる。換言すると、本文と対立するかのようにも見えてしまいかねない事柄を述べる一書も排除しない認識が認められるのだ。

ここで、『古語拾遺』編述時点での神代巻本文・一書観をまとめてみよう。

①本文・一書と複数の所伝が存在するが、まずは本文を基本に考えるべきである（第九段の国譲り神話）

②一書の内容にも留意せねばならない。

②―1：本文が述べていない事柄を述べる一書も是認している（大己貴神の天下経営を語る第八段一書第六など）。

②―2：本文と対立する事柄を述べる一書も排除していない（高皇産霊尊を司令神とする第九段本文に対し、天照大神を司令神とする第九段一書第一など）。

『古語拾遺』は、『先代旧事本紀』に引用されるのをはじめ、決して拒絶された文献ではない。本書が黙殺される存在ではなかったのだから、そこでとられた叙述の手法は、平安時代初期には、当時の常識として違和感なく受け容れられたと考えてよい。斎部広成は、『日本書紀』神代巻への接し方の通念に基づきながら独自の主張をしたのである。となると、大同二年（八〇七）という『古語拾遺』の成立時期からして、如上の本文・一書観が奈良時代に一般的なものだったと推定しても、無理を押してはいないことになる。

ところで、右に見た『日本書紀』の受容の在り様に関し、神野志隆光は「本書・一書を平準化して再構成する『古語拾遺』『先代旧事本紀』や、後のものになるが『天書』の態度が、問われるのである」と主張した[30]。首肯されるべきだろう。神野志は、『日本書紀』から『古語拾遺』、さらにその後の平安期以降へと視線を向けて論じているのだが、これを裏返すと、神代巻の構造自体が、一書の本文化の方向で受容・二次創作が進められる可能性を内包していたわけである。遠藤慶太が「最初の勅撰史書は、異なる伝承を筆録して史書という同じ地平に置」いたと指摘するとおり[31]、本文・一書の書式の問題を越えて、『日本書紀』の読者はこのように神代巻を理解したのだった。

三　『日本書紀』神代巻受容史における『出雲国風土記』の位置付け

三―一　神代巻第九段一書第二と『出雲国風土記』楯縫郡総記

前章で見たように、異伝の存在を認め、それを包摂することで成り立つ『日本書紀』の構造自体が、一書の本文化という形での受容を是認する可能性を秘めていた。そして、異伝の存在やそれを許容する姿勢がさらなる異伝を生んでいくのであった。この動きは『日本書紀』の成立直後から見られたと思しく、天平期の文献の中にも神代巻との関係が疑われる例がある。それが『出雲国風土記』である。本章では、『出雲国風土記』の検討を通し、奈良時代における『日本書紀』神代巻の受容の在り様を検討していきたい。

研究史上、両書の関係が云為されてきたのが、神代巻第九段一書第二の一節と『出雲国風土記』楯縫郡総記とである。まずは神代巻を引用しよう。

> 時高皇産霊尊、乃還二遣二神（経津主神・武甕槌神――稿者注）一、勅二大己貴神一曰、「今者聞二汝所言一、深有二其理一。故更條々而勅之。夫汝所治顕露之事、宜二是吾孫治一之。汝則可三以治二神事一。又汝応レ住天日隅宮者、今当供造、即Ⓐ以二千尋栲縄一、結為二百八十紐一。其造レ宮之制者、柱則高大。板則広厚。　…略…　又Ⓑ供二造百八十縫之白楯一。又当主二汝祭祀一者、天穂日命是也」。

地上世界の主権の移譲を迫る経津主神・武甕槌神の言に、大己貴神は不審の意を表した。大己貴神の側の道理を認めた高皇産霊尊は、代替案として、天上界を模した宮殿の造営などの特別な配慮を提示する。

この話をめぐり、武甕槌神よりも経津主神が先に名を出されていることもあり、物部氏の所持していた伝承と見る見解もある。[32]しかし、本伝では経津主神の活躍以上に大己貴神への優遇措置が強調されているのを無視しえない。ここでは、神田典城が説いているように、国譲り神話諸伝の中でも一書第二が出雲国造に最も有利な内容であるのに留意しておきたい。[33]

次に『出雲国風土記』楯縫郡総記を引用する。

> 神魂命詔、「吾十足天日栖宮之縦横御量、ⓐ千尋栲紲持而、百八十結々下而、此天御量持而、所レ造二天下一大神之宮、造奉」詔而、御子天御鳥命、楯部為而、天下給之。尒時、退下来坐而、ⓑ大神宮御装楯、造始給所、是也。仍至レ今、楯桙造而、奉二出皇神等一。故云二楯縫一。[34]

神魂命の命令により大穴持命の宮が造営され、楯・桙の奉納が風土記時代の現在も絶えずに行われていると語ったものである。

さて、この二条はどのように関係するのだろうか。框を施したように、大己貴神の宮の造営に関わる神は、神代巻第九段一書第二と楯縫郡総記との間で異なっている。しかし、両書は天上界によるオホナムチの宮の造営の内容が類似しているばかりでなく、傍線を付したように共通の語も見られる。同一資料からの兄弟関係も説かれる所以である。[35]

しかし、もともと出雲側の所伝だったとしても、それが一度『日本書紀』に掲載されれば、国家の公認という権威が自ずと生じてくる。まして『出雲国風土記』の成立は、養老四年（七二〇）の『日本書紀』から十年以上経た天平五年（七三三）である。この点を考慮に入れないわけにはいかない。

先述のとおり、天平期の『日本書紀』の権威のほどを如実に語っているのが、西海道諸国甲類風土記の在り様であった。天平期に成ったと目される甲類風土記には、『日本書紀』の引用を基に構成される記事が散見される。西海道と同じく、天平期の出雲でも『日本書紀』を意識していると考えるべき状況証拠が存在している。[36]

『出雲国風土記』は、国造出雲臣広嶋の強力な指導力のもとに編纂されたと考えられる。[37]彼にとり、自氏が奉斎する杵築大社の謂れを『日本書紀』によって叙述するのは、当時にあって不利益をもたらすものではない。むしろ官撰の史書に依拠することで、その正当性は強く保証されるのである。

三―二　神代巻第九段一書第二の世界観と『出雲国風土記』の神話世界

神代巻の内容を踏まえた上で話を展開させていると思しき事例は、楯縫郡総記以外にも認められる。着目したいのが、意宇郡母理郷条である。

> 所レ造二天下一大神、大穴持命、越八口平賜而、還坐時、来二坐長江山一而詔、「我造坐而命国者、皇御孫命、平世所レ知依奉。但、八雲立出雲国

者、我静坐国、青垣山廻賜而、玉珍置賜而守」詔。

この記事では、出雲一国が大穴持命の支配する国だとされている。この点を捉え、千家和比古は「〃神譲り〃された大国主神の鎮まる処として　…略…　形而上において出雲国は国譲りの対象時空間ではないとの意思表明である」と述べ[38]、荻原千鶴も「一書第二にいう分治の拠点を、一書第二にいう「天日隅宮」だけでなく、出雲国全域に拡大した趣のあるのが、『出雲国風土記』母理郷にみる大穴持命の言である」と説いている[39]。

出雲一国の独立をうたう母理郷条は、天皇支配の理念に抵触してしまいかねないような主張をはらんでいる。それだけに、慎重な姿勢のもとに記されねばならなかったはずだ。千家・荻原両説は、『出雲国風土記』で展開される独自の主張の根拠を、他ならぬ国家公認の『日本書紀』神代巻の所伝に求めた首肯されるべき見解であるが、稿者なりにこれを敷衍してみたい。

神代巻第九段一書第二の世界観の根幹は、大己貴神のために築かれる宮、すなわち天日隅宮を拠点に神事・幽事を統御するのが決まった点にある。神事・幽事とは『神道事典』が「目に見えない神のなせることをいう。幽事はこの世の目に見えない出来事であって、必ずしもあの世のことではない」と説く[40]のが、『日本書紀』の用例からして適切だと考えられる。

一書第二に言う、大己貴神が神事・幽事を司ることの逆もまた真なりとすれば、神々の坐す国は大己貴神の支配下にあることになろう。つまり、出雲国が神々の国であれば、母理郷条での大穴持命のきわどい発言も、他ならぬ中央政府の編んだ『日本書紀』一書により、正当性が保証されるのである。

その際に望ましいのは、風土記時代にあっても出雲が神霊の働く国だという認識が示される記事を掲載することである。旧稿でも触れたが[41]、この観点から安来郷の事例をとりあげてみたい。

即、北海有二邑売埼一[42]。飛鳥浄御原宮御宇天皇御世、甲戌年七月十三日、語臣猪麻呂之女子、逍二遥件埼一、邂逅遇二和尓一、所レ賊不レ皈。尓時、父猪麻呂、所レ賊女子、斂二置浜上一。大発二苦憤一、号レ天踊レ地、行吟居嘆、昼夜辛苦、無レ避二斂所一。作レ是之間、経二歴数日一。然後、興二慷慨志一、磨レ箭鋭レ鋒、撰二便処一居、即擡訴云、「天神千五百万、地祇千五百万、幷Ⓐ当国静坐三百九十九社、及海若等、大神之和魂者静而、荒魂者皆悉依二給猪麻呂之所一レ乞。Ⓑ良有二神霊坐一者、吾所レ傷給。以レ此知二神霊之所レ神」者。尓時、有二須臾一而、和尓百余、静囲二繞一和尓一、徐率依来、従二於居下一、不レ進不レ退、猶囲繞耳。尓時、挙レ鋒而刄二中央一和尓一、殺捕已訖。然後、百余和尓解散。殺割者、女子之一脛屠出。仍和尓者、殺割而挂レ串、立二路之垂一也。〔安来郷人、語臣与之父也。自二尓時一以来、至二于今日一経二六十歳一。〕（意宇郡安来郷）

甲戌の年は天武天皇三年（六七四）にあたる。記事の最後の分注が言うように、風土記編纂から六十年ほど前に起こった出来事が記されている。娘を失った語臣猪麻呂は、和尓への復讐を心に決める。彼は神霊に心願の成就を祈り、願いどおり和尓への復讐を果たしている。

ところで、当該条は種々の点で『出雲国風土記』の例外をなしている。本書の説話は、地名起源を語るものでほぼ占められる。この傾向にあって、猪麻呂の話の関心は地名に置かれていない。また、本書の各郡は、①郡総記、②郡家を起点とした郷や駅家などの方位里程と名称起源、③寺社、④山野の位置と産物、⑤河川と産物、⑥池や陂、⑦海沿いの浜・埼・島や産物、⑧隣接郡との交通の順で構成され、埼の記事は通常海浜条に記される。しかし、当該条は⑦ではなく、②の安来郷の名称起源譚に続けて記されている。

邑売埼条がこのような異例をおしたのは何故だろうか。猪麻呂の発言中の傍線部Ⓑ「良有二神霊坐一者、吾所レ傷給。以レ此知二神霊之所レ神」に着目したい。猪麻呂の発言が現実になったならば、天武朝時の出雲が神の威徳の明らかな国であると主張することになる。そして、本書の読者は、記事を追うに従って実際にその神威のほどを確認していくのである。

これに加えて、傍線部Ⓐも見てみたい。三百九十九という数字は、諸注釈書が指摘するように、『出雲国風土記』全体の総記に「合神社参佰玖拾玖所」と記される社数と一致する。当国風土記全体の総記では、寺院に対する言及がなく、社に限って全数とその内訳が明示される。ここから読み取れるのは、冒頭部で神の国としての出雲像を打ち出そうとする姿勢だろう。

巻首部分と邑売埼条の社数の連絡の意義は、天武朝時の神の霊威が、六十年後の風土記時代の出雲国においても変わらず続いていると主張する点に求められる。邑売埼条は、語臣の関与する一復讐劇の次元を越えて、この国を特別視する出雲国全体の問題として論じられねばならないのである。(43)

さて、右に述べた内容を、『日本書紀』神代巻第九段一書第二と関わらせてまとめてみよう。先に、この一書の「神事・幽事」とは「目に見えない神のなせること」だと確認した。そして、猪麻呂の話は、出雲国が神威のあらたかな様を語るものであった。このように述べてくると、邑売埼条は、神代巻一書の神事・幽事を出雲国内に体現した話となっているのに気付く。

先述のとおり、母理郷での大穴持命の宣言の正当性は、『日本書紀』一書第二により保証されている。そして実際に出雲国が神々の国だったとすれば、出雲一国のみは大穴持命が鎮座する国とする母理郷条の主張も、説得力を増してくる。そこで出雲臣広嶋は、母理郷条と邑売埼条とを並び立たせることで、出雲国を、大穴持命を中心に神霊の働く国として定位したと考える。

こうした『日本書紀』を前提とする『出雲国風土記』の在り様は、兄弟関係という資料の問題に還元させて論じられるべき性質のものではない。仮に資料の出所が『日本書紀』と『出雲国風土記』楯縫郡総記とで同じだったとしても、『出雲国風土記』は『日本書紀』の内容を解釈した上で記述されていると判断するべきだろう。つまり、これまで見てきた『出雲国風土記』の例は、『日本書紀』神代巻第九段一書第二の世界観を咀嚼して初めて起こり得る、極めて理念的な産物なのである。

三―三　『出雲国風土記』の神代巻利用にみる『日本書紀』受容の在り様

前節までの内容を踏まえつつ、『出雲国風土記』のとった『日本書紀』への態度について、本書全体の構成を視野に収めながらまとめていきたい。

現伝『出雲国風土記』は二巻構成で成立し、下巻は楯縫郡から始まっていたと推定される。(44) 両巻の巻頭付近の記事に注目してみると、上巻の母理郷では、出雲国が大穴持命の君臨する特別な国であると説明される。そして、これに近接する安来郷邑売埼条で、出雲が神国である旨が記される。一方、下巻の楯縫郡総記では、大穴持命の宮がいかなる宮なのかが説かれる。さらに注意されるのは、いずれも神代巻第九段一書第二の世界観に依拠している点である。これは偶然ではあるまい。『出雲国風土記』は上下両巻の初めの足並みを揃え、『日本書紀』神代巻一書第二の世界観を敷衍するものだと表明するのである。出雲臣広嶋としては風土記の内容こそが正伝なのだが、その際に『日本書紀』神代巻の異伝という体裁をとることで、独自の主張に説得力を持たせるばかりでなく、その内容の正当性を担保したのであった。

以上にもとづいて、『日本書紀』受容史上における『出雲国風土記』の位置付けを確認する。楯縫郡総記にこそ一書第二との間に表現上の類似も見られたが、『出雲国風土記』母理郷をはじめとする事例は、『日本書紀』の内容との関係が問われるものだった。そこでは『日本書紀』を直接引用する西海道甲類風土記のように、細かな表現までが一致するわけではない。漢文で記される『日本書紀』と西海道甲類風土記に対し、『出雲国風土記』は基本的な文体が異なるのを差し引く必要もあるが、『日本書紀』への依存ぶりという観点からすれば、『出雲国風土記』は西海道諸国の風土記に及ばない。

しかし、『日本書紀』受容史上における『出雲国風土記』の位置付けにとって大事なのは、西海道諸国における『日本書紀』への依拠度との比較ではあるまい。着目すべきなのは、『出雲国風土記』の思想面や、『日本書紀』に則る際に、神代巻の一書を権威としてそれに拠っている点であろう。こうした『出雲国風土記』の営みからは、本文に対する一書の相対化に止まらず、異伝を唯一の本文たろうとする積極的な述作態度を見るべきである。

神代巻の受容といえば、第二章の『古語拾遺』や、本文・諸一書を網羅的に記した『先代旧事本紀』などの存在も思い浮かぶ。ただし、『古語拾遺』以下の文献に比し、天平五年成立の『出雲国風土記』は大きく先行する。ここまで論じた本書の神代巻受容の在り方が認められるならば、一書の本文化という発想は、天平期には既に存在していたことになる。神代巻受容上の現象の面からはこれまで顧みられなかったが、この点において、『出雲国風土記』は見直されて然るべきだろう。

もっとも、『出雲国風土記』の行った神代巻の操作手法が後世にいかほどの影響を与えたのかは不明である。見たような神代巻の受容法が『出雲国風土記』に端を発し、それに追随しながら形成されていったと判断するのには、むしろ無理があるように思われる。先に『古語拾遺』の斎部広成について述べたように、出雲臣広嶋もまた当時の通念に則って神代巻一書に接したと考えた方が自然だろう。その意味で、本書は神代巻の享受の流れの中で孤立した位置に置かれるものではない。直接引用・間接引用の違いこそあれ、第二章第二節で平安初期には確認できるとした一書観は、天平年間にまでさかのぼらせうる。

おわりに

以上、奈良時代における『日本書紀』の流布状況の確認に始まり、本文に対する異伝である神代巻一書の受容のされ方を述べ、最後に神代巻受容史上における『出雲国風土記』の位置付けを論じた。本研究のテーマ「『日本書紀』と出雲観」ととりわけ密接に関わる『出雲国風土記』に関する言及のみ簡単に振り返っておくと、次のようになる。

『出雲国風土記』は、上巻冒頭付近で、神代巻一書第二の神事・幽事を利用して、出雲国が大穴持命の君臨する特別な国であると説明する。そして、下巻巻頭で、神代巻一書第二に寄りかかる形で大穴持命の宮の特別性を説明する。ここには神代巻一書を本文化する発想が認められる。国造出雲臣広嶋は、『日本書紀』を巧みに利用して風土記を編んだのだ。

『日本書紀』神代巻の一書を用いて文章を作成する営みの例としては、『古語拾遺』や『先代旧事本紀』といった平安時代の文献に注目が集まりがちである。しかし、神代巻受容史の観点からすると、奈良時代の『出雲国風土記』は決して見落とせない重要文献なのである。

註

(1) 秋本吉郎「九州及び常陸国風土記の編述と藤原宇合」(『風土記の研究』ミネルヴァ書房、一九六三年)。ただし、秋本は天平十一年(七三九)を下限としている。現在では、郷里制の変更は、岸俊男「古代村落と郷里制」(藤直幹編『古代社会と宗教――日本史論集――』若竹書店、一九五一年)が天平十一・十二年と示したのに基づき、天平十二年を下限とする説が多い。

(2) 小島憲之「豊後・肥前両国風土記ならびにその逸文」(『上代日本文学と中国文学――出典論を中心とする比較文学的考察――』上、塙書房、一九六二年)

(3) 吉田一彦「権威としての『日本書紀』」(『『日本書紀』の呪縛』集英社、二〇一六年)

(4) 毛利正守「古写本と版本」(小島憲之・直木孝次郎・西宮一民・蔵中進・毛利正守校注・訳『日本書紀』①、小学館、一九九四年)

(5) 本居宣長『神代紀髻華山蔭』(大久保正編『本居宣長全集』六、筑摩書房、一九七〇年)が、上田百樹の説として紹介している。

(6) 『日本書紀私記甲本』の引用は、新訂増補国史大系本によった。

(7) 粕谷興起「日本書紀私記甲本の研究」(『藝林』一九―二、一九六八年)、田中卓「弘仁私記の研究―主として序文をめぐる諸問題―」(『古典籍と史料』国書刊行会、一九九三年)、水口幹記「弘仁の日本書紀講書と文章経国思想」(『古代日本と中国文化　受容と選択』塙書房、二〇一四年)など。

(8) 『類聚三代格』の引用は、新訂増補国史大系によった。

(9) 小川徹「いわゆるわが国最初の公開図書館」(『法政大学文学部紀要』二八、法政大学文学部、一九八二年)

(10) 土佐秀里「書物のフェティシズム」(『律令国家と言語文化』汲古書院、二〇二〇年)。なお、田中史生「律令制国家の政治・文化と渡来系移住民」(吉村武彦・吉川真司・川尻秋生編『シリーズ古代史をひらく　渡来系移住民―半島・大陸との往来―』岩波書店、二〇二〇年)は、『令集解』仮寧令師経受業条が引く「古記」などを例証に、「渡来系氏族の世襲的な専門技能の上位に書物の知識」(一三五頁)が位置付けられたと指摘する。

(11) 水口幹記「奈良時代の『日本書紀』読書―養老講書をめぐって―」(前掲書注(7))

(12) 榎本淳一・「「文」と社会①―社会階層と「文」」(河野貴美子・Wiebke DENECKE・新川登亀男・陣野英則編『日本「文」学史　第一冊　「文」の環境―「文学」以前―』勉誠出版、二〇一五年)

(13) 長谷部将司「八世紀における『日本書紀』の受容」(『日本古代の記憶と典籍』八木書店、二〇二〇年)

(14) 井後政晏「太神宮諸雑事記の成立」(『神道史研究』三六―一、一九八八年)

(15) 『太神宮雑事記』の引用は、神道大系によった。以下も同じ。

(16) 西山徳「伊勢神宮における古伝承―「太神宮諸雑事記」を中心として―」(『皇学館大学紀要』二一、一九八三年)

(17) 神野志隆光「『七代記』と「日本記」」(『変奏される日本書紀』東京大学出版会、二〇〇九年)。なお、関根淳「成立前後の日本書紀」(山下久夫・斎藤英喜編『日本書紀一三〇〇年史を問う』思文閣出版、二〇二〇年)は、現行の『日本書紀』が養老四年の『日本書紀』を忠実に継承したものではない可能性を指摘している。

(18) 大野晋「訓読」(坂本太郎・家永三郎・井上光貞・大野晋校注『日本書紀』上、岩波書店、一九六七年)、西宮一民「日本書紀の訓読」(『日本古代の文章と表記』風間書

房、一九七〇年)、鈴木豊「『日本書紀』古写本中の万葉仮名表記の和訓―『日本紀私記』逸文について―(『国書逸文研究』二一、一九八八年)など。

(19) 嵐義人「古代の『日本書紀』研究　『日本書紀私記』と『釈日本紀』―奈良・平安初期を中心に―」(『歴史読本』五二―十四、二〇〇七年)

(20) 嵐義人「古記の成立と神祇令集解」(荊木美行編『令集解私記の研究』汲古書院、一九九七年)

(21) 『日本書紀』の引用は、井上光貞監訳『日本書紀』(原文校訂は林勉)によった。以下も同じ。

(22) 『豊後国風土記』の引用は、日本古典文学大系によった。

(23) 拙稿「『豊後国風土記』と『肥前国風土記』」(『日本上代の神話伝承』新典社、二〇一一年)

(24) 『続日本紀』の引用は、新日本古典文学大系によった。

(25) 『古語拾遺』の引用は、岩波文庫(西宮一民校注)によった。以下も同じ。

(26) 拙稿「神代紀一書の本文補助的性格」(前掲書注(23))

(27) 神野志隆光「一元化への運動」(『古代天皇神話論』若草書房、一九九九年)

(28) 津田博幸「広成の読む『日本書紀』―『古語拾遺』をめぐって―」(『生成する古代文学』森話社、二〇一四年)に、斎部広成が「一つの呪術、一つの祭祀、一つの神話の専門家ではなく、歴史と宮廷祭祀全体を包括的に知悉する立場」から『古語拾遺』を編んだという指摘がある。

(29) 西條勉「アマテラス大神と皇祖神の誕生」(『古事記と王家の系譜学』笠間書院、二〇〇五年)

(30) 神野志隆光前掲論注(27)

(31) 遠藤慶太『『日本書紀』の分註―伝承の複数性から―」(『日本書紀の形成と諸資料』塙書房、二〇一五年)。なお、遠藤はこの認識の定着において講書が果たした役割の大きさを強調するが、小稿では、養老の講書の実施の有無に関しては態度を保留する。

(32) 長野一雄「物部氏と出雲―古代豪族物部氏の動向―」(『上代文献の出雲―記紀でなぜ出雲が重視されたか―』新典社、二〇〇五年)

(33) 神田典城「オホナムチの神話―正の要素と負の要素」(『日本神話論考　出雲神話篇』笠間書院、一九九二年)

(34) 『出雲国風土記』の引用は、学術文庫によった。以下も同じ。

(35) 中村啓信「大国主と少名毗古那の国つくりの段をめぐって」(『古事記の本性』おうふう、二〇〇〇年)など。

(36) 本文とは別の視点から状況証拠を挙げたものに、三浦佑之「現存風土記を概観する」(『風土記の世界』岩波書店、二〇一六年)がある。三浦は、『古事記』のような出雲の神々とその世界が描かれない点をもって、『出雲国風土記』が『日本書紀』に近いと説いている。

(37) 拙稿「『出雲国風土記』楯縫郡冒頭の意味―出雲国造の意図したもの―」(『国語と国文学』八八―三、二〇一一年)、同「現伝『出雲国風土記』の成立をめぐって」(『国語と国文学』九四―六、二〇一七年)、同「『出雲国風土記』の『日本書紀』受容態度―巻頭付近の記事を中心に―」(『上代文学』一二〇、二〇一八年)。

(38) 千家和比古「「遷宮儀」小考~伊勢神宮と出雲大社」(『兵庫神祇』五九六、二〇一三年)

(39) 荻原千鶴「『出雲国風土記』の時間表象―「大穴持命」と「斐伊川」―」(『風土記研究』三七、二〇一五年)

(40) 國學院大學日本文化研究所編『神道事典』(弘文堂、一九九四年)の「幽事」の項(執筆は西岡和彦)。西岡による「神事」の項は、神事を幽事と同義としている。なお、遠藤潤「国学における「神典」解釈と死後の世界―『日本書紀』一書の「顕幽」を焦点として―」(『平田国学と近世社会』ぺりかん社、二〇〇八年)などに「幽事」をめぐる研究史への言及がある。

(41) 拙稿「『出雲国風土記』の『日本書紀』受容態度」(前掲論注(37))

(42) 諸注釈書では「毘」と校訂される場合が多い。しかし、細川家本をはじめ諸写本には「邑」と記されている。「邑美冷水」(島根郡)、「佐与布云人、来居之。故云二最邑一」(神門郡)のように、当国風土記では「邑」が使用される例もあるので、小稿では「邑」とした。当該条を「邑売埼」とするものに、沖森卓也・佐藤信・矢嶋泉『出雲国風土記』(山川出版社、二〇〇五年)がある。

(43) 吉松大志「土地の名を語る風土記―出雲にあふれる話す神、坐す神―」(『古代出雲ゼミナール―古代文化連続講座記録集―』Ⅱ、島根県・島根県教育委員会、二〇一五年)

(44) 森田喜久男「天平年間成立当初の『出雲国風土記』について」(『古代文化研究』一五、二〇〇七年)。また、島根県立古代出雲歴史博物館は、楯縫郡を下巻の開始とする上下二巻構成で奈良時代の『出雲国風土記』を復元する。なお、森田とは別の観点から、拙稿「『出雲国風土記』楯縫郡冒頭の意味」(前掲注論注(37))でも、当国風土記がもともと二巻構成であったことを論じた。あわせて参照されたい。

※ 引用にあたり、漢字は新字体に改めた。また、分注は〔 〕内にいれた。

『先代旧事本紀』の出雲観
—大己貴神の大三輪神化と杵築社の祭神変更—

伊藤　剣

はじめに

『先代旧事本紀』は、『日本書紀』をはじめとする諸書の切り貼りの中に独自の主張が織り交ぜられた文献である。本書での出雲に関する記事もその例に漏れない。すなわち、『日本書紀』や『古事記』の引用と、両書によらない記事とが混在しているのである。その内容は多岐にわたり、時に矛盾も見られる。このような性格を持つ『先代旧事本紀』であるが、「『日本書紀』と出雲観」という本研究の課題の下で本書を論じるあたり、何を争点化するのか自体が問われもするだろう。

『日本書紀』や『古事記』にあって、出雲の地は、葦原中国の主権をめぐり、天と大己貴神との間で交渉が行われる舞台となっている。このように、出雲は大己貴神が実効支配する葦原中国の中心地とされている。小稿ではこの点を重視し、まずは『先代旧事本紀』巻第四・地祇本紀を中心に、本書における大己貴神や出雲の位置付けを確認する。次いでこの問題が出雲の杵築社の祭神と連動していることを指摘した上で、『先代旧事本紀』が後世に与えた影響について卑見を述べていきたい。

一　『先代旧事本紀』における大己貴神の大三輪神化

一—一　大己貴神の国作りと妻覓譚

はじめに、大己貴神と大三輪神の関係を確認したい。両神の関係をめぐっては、古代文献の間でも揺れが生じている。すなわち、『古事記』では両神を別神とするのに対し、『日本書紀』神代巻第八段一書第六や『古語拾遺』では、亦名で結ばれる同一の神とされるのである。

『先代旧事本紀』における両神の関係は、地祇本紀に掲載される大己貴神が国作りをする場面で確認できる。この一節は、ほぼ『日本書紀』神代巻第八段一書第六の引用で組み立てられている。そのため、本書も大己貴神・大物主神を同一の神としているのではないかと予想されるところだが、実際に確かめてみることにしよう。

于時神光照海。忽吆踊出波浪末。為素装束。持天蘵槍。浮帰来者曰。「如吾不在者。汝何能得平治此国乎。若無我者。何敢得造堅建大造之績哉」。大己貴命問曰。「汝命是誰耶。名字云何」。対曰。「吾是汝之幸魂奇魂術魂之神也」。大己貴命曰。「唯。然廼知。汝是吾幸魂奇魂矣。今欲住何処耶」。対曰。「欲住於日本国青垣三諸山」。則随神願奉斎於青垣三諸山。即営宮使就而居。此大三輪大神。其神之子即甘茂君大三輪君等是也。[1]

傍線部を見てみると、海を照らして来臨した三輪山の神が大己貴神の幸魂奇魂だと説明されている。さらに、これが大三輪神であることも明記されている。大三輪神とは、言うまでもなく大物主神のことである。小稿では、以下、基本的に大三輪神と表記していく。[2]

このような大己貴神・大三輪神の同神説は、地祇本紀の大己貴神に関わる系譜を記す箇所にも明確に記されている。

○次大己貴命。坐倭国城上郡大三輪神社。

○大己貴命。亦名大国主神。亦云大物主神。亦云国造大穴牟遅命。亦云大国玉神。亦云顕見玉神。亦云葦原醜男命。亦曰八千戈神。並有八名乎。其子凡有百八十一神也。

前者は、地祇本紀の説話が終わった後に記載される、素戔嗚尊の子神を列記する箇所の一条である。大三輪神社への鎮座を語る傍線部は、先に引用した大己貴神の国作り条における二つ目の傍線部と符合している。後者は、それに続く大己貴神の子神が列記される箇所の一節である。大己貴神・大物主神が亦名で結ばれており、こちらも両神の関係を明示している。

ところで、『先代旧事本紀』に見られる大己貴神・大三輪神を同神とする立場は、『日本書紀』の文章を取り込んだために起こっただけという表層的な代物などではない。先の大己貴神の国作りに続けて、地祇本紀では左の話が展開される。

大己貴神乗二天羽車大鷲一。而覓レ妾覓レ妻、倆下下二行於茅渟県一。娶二大陶祇女子活玉依姫一。為レ妻。往来之時人非レ所レ知。而密往来之間。女為二妊身一之時。父母疑怪問曰。「誰人来耶」。女子答曰。「神人状来。自二屋上一零入来坐。共覆臥耳」。尓時父母忽欲二察顕一。績レ麻作レ綜。以二針釣一係二神人短裳一。而明旦随レ係尋覓。越レ自二鎰穴一。経二茅渟山一入二吉野山一。留二三諸山一。当レ知二大神一。則見二其綜遺一只有二三縈一号二三輪山一。謂二大三輪神社一矣。

この話は、いわゆる三輪山伝説の型に則って展開されており、『古事記』の崇神天皇条を意識していると考えられる。もっとも、大己貴神が天羽車大鷲に乗って妻覓をする内容は、『先代旧事本紀』に独自なものである。

三輪山伝説の男性の主役は、断るまでもなく三輪山の神である。その三輪山伝説が、三輪山の神(もしくは大物主神)の名ではなく、大己貴神の名で語られている。そのため、活玉依姫への妻問と大三輪神との国作りは、ともに大己貴神の話として、続けざまに記されるようになる。この点をとらえた工藤浩は、大己貴神=大三輪神という主張が前面に押し出されていると指摘した。(3)

工藤の指摘は首肯されるものだが、稿者なりに付言してみたい。三輪山伝説の型を襲う話は、特別な子の誕生に主眼が置かれている。『先代旧事本紀』が意識した『古事記』でも、神の子が誕生した由来を説明する話として掲載されている。『先代旧事本紀』でも活玉依姫は懐妊する。しかし、この話やその前後の記事を含めても、生まれる子への言及がない。また、大己貴神の子を列挙する箇所にあっても、活玉依姫とその子の名は記されない。本書では、大己貴神と活玉依姫との間の子には焦点が絞られないのである。当該条は、大己貴神に大三輪神の立場を奪わせるためだけに記されたと考えざるをえない。

一―二　大己貴神とその妻子

『先代旧事本紀』における大己貴神と大三輪神の関係を考える際は、素戔嗚尊の子が列記される箇所も問われてよい。

次大己貴神。坐二倭国城上郡大三輪神社一。
次須勢理姫神(大三輪大神嫡后也)。

初めの傍線部では、大己貴神が大三輪社に鎮座する神だと説明される。この点は先に触れた。問題になるのは二つ目の傍線部である。『古事記』において、須勢理比売は確かに大穴牟遅神と結婚する。しかし、須勢理姫を「大三輪大神嫡后也」とする説明の仕方には注意が必要になる。

『先代旧事本紀』でも両神の婚姻が語られる。これは、本書が『古事記』の根堅洲国訪問条の話を引用するためである。しかし、『古事記』は大穴牟遅神と大物主神とを別神にしている。須勢理姫神が結婚するのはあくまで大穴牟遅神であって、大三輪神ではない。『先代旧事本紀』の傍線部は、『古事記』の物語と大己貴神・大三輪神を同一神とする認識を組み合わせることではじめて成立する概念なのである。

このように『先代旧事本紀』では、極めて自覚的に大己貴神と大三輪神の同一化が目指されたのである。それでは、『先代旧事本紀』の意図はどこにあったのか。この答えは、大己貴神ばかりでなく、その子神の説明を確認していくと見えてくる。旧稿で言及したが、(4) 大己貴神の系譜記事を見てみよう。

先娶下坐二宗像奥都嶋一神田心姫命上。生二一男一女一。
児味鉏高彦根神。坐二倭国葛上郡高鴨社一。云二捨篠社一。
妹下照姫命。坐二倭国葛上郡雲櫛社一。

次娶下坐二辺都宮一高降姫神上。生二一男一女一。
児都味歯八重事代主神。坐二倭国高市郡高市社一。亦云二甘南備飛鳥社一。
妹高照光姫大神命。坐二倭国葛上郡御歳神社一。
次娶二稲羽八上姫一。生二一児一。児御井神。亦名木俣神。
次娶二高志沼河姫一。生二一男一。児建御名方神。坐二信濃国諏方郡諏方神社一。

大己貴神と同様、その多くの妻子も各地の社への鎮座が説明されている。この内、框を施した神々をとりあげて、葛城系の神(5)、もしくは賀茂系の神(6)として重視する向きもある。しかし、そのような氏族とのつながりという視点とは別に、傍線部のように、いずれも倭の神として説明されているのを問題にしてみたい。

確かに、右の引用文の中には建御名方神の諏方社鎮座の例もある。大己貴神の父素戔嗚尊にはじまる地祇本紀の系譜全体を見渡すと、全国各地に地祇の社が見られるのも無視はできない(7)。しかし、地祇の系譜で嫡流の地位を占めるのは、大己貴神から事代主神へと続く系統である。大己貴神と同一視される大三輪神は、崇神朝の疫病をめぐる話をはじめ、倭を代表する神として、『日本書紀』や『古事記』といった史書の叙述にあたり大きな爪痕を残した神である。また、大己貴神の子神六神の内、事代主神を含めて四神が倭の神とされているのも見落とせないだろう。

このように、『先代旧事本紀』は地祇の主流が倭にあったと語っているかのようである。大己貴神ばかりでなく、その子神までも見合わせたとき、本書は大己貴神が本来帯びていた出雲色を払拭し、代わりに倭色で彩ろうとしたのではあるまいか。小村宏史は、『先代旧事本紀』が『古事記』の八千矛神の歌謡を伴う物語を大幅に省略して引用していることに注目する。小村によれば、これは『古事記』に見られたこの神の倭志向(8)が打ち消されたもので、『先代旧事本紀』においてこの神が倭の三輪山の神と化しているのと呼応しているという(9)。大己貴神やその眷属の倭化を説こうとする小稿にとり、支持される見解である。

ただし、本書内において、大己貴神の出雲からの切り離しが徹底しているとは言い難い。たとえば地祇本紀では、次のような『古事記』の記事が引用される。

此葦原中国者、随レ命既献也。唯僕住所者、如二天神御子之天津日継所レ知之登陀流天之御巣一而、於二底津石根一宮柱布斗斯理、於二高天原一氷木多迦斯理而、治賜者、僕者於二百不レ足八十坰手一隠而侍(10)。

大穴牟遅神が自身の宮に関する要望を記した一節で、杵築社との関わりの中で理解されるものである。これまで確認してきた三輪に鎮座する大己貴神の在り様とは明らかに矛盾する。しかし、右の一条は、本書が諸文献の記事を取り込んだためにもたらされたにすぎないだろう(11)。確かに、大己貴神が出雲の地で天上界との交渉を終えた後、倭へ移動したと言外に語っている可能性も否定しきれない。ただし、この種の齟齬は本書中に散見されるため、穿ちすぎのように思われる。大己貴神の大三輪神化に対し様々な手段を駆使している以上、『先代旧事本紀』としては、この神を出雲の神から倭の神へ定位し直すべく積極的に力を注いでいると考えられる。

一―三　大己貴神を倭の神にした意図

ところで、地祇の対になるのが天神で、『先代旧事本紀』の場合、その代表は物部氏の祖饒速日尊である。本書では、前者の系譜が地祇本紀に、後者の系譜が天孫本紀に記される。地祇本紀・天孫本紀は独立した別々の巻であるとはいえ、説話に続けて延々と系譜が記されていく両本紀の構成の上からも、両者は比較の対象となるように意図されていると判断して差し支えない。

大己貴神の倭化により、地祇の後裔は天孫の後裔とともに、倭にあって同時に天皇に仕えるようになる。もっとも、その待遇に各段の差がみられるのは見過ごせない。

地祇本紀に従えば、その後裔は、人代にあっても天皇に仕えていることになる。中でも事代主神の子の天日方奇日方命は、神武朝の食国政申大夫に就任し、神武・綏靖・安寧三代にわたりその血縁から皇后を輩出してもいる。しかし、その後は尻すぼみになった感が否めない。

一方、天孫本紀の系譜によれば、饒速日尊の子の中でも宇摩志麻治命の系統が代々高位に就いている。その宇摩志麻治命流の人物は、一般に天皇の重臣として国家の柱石であると同時に、石上神宮の奉斎者だと記される[12]。これにより、石上神宮の存在感は否応にも高められる[13]。

事代主神の流れと宇摩志麻治命の流れとの間に格差を生じさせるのは、石上神宮を称揚する『先代旧事本紀』の目的[14]にもかなった行為である。このように、両者は決して対等の地位に置かれているわけではない。大己貴神を大三輪神と一体化させ倭の神に定位した目的は、国の中心たる倭での後裔たちの姿の対比により、天孫系と地祇系との差を際立たせる点に求められる。

これを小稿の冒頭で述べた問題意識と関わらせながらもう少し細かく論じてみると、次のようになる。地祇本紀の系譜は素戔嗚尊に始まり、この神は後で触れるように出雲の杵築に鎮座する。また、『日本書紀』や『古事記』の神話、とりわけ後者では出雲が地祇の世界の中心であるかのように描かれている。しかし、『先代旧事本紀』は、地祇の嫡流たる大己貴・事代主両神を倭の神と明示する。これにより、地祇の世界の中心が出雲から倭へと切り替えられたのである。ここに、出雲を重視する『日本書紀』や『古事記』以来（あるいはそれ以前から）の観念からの転換が見てとれよう。

このような世界観は、地祇本紀ばかりでなく、天孫本紀にも確認できる。

○十市根命。此命。纏向珠城宮御宇天皇御世賜二物部連公姓一。元為二五大夫一。次為二大連一奉レ斎二神宮一。勅二物部十市根大連一曰。「屡遣二使者於出雲国一。雖レ撿二挍其国之神財一。而無二分明奏言者一。汝親行二于出雲国一、宜二撿挍定一」。則十市根大連挍二定神財一分明奏言之矣。仍令レ掌二神宝一者。（宇摩志麻治命流七世孫条）

○物部武諸隅命。新河大連之子。此連公。磯城瑞籬宮御宇天皇即位六十年。詔二群臣一曰。「武日照命従レ天将来神宝。蔵二于出雲大神宮一。是欲レ見焉」。則遣二矢田部造遠祖武諸隅命。使二分明挍定献奏一。復命之時。乃為二大連一奉レ斎二神宮一。（宇摩志麻治命流八世孫条）

天皇本紀・神皇本紀・帝皇本紀の人皇代三巻には、神祇に関係した出来事がほとんど見られない[15]。右の引用は、石上神宮に関するものを除いた数少ない天皇代の神祇関係記事の例で、後者の記事は天皇本紀にも記されている。厳密を期せば、崇神朝時の武諸隅命の検校があった後の垂仁朝時に「屡遣二使者於出雲国一、雖レ撿二挍其国之神宝一、無二分明申言者一」[16]と天皇が発言する天孫本紀は矛盾しているようでもあるが、ここでは不問にする。

さて、両条はともに『日本書紀』を踏まえている。長文になるが、『日本書紀』の該当箇所を引用してみよう。

○崇神紀六十年条

詔二群臣一曰、「武日照命〔一云、武夷鳥。又云、天夷鳥。〕従レ天将来神宝、蔵二于出雲大神宮一。是欲レ見焉」。則遣二矢田部造遠祖武諸隅一、〔一書云、一名大母隅也。〕而使レ献。当二是時一、出雲臣之遠祖出雲振根主二于神宝一。是往二筑紫国一、而不レ遇矣。其弟飯入根、則被二皇命一、以二神宝一、付三弟甘美韓日狭与二子鸕濡渟一而貢上。既而出雲振根、従二筑紫一還来之、聞三神宝献二于朝廷一、責二其弟飯入根一曰、「数日当待。何恐之乎、輙許二神宝一」。是以既経二年月一、猶懐二恨忿一、有二殺レ弟之志一。仍欺レ弟曰、「頃者於二止屋淵一多生レ萎。願共行欲レ見」。則随レ兄而往之。先レ是兄竊作二木刀一。形似二真刀一。当時自佩之。弟佩二真刀一。共到二淵頭一、兄謂レ弟曰、「淵水清冷。願欲二共游沐一」。弟従二兄言一、「各解二佩刀一、置二淵辺一、沐二於水中一」。乃兄先上レ陸、取二弟真刀一自佩。後弟驚而取二兄木刀一。共相撃矣。弟不レ得レ抜二木刀一。兄撃二弟飯入根一而殺之。故時人歌之曰、

椰句毛多菟、伊頭毛多鶏流餓、波鶏流多知、菟頭邏佐波磨枳、佐微那辞珥、阿波礼。

於是甘美韓日狭・鸕濡渟、参二向朝廷一、曲奏二其状一。則遣三吉備津彦与二武渟河別一、以誅二出雲振根一。故出雲臣等、畏二是事一、不レ祭二大神一而有レ間。時丹波氷上人、名氷香戸辺、啓二于皇太子活目尊一曰、「己子有二小児一。而自然言之、『玉萎鎮石。出雲人祭、真種之甘美鏡。押羽振、甘美御神、底宝御宝主。山河之水泳御魂。静挂甘美御神、底宝御宝主也。』是非レ似二小児之言一。若有二託言一乎」。於是皇太子奏二于天皇一。則勅之使レ祭[17]。

○垂仁紀二十六年条

天皇勅二物部十千根大連一曰、「屢遣二使者於出雲国一、雖レ検二校其国之神宝一、無二分明申言者一。汝親行二于出雲一、宜二検校定一」。則十千根大連校二定神宝一、而分明奏言之。仍令レ掌二神宝一也。

傍線部は、『先代旧事本紀』に引用された箇所である。天孫本紀の十市根命条で垂仁紀が抜き書きされたのは、物部氏が神宝に係る由来を説き[18]、同氏の顕彰につながる内容[19]だからである。この論理は、崇神紀を引用した天孫本紀の武諸隅命条にも当てはまる。実際、武諸隅命条では、ただ彼の功が記されるのみで、崇神紀の記事が「使二分明校定献奏一」と書き換えられた上で閉じられている。崇神紀に見られる甘美韓日狭と鸕濡渟による神宝献上後の出雲の内紛や、祭祀をめぐる混乱には、一切言及がないのである。垂仁紀では、天日槍が将来した出石の神宝の検校が話題にされるものの、この事案は『先代旧事本紀』に採用されていない。同じく神宝をめぐる事件であるにもかかわらず、本書の扱いは対照的であるとも言える。これが物部氏の関係の人物との関わりの有無を問題にした結果なのは容易に想像される。

つまり、天孫本紀の十市根命・武諸隅命両条が特記されるのは、出雲が重視されたためではなく、物部氏に関わる人物が神宝の検校に関与したからなのである。先に大己貴神の大三輪神化に関連し、出雲の位置付けが変更されたと述べたが、神宝をめぐる十市根命・武諸隅命の記事の扱いと大己貴神の倭化は、『先代旧事本紀』での出雲の扱われ方として通底しているように思われる。

二　素戔嗚尊の杵築祭神化

二―一　古代文献の杵築神

さて、『日本書紀』神代巻第八段一書第六や『古語拾遺』のように、大己貴神と大物主神が亦名で結ばれる文献もないわけではない。そのため、大己貴神の鎮座社を大三輪神社とする『先代旧事本紀』のような説が唱えられても不思議ではない。

その一方、古代社会にあって、大己貴神は一般に出雲と結び付けられる存在でもある。それでは、『先代旧事本紀』が大己貴神を大三輪社ばかりでなく、杵築社の祭神でもあると説明しているのかというと、決してそうではない。本書はただ前者を挙げるばかりである。前章では大己貴神の大三輪神化の目的に言及したが、本章では、これにより本書の内部に生じた杵築社の祭神の問題を見てみたい。

『先代旧事本紀』において、杵築社の祭神は素戔嗚尊だとされている。

伊弉諾尊。滌二御身一之時。所レ生之神三柱。洗二左御目一時。所レ成之神。名二天照太御神一。洗二右御目一時。所レ成之神。名二月読命一。並坐二五十鈴川上一。謂二伊勢斎大神一。洗二御鼻一之時。所レ成之神。名二建速素戔烏尊一。坐二出雲国熊野杵築神宮一矣。（陰陽本紀）

これは『古事記』を下敷きにしたものだが、傍線部は『先代旧事本紀』に独自な内容である。それでは、素戔嗚尊を杵築社の祭神とする説はどのような考え方から生じたのだろうか。この点の考察にあたり、まずは杵築神に関する数点の文献を確認してみよう。『先代旧事本紀』が確実に成立していた十世紀末までを視野に入れるようにする。

①（須佐能男命――伊藤注）謂二大穴牟遅神一曰、「…略…　意礼為二大国主神一、亦為二宇都志国主神一而、其我之女須世理毘売為二嫡妻一而。於二宇迦能山之山本一、於二底津石根一宮柱布刀斯理、於二高天原一氷椽多迦斯理而居。是奴也」。（『古事記』上巻）

②（大国主神――伊藤注）尓答白之、「僕子等二神随レ白、僕之不レ違。此葦原中国者、随レ命既献也。唯僕住所者、如二天神御子之天津日継所レ知之登陀流天之御巣一而、於二底津石根一宮柱布斗斯理、於二高天原一氷木多迦斯理而、治賜者、僕者於二百不レ足八十坰手一隠而侍。亦僕子等百八十神者、即八重事代主神、為二神之御尾前一而仕奉者、違神者非也」。（『古事記』上巻）

③故、到レ於二出雲一、拝二訖大神一、還上之時、肥河之中、作二黒樔橋一、仕二奉仮宮一而坐。尓、出雲国造之祖、名岐比佐都美、餝二青葉山一而、立二其河下一、将レ献二大御食一之時、其御子詔言、「是於二河下一、如二青葉山一

者、見レ山非レ山。若坐二出雲之石硐之曽宮一、葦原色許男大神以伊都玖之祝大庭乎」問賜也。（『古事記』中巻垂仁天皇条）

④時高皇産霊尊、乃還二遣二神一、勅二大己貴神一曰、「今者聞二汝所言一、深有二其理一。故更條々而勅之。夫汝所治顕露之事、宜二是吾孫治一之。汝則可三以治二神事一。又汝応レ住天日隅宮者、今当供造、即以二千尋栲縄一、結為二百八十紐一。其造レ宮之制者、柱則高大。板則広厚。又将田供佃。又為二汝往来遊レ海之具一、高橋・浮橋及天鳥船、亦将供造。又於天安河、亦造二打橋一。又供二造百八十縫之白楯一。又当主二汝祭祀一者、天穂日命是也」。（『日本書紀』神代巻第九段一書第二）

⑤八束水臣津野命之国引給之後、所レ造二天下一大神之宮将レ奉而、諸皇神等、参二集宮処一杵築。故云二寸付一。[20]（『出雲国風土記』出雲郡杵築郷）

⑥大穴持命乃申給久、皇御孫命乃静坐牟大倭国申天、己命和魂乎、八咫鏡尓取託天、倭大物主櫛𤭖玉命登名乎称天、大御和乃神奈備尓坐、己命乃御子阿遅須伎高孫根乃命乃御魂乎、葛木乃鴨能神奈備尓坐、事代主命能御魂乎、宇奈提尓坐、賀夜奈流美命能御魂乎、飛鳥乃神奈備尓坐天、皇孫命能近守神登貢置天、八百丹杵築宮尓静坐支。[21]（「出雲国造神賀詞」）

⑦謂。天神者。伊勢。山城鴨。住吉。出雲国造斎神等類是也。地祇者。大神。大倭。葛木鴨。出雲大汝神等類是也。常典者此令所レ載祭祀事條是也。釈无レ別也。自二大汝神一以上。古記亦无レ別也。[22]（『令集解』神祇令）

⑧出雲国従二位勲七等熊野神。従二位勲八等杵築神並授正二位。[23]（『日本三代実録』貞観九年（八六七））

⑨出雲国解文依有仰、召右衛門督於弓場殿下給之、彼国言上云々、熊野・杵築両神致斎廃務之間、不能紀定犯人等之事、[24]…略…（『権記』長徳元年（九九五）十月）

①から③は『古事記』である。①をめぐり、杵築社に関するものと見るかどうかには議論もある。しかし、「宇迦能山」は杵築郷に隣接する宇賀郷と無縁ではないと思われ、杵築社に関わると判断して問題なかろう。[25]①でこそ、須佐能男命は大穴牟遅神に指令する重要な存在として登場する。しかし、この神が杵築社の祭神として描かれるわけではない。②・③からも大穴牟遅神との関係をみてとるべきであることは多言を要しない。

④は『日本書紀』神代巻第九段一書第二である。これは、『日本書紀』が語る杵築大社の起源と考えられている。大己貴神の処遇をめぐり出雲側に最も有利な所伝で、天が造営する大己貴神の宮が天日隅宮と呼ばれている。

⑤『出雲国風土記』である。ここでは寸付なる地名の起源が、所レ造二天下一大神すなわち大穴持命のために諸神が参集し、宮を築いた点に求められている。なお、引用は省略したが、楯縫郡総記には④の世界観をふまえて天上界が杵築宮の造営に関わった旨が記されている。[26]

⑥は『延喜式』に収められる「出雲国造神賀詞」の一節である。ここでは大穴持命の杵築への鎮座が明記されるばかりでなく、和魂が大御和にあるとも述べられている。大穴持命を大三輪神と同神とする立場をとるのであれば、極めて自然な見解だと言えるだろう。

⑦は『令集解』の中に示される説である。「原「古記」は天平十年前後に成立したと考えられており、[27]少なくともその時点では、出雲国造斎神・出雲大汝神の二神が天神・地祇を代表する神と認識されていたのが分かる。この見解は『令集解』の段階でも踏襲されている。ここでは素戔嗚尊の名が出てこない。『先代旧事本紀』は令解釈の世界を踏まえたわけでもなさそうだ。なお、出雲国造斎神を熊野神に、出雲大汝神を杵築神にあてるのが通説である。

⑧は『日本三代実録』である。引用したのは貞観九年の記事だが、これに先立つ『文徳天皇実録』仁寿元年（八五一）九月条・『日本三代天皇実録』貞観元年（八五九）正月条・同五月二十八日条にも位階が上げられる記事がある。

⑨は藤原行成の日記『権記』である。出雲国造の神賀詞をめぐる『延喜式』の規定とも符合するところがあるため、それとの関連でとりあげられている。[28]従って、⑥にみた神賀詞の内容からしてみても、素戔嗚尊の名が記されないのはある意味当然かもしれない。

以上、諸史料を見渡してきたが、素戔嗚尊が杵築神とされるような記事は一つも見当たらなかった。『先代旧事本紀』が素戔嗚尊を杵築神とする説は、平安前期までにあって異例中の異例であったと言わざるをえない。そこで次に、節を改めて素戔嗚尊祭神化の理由やその背景を考えてみたい。

二―二　素戔嗚尊の杵築神化とその背景

前章で述べたように、『先代旧事本紀』が大己貴神に対して周到な手続きをとったのは、どうしてもこの神を三輪の祭神にしたかったためである。それに比して、杵築の祭神として素戔嗚尊の名を挙げるのは、前節で見た古代社会の在り様からしても特異な例である。何等の伏線もないこの説明の仕方は、読者に対し唐突にすぎる印象すら与えてしまおう。本書が素戔嗚尊の杵築神化と大己貴神の大三輪神化のどちらに重きを置いているかを天秤にかけたとき、後者の方に傾くのは明らかだ。

以上の点からすると、『先代旧事本紀』の目的は大己貴神の大三輪神化にこそあり、結果として空白が生じてしまった杵築社の祭神に素戔嗚尊をあてたと考えられるのではなかろうか。本書は神社に関心を寄せており、各地の祭神に言及していく。素戔嗚尊の杵築社祭神化もその一環である。こう述べてくると、両者を結び付ける行為そのものによって主張するべき特段の意図はなかった可能性も検討されてよいのではなかろうか[29]。

これはこれで大事な問題である。しかし、今は横に措き、本節では杵築という地名と大己貴神の関係を論じたい。旧稿では、本書が下敷きにする『日本書紀』『古事記』『古語拾遺』にあって、大己貴神が杵築なる地名とともには現れないばかりか、杵築の地名はこれらの三つの文献に記されさえしないと指摘した[30]。しかし、問題は『日本書紀』以下三書のみに収まるものでない。前節で見渡した史料の全てに注意を払わねばなるまい。

改めて史料①から⑨を眺めてみると、大己貴神の名が記される記事には杵築の地名がなく（①②③④⑦）、杵築の地名があるものには大己貴神の名がない（⑧⑨）。その中にあって、⑤⑥のみ大己貴神と杵築とが直接結び付けられている。⑤『出雲国風土記』や⑥「出雲国造神賀詞」には、杵築社を奉斎する出雲国造の強烈な自己主張が認められるが、⑤⑥が持つ言説空間への影響力は、さして大きくはなかったと思われる。大己貴神と杵築との関係が、この二文献を除く諸史料に明記されないという、いわば盲点にこそ、素戔嗚尊を杵築社の祭神へと押し込んでいく余地があったと考える。

もっとも、杵築社の祭神変更にあたり、どの神でもよかったのではあるまい。素戔嗚尊と大己貴神は、『日本書紀』『古事記』ともに密接な間柄にある。当然ながら両神の関係も無縁ではなかっただろう。さらに、権東祐が『日本書紀』『古事記』に素戔嗚尊の鎮座記事がないと指摘した点も注目に値しよう[31]。古代神話の体系において、極めて重要な役割を果たす素戔嗚尊であるからこそ、杵築社の祭神として白羽の矢が立てられたのである。

三　『先代旧事本紀』の素戔嗚尊祭神説の評価

三―一　『先代旧事本紀』の素戔嗚尊祭神説に対する平安時代前期の評価

それでは、杵築社の祭神を素戔嗚尊に特定する『先代旧事本紀』の内容は、どのように受けとめられたのだろうか。本章では、『先代旧事本紀』成立後に展開された杵築社をめぐる言説を見てみたい。本節では『釈日本紀』が引く「私記」の一節をとりあげる。

・天日隅宮

私記曰。

①問。此何処哉。答。出雲国杵築社。是大己貴神也。其社之制高大也。世号二之出雲大社一。已叶二此紀一書文一。以レ之案レ之、以二杵築社一、称二日隅宮一歟。

②又問。日隅宮者、是伊弉諾尊、留二宅近江国犬上郡多賀一之宮也。以三其在二東北隅一、謂二之日隅宮一。然者、以二杵築社一、豈称二日隅宮一哉。或説、大己貴与二日吉神一同体。云〻。今近江国志賀郡比叡山、依レ為二東北方一、若同称二日隅宮一歟。答。以二近江国多賀宮一、称二日隅宮一、以二出雲国杵築社一、又称二日隅宮一者。師説云、日者火也。火者午也。午者以二南方一為二正位一。因レ茲、夏至五月之時、日出二寅方一、入二戌方一。是王気正位之時節也。以レ之案レ之、多賀宮在レ艮者、日出方之隅也。杵築社在レ乾者、日入方之隅也。仍共得二此号一。今此処加二天字一。是乾為レ天

之故、号二天日隅宮一。又大己貴神与二日吉神一同体之條、見二何書一哉。如二先代旧事本紀文一者、大己貴神之弟大年神之子大山咋神。此神者、坐二淡海《アフミ》之比叡山一。又坐二葛野郡松尾一、用二鳴鏑一之神也。云々。然則、松尾与二日吉一同体也。大己貴神与二日吉一、不レ可レ謂二同体一歟。(32) …略…

この問答では、②に続け、神代の天にあって杵築社が北西に位置すると判断された根拠を挙げるよう求める問と、神代にあっても大倭国が中心であり、出雲が北西の方角にあたる位置付けは動かないとの返答が展開されていく。しかし、ここではそれは省略し、①②の二つの問答のみを引用した。

『釈日本紀』に見られる言説は、必ずしも卜部兼方による編纂の段階で初めて主張されたものとは限らない。そのため、『釈日本紀』に言及する際は注意を払わねばならなくなる。(33) ただし、旧稿で検討した結果、右の問答は承平六年（九三六）から天慶六年（九四三）に実施された日本書紀講莚に係るものだと考えられる。(34) その詳細は旧稿に譲り、今は杵築社と『先代旧事本紀』に関わる点のみ簡単に確認していきたい。

①は天日隅宮の比定社に関する問答である。ここでは杵築社を出雲大社と号する由などの諸事項が記されているが、小稿の関心からは、杵築社の祭神が大己貴神だと明記されているのが注意される。②は杵築社を日隅宮と称する理由に関する問答である。日隅宮の名称が夏至五月の太陽の動きに基づいていると説明されるなど、ここでの論点は多岐にわたるが、小稿の関心からは、『先代旧事本紀』に言い及んでいるのを見過ごすわけにはいかない。

この「私記」では、問の箇所で日吉に鎮座する神と大己貴神とを同体とする或説が紹介される。それに対する答えでは、日吉神は松尾神と同様に大山咋神であると述べられ、或説が退けられる。『先代旧事本紀』はその論拠として用いられるのである。『先代旧事本紀』として引用される箇所は、実は本書が『古事記』に基づき記したものである。しかし、この問答で持ち出されるのは『先代旧事本紀』の方である。この点に気をとめれば、『先代旧事本紀』の権威のほども十分に窺い知ることができよう。(35)

もっとも、この「私記」における『先代旧事本紀』の扱いには揺れも生じている。問答②で『先代旧事本紀』を重んじた人物も、問答①では、杵築社の祭神を『先代旧事本紀』の唱える素戔嗚尊とはしない。大己貴神であるという常識的な見解を示している。このように、『先代旧事本紀』に対する姿勢が問答①②で異なっているのである。『先代旧事本紀』は日本紀講莚の中で価値を見出され重要視されていった文献である。(36) ところが、素戔嗚尊の杵築祭神説に関しては、本書の価値を喧伝する日本紀講莚の中にあっても容認されなかったようだ。

三―二　『先代旧事本紀』の素戔嗚尊祭神説に対する十二世紀の評価

ところが、十二世紀後半の『長寛勘文』では、杵築社をめぐる『先代旧事本紀』の位置付けが異なる形で現れている。『長寛勘文』は、甲斐国の熊野社領をめぐる訴訟の中でまとめられたものである。ここではその中から、太政大臣藤原伊通による長寛二年（一一六四）四月二日付の勘申を引用する。

出雲国熊野杵築神事。

延喜神名式云。出雲国意宇郡熊野坐神社。〔明神大。〕。速玉神社。〔大。〕旧事本紀曰。次洗二御鼻一之時。所レ成神名二速素戔烏尊一。坐二出雲国熊野杵築神宮一云々。

愚按。…略… 出雲国并紀伊国熊野似二同神一。若其方付無二相違一。可レ謂二同神一者。是已素戔烏尊也。(37)

この事件では、熊野権現と伊勢神宮とが同体であるか否かが問われる。そうした性格を持つ文書の中で、傍線部のように『先代旧事本紀』が引用されている。(38)『長寛勘文』では、『先代旧事本紀』のみが論拠にされるわけではなく、様々な文献が引用されている。何より杵築社の祭神を論じる小稿で、熊野を争点とする事件の勘文をとりあげるのは、不適切な史料利用にあたる虞もある。

以上のような懸念が存在するのは事実だが、それでもこの勘文の中で、自説展開の論拠として『先代旧事本紀』が用いられているのは、本書の位置付けを考える際に重視されてよい。素戔嗚尊の鎮座地をめぐる『先代旧事本紀』の記事に対し、ここには前節で見た「私記」と異なる態度が認められる。というのも、『先代旧事本紀』の記事に対する信用がないと、この勘文は説得力を持たないからである。ここに、素戔嗚尊を杵築社の祭神とする説の社会的な存在感の高まりが認められよう。

稿者は、『先代旧事本紀』の記事の位置付けが変化した背景を論じきる力を持たない。しかし自分なりに次のように憶測してみたい。

平安時代には計六度実施された日本書紀講莚（①弘仁三年（八一二）から同四年）・②承和度（承和十年（八四三）から同十一年）、③元慶度（元慶二年（八七八）から同五年）、④延喜度（延喜四年（九〇四）から同六年）、⑤承平度（承平六年（九三六）から天慶六年（九四三）、⑥康保度（康保二年（九六五）に開始するも終了時は不明）も、康保度以後は途絶えてしまう。こうした状況にあって、杵築社の神威のほどは十分に認識されながらも、諸文献に明記されないその祭神の固有名が次第に曖昧になり、分からなくなっていった可能性も考えられて然るべきではなかろうか。

この前提の下に、先に見た長寛二年の勘申が記される時代の『日本書紀』をめぐる環境を確認してみよう。類聚本系統の『江談抄』では、日本紀を見たかが問われるばかりでなく、それが舎人親王の撰だとする極めて基礎的な事項が話題になっている。これをめぐり、吉原浩人は十二世紀初頭にあっては、日本紀を見ることすら容易にはできない環境にあったことや、この頃の知識階層には日本の古代史に関する情報が欠けていた可能性を指摘する(39)。また、小峯和明は、「院政期にはこうした記紀に源流をたどりうる話題がさまざまに変容、変形し、語りつがれていたことが確認できるのであって、『江談抄』にいう『日本書紀』が読まれなくなっていたらしい状況とも対応している」と述べている(40)。

さらに慈円の『愚管抄』にいたっては、「日本紀以下律令ハ我国ノ事ナレドモ、今スコシ読トク人アリガタシ(41)」（巻第二）と記されるようになる。慈円の目には、十二世紀の人間がこれらの文献を読みこなせなくなってしまっているように映じたのである。

中世になると、杵築社の祭神を素戔嗚尊とする説が広く見られるようになる(42)。承平度の「私記」では継承されていた大己貴神を祭神とする考え方も、中央にあっては時代の流れとともに失われていったと考える次第である。

三―三　『先代旧事本紀』の享受のされ方

杵築社は、その顛倒や再建がしばしば政治問題化するように(43)、古代を通じて中央でも存在感を保っていた。しかし、第二章で確認したように、十世紀末頃までの文献は、『出雲国風土記』や「出雲国造神賀詞」を除き、杵築神の名を明記しなかったり、大己貴神が杵築神であると明記しなかったりする状況であった。

これに対し、『先代旧事本紀』はそれを断定的に明示している。本書は素戔嗚尊を持ち出した内容もさることながら、祭神を記載するというそもそもの行為自体にも特異性が認められる文献なのである。第二章第二節で述べたように、『先代旧事本紀』には神社やその祭神に関心を寄せる傾向が認められる。このような観点からすると、本書が後世に諸社の祭神を説明する際の根拠として示されるようになるのは当然だろう(44)。その一例を、諏方社と建御名方神の関係をめぐる『釈日本紀』巻第十五の「信濃須波水内神」条に見てみよう。

①神名帳曰。信濃国。
　諏方郡南方刀美神二座。〔並名神大。〕
　水内郡健御号方富命彦神別神社。〔名神大。〕
②旧事紀〔第三〕曰。　…略…
③又曰。〔第四。〕建御名方神、坐㆓信濃国諏方郡諏方神社㆒。

②の省略箇所には、『日本書紀』神代巻第九段にもとづく事代主神の話や、『古事記』にもとづく建御名方神の話が記される。①から③は「信濃須波水内神」に係ると判断された記事が集められたもので、③では『先代旧事本紀』が①の『延喜式』とともに祭神の特定に用いられている。

この諏方社と建御名方神の関係について、諸文献を博捜した工藤浩は次のように述べている。

『古事記』の享受が本格化するのは江戸期に入ってからのことであり、それ以前は『先代旧事本紀』が『日本書紀』についで一般的な文献であったと言われる。その結果「地祇本紀」の系譜は『先代旧事本紀』編者の意図するところを越え、神祇信仰の体系化に寄与するところとなった。

タケミナカタという神名の定着には、『古事記』よりも、その引用から成った『先代旧事本紀』の果たした役割の方がはるかに大きかったと見るべきである[45]。

信濃国での建御名方神の祭祀の在り様に関し、工藤は『先代旧事本紀』の鎮座記事が与えた影響力を強調している。杵築社とその祭神の関係について見通す際も、この見解が参考になるように思われる。

江戸期に偽書説が出されるまで、『先代旧事本紀』はたいへんな権威を負っていた。この点も無視しえないが、諸社の祭神に関し、本書が『日本書紀』をはじめとする諸文献の間隙をついた形になっているのも重要な意味を持っていただろう。杵築社の素戔嗚尊祭神説が受け容れられていくのも、本書による祭神の明記に求められるのではなかろうか。『長寛勘文』に見られる『先代旧事本紀』の引用は、こうした文脈の中に位置付けられる。承平時の日本書紀講莚にあっては、奇説として顧みられなかった『先代旧事本紀』の素戔嗚尊祭神説も、十二世紀の中央[46]にあっては、極めて貴重な資料として認定されるようになっていたと想定されるのである。

なお、本節の話題からは横道にそれるが、平安期の出雲観と関わることとして、『釈日本紀』の天日隅宮をめぐる問答①に戻り、一点付言しておきたい。出雲大社の号についてである。

出雲大社号に関し、井上寛司は、鎌倉後期に成立した『百錬抄』の「康平五年（一〇六二）二月十二日、諸卿、定申出雲大社顚倒並吉備津宮焼亡事[47]」とあるのが文献上の初出とする。そして井上は、「「出雲大社」の称号の成立は、出雲における古代から中世への転換、及び杵築大社が熊野大社に代わって出雲国内第一位の地位を確立したことを示す象徴的な出来事であった」と結論付けていく[48]。井上論は、杵築社の社殿再建を契機に出雲国内の制度の見直しが図られていったと述べたものである。杵築社に対する熊野社の優位性を窺わせる記事は、平安時代を通して絶えず確認され、熊野社の権威がたちどころに消滅したわけではない。しかし、杵築社の歴史における康平五年という年の重要性を指摘した井上論の意義は、今後も揺らがないだろう。

もっとも、出雲大社号が用いられた年代をめぐっては、見直されてもよさそうだ。文献上で使用される出雲大社号の例は、承平度の日本書紀講莚に係る「私記」の方が、百年以上先になる。この「私記」は、平安時代前期の『先代旧事本紀』の受容状況の手掛かりとなるばかりでなく、出雲大社史の上でも重要な史料となる。

おわりに

以上、粗々と述べ来ったので、最後に簡単に振り返ってみる。まず、地祇本紀中の大己貴神の位置付けに言及した。地祇本紀では、大己貴神をめぐる系譜条の説明に独自の操作の跡が認められるのをはじめ、この神を大三輪神として強く位置付けようとしているのを確認した。これは、先行文献の間で三輪神との関係に揺れがある大己貴神の位置付けの問題と無縁ではないと思われるが、『先代旧事本紀』は、その倭化を強く押し進めようと試みている。本書が大己貴神に対し様々な手段を駆使するのは、出雲の神とされていたこの神を、倭の神として積極的に認定するためである。さらに、大己貴神の子神の鎮座社の明示や、高市社の祭神事代主神とその子孫を本流とすることで、素戔嗚尊に始まる地祇たちの中心地も倭色で濃厚に色付けられていく。これは、宇摩志麻治命流の天孫の子孫と事代主神流の地祇の本流とを対比させ、後者に対し各段に厚遇される前者の後裔たる物部氏や、彼等に奉斎される石上神宮を称揚するための措置であった。

次いで、『先代旧事本紀』における杵築社の問題に触れた。『先代旧事本紀』が唱えた素戔嗚尊を祭神とする見解は、当初この書を称揚する日本紀講莚の世界にあっても相手にされていなかった。しかし、『先代旧事本紀』が杵築の地名とともに祭神名を記す特異な文献であったために、日本紀講莚もなくなった時代にあって、本書が大きな意味を持つに至ったとの見通しを述べた。『先代旧事本紀』が作り出した新たな言説が平安時代末の中央で花開いていた様子を示しているのが、『長寛勘文』である。

以上、『先代旧事本紀』の出雲観という稿者に与えられテーマに対し、本書が地祇の世界の中心を出雲から倭へと転換しようとしたことと、杵築社の祭神に関し、本書が後世へ多大な影響を及ぼした経緯を指摘したことをもって、責を塞いだものとしたい。

註

（1）『先代旧事本紀』の引用は、神道大系によった。以下も同じ。
（2）『古事記』や『日本書紀』の研究では、ここで大物主神の名ではなく大神の神とあることが問題にされる（谷口雅博「大物主神の位置付け」（『古事記の表現と文脈』おうふう、二〇〇八年）、植田麦「成長する大物主神」（『實踐國文學』九一、二〇一七年）など）。ただし、小稿の大勢に影響を与えるものではないため、小稿ではこの点に立ち入らない。
（3）工藤浩「スサノヲ後裔系譜―「地祇本紀」の構想―」（『氏族伝承と律令祭儀の研究』新典社、二〇〇七年）
（4）拙稿「地祇本紀のオホナムチ―系譜の分析を中心に―」（工藤浩編『先代旧事本紀論―史書・神道書の成立と受容―』花鳥社、二〇一九年）。なお、本章の内容はこの拙論を発展させたものである。
（5）鎌田純一・上田正昭「『先代旧事本紀』に見る日本古代国家」（『日本の神々　「先代旧事本紀」の復権』大和書房、二〇〇四年）
（6）工藤浩前掲論注（3）
（7）拙稿「巻第四「地祇本紀」」（『歴史読本』五三―十一、二〇〇八年）
（8）松本直樹「トヨタマビメとスセリビメ―異界王の女―」（『古事記神話論』新典社、二〇〇三年）
（9）小村宏史「『先代旧事本紀』における出雲系神格の位置―「天璽瑞宝十種」の造形に関する一試案―」（工藤浩編前掲書注（4））
（10）『古事記』の引用は、神道大系によった。以下も同じ。
（11）旧事紀がとった手法のねらいをめぐっては、神野志隆光「一元化への運動」（『古代天皇神話論』若草書房、一九九九年）、松本直樹「先代旧事本紀の「神話」―古事記神話の引用―」（青木周平編『古事記受容史』笠間書院、二〇〇三年）、津田博幸「日本書紀講莚と先代旧事本紀」（『生成する古代文学』森話社、二〇一四年）に、それぞれ別の立場からの論がある。
（12）阿部武彦「先代旧事本紀」（『国史大系書目解題』上、吉川弘文館、一九七一年）
（13）松本弘毅「先代旧事本紀の人代巻」（『古事記と歴史叙述』新典社、二〇一一年）
（14）本位田菊士「先代旧事本紀の成立―物部氏研究序説―」上・下（『神道史研究』一三―二・三、一九六五年）
（15）工藤浩「人代記事・国造本紀の構成」（前掲書注（3））
（16）垂仁紀の「雖レ検二校其国之神宝一、無二分明申言者一」に関し、長野一雄「物部氏と出雲―古代豪族物部氏の動向―」（『上代文献の出雲―記紀でなぜ出雲が重視されたか―』新典社、二〇〇五年）は、「明確に報告しなかったというのは、出雲側の抵抗があってできにくかったか、神の祟りを畏怖して神宝に触れるのを恐れたか、用途を明確にできにくかったか、であろう」と述べている。
（17）『日本書紀』の引用は、井上光貞監訳『日本書紀』（原文校訂は林勉）によった。以下も同じ。
（18）小林真美「物部十市根」（前掲書注（7））
（19）志田諄一「物部氏伝承の成立」（『研究紀要（茨城キリスト教短大）』七、一九六七年）
（20）『出雲国風土記』の引用は、学術文庫によった。以下も同じ。
（21）「出雲国造神賀詞」の引用は、日本古典文学大系によった。
（22）『令集解』の引用は、新訂増補国史大系によった。
（23）『日本三代実録』の引用は、新訂増補国史大系によった。
（24）『権記』の引用は、増補史料大成によった。
（25）三浦佑之「出雲とはいかなる世界か」（『出雲神話論』講談社、二〇一九年）
（26）拙稿「『出雲国風土記』の『日本書紀』受容態度―巻頭付近の記事を中心に―」（『上代文学』一二〇、二〇一八年）
（27）嵐義人「古記の成立と神祇令集解」（荊木美行編『令集解私記の研究』汲古書院、一九九七年）
（28）井上寛司「国造出雲氏の杵築移住」（大社町史編集委員会編『大社町史』上、大社町、一九九一年）は、出雲吉忠の国造就任に関連する記事と解している。
（29）権東祐「『先代旧事本紀』におけるスサノヲの変貌」（『スサノヲの変貌―古代から中世へ―』法藏館、二〇一三年）は、葦原中国が「「地祇」の異なる表現」であるとする解釈の下に、スサノヲが「「地祇」である出雲（葦原中国）の始祖」であるために杵築社の神にされたと理解している。『先代旧事本紀』にあって素戔鳴尊が地祇の祖とされるのは事実だが、本文中に述べたように、小稿は素戔鳴尊と杵築社の関係を、大己貴神の三輪神化に伴う副産物ととらえる立場である。
（30）拙稿「平安時代前期の『先代旧事本紀』の受容状況―『釈日本紀』所引「私記」における〈天日隅宮問答〉を手掛かりに―」（『上代文学』一二五、二〇二〇年）。なお、本章の内容はこの拙論を発展させたものである。
（31）権東祐前掲論注（29）
（32）『釈日本紀』の引用は、神道大系によった。以下も同じ。
（33）石崎正雄「延喜私記考（中）―釈日本紀に引く日本書紀私記（六）―」（『日本文化』四三、一九六六年）、鈴木啓之「釈日本紀所引古事記の問題点」（『古事記の文章とその享受』新典社、二〇一一年）
（34）拙稿前掲注（30）
（35）渡邊卓「『先代旧事本紀』と祭祀―『釈日本紀』にみる呪力の受容―」（工藤浩編前掲書注（4））が、一般論として「講莚の記録では「日本紀私記」に『先代旧事本紀』が登場する意味は、『日本書紀』の対校文献としての認識だけではなく、引用自体に権威が伴っていたといえる」と指摘している。

なお、小稿では引用は省略したが、承平度の「私記」では、史書のはじめとなる文献を『先代旧事本紀』とし、『古事記』よりも成立が早いという認識が示されている。

(36) 津田博幸前掲論注(11)、斎藤英喜「『先代旧事本紀』の言説と生成―〝変成する古代神話〟論のために」(『古代文学』三七、一九九八年)

(37) 『長寛勘文』の引用は、群書類従によった。

(38) 『先代旧事本紀』は、素戔嗚尊の鎮座社を「坐二出雲国熊野杵築神宮一矣」と記している。この「熊野杵築」に関し、稿者は「熊野・杵築両宮」と理解するが、「熊野ノ杵築」と訓読する立場もある(菅野雅雄『先代旧事本紀【前篇】』(新人物往来社、二〇〇八年)など)。この訓には、大地名熊野の中の小地名杵築という認識があると推測される。しかし、第二章第一節で触れた諸史料では、熊野と杵築とが別社だと認識されている。従って、当時の中央の人間には、『先代旧事本紀』の記事を熊野・杵築両宮の意としてしか理解されなかったのではあるまいか。なお、「熊野・杵築」の二宮を指すと理解する説に、石塚尊俊「出雲大社の成立と発展」(同編『出雲信仰』雄山閣出版、一九八六年)などがある。

(39) 吉原浩人「院政期の日本紀享受」(『国文学　解釈と鑑賞』六四―三、一九九九年)

(40) 小峯和明「中世説話と日本紀」(前掲書注(39))

(41) 『愚管抄』の引用は、日本古典文学大系によった。

(42) 古代・中世期の杵築社祭神をめぐる諸説に関しては、井上寛司「「出雲神話」における古代と中世―スサノヲ論を中心に―」(『出雲古代史研究』一〇、二〇〇〇年)に詳しい整理がある。

(43) 大日方克己「長元四年の杵築大社顛倒・託宣事件―平安時代の出雲、杵築大社と受領をめぐって―」(『アジア遊学』一三五、二〇一〇年)、佐伯徳哉「天仁・永久の出雲国杵築大社造営と白河院政の台頭―院政権力・源義親の乱と山陰諸国―」(『中世出雲と国家的支配―権門体制国家の地域支配構造―』法藏館、二〇一四年)など。

(44) 間枝遼太郎「『先代旧事本紀』の受容と神話の変奏―神社関連記事の利用をめぐって―」(『國學院雑誌』一二一―十、二〇二〇年)が、神社と神話の結び付きに注目する立場にもとづき、『旧事本紀』は、神社の記述が集中しているという特性から、神社について説明を加えるために抄出・引用される場合が多かった」と指摘している。

(45) 工藤浩「スサノヲ後裔系譜序説―タケミナカタ神の定位―」(前掲書注(3))

(46) 小稿は、中央における杵築社祭神をめぐる認識を問題にしたものである。当の出雲国での素戔嗚尊祭神説について、井上寛司「簸川平野の開発と大社祭神の転換」(前掲書(28))は、国造が意宇郡から杵築へと移住する十世紀の以後に本格化したと述べている。井上によれば、素戔嗚尊はこの地域の開発が盛んに進められていく際の精神的支柱として信仰されたのであり、杵築社の祭神化も『先代旧事本紀』とは異なる思想の下に定着していったという。

(47) 『百錬抄』の引用は、新訂増補国史大系によった。

(48) 井上寛司「「出雲大社」の成立」(前掲書注(28))

※　引用にあたり、漢字は新字体に改めた。また、分注は〔　〕内にいれた。

『日本書紀』と「出雲国造神賀詞」『出雲国風土記』の国譲り

佐藤雄一

問題の所在

和銅六年（七一三）にいわゆる風土記撰進の官命が出された後、現存する五風土記（常陸・播磨・出雲・肥前・豊後）のうち、常陸・播磨はほどなく編纂され、残りの三か国についても、およそ天平期には成立をみたとされる。天平五年（七三三）勘造の奥書を有する『出雲国風土記』（以下、『風土記』とも）に関していえば、ほぼ同時期に編纂された『古事記』（七一二年）『日本書紀』（七二〇年）、なかでも『日本書紀』（以下、『書紀』とも）との関係については、これまで主に『出雲国風土記』が出雲国造出雲臣によって勘造された点、『風土記』との相違点等から、その独自性が評価されてきた。[1]一方、近年では『出雲国風土記』における『書紀』の受容に関しても指摘されている。[2]その中でも、とりわけ『書紀』と『風土記』との国譲りの場面が焦点とされてきた。

国譲りに関しては、出雲国造の新任に伴って奏上された「出雲国造神賀詞」においても述べられている。神賀詞奏上儀礼をとりまく諸問題については、既に多くの研究が蓄積されている[3]ものの、その成立時期・性格等については、未だ決着がついた訳ではない。したがって、『書紀』と『風土記』、「神賀詞」三者の関係性について検討する余地はあるものと考える。本論においては、『書紀』の受容という視点から三者にみえる「国譲り」に関する叙述を分析し、それぞれの関係性について検討していくこととする。そのうえで、本研究事業の視座に即して、出雲国造出雲臣が表現する「出雲観」という観点から考察する。

なお、『日本書紀』は日本古典文学大系本[4]を、『続日本紀』は新日本古典文学大系本[5]を、『出雲国風土記』は山川本[6]を、『延喜式』は集英社本[7]を用い、一部を私に改めて書き下した。

本論においては『日本書紀』神代下第九段一書第二が全体を通した検討対象となるため、以下主要部分を抜粋する。

【史料1】『日本書紀』神代下第九段一書第二

一書に曰く、天神、経津主神・武甕槌神を遣して葦原中国を平定めしむ。《中略》既にして二神、出雲の五十田狭の小汀に降到りて、大己貴神に問ひて曰はく、「汝、将に此国を以て、天神に奉らむや以不や。」とのたまふ。対へて曰はく、「疑う。汝二神は、是吾處に来ませるに非ざるか。故、許さず。」とのたまふ。是に、経津主神、則ち還り昇りて報告す。時に高皇産霊尊、乃ち二神を還し遣して、大己貴神に勅して曰はく、「今、汝が所言を聞くに、深く其の理有り。故、更に條にして勅したまふ。夫れ汝が治す顕露の事は、是吾孫治すべし。汝は以て神事を治すべし。又汝が住むべき天日隅宮は、今供造りまつらむこと、即ち千尋の栲縄を以て、結ひて百八十紐にせむ。其の宮を造る制は、柱は高く太し。板は広く厚くせむ。又田供佃らむ。又汝が往来ひて海に遊ぶ具の為には、高橋・浮橋及天鳥船、亦供造りまつらむ。又天安河に、亦打橋造らむ。又百八十縫の白楯供造らむ。又汝が祭祀を主らむは、天穂日命、是なり。」とのたまふ。

是に、大己貴神報へて曰さく、「天神の勅教、如此慇懃なり。敢へて命に従はざらむや。吾が治す顕露の事は、皇孫当に治めたまふべし。吾は退りて幽事を治めむ。」とまうす。（傍線筆者）

一　「出雲国造神賀詞」と出雲臣

一―一　史料上にみえる神賀詞奏上儀礼

まず、本論の検討対象となる神賀詞本文を確認したい。長文ではあるが、主たる検討対象であるため、全文を挙げることとする。

【史料2】「出雲国造神賀詞」（『延喜式』祝詞29出雲国造神賀条）

A　八十日日はあれども、今日の生日の足日に、出雲国の国造姓名、恐み恐みも申し賜はく、挂けまくも恐き明つ御神と大八島国知ろし食す天皇命の大御世を、手長の大御世と斎ふと〈もし後の斎ひの時には、後の字を加へよ〉して、出雲国の青垣山の内に、下つ石根に宮柱太知り立て、高天原に千木高知り坐す伊射那伎の日真名子、かぶろき熊野大神櫛御気野命、国作り坐しし大穴持命、二柱の神を始めて、百八十六社に坐す皇神等を、某甲《それがし》が弱肩に太襷挂けて、いつ幣の緒結び、天のみかひ冠りて、いつの真屋に麁草をいつの席と刈り敷きて、いつへ黒益し、天の瓶わに斎みこもりて、志都宮に忌み静め仕え奉りて、朝日の豊栄登りに、いはひの返事の神賀の吉詞、奏し賜はくと奏す。

B　高天の神王、高御魂命の、皇御孫命に天下大八島国を事避《さ》り奉りし時、出雲臣等が遠つ祖天穂比命を、国体見に遣はしし時に、天の八重雲を押し別けて、天翔り国翔りて、天下を見廻りて、返り事申し給はく、豊葦原の水穂の国は、昼は五月蝿なす水沸き、夜は火瓮《ほべ》なす光く神あり。石根・木立ち・青水沫も事問ひて、荒ぶる国あり。然れども鎮め平けて、皇御孫命に安国と平らけく知ろし坐さしめむと申して、己れ命の児天夷鳥命に布都怒志命を副へて天降し遣はして、荒ぶる神等を撥ひ平け、国作らしし大神をも媚び鎮めて、大八島国の現事・顕事、事避らしめき。すなはち大穴持命の申し給はく、皇御孫命の静まり坐さむ大倭国と申して、己命の和魂を八咫鏡に取り託けて、倭の大物主櫛瓶玉命と名を稱《たた》えて、大御和の神奈備に坐せ、己れ命の御子阿遅須伎高孫根の命の御魂を葛木の鴨の神奈備に坐せ、事代主命の御魂を宇奈提に坐せ、賀夜奈流美命の御魂を飛鳥の神奈備に坐せて、皇孫命の近き守り神と貢り置きて、八百丹杵築宮に静まり坐しき。是に親神魯伎・神魯美の命の宣はく、「汝天穂比命は、天皇命の手長の大御世を堅石に常石にいはひ奉り、伊賀志の御世にさきはへ奉れ」と仰せ賜ひし次の随に、供斎〈もし後の斎ひの時には、後の字を加へよ〉仕へ奉りて、朝日の豊栄登りに、神の礼白・臣の礼白と、御祷の神宝献らくと奏す。

C　白玉の大御白髪坐し、赤玉の御あからび坐し、青玉の水江の玉の行き相ひに、明つ御神と大八島国知ろし食す天皇命の手長の大御世を、御横刀広らに誅ち堅め、白御馬の前足の爪・後足の爪踏み立つる事は、大宮の内外の御門の柱を、上つ石根に踏み堅め、下つ石根に踏み凝《こら》し、振り立つる耳の弥高に、天下を知ろし食さむ事の志《しるし》のため、白鵠の生御調の玩び物と、倭文の大御心もたしに。彼方の石川の度り・此方の石川度りに生ひ立てる若水沼間の、弥若えに御若え坐し、すすぎ振るおどみの水の、弥おちに御おち坐し、まそひの大御鏡の面を、おしはるかして見そなはす事のごとく、明つ御神の大八島国を、天地日月と共に、安らけく平らけく知ろしめさむ事の志のためと、御祷の神宝を擎げ持ちて、神の礼白・臣の礼白と、恐み恐みも、天つ次の神賀の吉詞白し賜はくと奏す。

（アルファベットおよび傍線筆者）

以上が神賀詞本文である。本文は、岡田精司氏により「奏」で区分される三段落で構成されていることが指摘されている。[8] 本論では、ABCで各段落を表す。概要は以下の通りで、

A　アメノホヒの子孫である出雲国造が、天皇への復命を述べる
B　出雲国造の祖神であるアメノホヒの功績を述べる
C　天皇の長寿を言祝ぎ、献上物（御祷の神宝）を列挙する

このうちのBが神賀詞の国譲りにあたる部分となる。

さて、神賀詞奏上儀礼に関する史料上の初見は『続日本紀』霊亀二年（七一六）で、その後九世紀半ばまで確認できる。神賀詞奏上儀礼一覧については【表】にまとめた。[9] 以下、八世紀半ばまでの関連史料とともに挙げる。

【表】神賀詞奏上儀礼一覧

国造	国造就任	神賀詞奏上①	神賀詞奏上②	叙位・賜禄	備考
出雲臣果安	和銅元(708)＊国造系図	霊亀2(716)2.10		110余人	
出雲臣広嶋	養老5(721)＊国造系図	神亀元(724)正.27	神亀3(726)2.2	194人	『風土記』国造・意宇郡大領
出雲臣弟山	天平18(746)3.7	天平勝宝2(750)2.4	天平勝宝3(751)2.22	自余の祝部	『風土記』飯石郡少領
出雲臣益方	天平宝字8(764)正.20	神護景雲元(767)2.14	神護景雲2(768)2.5	159人	
出雲臣国上	宝亀4(773)9.8				
出雲臣国成	延暦元(782)＊国造系図	延暦4(785)2.18	延暦5(786)2.5	自外の祝	
出雲臣人長	延暦9(790)4.17	延暦14(795)2.26			
出雲臣門起	延暦22(803)＊国造系図				
出雲臣旅人	弘仁元(810)＊国造系図	弘仁2(811)3.27	弘仁3(812)3.15	賜禄如常	
出雲臣豊持	天長3(826)3.29	天長7(830)4.2	天長10(833)4.25		

【史料3】『続日本紀』霊亀二年（七一六）二月丁巳条（果安奏上）

丁巳、出雲国の国造外正七位上出雲臣果安、斉し竟り神賀の事を奏す。神祇大副中臣朝臣人足、其の詞を以て奏聞す。是の日、百官斉す。果安より祝部に至るまで、一百一十余人位を進め禄賜ふこと各差あり。

出雲臣果安は他史料にみえない人物であるため詳細は不明だが、時期的に続く広嶋の先代にあたる国造であると推察される。

【史料4】『続日本紀』神亀三年（七二六）二月辛亥条（広嶋奏上②）

辛亥、出雲国造従六位上出雲臣広嶋斉事を畢へて、神社の剣・鏡并せて白馬・鵠等を献る。広嶋并せて祝二人に並に位二階を進む。広嶋に絁廿疋、綿五十屯、布六十端、自余の祝部一百九十四人に禄賜ふこと各差あり。

出雲臣広嶋は『風土記』に勘造者・出雲国造として名前が確認できる人物である。また、史料にみえる剣・鏡・白馬・鵠は『延喜式』臨時祭36神寿詞条にみえる横刀・鏡・白眼鴾毛馬・白鵠といった献上物と一致しており、出雲国造に対する禄に関しても『同』臨時祭37国造給禄条にみえる絹廿疋・綿五十屯・調布六十端と品目・数量ともに一致している。

【史料5】『続日本紀』天平十八年（七四六）三月己未条（弟山国造就任）

己未、外従七位下出雲臣弟山に外従六位下を授け、出雲国造とす。

【史料6】『続日本紀』天平勝宝二年（七五〇）二月癸亥条（弟山奏上①）

二月癸亥、天皇、大安殿に御します。出雲国造外正六位上出雲臣弟山、神斉賀事を奏す。弟山に外従五位下を授く。自余の祝部に位を叙すること差あり。並に絁・綿を賜ふこと亦各差あり。

出雲臣弟山も『風土記』にその名がみえる人物である。意宇郡の記載では、弟山は山代郷新造院の建立者であり、飯石郡少領であるとされている。飯石郡の郡司記載では、少領について「出雲臣」としかないが、天平六年（七三四）の「出雲国計会帳」には、同五年九月のこととして飯石郡少領である弟山の名が確認できる。なお、【史料6】は、儀式への天皇出御の初見となる。八世紀前半から九世紀前半にみえる神賀詞奏上儀礼は、当該期を通じて揺籃期（果安・広嶋）、発展期（弟山～国成）、完成期（人長～豊持）と順次整備されたと想定されている[10]。このうち、神祇官人による奏聞の取り次ぎが行われていた段階から、天皇臨席へ移行した発展期が画期であるとされている。

一―二　神賀詞成立時期と性格をめぐる研究史

神賀詞および神賀詞奏上儀礼成立をめぐる問題では、これまで成立時期と成立背景とに関することが主に議論されてきた。

まず、成立時期に関しては、倉野憲司氏、鳥越憲三郎氏、瀧音能之氏らが、史料上の初見である霊亀二年に儀礼が開始されたとしている[11]。一方、武田祐吉氏、松前健氏、三宅和朗氏[12]らは、記紀の国譲り神話との相違点から、記紀成立以前から存在した儀礼であると想定し、概ね七世紀後半の天武・持統朝に求めている。

次に、奏上儀礼成立の背景については、出雲国へ国司として赴任した忌部宿祢子首が関与したとする大浦元彦氏、篠川賢氏らの説[13]がある。また、菊地照夫氏は六世紀代のタマフリ儀礼に淵源を求める[14]。

神賀詞は成立論とともに、性格をめぐっても諸説呈されてきた。大別すると、次の四つに分類できる。

①全国の国造による服属儀礼を、出雲国造に象徴的に担わせたものとする説（守谷俊彦・上田正昭[15]）。
②神賀詞奏上儀礼の執行と天皇即位儀礼との関連を述べる説（大浦元彦・菊地照夫・岡田荘司[16]）。
③祈年祭とかかわる臨時の慶賀儀礼であるとする説（内田律雄[17]）
④アメノホヒの後裔である出雲国造による「復奏」を可視化したことにより、記紀の国譲り神話を儀礼的に再現したものであるとする説（関和彦・大川原竜一[18]）。
⑤出雲側からの働きかけによるとする説（松前健[19]）。

成立時期が大化前代にまで遡るのか、史料上の初見である霊亀二年なのか定説はみないが、水林彪氏が指摘するように儀礼としての性格は固定的でない可能性もあり[20]、『延喜式』所載の儀礼・祝詞が八世紀のそれと全く同様であるとは見做せない。しかしながら、【史料4】で確認したように鵠等の献上物や禄は『延喜式』記載と一致している。霊亀二年奏上の詳細は不明だが、後述するように、儀礼・祝詞の基本的な要素は神亀三年を下限として一定の整備がなされたと推量される。そのような評価が妥当であれば、直前に編纂された『書紀』との関係についても、考慮すべき問題であると改めて認識されよう。

【史料7】『出雲国風土記』意宇郡忌部神戸条

忌部神戸。郡家の正西廾一里二百六十歩なり。国造、神の吉き調望て、朝廷に参向ふ時に、御沐の忌玉作る。故、忌部と云ふ。

「忌玉」は、神賀詞奏上にあたり貢納される玉類（【史料2】C）を指しているものと考えられる。一方、忌部氏が催行する大殿祭においても出雲の玉（御富岐玉）が用いられている（『延喜式』四時祭上25大殿祭条）。平石充氏によると、貴人の居所を守護するための儀礼として行われた大殿祭自体は、天皇行幸先（臨時祭19）、斎院（斎宮9）や斎宮（斎宮90）等でも行われることになっているが、石製玉類を用いるのは、忌部氏が関わる天皇（中宮）の宮殿の大殿祭に限定されていた[21]。

神賀詞奏上の際の玉は赤水精・白水精・青石玉とされており、忌部神戸周辺の松江市花仙山から産出される石材から、それぞれメノウ・水晶・碧玉が想定される。古墳時代後期の出雲地域では花仙山周辺で玉生産が盛行していたが、七世紀には途絶しており、八世紀の玉作りとの間には断絶があることが指摘されている[22]。この指摘に拠れば、出雲の玉生産と中央忌部氏との関係性の淵源は部民制段階にあるのであろうが[23]、八世紀における出雲の玉作りは復古的なものであったと思われる。平石氏は、この玉作りの復古にあたって和銅元年（七〇八）に出雲守に任じられた忌部宿祢子首の関与があったとし、また出雲臣との関係については、神賀詞奏上という祭祀を通しての関係を想定している[24]。

霊亀二年以前から神賀詞奏上儀礼が行われていたか否かに関しては議論が分かれるところだが、神賀詞（B）では、皇孫命の近き守り神として大穴持命の和魂・御子神が、大御和の神奈備、葛木の鴨、宇奈提、飛鳥の神奈備に配置されている。これらは藤原京を囲むように位置していることから、神賀詞記載の国譲りの骨格は、藤原京段階（六九四〜七一〇）に成立したと推測されている[25]。また、神賀詞奏上整備にあたっては、和銅元年（七〇八）三月から霊亀二年（七一六）四月に出雲守として赴任していた忌部子首の関与が想定されている[26]。

神賀詞（A）では、出雲国造が一八六社に坐す出雲の神々の吉詞を代表して述べている。『風土記』に記載された官社数は一八四社であり、『延喜式』完成段階の官社は一八七社（神名帳）であった。既に指摘されていることだが、神賀詞の神社数は『風土記』と『延喜式』「神名帳」との間の時期の出雲国内官社数を示している。したがって、神賀詞祝詞は段階的に整備されたのであろうが、忌部氏—出雲臣の復古的関係性が、律令祭祀のなかに神賀詞奏上を位置付けた要因であった蓋然性は認められよう。

二　『出雲国風土記』における国譲りと『日本書紀』の受容

二—一　八世紀前半における『日本書紀』の受容

まず、養老四年（七二〇）に編纂された『日本書紀』が、八世紀段階でどれほど人口に膾炙していたのかが問題になる。このことについては長谷部将司氏や本書伊藤論文[27]でも言及されているので詳述は避けるが、弘仁私記の記述が示唆的である。

【史料8】『日本書紀私記』（甲本）弘仁私記[28]

親王及安万侶等、更撰二此日本書紀三十巻幷帝王系図一巻一。〈今見二在図書寮及民間一也〉

弘仁四年（八一三）時点[29]で『書紀』は図書寮に保管されており、さらに図書寮で作成された写本が「民間」にも広がっていたことがうかがえる。この「民間」の解釈については、諸官人・諸氏族のこととする長谷部氏の理解が穏当であろう。

豊後・肥前といった九州風土記（甲類）が、『書紀』の影響を強く受けていることは既に坂本太郎氏によって指摘されており[30]、平安時代中期の作とされるもの[31]ではあるが、『太神宮諸雑事記』天平神護二年（七六六）十二月十八日条では、「日本紀二部」が焼失したという記録がある。『書紀』は、既に八世紀段階において参照されるべき典籍として官人層や諸氏族に認識されていたと見做される。

二―二　『出雲国風土記』の国譲りと『日本書紀』

『風土記』において、『書紀』の国譲り神話との関連がうかがえる箇所は五例ある（傍線筆者）。

【史料9】意宇郡母理郷条

母理郷。郡家の東南卅九里一百九十歩なり。天下造らしし大神大穴持命、越の八口を平らげ賜ひて還り坐しし時に、長江山に来坐して詔りたまひしく、「我が造り坐して命さす国は、皇御孫命平けく世を知らせと依せ奉る。但し、八雲立つ出雲国は、我が静り坐す国と、青垣山廻らし賜ひて、玉珍直に賜はりて守らむ」と詔りたまひき。故、文理と云ふ。〈神亀三年、字を母理と改む。〉

【史料10】意宇郡屋代郷条

屋代郷。郡家の正東卅九里一百廿歩なり。天乃夫比命の御伴、天降りて社に来ましき。伊支等が遠神、天津子命詔りたまひしく、「吾浄めて坐さむと志ふ社なり」と詔りたまひき。故、社と云ふ。〈神亀三年、字を屋代と改む。〉

【史料11】意宇郡楯縫郷条

楯縫郷。郡家の東北卅二里一百八十歩なり。布都怒志命の天石楯を縫ひ直し給ひき。故、楯縫と云ふ。

【史料12】楯縫郡郡名由来

楯縫と号くる所以は、神魂命詔りたまひしく、「五十足る天日栖宮の縦横の御量は、千尋の栲紲持ちて、百八十結びに結び下れて、此の天の御量持ちて、天下造らしし大神の宮を造り奉れ」と詔りたまひて、御子、天御鳥命を楯部と為て、天下し給ひき。尓時、退り下り来坐して、大神の宮の御装の楯を造り始め給ひし所、是なり。仍りて、今に至るまで、楯・桙を造りて、皇神等に奉り出せり。故、楯縫と云ふ。

【史料13】出雲郡杵築郷条

杵築郷。郡家の西北廿八里六十歩なり。八束水臣津野命の国引き給ひし後に、天下造らしし大神の宮を奉らむとして、諸の皇神等、宮處に参集ひて、杵築きたまひき。故、寸付と云ふ。〈神亀三年、字を杵築と改む。〉

これらのうち【史料12・13】については、荻原千鶴氏により『書紀』とりわけ神代下第九段一書第二を踏まえた記載であると指摘されている[32]。一書第二では、大己貴神が皇孫により供造された天日隅宮において、幽事・神事を治すことについて取り決められる。

一方、『風土記』に記載されている国譲りでは、【史料9】にみえるように、出雲国全域が大穴持神の鎮まる場であると拡大されている。また、同郡内の【史料10・11】では、天乃夫比命や布都怒志命といった『書紀』国譲り関係の神々の名がみえるが、関和彦氏はこれを『風土記』冒頭部分への意図的な配置であるとみる[33]。さらに、ここでは挙げていないが、続く安来郷邑売埼の伝承が海浜部ではなく、郷名由来に続いて記載されていることや、語臣猪麻呂の訴えにみえる「当国静坐三百九十九社」が、巻首総記に記載の出雲国内総神社数と一致している。吉松大志氏は本伝承について、単純な語臣氏の氏族伝承でなく、出雲国全体を特別視するために配置されたものと位置付けた。[34] このことを受け伊藤氏は、勘造者である出雲臣広嶋が『書紀』第九段一書第二を意識しつつ、大穴持命の君臨する「神国出雲」像を描き出しているとする。[35]

【史料12・13】は楯縫・出雲と郡が異なるが、「宮」の建造という内容で連関している記述といえる。書写年代が明らかな現存『風土記』写本において最も古い細川家本をはじめとした古写本では、秋鹿郡郡司記載（郡末部分）と楯縫郡総記（郡冒頭部分）に一丁分の空白がある。このことにより、かつて田中卓氏は、当初『風土記』が上下二巻で構成されており、下巻は楯縫郡から始まっていたと想定した。[36] この場合、上巻冒頭付近には国譲りが、下巻冒頭には天日栖宮（天日隅宮）創建伝承があり、このような配置は、やはり勘造者たる出雲国造の意図的なものによると考えられる。

『書紀』からの引用と思しき箇所は、他に出雲郡美談郷条にもあり、そこには「天地初判」とみえる。これは神代上第一段一書第一・第四・第六の冒頭にみえる語である。このように、『風土記』には『書紀』からの影響がうかがえ、出雲国造による大穴持神の祭祀権、ひいては出雲国内の統治権に関わる部分では、特に第九段一書第二に対する積極的な受容態度が看取されるのである。[37]

三　「出雲国造神賀詞」における国譲りと『日本書紀』の受容

【史料2】神賀詞Bが神賀詞の国譲りにあたる。この大筋としては、

①出雲臣の遠祖天穂比命が「国体見に遣はしし時」に「天下を見廻りて、返り事」をする。地上世界は荒ぶる国であるが、「鎮め平けて、皇御孫命に安国と平らけく知ろし坐さしめむ」。

②返事の後、児の天夷鳥命に布都怒志命を副えて天降りさせ、荒ぶる神等を平らげ、「国作らしし大神を媚び鎮め」、大八島国の支配権（現事・顕事）を天孫に譲渡させる。

③大穴持命は皇御孫の静まる大倭国の近き守り神として、大物主櫛甕玉命を大御和の神奈備に、阿遅須伎高孫根命を葛木の鴨の神奈備に、事代主命を宇奈提に、賀夜奈流美命を飛鳥の神奈備に置く。

④大穴持命は八百丹杵築宮に静まる。

⑤親神魯伎・神魯美の命が天穂比命に対し、天皇の御世が長久であることをいわうよう宣う。

⑥その仰せに従い斉事を仕え、ここに御寿の神宝を献上することを述べる。

以上のとおりであるが、この神賀詞国譲りの解釈としては、神賀詞においてもアメノホヒが（アメノヒナトリと共に）荒ぶる神々を平らげたとされることが一般的である。

記紀の国譲り神話においては、アメノホヒは大国主神に取り込まれ（『古事記』では「媚附」、『書紀』本文では「佞媚」）、復奏もしていない。一方、神賀詞においてアメノホヒは「返事」を行い、また大国主神は「媚鎮」られたと叙述されている。記紀と神賀詞とでは、全く反対のことを述べているようにみえ、この対比がこれまで議論の対象とされてきた。

すなわち、神賀詞にみえる国譲り神話およびアメノホヒ像の位置づけについて、三宅和朗氏は、積極的な役割を果すアメノホヒ像は、記紀に取り込まれる以前、七世紀中頃の「原形」であると述べる。[38] また、関和彦氏は神賀詞の国譲りを「記紀神話と出雲国造家神話との相違の中から国家と在地勢力との交渉の中で形成された」神話であると想定する。[39] これらの見解は、基本的に記紀の記述との齟齬が焦点にされている。

しかし、神賀詞の記述からは、アメノホヒの行動は天下を見廻った後の返事までで、実際に国譲りの交渉役を担うのは、アメノホヒの児であるアメノヒナトリとフツヌシであると解される。

瀧音能之氏はこのことを踏まえ、神賀詞にみえるアメノホヒの行動は、『書紀』第六段の天照大神と素戔嗚尊との誓約においてアメノホヒと同じく生じたアメノオシホミミの、[40]『古事記』や『書紀』（第九段本文・一書第一）の国譲りでの行動を踏まえた表現とする、国譲り神話を構造的に理解する見解を示した。[41]

先に述べたように、神賀詞の国譲り神話成立の契機を和銅元年（七〇八）頃に求め、また記紀の国譲り神話の骨格が七世紀後半に成立したという前提に立てば、神賀詞がアメノホヒの活動を記さないことで記紀神話との矛盾を解消し、かつ出雲臣の奉事根源について祖先神（アメノヒナトリ）を顕彰しながら語るという理解は成り立ちうるのではないか。

アメノヒナトリは『古事記』誓約の場面で建比良鳥命とみえ、天菩比命の子であり出雲国造の祖とされる。『書紀』崇神六〇年の神宝献上伝承にもみえ、天降りして出雲大神宮に神宝を将来した神とされる。

【史料14】『日本書紀』崇神六〇年秋七月条

群臣に詔して曰はく、武日照命〈一に云はく、武夷鳥。又云はく、天夷鳥。〉の天より将来せし神宝を、出雲大神の宮に蔵む。是を見欲し。と。

つまり、神賀詞の記述は、神宝献上という「故事」を彷彿させる文脈でも違和感を覚えさせない構造を意図したものであると推察されるのである。

岡田荘司氏は、中臣・忌部二氏の氏族伝承、宮中祭祀が出雲臣の奉事根源を挟むように展開する『書紀』第九段一書第二（の成立過程）が、神賀詞に影響を与えたと指摘している[42]。

忌部子首が修史編纂事業に関わった「忌部連首」（『書紀』天武一〇年三月丙戌条）と同一であるかについては否定的な見解もあるが[43]、壬申の乱での活動がみえる忌部首子人（天武元年七月壬辰条）と同一人物であることは認められよう。また、忌部氏が修史事業に携わり、律令制初期段階には中臣氏とともに神祇祭祀の中核を担ったのは疑いない。

大宝元年（七〇一）に忌部色布知が正五位上で没した（『続日本紀』大宝元年六月癸卯条）翌年、子首は従五位下を授与されている（同二年三月戊寅条）。以降、子首は従四位上まで累進しており、和銅元年（七〇八）出雲守への任官段階では氏上としての立場にあったものと思われる。このこともまた、忌部子首が当該時期の国造である出雲臣果安とともに神賀詞整備に関与したことを傍証している。

さて、国譲りは他に『延喜式』祝詞27遷却祟神条にもみえるが、これは『書紀』第九段本文と類似した内容である。その点からすると、やはり神賀詞が異質にみえることは確かである。これは、神賀詞奏上儀礼が出雲国造によって行われるという特殊性が影響しているのであろう。

一方、神賀詞奏上儀礼は神祇官管轄の祭祀であり、律令神祇祭祀の一つとして位置付けられることもまた確かである。【史料3】からは、神賀詞奏上儀礼を神祇官が管掌していたのは当初からの形態であったと考えられる。

神賀詞Aにおいて、出雲国造は「出雲国の青垣山の内に、熊野大神、大穴持命の二柱を始めとして、百八十六社に鎮座する皇神を志都宮に忌み静め仕えている」ことを述べているが、先にも触れたように、ここにみえる一八六社は『風土記』（一八四社）や『延喜式』「神名帳」（一八七社）の官社数と近似している。

小倉慈司氏[44]が指摘するように、全国的には九世紀以降も官社が増加する傾向にある。一方、出雲国では「百八十」に近似した社数を維持し、『風土記』以降の新たな官社登録がほとんどみられない。また、神賀詞奏上に際して出雲国造が率いた祝部等の数も「百八十」に近似しているが、これらは記紀にみられるオオクニヌシの御子神「百八十神」に対応させたことによるものと考えられている[45]。また、神賀詞奏上のための上京に伴い、国内の祝が国造に率いられている（『延喜式』臨時祭36神寿詞条）ことからは、出雲国内の官社と国造との関係がうかがえる。

出雲国内には、熊野・杵築の二所大神等を奉祭する出雲神戸が意宇郡・秋鹿郡・楯縫郡・出雲郡・神門郡に所在しているが、このことについて虎尾俊哉氏は、二所大神「等」とあることに注目し、出雲国造の奉祭する全ての官社への奉仕を想定している[46]。『風土記』では、全九郡中五郡の郡司として出雲臣が記載されており、出雲国の広範に勢力が及んでいた。また、神賀詞奏上においては、出雲国造が出雲国内の官社祝部を率いて上京していた（『延喜式』臨時祭36神寿詞条）ことからも、出雲国内で国造を主体としたネットワークが存在していたことが認められる[47]。

岡田荘司氏は、八世紀前半段階に他国に先行して官社制が整備された出雲国に神賀詞奏上が求められたとするが[48]、出雲国造は、まさに「出雲」を象徴する存在として神賀詞を奏上していたのである。

結語

関氏が述べる[49]ように、神賀詞奏上儀礼に「国譲りの可視的再現」としての意義があることは確かに認められ、また、神宝の献上に言寄せて巧みに天皇の治世の繁栄を祝福している点などからは、服属儀礼的要素もうかがえる。国家祭祀の側面からは、天皇即位儀礼の一環として、神話と儀礼の接続が求められたとする岡田莊司説が説得的であるといえる。

一方、神賀詞祝詞において、氏族伝承として出雲臣の奉事根源を語っている点も見逃すことはできない。神賀詞奏上儀礼にあたっては、国司と共に出雲臣が国内の祝・郡司子弟等を朝廷まで引き連れているが、このことは出雲国内における出雲国造の位置付けを再確認させることにもなる。これは出雲を定点にしてみえる側面であるといえる。

すなわち、出雲国造神賀詞祝詞は、国家と地域、両者が求めるところの決着点として位置付けられるのではないか。その根源は『書紀』にあり、特に第九段一書第二を積極的に採用したといえる。また、同様の態度は『風土記』の国譲りにまつわる記載にもうかがえる。出雲国造が『書紀』編纂段階から国譲り神話の記載内容に関する情報を得ていたかは不明だが、少なくとも養老四年『書紀』編纂以後には調整が図られているものと思われる。

八世紀以降に出雲臣が示す「出雲観」は、記紀神話（特に『書紀』第九段一書第二）を基調として展開する。神賀詞にみえる国譲りにおいても基本的には同様なのだが、奉事根源を自らの有利に語るという氏族伝承としての側面もまた、一方で確認できる。『風土記』の国譲りにおいては、出雲臣が祭るオオナムチの存在感は更に増すことになるが、これは国家と二項対立的な関係になってはおらず、国家の神話の大筋から外れることもまたなかったのである。

以上、神賀詞および『風土記』からみえる出雲国造出雲臣の『書紀』受容態度について検討してきた。出来る限り史料に即して述べたつもりであるが、神賀詞祝詞は『延喜式』段階の完成されたものであり、その成立にまつわる部分に関してはいきおい推測に推測を重ねたものにならざるを得なかった。克服すべき課題があることは承知しているが、問題提起として今後の議論の一助となれば幸いである。

また、神賀詞と『風土記』とについては、『風土記』仁多郡三津（澤）郷の伝承との関係性も問われるべきであるが、今回は触れられなかった。この点は今後の課題としたい。

註

（1）加藤義成『出雲国風土記参究』（今井出版、年）など。

（2）荻原千鶴「『出雲国風土記』研究の現在」（『国文学　解釈と鑑賞』九六〇（第七六巻五号）二〇一一年）

（3）出雲国造神賀詞に関する研究史については、武廣亮平「「出雲国造神賀詞」研究小史―その成立と出雲国造の性格について―」（『出雲古代史研究』二、一九九二年）および、水林彪「古代天皇制における出雲関連諸儀式と出雲神話」（『国立歴史民俗博物館研究報告』一五二、二〇〇九年）参照。

（4）坂本太郎ほか校注『日本書紀』（日本古典文学大系、岩波書店、一九六五・一九六七年）

（5）青木和夫ほか校注『続日本紀』（新日本古典文学大系、岩波書店、一九八九～一九九八年）

（6）沖森卓也ほか編『風土記』（山川出版社、二〇一六年）

（7）虎尾俊哉編『延喜式　上』（集英社、二〇〇〇年）。

（8）岡田精司「河内大王家の成立」（『古代王権の祭祀と神話』塙書房、一九七〇年、初出一九六八年）

（9）表中の国造系図は「出雲国造系図」を示す。本系図については、高嶋弘志「『出雲国造系図』成立考」（『日本海地域史研究』七、文献出版、一九八五年）、同「出雲国造系図編纂の背景」（佐伯有清編『日本古代中世史論考』吉川弘文館、一九八七年）参照。

（10）瀧音能之「出雲国造神賀詞奏上儀礼の成立過程」（『出雲古代史論攷』岩田書院、二〇一四年、初出一九八三年）

（11）倉野憲司「出雲国造神賀詞について」（『上代日本古典文学の研究』桜楓社、一九六八年、初出一九六二年）、鳥越憲三郎『出雲神話の誕生』（講談社、二〇〇六年、同著『出雲神話の成立』創元社、一九六六年の文庫版）、瀧音能之「出雲国造神賀詞奏上の起源とその背景」（前掲註10、初出二〇〇五年）

（12）武田祐吉「解説」（倉野憲司・武田祐吉校注『古事記　祝詞』（日本古典文学大系、岩波書店、一九五八年）、松前健「天穂日命の神話と出雲国造家」（『松前健著作集八　出雲神話の形成』おうふう、一九九八年、初出一九七〇年）、三宅和朗「国譲り神話（Ⅰ）」（『記紀神話の成立』（吉川弘文館、一九八四年）

(13) 大浦元彦「出雲国造神賀詞奏上儀礼をめぐる国司と国造」（『出雲古代史研究』二、一九九一年）、篠川賢「出雲国造神賀詞奏上儀礼小考」（『日本常民文化紀要』二三、二〇〇三年）
(14) 菊地照夫「出雲国造神賀詞奏上儀礼の意義」および「出雲国造神賀詞奏上儀礼と祈年祭」（『古代王権の宗教的世界観と出雲』同成社、二〇一六年、初出一九九五年および二〇一四年）
(15) 守谷俊彦「出雲国造神賀詞とその神話」（『國學院雑誌』五〇―五、一九四四年）上田正昭「宮廷の寿詞の成立」（『日本神話』岩波書店、一九七〇年、初出一九五六年）
(16) 大浦元彦（前掲註13）、菊地照夫（前掲註14）、岡田莊司「古代律令神祇祭祀制と杵築大社・神賀詞奏上儀礼」（『延喜式研究』二五、二〇〇九年）
(17) 内田律雄「出雲の神社遺構と神祇制度」（国士舘大考古学会『古代の信仰と社会』六一書房、二〇〇六年）
(18) 関和彦「復奏儀礼としての神賀詞奏上」（『古代出雲の深層と時空』同成社、二〇一四年、初出一九九二年）、大川原竜一「律令制下の神賀詞奏上儀礼についての基礎的考察」（『ヒストリア』二一一、二〇〇八年）
(19) 松前健（前掲註12）
(20) 水林彪（前掲註3）
(21) 平石充「文献史料からみた八世紀における石製玉類の生産」（島根県古代文化センター編『古墳時代の玉類の研究』二〇一九年）
(22) 米田克彦「考古学からみた出雲玉作の系譜」（『出雲古代史研究』一九、二〇〇九年）、大賀克彦「古代における玉および玉生産研究の現状と課題」（高橋照彦ほか編『古代日本とその周辺地域における手工業生産の基礎研究（改訂増補版）』大阪大学大学院文学研究科考古学研究室、二〇一七年）
(23) 菊地照夫「古代王権と出雲の玉」（前掲註14）
(24) 平石充「古代における地域社会と手工業生産―出雲地域の玉生産を中心として―」（鈴木靖民編『日本古代の地域社会と周縁』吉川弘文館、二〇一二年）
(25) 武田祐吉（前掲註12）、篠川賢（前掲註13）、新野直吉「古代出雲の国造」（神道学会編『出雲学論攷』出雲大社、一九七七年）、西宮一民「飛鳥の神なび」（『美夫君志』二〇、一九七六年）、同「出雲国造神賀詞に見える「飛鳥乃神奈備」について」（『皇學館大學研究紀要』一九、一九八一年）
(26) 門脇禎二『出雲の古代史』（NHK出版、一九七六年）、大浦元彦「『出雲国造神賀詞』奏上儀礼の成立」（『史苑』四五―二、一九八六年）、瀧音能之「出雲国造神賀詞奏上の起源とその背景」（前掲註10、初出二〇〇五年）
(27) 長谷部将司「八世紀における『日本書紀』の受容」（『日本古代の記憶と典籍』八木書店、二〇二〇年）、伊藤剣（本書第一部2）
(28) 『日本書紀私記』は新訂増補国史大系（吉川弘文館、一九六五年）により、返り点は私に施した。
(29) 『釈日本紀』では弘仁三年の講書とされる。
(30) 坂本太郎「風土記と日本書紀」（坂本太郎著作集第四巻『風土記と万葉集』吉川弘文館、一九八八年、初出一九四二年）など。
(31) 『太神宮諸雑事記』（塙保己一編『群書類従』（神祇部）、続群書類従完成会、一九三二年）解題
(32) 萩原千鶴「『出雲国風土記』の時間表象」（『風土記研究』三七、二〇一五年）
(33) 関和彦『出雲国風土記註論』（明石書店、二〇〇六年）母理郷注釈
(34) 吉松大志「土地の名を語る風土記―出雲にあふれる話す神、坐す神」（島根県古代文化センター編『古代出雲ゼミナールII』二〇一五年）
(35) 伊藤剣「『出雲国風土記』の『日本書紀』受容態度」（『上代文学』一二〇、二〇一八年）
(36) 田中卓「細川家本出雲国風土記の出現」（『出雲国風土記の研究』国書刊行会、一九八八年、初出一九五八年）
(37) 行論上、『日本書紀』からの影響を強調して述べたが、一方で、国引き神話や山間部の地名起源説話（飯石郡郡名由来など）といった、地域内で醸成されたとみられる『風土記』独自の伝承も存在する。
(38) 三宅和朗（前掲註12）
(39) 関和彦（前掲註18）
(40) 一書第一および第二ではアメノオシホネ。
(41) 瀧音能之「出雲国造神賀詞の神話」（前掲註10、初出二〇一二年）、同「出雲国造神賀詞にみられる国譲り神話の問題点について」（加藤謙吉編『日本古代の氏族と政治・宗教　上』雄山閣、二〇一八年）
(42) 岡田莊司（前掲註16）
(43) 中野謙一「忌部首・同子首をめぐって」（『愛知淑徳大学大学院文化創造研究家紀要』五、二〇一八年）
(44) 小倉慈司「延喜神名式「貞」「延」標注の検討」（『延喜式研究』八、一九九三年）
(45) 萩原千鶴『出雲国風土記』（講談社、一九九九年）、同「神話と神々のネットワーク」（藏中しのぶ編『古代の文化圏とネットワーク　古代文学と隣接諸学二』竹林舎、二〇一七年）、伊藤剣「『出雲国風土記』楯縫郡冒頭の意味」（『国語と国文学』八八―三、二〇一一）
(46) 虎尾俊哉「出雲国風土記所載の神戸里について」（『古代典籍文書論考』吉川弘文館、一九八二年、初出一九五三年）
(47) 森公章「「出雲国造の権力と聖性」二題」（『出雲古代史研究』七・八、一九九八年）
(48) 岡田莊司（前掲註16）
(49) 関和彦（前掲註18）

第二部

中世の出雲観

――変容する記紀神話と「出雲」――

中世の日本書紀註釈における出雲観

―『釈日本紀』にみる「出雲」の文字列から―

渡邉　卓

はじめに

『釈日本紀』は、鎌倉時代中期に卜部兼方（懐賢）が編著した『日本書紀』全巻の註釈書である。具体的な成立年は未詳であるが、文中に兼方の父、兼文が文永十一年〈一二七四〉～建治元年〈一二七五〉にかけて、前関白の一条実経の質問に答えている記述があり、また正安三年〈一三〇一〉転写の奥書があることから、大凡その間に成立したものと考えられている。このように『釈日本紀』は、兼文が実経らへ行った『日本書紀』講義を基とし、さらに兼方が卜部氏の学説をまとめることで成立した。

『釈日本紀』の特徴の一つは、「日本書紀私記」を多く引用することにある。「日本書紀私記」は、平安初期以降に朝廷の公式行事として開かれた『日本書紀』講筵（講書、講読とも）の記録である。『日本書紀』講筵については、『釈日本紀』開題においても「日本紀講例」として、その記録がまとめられている。『釈日本紀』によると、講筵は養老[1]・弘仁・承和・元慶・延喜・承平・康保年間に開催されており、また日本最初の和書目録である『本朝書籍目録』には、それぞれの講筵の時代を冠した「私記」があったと記載される。しかし、ある程度のまとまりをもって今日に伝わる「日本書紀私記」はわずか四種（甲本・乙本・丙本・丁本）であり[2]、その他は『釈日本紀』などの諸書が断片的に引用するのみである。そのため『釈日本紀』には、四種の「日本書紀私記」に含まれない、「日本書紀私記」の記事を見ることができるため、平安期の『日本書紀』研究の状況を知る手立てともなっている。

また『釈日本紀』には諸国の「風土記」のように現在では散逸してしまった本文も含まれており、逸文研究の視点からも注目されている。『釈日本紀』の註釈態度は、様々な文献を引用する特徴がある。この『釈日本紀』が引く文献の考察は、中世期の註釈史研究としても重要な視点である。

本稿では、『釈日本紀』が使用する「出雲」の調査・分析を通して、『釈日本紀』における出雲に対する観念がどのように位置づけられるのかを検討し、ひいては中世期における『日本書紀』註釈の出雲観をみることとする。

一　『釈日本紀』が引用する文献

『釈日本紀』は全二十八巻、目録を加え二十九巻で構成される。二十八巻は、「開題」「注音」「乱脱」「帝皇系図」「述義」「秘訓」「和歌」の七部門[3]に分かれており、それぞれ、その部門ごとに註釈を施している。しかも、その註釈対象は『日本書紀』全巻に及んでおり、『釈日本紀』は最も古い『日本書紀』全巻の総合的な註釈書といえる。兼方自筆の『釈日本紀』は現存していないが、『釈日本紀』成立後まもない写本として前田家本が伝来しており、前田家本は現存諸本の祖本として位置づけられている。

『釈日本紀』では兼文の講義が元となっていることからも明らかなように、鎌倉時代の卜部氏は古典研究を家学とし、『日本書紀』の講読を行なっていた。兼方は、その父兼文からの影響もさることながら『釈日本紀』としてまとめるにあたり、平安時代初期以来の『日本書紀』を講読してきた諸博士の説（日本書紀私記）と、卜部氏の家学を集大成して本書を著わしたといえる。

父兼文の生没年は未詳だが、鎌倉時代の神道家で、文永三年（一二六六）ごろ神祇権大副となっている。十一年から翌年にかけて一条実経らに『日本書紀』を講じており、それが『釈日本紀』の基となった。兼文の名は『日本書紀』や『先代旧事本紀』の古写本の奥書にも残されており、古典研究に従事していたことが知られる。また、『古事記』の現存最古の註釈書である『古事記裏書』を著したのも兼文であった(4)。『古事記』については現存最古の古写本である真福寺本の中巻の奥書にも兼文の名が見え、真福寺本の中巻の祖本は、兼父から兼方にもたらされたことが奥書からわかっている。兼方も鎌倉後期に神祇官に仕えた官人であり、父と同じく古典研究に従事し、兼方自筆の『日本書紀』神代巻などを残している。

そもそも卜部氏は、卜占の術をもって神事に奉仕した古代氏族に発する氏であるが、律令制が整備され、神祇制度が定着したあとは神祇官を世襲することとなった。鎌倉時代になって、兼文と兼方などが登場することで、卜占よりも古典研究、古典伝承の氏として知られるようになり、やがて神祇官内で勢力をもつようになっていった。兼文・兼方父子の活動からも貴重な文献を所持していたことが窺われる。

兼方がまとめた『釈日本紀』の註釈態度は、諸文献を客観的に引用し『日本書紀』の註釈に活用するものだが、その文献のなかには、現在では散逸した古典が数多く引用されている点が評価され、『日本書紀』註釈書としてではなく逸文研究の立場から重宝されることも多い。特に『丹後国風土記』『伊予国風土記』をはじめとする「風土記」の逸文は二十余種に及び、『大倭本紀』『上宮記』などの逸文を見ることもできる。これは、兼文の講義をまとめるとともに、兼方が手許の文献を活用しつつ註釈活動を行ったことを意味し、家学のなせる業と言えよう。

つまり、『日本書紀』註釈のために引用された諸文献は、鎌倉時代当時に卜部氏に伝来していた文献であり、今日に伝わる諸文献の古写本よりも文字情報としては古い場合もあるのである。例えば、『釈日本紀』に引用される『古事記』であるが、兼文と兼方の名が真福寺本の中巻の奥書にあるも、『釈日本紀』が引用する『古事記』の本文は真福寺本と必ずしも一致せず校異が存在している。『釈日本紀』が引用する『古事記』については、これまで幾度か論じられてきており、先行論のいずれもが、引用される『古事記』の本文系統について論じてきた(5)。石崎正雄氏は『釈日本紀』が引く『古事記』について詳細に検討し、分析結果を次のようにまとめる(6)。


A「日本書紀私記」が引用する『古事記』の態度
　a　巻数を記していない。

　b　真福寺本と異なる古事記を引く。

　c　省略記号「云々」の省略記号を記している。

　　承平私記・公望私記・元慶私記所引の『古事記』が確認される。

B「日本書紀私記」と『古事記』を並記するものは既に「私記」で引用したもの。

C「兼方案」とある『古事記』の引用も既に「私記」で引用されたものもある。

D兼文所引『古事記』は一例のみだが、「兼文案」を記していないものもある。

E兼文、兼方所引の『古事記』中巻は真福寺本が正確に書写していれば同文のはずであるが、実際はほとんど相違している。

F巻数を記さぬものは「私記」からの所引と考えてよい。

G中略記号「云々」を記すものは、「私記」または兼文所引である。

H和歌の部に関しては、「私記」以外に平安の歌に関する注釈書を参考にしていたと考えられる。


このようにA〜Hにまとめているが、この法則に一貫性は見いだせず『釈日本紀』の『古事記』引用の態度の複雑さが窺われる。これと同様のことは『釈日本紀』に引用されるいずれの文献にも当てはまることであろう。複雑さの要因の一つとして、『釈日本紀』が「日本書紀私記」を介して文献を引いているということがあげられる。引用された文献が、「日本書紀私記」にすでに引用されていた場合と、『釈日本紀』が直接引用した場合とで違いがある。また引用者が、兼文なのか兼方なのかでも、その位相は異なってこよう(7)。

この点に注意しながら、『釈日本紀』に現れる「出雲」について検討を進めて行きたい。

二　『釈日本紀』に現れる「出雲」

まず始めに、『釈日本紀』に現れる「出雲」の文字列を調査すると、管見の限り四十五例が確認できる。(8)「出雲」を含む文字列であるため、用例には地名「出雲国」や「出雲臣」や出雲国風土記といった名詞も含まれる。その四十五の用例と、『釈日本紀』の登場巻・部門、文字列は次の通りである。なお、「述義」における註釈対象の『日本書紀』本文は《　》で示し、「秘訓」「和歌」における『日本書紀』の該当巻は〈　〉で示した。

巻三　乱脱
①「出雲」（イ 日本書紀）

巻四　帝皇系図
②「出雲皇女」（イ 日本書紀）

巻六　述義二《葬於紀伊熊野之有馬村》
③「出雲国」（ロ 私記）『古事記』『先代旧事本紀』本文

巻六　述義二《泉津平坂》
④「出雲国風土記」（ハ 出雲国風土記）
⑤「出雲郡」（ハ 出雲国風土記）
⑥「出雲国」（ニ 古事記）

巻七　述義三《素戔嗚尊斬蛇之剱今在吉備神部許》
⑦「出雲」（ロ 私記）『日本書紀』本文
⑧「出雲」（ロ 私記）
⑨「出雲」（ロ 私記）

巻八　述義四《天日隅宮》
⑩「出雲国杵築社」（ロ 私記）
⑪「出雲大社」（ロ 私記）
⑫「出雲国杵築社」（ロ 私記）
⑬「出雲国」（ロ 私記）

巻八　述義四《作盾》
⑭「出雲国風土記」（ハ 出雲国風土記）
⑮「出雲国風土記」（ハ 出雲国風土記）

巻九　述義五《天平瓮》
⑯「出雲国」（ニ 古事記）

巻九　述義五《底寳御寳主》
⑰「出雲国造」（ホ 先代旧事本紀）
⑱「出雲国」（ト 延喜式祝詞）
⑲「出雲人祭」（チ 兼方）『日本書紀』本文
⑳「出雲」（チ 兼方）
㉑「出雲氏」（チ 兼方）
㉒「出雲大神」（チ 兼方）
㉓「出雲臣」（チ 兼方）

巻十二　述義八《出雲者新墾》
㉔「出雲」（イ 日本書紀）
㉕「出雲良田」（リ 頭注）
㉖「出雲」（ロ 私記）

巻十四　述義十《厳神之宮》
㉗「出雲国」（ヘ 神名帳）
㉘「出雲郡」（ヘ 神名帳）

巻十四　述義十《於友郡役丁》
㉙「出雲国」（ヌ 出典不明）
巻十四　述義十《言屋社》
㉚「出雲国」（ヘ 神名帳）
㉛「出雲国風土記」（ハ 出雲国風土記）
巻十五　述義十一《信濃須波水内神》
㉜「出雲国」（ホ 先代旧事本紀）
巻二十一　秘訓六〈巻第二十八天武天皇上〉
㉝「出雲臣狛」（イ 日本書紀）
巻二十三　和歌一〈巻第一神代上〉
㉞「出雲国」（イ 日本書紀）
㉟「出雲」（イ 日本書紀）
㊱「出雲」（ホ 先代旧事本紀）
㊲「出雲国」（ニ 古事記）
㊳「出雲国風土記」（ハ 出雲国風土記）
㊴「出雲」（ハ 出雲国風土記）
㊵「八雲立出雲」（ハ 出雲国風土記）
巻二十四　和歌二〈巻第五崇神天皇〉
㊶「出雲大神宮」（イ 日本書紀）
㊷「出雲臣」（イ 日本書紀）
㊸「出雲振根」（イ 日本書紀）
㊹「出雲振根」（イ 日本書紀）
巻二十六　和歌四〈巻第十五顕宗天皇〉
㊺「出雲」（イ 日本書紀）

これら四十五例には、イ～ヌとして十の引用傾向によって分類を施した。

イ 日本書紀　十一例　ロ 私記　九例　ハ 出雲国風土記　八例
ニ 古事記　三例　ホ 先代旧事本紀　三例　ヘ 神名帳　三例
ト 延喜式祝詞　一例　チ 兼方　五例　リ 頭注　一例
ヌ 出典不明　一例

四十五例中には、当然のことながら『釈日本紀』が引く『日本書紀』本文の引用（イ）十一例が含まれる。そして、『日本書紀』註釈のために引用された諸文献に「出雲」は二十七例（ロ～ト）、その他の引用傾向（チ～ヌ）として三つに大別できる。

また『釈日本紀』の巻構成から部門の分布をみると、「乱脱」一例、「帝皇系図」一例、「述義」三十例、「秘訓」一例、「和歌」十二例となっており、「述義」が最も多い。『釈日本紀』の巻五～十五にあたる「述義」は、『釈日本紀』で最も重要な部門であり、『日本書紀』全巻から抽出した語句の意義を述べ、語句の意味を諸書・諸説を引いて述べる部門である。「出雲」の解釈が含まれるとするならば、「述義」の分析が必要であろう。

三　『日本書紀』本文の「出雲」

それでは、四十五例を引用傾向ごとに検討する。まずは十一例確認された傾向のイ、『釈日本紀』が引く『日本書紀』本文の「出雲」である。『釈日本紀』の部門としては「乱脱」「帝皇系図」「述義」「秘訓」「和歌」に分布する。いずれも註釈するにあたって、『日本書紀』の本文を引用するものである。

これら十一例の『日本書紀』本文の引用は「出雲」と明確に現れている箇所であるが、『釈日本紀』は『日本書紀』の本文を引用する際に長文引用の場合は省略記号「――」を用いる場合がある。「出雲」の引用はないが、「出

雲」と関連する箇所として、『釈日本紀』巻十七「秘訓」の本文引用は次のようになっている。(9)

　卅二年――土師部連等之
　　已上、御読不レ可レ読之。

　これは『日本書紀』巻第六の垂仁天皇三十二年条の記事を、講義では「不レ可レ読」として読まないことが「秘訓」とされているのである。ここに該当する『日本書紀』本文を「――」で省略されている箇所も含めて示すと次のようになる。なお〔 〕は割注形式の箇所である。

　卅二年（秋七月甲戌朔己卯、皇后日葉酢媛命〔一云、日葉酢根命也。〕薨。臨葬有レ日焉。天皇詔二群卿一曰、従レ死之道、前知二不可一。今此行之葬、奈之為何。於是、野見宿祢進曰、夫君王陵墓、埋二立生人一、是不良也。豈得レ伝二後葉一乎。願今将議二便事一而奏之。則遣二使者一、喚二上出雲国之土部壱佰人一、自領二土部等一、取レ埴以造二作人・馬及種々物形一、献二于天皇一曰、自レ今以後、以二是土物一更二易生人一、樹二於陵墓一、為二後葉之法則一。天皇、於是、大喜之、詔二野見宿祢一曰、汝之便議、寔洽二朕心一。則其土物、始立二于日葉酢媛命之墓一。仍号二是土物一謂二埴輪一。亦名二立物一也。仍下レ令曰、自レ今以後、陵墓必樹二是土物一、無レ傷人焉。天皇厚賞二野見宿祢之功一、亦賜二鍛地一。即任二土部職一。因改二本姓一、謂二土部臣一。是土部連等、主二天皇喪葬一之縁也。所謂野見宿祢、是）土部連等之始祖也。

（ ）で括った部分が「――」として省略されている箇所である。この三十二年条は、垂仁天皇の皇后である日葉酢媛命が薨去し、その葬儀に際して、それまで死者に人を従わせていた殉死に代わって、埴輪を作ることになったことが記されている。人・馬などの埴輪を作ることを提案したのは出雲国の出身の野見宿祢であり、野見宿祢は出雲国の土部百人を召し寄せ埴輪を作らせたのであった。省略された本文中に「出雲国」とあるためイの用例とはならないが、本来であれば「出雲」と関わり深い『日本書紀』の記事である。この垂仁天皇三十二年は、皇后の死と葬儀が描かれるため、読むことは差し控えるのが「秘訓」であったと考えられる。垂仁天皇という漢風諡号は、殉死を廃止した仁を垂れたことに因むものでり、天皇像を示す重要な記事であり、また、埴輪の起源や葬送儀礼が出雲国と縁ある土師連と関わって述べられるなど、出雲にとっても意義が高い記事であるが、『釈日本紀』は読まないと註するのであった。

　省略せずに『日本書紀』本文を引用する箇所としては「和歌」の用例がある。イに含まれる「和歌」の用例は、『釈日本紀』が註釈対象とする『日本書紀』歌謡までの本文を引用しており、多少の省略もあるが、ほぼ歌謡までの本文を引用している。前田家本に拠ると訓点が施され、声点は朱によって書き込まれていないなど、卜部氏による『日本書紀』本文を伝えている。「和歌」には計七箇所の「出雲」がみえるが、『釈日本紀』巻二十六の顕宗天皇条にある㊺には、『日本書紀』歌謡にまつわる本文が次のように示されている。なお朱書きの声点は小書きのかなにて補っている。

……出雲は者、新墾《ニヒハリ》、々々之十握稲《トツカシネ》を、於浅甕《サラケ》に、醸酒《カメルオホミキ》を、美飲喫《ウマラニヲヤラルカナ》哉、
吾子等《ワカヒコヒトタチ》〔子者男子之通称也〕脚日木《アシヒキ》、此の傍《カタ》山に、牡鹿之角《サヲシカノツノ》挙《サヽケ》て而吾《ワカ》
儛《マハム》は者旨酒《ムマサケ》、餌香《エカ》の市に不《ヌ》二以直買《アタヒモカハテ》一、手掌摎亮《タナソコモヤラヽニ》、拍上賜《ウチアケタマツ》、吾か、常世《トコヨ》
等《タチ》、寿《ホキ》畢て乃赴《コトノ》レ節《ネニアハセ》て歌て曰、

　この『日本書紀』本文を引用した後に、歌謡を掲げて句ごとに註釈を施していく。『日本書紀』歌謡以前に引用される『日本書紀』本文は、漢字本文のみを引用するのではなく、細かく訓点や声点を付すことで、訓読可能な本文として引用している。これは鎌倉期書写の『日本書紀』本文としての価値を有しているといえよう。

　これら分類イの『釈日本紀』が引用する『日本書紀』本文は、兼方本『日本書紀』と同時代の古写本としての本文価値を有しているといえる。註釈のための本文引用であるため、部分的ではあるものの、兼方本『日本書紀』が巻第一・二の神代巻のみであるのに対し、『釈日本紀』には神代巻以降の本文も引用されている。そのため兼方が目にしていた巻第三以降の『日本書紀』本文を知る資料としても意味を持つのである。また、「和歌」でみたように引用箇所によっては、訓点や声点が付され、付訓もあることから、当時の卜部氏の『日本書紀』が訓読を知ることができるのである。

四　「述義」の「出雲」

これまで述べたように『釈日本紀』が引用する『日本書紀』本文は鎌倉期書写の本文としての価値があると考えられるが、これは『日本書紀』本文の引用のみに限ったことではなく、『釈日本紀』が註釈のために引用する諸文献すべてに当てはまることであろう。諸文献の引用は「述義」に多いが、先に引用した㊺の「出雲」については、「述義」でも触れられている。『釈日本紀』巻十二「述義」にある「出雲」の用例㉔〜㉖について確認してみたい。

（頭注）出雲良田事
出雲者新墾
私記曰、師説。出雲者、良田之名也。言新墾之良田、多稼如雲之出也。

ここには三箇所の「出雲」がある。一つは小見出しとしての頭注であり「出雲良田事」とある。これは編纂時か書写時に書かれたものであるが、小見出しとして書かれていることからも出雲に対する註釈を含んでおり、頭注に現れる「出雲」としては唯一の例である。「出雲者新墾」は「和歌」でも引用したように註釈対象となる『日本書紀』本文である。そして「私記曰」として「出雲」について註を施している。「私記曰」として註釈が始まるということは、「日本書紀私記」からの引用である。「出雲」とは良い田の名であり、新たに開墾された良田では雲が出るように多く生産されることから、そのように言うとある。ここに一つの出雲の語源説が示されている。また出雲とは新たに開墾された土地としての意味合いもあろう。この説は、『釈日本紀』の説ではなく、あくまで「日本書紀私記」の説であるが、この説を『釈日本紀』は享受したことになろう。

「日本書紀私記」の説を享受して註釈とするもので、「出雲」と関連するところでは巻八「述義」の用例⑩〜⑬がある。「日本書紀私記」にある問答が掲載される。

天日隅宮
私記曰。問。此何処哉。答。出雲国杵築社。是大已貴神也。其社之制作高大也。世号二之出雲大社一。已叶二此紀一書文一。以レ之案レ之、以二杵築社一、称二日隅宮一歟。……

⑩⑪のみの引用としたが、『日本書紀』の「天日隅宮」が出雲大社であるとする「日本書紀私記」の説である。この問答のあとにも比定地と祭神について問答が続くが、「日本書紀私記」が著されたであろう平安期には、既に「天日隅宮」と出雲大社とが同一として扱われていたことがわかる。

このように明確に「私記曰」としてある場合は良いが、註釈の問答が「日本書紀私記」に由来するかわかりにくいこともある。巻七「述義」の用例⑦〜⑨から検討する。

素戔嗚尊斬蛇之剱今在吉備神部許。〔或本、吉備作寸簸。案、義同也。〕
私記曰問。是何神許哉。答。未レ知三其爲二何神一也。
問。下文云出雲簸之川上山是也。今如二此文一者、寸《キ》簸《ヒ》神部者、是可レ在二出雲川上一也。案、吉備與二出雲一、其国各異也。今得レ云二相近一哉。
答。未レ通者也。

ここには「出雲」と関連する記述が問答として記されているが、「私記曰」は行間に細字で記されており一見すると「日本書紀私記」とはわからない。問答の内容としては、素戔嗚尊が大蛇を斬った剣が、今は吉備の神職の許にあるとする『日本書紀』の記述に対して、どこの神の許にあるのかという問いである。答えとして、それはわからないとするが、続いて「下文云出雲簸之川上山是也。」として掲示した本文に続く本文を引きながら、吉備（寸簸）は、出雲川の川上にあるべきではないかと言及する。すると吉備と出雲とは異なるが、近しいのか、と重ねて質問をする。そして、それに対する答えは、わからないとするのである。吉備と出雲との位置関係についての問答であるが、ここで「下文云」として引用されるのは『日本書紀』本文である。これは分類イに属しそうだが、引用者は「日本書紀私記」であり、『釈日本紀』は孫引きしていることになる。このように、引用文献には位相があるのである。

巻六「述義」の用例③も位相を示す引用である。

葬於紀伊能《熊歟》野之有馬村

私記曰。問。古事記《旧事本紀文同之》云。其所二神避一之伊耶那美命者、葬下出雲国與二伯耆国一比婆之山上也。而今此云レ葬二之紀伊国一。何其相乖哉。答。神道不測、未レ知二其実一。所レ聞各異、所レ注又異。是猶二黄帝之冢、処々不一レ定。

この問答に於ける『古事記』『先代旧事本紀』の本文の引用も直接の引用者は、「日本書紀私記」ということである。『日本書紀』本文に限らず、『古事記』『先代旧事本紀』なども、「日本書紀私記」が引用したものか、『釈日本紀』が引用するものかを区別して検討する必要があるのである。

「出雲」と関連する文献としては、『釈日本紀』には『出雲国風土記』が引用されている。『出雲国風土記』については「述義」と「和歌」とに八例（④⑤⑭⑮㉛㊳㊴㊵）が確認でき、いずれも「出雲国風土記曰」とあって『出雲国風土記』本文が引用されている。『釈日本紀』が引用する『出雲国風土記』本文については、主要な『出雲国風土記』諸本との間に文字の異同が確認されており、『釈日本紀』が保持する『出雲国風土記』本文については検討が進められている。青木周平は、『釈日本紀』が引く『出雲国風土記』本文について、

底本（引用註:『釈日本紀』所引『出雲国風土記』）は、風土記諸本の中央系・出雲系のどちらかに属するというより、その共通する祖本に原本を求めた方がよさそうである。

と述べ、現行諸本の祖本として位置づけている。[10] また同氏は、『釈日本紀』「和歌」にある（本稿での用例㊳㊴㊵）『出雲国風土記』に注視している。『釈日本紀』の当該部は次のようにある。

出雲国風土記曰。号二出雲者、八束木臣津野命詔、八雲立詔之。故、云二八雲立出雲一。

この引用に対して、同氏は次のように述べている。

問題は、「和歌一」この項の異同である。引用は総記の一部である。（1）（引用註:『釈日本紀』所引の当該本文）の「号」は、細川家本・倉野本には無く、日御碕本・萬葉緯本・『抄』にある。しかしいずれの諸本もその上に「所以」がある。「所以」は引用の際に省いたと思われるが、その時は「号」が無いと地名起源の形としては不自然である。底本が基にした本として、細川家本・倉野本のあり方は考えにくい。これは（2）（引用者註:「出雲」のこと）とも関わる。「出雲」は、細川家本・倉野本には「芳雲」とある。ただし倉野本は「芳」に○符を付け、右に「出」と記す。他の諸本は「出雲」とある。現代注釈書にまで広げても、「芳雲」を本文とするのは沖森卓也・佐藤信・矢嶋泉編著『出雲国風土記』（山川出版）のみである。細川家本の古態性は認めても、底本の直接拠った本のあり方とは異なる。結論的にいえば、『釈日本紀』（底本）が引用した『出雲国風土記』は、現存の二系に分けられる諸本のどちらの特徴をももち、その共通した祖本を想定すべきであると思われる。

『出雲国風土記』の現存最古の写本は、慶長二年（一五九七）の奥書を持つ細川家本（永青文庫所蔵）であるが、『釈日本紀』が引く『出雲国風土記』は、これ以前に遡る可能性が示唆されているのである。『出雲国風土記』も部分的な引用であるため、全容を明らかにすることはできないが、『釈日本紀』が引用する文献本文には、諸本とは違った文字情報を保持しており、現行諸本を遡る可能性を秘めているのである。

五　兼方が引用する「出雲」

兼方は手許にあった、そのような諸文献と『日本書紀』とを比較しながら『釈日本紀』を纏めていったのである。ただ、「日本書紀私記」からの文献引用もあり、どの位相での引用本文かが曖昧である。その中で、確実に兼方が引用したものとしては、「兼方案」として引用されたものがある。「出雲」に関する引用においても、巻九「述義」の⑰～㉓のうち、⑲～㉓は「兼方案」の中に現れる。

底宝御宝主

私記曰。二柱神、御宝号也。

旧事本紀曰。出雲国造。瑞籬朝、以二天穂日命十一世孫宇迦都久慈一、定

二賜国造一。
延喜祝詞式曰。出雲国乃青垣山内仁、下津石根仁宮柱太知立、高天原仁千木高知坐須熊野大神、国作坐志大穴持命二柱乎始弖、百八十六社坐皇神、八百丹杵築宮仁静坐。

兼方案、此神託、玉萋謂雲云々。鎮石、〔雲之触レ石云々。〕出雲人祭、〔根祖之族也。玉萋鎮石者、欲レ謂二出雲一之発語也。〕真種之甘美鏡、〔謂二甘美韓日狭一也。真種者真之胤也。言二出雲氏一也。〕押羽振、〔謂二振根一也。羽者葉也。葉與レ根相通。〕甘美御神、〔謂二出雲大神一也。〕底宝御宝主、山河之水沫御魂、〔二柱神御宝号云々。杵築大社者、素戔鳴尊、大己貴神父子之鎮坐也。彼二神御名之義歟。〕静掛、〔奉二鎮祭一之義也。〕然則、振根依レ被レ誅、出雲臣等怖畏、不レ祭二大神一之間、以二彼氏一可レ令レ祭レ吾之由之神託也。仍以二鸕濡渟一、〔振根之姪、入根之子。〕定二国造一之由、見二旧事本紀一也。

これは、『日本書紀』巻第五の崇神天皇六十年七月条にある「底宝御宝主」に対する註である。出雲の神宝については、崇神天皇六十年七月条冒頭から記されており、以下に概略を示す。天皇が天から持ってきた出雲大神の宮に収蔵されている神宝を見たいとおっしゃったが、神宝を管理する出雲振根が不在だったため、弟の飯入根が、同じく弟の甘美韓日狭と子の鸕濡渟とに持たせ朝廷に献上してしまった。戻ってきた兄は飯入根を恨み、殺害してしまう。これを甘美韓日狭と鸕濡渟が朝廷に報告し、出雲振根は吉備津彦と武渟河別によって誅殺された。これを畏れた出雲臣たちは、出雲大神をしばらく祀らなかった。あるとき、氷香戸辺なる者の子である小児が自然に話すことを皇太子に報告すると、小児の言葉は神託として天皇に報告されることとなる。そして出雲大神を祀ることとなるのである。

「底宝御宝主」は小児の言葉に含まれるものである。『釈日本紀』は「日本書紀私記」『先代旧事本紀』『延喜式祝詞』を引用し、出雲の神祭りとして理解しようとしている。だが、十分な説明とはなっていない。そこで、「兼方案」として註釈が加えられているのである。「兼方案」以下の「此神託」から「静掛」までは、小児の言葉にあたる『日本書紀』本文であり、割注が語句に対する兼方の註である。したがって「兼方案」に引用される『日本書紀』本文（小児の言葉）は、兼方が引用した本文であるということになる。小児の言葉は、小児の言葉とは受け止められないため神託として成立するのであるが、結果として出雲大神の祭祀へとつながっていく。この言葉は出雲人が祀るべき神宝が出雲に戻った記事とも考えられるが、この小児の言葉の解釈は難解であり、今日もおいても諸説あり答えを見ていない。鎌倉期においても、難解だった故に諸文献のみに頼らず、兼方自らが註を加筆したのであろう。

いずれにせよ、中世の引用として確証を得られる「出雲」の引用は、兼方に依拠する当該部分のみである。ただし、その兼方の註釈からは、甘美御神を出雲大神として捉え、杵築大社は、素戔嗚尊と大己貴神の父子が鎮座するとするのであった。そして、兼方は『先代旧事本紀』の記述を参考に、鸕濡渟が国造となり祭祀を担当したことを記している。兼方の註釈方法は、諸文献により諸説を広く引用し、解釈することであった。その方法は、「兼方案」の有無に関わらず『釈日本紀』に一貫しているといえる。

おわりに

『釈日本紀』に引用される「出雲」を手がかりに中世の註釈内部にある出雲観を探ってきた。『釈日本紀』には、広く諸文献を引用し註釈として用いる態度があったが、引用される文献には位相があり、どの段階で引用された本文であるか、わかりにくい場合もあった。「出雲」と関連するところとして、『釈日本紀』巻第十四「述義」に次のような一連の引用もある。

厳神之宮
杵築神宮也。厳者、厳重之義也。
神名帳曰。出雲国出雲郡杵築大社。名神大。
於友郡役丁
出雲国意宇《オウ》郡ノ之人民也。
言屋社《イフヤノ》

神名帳曰。出雲国意宇郡揖夜神社。

出雲国風土記曰。意宇郡伊布夜社。


これは『日本書紀』巻第二十六の斉明天皇五年条である。この年に出雲国造に命じて神の宮（杵築大社）を修理させたところ、狐が於友郡の役丁が取った葛の端を噛み切って逃げ、また犬が人の腕を噛み取って言屋社に置いたとある。三つの語句に対する註だが、「厳神之宮」「言屋社」については、出典を明記して註を施すが、「於友郡役丁」については、出典の記載なく註釈している。「於友」は「オウ」であり、「意宇郡」と同一であると説明するまでもなかったのかもしれないが、一連の出雲に関する記述においては『出雲国風土記』を引用しないなど十分に註釈されていないようにも感じられる。そのため、「於友郡役丁」の「出雲」について本稿では出典不明として分類している。

以上のように、『釈日本紀』内部にある「出雲」を眺めると、「出雲」に対して特徴的な解釈が横たわっている訳ではないようである。それは、註釈のために引用する文献に位相があったように、註釈対象とする『日本書紀』本文に即して文献を引用するため出雲観にも諸相があるのであろう。「出雲」に関する引用をみると、多くは杵築大社や出雲国造など、土地にまつわるものが散見された。やはり、これについても中央の神祇官人が纏めた註釈として、中央と地方の描き方があったのであろう。

『釈日本紀』は、それまでの「日本書紀私記」を集大成し、古典研究の家学をあわせて完成した註釈書である。古典研究を為し得ることができたのは、卜部氏が古典籍を所持していたことによる。『日本書紀』のみならず、多くの神道系文献の奥書に兼文・兼方父子の名が記されているのは、こういった家学の証であろう。やがて兼方の子孫は「日本紀の家」と称されるようになるが、その礎として『釈日本紀』があったことは言うまでもない。

註

（1）養老五年（七二一）に開催されたとされるが、『続日本紀』には開催の記録はなく、武田祐吉などは養老年間の講筵を否定している。養老年間の講筵は前年に成立した『日本書紀』の披露が目的であったとも考えられ、また『日本書紀』諸本や『釈日本紀』内には、「養老～」とする註が残されている。

（2）『新訂増補国史大系』八（昭和四十年、岩波書店）に掲載される。甲本・乙本・丙本は訓読語を摘記した「私記」であり、丁本は問答形式である。甲本は系譜的関心を示しつつ、『日本書紀』全巻の訓読語を摘記し、乙本は神代巻上下、丙本は神武から応神までの古写本訓を集成し万葉仮名（字音仮名）で書き改め声点を付している。このうち丁本は「承平私記」とされる。

（3）『釈日本紀』の巻構成

巻一「開題」　解説に相当する。

巻二「注音」　『日本書紀』の訓注・別伝などについて述べる。

巻三「乱脱」　本文の乱脱を指摘する。

巻四「帝皇系図」　国常立尊から巻三十持統天皇までの系図。

巻五～十五「述義」　『日本書紀』全巻から抽出した語句の意義を述べ、また「日本書紀私記」を多量に記載する。難語句の意味を諸書・諸説を引いて述べる。

巻十六～廿二「秘訓」　『日本書紀』の古訓集。

巻廿三～廿八「和歌」　歌謡が排列され、適宜注解を施す。

（4）『古事記』に関する現存最古の註釈書。一冊。『古事記』の序から本文にかけて、二十数項目について『周易』『旧事本紀』『日本書紀』など和漢の古典によって註記した裏書を収録したもの。

（5）岡田米夫「古代文献に見える古事記」（『古事記大成』第一巻　研究編、昭和三十一年十一月、平凡社）、古事記学会『古事記逸文集成稿』（昭和三十四年三月、梅沢伊勢三・小野田光雄・萩原浅男担当）、石崎正雄「延喜私記考（中）―釈日本紀に引く日本書紀私記（六）―」（『日本文化』第四十三号、昭和四十一年三月）、小野田光雄「釋日本紀撰述の意圖について」（『神道古典研究』會報十三、平成二年二月。のちに『古事記 釈日本紀 風土記の文献学的研究』（平成八年、続群書類従完成会）所収）、鈴木啓之「釈日本紀所引古事記の問題点」（『古事記受容史』、平成十五年五月、笠間書院。のちに『古事記の文章とその享受』（平成二十三年、新典社）所収）など。

（6）前掲註5、石崎論文。

（7）この位相については『古事記』本文の分析から前掲註5鈴木論文が詳細に示している。

（8）用例の調査は、神道体系 古典註釈編五『釋日本紀』（神道大系編纂会、昭和六十一年）に基づきながら、尊経閣善本影印集成『釈日本紀』（八木書店、平成十六年）を参照した。

（9）『釈日本紀』の引用は、神道体系 古典註釈編五『釋日本紀』に拠るが、尊経閣善本影印集成『釈日本紀』に基づき、文字の大きさや改行位置などは改めている。なお、句読点を適宜施し、旧字は常用漢字に改め、合点などの記号は省略した。

（10）青木周平「中世から近世にかけての風土記受容史の一斑」（『風土記の表現 記録から文学へ』、平成二十一年三月、笠間書院）

古代・中世の佐太神社と『出雲国風土記』

平石　充

はじめに

松江市鹿島町佐陀宮内の佐太神社は、『出雲国風土記』（以下『風土記』）にもみえる佐太大神を主祭神とし、後述する中世の『佐陀大社縁起』には『風土記』で佐太大神の誕生地とされる加賀神崎が加賀潜戸として登場する。本稿は『風土記』ならびにこれらの史料から、中世出雲における『出雲国風土記』の伝存状況を検討する。

　まず、検討で取り上げる『佐陀大社縁起』については松尾充晶氏の検討があり（松尾　二〇二一）、現在、A明応四（一四九五）年頼秀書写の神宮文庫所蔵本、B寛文八（一六八八）年、佐太神社幣主祝宮川秀正書写の『佐陀大明神縁起』、C享禄四（一五三一）年河内州李庵撰述とされる愛媛県松山市極楽寺所蔵本（『山陰道出雲州佐陀大社縁起』）が知られている。なお、それぞれのテキストは、Aは『松江市史　史料編4　中世Ⅱ』755（松江市　二〇一四a）及び『重要文化財　佐太神社　―佐太神社の総合的研究―』（鹿島町立歴史民俗資料館　一九九七）所収の写真、Bについては『神道大系　神社編三十六　出雲・石見・隠岐国』（神道大系編纂会　一九八三）、Cについては（松尾　二〇二一）に依った。

　詳細は松尾氏の論考に譲るがこのうちBについては、Aから本地垂迹説に関わる部分を取り除くなど、寛文八年直前に吉田神道に合わせ改変されたものとされる。Cについては李庵撰述とされるが、実態をみると個別文章はA・Bとほぼ同文であり、一方、後に検討する加賀潜戸に関連する条文は採録されていない。李庵の述作には他に松江市内神社所蔵の「天淵八叉大蛇記」（大永三（一五二三）年成立、元亀三（一五七二）年家原定清書写）があり、そこには李庵が出雲を来訪し伝承を採集した旨が記されている（岡宏三　二〇一一）。したがってCの作成に当たっても来雲した可能性がある（松尾前掲）。ただし、前述のようにCには加賀潜戸についての記述がなく、なぜCに記述（転写）されないのかという検討課題はあるが、本稿ではAを中心に、B・Cも関連する場合に検討する（以下各写本を『縁起』Aのように略す）。

　さて、『縁起』Aについては既に井上寛司氏・中野洋平氏らの検討がある。井上氏は、『縁起』Aは尼子氏と結んで佐陀神社のあり方を大きく転換させた朝山利綱によって作成されたものとみて、このとき祭神が佐太御子神・その父母神から伊弉諾・伊弉冉とその御子神の天照大神に転換されたとし、その背景には、尼子氏による佐陀神社を荘郷鎮守から国鎮守（出雲国の二宮）へと転換する宗教政策があったとする（井上　一九九七・二〇一六）。次に、中野氏は『大山寺縁起絵巻』『大山寺縁起』に記されている島根半島形成譚は、杵築を築く前に大山寺の山王権現が弓で島を引き寄せたことが先行しており、大山寺の優越性を示す部分で『風土記』の国引き神話を参照した可能性があるとする。また佐太神社も同様に杵築大社への優越性を主張する過程で祭神を伊弉諾・伊弉冊・天照大神としたが、その時『風土記』の記述を参照した」と推測している（中野　二〇一七）[1]。

　基本的に井上・中野氏の理解は妥当であるが、井上氏が『縁起』A成立以前における祭神について、『縁起』Aにみえる社殿名（加賀社・旧殿）から検討されているように、『縁起』A以前の状況が痕跡的に『縁起』Aに反映されていることは十分考えられ、さらに検討を深めるべきである。また、中世に佐太神社で『風土記』が参照されたかどうかも同様で、『縁起』Aのさらなる分析や他の史料からなお検討の余地がある。

一　古代の佐太御子神社とその周辺神社

『縁起』の分析にはいる前に、先ず、『風土記』『延喜式』にみえる佐太神社について検討する（第1図）。なお、『風土記』のテキストについては、原則として、細川家本を活かした（沖森卓也・佐藤信・矢嶋泉二〇一五）『風土記』山川出版（以下『山川』）を用いるが、それと異なる校訂をおこなった箇所などについては註を付した。

史料1　『風土記』秋鹿郡神社条（385～390）(2)
佐太御子社　比多社　御井社　垂水社　恵梯毛社
許曽志社　大野津社　宇多貴社　大井社　宇智社
以上一十所並、在神祇官。恵曇海辺社　同海辺社　奴多之社　那牟社
多大社　同多大社　出嶋社　阿之牟社　田仲社
弥多仁社　細見社　下社　伊努社　毛之社
草野社　秋鹿社　以下十五所并、不在神祇官。

史料2　『延喜式』巻十神名下
秋鹿郡十座　並小
佐陀神社＊　宇多紀神社　大井神社　日田神社　御井神社　内神社　垂
水神社　恵曇神社　許曽志神社　大野津神社
＊九条家本では「佐陀大社」、土御門本・武田本では「佐陀大神社」である。

史料3　『風土記』秋鹿郡山野条（391～395）
神名火山。郡家東北九里卌歩。高卌丈、周四里。所謂
佐太大神社即彼山下之。足日山。郡家正北一里高一百
七十丈周一十里二百歩。女心高野郡家正西一十里廿歩
高一百八十丈、周六里。土體豊渡百姓之膏
腴＊園矣。無樹林但上頭在樹林。此則神社也。
＊『山川』は「高之腴」とする。

まず、史料1の佐太御子神社から、八世紀の佐太神社の祭神が佐太御子神であったことが判る(3)。続いて史料2の『延喜式』巻十神名下24出雲国条（以下、『延喜式』の同条文を『式』とする）の神社記載順は、既に指摘のあるように、隣接する神社をたどるように書かれている（朝山　一九九九b）。この記載順から、『式』宇多紀神社～垂水神社は、恵曇神社より佐太神社に近い場所にあったことになる。以下上記の神社を佐陀神社の周辺神社とする。

これら周辺神社群もふくめた古代の佐太神社の様相を知るため、まず佐太御子社の所在地から検討する。八世紀における同社の所在地については史料3にみえるように、神名火山の「山下」にあったことになる。神名火山は細川家本をはじめとする脱落本系の『風土記』写本では郡家の東北九里卌歩、高卌丈、周囲四里で、この方位里程は恵曇郷と一致する。これに対し補訂本系写本の『出雲風土記抄』（以下『抄』(4)）では、方位里程は同じで、高さを「二百三十丈」、周囲を「一十四里」とし、『岩波古典文学大系　風土記』（秋本吉郎　一九五八）『修訂　出雲国風土記参究』（加藤義成　一九八一）はいずれも補訂本系写本のテキストを採用、現在の松江市朝日山（標高三四一・八メートル）に比定する。しかし、補訂本系写本のテキストには日御碕神社本系統の写本を前提に成立したとみられる箇所があり（平野　一九九六・七）、古代の風土記のテキストとして採用するべきではない(5)。また、いずれの写本でも一致している郡家からの方位里程からは、この山は郡の東端あたる恵曇郷周辺にあることになる。そして脱落本系写本では郡の山野記載上最も低く周囲の小さな山になるが、これは郡の東端から西に山塊が広がる自然地形と全く一致しており、なんら矛盾はない（第1図参照）。これに対して、補訂本系写本の数値では、郡の東端付近にある郡内最大規模の山になり、不自然である(6)。このほか、『抄』は秋鹿郡の河川の最後に、脱落本系写本にみえない神名火山を水源とする「長見川」の記述を配置するが、秋鹿郡の河川はこの長江川を除くと東から順に書かれていることから（他郡でも河川は郡内の地理上の一定のルールで書かれる）、先の平野氏の見解を合わせれば、この長江川も脱落本系写本のテキストを前提とした後補とみるべきである。

『抄』のテキストは、神名火山は郡内最大の山（朝日山）であるとの認識の

写真1　東北から見た三笠山

写真2　南東から見た三笠山

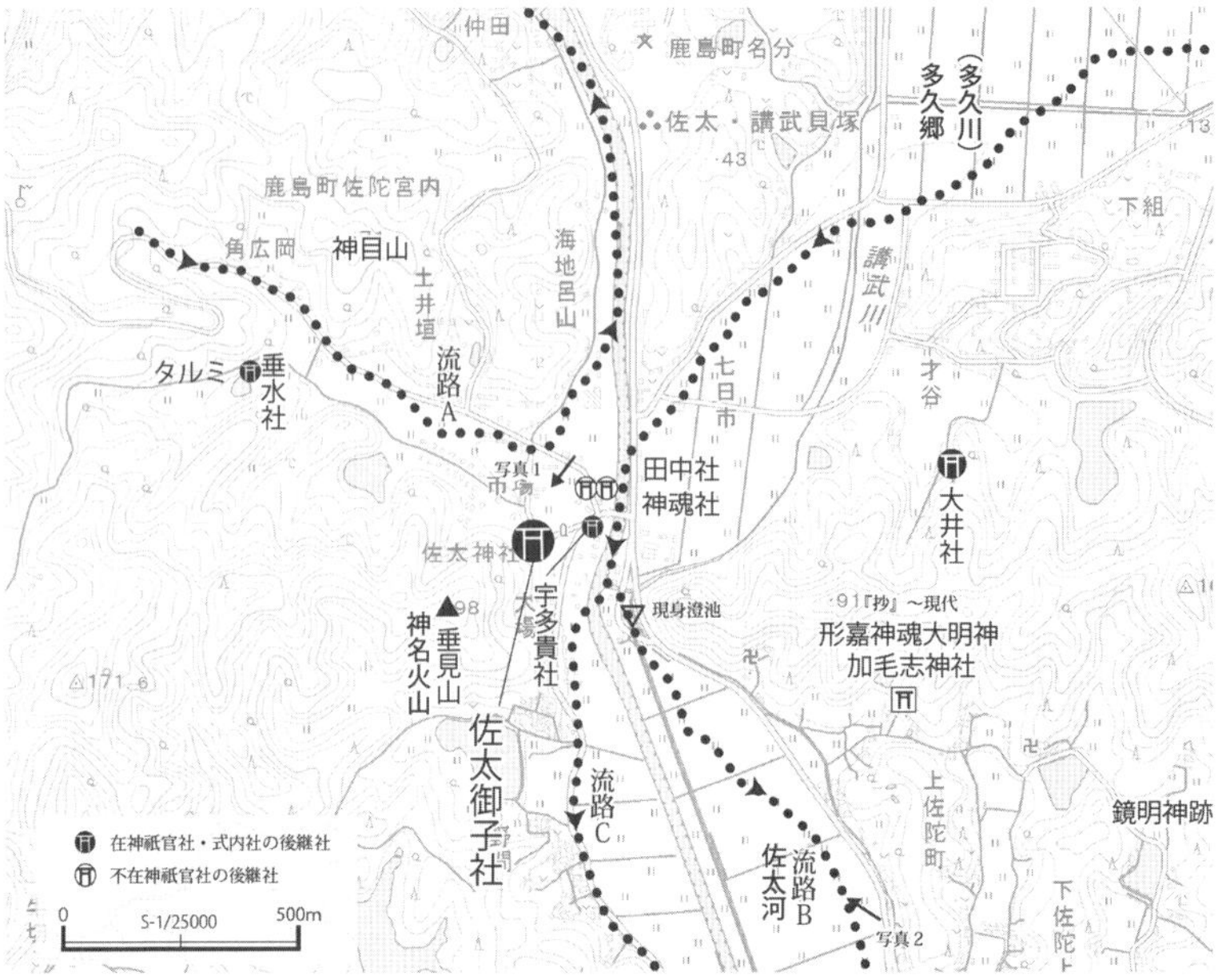

図１　佐太神社周辺図

もと、高さ、周囲の数字を最大になるよう改訂し、(7) あるべき河川数に合わせて神名火山を水源とする長江川を追加しているのである。本来の『風土記』の記す神名火山は郡東端に近いあまり高くない山で、これはまさに現在の佐太神社の所在地周辺に当たる(8)。カンナビ山は横から二等辺三角形にみえる、ということを加味すると、写真1・2に示した佐太神社後背の三笠山（標高九八メートル）が山容からも適当である。なお、後掲写真3の「秋鹿郡絵図」でも、この山は他の山と区別され、東を正面として△状に描かれている。

　つづいて、周辺神社（『式』宇多紀神社　大井神社　日田神社　御井神社　内神社　垂水神社）について検討する。まず『抄』は垂水社・比太社・宇多紀社はともに宮内にあるとし、享保二（一七一七）年完成の『雲陽誌』（以下『誌』）でも秋鹿郡宮内の佐陀大社に玉垣内の末社として宇智社・垂水社がみえ、馬場にある松が宇多紀社だと記されている（明治まで参道脇に存在。また後述するが神魂神社本殿壁画にもそれと思しき松と塚がみえる）。このうち垂水社については佐太神社の社伝では垂水池畔の「タロミダイマツサン」にあったとされる（朝山　一九九九a）。以後の『風土記』研究では『出雲風土記解』が「足日山」に在るとして、タルミとタルヒを同一とみる（内山真龍『出雲風土記解』）、あるいは「垂水」が「垂氷」の誤写ではないかなどの説も出されるが（千家俊実『出雲国式社考』）、後述するように史料12の『縁起』Aでは神社後背の山が「垂見山」としてみえており、垂見山（古代には垂水と表記か）は『風土記』の秋鹿郡神名火山の別名で、垂水社はこの山の湧水地点にあったと考えるべきである。

　次に日田社は、『縁起』Aにみえこの段階では佐太宮内あった（『抄』も佐陀宮内ありとする）。宇智社（『式』内神社）については、佐太神社の境内にあるとする説とは別に、松江市大垣町の内神社とする見解（加藤　一九八一など）がある。しかし、同社は中世まで「足鷹（高）明神」などと呼ばれており(9)、髙橋周氏の指摘のように、延宝年間に『風土記』を元に社名・祭神等が変更されたとみられる（髙橋　二〇一六）。また、『風土記』秋鹿郡の山名には「安心高山」（細川家本）があり、これは現在の内神社（中世の足鷹明神）の所在する本宮山（標高二七八・八メートル）とみられるので、中世社名の「足鷹（高）」は「アシムタカヤマ」が転じたものであろう。（関　二〇〇六）が述べるように、『風土記』安心高野にみえる神社（『山川』395）は阿之牟社（同388）とみられる。

　残る神社のうち、御井神社については現在それを継承するとされる神社は不明で手がかりも少ないが、『出雲風土記解』は詳細を記さないものの佐田にありとしている(10)。

最後に、大井社については、松江市鹿島町名分に大井神社があり、『誌』島根郡名分にも大井宮神社の記載がある。これが古代秋鹿郡の大井社を継承するか否かの判断は難しいが、第1図の東北側にあたる講武平野（ここは『山川』404佐太河の記載から『風土記』段階は島根郡とみられる）からは外れた谷で、古代には秋鹿郡内としても良く、佐太神社と大井神社間に他の風土記社も存在しないのでこの周辺に考えて良いと思われる。

以上をまとめると、『風土記』の佐太御子社は、現在の佐太神社付近に想定でき、その周辺神社も、やはり中近世には佐太周辺にあったことがわかる。

上記の理解を前提に、佐太神社と周辺神社群を『風土記』全体で考えると、特定の地名を冠する大きな神社の周辺に、地名を冠さない神社が存在する形態で、同様の神社群は意宇郡熊野大社、出雲郡杵築大社で確認できる（関　二〇一四a・平石　二〇一六）。『風土記』には一箇所に複数神社が集まる形態として、出雲郡の美談社・伊努社のように同名社が多数あり、『式』では別な神が祭られている事例もある。ただし、こちらの事例は『風土記』では神社名を共有する神社群とされており、少なくとも『風土記』段階では同一境内の同名神社間に本社―末社のような関係がなかったと想定される。

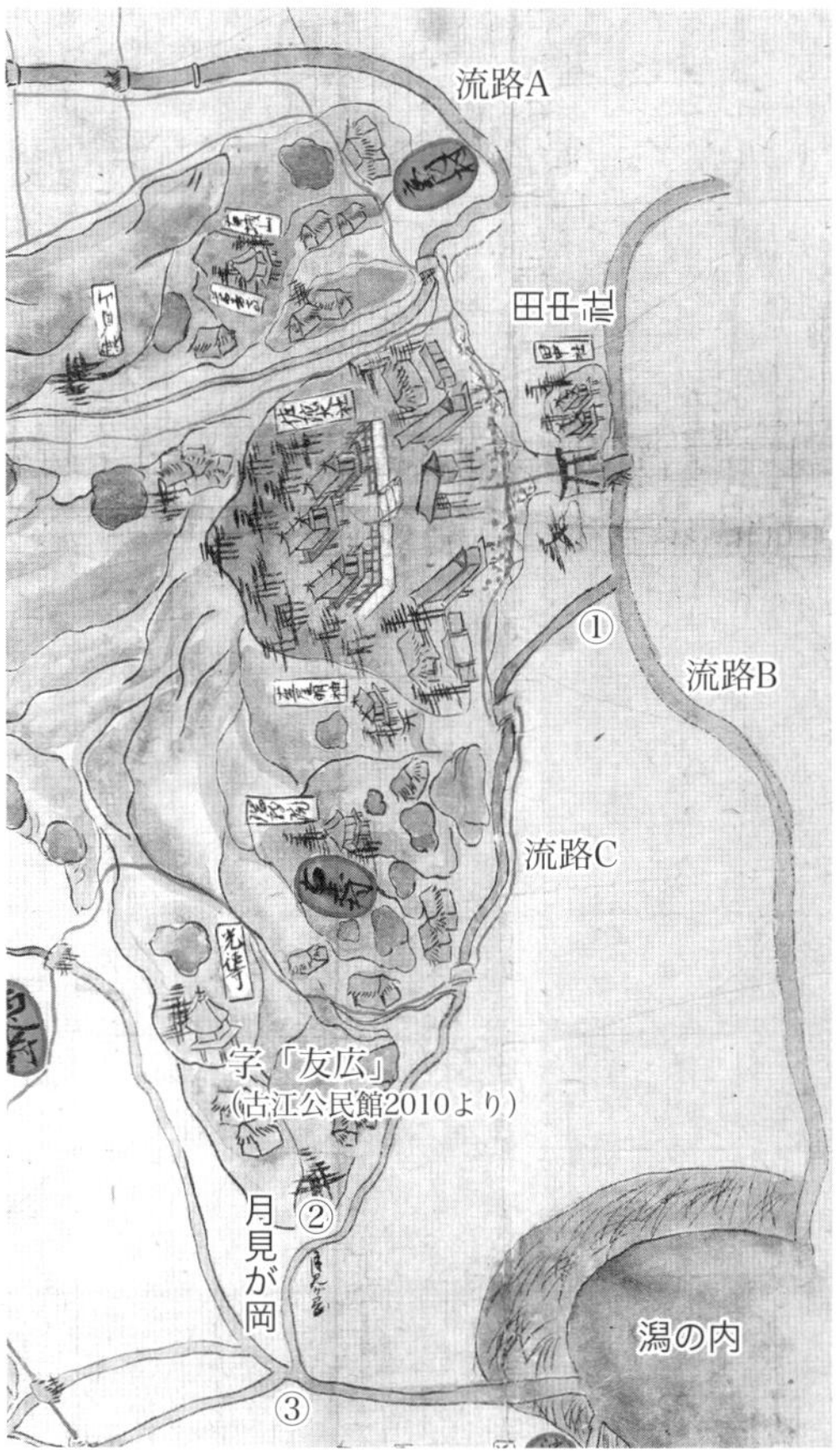

写真３　秋鹿郡絵図(部分)※筆者加筆

これに対して、熊野大社・佐太御子社・杵築大社の事例は、周辺神社が中心的神社と社名を共有しておらず、階層差のある複数神社の複合体と見ることができる。祭神が「大神」と称されることや、信仰圏が複数郡に及ぶことから指摘されてきたように(関二〇一四b)、佐太御子社はやはり出雲国の神社の中でも優位な神社であった。

また、当社については史料3から神名火山の麓の神社と理解されていることは確実で、周辺神社に三つの井泉に関連する神社がありその二つが東西の谷の湧水地点と思われる地点にあることから、水源を祭る神社群としての性格も有する。

ここで、古代の佐太神社の位置について、佐陀川開削以前の状況を記した元文五（一七四〇）年の「秋鹿郡絵図」[11]（写真3、以下「絵図」）や『風土記』の記述（史料4・5）から検討する。

史料4『風土記』秋鹿郡佐太川条（404～406）

佐太河。源二。東水源島根郡所謂多久川是。西水源出秋鹿郡渡村。二水合、南流入佐太水海。即水海周七里。有鮒。水海通入海、潮長一百五十歩、広一十歩。

史料5『風土記』秋鹿郡恵曇浜条（423～427）

（上略）即、有彫鑿磐壁二所一所、厚三丈、廣一丈、高八尺。一所、厚二丈二尺、廣一丈、高一丈。其中通川。北流入大海。川東島根郡也。郡内根部也。自川口至南方田辺之間、長一百八十歩、広一丈五尺。源者田水也。上文所謂佐太川西源、是同処矣。九、渡村田水。南北別耳。古老伝云、島根郡大領社部臣訓麻呂之祖波蘇等、依稲田之澇、所彫堀也。

「絵図」をみると佐太神社北側の垂水社の存在が想定される谷から日本海(恵曇)に流れる流路Aがあり、東側には東北から流れ、佐太神社の田中社の前を通過し、その南の①で分岐し『風土記』佐太水海の残りに当たる潟の内の東に注ぐ流路B、古志村の山裾を流れ、②「月見が岡」から南の水田中③で西谷村からの水路と合流し、潟の内の西側に注ぐ流路Cが記されている。まず、流路Aは日本海に注ぐことから、史料5の「其中通川」を継承する河川に当たるとみられる。史料4では佐太河の西の水源は渡村とされており、史料5では源は田の水とされることから、『風土記』では絵図のように谷奥まで明確な流路があったとは認識されていないようであるが[12]、「渡村」（＝佐太神社周辺）は大海（日本海）と入海（宍道湖）の分水嶺（水分）であり、かつ湧水点と認識されていた。

古代社会において分水嶺地点（水分）が水資源確保の上で重要視されたことは、畿内の水分の神が六国史で祈雨奉幣の対象となっていることや（『続日本紀』文武二年四月戊午条ほか）、『延喜式』四時祭上4祈年祭官幣条で特に山口の神、水分の神の幣帛に馬が加えられていることから明らかで、水分地点の山上の巨岩での祭祀遺跡である静岡県天白磐坐遺跡の事例をみれば（辰巳　一九九二・穂積　二〇一二）、神名火山も、水分地点を象徴する水源の山という性格があったとみられる。

次に流路Bは、現在の講武川の前身である。この流路Bは「絵図」以前の「寛永出雲国絵図」[13]でも、多久から流れ直接潟の内の東に注ぐ様子で画かれている。同図には他に佐太川に当たるものはなく、次に述べる流路Cも描かれていないので、流路Bは『風土記』の佐太河（『山川』404）の後身に当たるとみてよい[14]。現在の佐陀川（天明七（一七八七）年開削）は、多久田友秀氏が述べるように全て普請によって開削されたと見るべきだろう（多久田　二〇二〇）。

これに対し流路Cは山際を蛇行し、月見が岡から水田部を流れ西谷川の流路と合流し後に潟の内に注ぐ、自然流路とは考えづらい流路である。現在は新川と呼ばれ（古江公民館　二〇一〇）、現佐陀川開削に伴って作られたとの説があるが（須藤　一九四九）、新川の流路は現佐陀川よりはるかに標高が高く、直接関係はない[15]。結論的には松江市古志町（近世の秋鹿郡古志村）の水田部を灌漑する用水であったと想定される。この水路の開削経緯は不明であるが、この流路による用水地域の終点に当たる月見が岡について、『誌』では「佐田宮が神在祭の折、幣帛を奉る」と註し、後述する天正六（一五七八）年『佐陀神社神官等連署末社書上』でも、この丘陵中の字「とも広」に御子神（天照大神）が祭られる森があったとされ、かつて佐太神社の祭場が存在した模様である。開削には佐太神社を奉祭する勢力が関与した可能性が高いだろう。そもそも『風土記』における「佐太」地名の範囲は佐太神社より南側で、従来の朝日山を神名火山とした場合の正面とされる地域（関　二〇〇六など）は、『風土記』では島根郡の多久（『和名類聚抄』では多久郷）である。神社名はその基盤とする地域に由来すると考えるならば、この神社が佐太御子社と命名されたときから、流路B・Cの存在する地域を基盤としたとみるべきであろう。

古代の佐太神社の性格として、中心神社が「佐太御子社」である点も注目される。『風土記』には多数の神の御子神が登場するが、この段階で神社名に御子を含むのは当社一社のみである。また、他の御子神が親神の名を冠する（例、230「須佐能袁命御子」）のと異なり、地名「佐太」が冠せられている。これは『風土記』加賀神崎は佐太大神（＝御子神）の出生譚であるものの、父神は不明でそれがウケヒの対象とされており、説話の中心が父神を除いた御祖（母神）と御子神である事によるとみられる[16]。井上氏は『縁起』以前の佐太神社の形態として、旧殿と加賀社から構成されていると推定しているがその指摘通りの状況が窺え、『縁起』Aの社殿にも名称が継承されたとみて良いだろう。

さらに、佐太大神の御祖が「神魂命御子」とされている点にも留意が必要である。『風土記』における神魂については森陽香氏の検討があり、大穴持と神魂がセットで登場する説話と、神魂とその御子神のみが登場する説話は別に考える必要があり、後者（及び全国的に見ると神魂を始祖とする国造）の分布は沿海部であると指摘している（森　二〇一六）。

神魂の信仰が本来的に海に関わるかどうかはしばらく擱くとして、『風土記』記載上では大穴持の関係しない神魂とその御子神の伝承は生馬郷・法吉郷・加賀神崎という島根郡西部に集中している。秋鹿郡東部と島根郡西部（＝佐太御子神の信仰圏）での神統譜の共有化は、佐太御子神や、その御祖支佐加比売と麻須羅神の婚姻関係ではなく、支佐加比売の御祖神魂によって図られているといえる（第2図）。これは、『風土記』で杵築大社の主祭神の所造天下大神（大穴持）が出雲国内の比売神と直接婚姻を結んでいる関係と大きく異なるといえるだろう。これらの説話に大穴持が登場しないことも含め、佐太御子神は『風土記』段階から杵築大社の大穴持の影響が比較的弱い神格であったと想定される。

二　『佐陀大社縁起』にみえる『出雲国風土記』の諸相

次に、『縁起』にみえる中世佐陀神社の様相について、『風土記』～『延喜式』段階の神社との関係が想定される点について検討する。なお、『縁起』全体像については、本地垂迹説に基づき、中世杵築大社や伯耆大山寺との関係のなか、杵築大社に対する優位性を元にまとめられたもの評価されている（井上　一九九七・二〇一六、中野二〇一七）。本稿ではこれに加え伝承の地域社会的・古代を継承する要素について検討したい。

二―一　加賀潜戸

『縁起』には加賀潜戸が登場し、これは『風土記』の加賀神崎の窟に当たる。『縁起』の分析に入る前に、先ず『風土記』加賀神崎の神話について検討する。

史料6　『出雲国風土記』島根郡加賀神崎条（336～339）

加賀神埼。即有窟。一十丈許。周五百二歩許。東・西・北道。所謂佐太大神之所産生処也。所産生臨時、弓箭亡坐。爾時、御祖神魂命之御子、枳佐加比売[1]命願、吾御子、麻須羅神御子坐者、所亡弓箭出来、願坐。尓時、角弓箭、随水流出。尓時、取子[2]詔子、此者、非弓箭詔而、擲廢給。又、金弓箭流出来。即、待取之坐而、闇鬱窟哉詔而、射通坐。即、御祖支佐加比売命[3]社、坐此処。今人、是窟辺行時、必声□磕而待。若密行者、神現而、飄風起、行船者必覆。

＊1『山川』は「枳佐加地売」とする。
＊2『山川』取弓とする。
＊3『山川』は「支佐加地売」とする。

史料7　『出雲国風土記』島根郡加賀郷条（242）

加賀郷。郡家北西二十四里一百六十歩。佐太大神所坐也。御祖神魂命御子支佐加地賣命、闇岩屋哉詔、金弓以射給時、光加加明也。故、云加加。

生馬郷。郡家西北一十六里二百九歩。

史料6は『風土記』島根郡の海浜地形加賀神崎条で、ここに「御祖神魂命御子枳佐加比売」が佐太大神を産もうとしたとき、その父神が麻須羅神であるかどうかをウケヒし、「金弓矢」を得て窟を射通した、枳佐加比売の社がある、との記述がなされている。なお、細川家本の原文では、神名は最初が「枳佐売」、二つめが「支佐加地売」であるが、ストーリー上両者は同一神のはずであり、『山川』は前者を「枳佐加地売」に校訂する。しかし、「地売」は神名として不適であり、従来の校訂どおり「支（枳）佐加比売」とみるべきだろう。また、前に触れたように、この出産の場面では、父神がウケヒの対象となっておりこの場に登場せず、神崎にあるのも御祖の支佐加比売の社のみである。

一方、史料7の加賀郷条は補訂本系写本のテキストで、脱落本系写本には□囲み部分（以下補訂本文とする）がなく、この部分の記述は岸崎時照の『出雲風土記抄』より現れる。この補訂本文がどのように形成されたかについては髙橋周氏の検討があり（髙橋　二〇一四）、岸崎時照書写とされる郷原家本『出雲国風土記』では貼紙が貼られ、「加賀郷　家北西二十四里一百六十歩　佐太大神所産生也。御祖神魂命御子支佐加地売命　闇岩屋哉詔金弓ヲイタモウ時光カヾヤク　仍而加賀ト云々」との書き入れがなされる（写真4）。この記載は史料8の□で囲った『抄』の補訂本文そのものではないが、その前提になったものであるとする。

この貼紙部分のうち、里程や神名（支佐加地売）は脱落本系写本から補うことができるが（平野　一九九七）、郷名由来の（カカヤクから加賀）については脱落本系『風土記』に該当する記述はなく、補訂者が何らかによってこれを記載したことになる。[17]

次に、『縁起』Aの加賀の由来は以下の通りである。

史料8『佐陀大社縁起』（『縁起』A）

※〈　〉は、筆者が付した仮題で、全文から〈仮題〉部分だけを抽出している。以下縁起類は同じ方法で引用する。

〈加賀潜戸〉一、伊弉冊ハ者為ニリ伊弉諾ノ尊ノ妃《キサキ》一、々有リ妊《ハラムコト》レ別ニ居ニシ玉フ於加賀ノ潜戸《クケドニ》一。於是天照太神ヲ誕生シ玉フ、是故ニ彼ノ岩窟《イハヤノ》中ニ有ニ御乳房《チフサ》形一作レリテアリ石ト、于レ今其露ノ滴《シタタリ》不断、故ニ海中ノ草依ニ受レ此乳味ノ潤《ウルヲイヲ》一、其味皆甘シ矣。

〈加賀の由来〉一、加賀者伊弉冊ノ尊棲《スミ玉フ》ニ潜戸一、而未レ出玉ハ時、天下暗《クラカリキ》、出ニ潜戸シ一ヲ時、天下忽ニ明《アカカラニ》于時、伊弉諾赫々《カツ々タリト》言ノ玉フ。是ノ故其地ヲ名クル二加賀ト一也。

〈加賀潜戸〉では、そこで伊弉冉が天照大神を出産したと記されるが、父神である伊弉諾は登場せず、岩窟も母神を主体にして描写されている。『縁起』の出生譚についてはすでに『風土記』神話を前提としているとの指摘があるが（井上　一九九七・中野二〇一七）、加えていうならば、父神不在の出生譚という点も類似し、『風土記』の加賀神崎の神話の枠組み、母神と御子神の神話を前提として、それを変容させたものと評価できる。

次に〈加賀の由来〉は、伊弉諾が赫々と言ったので加賀と名付けるとの記述がある。これは、前述郷原家本貼紙と光り輝いたことから「カカ」としている点で類似している。また、貼紙が『縁起』A第五段と同様に「カヽ」からついた地名を「加賀」としている点に注目すべきである。もし、郷原家本貼紙が、どこかに残存していた天平五年の『風土記』島根郡加賀郷条を直接下敷きにしていれば、この部分は「加賀」ではなく神亀三年の郷名改字以前の「加加」（『山川』220）の由来として書かれるはずである（『抄』本文では補訂者がそれに気づいて「故云加加」としているのであろう）[18]。

「赫々」から「加賀」という言説は、佐太神社幣主祝宮川家文書中の『縁起』Bでも確認でき一七世紀の佐太神社周辺に存在し、『懐橘談』の加賀の項でも「佐太小縁起」を見たとして「此所加賀と名付る事、伊弉册尊潜戸に棲て未出給時、天下暗き也、潜戸を出給ふ時、天下明也。其時伊弉諾尊嗚呼赫奕と宣ふゆへに其地をかゝと名付るとあり」（句読点筆者）と『縁起』とほぼ同文を記載していることから、佐太神社の外部、『風土記』写本を所有していた（岡一九九七・大日方二〇一〇・髙橋二〇一八）黒沢石斎にも知られていた[19]。郷原家本『風土記』の貼紙の記述は、そのテキストを直接岸崎が作文したかは措いて、『縁起』など佐太神社由来の「赫々」から「加賀」の要素と『風土記』加賀神崎条（金の弓）の要素を素材に『風土記』を復元する目的で作られたものとみられる。

一方、『縁起』A（加賀の由来）と郷原家本『風土記』貼紙・『抄』の補訂文とでは異なる点もある。それは後者が光り輝いたから「カ

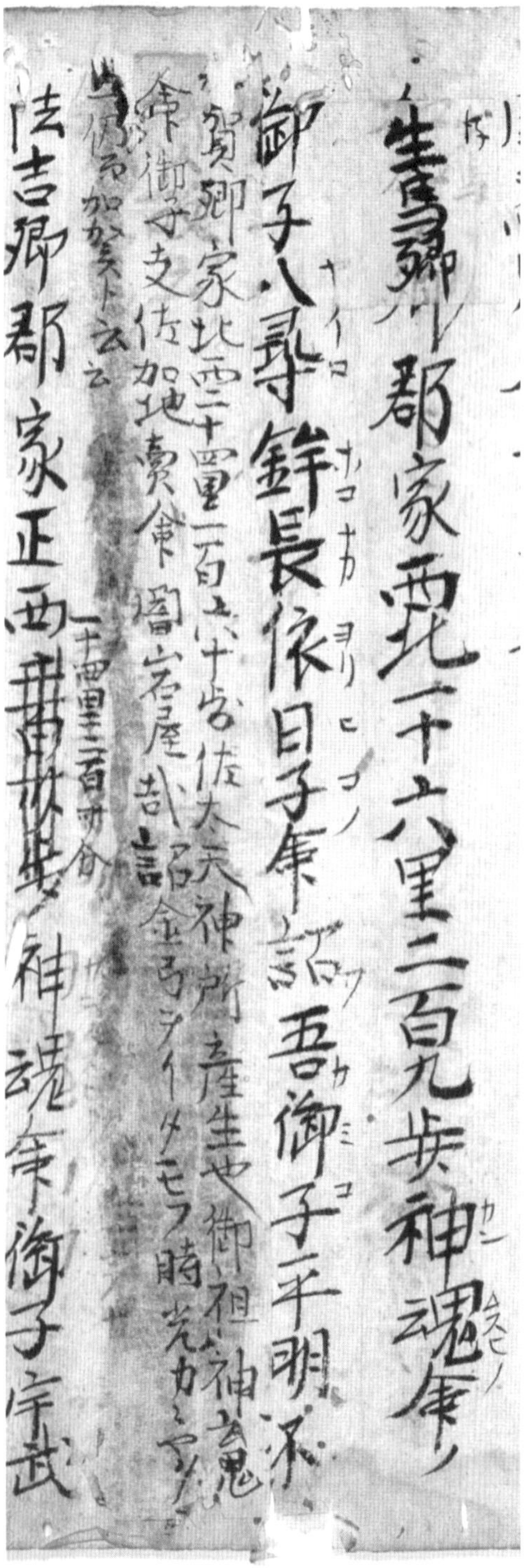

写真4　郷原家本『出雲国風土記』島根郡加賀郷条

カ」と名付けられたとするに対し、前者は伊弉諾が「赫々」と言ったから加賀であるというように、神の発語を地名起源としている点である。

ここで『風土記』本文の地名起源記事ついての谷口雅博氏の検討を参照したい（谷口　二〇一八）。氏の分析によると、『風土記』における各郡記述の目安となったとみられる秋鹿郡では、四郷全ての起源が〇〇詔△△、故△△云というスタイルに代表されるような神の発語による「神詔」型とすることができ、この「神詔」型は他に意宇郡・島根郡に多いとされる。島根郡では郡名と加賀郷を除く七郷のうち郡名・山口・手染・方結・生馬四郷が「神詔」型であり、朝酌郷も発語の内容が明確ではないが「熊野大神命詔」の記述がある。このような『風土記』の地名起源記事の編集方針からすると、『縁起』A〈加賀の由来〉における伊弉諾の「赫々」という発語から加賀と名付けられたという説明は、文体や地名カカの表記は当時のものであるが、『風土記』の編集方針に沿った表現であるということができる。

二―二　天赤女と田中社、神魂社

次に、天赤女と田中社、神魂社は相互に関連するのでまとめて論じる。

史料9　『佐陀大社縁起』（『縁起』A）

〈田中社〉一、田中ノ社者伊弉冊棲玉フ於潜戸ト之間伊弉諾ノ尊召天赤《アメノシャク》女《メ》給セ仕《シメ》玉フ、伊弉冊疑《ウタカヒ》其ヲ者有通遘、故自潜戸帰玉ハ於本社ノ北橘木《タチハナ》ノ下假結テ廟戸而居シ給玉フ。伊弉諾ノ尊出テ遊ヒ玉フ田中ノ池ノ畔、池ノ上ニ有一ノ鳥。時伊弉諾尊詠覧一首如此、伊弉諾也《ヤ》伊弉冊伊許那於志菟利波波呼摩那宇衛尔比菟利訶楚湏迷《イケナオシトリハハコモナウエニヒトリコソスメ》。是故假《カリニ》立テ玉フ社ヲ謂イフ田中社ト也。

〈神魂社〉一、神魂社《カモシ》ト者彼地ニ有リ池、伊弉諾ノ尊毎日遊玉フ此池ノ畔《ホトリ》、立ツ社壇ヲ名テ号ス神魂ト也

『縁起』A〈田中社〉では伊弉冊が加賀潜戸で天照大神出産したとき、伊弉諾が天赤女を召し出し、潜戸から帰った伊弉冊は、伊弉諾と天赤女は通遘したと疑って、本殿北の橘に仮宮を設けた。伊弉諾は田中池で遊び、仮宮として田中社を設けたとされる（伊弉諾・伊弉冊の不和は、比太社の記述にも記されている）。この『縁起』Aでは田中社の社殿が、後の史料にみえるように二社あるとは書かれていないことに注意が必要である。次に〈神魂社〉では神魂社の近くにも池があり、ここで伊弉諾が遊んだため神魂社としたとされ、〈田中社〉に似た状況が記される。

つづいて以後の史料にみえる天赤女・田中社、神魂社の変遷を、『縁起』Aと異なる点を中心に検討する（表1参照）。

史料10　『佐陀社神官等連署末社書上』（『松江市史　史料編4　中世Ⅱ』1618）

〈田中二社大明神〉一、田中二社大明神ト者、東ノ社ニハ天赤女御座ス。西ノ社ニハ二尊御座ス。此赤女ノ尊ハ天照大神産レ給時ノ産屋ヲ守護ノ赤女也。此赤女ニ伊弉諾尊御心ウツリカヨイ給ニ依テ、冊尊ト御中ムツトキ故ニ、ウシ口様ニ社立事也。産子ノイモハシカ万スノマボリ神也。可信可敬者也。

〈神魂大明神〉一、神魂大明神《上佐陀内》ト者、二尊ノ別宮也。此地ニ池有。彼池石礼ト云鳥ノアリシヲ御覧シテ面白ク思召シ、是ニ社ヲ立、二神来住給フ。是ニ依テ神歌モアリ、古詩モアリ、口伝多シ。此神間社ニ朝日ノ石、夕日ノ森トテアリ、是モ口伝事也。

天正六（一五七八）年成立とされる[20]『佐陀神社神官等連署末社書上』（『神道大系　神社編三十六　出雲・石見・隠岐国』では『佐陀社内証記』。以下『書上』とする）では、〈田中二社大明神〉で田中社について二つの社殿が背中合わせになっているとし、天赤女は東の神社の祭神で、「天照大神産レ給時ノ守護赤女也」と御子神（天照大神）の母神的な性格が強調されている。また、西の神社の祭神が伊弉諾・伊弉冊二神であるとする。ただし、同書冒頭の〈佐陀太明神〉では、主祭神に穂瓊々杵が加わり、田中社祭神についても「此花咲屋姫尊夫々神」として、〈田中二社大明神〉と異なる説が記されている。

また神魂社についてはは石礼（セキレイ）をみて伊弉諾が喜んだとするが、

周辺には間社の朝日ノ石・夕日の森があるなど伝承が拡大している。また、この神魂社の所在地について史料11掲載箇所とは別な部分では、下佐陀で鏡明神は神魂社の間社であるとも記している（第1図）。

表1　佐太神社の諸縁起・地誌類の比較

	加賀潜戸の由来	田中社祭神	比太社	神魂社の所在地・祭神	神社背後の山名	『風土記』引用	備考
『縁起』A 1495・頼秀	赫々と言う	伊弉諾？	○	池有り 伊弉諾？	垂見山	なし	
『縁起』C 1531・李庵	なし	なし	なし	池有り*1 伊弉諾？	垂見山	なし	
『書上』 1578・宮川秀綱	なし	天赤女 二神	なし	上佐陀・下佐陀 二神・池有り	なし	なし	「フト記ニ是ヲ記スト」の記載あるも不詳
『懐橘談』 1661・黒沢石斎	赫奕と言う*2	天赤女*3	なし	なし	なし	○	島根郡加賀・秋鹿郡佐太に記載。
『縁起』B 1668・宮川秀正	赫々と言う	伊弉諾？ 天赤女？	なし	往古池有り 伊弉諾？	なし	なし	神目山に幣帛を奉る記事がみえる
『大社之記』 1684・朝山勝秀	なし	磐長日女 木華開姫	なし	なし	垂日山	○	足日山・田中社に異説、加賀社*4
『出雲風土記抄』 1683・岸崎時照	光加加明*5	猿田彦大明神	佐太宮内村にあり	西佐陀村*6 鴨子大明神	なし	○	神名火山は比定せず、足日山を朝日山に比定。
『勘文』 1704・不明	なし	磐長姫 木花開耶姫	なし	なし	足日山	○	三角池記載あり『縁起』A田中社の古歌引用
『雲陽誌』 1717・黒沢長尚	光かゝやき*7 明なりけれは	磐長姫 木花開耶姫	なし	上佐陀*8 二神	足日山	○	島根郡上佐陀・名分・加賀浦、秋鹿郡宮内に記載。三角池*9あり。

*1「神魂又書魂魄、于大庭在之」の記述あり
*2「加賀」項の「佐陀の小縁起」の記載
*3巫祝の説として記す。
*4足日山をアシカ（秋鹿）と読む説、田中社祭神には異説ありと記す。また、北社は秘記で加賀社というとする。
*5島根郡加賀郷の本文
*6島根郡不在神祇官社加茂志社の註
*7島根郡加賀浦潜戸大神宮の記述
*8島根郡上佐陀の記述
*9島根郡上佐陀・名分の記載。
（網掛け）は佐太神社史料でなく地誌類

史料11『佐陀大明神縁起』（『縁起』B）

〈本社三所の事〉一、本社三所之事、
中正殿者伊弉諾・伊弉册一二尊勧請社也。
北之社者穂仁似〻貴《火瓊瓊杵》尊也。亦天照大神・天赤女勧請社也。
南之社者月神・蛭子・素盞烏尊也。
〈田中社〉一、田中之社者、伊弉册尊棲二潜戸一給之間、伊弉諾尊召二天赤女一使給。伊弉册尊疑二其有一レ通遘一。故自二潜戸一帰二於本社之北之橘樹下一、結二廟戸一居給。伊弉諾尊於二此地一遊給。故社立二二社一在レ之云々。

次に『縁起』Bの〈田中社〉は概ね『縁起』Aと同文だが、田中社は二社の社殿からなるとしている。また、〈本社三所の事〉では『縁起』Aにみえない「穂仁尓々貴尊」が加わり、それに「天照大神」と合わせて本殿三社のうちの北社（『縁起』Aでは加賀社）の祭神に天赤女がみえる。また、神魂社については、『縁起』Aとほぼ同文であるので引用を省略したが、「往古池有り」との記述があり、この段階の神魂社に池はないようである。また、『縁起』Bよりやや溯る承応三（一六五四）年頃成立とみられる黒沢石斎の『懐橘談』にも「佐太」項に「巫祝の説」として天赤女について若干異なるが類似の記載がある。(21)

このの後ち、天和四（一六八四）年の『佐陀大社之記』（以下『大社之記』）、宝永三（一七〇六）年の『佐陀大社勘文』（以下『勘文』）、いずれも『神道大系　神社編三十六　出雲・石見・隠岐国』所収のテキストを用いる）では、天赤女は本殿三社をはじめとして田中社などにも祭神としてみえず、田中社祭神は本社祭神に穂瓊々杵が加わることとあわせ磐長姫・木花開耶姫に替わり、今に至っている。なお、『神国島根』（島根県神社庁　一九八一）によると、現在も島根県内に天赤女を祭神とする神社はない。また、以後佐太神社の記録では、神魂社の記載がみられなくなる。一方で『誌』では確実に社殿を持ち、現在の加毛志神社に

つながる上佐陀形嘉山神魂大明神が登場する。

まず、天赤女については、『縁起』から一七世紀にかけて、伊弉册と異なる伊弉諾の配偶神で、御子神（天照大神）の母神的存在であり、また天照大神の誕生と関係が深い神と捉えられていたが、『懐橘談』では「信じがたし」と言われるように、一七世紀後半以降には祭神としての地位を失った神とみられる。[22] さて、『風土記』で佐太大神を産んだ神は前述のように「支佐加比売」である。この神は蚶貝（赤貝）を神格化したものであり、「天赤女」の赤もそれに由来するのであろう。すなわち、天赤女とは中世佐太神社が祭神を伊弉諾・伊弉册とその御子神（天照大神）としたとき、それ以前の御子神（佐太大神）の御祖（支佐加比売）が有していた伝承を、補助的に取り入れたものと理解できる（第2図）。

次に、神魂社について検討するが、これを論じるまえに、松江市大庭の神魂神社と佐太神社の関係についてふれておきたい。同社は中世に伊弉冉社としてみえ、一六世紀には真名井神社の後身である伊弉諾社とともに両神魂惣社とよばれていていた（大永三（一五二三）年三月九日付北島雅孝書状『松江市史　史料編4　中世Ⅱ』812）[23]。また、品川知彦氏の研究によると、大庭神魂神社には、神在祭に関連して佐太神社に神幸があったとの伝承があるとされ（品川　一九九九）、『縁起』Aにも異国諸神が「大草六社」に先ず参集するとの記載があり、祭神伊弉册と神在祭をめぐって、大庭神魂神社と佐太神社に関連があったことは認めてよいだろう。なお『縁起』Cの〈神魂社〉では史料9の『縁起』Aの文章に加え「神魂又書魂魄、于大庭在之」の割注があり、李庵はこの神魂社を大庭神魂神社と理解していたようである。

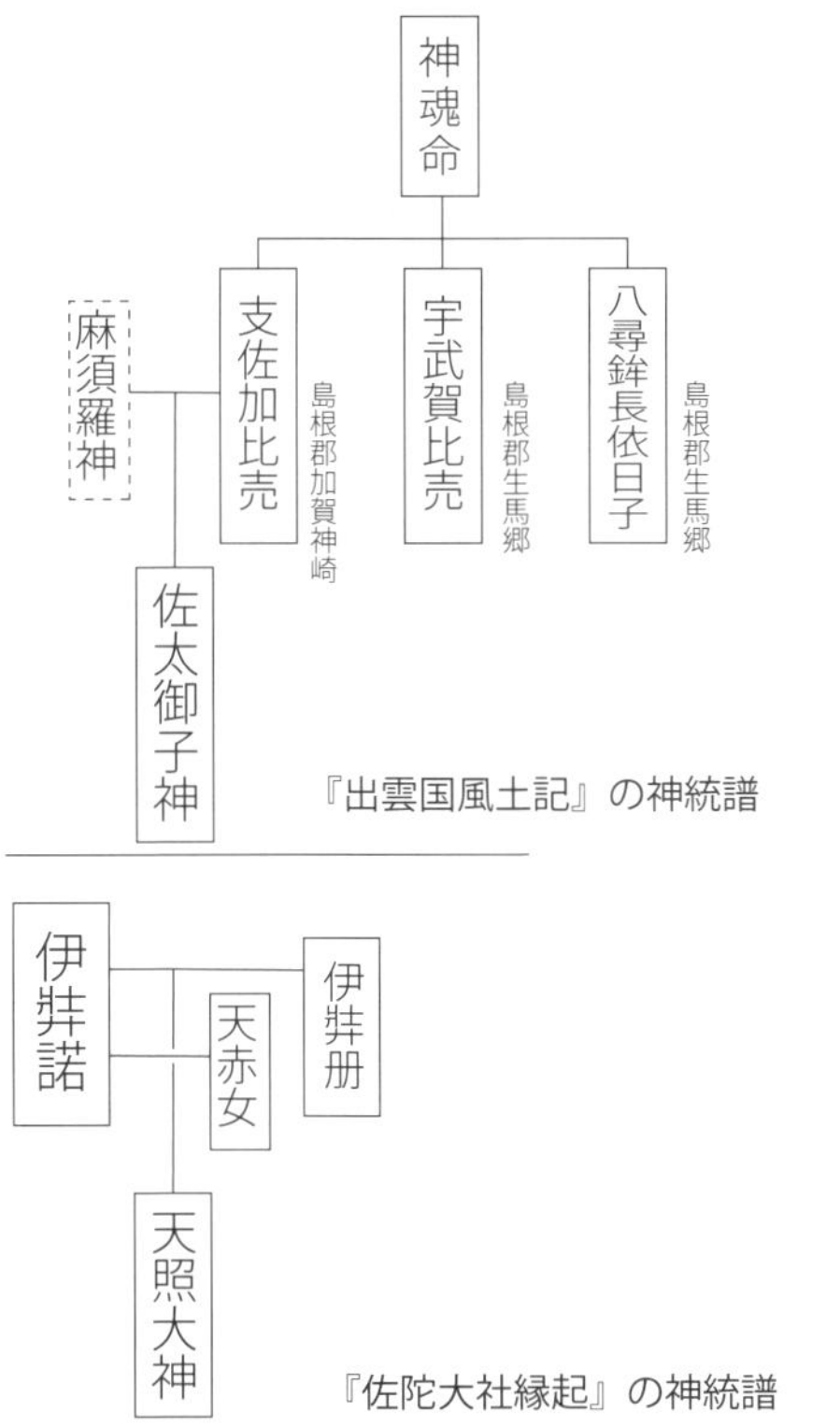

図2　『出雲国風土記』と『佐陀大社縁起』の神統譜

さらに、大庭神魂神社の本殿壁画については、現存本殿の造営である天正十一（一五八三）年の遷宮について記した「神魂社遷宮支度次第日記案」（『松江市史　史料編4　中世Ⅱ』1840）にその内容についての記述があり、「いなおほせ鳥・佐陀山・不老山・かゝくけ戸」が画かれているとされる。この「いなおほせ鳥」とは稲負鳥で、稲の収穫後に飛来する鳥と認識され、実態は不明だがセキレイ・トキ・スズメなどと考えられていた。これはほぼ同時代の史料10『書上』〈神魂大明神〉にみえる神魂社の石礼の伝承を示すとみられる。そしてこれらを描いた壁画は現在の神魂神社本殿奥左の「佐太神社景図」（以下「壁画」）で、[24] そこには加賀潜戸・佐太神社の本殿三社とその背景の山（佐陀山・不老山）とともに、三社本殿とは別に切妻平入りの小社殿二棟が描かれ、参道（馬場）を挟んで、参道脇の塚と松（『勘文』や『誌』に記述のある宇多記（紀）社か）が認められる。[25]

さてこの「壁画」の二つの社殿をどのように解釈するかであるが、本殿三社との位置関係から、現在の田中神社の前身とみてよい。[26] 一方でこの社殿が同時代の『書上』の神魂社に関わるのかが問題となるが、以下のように考えることができよう。

『縁起』A段階…田中池（身澄池・三角池の前身か）の周辺に田中社と神魂社があった。祭神としては伊弉諾・天赤女が想定できる。

『書上』段階…池の周辺にある田中社・神魂社の二社を合わせて田中社と捉えられるようになった（東祭神天赤女・西祭神伊弉諾・伊弉册）。そのため従来の『縁起』にみえる神魂社の所在地は曖昧になり、『書上』では上佐陀・下佐陀、鏡大明神は神魂社の間社のような説が記される（「上佐陀」「下佐陀」は追記の可能性もある）。

『縁起』B以降『抄』までの間…所在不明になった神魂社は、佐太神社とは異なる上佐陀の加茂志神社として成立（なので、『縁起』Bでは神魂社に池はない）、以後、神魂社は佐太神社側史料にみえなくなる。

なお、「壁画」（一五八三年頃）は年代的に『書上』より後出するが、『書上』段階の認識のもと神魂社と田中社を描いているのであろう。

以上の検討から、中世佐太神社の祭神転換（支佐加比売・佐太御子神⇓伊弉諾・伊弉冊・天照大神）にとって、田中社・神魂社が重要な役割を果たしたことが推測される。このうち、田中社は『風土記』秋鹿郡不在神祇官社の田仲社を継承していたとして、神魂社をどのように捉えるかが問題となる。先ず考えられるのは、大庭神魂神社と佐太神社の間での神在祭に関連する神幸などを通じて、また、佐太神社での祭神の転換に当たり大庭から神魂社を分祀することがおこなわれた、ということである。史料上、伊弉冉社として の神魂神社の出現は大庭のほうが先行するので、まずはこのように考えるのが妥当である。[27]

さらに、これを遡る要素として、佐太神社の周辺神社に先に述べたように古代以来の島根郡東部における神魂（カミムスヒ）信仰を基盤とした神社が以前から存在したという想定も可能ではないだろうか。『縁起』A段階では、田中社・神魂社が池の畔に存在したとみられるが、これは島根郡・秋鹿郡堺付近でもあり、「絵図」によればこの場所で、両郡に用水が分岐していたとみられる。その場所に田中社と神魂社[28]があったという想定である。

二―三　垂水山と足日山

最後に垂水山について触れる。

史料12　『佐陀大社縁起』（『縁起』A）

〈神在月〉一、神在ノ月ノ事、伊弉諾尊十月十一日ニ示ニシ玉フ病相一ヲ、十七日ノ暁力尅ニ隠《カクレサセ玉イテ》不見玉ハ、唯有テ二遺身合利《（ママ）ノミ》一涌出ス、大地大種震動シテ日月失光ヲ草《サウ》木変レ色人民流レ泪禽《キン》獣同悲シム、仍彼地立レ堂、今法華院是也。以テ五明ノ函収ニムル御舎利一ヲ、奉レ納ニ於中ノ宝殿一ニ也、又以ニ垂見山一ヲ為ニ御廟所一ト也。

この段は神在月の由来を記した史料として著名で（品川　一九九九）、この段階における佐陀神社の神在月について、伊弉諾が十月十七日に崩じ、垂見山を廟所としたとする。なお、『縁起』Aでは十月に崩じたのは伊弉諾とされるが、『大社之記』をはじめとする一七世紀後半の史料では伊弉冊とされている。[29]現在は本殿西側の三笠山山中にある母儀人基社が伊弉冊の神陵に当たるとされるので、『縁起』Aの垂見山とは現在の三笠山とみて良い。第一節で述べたように字「タルミ」の所在地はやや離れているが同山の西側の谷にあり、この山の水源を象徴する社として垂水社があったと理解できる。

問題は佐太神社の縁起類の中で、この山が垂（足）日山と変化してくことで、表1に示したように『大社之記』では「垂日山」（伊弉冊の葬地）と「足日山」（佐太神社所在地）がみえ、『勘文』『誌』は伊弉冊の葬地には触れないが、本殿背後の山を「足日山」「佐太宮山」「三笠山」「不老山」等と記す。

結論的にはこの垂水から足日への変化は、近世における『風土記』受容によると考えるべきであろう。表1に示したように、出雲国内での『風土記』利用が盛んになる寛文年間以降（大日方　二〇一〇）、風土記引用が確実な書では「足日山」とされている。また、近世出雲で読まれた『風土記』の祖本にあたる、蓬左文庫本・日御碕神社本『風土記』はほぼ史料3（細川家本）と同様の字配りで「謂佐太大神社即彼山下之足日山」が一行に書かれており、佐太神社周辺ではこれを「彼の山下の足日山」と読み、佐太大神は神名火山の山下足日山の麓にあると理解したことによる（『大社之記』『勘文』にはそのことも記されている）。実際は史料3の神名火山と足日山は、郡家からの里程や大きさが異なる別な山の記述であり、杵築大社側ではこの誤読について把握していたようである。[30]

さて、このことから、佐太神社では中世の『縁起』段階までは、古代の三笠山山名の「垂水山」（これ自体は『風土記』に記載はないが垂水社より想定）が伝承されていたが、蓬左文庫・日御碕本系『風土記』の情報によって足日山と混同されたことが窺える。このことは、佐太神社が『風土記』の情報を得たのは寛文期で、中世〜寛文以前には『風土記』を所有していなかった事を示しているとみられる。

おわりに　中世佐太神社と出雲国風土記

第一節で論じたことをまとめれば、『出雲国風土記』や『延喜式』、また神社の名称や所在地、佐太川の状況から、古代の佐太神社については、佐太御子の社を中心としてそれに従属する周辺神社群を持つ、出雲国内でも優位な神社で、分水嶺に所在し井泉に関わる神社をもち、所在地が佐太河からの用水取水地点でそれが佐太地域を灌漑すると想定可能なことから、佐太地域の水源の神社であったとみられる。それに加えて、『風土記』段階では佐太御子神とその御祖が信仰の中心にあり、また御祖の祖神神魂を通じて島根郡西部と秋鹿郡東部の一体性を有しており、この段階から杵築大社の影響力が余り及んでいないと評価できる。

次に、第二節では『佐太神社縁起』を中心に、加賀潜戸、天赤女、田中社・神魂社、垂見山について検討した。まず加賀潜戸については、『縁起』に伊弉諾が「赫々」と発語したことから加賀という地名が生じたとする言説が認められる。「輝いた」と「輝いたと言った」は、明るくなるという気象現象の表現としては殆ど同義だが、後者は『風土記』の編纂方針に沿った表現である。『縁起』A〈加賀潜戸の起源〉は地域社会の伝承そのものが変容したものである可能性もあるが、『風土記』のテキストを前提とした言説とも考えられる。一方で、佐太神社背後の垂水山は寛文期の出雲国における『風土記』普及によって、足日山と誤解されるに至っていることから、佐太神社周辺に、『縁起』から寛文期まで連続的に『風土記』テキストが保持されていたいとは考えづらい。この二つの現象は矛盾するようであるが、そうではなく、我々が見ることのできる天平五年の『風土記』が、完成後出雲国内で流布され、テキスト消失後も地域社会にその言説が伝承されたと考えるのが良いのではないだろうか。そのほか、『縁起』から近世初頭までのみ確認できる祭神天赤女については、中世佐太神社における佐太御子神・御祖支佐加比売から、天照大神・伊弉諾・伊弉冊への祭神の転換に伴って、加賀神崎の伝承と支佐加比売が取り込まれたものであること、神魂社については、『風土記』段階にあった島根郡西部と秋鹿郡東部を中心とした神魂命に関わる社が、田中社とともに中世に、伊弉諾・伊弉冊が祭神化する際に転用された可能性を指摘した。これらはいずれも、中世の出雲社会で『風土記』テキストや言説が残存していたかを直接示すものではないが、意外に多くの場面で古代的な要素が残り、意味を変えながらも転用されていた事を示すものと思われる。

《参考文献》

・秋本吉郎一九五八「出雲国風土記」『風土記　日本古典文学大系2』岩波書店
・朝山晧一九九八「出雲國風土記に於ける地理上の諸問題」『出雲國風土記論』島根県教育委員会（初出一九五三）
・朝山晧　一九九九a「出雲風土記に表れた神社」『出雲風土記とその周辺』島根県教育委員会（初出一九二七〜二八）
・朝山晧　一九九九b「出雲国の式内社」『出雲風土記とその周辺』島根県教育委員会（初出一九五二）
・石塚尊俊　一九八三「佐陀神社」『式内社調査報告　第二十巻　出雲国（A）』皇學館大学出版部
・井上寛司　一九九七「中世佐陀神社の構造と特質」『重要文化財　佐太神社』加島町立歴史民俗資料館
・井上寛司　二〇一六「中世的宗教構造の成立と特徴」「中世的宗教構造の変容と解体」『松江市史通史編2中世2』松江市史編集委員会
・井原皓　二〇一〇「禊の解釈」『地名が語るふるさと古江』松江市古江公民館
・岡宏三　一九九七「『懐橘談』と『出雲国風土記』」『季刊文化財』八七
・岡宏三　二〇一一「内神社所蔵「天淵八叉大蛇記」—中世出雲の八叉大蛇退治神話—」『神々のすがた・かたちをめぐる多面的研究』島根県教育委員会
・大日方克己　二〇一〇「岸崎佐久次と『出雲国風土記抄』」『社会文化論集』六
・大日方克己　二〇一五「翻刻　桑原家本『出雲風土記抄』」『山陰研究』七
・鹿島町教育委員会　一九七六『鹿島町史料』
・鹿島町教育委員会　一九八七『佐太前遺跡』
・加藤義成　一九八一『修訂　出雲国風土記参究』松江今井書店
・品川知彦　一九九九「出雲神在祭の歴史と解釈」『出雲大社の祭礼行事—神在祭・古伝新嘗祭・涼殿祭—』島根県教育委員会
・島根大学附属図書館　二〇一二『島根の国絵図—出雲・石見・隠岐—』今井出版

・宍道正年二〇一二「佐太河開削と北前船─治水工事と日本海交易に貢献した清原太兵衛─」『図説松江・安来の歴史』郷土出版社
・須藤吉郎編　一九四九　『古江村誌』古江中学校-
・関和彦　二〇〇六『出雲国風土記註論』明石書店（秋鹿郡部分の初出は一九九五）
・関和彦　二〇一四a「熊野大神の周辺」『古代出雲の深層と時空』同成社（初出二〇〇〇）
・関和彦　二〇一四b「佐太大神と地域社会」前掲書（初出一九九五）
・髙橋周　二〇一四「出雲国風土記写本二題─郷原家本と「自清本」をめぐって」『古代文化研究』二二
・髙橋周　二〇一六「近世出雲における『出雲国風土記』の伝写と神社の歴史認識（二）」『古代文化研究』二四
・髙橋周　二〇一八「近世出雲における『出雲国風土記』の写本とその系譜」『古代文化研究』二六
・多久田友秀　二〇二〇「新田開発と河川普請」『松江市史　通史編4　近世Ⅱ』松江市史編集委員会
・辰巳和弘　一九九二『天白磐坐遺跡』引佐町教育委員会
・中野洋平　二〇一七「寺社縁起にみる島根半島形成譚」『山陰民俗研究』二二
・野々村安浩・岡宏三　一九九七「秋鹿郡恵曇関係資料の整理─歴史景観復元のために─」『出雲国風土記の研究　Ⅰ』島根県教育委員会
・濱田隆・有賀祥隆　一九七五「絵画─神殿壁画─」『八雲立つ風土記の丘周辺の文化財』島根県教育委員会。
・平石充　二〇一六「古代出雲の神社」『古代祭祀と地域社会』島根県古代文化センター
・平野卓治　一九九六「『出雲国風土記』の写本に関する覚書」『古代文化研究』四
・平野卓治　一九九七「『出雲国風土記』島根郡加賀郷条について」『古代文化研究』五
・廣岡義隆　二〇一三「佐太大神条をめぐって─『出雲國風土記』成書過程の一考察─」『語文』一〇〇・一〇一
・古江公民館　二〇一〇『地名が語るふるさと古江』古志公民館
・穂積裕昌　二〇一二「古墳時代の「湧水点祭祀」」『古墳時代の葬送と祭祀』雄山閣（初出一九九四）
・松江市史教育委員会　二〇一〇『佐太前遺跡発掘調査報告書』
・松江市史編集委員会　二〇一〇『松江市史　史料編3　古代・中世Ⅰ』
・松江市史編集委員会　二〇一四a『松江市史　史料編4　古代・中世Ⅱ』
・松江市史編集委員会　二〇一四b『松江市史　史料編11　絵図・地図』松江市
・松尾充晶　二〇二一「『佐陀大社縁起』の比較検討」『日本書紀と出雲観』島根県教育委員会
・丸山茂　二〇〇一「神社建築の形成過程における官社制の意義について」『神社建築史論─古代王権と祭祀』中央公論美術出版（初出一九九九）
・森陽香　二〇一六「カムムスヒ・カムムスビの資性」『古代日本人の神意識』笠間書院上（初出二〇〇五）
・山根克彦　二〇〇五『地名が語る　生馬の里』高浜印刷

註

（1）また、結論部分で中世段階では「あくまでも『出雲国風土記』を参照するのみで直接引用することはなかった」とする。
（2）（ ）内のアラビア数字は、『山川』テキストの冒頭からの行数である。
（3）なお、史料1の神社記載順は神社帳簿への記載順と考えられる（丸山二〇〇一、平石　二〇一六）。
（4）『出雲風土記鈔』のテキストについては島根大学附属図書館所蔵桑原家本（大日方二〇一五）を用いた。
（5）『風土記』本文について脱落本系写本テキストを採用する注釈書でも神名火山は朝日山に比定されている（荻原　一九九九）。佐太御子社の所在地は神戸にあるべきではなく別に求める見解があるが（石塚　一九八三）、佐太御子社が神戸に所在してはいけない理由はなく従えない。
（6）後述するように朝日山を神名火山として補訂した場合、郡家からの方位里程を訂正する必要があったが、補訂者には郡家の位置について定見がなく、訂正されなかったのであろう。
（7）『抄』は神名火山・足日山の本文を一括し注釈を付すが（他の山は一つずつ本文を挙げ注釈を施す）、神名火山の比定をせず足日山を朝日山とする。これは後述註30『佐太社弁疑考証』と同意見で、『抄』の『風土記』本文成立を考える上で留意すべき記述である。
（8）現在の本殿前面に当たる鹿島町立歴史民俗資料館建設に伴う佐太前遺跡の調査では奈良平安時代を含む弥生時代から中世までの遺物が、同じく佐太神社前の広岡川改修工事では、中近世の遺物が出土している（鹿島町教育委員会　一九八七、松江市教育委員会　二〇一〇）。
（9）天正一〇（一五八二）年「宍道政慶判物」（内神社文書『松江市史史料編4中世Ⅱ』1802）に「足高鷹（衍か）大明神」とみえる例など。
（10）『出雲風土記解』の該当部分については（野々村・岡　一九九七）掲載のテキストを用いた。
（11）恵曇神社所蔵。（松江市史編集委員会　二〇一四b）に収録。
（12）佐太前遺跡の調査では、この谷で縄文時代の自然流路・弥生時代前期の遺物を多量に含む大溝が確認されている（松江市教育委員会　二〇一〇）。ただし自然流路・大溝が日本海側に流れるのか宍道湖側に流れるのか調査区では確認できなかった。
（13）島根県立古代出雲歴史博物館所蔵。（島根大学附属図書館　二〇一二）所収。
（14）航空写真などでは第1図加毛志神社前辺りまで旧河道の痕跡が窺える。それ以南には「三の坪」「四ノ坪」などの字名が残る方格の地割りがあり、近世講武川はそこを通らず東に迂回しており（山根　二〇〇五）、（宍道　二〇一二）はある時期に東に寄せられたとみる。

(15) 近年まで古志町の水田は新川でなく西側丘陵の溜池群に灌漑されており（柿原池築堤後は柿原池から引水）新川を切るように地区ごとに佐太川に排水していたので、かつてあった流路Cがいったん機能しなくなった時代がある。これを再掘削したものが現在の新川で、この名称はこのことによるか。

(16)『式』には御子の名を持つ神社として意宇郡大穴持御子神社、出雲郡神魂御子神社・神大穴持御子神社・大穴持御子玉江神社、神門郡　神魂子角魂神社・神産命子午日命神社・塩冶日子命御子焼大刀天穂日子命神社が散見するが、基本は（親神）＋御子（○○）神社で、佐太御子社のように地名＋御子＋社ではない。神社名に「御子」はみえないが、『延喜式』巻八祝詞29出雲国造神賀条に「加夫呂伎熊野大神櫛御気野命」とみえる熊野大社（『式』熊野坐神社）が御子神の神社として類似しており、この類似については今後の課題としたい。

(17)（廣岡　二〇一三）はこのことから補訂本の記述を「風土記本来の文」とみるが、後述のように従えない。

(18) なお、脱落本系写本でも郡冒頭の郷名改字にみえる神亀三年以前の用字と、郡内の郷名由来の用字が合致しない例もある（出雲郡伊努郷）。また、単純に岸崎が「カヽヤク」から当時の地名「加賀」を連想し記入しただけの可能性もあるが、貼紙前半は明らかに『風土記』の文体を意識した書き方になっている。

(19) なお、『懐橘談』は、「佐太小縁起」の情報と、『風土記』加賀神崎の引用を明確に区別している。郷原家本貼紙の記載はその後に成立したか。

(20)『書上』は天正六年に宮川秀綱が「古キ神書ヲ写シ畢」たものを清秀が転写、さらに秀行・秀右・秀政が諸判を加えたとされる。後述するように記述に矛盾する箇所もあり、天正六年以降の記述も紛れているか。冒頭〈一、佐陀太明神〉部分には本殿三社を過去・現在・未来の社として八百万の神を勧請し、「フト記ニ是ヲ記スト」とも記されているが、この「フト記」がここまで論じてきた天平五年の『風土記』と同一のものかも明らかでなく、後考を待ちたい。

(21)『懐橘談』では天赤女について「佐太の北の橘の下にかくし置給ふ今の田中神社是なり」としている。

(22)『大社之記』の筆者は佐太神社宮司朝山勝秀だが、田中社祭神に異説があると記され、この段階まで天赤女とする説が残っていた可能性がある。

(23) なお、神魂社の呼び名自体は一三世紀に遡る（建長元（一二四九）年「鎌倉将軍九条頼嗣家御教書」『松江市史　史料編3　古代・中世Ⅰ』中世159）。また、なぜ中世に伊弉諾を祭神とする神社を神魂社と呼称したかも検討する必要があるか。

(24) 島根県教育委員会一九七五『八雲立つ風土記の丘周辺の文化財』に写真が掲載されている。（濱田・有賀　一九七五）も参照。

(25) ただし、「壁画」には池はみえず、「いなおほせ鳥」自体も写真では確認できなかった。佐太神社の池については、史料10『縁起』A〈田中社〉の田中池が初見で、井原皓氏の指摘するように、講武川が滞留する場所にできた滞水部でかつては大きかったと想定される（井原　二〇一〇）。身澄池は現在も県道松江鹿島美保関線の旧道下の講武川岸に痕跡が残り、その北側で講武川の一部を現佐陀川に排水している。

(26) 現在の田中神社は切妻妻入りだが、「壁画」「絵図」はともに平入りで描かれている。「絵図」以降いずれかの段階で妻入りとなったか。

(27) なお、『縁起』Aで（神魂社）の前に記載されている烏帽子山は、『縁起』Bでは「玉作湯郷」にあると注が付せられているので、神魂社を『縁起』Cのように佐太周辺ではなく大庭神魂神社と見ることもできる。ただし、その場合この佐太の神魂社は祭神が伊弉諾とみられる点や、同『縁起』中には別に「大庭六所社」が明記されている点も問題となる。

(28) 田中社は『風土記』佐太川の西の源「田水」に由来するか。神魂社は『風土記』の島根郡不在神祇官社に「神魂社」として存在した可能性がある。なお、補訂本系写本の島根郡不在神祇官社には「加茂志社」が補訂されているが、これは近世に再興された上佐陀の形嘉山神魂大明神から補訂されたものであろう（古代に神魂社を「かもす」と訓じたかが問題となる）。

(29) この他、史料8『縁起』A〈加賀の由来〉でも、「赫々」と発語したのはストーリー上では伊弉冊が相応しいように思えるが、伊弉諾の発語とされる。

(30)「佐太社弁疑考証」（鹿島町　一九七六『鹿島町史料』所収）は佐太神社の祭神が杵築の祭神の御母とすることに反論し、『風土記』では佐太の祭神は「加加神崎神之御子」であるとして、足日山についても「又云、伊弉並崩葬足日山麓、是亦大訛謬也、佐太元為神名火山下、則足日山何又相関于玆矣乎、昔日謄写乎風土記者、偶々誤足日山而属書于神名火山之同行、於是彼之盲人之記亦踵誤、以曰葬伊弉並乎足日山麓云、今推郡家之路程量、而見之、則神名火與足日之両峰遠近各別也、何合為一山乎」としている。

『佐陀大社縁起』の比較検討

松尾充晶

一、本論の視点

一―一、『佐陀大社縁起』と「出雲観」

『佐陀大社縁起』（以下、「同縁起」）は中世に書かれた佐陀神社（現　松江市鹿島町鎮座の佐太神社／以降社名表記は佐太神社で統一。）の縁起書である。佐太神社は古代、『出雲国風土記』にあらわれる出雲国内四大神のひとつ、佐太大神を祭る重要な社であった。また近世には出雲国中三郡半の神職組織・裁許に関わる大きな権限を持ち、「出雲国二宮」とされる有力な神社であった。このように、佐太神社は時代を通じて出雲を代表する神社のひとつだったと言える。

本稿で扱う同縁起は戦国期における佐太神社の祭神や信仰の由来を説くものであるが、その意義は単に一社の故実を知り得るという点にとどまらず、後の出雲観を左右するいくつかの重要な言説が含まれている点にこそ重要性がある。主なものをあげれば「イザナキ・イザナミ二神は出雲・佐太神社に鎮座する」「イザナミは加賀潜戸でアマテラスを出産した」「亡くなったイザナキの舎利を佐太神社に納める。」「父母であるイザナキ・イザナミへの孝行のため、十月に全国の神々が集まるので神在月という。」などである。

出雲の神集い・縁結び伝承の成立過程について研究史を総括して分析した品川知彦氏は、中世末に佐太神社で形成された同縁起にみる言説が、出雲への神集い伝承だけでなく、「出雲の結の神」と結びつき、出雲（大社）の縁結び信仰の成立にも深く関わった可能性を指摘している。(1) この点で同縁起は、十月の出雲に全国の神々が集うという神在月・神集い伝承、さらには出雲の神が縁結びを司るという縁結び信仰といった、今日に根付く出雲観の起源・成立過程に関わるものであり、その起点のひとつにあたる戦国期の佐太神社周辺の意識を示す重要な史料といえる。

一―二、『佐陀大社縁起』の諸本

同縁起にはA．神宮文庫本、B．宮川家旧蔵本、C．極楽寺本、の三種の写本史料がある。

【A．神宮文庫本】

神宮文庫蔵。伊勢の薗田家（荒木田氏系社家）に所蔵された古本を、伊勢外宮の神職、御巫氏が安政六年（一八二三）に書写したもの。内容は「頼秀」が明応四年（一四九五）に書写した縁起、とある。『重要文化財　佐太神社―佐陀神社の総合的研究―』(2)に影印が、『松江市史』(3)に翻刻が掲載される。

【B．宮川家旧蔵本】

佐太神社の旧幣主祝宮川家旧蔵。寛文八年（一六六八）に佐太神社正神主朝山吉成、同権神主宇藤朝宣が上洛時に持参した縁起書を、同行した宮川秀政が控えたもの。なお宮川家旧蔵の史料については、大正末年に当時の宮司朝山晧氏が神主・社人諸家から収集転写した「佐太神社史料」と題する資料群に含まれ、翻刻は『鹿島町史料』(4)、『神道大系』(5)に掲載される。

【C．極楽寺本】

真言宗豊山派潅頂山極楽寺（愛媛県松山市鷹子町）に伝わるもので、松山市指定文化財。河内州李庵が「撰述」したものを享禄四年（一五三一）書写、天文一八年（一五四九）に日州阿専授与。

二、極楽寺本『佐陀大社縁起』の調査

二―一、調査の経緯

前記三種の縁起史料のうち、AとBについてはすでに翻刻されたものが公刊され内容が明らかである。しかしC．極楽寺本については昭和三八年に松山市の文化財指定を受け、市史ほか郷土誌に紹介されているもの(6)、本文は掲載されておらずその内容は不明であった。本縁起は出雲観の形成・変遷過程を考えるうえで極めて重要な史料であることから、写本間における異同等を検討するため、このたび、極楽寺本『佐陀大社縁起』の実見調査をおこなった。

調査は平成三〇年三月六日、岡宏三（島根県立古代出雲歴史博物館）と松尾充晶が極楽寺にうかがい、同寺堂内にて実見、あわせて写真撮影をおこなった。調査にあたっては、所蔵者である極楽寺住職、谷川龍祥氏に格別のご理解とご協力をたまわり、さらに本稿で検討結果を掲載することについてもご許可をいただいた。温かいご高配に厚く御礼申し上げたい(7)。

二―二、極楽寺本『佐陀大社縁起』の体裁

全一冊袋綴じ、表紙一丁、裏紙一丁、本紙一四丁。タテ二四・三×ヨコ一四・七センチ。同じく松山市指定文化財の『天照大神御託宣記』とともに、「松山市指定　有形文化財書跡二　滝頂山極楽寺」と書かれた木箱に収められている。外題は無く表紙左肩に「神書」、右肩に朱書きで「匆」、右下に「神野山阿専」さらに蔵書印が押される。内題は「山陰道出雲州佐陀大社縁起」「河内州沙門李庵璠撰述」。本文は七行ずつ配られ、末尾に「于時享禄四年辛卯八月吉日当用之間早く写畢」「天文十八年八月廿一日授与阿専（梵字）」と記される。内容の特徴、書写の背景については後で述べる。

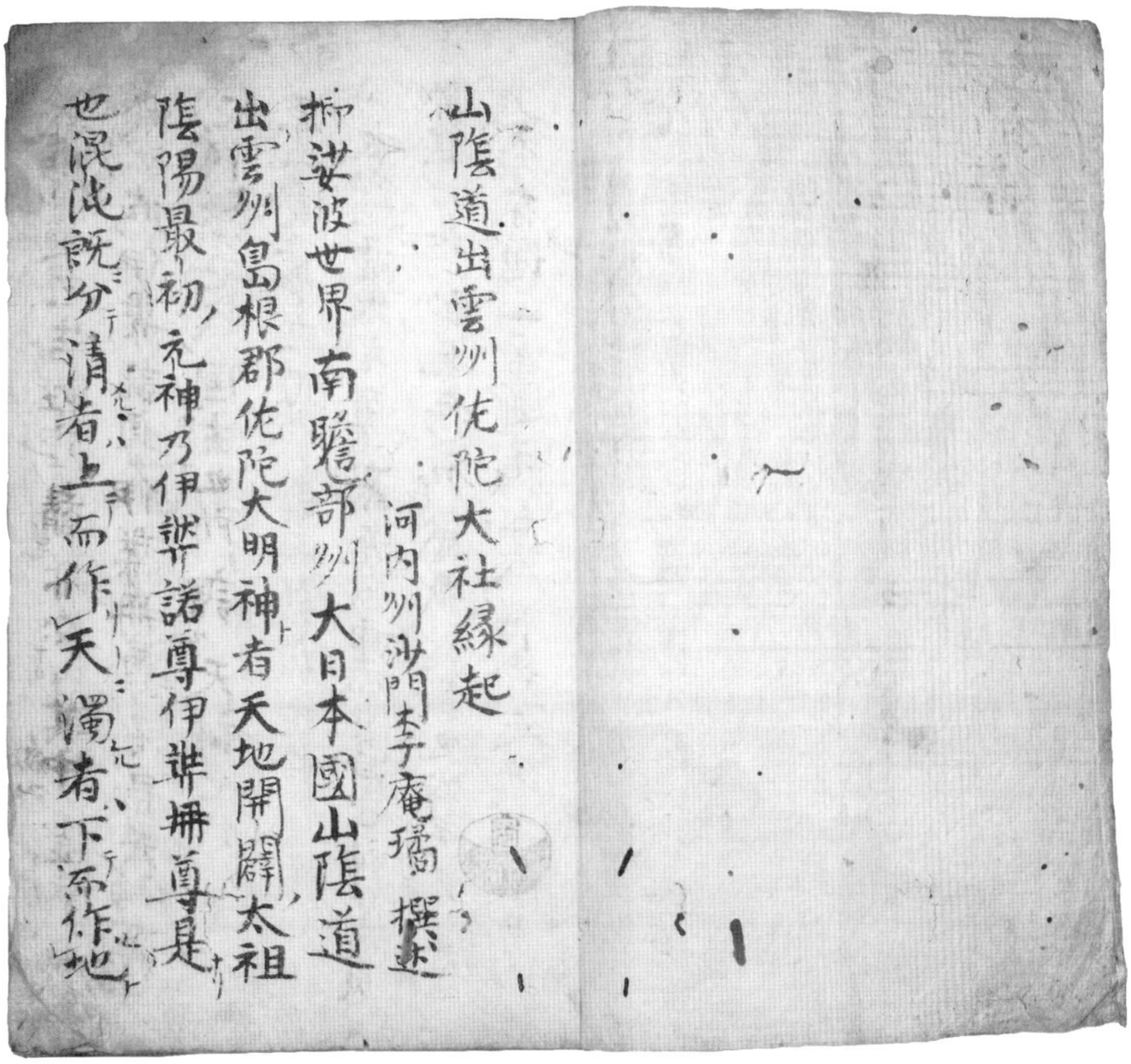
山陰道出雲州佐陀大社縁起
河内州沙門李庵璠撰述
抑娑婆世界南贍部州大日本國山陰道
出雲州島根郡佐陀大明神者天地開闢太祖
陰陽最初元神乃伊弉諾尊伊弉冊尊是
世混沌既分清者上而作天濁者下而作地

写真　極楽寺本『佐陀大社縁起』

三、『佐陀大社縁起』の内容と写本間の異同

三―一、『佐陀大社縁起』の内容・構成

同縁起の主旨は、佐太神社の祭神であるイザナキ・イザナミ二神が諸神の父母であり、二神の舎利を収めた佐太神社は国家の宗廟であること、当地には二神にまつわる遺蹟地が多数残され、神在月には諸神が集う重要地とされる由来を述べ、佐陀大明神が人民国土安静をもたらす偉大な神徳であることを説くものである。前記三種の史料はその点で基本的に同様ではあるものの、内容・表現に大小の異同があり、同一底本をもとにした忠実な写本ではない。こうした異同を対照するため、表一に内容ごとに区切って翻刻を掲載した[8]。①〜㉜に区分した内容項目ごとに、その概要と特記事項を以下に見ておく。

①②は『日本書紀』本書に拠る天神七代（神代七代）の部分で、国常立尊に始まり第七代の伊弉諾・伊弉冊尊に至る系譜を述べる。なお史料B．宮川家旧蔵本は冒頭のこの部分を欠く。

③は天神七代がこの国を守護したおかげで、その後に海水が引いて天皇があらわれ、仏法と政治を車の両輪のように尊重して天下泰平がかなった、とする。また出雲国島根の由来を述べる。ここで語られるのは「天竺東方に鳩留国があり、その北西の小島が波に浮かんでやってきた。これが浮浪山（島根山）であり、島根・秋鹿・楯縫三郡はその一部である。」という島根半島の由来伝承である。詳述は避けるが、このような「異国から漂流してきた浮浪山が島根半島となった」という説話は『出雲国風土記』の国引き神話が変容したいわゆる「中世の出雲神話」[9]であり、建長六年（一二五四）の『鰐淵寺衆徒等勧進状案』以降、杵築大社と鰐淵寺や大山寺関係の史料を中心にあらわれるものである。なお流れてくる土地を霊鷲山の一部ではなく「天竺東方の鳩留国北西の島」とするのは『橋姫大明神縁起』[10]（元亀三年（一五七二）売布神社蔵）と共通する。

なお②の中でA．神宮文庫本では「淡路島は海水が満々として住む土地が無かったため、イザナキ・イザナミは出雲国島根に移った」とし、この地に二神が鎮まる由来を説くが、この点はBCにはなく、そもそも佐太神社の祭神となった経緯は語られていない。

④⑤は加賀潜戸をアマテラスの誕生地とすることに関連する部分。懐妊したイザナミが加賀潜戸に『別居』しアマテラスが誕生する。天下は暗かったがイザナミが潜戸から出ると明るくなったのでイザナキが「赫赫（かくかくたり）」と言った。そこでこの地を加賀と言う、という内容である。これは『出雲国風土記』加賀神埼条にみえる、枳佐加比売命が海蝕洞穴内で佐太大神を出産し、暗い窟を金の弓矢で射貫いた（ので輝いた）、という地名起源説話が変容した内容であり、加えてアマテラスが天石窟戸に籠もり世界が闇になった、というモチーフも重層したものといえる。

⑥「チハヤフル」の語源、⑦⑧⑰摂社の由来、⑮⑯山地名の由来はいずれもイザナキ・イザナミの事績に言寄せた在地伝承である。同様に⑱は蒙古軍襲来を撃破した際の百井松・八十八体の早人神の伝承。

⑨⑩は佐太神社三殿の祭神と、二神が生んだ一女三男神について。⑪㉖㉗は山城国賀茂大明神をはじめとする他国有力社神との関係を述べるもの。なお加賀白山権現をイザナキと同神とする⑪に関して、一般に白山の開山は史料Cが述べるように泰澄大師とされるが、史料ABは伝教大師（最澄）の開山と語る。

⑫は②天神七代に続く地神五代の系譜。

⑬は史料Cのみにみえ、「佐陀」とは舎利の異名であること、佐太神社にはイザナキ・イザナミの舎利を収めること、二神が世を杵築（オオナムチ）と天照太神とに譲ったので同社を「隠居宮」と言うなど、ここにしか見られない記述がある。類似する内容には⑲十月十七日に崩じたイザナキの舎利を扇形の箱に収めて中正殿に収めること、㉓アマテラスの舎利を伊勢宮に収めること、がある。

⑭本社九本柱＝西方の九品浄土、末社八本柱＝人間の八苦・八正道を表すという内容や、㉙神は本来蛇身であり三熱の苦から逃れられない存在であるから、神楽歌舞により苦しみから休息できるという内容、㉚神楽に手拍子を用いる理由、などはいずれも本地垂迹説による中世の仏教理念を反映したも

表１　『佐陀大社縁起』本文内容の異同対照

	〔A．神宮文庫本〕	〔B．宮川家旧蔵本〕	〔C．極楽寺本〕
	佐陀大社縁起	［闕］	山陰道出雲州佐陀大社縁起 河内州沙門李庵璚撰述
①	抑南贍部州大日本国出雲州島根郡佐陀太明神ト者即天地開闢ノ曩祖陰陽最初ノ元神伊弉諾伊弉冉ノ尊也、混沌漸ク分テ後チ清《キヨキ》者ハ上テ而作ナリレ天、濁《ニゴル》者ハ下テ而作ルレ地ト、乾坤ノ道已ニ生《ナツテ》軽重ノ精亦𠘨也、其中ニ霊ナル者ハ神祇也、彼ノ伊弉諾伊弉冉ノ尊者乃天神七代之内ノ第七代国ノ主《アルシ》也、所謂《イハユル》天神七代ト者	［闕］	抑娑婆世界南贍部州大日本国山陰道出雲州島根郡佐陀太明神ト者天地開闢ノ太祖陰陽最初ノ元神乃伊弉諾尊伊弉册冉尊也、混沌既ニ分テ清メル者ハ上ニ而作リレ天、濁レル者ハ下テ而作ルレ地ト、乾-坤ノ道已ニ生《ナリ》軽重ノ精モ亦𠘨ナリ、其中ニ霊ナル者ノハ神祇也、彼ノ伊弉諾尊伊弉册尊ト者ハ即天神七代之内ニ第七代ノ国ノ主《アルシ》也、所謂ル天神七代ト者ハ
②	第一国常立尊　亦云二天御中主尊トモ乃神代最初 第二国狭槌尊 第三豊斟渟尊 已上三神者獨化神也 第四泥土㱃尊　陽神　漸土㱃尊　陰神 第五大戸之道尊　陽神　大戸間辺尊陰神 第六面足尊　陽神　惶根尊　陰神振舞 此三神ハ雖二トモ男女有一ト未レ知夫婦	［闕］	第一国常立尊　太空一虚太元尊一而无レ形虚而有レ灵○神皇実録日是ノ神ハ无名之名アリ无状之状アリ也在テハレ天ニ元気之元《ハシメ》在テハレ地ニ一霊之元メ在テハレ人ニ性命ノ之元メナリ故ニ号スニ大元尊神ト一一気開闢ヨリ以降今日モ亦タ常住メリ故ニ号スニ国常立尊ト一矣○右第一代謂フニ之ヲ無量无辺無始无終不変常住ノ神代ト一矣陽神ナリ亦ハ号スニ国底《ソコ》立ノ尊ト一亦号スニ天メノ御中主《ミナカヌシ》ノ尊ト一也乃神代最初国主也外宮ハ是ノ神也 第二国狭槌尊 在テレ天ニ気ナリ水徳神ナリ在テハレ地ニ一徳ノ元ナリ水神ナリ在テレ人ニ賢ノ元灵神ナリ矣一陰ノ神運数百億万歳矣 第三豊斟渟尊 在ノレ天ニ元気ハ火徳神ナリ在テレ地ニ二儀ノ元火神ナリ在テハレ人ニ心ノ元ノ灵神ナリ矣一陽ノ神運数百億万歳矣 已上ノ三神者獨化ノ神也陰陽其ノ形如シレ葦ノ 第四泥土㱃尊　沙土瓊尊 在テレ天ニ元気木徳神ナリ在テハレ地ニ三生ノ元木神ナリ在レ人肝ノ元灵神ナリ矣陰陽而モ未分神ナリ也運数二百億万歳矣 第五大戸之道尊　大苫辺尊 在テハレ天ニ元気金徳神在テレ地ニ四煞ノ元金神在レ人肺元灵神ナリ矣陰陽而未分神也運数二百億万歳矣 第六面足尊　　惶根尊 在レ天元気土徳ノ神在レ地五鬼元土神在レ人脾元灵神ナリ矣陰陽而未分神也運数二百億万歳矣 　已上ノ三代ハ雖トモレ有ト二男女根一ト未レ知二夫婦ノ婚姻ヲ一○右 自リ二第二一至テ二第六ニ一五代ノ運数八

	第七伊弉諾尊　陽神　伊弉册尊陰神	[闕]	百億万歳謂フ二之ヲ無窮神代ト一矣 第七伊弉諾尊　男神　伊弉册尊女神
③	彼ノ伊弉諾伊弉冉尊《ヨリシテ》陰陽道相始一女三男ヲ出生、是日本最初男女ノ元神也、大日本国初メハ号ス二秋津島ト一、唯有テ二海水ノミ一大ニ漲《ミナキル》、然ニ天神七代之間為二国ノ主ト一而常ニ守護シ玉フ、其謂何《ユヘイカン》也、海水漸ク退キ凝《コッテ》作ナリテ二平地ト一則人皇出ン、人皇出ナハ則仏法可レ興ル、仏法興ラハ則王法モ亦盛カンナラン、当レ知是仏法与トハ二王法一尚シ如二車ノ両輪ノ一而シテ一モ不レ可レ闕、一闕ナハ則両ツ共《トモニ》不フシトセレ立、両ツ共ニ立ハ則チ天下泰国土安穏四海無事ニシテ万民快楽セン、以ノ二是ノ因縁ヲ一故ニ七代之間守二護玉フ此国ヲ一、是故伊弉諾伊弉册尊従二空中一以二天逆鉾《アマサカホコヲ》一下探玉フ二海底ヲ一水中ニ有レ沙、其沙觸《フレテ》レ鉾ニ有レ声、其ノ時伊弉諾乃淡地言《アハチチヨトノ玉フ》、今ノ淡《アハ》路島是也、雖レ然海水漫々トシテ而無下カリキ可レ居シ玉フ之地《トコロニ》二是移《ウツリ》玉フ於当国島根ニ一、夫レ是ノ島根ト者天竺ノ東ニ有二鳩留国一、其鳩留国ノ戌亥ノ方ニ有二一ノ小島一、其島浮《ウカヒテ》レ浪ニ而此《コヽニ》来レリ、是ヲ謂也二島根山一ト、是故亦謂也二浮浪山一トモ、其後分テ三郡トス、仍島根ト者島根郡秋鹿郡楯縫郡是レ也	[闕] 云、□□二海水一、土□祭拾王外七傳之間、為二国主一常守給也。其謂如何者、海水漸退、凝作二国土一、人王爰出。人王出即則佛法興、佛法興王法亦盛。常知、佛法與王法如二車両輪一。一不レ可レ闕。若一欠二倶不レ立。二倶立則天下泰平・国土豊饒・四海無事・人民快楽、以二此因縁一。故七代之間此国於守護給也。伊弉諾・伊弉册尊天浮橋上而相理云、是下定有レ国。天逆戟指下探二海底一、水中有レ沙。觸レ鉾有レ聲。其時伊弉諾尊、淡地宣給。今之淡路嶋是也。次伊豫生二二名島一。次筑紫洲。次雙二生億岐洲與二佐渡洲一。次越洲。次大洲。次吉備之子洲。次大日本豊秋津洲。是則大八洲是也。此出雲国嶋根者、天竺有二鳩留国一。其成レ亥方有二一之小山一。其山浮レ波此来。是謂二嶋根山一。亦浮レ浪来故名二浮浪山一。其後分為二三郡一。所レ謂三郡者、嶋根郡・秋鹿郡・楯縫郡是也。	陽神ヲ為レ乾ト陰神ハ為レ坤ト在テハレ万物ニ為レ父為レ母在テハレ人ニ為レ男形為タリ二女形一矣○日本書紀日於レ是ニ陰陽始テ遘合シテ為ル二夫婦ト一及テレ至ルニ二産時ニ一日神月神山川大海草木万物等ヲ生マリ矣○右二神一代ノ治二万三千四十歳謂フ二之ヲ天地循環変化常住ノ神代ト一矣○易日万物ノ数万有一千五百二十也老少合シテ而二万三千四十也其数自然ニ符号スルカ乎 [※㉗の後に続く] 一、大日本国始ハ唯有テ二海水ノミ一而大ニ漲レリ、然ルニ天神七代之間為メ二国ノ主ト一而常ニ加フ二守護ヲ一所以者何レハ海水漸退キ凝テ作ラハ二平地ト一則チ人王必出ン、人王出ル則ンハ仏法必可シレ興ル、仏法興ル則ハ王法モ亦盛ナラン矣
④	一、伊弉册ハ者為リ二伊弉諾ノ尊ノ妃一、々有レリ妊《ハラムコト》別ニ居シ玉フ二於加賀ノ潜戸《クケトニ》一、於是天照太神ヲ誕生シ玉フ、是故ニ彼ノ岩窟《イワヤノ》中ニ有二御乳房《チフサ》形一作リテアリレ石ト、于レ今其露ノ滴《シタヽリ》不レ断故ニ海中ノ草依二受レ此乳味ノ潤《ウルヲイヲ》一其味イ皆甘シ矣	一、伊弉册尊者伊弉諾尊之為レ妃。妊別居、有二加賀潜戸一。於レ是天照皇大神御誕生給。是故彼岩窟中御乳房之形作レ岩在レ今。其露之滴不レ絶。海中草依レ受二此乳味之泪一其味甘也。	
⑤	一、加賀者伊弉册ノ尊棲《スミ》玉フ二潜戸《トニ》一、而未レ出玉ハ時天-下暗《クラカリキ》出シ二潜戸ヲ一時天下忽ニ明《アカラカニ》于時伊弉諾赫く《カツくタリト》言ノ玉フ、是ノ故其地ヲ名クル二加賀ト一也	一、此所名二加賀一事、伊弉册尊捿二潜戸一、未二出給一時、天下暗也。出二潜戸一之時、天下明也。其時伊弉諾尊、嗚呼赫赫宣給。是故其地名二加賀一也。	
⑥	一、般経《チワヤフルト》者伊弉册着《ツケテ》レ般ヲ而経レ年ヲ送リ玉フレ月故云二般経ト一、此由神歌ニ必有二此ノ言フ一	一、千般経者、伊弉册尊著レ盤、経レ年送レ月給故、千般経云。因レ茲神歌必有二此言ト一云事也。	般経《チワヤフルト》者伊弉册尊着テレ般ヲ而経二年月ヲ一故ニ云フ二般経ト一、従リレ之レ神歌ノ首メニ必有リ二般経之辞一
⑦	一、田中ノ社者伊弉册棲玉フ二於潜戸ト之間一伊弉諾ノ尊召二天赤女《アマノシヤクメヲ》一給セシレ使《メ玉フ》、伊弉册疑《ウタカイテ》レ其ヲ有二通遘一故ニ自二潜戸一帰玉ハ二於本社ノ北橘《タチハナノ》木ノ下ニ一假結テ二廟戸一而居シ給玉フ、伊弉諾ノ尊出テ二、遊ヒ玉フ田中ノ池ノ畔《ホトリ》一、池ノ上	[※⑦⑨の順が逆、⑨→⑦] 一、田中之社者、伊弉册尊捿二潜戸一給之間、伊弉諾尊召二天赤女一使給。伊弉册尊疑二其有二通遘一。故自二潜戸一歸二於本社之北之橘樹下一、結二廟戸一居給。伊弉諾尊於二此地一遊給。故社	

	ニ有ニ一ノ鳥一、其時伊弉諾尊詠覧一首 如此、伊弉諾也《ヤ》伊弉册伊計那於志《イケナオシ》 菟利波波呼摩那宇衛伱比菟利訶《トリハハコモナウエニヒトリフ》 楚須迷《ソスメ》 是ノ故ニ假《カリ》ニ立チ玉フレ社ヲ、謂ニ田中ノ社 一也	立ニ二社一在レ之云〃。	
⑧	一、比多《ヒダノ》社ト者ハ伊弉諾伊弉册如レ是 互タカイニ有ニ疑心一而未タニス同居シ玉 ハ、天帝知シマシメシテレ之ヲ遣《ツカハシテ》ニ使者ヲ 一以令和睦セ一、其時自レ天来-下シ玉フ 使者ノ言《マウサク》比多都《ヒタト》和与シ給ヘト云、由レ 是ニ此ノ社ヲ謂フニ比多ノ社ト一也		
⑨	一、本社三所事 中正殿者《ハ》伊弉諾伊弉册尊ナリ、本地阿 弥陀如来薬師如来也、神宮寺薬堂是 也 北社者《ヲハ》謂加賀ノ社ト一、伊弉册ノ尊也、 本地ハ観音地蔵二菩薩也、神宮寺ハ今 ノ経所ノ是レ也 南社者謂フニ旧殿《フイトノト》一、伊勢天照太神杵 築大明神、本地ハ阿弥陀如来、神宮寺 ハ今ノ栗林ノ常楽寺是也	一、本社三所事、 中正殿者伊弉諾・伊弉册二尊勧請社 也 北之社者穂仁似〃貴尊也。亦天照大 神・天赤女勧請社也。 南之社者月神・蛭子・索盞烏尊也。	
⑩	一、当社一女三男ノ事、一女者日神也、 是天照太神也、地神五代ノ第一ノ国主《アルシ》 也、第二月神ト者在テハニ大和国ニ一号ニ 春日ノ太明神ト一、在テハニ尾張ノ国ニ一号 スニ熱田太明神ト一、在テハニ安芸国ニ一号 スニ厳島ノ明神ト一、是亦一躯ノ分身也、 第三蛭子《ヒルコノ》尊ハ西宮ノ明神也、第四 素盞嗚《ソサノヲノ》尊者杵築大社大明神是也	一、当社一女三男之事、 一女ト者、天照皇大神宮、是日神也。 三男ト者、二、紀伊国月神是也。 　三、蛭子尊、是摂州西之宮大明神 也。 　四、索盞烏尊、是雲州杵築大社也。	
⑪	一、北国加賀ノ白山妙理権現ノ社ハ者 乃チ伊弉諾ノ尊也、伝教大師帰朝之後 詣玉イテニ彼ノ山ニ一七日祈念シ玉フ、権現 忽ニ出現アツテ具サニ演ニ天神七代地神 五代ノ因縁ヲ二、其旨与日本記同レ之	一、北国加賀白山妙理権現ト者、伊弉 諾尊ニテ御座也。伝教大師帰朝後詣ニ 彼山一、七日祈念給。権現忽有ニ出現 一、具演ニ天神七代・地神五代因縁一 給。其旨與ニ日本記一同之ト云〃。	北陸道加賀州白山妙理権現者乃伊弉 諾尊也、泰澄大師攀ニ上テ彼山ニ一而懇 禱ス于時権現向テニ赤澄大師ニ一而述ス ニ天神七代地神五代之始末ヲ一其辞記 スニ之ヲ日本紀ニ一矣
⑫	地神五代者 第一天照太神《アマテルヲミカミ》　又云大日孁《ヲフヒルメノ》尊、地神最初ノ 国ノ主也 第二正哉吾勝く速日天忍穂耳《マサヤワレカツタハヤヒアマノヲシネミノ》尊 第三天津彦く火瓊く杵《アマツヒコタホノニタキノ》尊タマノイ本受玉ヒ テニ天照太神ノ口勅ヲ一治此国ヲ一、三十 一万八千五百四十二年也	一、地神五代之事、 第一天照皇大神。 第二正哉五勝〃速日忍穂耳尊。 第三天津彦〃火瓊〃杵尊。受ニ天照大 神勅一治ニ此国一給事、三十一萬八千 五百四拾二年也。	地神五代トハ者 第一天照太神 又ハ云ニ大日孁尊ト一也、治天三十万歳也始テニ甲 寅ニ一終フニ癸丑一易日天元甲寅ト是レ謂フレ之ヲ乎 第二正哉吾勝く速日天忍穂耳尊 治天二十五万歳也始甲寅一終癸巳ニ一 天照太神之太子也即還ルニ於天《アメニ》一 右ノ二代謂フニ之ヲ上天常住ノ神代ト一 矣○易日天数二十有五地ノ数三十ト 也其数自然符号カ乎 第三天津《アマツ》彦々火瓊々杵尊 治世三十一万八千五百四十三年也始 ニ甲午一終ニ丙申一○受テニ祖天照太神 ノ勅ヲ一此ノ神初テ而降ニ-化于日向国襲

	第四彦火く出見《ヒコホタテミノ》尊　治玉フコトレ国ヲ六十三万七千八百九十二年也、又云八十三万六千八百四年トモ云ヘリ 第五彦波険武鸕《ヒコナキサタケウ》鷀草葺不合《カヤフキアワセスノ》尊 治フコトレ国八十三万六千四十二年也、是名ク二地神五代ト一 然シテ後人皇《ワウ》第一ノ国ノ主神武天皇者葺不レ合尊第四王子也、辛酉歳四十六ニシテ始テ登リ玉フ二皇位ニ一、在《マシマス》レ位ニ七十六歳	第四彦火火出見尊。治二此国一給事、六十三萬七千八百九十二年也。 第五彦瀲武鸕鷀草葺不合尊。治二此国一給吏、八拾三万六千四十二年也。 是曰二地神五代一也。然後、人皇第一之国主奉レ名二神武天皇一。葺不合尊之第四之王子也、辛酉歳四十六始登二皇位一。在位給七十四歳云〃。	之高千穂峰一為ス二地居ト一〇天忍穂耳ノ尊之太子也母ハ栲幡多千千姫高皇彦霊尊ノ女也 第四彦火々出見尊　治世六十三万七千八百九十二年也始丁亥《酉》終戊午《辰》〇瓊々杵尊第二ノ王子也母ハ木花開耶《コノハナサクヤ》姫ナリ天山祇神ノ女也葬ル二日向国高屋山ノ陵ニ一 第五彦波険武鸕鷀草葺不合尊 治世八十三万六千四十二年也、始二乙未《巳》終二丁未《庚午／庚申》一〇火々出見尊之太子也母ハ豊玉姫海童二女也葬二日向国吾平山陵一右ノ三代謂フ二之ヲ下化現量ノ神代ト一矣、謂二之ヲ地神五代ト一然シテ後人王第一ノ国主神武天王ト者葺不合尊第四王子也諱狭野号日本磐余彦尊辛酉歳正月一日四十六歳ニシテ而於テ二日向国宮崎郡ニ二即位治世七十六年壽百二十歳也
⑬			一、雲州佐陀ト者舎利ノ異名ナリ、佐陀ト駄都《ダド》ト舎利ト三ツ共ニ梵語ノ訛轉ナリ、此ハ言フ二如来骨ト一也、堂社ヲ謂フ二之ヲ舎利ノ宮ト一、収ル二二神之舎利ヲ一故也、亦ハ云フ二隠居ノ宮ト一、譲ル三世ヲ於杵築ト与《ト》ニ二天照太神一之故也
⑭	一、本社九本ノ柱ノ事、是□ス二西方九品ノ浄土ヲ一、又有リ二九所ノ橋一、是モ同象《カタトル》二九品一、御本地ハ即西方ノ教主阿弥陀如来也、故ニ一度参詣之輩者三尊来迎有レ使、九品往生无レ疑云々	［※㉖がこの位置に入る］	一、本社九本ノ柱ト者、是表ス二九品ノ浄刹ヲ一也、又有リ二九所ノ橋一、是亦タ象レリ二于九品ニ一也、九品ノ浄土ノ説相ハ詳ナリ二于観无量壽経ニ一也、御本地者乃極楽ノ教主阿弥陀如来也、故ニ一度参詣之輩ハ三尊ノ来迎九品往生何疑之ヲ哉、又末社八本ノ柱ト者、迷則人間ノ八苦悟則八正ノ覚路路也
⑮	一、大葦的庫《ヲフアシノマトクラ》山者ハ伊弉諸尊立テレ的於此山ニ一射玉フ、□其弓落テレ地ニ作レ岩ト、其岩半折《ナカハヲレテ》今国庁ノ南ノ側《ホトリ》有岩是ナリ	一、大葦的庫山事、 伊弉諸尊立二的於此山一射レ之給。其弓落レ地生レ岩。其岩之半折、今国庁之南之側有岩是也。	一、大葦的庫山《オホアシノマトクラヤマ》者伊弉諸尊立テ二的《マト》ヲ於此山ニ一射レ之ヲ、其弓落テレ地ニ作レリレ岩ト、其岩半折レテ現今有二国庁ノ南ノ側ニ一者是也
⑯	一、烏帽子山ノ事、烏崎ノ江ノ西ニ有二一ツノ小山、其形西ハ広《ヒロク》東ハ狭《セハシ》、伊弉諸尊象《カタドフ》二此山ヲ一以テ作二烏帽子ヲ一、故名ク二烏帽子山ト	一、烏帽子山之事、 烏崎江之西有二一之小山一。其形西廣東狭。伊弉諸尊象二此山一烏帽子作給。是故名二烏帽子山一也。玉作湯郷内有。	烏帽子《エホシ》山ト者、烏崎ノ江ノ西ニ有二一ノ小山一、其ノ形西ハ広ク東ハ狭シ矣、伊弉諸尊象テ二此山ニ一作レリ二烏帽子ヲ一、故ニ名ク二烏帽子山ト一也
⑰	一、神魂社《カモシノ》ト者彼地ニ本モト有レ池、伊弉諸ノ尊毎日遊玉フ二此池ノ畔《ホトリ》ニ一、立ルヲ二社壇ヲ一名テ号ス二神魂ト一	一、神魂社之事、 彼社者、此地往古有レ池。伊弉諸尊毎日於二此池邊一有二御遊覧一。故其地立二社壇一、名日二神魂社一云也。	一、神魂社《カモシノ》ト者彼地ニ有リレ池、神魂又書魂魄于二大庭ニ一在之、伊弉諸ノ尊毎日遊玉フ二此池ノ畔ニ一、故ニ立ツ二社壇ヲ一名テ号ス二神魂《カモシ》ト一也
⑱	一、当社八十八体ノ早人《ハヤヒトコト》事、自二異国一毛胡利一余人乱二-入日本国ニ一推二-渡此島根郡ニ一、其時百《モ》井ノ松俄自レ地出生ス、伊弉諸尊見玉フテレ之ヲ為一奇	一、百井松之事、 従二異国一欲レ奪二日本国一、毛胡利一千餘人率二数萬之軍兵一、令レ乱二入此嶋根権渡一。其時此百井松俄従レ地出	一、当社八十八体ノ早人神トハ、昔自二異国一蒙古裏《ムクリ》多ク乱二-入ス此国ニ一、先ツ渡ル二島根郡ニ一時ニ、百《モ》井ノ松俄ニシテ而出生ス、焉伊弉若尊見玉フテレ之ヲ甚タ為

	瑞、仍以二此地ヲ一作二陣屋ト一防《フセキ》玉ウ二胡敵ヲ一時、彼松変シテ作レリ二数千騎ノ軍兵ト一、故胡敵大ニ怖《オシテ》或ハ退キ或死ス、其ノ中ニ生採《イケトリ》ノ者ノ□八十八人也、皆尊ニ白シテ言サク願ハ我等自レ今作テ御眷属ト一可レ奉ルレ守二-護当社ヲ云々、尊是ヲ許置給フ、然間刻テ二其像在二于今ニ一、必告ル二天下吉凶ヲ一也、又四所有リ二客人神一。并五十一社ノ神都合一百四十三体也	生。時伊弉諾尊不思儀奇瑞也ト思召、則構二陣屋此地一、防二朝敵一給。爾時此松変二数万軍兵一。是故毛胡利大怖畏、或退、或者死。由レ是天下泰平・国土安静也。 一、八十八躰之早人神事、従二異国中一来毛胡利、被二生採一者凡八十八人也。尊ニ白言、願我〃扶給、自レ今尊成二御眷属一、可レ奉レ守二護当社一云間、尊是ヲ許置給。然則其像今在。之必天下告二災変一也。四所之門客人神、五十一社之神、都合百四十三躰也。	二シテ奇瑞ナリト一、乃張テ二陣ヲ於此ノ地ニ一防二-戦フ二蒙古ヲ一時ニ、彼松変シテ作レリ二数千騎之軍兵ト一、故ニ蒙古大怖テ或ハ退キ或死ス、其ノ中ニ生擒者ノ凡ソ八十八人也、各皆白シテレ尊ニ言ク願クハ我等自シテ今而後チ作テ二御眷属ト一可シトレ奉ルレ守二-護当社ヲ一云レ尒、尊乃赦玉フ之ヲ、後ニ刻テ二其ノ像ヲ一現ニ在リ二于今ニ一矣、必告ス二天下之吉凶ヲ一也、狛犬之義也、又四所ニ有リ二客人神《マラウトカミ》并五十一社ノ神都合一百四十三体也
⑲	一、神在ノ月ノ事、伊弉諾尊十月十一日ニ示二シ玉フ病相ヲ一、十七日ノ暁寅尅ニ隠《カクレサセ玉イテ》不レ見玉ハ、唯有テ二遺身合利《ノミ》一涌出ス、大地大種震動シテ日月失《ナイ》レ光ヲ草《サウ》木変レ色人民流レ泪禽《キン》獣同悲シム、仍彼地立レ堂、今法華院是也、以テ五明ノ函収ム二御舎利ヲ一奉レ納二於中ノ宝殿ニ一也、又以二垂見山ヲ一為二御廟所ト一也		一、神在ノ月ト者、伊弉若尊十月十一日ニ俄ニ示シテ二病相ヲ一、至テ二十七日ノ暁寅刻ニ忽焉トシテ而隠テ不レ見玉ハ、唯有テ二遺身ノ舎利ノミ一従レ地涌出ス、惟大地変動シテ日月失レ光ヲ草木変レ色人民泪《ムセヒ》レ涙ニ禽獣悲鳴ス、目テ二彼ノ地ニ一立ツ堂ヲ、今之法華院是也、以テ二扇形ノ函ヲ一収ム二舎利ヲ一、安-二措ヲス之ヲ中ノ神殿ニ一也、又トシテ二垂見ノ山ヲ一為ス二御廟所ト一也
⑳	一、異国ノ諸神集リ給フ事、須弥南方ノ諸国日本国中大小神祇ハ毎年十月ニ必趣ムキ二当社一自二十一日一至テ二廿五日ニ一集而不レ散リ玉ハ、毎レ歳自ノ二異国一献物ニハ有二二ノ虵、其ノ形与ト二尋常ノ虵ト一異也、海水ノ泡聚メテ如シテレ箱ノ裏レ之ヲ、彼両ノ虵着《ツク》二恵積《ニツミノ》浦ノ津ニ一也、夫当社者本朝ノ宗廟諸神ノ父母ナル故ニ諸神為レ顕二孝行之義ヲ一必集玉フレ焉《コヽニ》、是故ニ他国ハ以二十月ヲ一名二神無月ト一当国ハ以十月号二神在月ト一、十月廿五日午尅ニ社人等捧テ二幣帛《ヘイハク》ヲ一登リテ二神目《カンメ》山ニ一奉レ送二異国ノ諸神ヲ一、自二当社一献物ニハ那羅《ナラノ》葉一百枝蘱染《ヘウソカツラ》藁一百根造《ツクリ》二十五小船ヲ一十三ノ舟ニ盛ルレ之ヲ、二ツノ舟ハ即異国ノ諸神ノ乗《ノリ》玉フ之社人高声ニ呼《カハウ》二御船夫ト一、其時三郡ノ民中ニ一人必ス死ス、作二彼ノ船夫一従古至レ今更不レ違云々、	一、異国諸神当社江来集吏、 須弥之南方之諸国、同日本国中大小之諸神、毎年十月必当社江来給。従二十一日一至二廿五日一不二退散一矣。毎年従二異国一之献物有二二蛇一。其形尋常之蛇異也。海之水泡聚如レ箱裏レ之。彼両蛇者着二恵積津一也。当社太明神者本朝宗廟、諸神父母御座也。然間、諸神為レ顕二孝行之儀一、必当社江来集給也。是故他国以二十月一名神無月一、当国以二十月一號二神在月一此儀也。十月廿五日午剋、社人等捧二幣帛一登二神目山一、奉レ送二異国諸神一。自二当社一献物、那羅柴一百枝、帯染蔓一百根。造二十五艘船一、十三艘船盛レ之。二艘船異国諸神乗レ之給也。社人高聲呼二御船夫一。其時三郡内禽獣一必死成二此船夫一事、従二往古一至レ今不レ違レ之。	一、異国ノ諸神群集ノ事、須弥南畔ノ諸国并日本国中ノ大小ノ神祇毎歳十月咸ク趣ク二当社ニ一自リ二十一日一至二二十五日ニ一集テ而不レ散セ、毎歳自リ二異国一献スル物ニハ有リ二二ノ小虵一、其ノ形与《ト》二尋常一不同也、海水ノ泡沫裹テレ之而如レ函ノ彼ノ二虵寄スル二恵積《ニツミノ》浦ニ一也、夫当社ト者本朝ノ宗廟諸神ノ父母故ニ諸神為《タメ》ニレ顕ンカ二孝行之義ヲ一而モ必ス集レリ焉、是故他国ニハ以テ二十月ヲ一名ク二神無月ト一当国ニハ以テ二十月ヲ一号二神在月ト一、毎歳十月二十五日午刻社人等《ラ》各捧二幣帛ヲ一登リテ二神目山ニ一奉ルレ送二異国ノ諸神ヲ一、而ルニ自リ二当社一献ル物ニハ那羅ノ葉一百枝蘱染《ヘウソカツラ》藁一百根造リ二十五艘ノ小船一十三艘ニハ盛ル二之献物一、二艘ニハ即異国ノ諸神ノ乗リ玉フレ之ニ社人高声ニ呼《ヨハヽル》二御船夫《ブ》ト一、其ノ時三郡ノ民ノ中ニ一人必死ス、作ルコト二彼ノ船夫ト一従リレ古至マテレ今ニ更不レ違云々
㉑	一、十五船ノ事、以レ柴梏《エイ》籬ヲ七重ニ一以十五ノ船ヲ一置《ヲク》二其中ニ一、以レ株《タイ》ヲ透二船ノ尾《ヘ》ヲ一其ノ株入ルコトレ地二尺計リ牢《カクソシテ》而不レ動、或ハ二艘穿《ソウウカイテ》二七重ノ神籬ヲ一有リレ出ルコト、即天下ニ必有リ二凶事一、豈ニ非レ慎《ツヽシマ》哉	一、此十五艘之船之事、 以二神籬一結二七重一、以二十五艘船一置二其中一。以レ株透二船尾一。其株入レ地二尺許、固而不レ動。神在之間社人輪番護レ之。雖レ然、其船或一船、或二艘、穿二此七重籬一有二出事一、天	一、十五艘船ノ事、以テレ柴ヲ締二籬《カキ》ヲ七重ニ一以二十五艘ヲ一而モ置《ヲク》二之中ニ一、以テレ杙ヲ透ス二船ノ尾《ヘ》ヲ一其ノ杙入レ地二尺餘許牢固ニシテ不レ動、神在ノ間社人輪番ニ護ルレ之ヲ、雖レ然リト其ノ船或ハ一艘或ハ二艘穿テ二七重ノ籬ヲ一而出ルコト有リ

		下必有二一凶一。豈非レ慎矣。	レ之、若出ルハ則天下ニ必有ト二凶事一
㉒	一、大草六所ノ社者異国ノ諸神十月十日ニ先集リテ二此社一趣キテ当社ニ一故ニ彼ノ社ヲ名二惣社ト一也	一、大草六社之事、 此社ヲ名二惣社一叓者、異国之諸神十月十日先此社へ集給。於二十一日一当社江来集給故、彼社日二惣社一也。	一、大草六所ノ社ト者異国ノ諸神十月十日先ツ集二此ノ社一次ニ趣二当社ニ一故ニ彼ノ社ヲ名ク二惣社ト一也 国分寺鎮守也雲州公府大草也
㉓	一、天照太神者伊弉諾ノ尊隠《カクレサセ》給テ後天照太神崩《ホウ》御シ玉フ、是時御舎利漏出、又以テ二五明ノ函《ハコ》ヲ収ト二御舎利ヲ一、其函今ニ在二於伊勢宮ニ一、六月十五日ハ崩御ノ日也、仍社僧毎年此ノ日法華経ヲ一部奉ル二書写供養シ一、其ノ石塔在リト二于今当社ノ後ノ山ニ云々		一、伊弉若尊崩御之後天照大神崩御シ玉フ惟時御舎利涌出ス焉、又以テ二扇形ノ函ヲ一収ム二御舎利ヲ一、其函現今在ス二于伊勢宮ニ一、六月十五日ハ崩御ノ之日也、因テレ之ニ毎年此日社僧奉ルレ書写シ法華経一部ヲ一以テ為二供養ト一、其ノ御石塔現ニ今有ニス二当社ノ後山ニ一也
㉔	一、四月ヲ亦謂神在ト一事、住吉大明神者ハ伊弉諾ノ尊往昔《ムカシ》在シテ二須弥頂山ニ一於二彼ノ天ニ一住吉ノ明神ヲ誕生シ玉フ、仍彼大明神慕《シタヒ》玉ヒテ二伊弉諾尊自レ天而モ下テ作ナリ玉フ二地居神一、自《ミツカラ》住吉ト謂ヘリ、故ニ名二住吉ノ明神、毎年十月ニ所尊必以趣キ玉フ出雲ノ国ニ一、然間伊勢住吉ノ二神ハ留リ給テ守二護シ玉フ国家ヲ一、故不出玉ハ至テ二四月ニ一詣シ玉フ二于当社ニ一之間毎年二度ノ神在トハ是	一、四月亦謂二神在一叓、 住吉大明神者、諸神当社来臨給故、為二国家守護一毎年十月不二出給一。明四月十一日当社来給。故如二十月一神事奉二執行一畢。故毎年二度日二神在一也。	一、四月ヲモ亦謂フ二之ヲ神在ト一事伊弉若尊往昔在シテ二須弥頂忉利天ニ一誕生シ玉フ一住吉大明神ヲ一而ルニ彼ノ大明神慕玉フ二伊弉若尊ヲ一自シテレ天而下リ作リ二地居ノ神ト一自言玉フ二住吉ト一故ニ名ク二住吉明神ト一也、毎歳十月大小神祇趣二出雲国ニ一矣、伊勢住吉之二神ハ為メニ三守二-護シカ国家ヲ一惟時不レ趣玉ハ、至テ二四月ニ一詣玉フ二当社ニ一、故ニ毎歳ニ二度ノ神在ノ月ナリ也
㉕	一、神在之時不レ鳴《ナラサ》レ鐘ヲモ不レ打レ鼓ヲモ高不レ誦セ二経陀羅尼ヲ一事、自二異国一来リ集リ給フ諸神ノ中ニ或有善神或有二悪神一、聞テ二経陀羅尼ノ声ヲ毎度欲レ留二此地ニ一、若シ悪神留レハ則チ恐為メニ二人民ノ一生ス二障礙ヲ一、故ニ経呪高ク不レ誦也	一、神在之間不レ鳴レ鐘、不レ打レ鼓、高聲経陀羅尼不レ謂云叓。従二異国中一来集給諸神中、有二善神一、或亦有二悪神一、聞二鐘・鼓・経陀羅尼聲一、毎度欲レ留二此地一。若留二悪神一、為二人民一致レ煩、国家不レ淳。故高不レ誦二経咒一也。	一、神在之間ハ不レ鳴二鐘鼓ヲ一経陀羅尼高声ニ不レ誦セ所以者何ハ異国ノ諸神群二-集ス茲ノ地ニ一、諸神之中ニ或ハ有リ二善神一或ハ有二悪神一聞二経陀羅尼之声一動《ヤヽモスレハ》欲レ留ラント此ノ地ニ一、悪神若留則恐クハ為ニ二人民ノ一生ナリ二障碍ヲ一、故ニ遏《アツ》二-密スル諸声ヲ一者也
㉖	一、山城ノ国賀茂大明神ハ者当国杵築大明神ノ第一ノ王子阿式《シキノ》大明神是也、今当社ノ北客人神ト云是也 一、紀州熊野権現者杵築大明神ノ第二ノ王子当国玖潭《クタンノ》大明神是也、今当社ノ南ノ客人神ト云是也《ナリ》	［※⑮の前に入る］ 一、当社門客人神事、 北之門客人神者、山城国賀茂大明神也。為二当社一守護ト云〃。 南之門客人神者、紀州熊野権現也。為二当社一守護ト云〃。 --- 一、当社外之門客人神事、 東之門客人神者、杵築大明神第一之王子阿式大明神也。 西之門客人神者、杵築大明神第二王子玖潭大明神也。	一、山城国賀茂大明神ト者杵築大明神第一ノ王子ナリ当国阿式《アジキノ》大明神是也、現ニ今当社ノ北ノ客人神是也 一、紀伊国熊野権現ト者杵築大明神第二ノ王子ナリ当国玖潭《クタンノ》大明神是也、現今当社ノ南ノ客人神是也《ナリ》
㉗	一、九州宇佐八幡大菩薩者神功皇后大子、神功皇后者三崎大明神御子孫也ト云々		一、豊前宇佐八幡大菩薩ト者神宮皇后之太子也、神宮皇后ト者三崎大明神ノ御子孫也、武内宿弥《タケウチノスク子》之女也
㉘	一、当初ノ領主以五明ヲ一為スル二幕紋《マクモン》ト一事、往昔《ムカシ》天智天皇後裔大伴《トモノ》王氏也、爰毛胡利蜂起シテ乱二入ス日本国ニ一、既ニ欲レ令二洛中打一-入ス之時彼大伴王ト氏承テ二朝庭ノ勅命ヲ一於二幡摩国	［※㉚の後にこの内容が入る］ 一、当所之領主以二五明一為二幕紋一事、 天智天皇後来日裔大伴王氏也。爰毛胡利□起、令レ乱二入日本国一。既欲レ打	［③の※以降はこの位置］

	蟹坂《カニカサカ》打二-平《タイワケ玉フ》胡敵ヲ一云々、胡敵皆滅亡《ホロヒシテ》於レ是朝庭御感之餘ニ賜ハツテ二勝部氏ヲ一作二当国ノ別駕ト一号当社ノ兼神主ト一依二神託 一以レ扇ニ為スト二幕紋ト一云々	二入洛中一時、彼大伴王氏専奉レ蒙二朝庭勅命一、於二播摩国蟹坂一胡敵打平。毛胡利悉滅亡。於レ是朝庭御感之餘、賜二勝部氏一成二当国別駕一、號二当社兼神主一。依二御託宣一以レ扇為二幕紋一者也。	
㉙	一、神前専ニスル二神楽ヲ一事、凡神者依レ受玉フニ二形ヲ蛇身ニ一毎日在《マシマス》三熱之苦《シマ》一、所謂三楸ト者楸風楸沙楸塵也、神子《ミコ》巫等舞歌ヘハ則忘二三熱之苦ヲ一暫ク休息《キウソク》給シ故ニ専ラ神楽ヲ用ル也、惣シテ神楽之起リハ者天岩戸始《アマノイワトゴリハシマレリ》、委ハ見タリ二日本記ニ一	一、於二神前一専二神楽一事、 夫神楽起者、天照大神天岩戸閇籠給時、八百万神達集玉二於岩戸前一、種〃生二神為一、奏二神楽一、天照大神従二岩戸一奉レ出。自レ爾以来於二神前一奏二神楽一。凡神躰者依レ受二形於蛇身一、毎日有二三熱苦一。所謂三熱者、熱風・熱沙・熱荘也。是故奏二無勢之曲一。神子・巫舞歌戯者、則忘二三熱之苦一、暫休息給。故専用二神楽一處也。	
㉚	一、手拍子ヲ用ル事、手拍子ハ者是レ吉利句《キリク》阿弥陀ノ種、出セレ音ヲ者即観音也、三珊句《サンサク》ハ即観音勢至ノ種子也、故ニ手拍子ヲ打《ウツ》時即有ル二此響一、故ニ聞ク者必天然ヨリ而発ス二菩提心ヲ一、是以神前ノ神楽用ルレ之ヲ也	一、神楽用二手拍子一事、 於二手拍子一吉利句・三珊句義有レ之。吉利句字者阿弥陀種子、二珊句字者観音・勢至也。仍打時者則有レ響。故聞者天然而發二菩提心一。以レ是神楽用二手拍子一也。和光同塵之本意、唯為二済度一、有情趣物設化、随縁施益方便、明二長眠一衆生会二驚覚一令レ引二入浄刹一者也。	
㉛	一、神ニ有リ二二種、所謂権者実者、実者ノ神ト者即諸仏菩薩之垂迹神也、権者ノ神ト者或人類或畜類等死シテ後作レ神ト作レ鬼、其外依二草[illegible]ノ精霊《セイレイ》等一誑《タフラカシ》レ人悩スレ人物出没シテ不レ絶ヘ、是等《ラ》ヲ崇メ敬権者神ト云也、 一、当社大明神者実者ノ中実者ノ神也、本地法身ノ如来也、実尋ヘレ木ヲ々ハ高ク求レハレ跡ヲ々ハ広シ、木迹遙雖レ異ト不思議即チ一ツ也云々	一、当社大明神者、権者之中之権者之神也。實是尋レ本、本高求レ跡。跡廣本跡遙異不思儀、則一也トハ当社大明神ヲ可レ申者哉。是伊弉諾・伊弉冊二尊者、日本之惣政所、諸神之父母御座故、毎年十月神集玉ヒテ世政始給。以二是故一謂二神在之社一哉。	
㉜	一、当社太明神者本地法身如来也、故法身ハ更無二生滅一而有リト二遺《ユイ》身ノ舎利一云、其旨未レ審《ツマヒラカ》如何、答云、諸仏ノ出世ハ唯為レ利二-益シテ衆生一也、故ニ経ニ日ク為度衆生故方便現涅槃而実而実不滅度常住此説法云ヘリ、汝チ何ソ不ランレ信仏語ヲ耶、問云已ニ是レ実不滅度者争カ参詣ノ人ニ不レ得レ見ルコト耶、答云、経ニ日ク、我常住ノ於此以諸神通力令顧倒衆生雖近而不見云ヘリ、是豈可疑耶、問云、法身ハ無二生滅一事ハ不レ疑、有遺身ノ舎利一其ノ説如何、答云、経ニ日ク、衆見我滅度広供養舎利咸皆懐恋慕而生渇仰心云ヘ	一、当社者嶋根郡・秋鹿郡境立社也。其故者、此二郡之内加賀有二潜戸一、働毛胡利彼山於欲レ取レ奪令二乱入一。然伊弉諾尊移二此嶋根一玉、十月廿五日寅尅崩御之由ニテ、御舎利涌出。實之非二御滅度一矣。権之御方便也。其故ハ、鬼神深禁二死人一者、再毛胡利是ニ不レ来ト云。依レ之彼社於神魂之社可レ申矣。十月廿五日御託宣日。 昔在二鳩留国金寶山一。我今日城北□吏、大日孁尊為レ智二誕生所一、為レ度二衆生一。故見二我滅一。 従レ是以来、国土安静、四海無事、人民安。故唯為二済度方便一也。是以不	

	リ、汝迷テ不レ知レ実、尤可憐愍者哉	生不滅之佐陀大明神ト云々。	
	佐陀大明神縁起 依闕如書写之畢、不可出房中秘蔵也 明応四年三月十日　頼秀 右古本宇治薗田家所蔵云々、自八羽光穂之手借 取之、課男清生令謄写了 安政六年己未八月廿日　御巫内倉部（花押）	佐陀大明神縁起終　敬白 寛文八戊申八月中旬ニ両神主京都江登リ、兵部モ御友申、此縁起ヲ持参、公家衆御覧被レ成候。兵部家ノ寳也。可レ慎〃〃、	乾有元亨利貞之四徳、坤有牝馬之貞人生于其間也、是以須守蹋蹐是戒若有人而妄看他人之鞋履恣帯人之笠履則更非戦之兢之如臨深渕如履薄氷之輩矣、若於違犯之族者四討金四十字隻履二十字但於恩借非制限而已 吉備公之掟 于時享禄四年辛卯八月吉日当用之間早く写畢 日州 天文十八年八月廿一日授与阿専（梵字）

のである。

⑲～㉕が十月神在月に神々が佐太神社に参集する由来に関わる部分。異国の神は十月十日に大草六所社に集まり、同十一日から二十五日の間、佐太神社に赴く。その目的は「本朝宗廟」である佐太神社に集まり「諸神の父母神」への孝行を示すためである。二十五日には十五艘の小舟を調え神目山で諸神を送り出す。伊勢・住吉の二神は十月ではなく四月に佐太神社に赴くため、年に二度神在がある。神在の期間に鐘・皷を鳴らさず、経・陀羅尼を誦さないのは、悪神に留まりたい気持ちを起こさせたいためである、などが述べられる。

㉘は佐太神社神主の勝部氏の功績と由来、扇を幕紋とする経緯について。

㉛㉜は縁起のまとめ部分であり、佐太神社を尊崇すべき理由を説く。佐陀大明神は諸仏菩薩の垂迹神であること。イザナキは崩じて舎利となったがそれは実の生滅ではなく、衆生が舎利を供養し恋慕するための「方便」であるから、国土安静・四海無事のため篤く信仰すべきであること、を主張する。

以上概観したように、同縁起の主題はイザナキ・イザナミ二神を祭る佐太神社の重要性を説くことにあり、二神とアマテラスにまつわる古蹟の伝承を多数採り、さらに異国からの神集い伝承を掲げることで、全国から信仰すべき神徳を宣揚しようとする意図が読み取れる。

三―二、『佐陀大社縁起』写本間の異同

前節でみた①～㉜の項目について、三種の縁起それぞれの記載有無を表二に整理した。ここからは、A．神宮文庫本とB．宮川家旧蔵本が非常に近く、内容項目のほとんどが共通する近い写本関係にあること、C．極楽寺本は前二者と相違点が多く別系統であること、が指摘できる。具体的にみるとC．極楽寺本には、加賀潜戸とアマテラスに関わる伝承群や浮浪山伝承（③下段～⑩）、神主勝部氏の由来から佐太神社の利益に至る最後段（㉘～㉜）など、大きく欠落した項目が目立つ。その一方で⑬二神の舎利を収めるので舎利宮といい、その異名が佐陀神社である、といったC．極楽寺本のみに認められる記述もある。ちなみに二神の舎利と社殿の関係について、A．神宮文庫本

表2　縁起の内容・項目と記述の有無

	内容・項目	【A.】神宮文庫本	【B.】宮川家旧蔵本	【C.】極楽寺本
①	佐陀太明神とは天地開闢の祖、陰陽最初の元神、伊弉諾・伊弉冊尊である。	○	［闕］	○
②	天神七代とは。 （伊弉諾・伊弉冊尊は天神七代の第七代国主である。）	○ （神名のみ）		◎
③	仏法と王法の興隆は国土安穏を支える車の両輪である、という因縁により、天神七代の間、此の国は守護された。	○	○	○
	鳩留国から浮浪して来た島根山（浮浪山）の一部が島根・秋鹿・楯縫三郡となった。	○	○	×
④	伊弉冊は加賀潜戸に「別居」し天照太神を出産した。 岩窟に乳房石があり、乳の露がしたたるため海藻が甘い。	○	○	×
⑤	伊弉冊が潜戸から出た時天下が明るくなった。伊弉諾が赫々《カツカツタリ》と言ったのでこの地を加賀という。	○	○	×
⑥	「般経《チハヤフル》」の語源。伊弉冊が「般（チハヤ）」を着て年月を経たためそういう。神歌に必ずこの語を言う。	○	○	○
⑦	田中社の由来。伊弉冊は天赤女《アマノシャクメ》と伊弉諾が通じたと疑う。伊弉諾は田中池畔で歌を詠み、田中社を建てた。	○	○	×
⑧	比多社の由来。伊弉諾・伊弉冊の和睦のため天帝が遣わした使者が「ひたと和与したまえ」と言ったので比多社という。	○	×	×
⑨	本社三所の事。三殿の祭神、本地、神宮寺について。中正殿に伊弉諾・伊弉冊を祭る。	○	○	×
⑩	伊弉諾・冊が生んだ一女三男神とは天照大神・月神・蛭子尊（西宮大明神）・素盞嗚尊（杵築大社大明神）である。	○	○	×
⑪	加賀の白山妙理権現とは伊弉諾尊のことである。	○	○	○
⑫	地神五代とは。	○	○	◎
⑬	佐陀とは舎利の異名である。二神の舎利を収めるので舎利宮、また世を杵築と天照太神に譲ったので隠居宮ともいう。	×	×	○
⑭	本社九本の柱は九品浄土を表す。	○	−	○
	末社八本の柱は人間の八苦、八正道を表す。	−	−	○
⑮	大葦の的庫山の由来	○	○	○
⑯	烏帽子山の由来	○	○	○
⑰	摂社神魂社の由来	○	○	○
⑱	蒙古軍来襲時、百井松が千万騎兵に変化して防衛した。生け捕った蒙古兵は八十八体の早人神、尊の眷属となり当社を守護することになった。	○	○	○
⑲	神在月の事。伊弉諾が十月十七日に隠れた。舎利を扇形の函に収め、中の本殿に納める。垂見山を廟所となす。	○	×	○

	内容・項目	【A.】 神宮文庫本	【B.】 宮川家旧蔵本	【C.】 極楽寺本
⑳	父母神への孝行之義を表すため、十月十一日から二十五日に異国の神々が集まるので神在月という。神目山にて送る。	○	○	○
㉑	（異国諸神の）十五艘の船の事。船を杭で固定し、七重の柴垣で囲み社人が警護する。船が垣外に出ると凶事が起こる。	○	○	○
㉒	大草六所社とは。異国の諸神は十月十日にまずこの社に集まってから佐陀に赴く。故に総社という。	○	○	○
㉓	天照太神の舎利を納めた函は今も伊勢宮に在る。天照太神が崩御した六月十五日には社僧が法華経一部を奉る。	○	×	○
㉔	伊勢・住吉の二神は国家を守護するため十月には出雲に行かず、四月に詣る。故に四月も神在という。	○	○	○
㉕	神在の時は鐘皷を鳴らさない。異国から来た悪神がこの地に留まりたがるので、この間は経陀羅尼を誦すこともしない。	○	○	○
㉖	山城国賀茂大明神は当社北の門客人神。 紀伊国熊野権現は南の門客人神。	○	○	○
	杵築大明神の第一王子、阿式大明神は東の門客人神。 杵築大明神の第二王子、玖潭大明神は西の門客人神。	×	○	×
㉗	豊前国宇佐八幡大菩薩は神功皇后の太子。神功皇后は三崎大明神の子孫。	○	×	○
㉘	大伴王氏、胡敵討滅の功により勝部氏を賜って出雲国司・当社兼神主となり、神託により扇を幕紋とする。	○	○	×
㉙	神前で専ら神楽をする事。神とは蛇身で三熱に苦しむ存在である。歌舞により神々は三熱の苦を忘れ暫く休息できる。	○	○	×
㉚	神楽に手拍子を用いる事。手拍子は阿弥陀、観音・勢至菩薩の種であり、響きを聞く者に菩提心を生じさせる。	○	○	×
㉛	神には二種ある。実者は諸仏の垂迹神。権者は人畜が鬼神となったもの、草木精霊など。佐陀大明神は実者の中の実者。	○		×
	当社大明神は権者の中の権者。諸神の父母が坐し、毎年十月に神が集って世の政を始める。ゆえに神在の社という。		○	×
㉜	佐陀大明神の本地法身は如来である。法身は生滅ないが、衆生利益のために遺身の舎利がある。	○	−	×
	佐陀大社は大日孁尊誕生の加賀潜戸がある嶋根秋鹿郡境にあり、不生不滅の佐陀大明神という	−	○	×

は⑲イザナキの舎利が中正殿に収められることのみを語る。

また、近い写本関係にあるA．神宮文庫本とB．宮川家旧蔵本の間にも、いくつかの相違点が認められる。目に付くのは㉛「実者の神と権者の神」の項で、A．とB．では佐陀大明神の当てはめが完全に逆転している。諸仏菩薩の垂迹神は権社神＝権化神であり、自然霊的なものを実社神＝実類神とするB．の理解が一般的であるが、A．はこれが完全に逆転しており、「佐陀大明神は実者の中の実者の神」とする。またB．には⑲㉓の、イザナミとアマテラスの舎利を社殿に奉じるという部分が欠落している。

四、『佐陀大社縁起』各書写本の性格

前章で整理した、三種の縁起史料における内容の相違点を踏まえながら、それぞれの写本書写の背景を考察する。

四―一、A．神宮文庫本の性格

A．には三種の中では最も古い明応四年（一四九五）三月十日の書写年紀があり、同縁起の原本にもっとも近い内容と考えられる。同箇所には「（縁起・縁起写本を）欠如しているので、頼秀が書写し終わった」と記されており、書写元となったさらに古い縁起書の存在を示唆するが、この点については井上寛司氏が「実際には尼子氏権力と結んで佐陀神社神主に就任し、佐陀神社のあり方を大きく転換させた朝山利綱の手で新しく縁起が作成されたものと推察される」と指摘する。[11] 佐太神社は『出雲国風土記』の佐太御子神社の後継であり、もとは佐太大神（御子神）とその父母神を祭る社であった。それが『佐陀大社縁起』では、イザナキ・イザナミ二神と、アマテラス他眷属の神を祭る神社であるという主張に転換している。このような祭神転換について井上氏は、秋鹿・島根郡にまたがる佐陀荘の荘園鎮守としての神社から、国鎮守、さらには全国的で普遍的な神を祭る神社へと抜本的な転換をはかったことが背景にあると述べ、同縁起が「佐陀神社の転換（再生）を内外に向って告示しようとする、極めて政治的な性格の強い文書」として作成されたことが推察されている。[12] 同縁起の主張は単に二神の神格上の重要性だけでなく、在地伝承の舞台である加賀潜戸他の土地に二神に由来する神話を負わせ、さらに神在月、神集い伝承を説くことで広域信仰の拠点化、全国的規模の神社への転換を企図するものであった。井上氏が述べるように明応四年の同縁起は戦国期佐太神社の祭神転換に対応して新たに作成された可能性が高く、A．神宮文庫本はその原本の忠実な写本とみることができる。

四―二、B．宮川家旧蔵本の性格

冒頭で触れたように、B．宮川家旧蔵本は佐太神社神主が上洛時に持参した縁起書の控えである。上洛は寛文二年の神主相続に関わるもので、その時、持参したこの縁起書を公家および吉田家に示し、佐太神社が不滅の明神であることを力説した、とされる。[13] A．神宮文庫本と基本的に同内容であることから同系底本の写本とみられるが、一方でA．神宮文庫本にある⑭「本社九本の柱は九品浄土を表す」や「⑲㉓イザナキ・アマテラスの舎利」を載せない点は意図的な削除とみられる。またA．の結語にあたる「㉜佐陀大明神は仏教真理を体現した法身・如来である」という主張の力点は、「大日孁尊の誕生地であり、不生不滅の大明神である」と転換している。これらの点から、B．宮川家旧蔵本は佐太神社に伝わるA．系統の写本をもとにしつつ、吉田家神道説を意識して神社施設に関する仏教色部分を排除したうえで、寛文八年の上洛直前に再編したものと考えられる。

四―三、C．極楽寺本の性格

『久米村誌』は本書の由来について「神仏を混合して宗源神道を創唱した吉田兼倶の談話を祐舜の記述したのが本書であるという。」とし、『松山市史』もこれを継承する。[14] このことはC．に限らず本縁起そのものの由来であろうが、その根拠を確認することができない。

C．極楽寺本の特徴は冒頭に「河内州沙門李庵瑀」の撰述と明記される点にある。撰述者とされる河内国李庵の経歴は詳らかでないが、内神社（島根県松江市）所蔵の古典籍『天淵八叉大蛇記』の編者として同人物がみえる。

岡宏三氏の報文⑮によれば、その奥書に「恵日荘嚴門下」とあり東福寺門下の禅僧であること、大永三年（一五二三）に出雲国仁多郡の温泉を訪ね、大蛇退治神話の伝説を聞き取り、故地を実見したうえで同『大蛇記』を記したことが分かっている。実際に出雲に滞在し、出雲の神道縁起に深い関心をもって叙述を残した人物であったことが知られる。

　これを踏まえてあらためてC．極楽寺本の内容を見直すと、佐太神社側の主張のうち、重要な要素が欠落していることに気付く。具体的には加賀潜戸をアマテラスの誕生地とし、それに連なる箇所（③～⑩）、佐太神社の優位性を主張する上で重要な末尾の㉘神主朝山氏の正当性や㉙㉚神楽の意義、㉛㉜祭神の地位、などである。さらに注目されるのはいわゆる「中世出雲神話」に相当する③下段の「鳩留国から流れてきた浮浪山（島根山）が後の島根ほか二郡になった」という要素が欠如している点である。実は、李庵が編んだ前述『天淵八叉大蛇記』には別の「中世国引き神話」が採用されている。すなわち、大蛇を退治した後のスサノオが「杵を縄し浮浪山の島根十八里を繋ぎ、宮居を杵築の浜、素我里に定む、素尊は乃ち大社杵築大明神是なり」という内容である。「中世国引き神話」には浮浪山の故地や主体者などに複数のバリエーションがあって、李庵は別構造の神話、すなわちスサノオの宮居である杵築の由来を語る伝承に触れ、それを八叉大蛇退治の神話に組み込んだ。『佐陀大社縁起』にある「鳩留国の一端が浮浪して島根ほか二郡」は意図的に採録しなかったとみるべきだろう。

　またC．極楽寺本はA．神宮文庫本系の内容を単純に抄出したものではない。②天神七代と⑫地神五代の神統譜に関しては、A．にはない詳細な記述が加えられている。また⑪白山の開山を伝教大師→泰澄大師に訂正するなど、李庵の知識が反映されている。以上の点からみてC．極楽寺本はA．神宮文庫本の底本にあたる原本をもとに、李庵が自身の関心により取捨加筆し、文字通り撰述したもの、と評価できるであろう。李庵が実際に出雲を訪れている点を重視すれば、出雲に滞在していた大永三年（一五二三）前後に、佐太神社周辺で原本に触れた可能性が考えられる。李庵が見たであろう原本は明応四年（一四九五）には成立していたことがA．神宮文庫本からうかがえ、こうした想定と年代的に矛盾しない。

　なおC．極楽寺本は享禄四年（一五三一）に書写され、天文一八年（一五四九）に日向国の阿専により授与されている。河内国の人で東福寺門下であった李庵の書が日向国の人より伝授され、それが伊予国の極楽寺になぜ伝わるのか、そのあたりの経緯については不明なままである。

五、おわりに

　本稿では、十月神在月に神々が集うという神集い伝承の成立過程など、出雲観にも深く関わる重要な史料と評価されてきた『佐陀大社縁起』について、三種の写本の異同を中心に検討した。これまでA．神宮文庫本と、それとほぼ同内容のB．宮川家旧蔵本については翻刻が公刊され具体的に知られていたが、このたび愛媛県松山市に伝来するC．極楽寺本の内容をはじめて明らかにすることができた。その結果、C．極楽寺本は佐太神社側の主張を説く縁起を底本にしつつも、都の禅僧が出雲を訪れた際に自身の視点で選択的に撰述したもの、という別の性格をもつことが判明した。こうして李庵が書写採録した『佐陀大社縁起』の写本が神道書の伝授などを介してさらに書写され、広く読まれたことは伊予国極楽寺に伝来する写本の存在からもうかがえる。これが、神集い伝承に対する都での認識、全国への展開に影響を与えた可能性も考える必要があるだろう。

註

（1）品川知彦二〇一九「縁結び信仰と神在祭」『山陰民俗学会七十周年記念論集　山陰の暮らし・信仰・芸能』山陰民俗学会編、ハーベスト出版
（2）鹿島町立歴史民俗資料館一九九七『重要文化財　佐太神社―佐陀神社の総合的研究―』
（3）松江市史編纂委員会二〇一四『松江市史　資料編4　中世Ⅱ』
（4）勝田勝年編一九七六『鹿島町史料』鹿島町
（5）石塚尊俊校注一九八三『神道大系　神社編三十六　出雲・石見・隠岐国』神道大系編纂会
（6）久米村誌刊行会編集部一九六五『久米村誌』／久米公民館一九九二『久米郷土誌』／松山市史編集委員会一九九五『松山市史　第5巻　年表・文化財』

(7) また松山市教育委員会文化財課、本田静香氏には、文化財指定時の資料検索や郷土史情報提供など、様々にご協力をいただいた。
(8) 表一の翻刻はA．神宮文庫本については註（3）『松江市史』、B．宮川家旧蔵本については註（5）『神道大系』から引用した。
(9) 井上寛司一九九八「中世佐陀神社の構造と特質」『古代中世の社会と国家』清文堂出版
斎藤英喜二〇一三「国引きするスサノオ」『もう一つの出雲神話　中世の鰐淵寺と出雲大社』髙橋周編、出雲弥生の森博物館
(10) 松江市史編集委員会二〇一四年『松江市史　資料編4　中世Ⅱ』四五一頁
(11) 井上寛司二〇一六「第五章第三節　中世的宗教構造の変容と解体」『松江市史　通史編2　中世』松江市史編集委員会
(12) 井上寛司一九九七「中世佐陀神社の構造と特質」『重要文化財　佐太神社―佐太神社の総合的研究―』鹿島町立歴史民俗資料館／註（11）井上氏文献
(13) 勝田勝年編一九七六『鹿島町史料』鹿島町、一二五頁
(14) 前掲註（6）
(15) 岡宏三二〇一一「内神社所蔵「天淵八叉大蛇記」について―中世出雲の八岐大蛇退治神話―」『神々のすがた・かたちをめぐる多面的研究』島根県古代文化センター

「八岐大蛇退治図」の図像的分析
—日本書紀と出雲の邂逅—

岡　宏　三

はじめに

かつて稿者は、現代において日本神話に登場する神は古代人の風俗装束で表現されることが多いのにも関わらず、中近世の絵画彫刻ではそのような図像は皆無であることに着目し、島根県古代文化センターのテーマ研究「神々のイメージの変遷の研究」を実施、その成果として具象化された神の姿の変遷をたどる試みの企画展を開催（島根県立古代出雲歴史博物館企画展『神々のすがた　古代から水木しげるまで』開催期間・二〇一〇年一〇月八日〜一一月二八日）するとともに、研究成果を『神々のすがた・かたちをめぐる多面的研究』（二〇一一年三月。執筆は稿者のほか、藤原重雄、的野克之、品川知彦）という形で刊行した。またこの企画は島根県立石見美術館と連携し、同館では近代美術に主眼を置いて『神々のすがた　古事記と近代美術』を開催している（開催期間・二〇一〇年九月一七日〜一一月七日）。

実は、神の図像を扱った企画展としては、奈良県立美術館が開催した『神話〜日本美術の想像力〜』（開催期間・二〇〇九年一〇月二四日〜一二月二四日）が先行する。これも近代美術にみる神話のイメージに着目したものであった。図様のみならず神の出現する場の問題も含めて、古くは土偶（これは神の具象化とは言い難いが）から、現代の水木しげるの描いた神（精霊）まで通観した展示は、今なお冒頭の稿者企画以外には開催されていないようである。

さて神の図様の変遷に着眼したものとしては、まず鳥羽重宏「天照大神の像容（イメージ）の変遷について—女体像・男体像から、雨宝童子像にいたる図像学」（『皇学館大学神道研究所紀要』第一三号、一九九七年三月）があり、アマテラスの図様の変遷を徹底詳細に分析している。

ついで稿者は前掲企画展図録（参考展示「日本風俗説」（『黒川真頼全集』第四、の解説）及び「「生やしなりの神」から「上げみずらの神」へ—黒川真頼の「本邦風俗史」をめぐって」（前述の報告書所収）において、明治一三年（一八八〇）黒川真頼が『國華』に断続的に発表した「本邦風俗説」において神話の神の姿＝古代の豪族の姿、上げみずらのイメージとする図像を提唱し、それ以前のイメージ＝神の髪型は蓬髪、を漸次に一変させたこと、月岡芳年「大日本名将鑑　素盞嗚尊」（一八八〇年）において、大蛇退治に用いる酒甕が川の中に据えられている描写は、観世小次郎信光の謡曲『大蛇』に「さてや八艘の酒舟を。斐の川上に浮めつゝ」とあるのに基づくことを指摘した。

また及川智早は「描かれた『古事記』—スサノヲのヤマタノヲロチ退治譚を中心に」（『古代史研究の最前線　古事記』洋泉社、二〇一五）において、八坂流（百二十句本）系統の『平家物語』では、スサノヲがクシナダヒメを櫛に変化させて髪に挿す『古事記』の記述と異なり、櫛には変化させずに高い棚の上に囮として置いた描写になっていること、さらに『太平記』（天正本）では、クシナダヒメが変化したものでない櫛を挿し、ヒメは酒槽に姿が映るよう棚の上に載せられる描写になっていることを挙げ、『古事記』等の古代説話は中世期以降に数多くの変容を重ね、それが社会に拡散していったことにより『記・紀』とは異なった図様が生み出されていったと指摘している[1]。

「中世期以降に数多くの変容を重ね」という点を、「中世神話」という視点からスサノヲに焦点を当てて、数々のテキストを挙げて具体的に展開したのは斎藤英喜で、一九七二年以降提唱発展してきた「中世日本紀」「中世神話」論を基盤として、既に二〇一二年に『荒ぶるスサノヲ、七変化』（吉川弘文館）を発表している。ただし「中世日本紀」「中世神話」論も、中世神道史と中世文学、芸能史が接近することにより成立展開してきたものの、基本的にはテキストが対象とされ、絵画史料に基づく図像的分析は今なお補助的な扱いに留まり、本格的な検討は行われていない。

また中世出雲における『日本書紀』の受容について、そのテキストがいつの時点まで遡って確認できるのかという視点も、それは近世以降の視点であり、定点を中世に置いた場合にはほとんど意味がない。テキストそのままの形で受容された形跡はほとんど見当たらない[2]以前に、『日本書紀』をはじめ『先代旧事本紀』『古事記』等を淵源とする神話が、仏教、陰陽道、後には儒学をも交えて、教説や縁起、歌学や文学等が展開するのにあわせて、新たな神話説話として組み替えられ、様々な変容を遂げ続ける「進行形の神話」であったことが中世の神話（説話）の実相であり、注に疏を重ねるような変容の様相を検証することで中世における神の性格、教説、信仰を探り出してゆくことにこそ「中世神話」研究の意義はある。

そこで本稿では、神話の変容について、まず図像的観点からスサノヲによるヲロチ退治神話の図像について検証し、次いで『出雲国風土記』にみえる国引神話と、『日本書紀』等にみえる八岐大蛇神話が中世において如何に邂逅し変容したのかを検証してみたい。

一　「八岐大蛇退治図」の分析

一―一　八重垣神社本殿壁画

八岐大蛇神話に関連するとされるものとして、管見の限り最古の図像は松江市八重垣神社に伝わる壁画で、「板絵著色神像（本殿板壁画）」の名で重文指定されている。もと八重垣神社本殿の障壁画として描かれていたものである。同社の造替は、記録上判明するところでは応永元年（一三九四）、天文一一年（一五四二）、天正一三年（一五八五）、享保三年（一七一八。ただし修造）などがあり、現在の本殿は安政六年（一八五九）の造営である。

板絵は①女性二人図（伝天照大神・市杵島姫像）、②男女図（伝脚摩乳・手摩乳像）、③男女図（伝素盞嗚尊・稲田姫像）の三面から成る。各枠をはめ、更に三面の内②③の中央には以前は縦に桟を入れていた。かつて三面は枠装の状態で本殿内部に嵌め込まれていたが、現在では宝物殿収蔵庫に収蔵されている。

障壁画の制作年代は、社伝では寛平五年（八九三）とするが、様式からみて室町時代（一六世紀）、天正年間からそう遡らない時期と推定されている[3]。ただし③の背面には天正九年（一五八一）に三刀屋（雲南市）からの参詣者が墨書した落書の痕跡があること[4]、年輪年代測定の結果、板材は一三世紀に遡ることから[5]、室町期の描画と判断される部分は後補であり、下絵や剥落、後補画面の下層部分は遅くとも天正の造替より遡って成立したと考えられる。

本図に言及した最古の資料は、承応二年（一六五三）頃成立の松江藩儒・黒沢石斎の『懐橘談』である。さてこれら三面の配置について同書には、

> 社ハ東面、内殿ハ西面、社司佐草氏、扉ヲ開キ、予モ昇殿シテ拝ミ侍ルニ、正面東向キニ男女《ママ》二人、手ニ書ヲ持玉フ所ヲ絵ニ写シケルハ（書ハ表紙有テ、トジ本也、下ニ同ジ）天照太神・日御崎ノ尊体也、北ノ方ノ壁ニ夫婦、コレモ書ヲモテリ、是手摩乳ナリ、手ヲ拱ジテ侍ルハ脚摩乳也、南ノ方ノ壁ニ写セルハ、素盞雄・稲田姫ノ霊像也[6]

東向きの本殿の扉を開いて正面にみえる東壁に①が、北壁に②が、南壁に③が配置されていたという。八重垣神社本殿は、中心に心柱を有するが、心柱を有する大社造の間取りは九本柱、二間四面で、心柱から左右の側柱いずれかへ仕切壁を設ける形態で、正面の扉及び蔀戸側を除いて壁面は八面である。神魂神社の障壁画は八面で、出雲大社の慶長度の本殿もかつて八面に描画されていた。

これに対して八重垣神社本殿の壁画の内、①が仕切壁の正面側に位置していたことは間違いないが、②③が本来それぞれ北側二面、南側二面のうちいずれの面に位置していたのか、三面以外にも壁画が存在していたのかが問題

になる。例えば慶長一四年（一六〇九）遷宮の出雲大社本殿の障壁画では、仕切壁より手前側の部屋（下段）の壁三面には、当時大社最大の祭礼である三月会と大社周辺の景観が、御内殿のある奥側の部屋（上段）の壁面には、柳桜、松竹を彩色で、御内殿裏側の壁面には墨絵の竹が描かれていた。すなわち大社ゆかりの景物を下段に、荘厳として吉祥の木を上段に描き分けていた。[7] 慶長度出雲大社本殿の例から考えれば、八重垣神社の壁画も御内殿側ではなく、手前側の三壁面に描かれていたと考えられよう。

また①の画面は「男女二人」としているが、画面の現状をみる限り、人物を男性から女性に大きく改変した形跡はみられないので石斎の記憶違いであろう。また描く二人のうちを「日御碕ノ尊体」とするのは、室町から近世前期にかけて日御碕社の祭神は十羅刹女と考えられていたからで、同書の「日御崎」の項にも「祠官の語りけるは、上の三社は、田心姫・湍津姫・市杵島姫の三女に素盞嗚尊を合祭れり、下の五社は、正哉吾勝尊・天穂日命・天津彦根命・活津彦根命・熊野橡樟日命五男に、天照太神を合祭りて、上の社・下の社都て十羅刹女と崇め奉りし故に」[8] とある。

八重垣神社が素盞嗚尊の大蛇退治の関わりで語られるようになったことを示す最古の史料は、貞治五年（一三六六）由阿が二条良基に献じた『詞林采葉抄』で、

又簸河上ノ手摩乳・脚摩乳ノ神ノ女・稲田姫ヲハ、サクサメノ社ト申所ニ斎タテマツル、社ナントナク、八重垣トテ、八所ニ引離〳〵有之、此サクサメノ明神ト申トカヤ[9]

とある。「八重垣トテ、八所ニ引離〳〵有之」の意味が解し難いが、稲田姫を社殿を設けず祀っているという。いずれにしても天平五年（七三三）に撰進された『出雲国風土記』の大草郷条に「須佐乎命の御子・青幡佐久佐日古命坐す」また「佐久佐社」ともある社は、南北朝の頃には既に稲田姫の社として出雲国外で語られていたことがわかる。

ついで大永三年（一五二三）に成った『天淵八叉大蛇記』（松江市内神社所蔵）では、

素尊先ツ此ノ女ヲ隠サント欲シテ、去レル者ノ七里ニシテ、八重墻ヲ佐草ノ里ニ構ヘ、女ヲ其ノ中ニ隠ス、時《コヽ》ニ于《ヲ》イテ始テ三十一文字ノ倭歌ヲ詠ミ玉フ（原漢文）

とあり、「八重垣」とは、大蛇退治の前に、「佐草ノ里」に稲田姫を避難隔離させるために設けられた施設として語られている。[10] この説話は河内国光通寺の僧・李庵寿璠が大永三年（一五二三）に出雲に下り、「二三子ト仁多ノ温泉ニ浴スル之日、或ハ之ヲ居俗ノ伝説ニ聞、或ハ之ヲ古史ニ得、或ハ自（ラ）親シク行テ之ヲ見、万ガ一ヲ記」[11] したものであるが、このうち手摩乳・脚摩乳夫婦をこの地の長者とすること、[12] 大蛇のすみかを樋河の「天淵」とし、稲田姫の人形に、モグサ・硫黄・油等を仕込み、知らずにこれを呑んだ大蛇が懊悩するところを討ち取る話などは、[13] その後広島県庄原市東城町栃木家の延宝八年（一六八〇）の『神楽能本』、元禄元年（一六八八）以降に成った「出雲国巡礼記」（島根県立図書館所蔵）等にも共通して確認される。

一方八重垣神社においては、天正一八年（一五九〇）に八重垣社の別火が毛利輝元の奉行人・佐世与三左衛門尉（元嘉）に宛てた注進に、

一、地神五代之世、始素盞嗚尊、霜月中之卯ニ、佐草之里ニ無抜目八重之御垣被召、此社建始、以来幾万年不知数候[14]

とあるのを最古とする。「霜月中之卯」は、前述の『懐橘談』に、

尊ト稲田姫ト相共ニ遘合シ、大穴貴神ヲ生ミ玉フ、夫レヨリシテ此ノ地ヲ八重垣ト申侍ル（略）十一月中ノ卯ノ日ニハ、八重垣ヲ毎年修理シ奉リ、東西ニ榊ヲ立ツ、清酌ヲ灌ギ奉ル、又巳ノ日ノ祭リ、是ヲ見カクレシノ神事ト云フ[15]

とあって、八重垣は素盞嗚尊が大蛇退治後に稲田姫と新たに住まい、大己貴神を儲けた土地であるとの説を述べる一方で、「ミカクレシノ神事」（身隠神事。旧暦四月三日、現在は五月三日の神事）の存在も紹介している。

さてこれらを踏まえて改めて壁画の図様をみたい。

まず女性像について。①の女性二人は、緑の薄縁様のものの上に座し、一人は一丁当り三行の罫線を持つ折本を、もう一人は巻子を手にしている。同じく②の女性は折本を、③の女性は巻子を手に拡げており、特に後者の巻子は軸頭部分の描写も残存している。

女性像の顔の部分は、顔、耳にかかる前髪、丸く大ぶりに刷く眉墨は残り具合がいいが、前髪以外の頭髪部分は薄く残るのみであることで共通する。①の右側の横顔の女性と②の女性は、当初と後補の輪郭線とのずれがはっきりと見てとれる。

　興味深いのはいずれも襷を掛けていることで、②の女性像の背中部分によりはっきりと確認できる。十二単を着る①の左側の女性と③の女性の場合は、懸帯の上に襷の紐が重なっているのが見え、特に前者では懸帯を前で結んでいる部分もよく残存する。これに対して襷のみの①の右側の女性と②の女性はいずれも小袖を着ている。

　次いで②の右側と③の左側の男性像はいずれも立像で、②が豊かな顎髭を垂らした老年像であるのに対して、③のほうは壮年像でいずれも冠を着ける。③の像の眼の描写は一六世紀後半以降の雨宝童子図の眼を連想させる。②は全体に下絵の残りも悪く、立像であることのほかは装束の詳細は知られないが、③の男性像のほうは束帯、持笏の姿である。②の男性もこれに準じた姿だったのだろう。

　その他としては、三面とも上部に大ぶりな霊雲を豊かに線描する。特に②の女性の上部には矛先のように急傾斜の山の線描がはっきりと確認され、③の男性像の上にも山の痕跡と覚しきものがみてとれる。

　以上を整理すると、（読み取れる部分が主に後補であるという条件つきではあるが）霊雲の下に描かれたこれらの人物は神ないし神的存在の影向の図であり、②③の冠を着けた男性、①十二単を着た左側の女性・③の女性は、貴人として、小袖を着た①の右側及び②の女性は侍者として描かれたと推定される。

　また、四人の女性像いずれもが、折本、巻子のいずれかを披いているのは、装束の上に襷を掛けている姿であることからすれば、単に読書する様子ではないだろう。何らかの法楽として経典の類を誦ずる様子を描いていると考えたほうがより相応しいであろう。

　これらからすると、基本的には、後述する一連の大蛇退治の図様や、素盞嗚尊に関わる説話を直接的には反映しない図様であるといえるだろう。強いて描かれた人物を比定するならば、③の素盞嗚尊・稲田姫、②の脚摩乳は妥当としても、手摩乳は、風貌や装束からみて②の女性は妥当ではなく、消去法で①の左側の女性が残る。またもしも折本、巻子の中身が経典でないとすれば、「八雲立つ」ではじまる神詠の可能性が挙げられよう。とするならば、本図は室町期（一六世紀後～末期）の後補された図様部分がよく残っているが、下書き部分は、前述したような素盞嗚尊、稲田姫にちなむ伝承が八重垣社や周辺で語られるようになる前の段階の図様であると推定されよう。[16]

一―二　氷川大明神并宝泉寺縁起絵

　渋谷区の氷川神社所蔵の本図は、慶長一〇年（一六〇五）制作にかかり、素盞嗚尊の大蛇退治図を描いたものとしては管見の限りでは最古である。巡回展「スサノヲの到来―いのち、いかり、いのり」（二〇一四年一〇月～二〇一五年九月、渋谷区立松濤美術館他）で出陳、画像は同展図録ほか平塚泰三氏の論考がある。これによれば、①「素戔嗚尊の八岐大蛇退治」、②「須賀の宮での和歌制作」、③「宝泉寺開基慈覚大師の夢中に氷川神社祭神たちの本地仏が来迎する場面」の三図が各詞書とともに現存するという。

　興味深いのは、三図それぞれ素戔嗚尊を描き分けている点である。すなわち③では素戔嗚尊の本地仏としての釈迦、②では、鳥居を構える洞窟のなかで、唐冠・唐風の装束を着し、右手に戟を左手に巾着を持ち、傍らには短冊代わりの木の葉を手にした、頭巾をかぶる稲田姫、左右に日天・月天ほか眷属に天部様の姿、①では、赤い裳、唐風の鎧、その上に千早風の白い単衣を身につけ、腰には剣を帯び蓬髪の頭に緊箍児様の被り物をする姿である。釈迦・午頭天王・素戔嗚尊と描き分けている可能性があろう。

　三図の内①に焦点を当てると、手摩乳も三日月の前立様のものをとりつけた被り物をし、薄紅色の裳の上に素戔嗚尊と同様白の単衣を纏い、黒い天衣状の肩掛けを垂らす。脚摩乳は白の褌、浅葱の衣の上に、袖口に唐風の襞をつけた黄土色の袖無し羽織を着し、白く細い襷様の紐を背中に結ぶ。

　これに対して稲田姫は、緋の袴を着け、頭から白の小袖を被衣する。

大蛇は台形を仰向けにしたような木製の酒槽に頭を埋めるが、酒の色は茶褐色である。また稲田姫は竹を四隅に建てて上部に注連を巡らし、板を張って設けた棚の上に莚を敷いて座している。その背後では脚摩乳が鳶口を手に盛んに庭火を焚いている。

『古事記』の須佐之男は、櫛名田比売を湯津爪櫛にしてみずからの髪に挿し、足名椎・手名椎に酒を醸させるとともに、八つの門を開けた垣と、門ごとに「佐受岐」を設け、その上に、酒を湛えた酒船を置かせた、とある。『日本書紀』本文も「仮庪（仮庪、此をば佐受枳と云ふ、八間を作ひ、各一口の槽置きて）」とあり、基本的に同様の内容である。『記紀』にみえない、棚を設けて稲田姫を据える、庭火を焚くという描写は、いかなる過程で生じたのだろうか。

大蛇をおびき寄せ、退治する場所に庭火を焚く描写は早くに登場する。藤原清輔の『奥義抄』とともに平安末期成立とされる藤原教長の『古今和歌集注』では、大蛇を「二三丈ナルモノ、、カシラヲヤツアル」鬼とする特異な説話を載せるが、

酒・炭・アブラナドヲタヅヌルニ（略）トリイデ、、鬼ノキタルトイフカタニ、カドヲアケテ、スミヲツ、ミノヤウニヲキメグラシテ、アブラヲカケテ、ソノウチニ、フ子ヤツヲスヱテ、サケヲイレタ、エテ、ソノトキスコシカ子テヒヲ、キタレバ、スミ、ナヲコルホドニ[16]

酒舟を据えた火中に大蛇をおびき寄せるという。稲田姫は櫛に変えるどころか、退治する場面には全く登場しない。特異な説といえば、弘安九年（一二八六）の奥書を持つ『古今和歌集序聞書（三流抄。以下『三流抄』とする）』では、大蛇は「海中」に棲む「蛇」でもある「龍」とされる。退治の方法は、

八ツノ酒舟ニ酒ヲタ、ヘテ、海ニ浮テ湯津ノ爪櫛ヲ八ツ作テ姫ガ頭ニサス、是ハ海松ノ根ニテ削ルカウガヒ也、龍涌出テ、八ツノ舟ニ頭ヲ入テ酒ヲ飲、酒ニ飲酔テネイリタリ、八ツノ串八ツノ龍ノ頭ト成テ敵ノ龍ヲ段々ニクフ、尊、剣アリ、ヌキテ龍ヲ段々ニ斬ル[17]

大蛇は海にいるゆえに酒舟は海に浮かべられ、櫛は稲田姫ではなく、海松製で、しかも龍の頭と変じて大蛇に喰らいつくという。また正応二年～文中元年（一二八九～一三七二）頃に成った『古今和歌集序注』（伝頓阿作）では、

かの姫に、ゆづのつまぐしをとりそへて、たぶさの中へさしおさめ、ひめの影を八そうの酒の中へうつして待給へば[18]

とある。尊はみずからのたぶさの中に稲田姫を納める一方で、姫の姿を酒に映したという、表現があいまいな、やや矛盾した説となっている。

これが延慶二～三年（一三〇九～一〇）書写の奥書を持つ延慶本『平家物語』では、

奇稲姫ノ形ヲ作給テ、錦ノ装束ヲキセテ、大蛇ノ栖ケル岡ノ上ニ八坂ト云所ニ立テ、八船に醍醐ヲ湛ヘテ其影ヲ酒船ニ移テ、八ノ口ニ当テ待給[19]

次いで覚一本系『平家物語』「剣」（東京大学所蔵、高野旧蔵本）では、

この少女を、ゆつのまぐしにとりなし、御ぐしにさしかくさせ給ひ、八の舟に酒を入れ、美女のすがたをつくッて、たかき岡に立つ、そのかげ酒にうつれり[20]

稲田姫を櫛に変えて髪に挿し隠す一方で、「美女のすがた」を別に作り、酒舟に姿が映るよう「高き岡」に立てた、とある。

これに対して、「巻第十一」と「剣巻」二ヶ所で大蛇退治に言及する屋代本『平家物語』では、

謀ニ皃吉女ヲスヱテ、高キ岳ニ被立タリケレハ、此影八ノ船ナル酒ニ移ル。大蛇是ヲ呑ント飽マテ酒ヲ飲テ（巻第十一）

床ヲ高クカキテ、床ノ上ニ稲田姫ヲイト厳シフ出立セテ、髪ニ黄楊《ツケ》ノ妻櫛ヲ指テ立テ、四方ニ火ヲ焼キマハシテ、火ヨリ外《ホカ》トニ、モタイト云物ニ酒ヲ入テ（中略）稲田姫ノイト厳シキ影ノ、モタイノ酒ニ移テ見ヘケレハ、大蛇是ヲ悦テ、八ノ甕《モタイ》ニ八ノ頭ヲ打入テ、飽マテ飲テケリ（剣巻[21]）

とあって、巻十一では、人形ではなく、「皃吉女《かおよき》」を「高キ岳」に立たせるとする一方で、「剣巻」では、黄楊の妻櫛を挿した稲田姫を高い「床ノ上」に立たせ、床の廻りに火を焚いて大蛇を近寄れないようにし、その外側に酒を入れた「モタイ（甕）」に姫の姿が映るようにした、とある。

文明一三年（一四八一）に成った卜部兼邦の『兼邦百首歌抄[22]』では、稲田

姫は「山のいただき」に据えられて酒舟に姿を投影させて退治するが、その後に素盞嗚尊が稲田姫とともに「やひろの殿」を構えて住んだ場所は「日の河上、さすき山」である、という。

このように、大蛇退治の話は既に鎌倉期の時点で『記紀』からかけ離れた、かなり自由な内容に変貌を遂げていたが、年代が下るにつれ稲田姫は、①高いところに据えられる、ないしは稲田姫の人形を据える、②高い棚を設けて稲田姫を据える、の二種に大別され、特に後者の筋立は、屋代本『平家物語』の「剣巻」系統が『参考源平盛衰記』や『太平記』の「剣巻」にも継承されている。

さて本来酒舟を据える設備であった「仮庪・佐受枳」がなぜ後の説話では高棚に変じたのだろうか。一つには『釈日本紀』の次の解釈に起因するだろう。

庪、『玉篇』云、居毀切、閣也。亦祭山曰庪県。兼方案之、今世桟敷歟、ストシト五音通。[23]

卜部兼方は、サヅキとサジキは音が通うから「佐受枳」は桟敷であろう、という。ここまでは問題ないが、問題は引用した『玉篇』の注で、「庪」は「閣」であるという。「閣」は食物を据える膳棚、棚を持つ物置、宮殿などと共に二階建てのやかた（楼）の意味を持つ（諸橋轍次『大漢和辞典』）。ただし後述するように、『釈日本紀』の兼方の注だけが、仮庪―高棚の解釈を生み出した訳ではなかった。

一―三　近世近代の絵画・人形等にみる大蛇退治の図像

管見で存在を確認できた作品を一覧化したのが［表1］である。一連の図像は先にみたように稲田姫は高棚に座すか、高台に座している。とりわけ『絵入太平記』の図様は、酒槽が甕に変わり、素尊の頭に緊箍児様の被り物がない以外は「氷川大明神并宝泉寺縁起絵」に近い。ただ初代豊国、菊池容斎、歌川国芳、月岡芳年、楊州周延らの図では、稲田姫の座す高台は、山というよりは川の岸辺というべき高台である。莚に座し、四隅に笹竹を立て、注連を張る。酒舟は描かれず、代わりに酒甕が川中に据えられている。小林永濯の図では仮庪が復活しているが、やはり川の中に設置されている。加えて大蛇も川中、ないしは川の向こうから登場し、岸上の素盞嗚尊がこれを迎え撃つような構図となっている。

また、こうした一連の図様のなかで特異な図像は狩野時信の三幅対で、脚摩乳・手摩乳は唐風の翁媼に、素盞嗚尊、稲田姫も唐風の装束をまとい、素尊は波濤と嵐渦巻くなかで龍（八岐大蛇）に騎乗する。龍に騎乗は、呂洞賓や、鯉に跨がり天に昇る琴高仙人などを参考にしたのかもしれない。稲田姫が床上に座すのは、やはり高棚に座す系譜に繋がるのだろう。唐絵の模本を基に辛苦して構成した画面である。

また江戸川北輝の図は、屈服した妖怪・疫神らから起請文を取る図で、近松の「本朝振袖始」に仮託して嘉永四年（一八五一）に株仲間再興の混乱を風刺し、作者不詳の「進雄尊悪神退治」も葵紋の装束をつけた素尊（徳川慶喜）に妖怪（新政府側についた諸藩）の群れが襲いかかる鳥羽伏見の合戦頃の情勢を風刺する。

さて視点を一連の図に戻し、あらためて稲田姫の図像に着眼すると、その装束は、緋袴に白い振袖の巫女風ないしは十二単のいずれかに描かれている。注目すべきは、容斎の図とそれを模倣した芳年の図では稲田姫は両手に幣串を握るのに対し、春亭、国芳、周延の図では巻子様のものを手にするか、拡げている。殊に春亭の図では、経机に巻子を並べ、合掌する姿である。この巻子は、『記紀』のみならず、これまでに触れた中世の大蛇説話にも確認できないものである。

一体この巻子は何であろうか。

一―四　もう一つの「大蛇」説話

大蛇に人身御供を捧げる説話は八岐大蛇神話のみではなく、かつてはもう一つ世に知られたものがあった。それは中世末～近世初頭に成った「さよひめのさうし」、「ちくふしまのほんし」、「まつらさよひめ」[24]など一連の説話である。

これらの説話のあらすじは以下の通りである。すなわち、没落した長者の

表—1. 近世近代の絵画・人形等にみえる八岐大蛇退治の図像

		スサノヲ	イナダヒメ	テナヅチ	アシナヅチ	ヲロチ	その他
1	八重垣神社板絵 16世紀末以前	衣冠束帯・持笏	十二単衣・襷掛・持折本	井桁文小袖・襷掛・唐衣肩脱・持折本	衣冠束帯・持笏		成人女性２人（井桁文小袖・唐衣肩脱・襷掛・持折本）、各板面に靈雲、畳
2	氷川大明神并宝泉寺縁起絵（渋谷氷川神社蔵） 慶長10（1605）	蓬髪・冠（前立＝午）・唐鎧・裳（赤）・沓・白衣（単）・剣	打掛（白）・裳（赤）・莫蓙	冠・小袖（白）・裳（赤）・肩掛（黒）	結髪・冠・短褐（浅葱・鼠色）・褌(はかま)・袖無羽織・襷様掛物・鳶（焚火）	角・爪 酒槽	注連を張り巡らした棚
3	狩野時信「大蛇退治図幅」（17世紀後半）	蓬髪・冠（緊箍児様）・唐風袍・剣	床几台に坐す唐風美人（結髪）	鉢巻・肩掛・結髪	唐服・頭巾・杖	角・爪 酒甕	
4	『絵入太平記』 元禄11（1698）	蓬髪（垂髪）・唐風鎧・剣	十二単衣・冠（鉢巻？）		頭巾・唐服・焚火・火箸	角・爪 酒甕	忌竹・注連を張り巡らした棚
5	勝川春亭「山田大蛇退治」 19世紀前半（文化文政頃）	蓬髪・冠（緊箍児様）・唐鎧の上に狩衣（纐纈雲文）・束帯・沓・剣	十二単衣			角・爪 酒甕	忌竹・荒蓙・経机に経巻
6	歌川豊国（初代）「大蛇退治」 19世紀前半（文政天保頃）	蓬髪・冠（緊箍児様）・唐鎧の上に狩衣（雲文）・玉・帯沓・剣	振袖・緋袴			角・爪 河中に酒甕	経巻・忌竹・板敷・荒蓙
7	葛飾北斎「素尊稲田姫」 19世紀前半（文化文政頃）	蓬髪・冠（緊箍児様）・唐風籠手・狩衣(木瓜文)・裾長袴・剣	十二単衣			河中に酒甕	剣の鞘はアイヌの刀の鞘に似る
8	歌川国芳「武勇見立十二支 素盞雄尊」 19世紀前半（天保頃）	蓬髪・冠（緊箍児様）・半臂（木瓜文）・括袴（木瓜文）・袍・束帯・剣				角・爪	
9	歌川国芳（画）「神事行燈」 19世紀前半（天保頃）	蓬髪・冠（緊箍児様）・剣半臂・括袴・唐風鎧・袍・束帯・	白振袖・緋袴			角・爪 河中に甕	巻子
10	江戸川北輝「本朝振袖之始素盞烏尊妖怪降伏之図」 19世紀前半（天保末頃）	蓬髪・冠（緊箍児様）・唐鎧・狩衣（白）・束帯・沓・軍配	羽織（白）・緋袴			妖怪 手形押印	鏡
11	作者不詳「大蛇退治図」（出雲市所蔵） 19世紀前半（幕末頃）	蓬髪・唐鎧・沓・剣	打掛（白）・緋袴			角 河中に酒甕	注連を張り巡らした棚
12	藁天「大蛇退治絵馬」（伊賀多気神社所蔵） 嘉永2（1849）	蓬髪・唐風袍・沓・剣	十二単衣・緋袴			角 床几台の回りに酒甕	幣を付けた忌竹・注連縄・床几台・荒蓙
13	歌川国芳（画）『大日本開闢由来記』 万延元（1860）	美豆良、首飾り・袍風前合せの上着・褌・沓・剣	袍風前合せの上着、鉢巻状髪飾り・シダ？の元結	袍風前合せの上着シダ？の肩掛け	袍風前合せの上着、首飾り・蓬髪		
14	作者不詳「進雄尊悪神退治」 慶応4（1868）	蓬髪・冠（緊箍児様）・唐風籠手・狩衣沓・剣	十二単衣（振袖？）			悪神（妖怪。薩摩藩他）・河中に酒甕	鏡・石橋
15	菊池容斎「素尊・稲田姫図」 19世紀前半（幕末）	蓬髪・首飾り・袍（浅葱）・褌(はかま)・藁沓	襠衿（浅葱）・白上衣・袴（浅葱）			河中に酒甕	木綿付き（？）の榊・御幣付きの笹竹・忌竹・荒蓙
16	松川半山（画）『童蒙必読国史のあらまし』 明治７（1874）	蓬髪・半臂・袍・褌・沓・剣	打掛・緋袴、藁葺の棚・注連縄・荒蓙			角・爪 河中に酒甕	
17	月岡芳年「大日本名将鑑 素盞烏尊」 明治13（1880）	蓬髪・首飾り袍（白）・皮製褌(はかま)・藁沓	打掛（白）・緋袴			河中に酒甕	荒蓙・御幣・注連縄
18	楊州周延「東錦昼夜競 素盞嗚尊」 明治19（1886）	蓬髪・袍（白）・白褌(はかま)・皮沓・首飾り・腕釧	①振袖？ ②打掛（浅葱）・白袴	小袖（海松文）	頭巾・小袖（波文）・袴	河中に酒甕	荒蓙、忌竹・（注連縄）・状
19	楊州周延「出雲国肥河上八俣蛇ヲ切取玉フ図」（明治20年代）	蓬髪・袍（黄）・緋褌(はかま)・腕釧・藁沓・剣	①振袖？ ②振袖（薄桃色）・緋袴	百衣	頭巾・衣（薄黄）	角 河中に酒甕	荒蓙・忌竹（注連縄）
20	月岡芳年「日本略史之内 素戔嗚尊出雲の簸川上に八頭蛇を退治し給ふ図」明治20（1887）	蓬髪・袍（黄）・半臂（鼠色）・緋褌(はかま)・腕釧・藁沓・剣	白衣・緋袴			角 河中に酒甕	荒蓙・注連縄・幣
21	小林永濯『八頭ノ大蛇』 明治19（1886）	① 蓬髪・袍風前合せの上着、半臂・褌（膝括り）・剣②背面結髪・袍風前合せの上着、半臂・褌（膝括り）・首飾り・臂釧	裾の長い袍風前合せの上着・おすべらかし・首飾り・臂釧	袍風前合せの上着、半臂・褌（膝括り）・背面結髪・首飾り・臂釧	袍風前合せの上着、半臂・褌（膝括り）・背面結髪・首飾り・臂釧	角 河中に酒甕、柵	
22	鈴木松年「八岐大蛇退治図」 明治４（1871）	蓬髪・冠（緊箍児様）・半臂・袍（白）・括白褌、沓・剣・首飾り				角・爪	
23	鈴木松年「日本武尊・素戔嗚尊」 明治22（1889）	蓬髪・半臂（紺）・袍（白）・括白褌、皮沓・剣（大刀）・首飾り（勾玉）・腕釧	単衣・白袴・首飾り（勾玉）			角・爪 酒甕	荒蓙・忌竹・注連縄
24	群馬県桐生市祇園祭本町四丁目鉾松本喜三郎「素戔嗚命」 明治8（1875）	蓬髪・冠（緊箍児様）・半臂・括袴、前合せの上着・沓・剣・首飾り					
25	東京都八王子まつり 上八日町「素盞嗚尊」 明治16（1883）	蓬髪・冠（緊箍児様）・半臂・括袴、前合せの上着・歯幡付帯・剣・首飾り					
26	栃木県とちぎ秋まつり 万町三丁目原舟月「素盞嗚尊」 明治23（1893）	蓬髪・冠（緊箍児様）・半臂・括袴、前合せの上着・歯幡付帯・剣・首飾り					
27	埼玉県飯能まつり 河原町親水会「素盞嗚尊」 明治30（1897）	蓬髪・冠（緊箍児様）・袍・剣					
28	静岡県掛川市遠州横須賀三熊野神社大祭 拾六軒町(ち組)「素尊大蛇退治」大正8(1919)、平成15(2003)新調	蓬髪・冠（緊箍児様）・陣羽織	白衣・首飾り・掛鏡				経机・経巻 1636年頃江戸天下祭を導入という。
29	熊谷市八坂神社大祭 仲町区山車人形「素盞嗚尊」 山車：明治39（1906）、人形：平成29(2017)新調	蓬髪・冠（緊箍児様）・束帯・袍・半臂・括袴・剣					
30	鎌倉市腰越小動神社天王祭 中原町「須佐之男命」	蓬髪・冠（緊箍児様）・束帯・袍・括袴・沓					
31	品川区荏原神社（南の天王祭） 明睦会「素盞嗚尊」	蓬髪・冠（緊箍児様）・前合せの上着・剣					
32	川越市川越まつり 西小仙波町「素戔嗚尊」 平成４（1992）	美豆良・袍・首飾り・剣					

①女性二人図（伝天照大神・市杵島姫像）

②男女図（伝脚摩乳・手摩乳像）

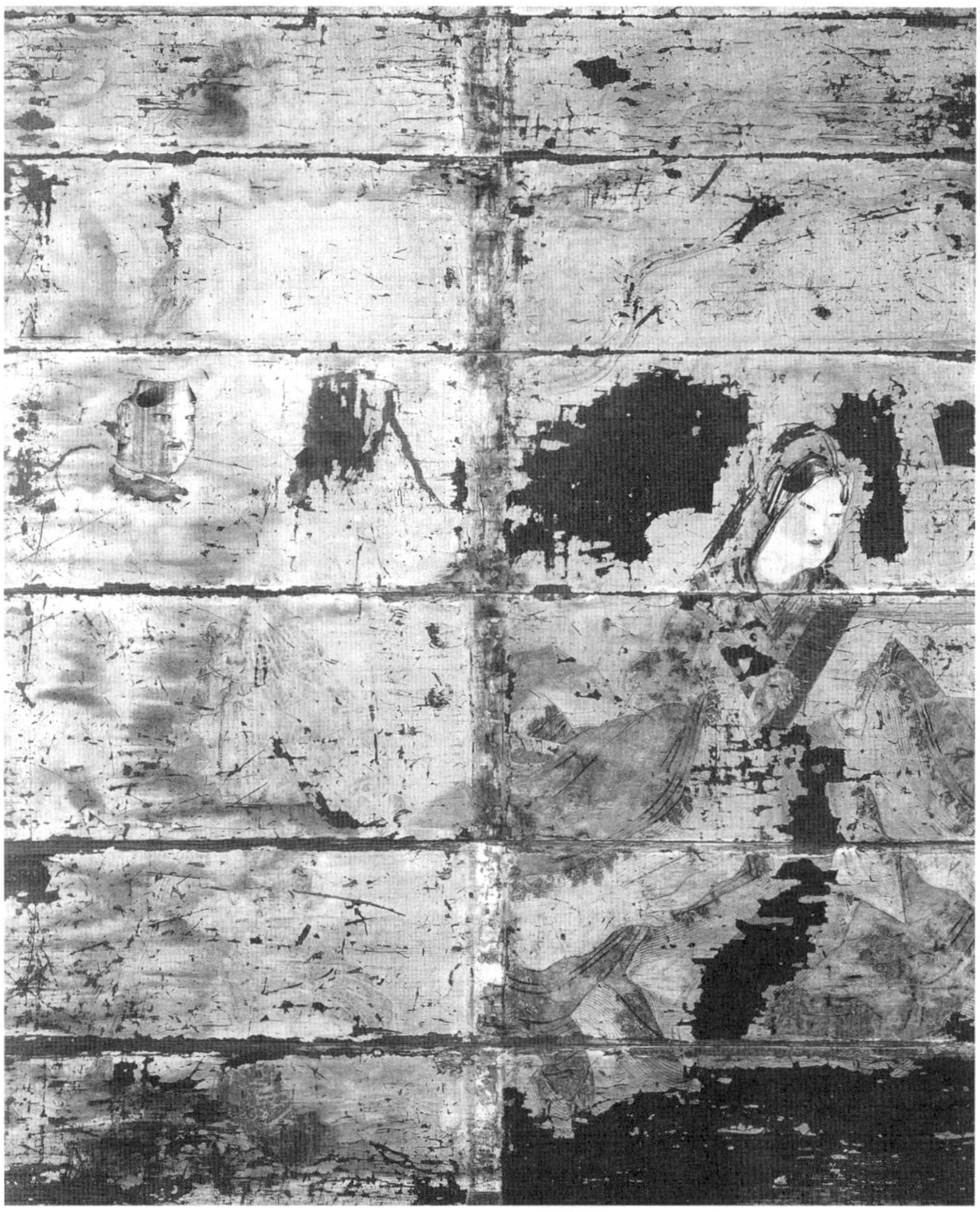

③男女図（伝素盞嗚尊・稲田姫像）

八重垣神社本殿壁画（松江市　八重垣神社所蔵）

八重垣神氷川大明神并宝泉寺縁起絵

①素戔嗚尊の八岐大蛇退治　②須賀の宮での和歌制作

（東京都渋谷区　渋谷氷川神社所蔵。画像提供：渋谷区立松濤美術館　撮影：富野博則）

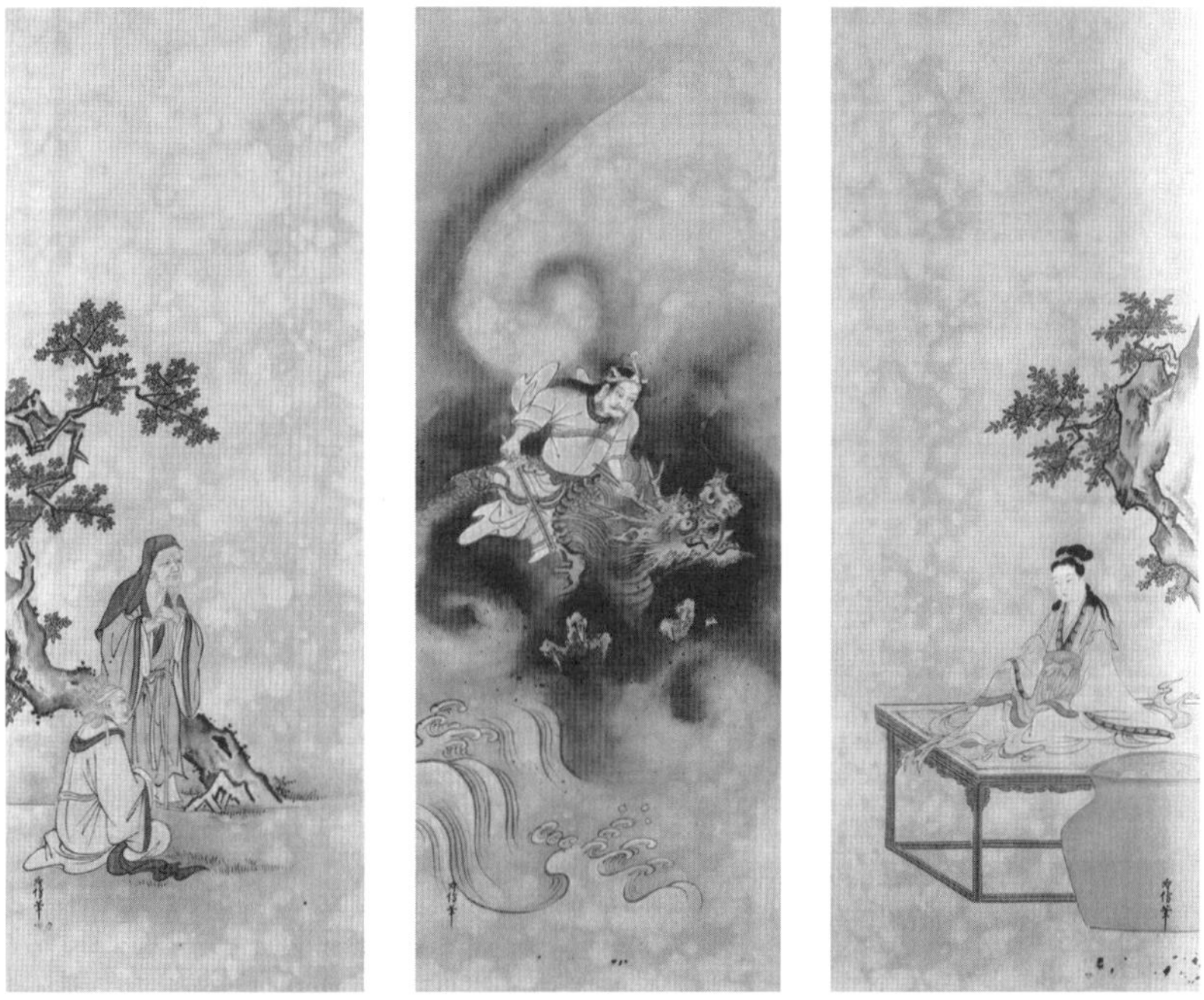

狩野時信「素戔嗚神・稲田姫神・脚摩乳神・手摩乳神」

（出雲大社所蔵　撮影：武智正信）

歌川国芳「進雄尊悪神退治図」

『絵入太平記』(個人蔵)

勝川春亭「山田大蛇・素盞烏尊・稲田姫」

狩野信光「坪坂観音縁起」奈良県　壺阪寺所蔵　奈良国立博物館寄託

楊州周延「東錦昼夜競　素盞嗚尊」(部分)

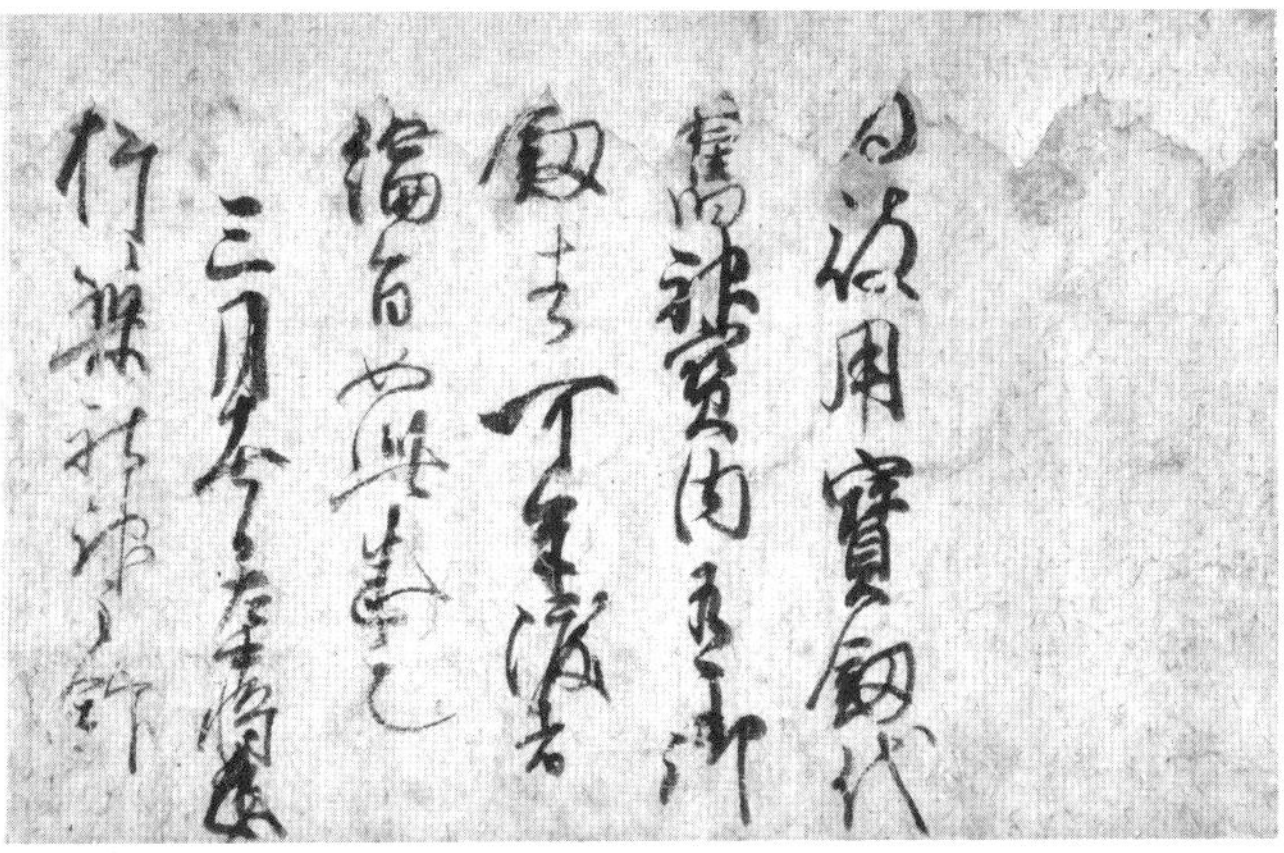

宝剣代綸旨(出雲大社所蔵)

月岡芳年「大日本名将鑑　素盞烏尊」

月岡芳年「日本略史之内　素戔嗚尊出雲の簸川上に八頭蛇を退治し給ふ図」

娘（姫君）が、亡父供養の資金捻出のため人買いに身を売る。買い取られた先は奥州安達郡の八郷八村に住む長者の家で、この土地に大蛇が棲む池があり、年番で一人ずつ生贄を供えることになっており、その年は長者が娘を差し出すことになっているので、自分の娘の代わりとして姫を買い取ったのだという。生贄を捧げる当日は姫に十二単衣を着せ、池中の注連を張った棚に載せると、姫は父の形見の法華経八巻を取り出し、亡父のみならず、母、土地の者、大蛇のために読誦回向する。大蛇は供養を受けて蛇体の苦を逃れ、その礼として姫を故郷に送り届ける。この大蛇の正体は壺坂の観音、姫君は近江竹生島の弁才天である、という。

このようにこれらの説話では、中世八岐大蛇退治同様、棚を設けて生贄の姫をすえている。また「十二のつの」（「さよひめ」）「十六のつのをふりたて」（「ちくふしまのほんし」）ともあるから、頭は六ないし八つある大蛇として描写されている。

奈良県高取町の壺阪寺には、この説話を基にした、狩野信光の画、清水宗陳の詞書になる寛文二年（一六六二）制作の絵巻「坪坂観音縁起」が所蔵されている（奈良国立博物館寄託）。その大蛇の登場場面の詞書は

彼池の中島に三重に棚をかまへ、御しめを曳、幣をたて、姫君には十二ひとへをきせ申、たなのうへに備置ける、さる程に、近国近郷より群集をなして見物し、あは今や〳〵と心をくたき、肝をけし、あからめもせす守居ところに、乾のかたより風はけしく吹来、電光頻にし、池水はかへつて、雨のことくに降くたり、むら雲の中より大蛇のかたちあらはれ出る、其長十丈はかりにて、二の角は尖にして利剣のことくなり、眼は日月の光をうはひ、紅の舌を振出し（略）姫君おとろき給ふけしきもなく、御経を手にもちなから、おろちにむかひの給ふ[25]

とあり、図様も、池中に注連を張った三段の高棚の最上段に十二単衣の姫が座して巻子を読み上げ、波濤の中からは龍蛇が湧出している。岸辺には長者や郷の有力者とみられる素襖・裃装束の男性たち、白の水干を着した社人（または神主）と覚しき者、僧、山伏に加えて、小袖姿の女性たち、尼僧らがその光景を神妙に、あるいは歎きながら見守る体に表現している。

またこれら説話の諸本は、いずれも嵐吹き荒れ、波濤くだけるなかで大蛇が登場する設定となっている。『記紀』や『平家物語』『太平記』、また「氷川大明神并宝泉寺縁起絵」にはこのような天候の急変は描写されていないが、前述の一連の錦絵や、近代の八岐大蛇退治の絵では嵐の中で素盞嗚尊が大蛇と対峙する構図は珍しくない。

さてこの説話の末尾に登場する竹生島には同様の説話はなかったようで、応永二一年（一四一四）に成った『竹生嶋縁起』[26]には、難波の海から宇治川を経てこの島に登り、来宿の人を呑む障りをなしていた長さ数丈ある大蛇の頭を、島を七巻する大鯰（実は海龍の変化）が喰らい伏せた伝説があるのみで、また謡曲「竹生島」では、「龍神はすなはち湖水に飛行して、波を蹴立て、水を返して天地に群がる大蛇のかたち、天地に群がる大蛇のかたちは、龍宮にとんでぞ、入りにける」[27]と、わずかに描写するのみである。

むしろ前述の説話の原型と覚しきものは、応長元年から貞和四年（一三一一～四八）の間に集積されたとされる『渓嵐拾葉集』のうち、三七「弁才天縁起」[28]であろう。

すなわち相州江島に十六人の子を持つ長者がいた。同所の深沢という周り四十里の池に長さ二十丈の「五頭龍」が棲み、年ごとに長者の子を喰らっていたが、後には「棚を造り、贄を懸」けるようになった。これを哀れんだ弁財天は、五龍王の毒害を止め、万民を守護するために垂迹し、天龍八部、四大天王らと語らい、一夜に江島を造ったという。また文中に「父母これを見、悲しむ事は、村南北に哭声猶勝れ」という一節があるが、

村南村北ニ哭スル音不絶（延慶本、屋代本「剣」下）
村南村北に哭する声たえず（覚一本（高野本）「剣」）
村南村北ニ哭スル声不絶ケリ（屋代本、巻第十一）
村南村北に哭する声たへす（『参考源平盛衰記』「剣巻」）
村南村北に哭する声たへす（『絵入太平記』「剣巻」）
南村北村ニ吠スル音不絶（『神祇官』[29]）

など『平家物語』『太平記』等の大蛇退治の一節に共通する表現であり、時期的にこれらの影響を受けたことが推定される。

「さよひめのさうし」「ちくふしまのほんし」とはまた異なった大蛇神話に仏教説話集『私聚百因縁集』第二所収「八、堅陀羅国貧女事」[30]がある。この説話の舞台は日本ではなく堅陀羅国、生贄とされるのは姫君ではなく貧女の子息で十二歳の男子である。

あらすじは、この国の西北に大黒蛇が棲む大池水があり、四季ごとに顔立ちの良い十歳から十五歳までの子供を生贄に捧げる習わしとなっていた。秋の生贄に娘を差し出すのを悲しみ、砂金五百両をもって身代わりとなる者を捜していた長者・曇摩訶は、祖母・母への孝養のためにこれに応じた貧女の男子に赤い着物を着せ、池東の岸に設けた高台棚に据え、対岸には長者の使者、宣旨使、大池守らがこれを見守った。男子が一心に念仏を唱えると、大蛇は積年の苦を離れ、七日の内に人身となり仏法を修行する道が開かれて、生贄の風習は絶たれた。この報を受けた国王は喜び、童子に小国を与え、長者の娘を娶らせて富み栄えたという。

同じく『私聚百因縁集』第一「廿、宝明童子事」[31]では、舎衛国が舞台で、梵天魔国の冥成王（大鬼王）に十歳未満の生贄を捧げる話となっている。一子を捧げることとなった高象長者は、三十貫をもって貧女の子息で歳九歳の宝明童子を買取り、鬼王の塚に捧げた。宝明童子も高らかに念仏を十遍唱えたところ鬼神は随喜して東北へ去り、童子は舎衛国の王から帝位と国を与えられたという。

『私聚百因縁集』にみる説話の起源は、たとえば『大般涅槃経』第二十二「光明遍照高貴徳王菩薩品第十二」にみるような一連の捨身功徳の説話であろう。すなわちある貧しい男が説法を聴聞して歓喜し、供養しようと考えたが何も捧げるものがなかった。ところが空しく家に帰る途中で出会った病人から、薬として毎日お前の肉を三両得られるならば金銭五枚を与えようと言われた。喜んだ男は早速得た銭を仏に捧げ、「如来証涅槃、永断於生死、若有至心聴、常得無量薬」の一偈を覚えて戻った後、病人に毎日自らの肉を与えたものの痛むことなく、ひと月を経てもとどおりの体となって、完全なる悟りを得た、という。こうした説話が、一連の大蛇や悪鬼への生贄譚、あるいは謡曲「自然居士」や説教節「阿弥陀の胸割」などへと展開していったのだろう。

話を「さよひめのさうし」「ちくふしまのほんし」に戻す。

八岐大蛇退治神話は、前述のように中世において変容しながらも様々なテクストの形で伝えられてきているが、一方でその説話を具象化したものはほとんど見当たらない。ただ観世信光の「大蛇」や、「神在月」などの謡曲の上演がわずかな具象化で、例えば金剛流の「大蛇」では、

シテ（手名槌）　面小尉（阿瘤尉ニモ）、尉髪　着付・小格子水衣、扇
ツレ（足名槌）　面、姥鬘、鬘帯　着付・箔、厚板（着流シ）水衣
子方（稲田姫）　鬘、鬘帯　着付・箔、唐織（着流）
後子方（同）　鬘、鬘帯、天冠　着付・箔、大口、唐織壺折、腰帯、扇
後シテ（大蛇）　面、黒髭、色鉢巻、赤頭、龍、龍台　着付・厚板、半切、法被（右肩ヌギ）、腰帯、扇
ワキ（素盞嗚尊）　唐冠、色鉢巻　着付・厚板、狩衣、白大口、腰帯、扇（ワキヅレ以下略）

のいでたちで、大庵（手摩乳・脚摩乳の家）、槽（酒舟）の作物が伴う[32]。また近世初頭に「氷川大明神并宝泉寺縁起絵」が制作されているのが注目されるが、八岐大蛇退治を描いた作品はその後しばらくは見いだせなくなってしまう。

これに対して「さよひめのさうし」「ちくふしまのほんし」系のほうも中世には絵画化された形跡はほとんど見当たらないが、近世に入ると、慶長頃に書写された「さよひめのさうし」（赤木文庫所蔵）、奈良絵本「まつらさよひめ」（寛文年間頃、東洋文庫）」、同じく奈良絵本で京大本と類似する「さよひめ」（京都大学文学部所蔵）、「ちくふしまのほんし」（栗田元次旧蔵、古活字版丹緑本）、「まつら長じや」（寛文元年、山本九兵衛板）など相次いで制作、開板されている。

一―五　結　語

前述のように、中世八岐大蛇神話と「さよひめのさうし」「ちくふしまの

ほんし」系の説話は、古くは『渓嵐拾葉集』所収「弁財天縁起」にみる、棚を設けて生け贄を捧げる、大蛇の頭は（角の数からして）六つないし八つであるなどの設定が共通性してみられる。一方詞章の比較から転じて図様を比較してみると、皆無ではないものの先行の図様例が乏しい八岐大蛇神話に対して、後者の説話では近世初頭に相次いで図様化されている。これが後に八岐大蛇の登場場面の図様化において参考にされ、巻子を持つ稲田姫や、嵐の光景など、中世八岐大蛇神話にもみえなかった図様が次第に取り込まれるようになったと考えられるのである。

二　中世八岐大蛇神話と『出雲国風土記』

二―一　鰐淵寺の「浮浪山」縁起

『出雲国風土記』にみえる八束水臣津野命の国引神話が、中世においては中世において杵築大社（出雲大社）の祭神とされたスサノヲが引き寄せ、杵で築き留めた説話に変容したことは近年よく知られている。例えば建長六年（一二五四）の「鰐淵寺勧進帳案」では、

当山者異国霊地、他州神山也、蓋摩竭国中央霊鷲山巽角、久浮風波、遂就日域、故時俗号曰、浮浪山云々（略）誠是根源殊勝之霊地、山陰無双之明幅矣（略）方今月支海畔之昔舎釈尊説法之場、日域霊州之今者蔵王利生之砌也、称釈尊名蔵王、蓋眼□之異名、云鷲山号鰐淵、頗頭晋之別号也（略）然則杵築大神、窺毎夜三更、垂影向於霊嶽之月、其証于今現（略）凡我朝是神国也、当州亦神境也、神依法倍威光、法依人致興廃、寺立当山法堂、当国内即帰仏陀、外又順神慮、一善既二徳、一人盖成二世乎[33]

正和五年（一三一六）年頃成った「大山寺縁起」（洞明院本）では、

西海ノ波ニウカヘル山有、縁起ノ文ニハ、漢域ノ東岸、砕震而、任風来流トアルトカヤ、彼ノ山ノ事也、地蔵権現、山王ニ勅シテ此山ヲツナギトヾムヘキ由アリケレハ、山王、御弓ノハズニテカキヨセ給ケリ、弓ノ影湖水ニウツリテ、化シテヲノツカラハルカナル洲ト成テ、浪ニウカヘル彼山ヲ留メ給ヌ、今弓山ノ浜ト申ハ、彼ノ山ヲツナキ留メタル洲浜也、件ノ山長ク遠キ間、出雲八重垣猶漾イケルヲ、人皇第六、孝安天王三十二年庚申歳、八雲ノ太神アマクダリ給テ土ヲツカネ、杵ヲクタシテ、此地ニ彼山ヲツキシトネ給ケレハ、ヤガテ此土《ト》ニ基シテゲリ、ソレヨリ彼太神ヲ杵築大明神トソ申ケル、件ノ山ヲ浮浪山ト申ハ此故也、西ニ鰐淵寺、金剛蔵王ノ霊地也、東ニ枕木山、医王善逝ノ霊場アリ、即胎金両部ノ峯ニテ、霊験今ニ新タ也[34]

更に建武三年（一三三六）出雲国造孝時が領家の雑掌孝助との所領をめぐる争論において、孝時が提出した解状の土代には、

当社大明神者、伊弉諾・伊弉冊御子、天照大神御弟、天下社稷神・素盞烏尊、之也、振十束之利剣、割八咫之毒蛇、以八目之鏑箭、射呉国之凶徒、致国城太平、而猶為防戎敵、建神殿於高大、或守四海警不虞、故号之矢蔵明神、或留浮山而垂潜之、故称之杵築大社（略）[35]

とある。井上寛司氏は、①浮浪山は釈迦が初めて法華経を説いたという霊鷲山の一部が日本に到来したもので、杵築大社と鰐淵山が所在する。②漂泊する浮浪山を引き寄せ造ったのはアマテラスの弟スサノヲである。③スサノヲが浮浪山・大社を造り、鎮まったことから「杵築」大社の名は生じた、という共通する三つの観念が存在すると指摘し、「出雲国の祖神」「国造りの神」スサノヲ大開墾時代を迎えた中世成立期出雲国の守護神としてこの当時の思想状況にきわめて適合的あり方をしめしていたと評価する。[36]

「鰐淵寺勧進帳案」では、「杵築大神」が築き留めた話には言及しないが、日々夜更けには霊嶽（浮浪山）に懸かる月に影向するという。しかしここでは浮浪山とは、もと釈尊が説法を行った霊鷲山の巽の隅が漂着した「異国の霊地・他州の神山」であることが第一に強調される。日本は「日本は彼岸から遠くかけ離れた粟散辺土の地であるが、「末法辺土の衆生を救うために垂迹した神々が存在するゆえに神国である」[37]と考えられた当時にあって、土地の一片とはいえ、彼岸により近い釈尊が大乗妙典を説いた霊鷲山の一部が漂着したものであるから霊地霊場であるという。

山本ひろ子は、鰐淵寺の摩多羅神を追究するなかでスサノヲとの習合を探

り当て、そのなかでこの「浮浪山」に着目する。同氏はこのタイプの縁起を「流着峰（飛来峰）縁起」と呼び、霊山に開創された寺院が一大伽藍を形成・発展してくると行場に限定された聖地観ではカバーできなくなり、これに対応して、とりわけ天台寺院でしばしば提唱されたのがこうした縁起だった指摘し、『諸山縁起』にみる大峰の由来譚や『渓嵐拾葉集』所載の霊鷲山の叡山への飛来伝説を例示する。また「鰐淵寺勧進帳案」や「大山寺縁起」の段階では「杵築大神」「杵築大明神」の名は見えてもスサノヲの名称が登場しないのは、鰐淵寺の護法神は蔵王権現であったこともさることながら、流着峰縁起は「霊山のかけら、また波が「自然に」留まることが、仏法東漸・流布の摂理だったから」であり、中世のある時期に、鰐淵寺と大社は流着峰縁起にスサノヲを介入させ、「杵築」（流れ漂う霊山を杵で築き留める）の大事業を付与した新たな縁起を生み出したとみる(38)。

　ただしここで留意すべきは、杵築大社においてすら「出雲国造孝時解状土代」が作成される以前には、わずかに出雲国造の遠祖として「天照大神」の名がみえるだけで、祭神は「大明神」とのみ記され、スサノヲの名も浮浪山伝承も、現存する文書には全く登場しないことである。

①右謹検案内云、国造者則杵築国造、是也、大明神垂跡之当初、神世七代之後、成人世時、賜出雲之姓、号国造（建久二年（一一九一）「出雲国在庁官人等解(39)」）

②孝綱解状偁、謹検案内、当社御垂跡以降、皆以神命為此職、人代之後始賜出雲姓、号国造、令奉行神事（略）自神代及人代卅余世、皆子孫相伝之所職也（建保二年（一二一四）「土御門院庁下文(40)」）

③然而国造職者、自　天照大神至于意宇足奴命神々相継十八代也、第十九代宮向宿祢之時、自賜出雲姓以来至于義孝、子々相承廿八代也（弘安四年（一二八一）「国造出雲義孝注進状写(41)」）

一方で、都においては、

①素盞烏尊ハ出雲ノ大明神也、金神也（弘安九年（一二八六）『三流抄』）

②八雲立出雲八重垣（略）此ソ大和哥ノ卅一字ノ始ナル、国ヲ出雲ト号スルモ其故トソ承ル、彼尊ト申ハ、出雲国杵築大社、是也（延慶二・三年（一三〇九・一〇）延慶本『平家物語』）

③素盞烏尊ヲバ日本ノカミノオヤトナシタテマツリタマフ、イマノ出雲ノオホヤシロ、コレナリ（元弘四年（一三三四）『諸神本懐集(42)』）

などの事例から、「スサノヲ＝出雲の大明神・大社の祭神」という認識は一三世紀後半には存在し、次第に広く認知されていったことが知られる。

　第二に、「称釈尊名蔵王、蓋眼□之異名、云鷲山号鰐淵、頗頭晋之別号也」の一文に着目すると、やや文意が取りづらいものの、釈尊と蔵王権現、霊鷲山と鰐淵山は同一異名であると読み取ることができる。そのような霊山に深夜「杵築大神」は影向するのであり、蔵王権現と杵築大神は同一とは述べていない。では、当時の鰐淵寺と杵築大社の関係は如何なるものであったのだろうか。

　「鰐淵寺勧進帳案」が作成された同じ年の四月、出雲守護佐々木泰清は「国中第一之伽藍」を誇る鰐淵寺山内への郡使の不入を認めた下知状（「応令早停止鰐淵寺中并鳥居内別所等入部郡使事(43)」）を下している。その中に「為毎年不測之勤行、転読大般若経、捧法施法味於蔵王・大社之宝前、奉祈御一家繁盛御願成就（略）於当山伽藍蔵王権現・大社明神、何於此経結縁之仁、応不被擁護乎」の一文がある。

　また杵築大社において行われていた「国中第一之神事」・三月会では、出雲国中の地頭が左右相撲頭・舞頭の三頭を年番で勤仕していたのに対して、鰐淵寺は毎年捧物・酒肴の二頭を負担するとともに、「転読大般若、五部大乗論談」を勤めていた(44)。このように鰐淵寺と杵築大社は三月会を通した関係を有していたが、鰐淵寺側からすれば、神国たる日本のなかでも出雲は「神境」であるが故に、一山の蔵王権現とともに、「国中第一之霊神(45)」と称された杵築大神を供養することは「威光」、神威を増すという。すなわち鰐淵寺としては、出雲第一の規模を誇るに至ると、蔵王権現のみならず、同じく出雲第一の霊神である杵築大神をも擁護をこうむるべき神とすることが必要とされたのである。

　ただこの段階では、山本が指摘するように、「浮浪山」はあくまでも自ずから日本に漂着した山であり、杵築大神が影向する話が付加されている以外は、基本的には他の霊山同様「流着峰（飛来峰）縁起」の域を出ないものであった。

二―二　「大山寺縁起」とスサノヲ

では、流着峰縁起に、スサノヲによる浮浪山を築き留める伝説が付与するのはいつ頃からだったのだろうか。「浮浪山」が自ずから漂着したのではなく、他力で意図的に留められた話は、「大山寺縁起」においてはじめて確認される。ただし①大山寺の「地蔵権現」の命により山王権現が「漢域の東岸」から漂流してきた山（浮浪山）を引き寄せた、②「八雲太神（杵築大明神）」が天降り、山を築き留めた、という二段階で語られている。出雲の「浮浪山」神話はその後幾度も出雲各地の伝承に登場するが、このように二段階に分けて説く例は他にない。また山王権現が「ツナキ留メ」たにもかかわらず「猶漾」ったとあるのは、かえって山王権現の神威が不十分な印象を与えることになり、縁起としての違和感が残る。そもそも「大山寺縁起」には同寺そのものの「流着峰（飛来峰）縁起」がみえる。

ソノヲコリヲ尋レハ、昔シ伊弉諾・伊弉冊ノ御代ニ、天地ハジマリキ、昔日、兜率天ノ第三院、巽ノ角ヨリ化シテ、一ノ磐石ヲチタリ、彼石三ニワレテ、一ハ熊野山ニ留リ、二ハ金峯山ト顕シ、三ハ此ノ大山ト成ニケリ(46)

これに対して浮浪山のほうは、鰐淵寺と医王山（現華蔵寺）の縁起に関わる山として登場する。「大山寺縁起」における時間軸では大山創成が最初であり、浮浪山のほうは後の話として語られる。恐らく大山寺の本尊「地蔵権現」が大山の地主神・山王権現に命じて浮浪山を引き寄せた話は、大山寺が鰐淵寺や医王山に優越することを示すために、それより以前から存在した杵築大明神による浮浪山を築き留めた説話に付加されたと考えるのが妥当だろう。とするならば、杵築大明神築留説話は、「鰐淵寺勧進帳案」が作成された建長六年（一二五四）から「大山寺縁起」が成立した正和五年（一三一六）頃の間には成立し、出雲から伯耆にかけて広まっていたと考えられる。

さてここで着目したいのは、「大山寺縁起」に、「出雲八重垣猶漾イケルヲ（略）八雲ノ太神アマクダリ」の一節があることである。「出雲八重垣」は、『記紀』にみえるスサノヲが大蛇退治に伴って詠んだ「八雲立つ出雲八重垣…」の一節であり、少なくとも「大山寺縁起」の編者は、八岐大蛇退治の神話を何らかの形で知っており、かつ「八雲ノ太神＝スサノヲ＝杵築大明神」であると理解していたのである。

二―三　「出雲国造孝時解状土代」の意義

「大山寺縁起」において「浮浪山を築き留めた神＝スサノヲ＝杵築大明神」が読み解けるとするならば、「出雲国造孝時解状土代」のほうはどう評価すべきであろうか。出雲国造孝時が作成したこの史料は、

①浮浪山を築き留めた神＝スサノヲ、とはじめて明記している。
②素盞烏尊は「天下社稷神」と位置づけられている。
③その系譜は、イザナギ・イザナミの子、アマテラスの弟とはじめて明記されている。
④「振十束之利剣、割八咫之毒蛇」すなわちはじめて八岐大蛇を退治した神であると、簡潔ながらも具体的に述べている
⑤杵築大社が巨大な神殿に造営される縁起として、夷敵からの守護神であるとの説が新たに付加される。

の五要素から成る。⑤は元寇来襲以降特に西国の諸社で説かれており、必ずしも独自性がある訳ではないが、③④は『日本書紀』や『先代旧事本紀』などを源泉とする何らかのテキスト情報がこの時点でもたらされていたことを物語る。何より特異なのは②である。後述するように、中世神話におけるスサノヲは、アマテラスの統治から追放された後に出雲で大蛇を退治し、同地に定住したことは述べられても、「天下社稷神」天下、地上世界を治べる神、ないしは地上世界の地主神という捉え方をしたものはほとんどないからである。

ではなぜこの時期に出雲国造は、杵築大明神＝スサノヲを明確にし、かつ同神が大蛇退治を果たした神であることを宣揚するとともに、「天下社稷神」であると主張したのだろうか。その契機は後醍醐天皇が出雲国造に下した宣

旨にあると思われる。

元弘三年（一三三三）、三月十七日、配流されていた隠岐を脱出した後醍醐天皇は、倒幕の兵を挙げるにあたり、杵築大社の神主館あてに左の綸旨を下している。

右、以王道再興者専神明之加護也、殊仰当社之冥助、欲致四海之太平

（略）

さらにその三日後には、次の綸旨を追加で出している。

為被用宝剣代、旧神宝内御剣者、可奉渡、者綸旨如此、悉之(47)

この両通ともにスサノヲには全く言及していない。しかし当時「宝剣」といえば、単なる宝物の剣という意味ではなく、三種の神器の一つである草薙の剣を意味していた。

①蛇ノ尾ヨリイデキタレルヲバ、ムラクモトナン、ナヅケラレケル、ソレヨリツタハリテ、ミカドノオホンマモリニ、宝剣トナヅケタル、コレナリ（藤原教長『古今集註』）

②神璽・内侍所ハ同キ四月廿五日ニカヘリマイラセ給ニケリ、宝剣ハ海ニシヅミヌ（『愚管抄』第五）

③素尊、抜所佩十握剣斬蛇、至一尾刃少欠、割而見之有宝剣（『元弘釈書』）

④宝剣をハ腰にさし、神璽をハ脇にはさみて出給けれハ、先帝是ハいつくへそとおほせありけれハ（長門本『平家物語』）

⑤平氏ほろびて後、内侍所・神璽はかへりいらせ給ふ、宝剣はつゐに海にしづみてみえず（『神皇正統記』(48)）

すなわち当時廃帝となっていた後醍醐天皇は、「王道再興」のためにはまず復位する必要があった。しかし三種の神器は光厳天皇のもとにあった。また延慶本『平家物語』等によれば、

神代ヨリ伝タリケル霊剣三アリ、所謂草薙、天蝿斫剣、取柄剣、是也、取柄剣ハ大和国磯上布留社ニ被奉籠メ、天蝿斫剣ト申ハ（略）尾張国熱田社ニ有リ、草薙剣ハ大内ニ安ゼラル(49)

ともあって、草薙剣と同列に称される霊剣は磯上布留社（取柄＝十握剣）と熱田社（天蝿斫剣）にあるとされた。しかし隠岐脱出直後の後醍醐にはこれらも即時に入手することは不可能である。そこで『三流抄』や延慶本『平家物語』等にみるように、「杵築大社＝スサノヲ」という認識から、杵築大社に「宝剣」の代わりとして伝来の神宝の剣があれば差し出すように求めたのであった。「出雲国造孝時解状土代」が作成したのは、それからわずか三年後のことで、そもそも本史料は、大社領の横領を謀る領家雑掌の孝助の訴えに対する国造孝時の反論であり、提出先は建武政権末期もしくは足利尊氏が京を奪還した直後の雑訴決断所である。

このように、後醍醐天皇が杵築大社に「宝剣」の代りとなる剣を勅望し、「王道再興」と「四海之太平」を祈願したことは、同社にスサノヲを祭神とする第一の霊社という意識を高め、それまで認識されていたとしても言及することがなかった大蛇退治神話を強く意識する契機となったはずである。その結果何らかの形で伝えられた大蛇退治神話のテキストを受容し、従来の「（出雲）国中第一之霊神」、また浮浪する山を築き留めた神にとどまらない、障りをなす強大な毒蛇を退治する勇猛神と位置づけられ、そこからひいては元寇をも打ち払う神、高大な大社の神殿はそのための神の「矢蔵（砦）」という認識、更には「天下社稷神」という自負心をもたらしたと考えられるのである。

二―四 「手摩島」神話

さて更に注目すべきことは、素盞鳴尊が浮浪する島に鎮まるという説話は、出雲や伯耆でのみ語られていた訳ではなく、都その他において十三世紀後半あたりから「スサノヲ＝出雲の大明神・大社の祭神」認識とともに新たに登場していることである。

①ソサノオ独リニ成テ居所ナク迷ヒ行玉フ程ニ、出雲国曽我ノ里ニ至ル、海上ニ浮テ流ル、島アリ、尊、是ヲ大地ニツヅカデ流レ行ク島ナレバ、日神ノ国ニアラジ、吾栖《スミカ》トセントテ、手ニ摩《ナデ》玉フ、摩《ナデ》ラレテ島留リヌ、手摩島《テナデシマ》ト云（略）女ト住給ヒテ宮作シ玉フトハ、稲田姫ト住ントテ手摩嶋ノ関ニ宮作リシ玉フ事ヲ云也（弘安九年（一二八六）『三流抄』）

②すさのをの尊、さすらへありき給ふに、仁王のはじめ神武天皇の御宇と

なりて、ある海辺にすみ給ふに、海の上をながるゝ嶋ありけり、尊おぼしめしけるは、此嶋はながれ嶋なれば、日本のほか成べし、しからば日神のとがめあらじとて、御手をもつて引きとゞめ給ひて此嶋にすみ給ふ、此ゆへに、かのしまをば手なで嶋と名付たり（一四世紀頃、伝頓阿作『古今和歌集序注』）

③素盞烏尊、一人になつて、かなたこなたに迷ひ歩き給ふ程に、出雲国に行き至り給ひぬ、海上に浮かんで流るる島あり、この島は天照太神も知られ給ふべき所ならずとて、尊、御手にて撫で留めて栖み給ふゆゑに、この島をば手摩島とは申すなり（『太平記』巻二十六「伊勢国より宝剣を進す事」）

④天照大神ノ仰ニ、我ニ中ヲ違テ日本国中ニ跡ヲ垂テヲハス事、謂無ト仰アリケレハ、去ラハトテ虚空ニ坐シテ御坐ニ、大ナル嶋流来ル、是ヲ御覧シテ、ウレシキ事カナ、是ハ吉キ屋敷処也トテ、我父母伊弉諾・伊弉冊与ヘ玉フトテ、以御手ナテ留テ社ヲ立玉ヒキ、若関トハ是也（西教寺正教蔵本『神祇官』万治二年（一六五九）書写）

⑤出雲国ヘ落給時、天照大神宣、我ニ中ヲ違テ日本ノ中ニ垂跡《アト》ヲ無謂仰ケレハ、去ハトテ虚空家トシテ坐カ、或時大嶋流来ル、是ヲ御覧シテ、善哉是我父母伊弉諾・伊弉冊与給哉トテ、御手ヲ以摩留、此ニ社ヲ立給、我開国トハ、自身建立ノ出雲国ヲ申也（大永六年（一五二六）カ『神祇陰陽秘書抄』所収「別伝」[50]）

これらの説話は、『古今和歌集聞書（三流抄）』（以下『三流抄』と略す）の注から派生している。ことに『太平記』巻二十六「伊勢国より宝剣を進す事」において、八岐大蛇退治をはじめとする三種神器の由来を説いているのは、「日本紀ノ家」として知られた「神祇大副兼員」という設定になっているが、天照大神と素盞嗚尊との合戦の設定は『三流抄』に非常に近い。

基本的に前段では、いずれもイザナギ・イザナミが創成した国土（所領）の配分をめぐって天照大神と合戦に及んだスサノヲが敗れた話を載せる。前述五種の説話はいずれも、所領を持たず、安住する場を持たないスサノヲが目にとめたのは漂流する「島」で、天照大神が支配する日本国ではない、という理由で撫で留め、居場所とした、という。

『三流抄』と『古今和歌集注序』にはまた、それぞれ次の一文がある。

①ソサノオノ尊ト日神ト兄弟ノ上、父子ノ契約アリシヲ云。其義如何トナレバ、尊、常ニ軍ヲ起シテ日神ヲ奉打ス。此時日神、尊ヲスカサンガ為ニ、ヲネミノ尊ヲ使トシテ（カタクラヘノ尊トモ云）素盞雄ノ許ヘ云遣ハシ玉フヤウ、「汝、吾子ト成タラバ、一年ニ十月ヲユヅリ、又出雲・石見両国ヲトラセン」ト宣フ。是ニフケリテ天照太神ノ養子ト成テ譲リ玉フ故ニ、子ノ神ト云。サレバ十月ハ出雲ヘ行テ神々ヘ仕ヘ奉ル也。

②そさのをのみことは出雲の国を領じて、毎年十月ひとつきをつかさどりて、今にても、十月はもろ〳〵の神たち大やしろにまいりあつまり給ふによりて、よの国にては神無月とは云なり[51]。

『三流抄』にみるアマテラス＝男神説は他の文献にもみられ、ここでは言及しない。執拗に戦を仕掛けるアマテラスに手を焼いたアマテラスは、「自分の養子になれば、一年のうち十月と、出雲・石見を譲る」とスサノヲに提示して納得させた結果、十月に諸神は出雲に参集することになったという。

この説話で想起されるのは、一つに『簠簋内伝』にみる盤古王の子息・五帝龍王の年間争い（中国地方の神楽にいう「五郎の王子」、「所務分け」）と、『沙石集』ほかにみられるアマテラスと第六天魔王との契約譚である。このうち後者では、アマテラスは大海の底に大日の印文がある上に鉾を下げ、したたり落ちた滴から大日本国が誕生した、大日本国が仏法繁盛の地となることを警戒する第六天魔王に対して「三宝ノ名モイワジ、我身ニモ近付ジ」と誓約した、という中世神話の国生み譚である[52]。わけても屋代本『平家物語』や『太平記』等では、誓約の証として第六天魔王から「神璽」を得たとし、内侍所、宝剣とともに三種の神器の一つとして語られてゆく。

さて『沙石集』の説話で注目されるのは、前述の記事に続いて「当社（神宮）ハ本朝ノ諸神ノ父母ニテマシマス也[53]」とあることである。赤木文庫本『神道集』第一「神道由来之事」にも、

外ニハ仏法ヲ疎カニシ、内ニハ三宝ヲ守護シ御在ス、故ニ我国仏法、偏伊勢太神宮守護ニ依ル、当社ハ本朝諸神ノ父母ニテ御在ナリ[55]

とある。

毎年十月に神々が出雲へ参集する伝承は、すでに平安末期の『奥義抄』にみえているが、出雲に赴く理由には触れていない。その一方で鎌倉期には「アマテラスは諸神の父母」という認識がみられた。とするならば出雲ではなく伊勢にこそ神々が参集すべきと考えるのが自然で、『徒然草』第二百二段に、

この月、万の神達、太神宮に集り給ふなど云説あれども、その本説なし、さる事ならば、伊勢には殊に祭月とすべきに、その例もなし[54]

とあって、（兼好は否定的だが）諸神が参集するのは伊勢だという説もあるという。前述のスサノヲ十月領有譚は、諸神の父母でもなく、ましてアマテラスとの合戦の末に追い逐られたスサノヲが鎮まる出雲に諸神が参集するという、論理的には矛盾する伝承を、合理的に解釈するものとして生じたのだろう。

話を漂流する「島」にもどす。

興味深いのはスサノヲが留まった島は「手摩島」という固有名詞を持った島であることである。出雲に「てなでじま」と称する島は見当たらないが、「てまじま」は存在する。すなわち意宇郡と島根半島側の島根郡との境界をなす大橋川の中流に位置する極く小さな島「手間島」で、『出雲国風土記』には「塩楯島」の名で記載がある。古代の出雲国府や中世の出雲府中にも近く、島根郡側へ渡る時は渡し場へ向かう途中で目にする島でもある。

一方で出雲・伯耆間には「手間の関」が存在し、歌枕ともなっていた。

さりともと思ひしかとも八雲立つてまのせきにも秋はとまらす（源師頼。長治二～三年（一一〇五～六）『堀河百首』）

『三流抄』に「手摩嶋ノ関ニ宮作リシ玉フ」ともあることからすれば、「手摩島」と「手間の関」とが混同されていたことが窺われる。

二—五　結　語

山本が指摘するように、流着峰縁起は他にも類例はあるのだが、鎌倉～南北朝期においては、「漂流する島の漂着」ないし「漂流する島を留める」説話は出雲の浮浪山説話の他には管見の限り「手摩島」説話以外に見当たらない。『出雲国風土記』に記された古代の国引神話は、流着峰縁起と結び付いて浮浪山縁起を形成し、次いで何らかの形で都に伝えられて『三流抄』に影響を与え、「手摩島」説話となったのだろう。

また『大山寺縁起』が成立した頃、一三世紀にはいってからは「杵築大神＝浮浪山を築き留めた神＝スサノヲ＝八岐大蛇退治神」という認識が大山寺をはじめ出雲や伯耆で認識されていたが、杵築大社においてこれを強く意識し、『三流抄』ほかの歌学書や『平家物語』等で広くみられた「スサノヲ＝アマテラスと争い、追い逐られた神」のイメージとは大きく異なる「天下社稷神」を主張するに至った背景には、後醍醐天皇の「宝剣代綸旨」の発給があったのだろう。

以上のように捉えることが出来るならば、『出雲国風土記』の国引神話と『日本書紀』等にみられた八岐大蛇退治をはじめとするスサノヲ神話は、十二～三世紀頃には出雲から中央へ、中央から出雲へ伝播し、相互に新たな解釈を生み出し、多様な中世神話を展開していったのである。

謝辞

本稿作成にあたっては、出雲大社、渋谷氷川神社、渋谷区立松濤美術館、壺阪寺、八重垣神社（以上アイウエオ順）様から画像の掲載許可・提供をいただきました。篤く御礼申し上げます。

註

（1）もっともクシナダヒメを棚に載せる事等多様なテクストが存在することは、既に西脇哲夫が諸史料を引用して指摘している（「八岐大蛇神話の変容と中世芸能—多武峰延年風流と能「大蛇」—」『國學院雑誌』第八五巻一一号、一九八四年、所収）。

（2）管見の限り、現在のところ出雲における現存最古の『日本書紀』の書写本は、松江市の内神社所蔵の天正九年（一五八一）書写本（ただし現存は「神武天皇紀」のみ。島根県立古代出雲歴史博物館寄託）である。（拙稿「松江市大庭、速玉社の「早玉神事」について—一六～一七世紀の出雲における社家の組織化をめぐって—」（島根県古代文化センター『古代文化研究』第二九号、二〇二一年、注（39）参照）。

（3）森口市三郎「絵画」（『島根県文化財報告書』第五集、一九六八年）一三七頁。

(4) 二〇一二年京都国立博物館において開催の『大出雲展』終了後、返却時に確認。

(5) 光谷拓実「八重垣神社板絵著色神像の年代測定」(『日本文化財科学会 第20回大会 研究発表要旨集』二〇〇三年)

(6)『続々群書類従』第九地理部（国書刊行会、一九〇六年）所収、四〇四頁。

(7) 拙稿「山陰最大の神事・三月会」(いづも財団叢書1『出雲大社の造営遷宮と地域社会（上）』今井出版、二〇一四年）所収、一三一頁。

(8) 前掲（6）四四〇頁。

(9)『大社町史』史料編（古代・中世）上巻（一九九七年）所収、四六七頁。

(10)『神々のすがた・かたちをめぐる多面的研究』(島根県古代文化センター、二〇一一年）所収、二八頁。ただし『古事記』では「汝等、醸八鹽折之酒、亦作廻垣、於其垣作八門」『先代旧事本紀』の「地祇本紀」に「醸八醞酒八甕。又造廻垣、作立八門」とある。これが「八雲立つ」の歌とは別に、大蛇を退治する前に「八重垣」を造った、とする解釈の淵源になっているのかもしれない。

(11) 図録『平成の大遷宮　出雲大社展』(島根県立古代出雲歴史博物館、二〇一三年）解説、二三五頁。

(12) 平安末期の藤原教長の『古今集註』に「我ハコレ長者ノヒトリムスメナリ」(『日本古典全集古今和歌集』日本古典全集刊行会、一九二七年、所収、三頁）とある。

(13) 明応六年（一四九七）年に吉田兼倶が妙本寺貫主に伝授したという『秘神抄』(天理大学附属天理図書館所蔵）にも「モクサヲ以テ稲田姫ノ貌ヲ作リ（略）火起テ毒蛇ノ腹中悉クヤケ、毒酒ニハ油ヲ入タル間、弥ヨ天蠅苦悩ス」とある（前掲西脇論文に所収、七五頁）。

(14)「八重垣社別火注進」(佐草家文書。『意宇六社文書』一九七四年、所収、九二六頁。

(15) 前掲（6）四〇三頁。

(16) 出雲における本殿内の障壁画には、天正一一年（一五八三）頃の神魂神社、慶長一四年（一六〇九）造営遷宮の出雲大社本殿内の障壁画を模写した「三月会神事図屏風」、寛永二一年（一六四四）造営遷宮の日御碕神社、寛文二年（一六六二）造営遷宮の真名井神社、江戸中期頃の六所神社本殿壁画（勅使参向図）他が確認されるが、いずれもその社の由緒、祭礼と多分に対応関係にある図様である。

(17) 片桐洋一「古今和歌集序聞書三流抄—解題と本文—」(『大阪女子大学国文学科紀要』女子大文学、国文篇、第二二号、一九七一年）所収、二四頁。

(18)『中世古今集注釈書解題二』赤尾照文堂、一九七三年、所収、三〇九頁。

(19)『延慶本平家物語全釈』第六本（巻十一）(汲古書院、二〇一八年）所収、三五九頁。元弘二年（一三三二）に成った『元亨釈書』の巻第二十一、資治表二（天智）にも「素尊乃設八槽、盛以醞酒、装女置山頂、其影沈八槽、大蛇見之、以為真女」(『新訂増補国史大系』第三一巻、吉川弘文館、一九六五年、所収、三〇九頁）とある。なお稲田姫に衣を着せる話は、一五世紀末～一六世紀初頭に成った玄誉の作という歌学書「釣舟」では、「七いろの船に酒を湛て。三階にたなを積て。おんくわむと云衣をきせて。女は彼娘を隠し置たまふ。大虵七月七日の旱天に水より浮出て。三階の棚をみるに。女はおんくわんにかくれて見えさりけれれは」(『続群書類従』第一七輯上、和歌部・連歌部、続群書類従完成会、一九五八年、所収、四九頁）という形に展開している。大蛇が旱天と関わる説話としては、この説話が今のところ最も古い。

(20)『新日本古典文学大系平家物語』下（岩波書店、一九九三年）所収、三〇四～三〇五頁。

(21)『屋代本平家物語』(貴重古典叢刊9、角川書店、一九七三年）所収、八〇八、一〇二二頁。

(22)『続群書類従』第三輯下、神祇部、続群書類従完成会、一九七九年）所収、六七三～六七四頁。なお文安二年（一四四五）の奥書を持つ『三種神器大事』(三千院円融蔵本）では「床ヲ高クカキ、床ノ上ニイナタ姫ヲ厳ク装束サセテ」、『秘神抄』(前掲（11）には「高楼ヲ造リ、其ノ上ニイナタ姫ヲ登セ」(いずれも前掲注（1）西脇氏論文に所収）とある。

(23)『新訂増補国史大系』第八巻、一九六五年）所収、一〇六頁。

(24)「さよひめのさうし」、「さよひめ」、「ちくふしまのほんし」「坪坂縁起絵巻の全文」は、いずれも横山重『説教正本集』第三（角川書店、一九七八年）所収。「まつらさよひめ」は「東洋文庫本「まつらさよひめ」(紹介と翻刻)」(『大阪市立大学大学院文学部研究科紀要』第三四巻、一九八二年）所収。

(25) 前掲（24）五八七～五八八頁。

(26)『群書類従』第二輯、神祇部二（一九五九年）所収、三一〇～三一一頁。

(27)『謡曲三百五十番集』(日本名著全集刊行会、一九二八年）所収、六八頁。

(28)『大正新修大蔵経』第七六巻（続諸宗部七、大蔵出版、一九九二年）所収、六二六頁。

(29)『参考源平盛衰記』は『改定史籍集覧』外編上、一九〇一年）、『絵入太平記』「剣巻」は元禄一一年（一六九八）刊本、『神祇官』は伊藤正義「続・熱田の神秘—資料『神祇官』—」(『大阪市立大学文学部人文研究』第三四巻第四分冊、一九八二年）所収。

(30) 国立国会図書館所蔵。承応二年（一六五三）上村次郎右衛門板。

(31) 前掲（30）。

(32)「大蛇」(金剛流旧版本奥付、金剛巌訂正著作、檜書店）

(33) 曽根研三編『鰐淵寺文書の研究』(鰐淵寺文書刊行会、一九六三年）所収、二六八～二六九頁。

(34)『中世神仏説話続々』(古典文庫第二九三冊、古典文庫、一九七一年）所収、一三九～一四〇頁。

(35)『大社町史』史料編、古代中世・上巻（大社町史編集委員会、一九九七年）所収。三九七頁。ただし本史料は、貞享四年（一六八八）に北島国造方上官・佐草自清が書写したものである。

(36)『大社町史』上巻、一九九一年、四三三～四三五頁。

(37) 佐藤弘夫『アマテラスの変貌』(法蔵館、二〇〇〇年）八九頁。

(38)「出雲の摩多羅神紀行（後篇）黒いスサノヲ」(『文学』第一一巻第五号、岩波書店、

二〇一〇年）二六七～二七三頁

(39)『大社町史』史料編、古代中世・上巻所収、一九二頁。

(40)『同』同所収、二〇九頁。

(41)『同』同所収、三三五頁。

(42)『三流抄』は前掲(17)、延慶本『平家物語』は前掲(19)、『諸神本懐集』は日本思想大系『中世神道論』（岩波書店、一九七七年）所収。

なお、『記紀』『風土記』等で祭神がオオナモチとされていた杵築大社の祭神が中世にスサノヲに転換した理由について、『先代旧事本紀』巻一の「速素戔烏尊、坐出雲国熊野築杵《ママ》神宮矣」が挙げられることが多い。また出雲神戸が熊野・杵築両社に充てられていたことに起因する説もあるが、『日本書紀』第八段本文では、スサノヲは大蛇退治の後、稲田姫と共に出雲の清地（素鵝）に到って宮を建て、「八雲立つ」を詠歌し、オオナモチを儲け、アシナヅチ・テナヅチを「稲田宮主神」と名付けた後にみずからは根の国に赴いたという（同様の内容は『先代旧事本紀』巻四にもみえる）。とすれば、スサノヲが建てた宮＝オオナモチが住まう宮ということになり、スサノヲの宮＝杵築大社とするものは、いずれもオロチ退治の説話においてスサノヲが新たな宮を建てたところで完結した形で捉えた結果（換言すれば、後段のオオナモチに宮を与えてみずからは根の国に去ったという説話が脱落した結果）とみることが出来る。この認識がひいては出雲にも影響を与えた可能性があろう。中世末には「宮居ヲ杵築ノ浜、素我ノ里ニ定ム」（『天淵八叉大蛇記』）、杵築大社の社地名は素我（鵞）とする説が出雲でも定着している。

(43)『鰐淵寺文書の研究』所収、二六五～二六七頁。

(44)宝治元年（一二四七）「杵築大社神官等連署申状」（『同』所収、二六二～二六三頁）。

(45)康治二年（一一四三）「官宣旨案」、久安元年（一一四五）「同」（『出雲国造家文書』清文堂出版、一九六八年所収、三四頁、四一頁）。

(46)前掲(33)一三四頁。

(47)『大社町史』史料編、古代中世・上巻所収、三七九～三八〇頁。

(48)藤原教長『古今集註』は前掲(12)、『愚管抄』は『新訂増補国史大系』第一九巻、一九六四年）所収、一六四頁。『元弘釈書』は前掲(19)。長門本『平家物語』は『伊藤家蔵長門本平家物語』（汲古書院、一九七八年所収、六四四頁）、『神皇正統記』は『群書類従』第三輯、帝王部（続群書類従完成会、一九七一年）所収、九二～九三頁。

(49)前掲(19)三五七～三五八頁。

(50)『三流抄』は前掲(17)二三頁、伝頓阿作『古今和歌集序注』前掲(18)三〇八頁、『太平記』は兵藤裕已編『太平記四』（西源院本、岩波書店、二〇一五年）所収、一八六頁、『神祇官』は前掲(29)一四六頁、『神祇陰陽秘書抄』所収「別伝」は、同じく一五七頁。

(51)『三流抄』は前掲(17)二五頁、『古今和歌集注序』は(18)三〇二頁。

(52)山本ひろ子『中世神話』（岩波書店、一九八八年）、伊藤聡「漂着する土地・人―中世・近世神話における自国意識の屈折」（『神道の中世』（中央公論社、二〇二〇年）。

(53)『沙石集』第一、「太神宮御事」（日本古典文学大系『沙石集』岩波書店、一九六六年）五九頁。

(54)『赤木文庫本神道集』（角川書店、一九六八年）一〇頁。

(55)新日本古典文学大系『方丈記・徒然草』（岩波書店、一九八九年）所収、二七五～二七六頁。なお佐太神社の明応四年（一四九五）に成る『佐陀大社縁起』（神宮文庫所蔵）では、祭神のイザナギ・イザナミは「本朝ノ宗廟、諸神ノ父母ナル故ニ、諸神孝行ノ義ヲ顕サンガ為」に十月の神在月には同社に参集するという。ここでは「諸神の父母」と諸神の出雲参集が融合している。

中世における神集い信仰

品川知彦

はじめに

旧暦一〇月、神無月、出雲に神々が集うと伝えられ、現在、出雲大社（出雲市）・佐太神社（松江市）・神魂神社（松江市）はじめ出雲地方の一〇社[1]で神々を迎え祀る神在祭が行われている。小論はこの神集い信仰について、中世を中心になぜ出雲に神々が集うとされたのか、という点を中心に、『日本書紀』などに記された神話の変容、また新たな神話の創出という視点から論じることとしたい。

出雲に神々が集うことは、すでに平安時代末の歌学書、『奥義抄』に「十月　神無月　天の下のもろ〳〵の神出雲の国にゆきてこと国に神なきゆゑにかみなし月といふをあやまれり[2]」と記されている。特定の神社に神々が集うことは、祭り手以外の者の手になるものでは、貞治五年（一三六六）に成立したとされる万葉集注釈書『詞林采葉抄』に「諸神ハ〃在ノ社ニ集トテ、大社ヘハ参リ不レト給ハ申（中略）神ノ号ヲハ佐太大明神ト申也[3]」と、佐太神社に集まることが記されている。出雲大社については、明確に記したものの中では、鎌倉時代末から南北朝期とされる『古今集註　毘沙門堂本』と考えられる。そこには、「日本國ノ諸神ヲシタカヘテ出雲ノ大社ヘアツメ給也[4]」と記されている。

祭り手の立場からの資料においては、まず正平八年（一三五三）の「日三崎撿挍清政起請文」に「かくそう殿へけんけう代々御やく条之事[5]」として「毎年十月神在に三貫文之事」とあり、この頃、出雲大社において日御碕神社検校による何らかの形での神在祭がなされていたことがわかる。佐太神社では明応四年（一四九五）の「佐陀大社縁起」に「須旀南方ノ諸国日本国中大小神祇ハ毎年十月ニ必趣《ムキ》ニ當社一自十一日至テ廿五日集而不レ散リ玉ハ[6]」と記されている。

神魂神社では天正十三年（一五八五）の「神魂社年中行事」に「十月十一日御法事之御供[7]」とある。六所神社では「佐陀大社縁起」に「大草六所ノ社異国ノ諸神十月十日ニ先集テ此社ニ」とあり、また、天正年間の「六所神田坪付斷簡」に「十月神寄の御清め、又神返しの御供[8]」と記されている。真名井神社では、永禄六年（一五六三）の「伊弉諾社神田注文」に「やたの法事田（中略）十月十一日御祭田[9]」とある。近世の資料だが、宝永二年（一七〇五）の「神魂社由緒注進」に「十月十一日御祭禮、御いみの洗御供[10]」とあり、法事御供はお忌み、つまり神在祭に関係する御供であることが推測できる。したがって、神魂神社、六所神社、真名井神社においても、遅くとも十六世紀には何らかの形で神在祭が行われていたことが想定できよう。

一　スサノヲの一〇月統治

それでは中世において、なぜ神々は出雲に集うとされたのだろうか。その理由を記したものとして、現状では十三世紀末、弘安年間末頃に成立とされる古今集注釈書『古今和歌集序聞書三流抄』が初出となる。「仮名序」の歌が人の世になってスサノヲに始まる、という部分の古注釈において、スサノヲはアマテラスの兄弟と見えるが、子の義であるのは何故か、という問に対する答の中で記されている[11]。

又問、素盞雄尊ハ天照太神の兄ト云事如何。上ニテハ兄弟ノ義トミヘタリ。不審。

答云、是ハ兄ノ義に非ズ。子の義也。

又問、上ニハ兄弟ト見ヘタリ。何ゾ子ト云ヤ。

答云、子トハ実子ニハ非ズ。ソサノオノ尊ト日神ト兄弟ノ上、父子ノ契約アリシヲ云。其義如何トナレバ、尊、常ニ軍を起シテ日神ヲ奉レ打ス。此時、日神、尊ヲスカサンガ為ニ、ヲネミノ尊ヲ使トシテカタクラヘノ尊トモ云素戔雄ノ許ヘ云遣ハシ玉フヤウ、「汝、吾子ト成タラバ、一年ニ十月ヲユヅリ、又、出雲・石見両国をトラセン」ト宣フ。是ニフケリテ天照太神ノ養子ト成テ譲り玉フ故ニ、子ノ神と云、サレバ十月ハ出雲へ行テ神々仕へ奉ル也。

ここでは、出雲に神々が集う理由を、軍を起こしたスサノヲをアマテラスがなだめるためにスサノヲを養子とし、一年のうち一〇月を譲ったからとされている。上記においてスサノヲが軍を起こす、とあるが、その内容について、『古今和歌集序聞書三流抄』は「日本紀ニ細ニ見ヘタリ[12]」として『日本書紀』とは異なる、いわば変容した神話を記している。煩雑となるが、その概要を示しておく。

アマテラスはスサノヲに追い出され天岩戸に籠もる。そこでヲネミ(月神の子)が天香具山に八万の神々を率いて顕れる。一方スサノヲは（悪神摩太羅神及び一千の悪神と相談して）宇多野に城を構え、（八歯の剣を一千掘り立てて）対峙する。ヲネミはタジカラヲを大将としてスサノヲを撃とうとする。日神は多くの神々を失うことを不便に思い、一人で出かけ一足で立ち並んだ八歯剣を蹴り破る。これを見て一千の悪神は恐れをなして逃げ去る。スサノヲは一人になり出雲の曽我の里に至る[13]。軍を起こすとは上記のことを意味している。

神集いに関するこのような理解は、古今和歌集注釈書に多く見える。例えば上述の『古今集註　毘沙門堂本』は『古今和歌集序聞書三流抄』と経緯を含めほぼ同様の記載をしている[14]。

コレ（スサノヲノ尊）ハ兄にはアラス子ノ神と云義也。是ハスサノヲノ尊ノ悪行ヲナタムタメニ天照太神此ヲ養子トシテ一年ノ内十月ヲ譲テ日本國ノ諸神ヲシタカヘテ出雲ノ大社ヘアツメ給也サレハ子ノ神ト申ス也後ニハスサノヲノ尊ヲハ天照太神ノオトコトシテ地神第二ノ神正哉吾カツ〲ハヤヒニアマヲシホテニノ尊ヲ生リト云リ　問天照太神ハ男神ニ申スニ此義如何（中略）外宮ハ女神也サレハ女神方ヨリスサノヲ、オトコニスルト申也

ここでは女神としてのアマテラスとスサノヲとの間にアマノオシオミミが生まれたとしている。さらに『古今集註　毘沙門堂本』では、真名序を記した後に「日本紀云」として、「三男　素盞嗚尊　草木ヲカラシ悪之間出雲國へ被流後ユルシテ嫡子ニ是ヲ立給フ（中略）天照大神ハ女神也故ニ以三男立二嫡子[15]一」と記されている。スサノヲを嫡子と見る解釈もあったのである。

また『古今和歌集序注　伝頓阿作』においても、下記のように記されている[16]。

その時、たりきしんと云大力のかみ岩戸をひきはなして出雲になげのけ、日神を出し奉る。そさのをのみことは出雲の国を領じて、毎年十月ひとつきをつかさどりて、今にても、十月はもろ〲の神たち大やしろにあつまり給ふによりて、よの国にては神無月とは云なり。

ここでは、アマテラスがスサノヲを養子にすることに関する言及はないが、スサノヲが一〇月を領する、という理解は共有されている。

「日本記一　神代巻趣意文」という神道書には、やや異なった角度から出雲への神集いを説明している。その概要は以下の通りである[17]。

アマテラスは八雲岩屋に籠もり、そこでスサノヲとの間で嫡子が誰かについて論争となる。スサノヲはアマテラスが女神であり、蛭子は男子だが畜類である海神（竜神）に養われている。したがって自分こそ嫡子にふさわしいとして国を取ろうとする。アマテラスは自分は父母に宿る前は陽神[18]であったが、地に降り衆生済度のために陰神の姿を取った。スサノヲに国を治めさすことは嬰児に剣を持たせることと同じである。魔王に国を取られることになるだろう。それ故、諸々の小神の親となり悪魔を従えなさい。兄をそしるのではなく、アマテラスの国を治めなさい。このように言って、魔王から授けられた剣をスサノヲに与える。これをスサノヲは喜び、アマテラスの子となった。これが「このかみ」のいわれである。そして悪神一百余神、スサノヲの子三六〇神はアマテラスに付け、自分は伊吹（イツキ）に戻って高大な社を作り、他国の悪鬼を追い返した。そして次のように記されている。

一億眷属、（スサノヲの）尊ノ【男子】三百六十神ハ、伊勢ニ移リテ、毎年十月太神宮を守護シ給フ。其外ノ小神ハ、雲州に座テ、神礼ヲ成玉ヲ、金国ニハ神無月ト云。出雲ニハ神有月ト申。其ノ眷属達ニ逢ヌレハ、蹴殺サル間、十月上旬十日ハ、門戸ヲ閇塞キ、砧ヲ止メ、声ヲ慎ム間、人ノ為ニハ陰月とも申也。

ここでは、スサノヲの子が毎年一〇月に伊勢神宮を守護し、[19]その他の小神が出雲にあって神礼をなすが故に神無月（出雲では神有月）という、とされている。全体の文意は把握し難いが、少なくとも、出雲への神集いにおいては、スサノヲがアマテラスの子（養子）になったことが前提にあるだろう。

横道にそれるが、出雲の神在祭は「お忌みさん」とも呼ばれ、神集いの期間は、歌舞音曲など音を立てずに慎んで暮らすことになっている。このことはすでに「佐陀大社縁起」に「神在之時不レ鳴レ鐘ヲモ不レ打レ皷ヲモ高不レ誦セ二経陀羅尼ヲ一事自二異国一来リ集リ給フ諸神ノ中ニ或有二善神或有二悪神一聞テ二経陀羅尼ノ声ヲ毎度欲レ留二此地一若シ悪神留レハ則チ恐為メニ二人民ノ一生ス二障礙一テ故ニ経陀羅尼高ク不レ謂也」と記されているが、このお忌みの意識がどちらにも記されており興味深い。また、どちらにも悪神も集まる可能性があることが記されている。これは例えば佐太神社において、一〇月二一日に幣立祭が中世末にはなされていたが（永正九年〈一五一二〉「佐陀社頭覺書斷簡」）、これは佐太神社の神領の境二八ヶ所に幣を立てるものであった。悪神も集うことを前提とすれば、幣立祭は神域を清めるとともに神域にまつろわぬ神々の侵入を防ぐためであっただろう。

なぜ、スサノヲはアマテラスの養子とされたのであろうか。新古典文学大系本の『古今和歌集』の仮名序には、「人の世となりて、素盞嗚尊よりぞ、三十文字あまり一文字は、詠みける。（素盞嗚尊は、天照大神のこのかみ也〈後略〉[20]）」とあり、スサノヲがアマテラスの兄《このかみ》であるという古注が記されている。したがって少なくとも古今和歌集注釈書である『古今和歌集序聞書三流抄』、『古今集註　毘沙門堂本』においては、「このかみ」の解釈により、スサノヲはアマテラスの養子と捉えられたと思われる。『日本書紀』などではスサノヲは弟であり、兄でも子でもない。国文学史の中では自明のことなのかもしれないが、この古注と『日本書紀』などとの整合性を保つために、「子」、すなわち養子となったという新しい神話が古今和歌集注釈書の中で生じたものと思われる。そしてこのことは、直接的には古今和歌集注釈書ではないと考えられる「日本記一　神代巻趣意文」にも通底しているのである。古今和歌集仮名序の注釈、とりわけ「このかみ」の解釈を通じてスサノヲはアマテラスの養子へと変容し、そこへ出雲への神集い伝承が結びついて、一〇月はスサノヲが支配する月であり、したがって出雲（大社）へ神々が集うという伝承が成立したものと考えられよう。[21]

中世の出雲大社において、神々が出雲に集う理由を記す資料は、管見の限り見当たらない。しかしながら近世の資料だが、慶長十三年（一六〇八）の「国造北島氏願書案」に、千家家の抱え月にもかかわらず北島家が執行する神事について触れた後に、「就中年中十二月之内十月ヲ、大社明神御つかさとり給[22]」と記されている。一〇月に神々が出雲に集う理由として、スサノヲが一〇月を支配しているという考え方が出雲大社においても共有されていることがわかる。

なお同年の「国造北島広孝覚書案」には「大社之御文者、亀甲ニ有文字也、有文字者十月ト書之、当社者陰神而在レ乾ニ神宮也、号二日隅宮一、十月ヲ専ニ用之事、神道之神秘也[23]」と記されている。明記はないが、一〇月に神々が集うことが前提とされており、その上で、出雲大社は陰神で乾という極陰の地に鎮座している故に、極陰としての一〇月が重視されていると言えよう。ここでは、極印の時（一〇月）、極陰の場所（出雲）に陽である神が集うことによって、陽の来復がもたらされるという、いわば陰陽説というべき考え方が念頭に置かれていると考えられよう。

このように、中世において、出雲大社では神々が集う理由を、スサノヲが一〇月を統治していることとともに、陰陽説から説明していたことが推定される。中世において、陰陽説がどのように形成されてきたのかは今後の課題としておきたいが、少なくともスサノヲ一〇月統治説は、中世の古今和歌集注釈の過程で、『日本書紀』などの神話とは異なる神話を創造しながら形成され、その影響が出雲大社にも見られるとして良いであろう。

なぜ出雲に神々が集うのか、中世に展開した議論において、もう一つ後世に影響を与えた論点がある。イザナミ（・イザナギ）が一〇月に崩御したことをその根拠にするものである。この考え方の萌芽はすでに紹介した『詞林采葉抄』に見える。既述したものと一部重複するが、その内容を引用しよう。

二　イザナミ（・イザナキ）の一〇月崩御

抑一天下の神無月ヲハ出雲國ニハ神あり月とも神在月とも申也我朝の諸神参リ集リ玉フ故也其神在浦ニ神〃来臨ノ時キハ小童ノ造レル妙ナル篠舟波の上に浮フ不及算数ニ諸神ハ〃在ノ社ニ集トテ大社ヘハ参リ不ト給申彼神在ノ社ハ不老山ト云所ニ立玉フ神ノ号ヲハ佐太大明神ト申也是則伝奏神にて坐とかや大社をハ杵春ノ明神と申す別當ヲハ国曹ト申云〃問曰此大社ハ素盞烏尊にて坐を日本国の神〃ノ御祖神とて尊崇シ奉リ参集事誠以不審也伊弉諾伊弉冊二神こそ天神地祇の御祖ニテ坐也サラハ天照太神をこそ尤尊崇あるへきに第四の御子にて御坐を何故ニ御祖とハ申ソや

神々は「神在社」と呼ばれる佐太神社に集まる。しかしながら、出雲になぜ神々が集うか、という点に関しては、その主体は出雲大社に向かっており、佐太大明神は佐太神社に集まったことを出雲大社に伝奏する役割を担うとされている。[24]その上で、祭神スサノヲが日本の神々の祖神であり、祖神を尊崇するが故に、出雲に集うと捉えられている。ただし作者である由阿は、祖神としてはイザナキ・イザナミ・アマテラスが相応しいが、第四の御子であるスサノヲを天神地祇の祖神とすることに疑問を呈している。

祖神をスサノヲではなく、『詞林采葉抄』で祖神として相応しいと想定されたイザナキ・イザナミに変換して神集いを説明したのが「佐陀大社縁起」である。既述したものと一部重複するが、その内容を引用しよう。

神在ノ月ノ事伊弉諾尊十月十一日ニ示シ玉フ病相ヲ十七日ノ暁刀尅ニ隠サセ玉ヒテ不見玉ハ唯有テ遺身舎利ノミ湧出ス（中略）以五明函収ム御舎利ヲ奉納於中ノ宝殿ニ又以垂見山ヲ為御廟所ト也

異国ノ諸神集リ給フ事須弥南方ノ諸国日本国中大小神祇ハ毎年十月ニ必赴ムキ當社ニ自十一日至テ廿五日集而不散リ玉ハ（中略）夫當社者本朝ノ宗廟諸神ノ父母ナル故ニ諸神為顕孝行之義ヲ

佐太神社の中正殿に祀られるイザナキ・イザナミが、諸神の父母である故、二神に対する孝行の義を示すために、佐太神社に集うとしているのである。そこにはイザナキが一〇月一七日に崩御し、廟所が垂見山に設けられたこと、つまり『日本書紀』などから変容した神話がその前提にあったのである。

近世の資料となるが、慶長七年（一六〇二）の「佐陀社由緒注進案」には「四・拾月八百万神當國當社集給（中略）此則地神五代之神之親為ニ依テ諸神集給テ（中略）右叓伊弉諾伊弉冊尊此社ニ相定所實正也[25]」とあり、佐太神社に神々が集うのは、イザナキ・イザナミが地神の親であるためとしており、これは基本的に「佐陀大社縁起」に通底している。

ところが後に、一〇月に崩御したのはイザナミとされ、神集いの理由もイザナミを主体とするものに変化する。寛文八年（一六八八）、白井宗因が記した「佐陀神社記」が佐太神社に伝わっている。[26]

神無月　佐陀大社和伊舎那美尊也（中略）後無上月迺十日阿摩利六日忍神避賜布、宮地緒此国能定目乃麓以定傳、葬奉侶、蓋出雲此波山乃説此遠謂歟、素戔烏尊幼弱志天、母濃神仁逢給波奴事於、朝奈夕奈仁哀御座傳、此所仁、尋來給之與利、諸神達問尚大祖之胤難流理乎思出天、今母神無月某日爾所有天津神、地津神皆集會給布（中略）

ここでは、イザナキではなく、イザナミが一〇月一六日に崩御し比婆山ともされる「定目」の麓に埋葬された。そしてスサノヲは母神に会いたく思い悲み、佐太神社の鎮座地を訪れて以来、諸神はスサノヲがイザナミの子であることを思い出し、佐太神社に集うようになったとしているのである。[27]なお、「佐陀神社記」末尾には「拾奮策之殘蠹壱冊令集成者也[28]」と記され、この神社記以前に、一〇月にイザナミが崩御したことを示す縁起が存在していたことを想定することは順当であろう。

また寛文七年（一六八七）の序がある白井宗因の『神社啓蒙』では

社記に曰く（中略）伊弉並は、當國に崩じ給ふ遂に足日の山麓に葬る。

神紀に所謂る比婆山は蓋し此の地ならん。曰く社説に曰く伊弉並尊(中略)十月を以て神避りたまふ。御子素盞烏尊幼にして其妣を葬ふを悲しみて遂に此の地に來る。（中略、大蛇退治伝承等）且つ伊弉並尊は群神の尊妣たるに依る。當月一切の神祇會集して。孝行の義を存するもの乎。

と記されている。[29]両者を統合すれば、イザナミが一〇月に出雲で崩御し、比婆山とされる足日山山麓に埋葬された。イザナミは諸神の母神であるので、諸神は孝行のために佐太神社に集う、と考えられていたことになる。また、ここではイザナミの埋葬地としての比婆山が佐太神社に関連したものとして捉えられているのに注意しておきたい。

佐太神社には、その冒頭部を欠いているものの、内容が「佐陀大社縁起」に共通している寛文八年（一六八八）の「佐陀大明神縁起」が伝わっている。しかし、すでに引用したイザナキの一〇月崩御を記す「神在月事」の部分は欠いており、末尾に新たに加えられた当社が島根郡と秋鹿郡の境にある理由を示す項目に、神集いとは無関係に記されている。[30]したがって、資料上では遅くとも寛文年間、「佐陀神社記」の末尾からすればそれ以前に、佐太神社において、神集いとの関連ではイザナミが一〇月に崩御したことが念頭に置かれていたことになる。

ところで、イザナミが一〇月に崩御したとするのは、管見の限り吉田兼倶の『日本書紀神代巻抄』が初出である。そこには「（イザナミは）十月ニ崩御アルソ、サルホトニ、十月ヲ神無月ト云ソ、九月ニテ、群陰剥尽シテ、十月ハ純陰ソ、十一月ニ一陽來復スルハ、陰神再蘇也[31]」と記されている。ここでは、神無月の由来として一〇月にイザナミが崩御したことが記されている。また、同じ文亀三年（一五〇三）、吉田兼倶が記したとされる『延喜式神名帳頭註』では、「佐陀。伊弉竝尊。神代岩隱地[32]」と、佐太神社にイザナミが祀られることとともに、佐太神社がその埋葬地とされている。

さて連歌師である猪苗代兼載（一四五二—一五一〇）による『兼載雑談』には「十月を神無月といふ。諸神出雲の大社へ。十月出仕し給ふ故なり。神秘にはいざなぎいざなみ。十月うせ給ふによつて云爾。[33]」と記し、神無月の由来としてイザナキ・イザナミ両神が一〇月に崩御したことを「神秘には」として挙げている。とはいえ、以下に記すように、一〇月に崩御した神格はイザナミとするものが多い。

A　十月ヲ神無月ト號シテ。諸神出雲大社ニ集玉ヘバ（中略）神書講尺ノ時云。神無月ト號スルハ。陰神伊弉冉尊ノ崩御ノ月タルニ依テ此號アリ。（永正七年〈一五一〇〉、『觸穢問答[34]』）

B　此月を神無月と申すは。伊弉冊尊崩給月なれば申なり。（天文十三年〈一五四四〉、一条兼冬撰、『世諺問答[35]』）

C　伊弉冊ハ生老病死ヲ一年ノ中ニ示サル、也十月ニ崩御ナリ故ニ神無月ト云[36]

D　十月ヲ神無月ト號シテ諸神出雲大社ヘ集玉ヘバ。（中略）神書講尺ノ時云。神無月ト號スルハ。陰神ノ崩御ノ月タルニ依テ。此號アリ。（正保二年〈一六四五〉、『神祇道服紀令秘抄[37]』）

Dの『神祇道服紀令秘抄』は卜部家相伝のものとされるが、その内容はAの『觸穢問答』と同じである。またCは清原宣賢によるものである。したがって、イザナミが一〇月に崩御した故に一〇月を神無月と呼ぶ、という考え方は、吉田兼倶以来の吉田家の説とみなすことができ、それは十六世紀には浸透していたものと思われる。そうであるなら、推測に過ぎないが、佐太神社でも、吉田家の影響のもと十六世紀末頃まではイザナキからイザナミへの変換がなされていたのではなかったか。[38]

佐太神社では、十五世紀末の「佐陀神社縁起」では、祭神イザナキが一〇月に崩御し、垂見山に埋葬された。イザナキ・イザナミは諸神の父母であるので、孝行のために一〇月に神々は集うとしていた。この考え方は、一〇月にイザナキが崩御したとし、また『詞林采葉抄』に見られた祖神を、由阿が本来的なものとしたイザナキに変換することで成立していた。しかしながら、吉田家の神道説の浸透に伴い、おそらくはその影響のもと、一〇月に崩御した神格をイザナミに変換して、「佐陀神社記」のように諸神の母神であるイザナミに対する孝行のために、崩御した一〇月、イザナミが祀られる（埋葬されている）佐太神社に神々が集うとされたものと考えられる。いずれにせよ、イザナミもしくはイザナキが一〇月に出雲で崩御し、佐太神社に関連する山に埋葬されたという『日本書紀』などにはない神話が、中世末頃、吉田家を中心に創造されたことがその成立の背景にあったものと考えて良いだろう。

三　スサノヲの一〇月統治説・イザナミの一〇月崩御説の盛衰

スサノヲの一〇月統治説による出雲大社への神集いは、主祭神がスサノヲであるが故に成立するものである。周知のように、出雲大社では十六世紀末にはその端緒が見えるものの、基本的には寛文度の造営に向けた動向の中で、祭神はオオクニヌシへ復帰している。そのためか、出雲大社祭神の一〇月統治説をもとにした神集いの説明は、十七世紀半ばの『貞徳文集』などに見られるものの、祭神の復帰以後ことさら主張するものは少ない[39]。

元禄七年（一六九四）、寛文度の造営を主導した佐草自清の『出雲水青随筆』には以下のように記されている[40]。

日本ハ者神國也、八雲立出雲者、神國之中ノ之神國也、如何ントナレハ主リ玉フ二神ノ事ヲ一大己貴ノ神、日隅ノ宮鎮座ス故云レ爾、且又毎年諸神聚会之靈地也

（中略）

是萬物歸レ根有二合レ本之義一、故ニ於二大社一ニ十月神在リノ祭（中略）

林道春日御崎ノ社鐘ノ銘序ニ曰、出雲國者陰陽交合之靈地、神祇集會之勝地也云々

史記樂書ノ注（中略）必於ニス十月一、以ニテ万物皈ヲレ根ニ有下合レ本ニ之義上云々

ここでは出雲が神国中の神国である理由として、『日本書紀』第九段一書第二にもとづきオオナムチ（オオクニヌシ）が神事を治めていること、出雲への神集いがあることを挙げている。その上で出雲大社に神々が集う理由として万物が根に帰すことを挙げている。そして神集いに関しては、林道春が寛永十七年（一六四〇）に記した日御碕神社の梵鐘の銘文などを引きながら、出雲が陰陽交合の霊地であり、万物が一〇月に根に帰る故としている。そこにおいては、出雲が極陰の乾の地にあるとした陰陽説が背景にあるだろう。また、享保十五年（一七三〇）以後と思われる「國造北嶋本家由来并系図」には、「大社祭祀ノ第一極陰ノ十月ハ當社神明ノ御徳ニ就テ天穂日命以来相傳之神秘アリ[41]」として一〇月が極陰の月であり、それ故、十月になされる神在祭が祭祀の第一として捉えられている。このように見れば、祭神復帰の後しばらくは、陰陽説の見地から神集いを捉えていたと考えられる。

しかしながら十八世紀後半になると、佐草自清によって出雲が神国とされる理由の中で挙げられていた、オオクニヌシが神事・幽事を治めることを理由として神々が集うと捉えられるようになる。

安永二年（一七七三）、御師である佐々誠正が記した『大社幽冥誌』には次のように記されている[42]。

葦原中津国の顕露を執て国土を主り給ふ、其政務は皇孫尊に授け玉ひしかども毎年の神在月に領給ふ八百万の神を集め其れ国〃におゐて矩規をたてかくれのことの制禁をとるの示しあり、また男女の縁を結びて家名を永く子孫につたえ（後略）

このような見地が現在の出雲大社に受け継がれているのである。しかしながら、この見地ではなぜ一〇月かという点については説明することができない。この点に関して佐々が

十月ハ極陰の月ゆへ天地に陽なし此故に陽徳の神にてまします伊勢へ日本の神〃集ひ玉ハず陰徳の神にてまします出雲へ八百万の神たち集ひ玉ふ

と述べているように[43]、陰陽説から説明していたものと想定できる。すなわち何故一〇月かという点においては、陰陽説が受け継がれているのである。

一方、佐太神社はどうだろうか。例えば天和四年（一六八四）の「佐田大社之記」では、秘記曰くとして「佐田社ハ杵築太社母神也（中略）伊並尊崩二此國一、遂葬二垂日山一。神紀所レ謂比婆山者蓋此處哉乎[44]。」と記され、イザナミが出雲で崩御したとする考え方が保たれている。とはいえ佐太神社も、主祭神が明治三年（一八七〇）に佐太御子神、同十二年（一八七九）には佐太大神に変わり、イザナキ・イザナミは配祀神として祀られるようになった。その後も経緯があったが、現在も基本的にはこれが受け継がれている。

出雲大社同様、イザナミが一〇月に崩御したという見地は主祭神がイザナミである故に成立するものであった。それ故、現在では、前宮司の朝山晧に見解にしたがい、神在祭は古代において一〇月にカンナビ山に諸神を迎えてなされた神嘗祭（カンナビ山祭）に起源をもつものと捉えられるようになっている。(45)

しかしながらこの見地は、佐太神社のみではなく、断片的ながら神魂神社や熊野大社などにも見て取ることができる。天正十一年（一五八三）の「神魂社造營覺書斷簡」には次のように記されている。(46)

日本ハみな神國といひなから、いさなき・いさなみ御天神御影向之所、天の御空をひらき、御かけを世界ニ廣めたまふニ仍、出雲の國と号せられ、當山ニ御社を祝奉る、地神御代ニ至、諸神も面々いにしへあかめ、御孝行之之次第をあらハし、御本地垂迹あらハし給ふ也（中略）日本神國也、其中にも出雲國ハ神國の眼也

ここでは出雲に天降り、その神徳を広く施したイザナキ・イザナミが神魂神社に祀られていること(間接的ながらそれ故に出雲は神国の眼とされる)、また諸神がイザナキ・イザナミに対して孝行の態度を示すことが記されている。さらに、近世の資料だが、宝永二年（一七〇五）の「神魂社由緒注進」には「神魂大社　伊弉諾尊・伊弉冉尊　山号ハ比波山(47)」とある。そして冒頭で記したように、一〇月一一日に法事御供が供えられていた。これらを総合して考えると、山号を比婆山とすることからすれば、イザナミが神魂神社に葬られており、それ故に一〇月に諸神が孝行のために集う、という佐太神社と共通する見地を見出すことができよう。崩御した時に、祀られている（埋葬されいる）場所に孝行のために集うとは、誤解を恐れずに言えば、現代的な意味での「法事」のために神々は集うと意識されていたのである。法事御供の「法事」とはこのことを意味していたと考えられ、そうであるならば、六所神社や真名井神社で一〇月一一日になされていた法事御供も同様であったろう。

熊野大社では、宝暦十四年（一七六四）の「熊野村神社萬指出帳」に

出雲國比婆山熊野大社　上之宮三社権現（中略）所祭社　中ノ社伊弉諾尊 伊弉册尊 左ノ社速玉男神　右ノ社事解男神（中略）十月十一日　上之宮神在御神事　同月廿六日　上之宮神等去出之御神事（中略）熊野大社ハ天神册尊乃神廟也。山陵ヲ比婆山ト號ス」

と記されている。(48) ここでは、祭神配置からみて紀州熊野の信仰の影響が見られるが、(49) 熊野大社の鎮座地を比婆山と意識した上で、一一日に神事を行っている。祭神の共通性、比婆山の意識から見て、佐太神社同様の意識で神在祭がなされていたことが推測できよう。

六所神社、真名井神社では現在、神在祭はなされていない。しかしながらイザナミを主祭神とする神魂神社では、現在も神々はイザナミの法事のために神魂神社に集うと伝えている。中世に源流を持つ見地が現在も生きているのである。

ところで、イザナミ（及びイザナキ）を主体として出雲への神集いを説明するものは、歴史的にイザナミを祀った形跡がない出雲大社にも見られる。祀り手以外の手によるものだが、出雲大社への神集いを語る謡曲「神あり月」には、「出雲ハかミの父母にて　毎年日本のかみ〱出雲にあつまり給ふとき〵しか　若〃さ様のいはれやらん(50)」と記されている。出雲に神々の父母であるイザナキ・イザナミが鎮座しており、それ故に神々は出雲（大社）に集うとしているのである。この見地は上述のように佐太神社などに見られるものである。

現状では、出雲にイザナキ・イザナミが鎮座するとしたのは、「佐陀大社縁起」を初出とする。

伊弉諾伊弉冉尊従二空中一以二天ノ逆鉾一下シテ探二玉フ海底ヲ一水中ニ有レ沙其沙觸テレ鉾ニ有レ凷其ノ時伊弉諾乃淡路言今ノ淡路嶋是也雖レ然海水漫々トシテ而無下カリキ可レ居之地上是移二玉フ當国嶋根一ニ夫レ是嶋根ト者天竺ノ東ニ有二嶋留国一其嶋留国ノ戌亥方ニ有二一ノ小嶋一其嶋浮テレ浪ニ而此ニ来レリ是謂二ナリ嶋根山一ト是故亦謂二フナリ浮浪山一トモ其後分テ三郡トス（後略）

ここでは、イザナキ・イザナミが淡路島を生んだ後、この島が住むべき地ではないとして、出雲国島根に移ったと、イザナキ・イザナミが出雲に鎮座する経緯が記されている。(51) また承応二年（一六五三）の出雲の地誌『懐橘

談』の「出雲大概」においても、出雲の縁結び信仰とも関係する「結の神」に触れ、

> 俗間にいふ出雲國むすぶの神とはいかなる故にや、分明の神書奮記ありもやすらん我未レ見。しかあれ共伊弉諾伊弉册は、日域男女の元神なれば、此陰陽の神をいふなるべし。夫婦配耦は神力によらずばあるべからず

と記している。(52) ここでは「結の神」の神格をイザナキ・イザナミとし、この二神が出雲に鎮座していることを示唆している。。

また、出雲大社の御師であった佐々誠正の『大社幽冥誌』に、

> 伊勢におゐてハ伊奘諾尊を立て大日孁尊神道を受嗣陽を主り玉ひて御神徳ハ則日本の宗廟と崇め奉出雲におゐては伊奘册尊を立て「古書を引て式撰書に曰月毎の三十日の内の十一日ハ出雲国に鎮座し玉ふ伊奘册尊を祭日として可レ拝」

と記されている。(53) 出雲にはイザナミが鎮座しており、一一日にイザナミに対する祭がなされることは出雲大社にも共有されていたのである。

おわりに

以上、中世を中心に出雲になぜ神々が集うとされたのか、その理由を『日本書紀』などの神話の変容、新たな神話の創出という視点から俯瞰してきた。この作業は、中世において「出雲」がどのように意識されていたのかをあぶり出してもいよう。スサノヲの一〇月統治においては、スサノヲがアマテラスの養子になったことにより、(一〇月に限られるとしても)、正統な日本の支配者が鎮座する地として出雲が理解されていたことになろう。また、イザナミ(・イザナキ)の十月崩御においては、神々の父母であるイザナキ、とりわけイザナミが鎮座・埋葬された地として理解されていたであろう。さらにそこにおいては、出雲はアマテラスの出生の地ともされていたのである。(54) 後者の理解には、基本的に「佐陀大社縁起」など佐太神社の見地がその根底にあった推定できるのである。

> 神国—神々の国—は日本の聖なる名である。その神国の中でも最も聖なる地は出雲国である。高天原からこの地に最初に降り立ち、しばらくこの地に住んだのは、国産みの神、イザナキとイザナミ、神々と人間の御祖の神であり、イザナミはこの出雲国の境のどこかに埋葬された。(55)

これは、小泉八雲の『見知らぬ日本の面影』の「杵築」の冒頭部分である。ここにおいても、出雲が神国と呼ばれる理由としてイザナキ・イザナミが出雲に天降り、出雲に鎮座していたことを挙げているのである。

「出雲」観を検討する際、出雲大社を基礎とする議論となりがちだが、佐太神社に基礎を置く伝承にも注目する必要があるのではないか。筆者は歴史学・国文学を専門としておらず、小論の展開には誤解や飛躍があったことは否めない。だが、出雲大社とともに、佐太神社の伝承に注目していく、その必要性を少なからず示すことができたのではないだろうか。

註

(1) 他に売豆紀神社、多賀神社、熊野大社(以上、松江市)、日御碕神社、万九千神社、朝山神社(以上、出雲市)、神原神社(雲南市)。なお、熊野大社は平成二十五年(二〇一三)に復活したもの。
(2)『日本歌学大系』一(大明堂、一九四〇)、三〇〇頁。
(3) 古代出雲歴史博物館蔵。以下、引用はこの当館蔵本による。翻刻は『国文注釈全書』巻一七(國學院大學出版部、一九一〇)になされている。
(4)『未刊國文古註釋大系』第四(帝國教育會出版部、一九三五)、一一頁。
(5) 千家家蔵。
(6) 島根県立古代出雲歴史博物館蔵(荒木田家旧蔵)。以下、引用は当館蔵本による。なお、「佐陀大社縁起」の神宮文庫本の影印は『重要文化財 佐太神社』(鹿島町立鹿島歴史民俗資料館、一九九七)に掲載されている。なおこの縁起は、佐太神社が鎮座する島根半島の生成伝承とともに、当社がイザナキ・イザナミを主祭神とする由縁が記されたものである。
(7)『意宇六社文書』(島根県教育委員会、一九七四)、一八六頁。
(8) 前掲『意宇六社文書』、二〇四頁。なお近世の資料だが元文年間の「六所社祭祀次第記」には「十月(中略)十一日、御法事御供勢也」(同書、五六八頁)とある。
(9) 前掲『意宇六社文書』、八五頁。
(10) 前掲『意宇六社文書』、四七三頁。
(11) 片桐洋一『中世古今集注釈書改題(二)』(赤尾照文堂、一九七三)、二四四—二四五

頁。

(12) 片桐前掲書、二四二頁。括弧内は二三五―二三六頁。

(13) この後、『日本書紀』などからは変容した大蛇退治神話が記されているが、ここでは割愛する。

(14) 前掲『未刊國文古註釋大系』第四、一一頁。

(15) 同上、四頁。

(16) 片桐前掲書、三〇二頁。

(17) 伊藤正義「日本記一　神代巻趣意文」(『人文研究』二七―九、大阪市立大学文学部、一九八〇年)、一〇三―一〇四頁、による。

(18) 『古今集註　毘沙門堂本』では、アマテラスは惣名で内宮は男神、外宮は女神とし、この女神がスサノヲを夫にしたとしている。

(19) 『徒然草』第二〇二段は神無月の説明だが、「この月、よろづの神達、太神宮に集まり給ふなど云説あれども、その本説なし。」(『新古典文学大系』三九〈岩波書店、一九八九〉、二七五―二七六頁)と記されている。推測に過ぎないが、このような伝承をもとに、神々が伊勢神宮に集うとされたのだろうか。

(20) 岩波書店、一九八九年、五頁。ちなみに、藤原教長による治承元年(一一七七)の『古今集註』では「このかみ」に対する積極的な解釈は見られない。また顕昭による寿永二年(一一八三)の『古今集序注』でも、「このかみ」を「兄の神」とすることには疑問を呈しているものの、これに対する積極的な解釈は見られない。

(21) 中世において出雲(大社)への神集いについて触れたものは他にもある。「神道由来事」には以下のように記されている(横山重編『神道物語集』〈古典文庫、一九七五〉五―一一頁)。

スサノヲは治めるべき場所が譲られず悪事を好んでいた。そもそもアマテラスは女神であり、丹生大明神も女神である。自分は末子といえども男神である。自分こそと思うが治めるべき場所もなく、アマテラスと夫婦となろうとする。アマテラスは蛇体となってかわそうとするが、やがて蛇体の苦しさもあり、天岩戸に隠れる。スサノヲは怒り、アマテラスと戦いになるが敗れ、出雲国へと向かう。このように仲の悪かった二神だが、その仲直りの由来が、スサノヲが大蛇退治の後、大蛇の尾から取り出した天叢雲剣とテナヅチ(男)・アシナヅチ(女)夫婦の婿となった際の引き出物としてもらった鏡をアマテラスに献上したことであった。アマテラスは仲直りをしようと、一年を三六〇日に定めた。そして多くの神々は一〇月へ出雲国へ集まるようになった。

本文で挙げた伝承と通底するところも見られる伝承ではあるが、ここでは大蛇退治と出雲への神集いが、文意は明確ではないもの一層関連したものになっている。出雲大社への神集いを語る謡曲「神あり月」では、その後半部で八雲立の由来として大蛇退治が語られる(『観世文庫蔵　室町時代謡本集』翻印篇〈財団法人観世文庫、一九九七〉所載)。中世末頃、大蛇退治と神集い伝承との関連が見られるようになったものと思われる。

謡曲では他に観世長俊(一四八八?―一五四一?)作の「大社」(前掲『観世文庫蔵　室町時代謡本集』翻印篇所載)で出雲大社への神集いに触れている。また本文でも触れた『兼載雑談』や、『觸穢問答』などにも記されているが、これらにおいては、出雲大社自体に集う理由には触れていない。

横道にそれるが、上述の「神道由来事」ではアマテラスは天降りの際、まず出雲国の田中明神として祀られ、後に高天原に垂迹し皇大神として顕れたと記されている(前掲『神道物語集』、七頁)。「佐陀大社縁起」では、イザナミは加賀潜戸でアマテラスを生み、潜戸から出た時に仮宮として佐太神社の境外社である田中社に住んでいたことがあると記されている。このように、中世においてアマテラスと出雲を関連させて論じる言説もあったものと思われる。それ故に、「佐陀大社縁起」が伊勢神宮に伝わったのだろうか。

(22) 村田正志編『出雲国造家文書』(清文堂、一九六八)、二八一頁。

(23) 村田前掲書、二七八頁。

(24) 参考までだが、平田篤胤『古史伝』には「神在社と称ふなる、佐太大神はしも、亦名を猿田毘古大神(中略)とも申して、大国主神の国作の功を助たまへりと聞こえ(中略)、大社の伝奏の神と申す諺の如く、大国主大神の幽冥主宰して、千五百万の諸神たちを師ゐ給ふ、御前の事執り給はむはげにさも有るべく所思れば、諸神この御社に集給と云こと、是また然も有べき事なりかし」(『新修平田篤胤全集』三〈平田篤胤全集刊行会、一九七七〉、一八二頁)と記されている。ここでは佐太神社に神々が集うとされるのは、オオクニヌシに伝奏する必要からとされており、基本的な考え方は『詞林采葉抄』と同様である。ただし、篤胤は一〇月を神無月と呼ぶ由来を神嘗する月(神嘗月)に見ており、この見地は本文にて記した朝山晧の見地に引き継がれている。

(25) 『神道大系』神社篇三六(神道大系編纂会、一九八三)、八一頁。

(26) 『鹿島町史料』(鹿島町、一九七六)、一二六頁。

(27) 「日本記一　神代巻趣意文」では、スサノヲが大蛇退治のために、酒を置いた場所が島根郡佐陀だとされている。文脈は異なるが、スサノヲが佐太神社の地を訪れたという伝承は中世に存在していたことがわかる。

(28) 前掲鹿島町史料』、一三二頁。

(29) 『大日本風教叢書』八(大日本風教叢書刊行会、一九二〇)、九頁。ここではスサノヲが佐太を訪れた後に、大蛇退治をしたとされ、それ故に、神在祭の際に漂着する龍蛇が浮かび来るとされている。

(30) 前掲『神道大系』、八五頁、八七頁を参照のこと。なお、白井宗因も「出雲小縁起」として、「佐陀大社縁起」とほぼ同内容の縁起を残している。そこでは、イザナミが一〇月一七日に崩御したことは記すが、イザナキの一〇月崩御は記していない。これは白井が佐太神社の縁起を記す前に、イザナミの一〇月崩御を記す縁起が佐太神社において成立したいたであろうことを示していよう。なお、「出雲小縁起」については以下参照した。

http://base1.nijl.ac.jp/iview/Frame.jsp?DB_ID=G0003917KTM&C_CODE=EMSK-00248

(31) 岡田荘司『日本書紀神代巻抄』（続群書類従完成会、一九八四）、一三九頁。なお、一一月に一陽来復（イザナミの再生）があることからすれば、イザナミ一〇月崩御説の背景には陰陽説があるのかもしれない。
(32)『群書類従』第二輯（続群書類従完成会、一九九二）、二五八頁。
(33)『群書類従』第一六輯（続群書類従完成会、一九九三）、五三七頁。
(34)『続群書類従』第三輯下（続群書類従完成会、一九八八）、七三〇頁。
(35)『群書類従』第二八輯（続群書類従完成会、一九九一）、六八三頁。
(36)『日本書紀神代合解』三巻（古代出雲歴史博物館蔵）に、環翠（清原宣賢〈一四七五―一五五〇〉曰、として記載されている。
(37)『続群書類従』第三輯下（続群書類従完成会、一九八八）、七五三頁。
(38) 拙稿「佐太神在祭考」『論集』（印度学宗教学会、一九九六年）においては、「佐陀大社縁起」の存在を知らず、天正八年（一五八〇）成立とされる『雲陽軍實記』に、佐太神社がイザナミの御陵であり、イザナミが一〇月に崩御し、イザナミが諸神の母神であるので、神々が出雲に集う」とあることなどから、イザナミ十月崩御という見地は十六世紀後半には成立していたとしていた。また「出雲神在祭の歴史と解釈」（『出雲大社の祭礼行事』〈島根県古代文化センター、一九九七年〉では、「佐陀大社縁起」において、一〇月に崩御した神格を誤記した可能性にも触れていた。しかしながらまず、「佐陀大社縁起」に関して、確認した写本（神宮文庫本二冊、島根県立古代出雲歴史博物館蔵本）はいずれもイザナキが一〇月崩御したとしており、誤写の可能性は考えにくい。また『雲陽軍實記』は天保十年（一八三九）書写本（島根県立図書館蔵）や江戸時代末書写本（島根県立古代出雲歴史博物館蔵）などの五巻本では、（1）毛利輝元中納言という表記、（2）『神社啓蒙』など近世の署名の記載、（3）出雲大社の祭神をオオナムチと記載、（4）天正八年以後の記事があるなど、成立以後に書き加えられた部分があることが指摘されている。しかし、安政五年（一八五八）書写の二一巻本（島根県立図書館蔵）には、上述の（1）～（3）が見られない。もちろん、これは後に矛盾の修正がなされたと見ることができるが、天正八年の段階で、イザナミが十月に崩御したことに基づく神集いの見地が成立していた可能性も否定し切れない。いずれにせよ、吉田兼倶以来、イザナミが一〇月崩御としていることなどからすれば、本文で記したように、佐太神社においては十六世紀末頃までには崩御した神格の変換がなされていたとみなしておきたい。
(39)『貞徳文集』には、「当月者八百万神達出雲大社え神幸被」成候、大社と申者天照大神之御兄弟素鳴尊にて御座候、十二月中只一ケ月日本国領給候故、神々雲州え御移候（中略）十月十四日　吉田三位兼範」（『海表叢書』四〈平楽寺書店、一九四四〉、七二頁）、と吉田家に仮託して記されている。他に嘉永六年（一八五三）の「天照皇太神宮縁起」（神宮文庫蔵・岡田登氏私的御教示）などに見られる。また『懐橘談』には、林羅山の説として「卜部流神書を説く者書けるは、素盞鳴のかくれますは十月なり、十月を素盞鳴のつかさどり給ふべきなりと勅しましましす故に、諸神出雲の國へ參り給ふ（後略）」（谷口為次『懐橘談前後篇・隠州視聞合紀』〈秦慶之助、一九一四〉、一九頁）と記されている。ここでは本文で示したイザナキ・イザナミの一〇月崩御説をスサノヲに変換して説明している。
(40)『神道大系』神社篇三七（神道大系編纂会、一九九一）、二二四―二二五頁。
(41)『國造北島本家由緒抄』（富家文書、古代出雲歴史博物館蔵）所載。
(42) 千家家蔵。『出雲大社の御師と神徳弘布』（島根県古代文化センター、二〇〇五年）に翻刻、一四一頁。なお佐々は、オオナムチ（オオクニヌシ）が陰月である一〇月と陽月である一一月を支配している（それ故、陰陽和合して夫婦の縁を結ぶ）など、陰陽説の立場からだが、オオクニヌシが一〇月（と一一月）を支配していることも記している（同書、一五七頁）。
(43) 前掲『出雲大社の御師と神徳弘布』、一五八頁。
(44) 前掲『神道大系』神社篇三六、九三頁。
(45)「神在祭について」『民俗とその資料』一一輯（島根民俗学会、一九四一）、「出雲神在祭の起源に就いて」『國學院雜誌』三九―二・三、（國學院大學、一九三三）（『出雲の神信仰と祭り』〈島根県古代文化センター、二〇〇〇年に再録〉）などを参照のこと。ところで、カンナビ山が明確に佐太神社関係の資料に登場してくるのは、天和四年（一六八四）の「佐田大社之記」であり、カンナビ山を足日山に比定し、おそらくそれをイザナミの埋葬地としての垂日山と同一視している。また白井宗因の記した「佐陀神社記」においても、イザナミは定目山（『神社啓蒙』によれば足日山）に埋葬され、それを比婆山としている。足日山はイザナミの埋葬地として重要視されていたのであり、カンナビ山はそれを補強するためのものであったであろう。したがって神在祭の源流にカンナビ山祭があった可能性は否定できないとしても、朝山の所論については再検討が必要だろう。
(46) 前掲『意宇六社文書』、一四三頁。なお出雲神国論については素描に過ぎないが、拙稿「縁結び信仰と神在祭」『山陰の暮らし・信仰・芸能』（ハーベスト出版、二〇一九）、『日本書紀と出雲』（島根県立古代出雲歴史博物館、二〇二〇年）の「エピローグ」の展示解説を参照のこと。なお、小論においては朝山が収集した神在祭関係資料集ともいえる『続佐太神社史料』上を参考としている。
(47) 前掲『意宇六社文書』、四七〇頁。
(48) 前掲『神道大系』神社篇三六、一四六頁・一五七頁・一五八頁。なお、本資料の中には永禄八年（一五六五）の棟札が引用されており、そこには「出雲國比婆山熊野大社」（同書、一四九頁）とある。
(49) 石塚尊俊は、佐太神社の本殿が遅くとも南北朝時代頃には三殿並立になったこと、祭神がイザナキ・イザナミ・コトサカノヲ・ハヤタマノヲなど十二座であったこと、佐陀神能の「大社」に雲陽金宝山また比婆山と見えることなどから、神集いの地が出雲とされた理由の一つに、古代末から中世にかけての紀州熊野系の神人の活動を挙げている（「出雲神在祭の成立」『神去来』〈慶友社、一九九五〉、三四三―三四五頁）。しかしながら、「佐陀大社縁起」では、三つの本殿にはコトサカノヲ・ハヤタマノヲは祀られておらず、紀州熊野権現は客人神として祀られている。本殿にこの二神が祀られているとするのは、天和四年（一六八四）の「佐田大社之記」である。このように見るならば、確かに紀州熊野の影響は十五世紀末から見られるものの、それが神在祭に関連してくるのは、資料で見る限り石塚の想定よりも少し遅れるのではないだろうか。おそらく、吉田家の影響などにより一〇月に崩御した神格がイザナキからイザナミに変換された後ではなかっただろうか。後考を待ちたい。

(50) 前掲『観世文庫蔵　室町時代謡本集』翻印篇、三三五頁。なお、十八世紀初頭頃、吉田家の神道切紙を集成した『事相方内伝草案』には「十月ヲ神無月ト云ハ、諸神出雲大社ニ集給テ、母神孝行ノ神事ヲ成シ給ガ故なり（中略）左ニハアラズ、謂伊弉冊尊ハ十月ヲ以テ彼地ニ神座、是則八百萬神之母神ナルカ故、八百萬神我等ガ母神無き月也ト曰」（『神道大系』論説篇九〈神道大系編纂会、一九九一〉、二二八頁）と記されている。吉田家に関わる資料らしく、イザナミを主体とした見地を示しているが、母神孝行のために出雲大社に集う、という見地も存在していたことが見て取れる。

(51) 上述した「神魂社造營覺書斷簡」にも、イザナキ・イザナミが出雲（神魂神社）に天降り鎮座することになったことが記されている。

(52) 谷口為次前掲書、二二頁。

(53) 前掲『出雲大社の御師と神徳弘布』、一四九頁。佐太神社では明治十三年（一八八〇）まで、神在祭は一〇月一一日からなされていた。出雲大社・熊野大社においても一〇月一一日からなされており、とりわけ出雲大社では一一日に封地御供がなされていた。また本文で記したように、神魂神社、六所神社、真名井神社では一一日に法事御供が供えられていた。また「佐陀大社縁起」においてもイザナキに関してだが、その崩御の契機は一〇月一一日であった。また「日本記一　神代巻趣意文」では、一〇月一〇日に神在祭との関係が想定されるお忌みの意識が見られた。このように見るならば、神在祭は各社とも一〇月一一日（もしくは一〇日）になされるという共通性があり、そこには『大社幽冥誌』に見られるような、イザナミに対する意識が共有されていたのかもしれない。

(54) 前後関係は不明であるが、注21で記したように「神道由来事」では、アマテラスはまず佐太神社境外社の田中明神に祀られたとされている。

(55) Hearn, 'Kizuki: The most ancient shrine of Japan', "Glimpses of Unfamiliar Japan", Houghton and Mifflin company, 1894, Vol.1 P.172

第三部

近世の出雲観

―再解釈される「出雲」―

中近世出雲における『出雲国風土記』の受容と『日本書紀』

髙橋　周

はじめに

出雲における『出雲国風土記』の現存最古本は、寛永十一（一六三四）年に尾張藩主徳川義直が日御碕神社へ寄進した写本、いわゆる日御碕神社本である。近年、中世出雲での『出雲国風土記』の受容を窺える史料の発見が相次いでいるが[1]、写本そのものが出雲に所在したのか、限定的な情報として受容されたのかは断定できない。現存写本の様相からすると、出雲における本格的な再受容は、近世に始まると見るべきであろう。

『出雲国風土記』の記載事項の特徴として挙げられるのが、各郡条における神社記載である。他の諸国の風土記では、個々の神社名が列記されることはない。

このことは『出雲国風土記』の成立を考える上で重要な点と言えるが、近世において『出雲国風土記』を再受容した出雲の人びとにとっても、注目すべき点であったことは想像に難くない。例えば、岸崎時照『出雲風土記抄』[2]や渡部彝『出雲神社巡拝記』[3]等では、風土記所載の神社の所在地が比定される。

こうした受容のあり方は、風土記に関心を持ち研究する人びとの様相と言えるが、一方で、神社あるいは社家において『出雲国風土記』はどのように受容されたのであろうか。

このような観点から近世出雲における『出雲国風土記』の受容を理解した上で、中世出雲における受容、そして『日本書紀』との関係について言及したい。

一　『出雲国風土記』を引用する棟札　―八野神社―

近世出雲の神社における『出雲国風土記』の影響を示唆するものとして、棟札が注目される。

棟札は社殿の新造や改修の際に棟柱に取り付けられ、それには当時の社家における歴史認識を示唆する由緒が記されることがある。

出雲では、一七世紀後半の寛文年間を中心に『出雲国風土記』の条文を引用する棟札が散見される。このことは写本の所持を直接示すものではないが、風土記の受容という観点で注目すべき事例と言える。

次に掲げたのは出雲市矢野町所在の八野神社に残る棟札である[4]。

A延宝六（一六七九）年十二月二十四日「八野神社建立棟札」由緒書

雲陽神門郡矢野之神宇者所レ載二延喜式一八野神社、風土記曰「矢野郷
須佐能表尊御子八野若日女命坐レ之、尒時所レ造二天下一御神大巳貴尊将
娶給為而令レ造レ屋、故、云二八野一〈矣〉」、大歳神同殿坐、鎮座年尚、
宮制漸廃、今茲延寶有二戊午冬一、経営不日而成二大呂棟吉上梁一奉レ迁二
神明於新社一、偉哉神威昭々赫々、然嗚呼温レ故而知レ新誠哉、祠官氏子
告二而古今之知名一、天下泰平国土安穏吉祥々擎二白幣一致二丹誠慶禱一再
拝々敬白

※訓点、記号等は筆者による。以下、同じ。

棟札Aは表面の文言が上下二段組で、上段中央に「矢野若日女尊神社」と記し、下段に右の由緒書が五行にわたり記される。下段左端には「神主宇多川大蔵富治謹誌垂書」とあり、筆者は神主の宇多川富治と分かる。

裏面には上段に「原始要神　霊験惟新／祭崇恭敬　宜護生民」と祝文を記

し、以下に、藩主松平綱近、社奉行安食八太夫、同松井七郎左衛門、郡奉行樋野新之丞の名を列記して、日付を記す。

由緒書には、「矢野之神宇」を延喜式所載の八野神社と比定し、『出雲国風土記』神門郡八野郷条を引用する。そして「大歳神」が同殿し、その鎮座が長く続いたことで「宮制」が次第に廃れたとする。そこで、延宝六年冬に「神明」を「新社」に遷したとする。

さらに、富治の子、富連が記した元禄年間の棟札にも延宝の社殿建立の経緯が記される。

B元禄十二（一六九九）年「矢野神社造替棟札」由緒書（部分）

八雲立出雲國神門郡八野郷中〈仁〉坐〈須〉神霊、謂者戴二延喜式一処八野神社者矢野若姫尊也、於戯邈矣逖矣、是正流之神霊矣、然〈仁〉延寶年中〈戊／午〉冬祠宦父富治氏子〈仁〉談而宮柱〈乎〉新〈仁〉造替而以神明之尊号〈乎〉明之賜、今不レ及レ記〈云／云〉

これによると、「矢野若姫尊」を八野郷の「正流之神霊」とし、富治は氏子に相談して社殿を新たに建立し、「神明之尊号」を明らかにしたとする。つまり、延宝の社殿建立は、富治が古代の八野郷に鎮座した神、八野神社の神名を認識したことが契機になったと分かる。

したがって、棟札A表面上段に「矢野若日女尊神社」と記したのは、神名の明示を意図したと考えられる[5]。社殿建立まで日数を要しなかったとあり、富治は建立の近い時期に『出雲国風土記』を認識したと考えられる。「正流之神霊」の尊号の認知により、それまで祀られた大歳神を相殿神としたのであろう。

それでは、棟札Aに引かれる『出雲国風土記』条文はいかなるものか。

棟札の条文

矢野郷　須佐能表尊御子八野若日女命①坐之、尓時、所造天下御神大巳貴尊、将聚給為而、②令造屋、故、云八野

（参考）

日御碕神社本―脱落本―

八野郷、郡家正北三里二百一十五歩、須佐能表命御子、八野若日女命坐之、爾時、所造天下大神大穴持命、将娶給為而、令造屋給、故、云八野

郷原家本―脱落本―

八野郷、郡家正北三里二百一十×歩、須佐能表命御子、八野若日女命坐之、尓時、所造天下大神大穴持命、将娶給為而、令造屋×、故、云八野

桑原家本『風土記抄』―補訂本―

八野郷、郡家正北三里二百一十×歩、須佐能表命御子、八野若日女命坐×、尓時、所造天下大神大穴持命、将娶給為而、令造屋×、故、云八野

棟札の文は郡家からの里程が省略され、郷名由来のみを記す。「命」を「尊」、「大穴持」を「大巳貴」とし、諸本にはない用字も見られる。

注目できるのは、傍線部①「坐之」、②「令造屋」である。

これらの字句は、郷原家本や、延宝五（一六七七）年の年紀を記す高野宮本等、同時期の出雲で伝写された写本と一致し、棟札の条文が典拠とした写本も右のいずれかに近い写本である蓋然性が高いと言える。

棟札Aの由緒書で興味深いのは「祠官氏子告二而古今之知名一」との文言である。神主の富治が、氏子に『出雲国風土記』の条文や神名について語っているのである。氏子にとっては、古代の出雲を記した『出雲国風土記』の存在を初めて認知する機会になったと考えられる。

神主が知り得たのは『出雲国風土記』全文ではなく、「八野郷」に関わる限定的な情報だった可能性もあるが、近世出雲の地域社会における『出雲国風土記』と人びととの出会いが垣間見える、重要な棟札と意義付けられよう。

二　高野宮（内神社）の棟札と『出雲国風土記』

次に、松江市大垣町に所在する高野宮（内神社）の棟札を見る[6]。

高野宮は、近世において、出雲、佐太両社頭の支配外で一社独立の例格の一社一例社として、松江藩の四祈願所の一つになっていた。

『出雲国風土記』が引用されるのは、元禄二年本殿建立の際の棟札で、筆者は「社司紀大蔵家原右衛門督興勝」とある。この棟札の場合、その作成時に社家に『出雲国風土記』が存在したと考えられる。

C元禄二（一六八九）年九月三日「再造高宮神社棟札写」由緒書

大野高宮者　①和加布都奴志能命〈也〉不レ知三何時何処臨ニ光于茲一矣、雲州風土記曰、②神狩二於西山一逐二猪於深谷一、是地言二内野一俗誤称二大野一、③今奉二祠之疆内一也、④延喜格式在二大野津社一、然則可レ謂二其所一申来者尚矣、且素盞鳴尊、大巳貴命在二相殿一又可レ謂二霊区一也、然而神宇依レ旧軒朽柱傾、〈予〉在下応二造営一之志上而去元禄戊辰春乞二修造之事一、国権国老許諾而寄二金五鏋一附二進之一、依二于茲一今歳〈己巳〉春再造鎮座、神通新成転二奐倍一、昔殊勝異等也〈幷〉摂末社拝宇随門■其製陪其奐而咸厳然也、同秋今月今日択二吉日一祇奉レ遷一　霊座新廟一也、貴閟之偉哉、神明之徳高哉、霊鬼之功浩々乎、無疆洋々乎、無尽所謂陰陽不測之徳功也、霊徳赫々、昭鑑察々而善感逐通二瑞応一期明也、〈予〉不レ堪二歓喜一、

棟札に記される由緒書では、高野宮の祭神を「和加布都奴志能命」とし（傍線部①）、その縁起に『出雲国風土記』秋鹿郡大野郷条の要約（②）を記す。今、同神を「疆内」（境内）の祠に奉る（③）とあり、既に「和加布都奴志能命」が祀られていたことを窺わせる。

一方、高野宮では高姫命も祀られたことが、正徳三（一七一三）年の棟札Dや享保二（一七一七）年の『雲陽誌』から分かる。

D正徳三（一七一三）年四月七日「修覆高宮大明神社宇棟札」由緒書（部分）

抑⑤当社大神者和賀布津奴志命・高姫命、悠遠之昔、欲三平二定国土一狩而鎮二座此所一也、然後至二養老年中一霊光始欲レ奉レ祀于爰無レ怠二千年一、然宮殿依二旧茸一破斬朽堪二忍雨露風寒之難一、依レ之去炑営二修覆一之事、経レ月本社摂末社及至二拝宇随神門一悉遂レ志畢（以下略）

『雲陽誌』秋鹿郡高野宮

高野宮　和賀布都努志命・高姫命をあはせまつる。本社二間四方、相殿二社左素盞鳴尊右大己貴命なり。社六尺四方、拝殿二間梁五間半、廊下九尺梁二間半、随神門櫛石窓命豊石窓命なり。（中略）⑥当社は昔日高姫命鎮座したまふ故に高野宮といふ、又⑦和賀布都努志命、高野山の頂にいたりて御狩したまふ時、北山阿内谷にて猪を追たまふに其跡を失たまはす。此ゆへに内野と詔、高姫命・和賀布都努志命の鎮座なり。延喜式に内野社といふ当社の事なり。風土記にも内野といふ又宇智の社といふなり。

棟札Dの筆者は大宮司家原敬勝で、祭神を「和賀布津奴志命」「高姫命」とする（⑤）。『雲陽誌』にも「昔日高姫命鎮座したまふ」（⑥）とあるように、同社は中世以来「足鷹大明神」「高宮」「鷹之宮」と称し、高姫命が在来神であったと考えられる。したがって、棟札Cが記された元禄二年にも高姫命は祀られていたとみられる。

以上のことを踏まえて棟札Cの意義を考えると、元禄二年の社殿造営に際して、在来の高姫命と合わせて「和加布都奴志能命」を主神として本殿に祀ったため、神名を明示したと捉えられる。『出雲国風土記』に見える「古代」の神と在来神の合祀あるいは神名の明示は八野神社と同様であり、「和加布都奴志能命」が「正流」と認識されたと考えられる。

そして、棟札Cに引用の『出雲国風土記』は、高野宮に存在した高野宮本『出雲国風土記』との関係で注目される。

同書には、次の奥書がある。

于時延宝五天孟秋吉日

大野郷高宮社主
家原氏大蔵紀信勝

家原信勝は、寛文七（一六六七）年高野宮上葺棟札に「嫡男宮千代信勝」、延宝八（一六八一）年同社上葺棟札に「家原大内蔵信勝」とみえる。年代的にも矛盾はなく、奥書の信憑性は高いと言える。したがって、延宝五年以降には、高野宮に『出雲国風土記』が存在したと見てよい。

高野宮本で注目できるのが、同社に関わる秋鹿郡女心高野条の記事である。

高野宮本

女心―高野山、郡家正西一十里廿歩、高一百八十丈、周六里、土体豊渡、百姓之膏之腴薗矣、無二樹林一、但、上頭在二樹林一、此則神社也

日御碕神社本―脱落本―

女心高野、郡家正西一十里廿歩、高一百八十丈、周六里、土体豊渡、百姓之高之腴園矣、無二樹林一、但、上頭有二樹林一、此則神社也。

桑原家本『風土記抄』―補訂本

女心高野山、郡家正西一十里廿歩、高一百八十丈、周六里、土体×渡、百姓之膏之腴園矣、無二樹木一、但、上顕有二樹林一、此則神社也。

高野宮本と日御碕神社本を比較すると、高野宮本では「女心」と「高野」の間に一文字分の空格をつくり、「高野」を「高野山」と校正する。空格には傍線が付され、書写者も「女心高野」が一連の語と認識していたことを窺わせる。高野宮本の書写年は『出雲風土記抄』よりも先行し[7]、空格や「山」の付加は高野宮本での独自の校正と考えられる。「高野山」を主語とすることで、同条末尾の「神社」を高野宮に対応させる意図が働いたのではないかとみられる。

こうした校正は、延宝五年の奥書に見える家原信勝によると考える。高野宮に残る棟札の主文を比較すると、信勝が大宮司として執行した延宝八年上葺を期に、社名が「鷹大明神」「足高大明神」から「高宮」へ統一されるのである。このことは、風土記の所持、校正と関わりがあると考えられる。

高野宮本での校正は、天文三（一五三六）年「足高大明神縁起写」（以下「縁起写」[8]）や『雲陽誌』に載る同社の由緒との関係においても注目される。

天文三（一五三六）年「足高大明神縁起写」（部分）

昔日高姫命所レ鎮二座於此地一也、故曰二高野宮一矣、又曰、和加布都努志命到二於高野山絶頂一而為二御狩一時、北山阿内谷而追二猪犀一、其跡亡失、故詔二内野一矣、然則高姫命、和加布都努志命、宮柱太敷立共鎮二座此処一、

享保二（一七一七）年『雲陽誌』秋鹿郡高野宮（先掲傍線部⑥⑦）

当社は昔日高姫命鎮座したまふ故に高野宮といふ、又、和賀布都努志命、高野山の頂にいたりて御狩したまふ時、北山阿内谷にて猪を追たまふに其跡を失たまはす。此ゆへに内野と詔、高姫命・和賀布都努志命の鎮座なり。

高野宮本『出雲国風土記』秋鹿郡大野郷条

大野郷、郡家正西一十里廿歩、和加布都努志能命、御狩為坐時、即郷西山狩人立給而、追二猪犀一、北方上之、至二阿内谷一而、其猪之跡亡失、尓時詔、自然哉、猪之跡亡失詔、故、云二内野一、然、今人猶誤二大野号一耳

天文の「縁起写」と享保の『雲陽誌』の由緒を比べると、ほぼ同文と分かる。『雲陽誌』には社蔵の文書や棟札の文言が引用される例が散見され、この場合も「縁起」（あるいは「縁起写」）を参照した可能性がある。このことは、天文の「縁起」が享保年間に存在したことを示唆する。

そして、その由緒は『出雲国風土記』秋鹿郡大野郷条の郷名由来（傍線部）に基づく。ただし、ワカフツヌシの御狩の場を、風土記では「大野郷」でのこととするが、「縁起写」や『雲陽誌』は「高野山の頂」に到ることが前提となる。

この相違も、高野宮にワカフツヌシを祀る由緒として整合性を図るため改変されたと考えられ[9]、高野宮本の女心高野条で「高野山」とした校正と同じ趣意が窺える。高野宮本の大野郷条に同様の改変が見られないのは、校正した場合、本文の主旨が大きく異なることになるためであろう。

ところで、天文年間にワカフツヌシに対する認識が既に存在したか否かは判然としない。元禄二（一六八九）年の棟札Cが引く由緒に天文の「縁起」の影響が見られないこと、享保二（一七一七）年の『雲陽誌』に「縁起」と同様の由緒が見えることからすると、天文の「縁起」の年代観は一考を要するのではなかろうか。むしろ、天文の「縁起」に見える「高野山」は、延宝五年の高野宮本における校正を踏まえた可能性が考えられる。

そうすると、八野神社の例と同様、延宝年間前後にワカフツヌシが高野宮の「正流之神霊」と初めて認められ、元禄二年の本殿造営に際して在来神の高姫命と合祀されたのではなかろうか。

興味深いのは、『雲陽誌』で高野宮を秋鹿郡の神祇官社「宇知社」と比定するのに対し、元禄二年の棟札Cでは神祇官社「大野津社」に比定する見解④を記すことである。後者の見解は、『出雲国風土記』で「大野郷」と「女心高野（山）」が郡家からの里程を同じくし、高野宮が大野郷（庄）の惣社であったことから、「津」を助字と理解して「大野津社」に比定したとみられる。

しかしながら、『出雲風土記抄』やこれ以降の注釈書は「大野津社」を津森大明神に比定する。一方で、「安心高野」について『出雲風土記抄』では「大垣村高宮大明神鎮座ノ山名ニ而、此記ニ阿之牟社ト書ス是也」、「宇知社」を「大野郷阿内谷大明神」とし、棟札や『雲陽誌』とも異なる風土記所載社の比定がなされる。

すなわち、高野宮を「宇知社」と比定するのは『雲陽誌』が初見であり、その見解が次第に定着していくのである[10]。

三　『出雲国風土記』を引用する棟札と佐草自清

八野神社や高野宮で見られるような『出雲国風土記』引用の棟札は、出雲地域の広範囲で確認できる。年代的には寛文末年から元禄年間、一七世紀後半に集中する。近世出雲の神社支配の頂点にあった社頭の出雲大社で、神仏分離を伴う寛文度遷宮が行われ、「古代」への回帰が図られた時期と重なる。

そうした観点から注目できるのが、出雲大社や当時の大社上官佐草自清との関わりが窺える棟札である。

その一つとして、出雲市口宇賀町に鎮座する宇賀神社の棟札を検討する。現在の主祭神は大己貴命、綾門姫命である。ここで取り上げるのは現存最古の棟札で、延宝四（一六七六）年九月吉日の年紀を記す。

棟札の表面中央上段には、主文「奉建立宇賀郷神社一宇」と記し、「宇賀郷」と「神社」の間に四文字分の空白をつくり、双行で右に「大己貴命」、左に「綾門姫命」と記す。上段の両端には祝文と年紀が記され、下段中央には「地下十二氏子　願主」の文言、両端に神主と大工の名がある。裏面には「天長地久御願円満祓賜〈比〉清賜〈布〉」と記される。

表面に示される二柱の神は、『出雲国風土記』出雲郡宇賀郷条に見え、この棟札も風土記に基づく。神名明記は八野神社の棟札と共通する。

この棟札には、関連文書の写しが「宝暦十四年甲申二月神社書出帳写」として残る。長文となるが、次にその一部を提示する。

縁記
当国楯縫郡宇賀郷宇賀
社者、合祭大己貴大神与
神魂命御子綾門姫命
神社也、依高橋定正求而、
以古事記風土記、訂正
之者也
延宝四年丙辰九月日　佐草氏自清判
千家出雲延俊同

古老伝

往古乱之時宮打破り、宝物取申由かたり伝へに御座候、又宇賀郷と申儀ハ、Ⓐ綾門姫命、出雲大社を忍出給ふ折節、大己貴大神、山之谷々尋伺ひ給ふ御心を宇賀之郷と付させ給ふ由、又Ⓑ天照大神、経津主武甕槌命を降し給ひて芦原の中津国を
　皇に奉らんやいなやと問ひ給ふ時、則大己貴大神、吾子事代主命伺へきと御心の出るを以、宇賀郷と付させ給ふとも申伝ルなり、扨当社式内之神社ニして宇賀郷乃入口沼田之郷を見晴し、既ニ宇賀郷南北壱里半、西北鰐渕山ニ続、西ハ杵築弥仙山之東迄深山引続、只今楯縫郡猪目浦神門郡宇峠浦との合、御召馬と牛と両方行逢、牛馬の跡、岩乃上ニ有所を杵築と宇賀郷の境也、夫ゟ山乃境も杵築弥仙山ゟ東、畔々国冨之境迄宇賀明神の御領分と云へり（以下略）

原文書はなく、宝暦十四年の書出帳に転記されたものが残る。年紀は棟札と一致しており、対応するものと見てよい。

その内容は、北島方の上官佐草自清と千家方の上官千家延俊の連名で、「宇賀郷宇賀神社」は大己貴命と綾門姫命を祭神とする神社とし、神主高橋定正の求めで、これを訂正したとする。つまり、延宝四（一六七六）年の社殿建立を機に従来の祭神を変更し、『出雲国風土記』に基づいた祭神を祀り始めたのである。

そして、北島・千家方の両上官の署名に続き、「古老伝」として宇賀神社に因む由来が記される。この由来には、『出雲国風土記』出雲郡宇賀郷条の郷名由来に基づく由緒（傍線部Ⓐ）と、記紀の国譲り神話に基づく由緒（Ⓑ）の二つの説話が記される。したがって、「古老伝」以下の文言は延宝四年の文書に付属するのではなく、神主側でまとめられたと考えられる。

次に、その各説について検討したい。

まず、風土記に基づく由緒（Ⓐ）は、『出雲国風土記』出雲郡宇賀郷条と『雲陽誌』口宇賀、奥宇賀の項が参考となる。

日御碕神社本『出雲国風土記』出雲郡宇賀郷条

宇賀郷、郡家正北一千七里二十五歩、造二天下一大神命、譲二坐神魂命御子、綾門日女命一、尓時、女神不レ肯逃隠之時、大神伺求給所、此則是郷、故、云二宇加一、即、北海浜有レ磯、名二脳磯一、高一丈許、上坐松、藝至レ磯、里人之朝夕如二往来一、又木枝人之如二攀引一、自レ磯西方窟戸、高広各六尺許、窟内在レ穴、人不レ得レ入、不レ知二深浅一也、夢至二此磯窟之辺一者、必死、故、俗人自レ古至レ今、号二土黄泉之坂、黄泉之穴一也

『雲陽誌』楯縫郡　口宇賀（宇賀明神）

宇賀明神　大己貴命、綾門姫をまつる、（中略）古老伝に大己貴命と綾門姫、夫婦睦からさるにより、綾門姫、大社を忍出たまひたり、大己貴の神、籠守明神を伴たまひて綾門姫を追たつねたまひ、奥宇賀布施の山に到ぬ、山の半腹に穴あるを見て、此穴のほとり、人の通たるとおほしくて草靡たり、綾門姫もし此穴に隠居たまふにや、籠守明神は爰に守居たまへとて此谷を布施物にたまはりたるによりて、今所の名として布施とはいふなり、大己貴尊、口宇賀を窺たまふに綾門姫出たまふに逢たまへり、故に窺知といふ心にて宇賀の郷とはいふなり、夫より大己貴命と綾門姫をまつりて、宇賀明神と崇たてまつりぬ（以下略）

『雲陽誌』楯縫郡　奥宇賀（籠守明神、窟）

籠守明神　筒男命なり。（略）古老伝に此社より八丁はかり山つゝきの南に岩窟あり、穴の裡六七尺はかり西向なり、窪き所に穴口あり、窟より五十間はかり南の方に径二尺の穴あり、深ことはかりなし（以下略）

（略）

窟　和多灘より十五町南の山にあり、風土記に宇賀郷に窟戸高さ広さ各六尺はかり深浅しれす、此窟の辺にいたる者必死すといふ、故に今に黄泉の穴と号す、俗人古より冥途黄泉の穴といふ

「宇賀」の由来について、『出雲国風土記』は造天下大神命（大己貴）が綾門姫を探して伺い求めたことに因むとする。『雲陽誌』にも同様の記載が見える。ただし、『出雲国風土記』では「譲坐《せめましき》」[11]として、大己貴の強引な求婚により綾門姫が逃げ隠れたとするが、『雲陽誌』は大己貴と綾門姫は既に夫婦となり、不仲のために住いの出雲大社から綾門姫が忍び出たとする。つまり、大己貴が宇賀郷へ伺う前提が異なっている。

これに対して、宇賀神社の由緒Ⓐは綾門姫が出雲大社から忍び出たとあり、『雲陽誌』の記載と一致する。このことから、『雲陽誌』と同様のストーリーを背景とするものであったと考えられる。したがって、佐草自清と千家延俊から示されたのは、風土記に基づく祭神と、新たな解釈が付加された由緒だった可能性を指摘できる。

一方で、記紀の国譲り神話に基づく由緒Ⓑは、『雲陽誌』に宇賀明神の由緒として見えない。

天照大神が「経津主武甕槌命」を遣わすことから、『日本書紀』に基づく説話と言える。この由緒は綾門姫と関わりがなく、末尾に「宇賀郷と付させ給ふとも申伝ル」とあることから、宇賀神社で別に語られていたことが窺える。おそらく、これは大社側から提示された由緒よりも前に語られていたのであろう。そのように見ると、延宝四年までの祭神は大己貴命であり、大己貴命が事代主命を伺ったことが由緒とされていたのではなかろうか。

したがって「古老伝」には新旧の由緒が含まれると言える。ここで問題となるのは、延宝四年の祭神の訂正には「古事記風土記」に基づいたとすることである。つまり、宇賀神社の由緒Ⓐに『古事記』に関わる記述は見えないのである。

これについて参考となるのが『雲陽誌』の記載である。

『雲陽誌』口宇賀の宇賀明神の項には「古老伝」として、宇賀神社の由緒Ⓐと対応する記載に続けて、さらに説話が加わっている。大己貴命が籠守明神を伴って綾門姫を追い、奥宇賀布施の山で山腹の穴を見て、綾門姫がこの穴に隠れているかもしれないと、籠守明神に守るよう命じる説話である。

『雲陽誌』奥宇賀にはこの説話と対応する「籠守明神」の項があり、山腹の穴「岩窟」について記す。籠守明神とは別項の「窟」が、この「岩窟」と考えられ、そこに『出雲国風土記』宇賀郷条後半（波線部）が引用される。宝永三（一七〇六）年『楯縫郡村々萬指出帳』奥宇賀には、この「窟」について「一穴壹ヶ所和田灘から拾五町南ノ山ニ有、口の渡リ弐尺、沈不知候、此穴黄泉平坂之穴と申来候」と記され、天和三（一六八三）年の『出雲風土記抄』にも「宇賀山に井の如き岩穴有り、直下深さ計りしるべからず、俗また日の黄穴と呼ぶ」とある。延宝四（一六七六）年の宇賀神社の社殿建立からほど近い時期に、こうした伝承が存在したことを窺わせる。

「黄泉平坂」は記紀の黄泉国訪問神話などに見え、特に「黄泉」は『古事記』の用字である。綾門姫が隠れたとされる奥宇賀の穴は宇賀郷条後半の「窟戸」と見なされ、『古事記』黄泉国訪問神話の「黄泉平坂」とも同一視されていたのである。つまり祭神の訂正に際して参考とされたのは、『古事記』の黄泉国訪問神話であったと言えよう。

このように考えると、延宝四年に出雲大社から示されたのは、『雲陽誌』宇賀明神の「古老伝」に記される綾門姫の逃亡譚だったのではなかろうか。そして、奥宇賀の「窟」の説話は、宇賀神社と直接関わらないため、由緒から除かれたのではなかろうか[12]。「古事記」に因む由緒が見えないのは、このような背景があると考える。

延宝四年の宇賀神社における、『出雲国風土記』に基づく神名の明示の背

景には、出雲大社から神名とこれに関わる由緒の提示があったと考えられる。その提示は神主の求めによるものとあるが、大社側から示された可能性もあるだろう。

　同時期における他の神社でも『出雲国風土記』条文や神名・社名が棟札に引用される例が認められ、宇賀神社の例からすると、そうした動向の背景には同様に出雲大社の関与があると考えられる。

　さらに、宇賀神社の「縁記」に佐草自清が名を連ねることも注目できる。こうした『出雲国風土記』の受容に関わる一連の動向は、自清が主導した可能性があるのではなかろうか。

四　消滅する中世出雲の神話
―「灰火山社記」と「出雲郡往昔大擬之図」―

　これまでの検討では、近世前期の出雲国における『出雲国風土記』の受容について、社家側の様相を確認した。その受容の背景には、寛文度の遷宮で「古代」への回帰を指向した出雲大社、あるいは、そこで主導的な役割を果たした佐草自清の存在があったと考えられる。

　また、各神社においては、「正流之神霊」としての風土記の神が新たに受容されるとともに、在来の神や伝承が併存することも看取できた。こうした在来の神や伝承は、いつから継承されたものであろうか。

　次に、『出雲国風土記』の受容の観点から、「灰火山社記」と「出雲郡往昔大擬之図」について検討する。両史料の作成時期は百年以上離れるが、出雲郡阿具の「軻遇突智」に関わる記載を共有する。管見の限りでは、この記載は両史料の他には見られない。

　まずは、各史料について検討していく。

四―一　「灰火山社記」の内容とその意義

　「灰火山社記」は、在地領主の馬来氏が奥出雲の地に愛宕山の神を祀る祠堂を建てた際、この地を訪れた大江氏の末流にあたる人物が馬来氏の「太守」に依頼されて執筆した由緒書である。

　その後、愛宕神を祀る祠堂は、馬来氏が毛利氏家臣として長門萩へ移住したため廃絶するが、この由緒書は月山富田城下の一乗院の由緒となり、江戸時代初め、同院は松江開府の際に松江へ移転し宝照院と寺名を変え、由緒書も伝来することとなった。[13]

　煩瑣ではあるが、以下に「灰火山社記」の全文を掲げる。[14] 訓点、傍線、記号等は筆者による。また、内容により改行した。

A斯愛宕山之神者、伊弉冉尊之所レ生而、軻遇突智之霊也、

B昔者①伊弉冉尊生二火産霊一②所焦而神終矣、其且終之間、臥生二土神埴山姫一、即軻遇突智娶二埴山姫一、産二稚産霊一、此神頭上生二蠶与桑一、臍中生二五穀一也、一品舎人載二之国史一、以伝二乎万世一也、宜哉

C太守之経二営祠堂一祈二祷安全一也、
太守之遠祖氏綱公、知二神門郡阿具社与此東山神以同体一而事不レ怠、
古老伝云、『此東山初号二灰火山一而軻遇突智之所レ化也』

D雖然世久物換、無レ知二其所以一、然者今考二其事一、不レ得三以尽知二其説一也、況薄識浅才、生二於数百年之下一而欲レ明二於数百年之前一、何得不、難矣、

E然而幸有二願書一封一而存故依二其書一推レ之、不レ為レ無レ所レ拠矣、
『夫伊弉冉尊陰神也、雲陽坤隅之地也、陰神在レ之不レ違二其理一、豈伊弉冉尊会二於神門郡一、生二軻遇突智一歟、故号二其地一謂二阿具一也、軻遇、阿具音相近矣』

F況東山嘗号二灰火山一、所謂③草木沙石含レ火之山矣歟
於レ是太守祭レ神二於此山一歟、蓋有レ之乎、
阿具載二神祇官一、灰火見二風土記一、不レ為レ無レ所レ拠者也、

G按④軻遇突智之所レ化者雷神也、或放レ焔焦二人家一、或洚（降）レ雨湿二嘉種一、禍福不一者何乎、嗚呼、神上古清爽其明明矣哉、人能抱二赤心一、為レ土為レ民敬レ之祭レ之、則一天之耳、雨油然降、九井之荳苗浡然起也、民得二其賜一、皆抃二其田一含哺二鼓腹一、雖レ不二労苦一而足矣、

H書云『鬼神無常享二享于克誠一、斯之謂也』

I若又以二黒心一黷レ之媚レ之、則昒爽之間、罹二池魚之災一、腴田之饒、比屋之麗、忽為二焦土一、神之昭（照）覧何其急也、以レ之推レ之、則犯レ上、好レ覧、積レ悪、謀レ反、徒蒙二神之罰一、失二其家一、亡二其身一、於レ理可レ知焉、故請二　神討一レ罪、則無レ不レ捷、随二　神伐一レ逆、則無レ不レ伏也、世之用レ兵者、不レ思レ之乎、余曽聞、前世有二雷火一、焼二失人家一屢多、今也国富、食足、以無二天災一矣、敬二神之誡一、蓋有レ応歟否歟、於二人事一可レ見焉、

J去年　太守相旧制之少レ陋、嘆息不レ惜焉、依二山腹一造二祠堂一、刻レ画、尽レ美、黝堊尽レ善、照レ顔、奪レ眼、

余　応二祠人之招一、初入二社中一、憑レ欄繞レ廊、逍遥徜徉日尚也、南山之為節二古史一、所謂鳥上峰歟、玉峰之横東南到二吉備之境一、斐伊川之清流、過二富田之西鄙一、恋山之松風破レ煙、阿伊川之潺湲砕レ月、神之廟食二于茲一也、其可レ厭乎、

加之人事繁多、迎レ　神送レ　神有来集而祭者、相伴而吟行、神之守レ土利レ民於二目下一而顕然、豈外思乎、

太守亦祭二斯　神一、受二其福一、可レ謂レ知二其所レ敬一也、

K夫惟　日域上天之神化、作二雷神一也、降二慈雨一而随雲霓之望、生二稚産霊一也、生二蠶桑一而防二人間之寒一、豈彼如二淫祠之行一怪邪神之迷レ人乎、世無狄梁公雖レ不レ知、神之為神与神之不レ為神有二日本記一、則　神之為徳不レ談而可レ識焉、何贅二于此一矣哉、

L祠人迎レ余之次、請レ記二斯事一、不レ能二固辞一、依二前書之所見、古老之所伝一而筆レ之、以応二于需一矣云、

文亀二年壬戌秋七日

大江末流陳人漂子秉翰於渓上堂下

「灰火山社記」はその内容からA～Jの段落に分かれる。

はじめに、愛宕山の神は「伊弉冉尊」が生む「軻遇突智」の霊として、由緒書の前提を示す（A）。この愛宕山とは京都の山を指すのであろう。

次いで、その「軻遇突智」の誕生譚を『日本書紀』から引用する（B）。所謂、黄泉国訪問神話の冒頭である。その文章は一部割愛されるが『日本書紀』とほぼ一致し、実際に同書を傍らにして由緒書を記した可能性がある。

ここで注目されるのは、『日本書紀』神代巻第五段一書第三（傍線部①）と一書第二（②）を組み合わせて記載することである。

一書第三は「軻遇突智」を「火産霊」と言い換えており、これと接続する一書第二は「軻遇突智」を主語とするため、やや矛盾した文意となっている。一書第二にも「軻遇突智」誕生の記載はあり、一書第二のみを引用することもできたと考えられるが、なぜ一書第三と組み合わせたのかは判然としない。

そして、馬来氏の当主「太守」が祠堂を営み安全を祈祷するとし、この祠堂を「東山」に営んだのは、遠祖氏綱が神門郡の阿具社と「東山」の神が同体であることを知ったためである、という（C）。これについて、古老の伝承として「東山」は初め「灰火山」と呼ばれ、「軻遇突智」が化成したところと加える。

氏綱は山名師義（一三二八～一三七六）の五男で、将軍足利義満から出雲国仁多郡阿井村を与えられ居住した。したがって、氏綱が阿具社と東山の神を同体と捉えたのは少なくとも一四世紀後半のことであり、古老の伝承がその理解に伴うものであれば、『日本書紀』の「軻遇突智」誕生譚はその当時から出雲でも知られていたことになる。

そして由緒書の筆者（以下、[筆者]）は、Cに見える東山（灰火山）をめぐる縁起について、数百年前のことであるため明らかにするのは難しいと述懐する（D）。

しかし、幸いにも「願書一封」が残るため、その書から推測できるのだという（E）。すなわち、「願書」は次のように語る。伊弉冉尊は陰神で、神門郡は出雲国の西南の隅の地である。そこに陰神が在るのはその理に違わない。どうして伊弉冉尊が神門郡で軻遇突智を生んだとされたのか。それは、その地を阿具と謂うためで、軻遇と阿具は音が近いのだ、と。

この「願書」がいつ書かれたものか判然としないが、この説により阿具社が「軻遇突智」に由来することを明らかにでき、東山の神を阿具社と同体と

見た根拠を示すことができるのである。おそらく、「願書」の説は氏綱のころから出雲において語られていたのであろう。一四世紀後半から一五世紀代にかけて、『日本書紀』の黄泉国訪問神話が出雲で知られ、現地との比定などの解釈も試みられたことを窺わせる。

こうした古老の伝承や「願書」の記載を踏まえて、[筆者]は、東山がかつて灰火山と呼ばれたのは、「草木沙石に火を含んだ山」(③)であるためかとする(F)。この「草木沙石」の表記は、神代巻第五段の一書第八「是時、斬血激灑、染㆓於石礫樹草㆒。此草木沙石自含㆑火之縁也」に基づく。一書第八は、伊弉諾尊によって斬られた軻遇突智が五つの部位に分かれ、それぞれ山の神になるという神話である。草木や石に軻遇突智の血が染み込み、火のもととなったという由来譚でもあり、[筆者]は山の現況ではなく、「灰火」の名を『日本書紀』の記事と結び付けたと考えられる。東山に「軻遇突智」を祀る背景として、阿具社と同体であるという間接的な根拠しか示されない中で、[筆者]はこのように考え、太守がこの神を祀ったのだろうとする。

そうした[筆者]の推測を裏付ける意味で、「阿具載㆓神祇官㆒、灰火見㆓風土記㆒」と記載するのである。つまり、[筆者]の基本的な論拠は『日本書紀』であり、地元で語られていた伝承や「願書」に見える「阿具」や「灰火」の名が『日本書紀』と同時代性のあるものと示すために、『出雲国風土記』に見えると述べたと考えられる。由緒書では「神門郡阿具社」とあるが、『出雲国風土記』で阿具社は出雲郡神社条に列記される。この齟齬に触れないことも、「阿具」の名が重視されたことを示唆すると言えよう。

さらに、[筆者]は「軻遇突智が化成するのは雷神である」(④)とする(G)。この表記は神代巻第五段一書第七「伊弉諾尊、抜㆑剱斬㆓軻遇突智㆒、為㆓三段㆒。其一段是為㆓雷神㆒」に基づくと考えられる。第五段に、軻遇突智が切られて神に化成することを記した異伝は他にもあるが、「雷神」となるのは一書第七だけである。そして、「雷神」について示した上で、[筆者]は雷神を祀る意義を述懐する。

次いで「書云」として「鬼神無常享㆑享㆓于克誠㆒」と記す(H)。この「書」とは先掲の「願書」のことであろう。「鬼神」とは万物の霊魂を意味し[15]、前記の雷神と同じものを示唆するか判然としない。ただし、全体的な文意からすると、[筆者]は同等に捉えているように考えられる。神代巻第五段一書第九で、桃の実を雷公に投げることが「用㆑桃避㆑鬼之縁」であることに基づいたのであろうか。いずれにせよ、「鬼神」は安定した存在ではないので誠心を以て祀るよう、「願書」の語で戒める。

それを踏まえて、もしこれを汚すことがあれば、すぐに災いがもたらされると述べる(I)。そして、国が富み、食糧が足り、天災がないのは、神を崇敬することを行っているか否か、人の行いで判断できる、とする。文章の内容として、Hを挟みGとIが対称的となっており、[筆者]はGからIを通して「雷神」「鬼神」を崇敬する重要性を説いたと捉えられる。

そして、去年(文亀元年・一五〇一年)、「雷神」に化成する「軻遇突智」を祀る祠堂を東山の山腹に造立したと述べる(J)。写実的な表現で祠堂の様子が記され、祠堂から見る風景を具体的な地名を挙げながら描写する。「南山」は「古史」に刻まれる「鳥上峰」とあるように、その地名は『日本書紀』を参考としたことが窺える。同様に列挙される「玉峰」「斐伊川」「恋山」「阿伊川」等の地名は、『出雲国風土記』から引用した可能性もある。特に「恋山」は風土記にのみ見える表記であり、由緒書が作成された時代において同様に呼称されたことも否定できないが、風土記からの引用を示唆すると考える。

さらに[筆者]は、神迎え、神送りの神事についても言及する。この神事は十月に日本全国の神々が出雲に参集する伝承を前提とし、出雲大社では、一四世紀半ばごろまでには何らかの形で神在祭が行われていたと考えられる[16]。この由緒書には、この神事に参集した人々が詩歌を吟じながら歩いたとあり、一六世紀初めの奥出雲の地でそうした神事が行われたことを窺わせる。

その上で[筆者]は、神が土地を守り、民を豊かにすることが奥出雲の地ではっきりと現れ、太守もこの神(軻遇突智・雷神)を祀ることで福を受けていると述べる。また、崇敬すべきところを知っている、とする。

こうした太守の信仰を踏まえて、[筆者]は「雷神」について改めて述懐する（K）。すなわち、日本の神々の徳化が作り出したのが雷神であり、慈雨を降らし、蚕と桑を成す稚産霊を生み人々の寒さを防いだ、と。そして、「日本記」には神たる神とそうではない神が記されていて、神たる徳は語らずしてその行いで認識するべきと、まとめる。

そして最後に、この由緒書を記した経緯を記す（L）。「前書之所見、古老之所伝」によって筆を執ったとあり、「願書」と古老の伝承に基づいて、［筆者］の所見を書き加えたと分かる。

このように「灰火山社記」を読み解くと、東山の信仰をめぐる地元に伝わる言説について、馬来を訪ねた［筆者］、大江氏の末流にあたる人物が『日本書紀』を用いて考え、太守による祠堂造立を顕彰する内容と捉えられる。『出雲国風土記』の引用も見られるが、［筆者］の論拠の基本は『日本書紀』であり、その引用文も多く、『日本書紀』神代巻を傍らに「灰火山社記」の草稿を記した可能性がある。［筆者］の素性を知る上では、『日本書紀』をめぐる知識や理解に注目する必要があろう。『出雲国風土記』からの引用も見えることから、同書を持参していた蓋然性は高いが、出雲の在地の人々へ与えた影響は限定的だったのではなかろうか。

一方で、古老の伝承や「願書」に見えるように、「灰火山社記」が記される以前に、『日本書紀』の神話が出雲で知られ解釈されていたことが窺える。このことは近世前期の『出雲国風土記』引用の棟札において、『日本書紀』に由来する在来神が既に見えることと対応しており、中世後期から近世前期にかけての出雲で、『日本書紀』の世界観が浸透していたことも窺わせる。

四―二　「出雲郡往昔大擬之図」の由来

「灰火山社記」によれば、同書が作成された一六世紀初めには、出雲において神門郡阿具社は軻遇突智を祀る社と認識されたと分かる。

しかし、「阿具社」に比定される現在の出雲市斐川町阿宮の阿吾神社について、『出雲風土記抄』『雲陽誌』等の近世地誌にそうした認識は見えない。『出雲風土記抄』では「阿具社、式書阿吾神社、河内郷上阿宮大明神、是也」と記載されるだけである。波迦神社において、中世における『出雲国風土記』に由来する伝承が消滅したように[17]、阿吾神社でも中世から近世へ移行する間に、由緒や祭神の解釈に変化が生じたとみられる。

そうした中で「出雲郡往昔大擬之図」（以下、「往昔図」）と題する絵図には、阿吾神社の位置に「阿吾山」「軻遇突智社」の注記が認められる。近世史料で、中世後期の「阿具社」の有様を反映させた唯一のものである。

この「往昔図」は古代の出雲郡を推定して描いたとみられ、大きく西へ流れる出雲大川（斐伊川）が特徴的な絵図である。同種の絵図は島根県内各地に残り、藩主松平家所蔵の絵図は『島根県史』に附録として収載される[18]。したがって比較的知られた絵図ではあるが、これまで注目されることはなかった[19]。ところが、中世後期の伝承を反映した注記を確認できることから、絵図の由来について検討する必要があると考える。

なお、本稿では出雲市長浜コミュニティセンター所蔵の「往昔図」を検討の対象とする。同資料に年紀は記されないが、封入されていた袋に「明治十年十月上旬写整」とあり、明治に入って書写されたと分かる。また、その袋の裏面には「〈出雲国神門郡杵築邑住〉原図著述人　冨永芳久先生」「〈全国全郡修理免村住〉地誌村誌編集人　廣澤幸得」と記され、その絵図は出雲大社の北島国造家で神職をつとめた冨永芳久（一八一三～一八八〇）に由来し、明治初年の皇国地誌編纂事業に伴って謄写されたことが窺える。おそらく原本は北島国造家周辺にあり、冨永芳久が写したものであろう[20]。

「往昔図」の名の通り、出雲郡の郷名は伊努郷を除き全て記され、神門郡も八野郷以外は記される。また、出雲郡について、山、川、浜、島の多くはその比定地に風土記の名称が記載される。周辺の郡の自然地形の名称も、出雲郡との境界にあるものが主に記される。風土記に見える島名等が認められない事例もあるが、これは比定できなかったためと考えられる。

そして、「往昔図」には『出雲国風土記』の条文を引用した記載もある。これを列挙すると、次のようになる。

①出雲御埼山／高三百六十丈／周九十六里六十五歩
②神名樋山高百七十五歩

③伎比佐加美高日コ命社／即在此山之巌／故云神名火
④山／高三十九丈／周一里二百九十歩
⑤薗長三里一百歩広一百二十歩
⑥自神門水海通大海潮長三里広一百二十歩、是則出雲与神門二郡堺也
⑦置郷、風土記云、置伴部等所造来／宿停
⑧神門川　源出飯石郡琴引山
⑨水海周三十五里七十四歩
⑩水海与大海之間在山長二十二里二百三十四歩／広三里此者意美豆努命
　之国引／坐時之総
⑪佐比売山／出雲与石見二国境

※斜線は改行

各条文には誤写と言える字句も認められるが、その異同の傾向から脱落本系の写本に基づくと考えられる。

③「此山之巌」は出雲郡神名火山条の一部で、脱落本は「此山厳」とし、『出雲風土記抄』等の補訂本は「此厳」とする。おそらく「之」字は仮名が本文化したのだろう。また、補訂本で⑥「潮」は「江」、⑩「総」は「綱」に校正する。

さらに、注目できるのが、地名とともに書き込まれた「私云」を冠する注記である。これと同様の注記をもつ写本に、國學院大学図書館所蔵の渡部氏本がある。

渡部氏本は、正徳五（一七一五）年の千家国造方近習・藤間半太夫による書写本を、享保十八（一七三三）年に渡部保良が模写した写本である。同書の島根郡朝酌郷条の傍注に記される延喜神祇式祈年祭祝詞の一部が脱落し、これと同文の注記が『出雲風土記抄』に「自清本云」と見えることから、渡部氏本の祖本は北島国造方上官・佐草自清所持の「自清本」と考えられる。

こうした観点から「往昔図」に書き込まれた注記を見ると、神門郡置郷の注記「私云、至于今此所号伴郷（部カ）／順和名抄ニ日置郷云々」は、渡部氏本の神門郡総記頭注「和名抄ニ日置郷」、同郡置郷頭注「私云、今世半部云所ナラン」とある記載に対応する。また、「健部郷」「宇太保浜」は補訂本系の写本に見られる異同であるが、渡部氏本もこれを共有する。したがって、本文・注記の一致から、「往昔図」の注記は自清本系統の写本に基づくと考えられる。

さらに、自清が元禄七（一六九四）年にまとめた『出雲水青随筆』との関係も注目できる。すなわち、「往昔図」には『出雲国風土記』出雲郡園条「薗長三里一百歩広一百二十歩」とこれに関する注記として「是所謂所造天下大神之御薗也、自離宮以南至湊川御薗内也」と記されるが、『出雲水青随筆』乙見社の項には「自仮宮以南至于湊川之砂山」の文と、これに対する注記「此即大神御園也、昔松繁多也ト見ヘタリ、今ノ仮宮村中村大土地小土地赤塚湊等也、風土記所謂園長三里一百歩、広一里二百歩」が見える。同文ではないが、ほぼ同意と捉えられよう。

『出雲水青随筆』には「予嘗勘風土記、以出雲・神門二郡ノ図、粗注シテ大社文庫ニ納ム」とあり、自清が風土記に基づいて出雲・神門郡の図を作り粗注したことが窺える。「往昔図」に書き込まれた『出雲国風土記』本文や注記を踏まえると、この粗注の図が「往昔図」の原本に当たる蓋然性が高い[21]。自清は、延宝九（一六八一）年に幕府巡見使が大社へ参詣した際、絵図を献上している。ただし、その絵図には「大社今ノ御宮立」が記されたとあり、「大社」としか記されない「往昔図」とは異なる。このことからも「往昔図」の原本は粗注の図に当たると言え、延宝九年以前に描かれたと考えられる[22]。

一方、「往昔図」で出雲大社の東を流れる能野（吉野）川に注目すると、直線的に南流して描かれる。かかる流れは、寛文度遷宮に伴う寛文四（一六六四）年の流路改修事業によるとされ、それまでは東へ斜流していたと推定される[23]。したがって、「往昔図」は寛文四年以降に描かれたと考えられる。このことは、自清に関わる史料で『出雲国風土記』に関する記事の初見が寛文二年であることと対応する。

すなわち、「往昔図」は、寛文四年から延宝九年の間に描かれたのではなかろうか。この時期には、出雲国内の複数の神社でも『出雲国風土記』を由緒に引用した棟札が作られ、「往昔図」は当該期の風土記受容を反映したも

のと言えよう。

四―三　消滅する中世神話と『出雲国風土記』の受容

そうすると、「往昔図」に見える『出雲国風土記』に基づかない名称も、古代を意識した記載と考えられる。

その点で注目できるのが、「往昔図」の出雲郡河内郷に見える「阿吾山」「軻遇槌社」の注記である。

阿吾（阿具）で軻遇槌が生まれたとの伝承は「灰火山社記」に記され、一四世紀後半には出雲で語られていたことが窺える。「往昔図」が自清によるものとすれば、およそ二〇〇年後においても、この伝承は何らかの形で残っていたことになる。「往昔図」では「阿吾山」「軻遇槌社」だけの表記であるが、同様の伝承を背景に見ることも可能であろう。

こうした観点から「往昔図」の注記を見ると、杵築郷の南端、神門郡との境の湊川近くに描かれる「天若日子社」が注目される。その社殿の東側に大きな松が描かれ、「尸挙松」と注記される。

この「天若日子社」の位置は出雲大社の境外社湊社に相当し、自清は『出雲水青随筆』湊社の項で「伝記曰、湊天稚彦社也」とし、これに続けて「此社ノ東ニ昔ハ尸挙松トテ、三囲余リノ大木ノ松一株アリト、古老相伝、日本紀曰、天国玉知夫天稚彦已死、乃遣疾風挙尸致天云々」と記す。古老が伝える日本紀の一節は『日本書紀』神代巻第九段本文「天国玉、聞其哭声、則知夫天稚彦已死、乃遣疾風、挙尸致天」である。いわゆる国譲り神話の冒頭であり、葦原中国に遣わされた天稚彦が高皇産霊尊の射返した矢で殺され、父の天国玉が疾風を遣わしその遺体を天に戻すという件である。「尸挙松」は天にも届こうとするような大木だったのであろうか。「昔」とあることから、絵図が描かれた時には既に存在しなかったとみられる。

この「天若日子社」「尸挙松」についても、「阿吾山」「軻遇槌社」と同様に、自清が知り得た伝承に基づいて描かれたと考えられる[24]。「伝記曰」とあることから、当時の湊社の縁起といった何らかの書物が存在したことも窺わせる。

自清は『出雲水青随筆』出雲井社の項でも「伝記曰、岐神也、日本紀、薦岐神於二神曰、是当代我而奉従也」と記し、これは神代巻第九段一書第二に当たる。大己貴命が国譲りを終えた後の一節である。同項で自清は風土記に見える八野若日女命を出雲井社の祭神に比定するが、「伝記」に従えば岐神ともしており、書物として「伝記」が存在したことを示唆する。

さらに、こうした観点から注目できるのが、「往昔図」での出雲大社周辺の表現である。絵図では大社の社殿は描かれず「大社」とのみ注記し、それとともに、大社後方の素鵞社の社殿を描き、「出雲社　素鵞社是也」と注記する。

これについても自清の『出雲水青随筆』出雲社の項に「出雲社〈素鵞社是也〉」とあるのに対応する。同項の頭注には「水青云、出雲国簸川上、爰出雲ハ一国ヲサシテ云、遂到出雲清地、爰出雲ハ郡名也、依之、杵築素鵞宮為本社出雲社也、杵築ヲ素尊・大己貴父子ノ社ト云モ是ヲ以テノ事也」とあり、また、同書の他の記事では「抑杵築大社〈一曰日隅宮〉所造天下大己貴神一座矣、域中蛇山〈一曰八雲山〉之下在出雲社〈曰素鵞宮、称地主〉素盞嗚・稲田姫・大己貴神三神合祭矣」と記され、自清は出雲の由来として素鵞社を重視していたことが分かる。その上で、自清は「所謂出雲社者、八雲立御神詠之霊地、此即素鵞里也、日隅宮造奉而後為杵築郷、然至今曰出雲社邊於素鵝」とも記し、大社建立以前には素鵞社が立地したと理解していたようである。「往昔図」における大社周辺の様相も、まさに自清の言説を表現したものと言える。

これと同様の記述が大永三（一五二三）年の『天淵八叉大蛇記』に「素尊、繩㆑杵繫㆓浮浪山島根十八里㆒、定㆓宮居於杵築浜素我里㆒也、素尊乃大社杵築大明神是也」とある。同書は仁多郡の湯村温泉で当時語られていた大蛇退治伝承をまとめたものであるが、杵築を素我（鵞）里とする理解が一致することは注目できる。中世において出雲大社の祭神はスサノヲとされており、同書の記述はそうした背景に基づくと言え、自清の言説も中世以来の伝承を踏まえたものと理解できよう。

このように見ると、「往昔図」の注記には、近世において再受容された『出雲国風土記』に基づく記載とともに、中世出雲で浸透した『日本書紀』の世界観に基づく記載が併記されていると言える。このことは、棟札に見える「正流之神霊」としての風土記の神と在来の神が合わせ祀られる様相と符合する。そして、「阿吾山」「軻遇槌社」の伝承が一七世紀以降の書物には見られないように、中世神話の世界観は消滅していくのである。『出雲国風土記』の受容、あるいは、古代への回帰指向を背景に、各神社における祭神が変化し、新たな解釈が重ねられたと考えられる。(25)

おわりに

本稿では、中近世出雲における『出雲国風土記』の受容と『日本書紀』について検討した。

出雲国内の各神社で、寛文から延宝年間を中心に『出雲国風土記』の条文や神名等を引用する棟札が記され、祭神の訂正等が図られたことを確認した。そうした動向の背景には、社頭の出雲大社での寛文度の遷宮における、「古代」への回帰指向があったと考えられる。とりわけ当時の大社上官佐草自清の関与が注目され、宇賀神社の祭神訂正を自清が指示した文書も残る。このように、近世前期の出雲では、風土記に基づく復古的な動向が各神社で見られる。

一方で、「古代」の神を「正流之神霊」とした神社では、在来神を相殿神として祀る例が散見された。つまり、近世以前の段階で、各神社で由緒となる神や伝承が継承されることもあったのである。宇賀神社においても、風土記に基づく伝承とともに、『日本書紀』の国譲り神話に由来する伝承が認められ、風土記の伝承に先行するものと考えた。

次いで、中世における神社の由緒の形成について、文亀二（一五〇二）年に作成された「灰火山社記」に注目した。縁起の筆者大江某が基づいた「願書」や古老の伝承から、神門郡阿具で『日本書紀』黄泉国訪問神話に見える「軻遇槌」の誕生譚が当時の出雲で語られていたことを確認した。それは一四世紀後半から一五世紀代には遡り得る。

そして、その阿具と「軻遇槌」の関係は、佐草自清の言説に基づいて描かれたと推定できる「出雲郡往昔大擬之図」にも見え、約二〇〇年間はその伝承が伝えられたと考えられる。さらに、「往昔図」に描かれる「天若日子社」「尺挙松」も自清の『出雲水青随筆』が引く「伝記」によるもので、同様の中世神話と考えられる。「往昔図」には風土記に基づく地名や条文も記され、近世前期の棟札に風土記の神と在来神が併記されることと同様の様相を呈する。

このように見ると、近世前期における風土記受容以前の出雲では、中世神話と言い得る伝承が複数存在したことが窺える。(26)「軻遇槌社」の例を見ると、『日本書紀』神代巻に基づく世界観がある程度浸透していたことが窺える。さらにこの観点からすると、大永三（一五二三）年の『天淵八叉大蛇記』に記される出雲に伝来したという大蛇退治伝承にも共通の背景を見ることができよう。

「灰火山社記」や波迦神社の棟札に見るように、中世において『出雲国風土記』も一部受容されたとみられる。しかし、それは個別の神社における限定的なものであったと考えられる。

その中で、近世前期に『出雲国風土記』が本格的に再受容されたのである。風土記の神は「正流之神霊」とされ、祭神の訂正が図られたように、中世以来の祭神や伝承はかなり消滅したと考えられる。

近世前期の出雲における「古代」とは、中世的な『日本書紀』の世界観と『出雲国風土記』の世界観の二層構造であり、次第に中世的な世界観が淘汰されていったと言えるだろう。

註

（1）本稿で検討する文亀二（一五〇二）年の「灰火山社記」（松江歴史館蔵）や、慶長九（一六〇四）年の年紀を記す波迦神社棟札等、現存写本が書写された年代よりも古い時期の『出雲国風土記』に関わる史料の発見が相次いでいる。
（2）天和三（一六八三）年の岸崎時照自序と松林寺宏雄跋文をもつ。
（3）天保四（一八三三）年板行。
（4）棟札の閲覧・調査に際しては、現在神主を兼務される天神天満宮宮司・金本克康氏のご協力を賜った。
(5) 対称的に延宝以降の棟札は「矢野神社」となっている。
(6) 本稿では、高野宮宮司家原成宣氏所蔵の「棟札写」を参考・引用した。棟札は本殿とともに県指定文化財に指定されている。
(7)「高野山」の異同は『出雲風土記抄』も継承する。
(8)「家原家文書」(『松江市史　史料編4中世Ⅱ』、松江市、二〇一四年)
(9)「高野山」への意識や論理は、その後も継承され、寛政七(一七九五)年の「出雲国大野高宮勧化帳」(『旧島根県史編纂資料』近世筆写編二五五)引用の『風土記』も「当国風土記〈尓〉曰、高野山」で書き始め、その勧化文では「神代より鎮座の地、高の山の頂上也」と説いている。
(10)「出雲国大野高宮勧化帳」には「延喜式・風土記に宇智社又内野社とあり」とあって、寛政年間には社家も宇知社に比定する立場となったようである。
(11)「譲」は、せめなじる。すなわち、強いて求める意で、左伝に「公之を譲めしむ」とある(加藤義成『出雲国風土記参究』(至文堂、一九五七年))。
(12) 関和彦は、綾門姫が隠れた穴を「黄泉平坂之穴」等と理解することについて、ある時期、宇賀郷伝承にみえる後半の「黄泉の坂・黄泉の穴」と混同されたのであろうとする(関和彦「『出雲国風土記』註論　その三　出雲郡条」『古代文化研究』六、一九九八年)。しかし、本稿で検討したように、出雲大社からそうした伝承が示されたために、このような理解が広がったと考える。
(13) 現在は松江歴史館蔵。
(14) 西島太郎「転用される由緒「灰火山社記」」(『中世寺社と国家・地域・史料』法蔵館、二〇一七年)参照。
(15) 願書が記す「鬼神」とはスサノヲを示唆する可能性もある。
(16) 正平八(一三五三)年三月二日「日三崎検校清政起請文」(千家家文書)。島根県古代文化センター編『出雲大社の祭礼行事―神在祭・古伝新嘗祭・涼殿祭―』、一九九九年参照。
(17) 高橋周「波加神社の棟札と『出雲国風土記』」(『出雲弥生の森博物館研究紀要』第七集、二〇一九年)。
(18) 島根県内務部島根県史編纂掛編『島根県史』附図、島根県、一九二一年。
(19)「往昔図」について岡宏三は、貞享三(一六八六)年の神門郡奉行岸崎時照と出雲大社との間での湊原争論の際に、大社側から示された佐草自清による制作の古絵図、新絵図のうち、古絵図がこの絵図の系統に属する図面ではなかったかと推定するが、その関わりを含めて今後の調査を俟ちたいとする(岡宏三「杵築大社における「四至」認識と近世の新田開発―松江藩との湊原争論をめぐって―」、『出雲国風土記の研究Ⅲ―神門水海北辺の研究(論考編)―』、島根県古代文化センター、二〇〇七年)。
(20) 現存する「往昔図」としては本絵図が最古段階で、江戸後期より遡るものは確認できていない。ただし、岡宏三によると、同様の注記のない白描図が湊原争論時に神門郡下郡をつとめていた三木家の子孫の家に伝わる((注7)岡論文)。本絵図も北島国造家周辺にあったとすると、かなり古い段階の様相を伝えていると考える。
(21) 自清が「往昔図」の原本の作成に関与したことについて、神門郡八野郷の郷名が記載されていないことも注意される。『出雲水青随筆』で修理免村に所在する出雲井社について、修理免村は寛永二年までは「屋野村」と称したことから、その祭神を神門郡八野郷の八野若日女命と考えている。つまり、八野郷は「屋野村」に当たると捉え、その郷名を記していないと考えられる。
(22) 岡宏三が推定するように、「往昔図」が古絵図とすると、貞享三年の湊原争論の際に差し出された段階で、古絵図は「虫喰古キ紙ニ而、佐草宮内と書付有之」という状態であったようだ((注7)岡論文)。
(23) 関和彦「涼殿祭の始原」(『出雲大社の祭礼行事―神在祭・古代新嘗祭・涼殿祭―』、島根県古代文化センター、一九九九年)。
(24)「往昔図」の全ての注記が『出雲国風土記』や伝記・伝承に依拠したものかは躊躇される。例えば、「五十田狭社」について、自清は『出雲水青随筆』で「称五十田狭之小汀所、俗説多シ(略)皆此以其訓近誤之而已、日本紀所謂武甕槌・経津主二神、降到出雲国五十田狭之小汀者、杵築郷稲佐之海浜也〈五十二字、合伊ト訓ス、田与奈五音通也、依之五十狭ヲ伊奈佐トモ訓ル也〉」と記す。風土記にも「伊奈佐社」と記されるが、ここで「五十田狭社」とするのは右の自清の主張を反映したものと捉えられる。
(25)「軻遇槌社」の後継とみられる阿吾神社は、現在、主祭神を彦火火出見神、豊玉姫神、伊邪那岐神とし、配祀神に素戔嗚神、稲田姫神、大名牟遅神、伎比佐加美高日子神の名が見える(『神国島根』、島根県神社庁、一九八一年)。阿吾神社は『雲陽誌』に見える「子守大明神」に比定され、現在も「お子守様」との通称で子守神として知られる。関和彦は「阿吾」は「我子」と理解されたためとするが(関和彦「『出雲国風土記』註論　その三　出雲郡条」(『古代文化研究』六、島根県古代文化センター、一九九八年)、同社が「軻遇槌社」の系譜上にあるならば、伊弉冉命の子を祭神とした名残と捉えられる。いずれにしても、近世以降では阿吾神社と軻遇槌の関係を窺わせる史料は認められない。
「天若日子社」については、「往昔図」での位置からすると、湊社に相当し、同社は出雲大社の境外社であり、祭神を櫛八玉神とする。また、関和彦は「阿受伎社」の一つとして注目するが、今後の調査の課題とする(前掲関論文)。
(26) 出雲における中世神話として見過ごせないのは、鰐淵寺(出雲市別所町)と出雲大社の間で共有された神話である。各史料によって少し異なるが、およそ天竺の霊鷲山の一隅が欠けて日本に流れ着き、スサノヲが築き留めたという内容である。
初見は建長六(一二五四)年「鰐淵寺衆徒等勧進状案」で、霊鷲山の一隅が日本へ漂流してきたことを記し、「浮浪山」の山号の由来を示す。また、同時期の「大山寺縁起絵巻」には、漢域の東岸が漂流してきたのを「八雲太神」が杵を用いて突き留めたので、その神を「杵築大明神」と呼ぶ、と記される。いわゆる仏教的な三国世界観の中で生み出された神話と言えるが、そのモチーフが『出雲国風土記』意宇郡郡名条、いわゆる国引き神話に由来するかは判然としない。この種の神話におけるスサノヲの動きはいずれも「杵築」の地名から逆説的に形成されたと捉えられるためである。

　スサノヲが築き留めたと見えるのは、建武三（一三三六）年「国造出雲孝時解状土代写」である。その後、一六世紀に至るまで、鰐淵寺や出雲大社をはじめ、賣布神社（松江市）でも同様の神話が語られる。この中で注目できるのが、大永三（一五二三）年の『天淵八叉大蛇記』の、スサノヲが杵を縄として浮浪山を繋ぎ留めたという一節である。同種の他の神話と比べると、縄を用いることが『出雲国風土記』に近い。同書は仁多郡の湯村温泉で語られた伝承をまとめたものであるが、同じ仁多郡の馬来の祠堂について記した文亀二（一五〇二）年の「灰火山社記」に『出雲国風土記』が見えており、『天淵八叉大蛇記』の記述は風土記の影響を受けた可能性があるのではなかろうか。

　いずれにせよ、中世出雲において広く受容された神話であることに違いない（『もう一つの出雲神話―中世の鰐淵寺と出雲大社―』、出雲弥生の森博物館、二〇一三年参照）。

素盞烏流（出雲流）神道の形成と神祇書の相承
―近世における中世神道の展開―

大東敬明

はじめに

島根県出雲市大社町に鎮座する日御碕神社（以下、「日御碕社」と表記する）は、日沉宮（下の宮）に天照大御神を、神の宮（上の宮）に神素盞嗚尊をまつる。近世前期、同社別当寺・恵光院の学雄（生没年不明、十七世紀）を中心に「素盞烏流」(1)と称する神道が成立した。これは中世神道、両部神道の一流派である。この神道は、空海が「出雲太社」において素戔嗚尊と対面したことを由緒とし、天照大神・素戔嗚尊と関連付けながら「六根清浄祓」を説明する。このことから、出雲国内における素戔嗚尊をめぐる中世神話の一端にも位置付けられる(2)。

筆者は、これまで左の論文・資料紹介を執筆してきた。

a．「―発見と紹介―日御碕神社宮司家・小野家所蔵「素盞烏流（出雲流）神道」の切紙について」（『神道と日本文化』第三・四合併号、二〇〇八年）。

b．「素盞烏流（出雲流）神道について―日御碕神社宮司家・小野家所蔵文書を中心にして―」（『國學院大學研究開発推進センター研究紀要』二号、二〇〇八年）。

c．「日御碕社別当・学雄と高野山―國學院大学図書館所蔵『唯一神道集』を通路として―」（國學院大學研究開発推進センター編『史料から見た神道―國學院大學の学術資産を中心に―』弘文堂、二〇〇九年）。

本稿は、近年の中世神道・両部神道研究の成果を踏まえた上で(3)、素盞烏流神道についてまとめ直すことを目的とし、あわせてこれまでの筆者の誤りを訂正したい。

吉田兼倶（一四三五～一五一一）は『唯一神道名法要集』(4)において、神道を「本迹縁起神道」「両部習合神道」「元本宗源神道」に分類した。

本稿で述べるように、素盞烏流神道は日御碕社や杵築大社（出雲大社）を重視し、一家の秘伝をも主張する。このことから「本迹縁起神道」であるといえ、出雲国内における展開は、その視点で捉えたほうがわかりやすい。一方で、同神道の形成・流布には、日御碕社の別当寺であった恵光院の真言僧・学雄が深く関わったと推定されること。やがて高野山で相承(5)される神道の一部となっていくことから、広い意味での「両部神道」であるといえる。

本稿の要旨をこの用語を用いてまとめれば、「本迹縁起神道」が「両部習合神道」へと展開する過程を見ようとするものである。

神道思想史の中では、近世の神道思想として、山王一実神道や雲伝神道が取り上げられることもあるが、主に儒家神道・復古神道（国学）が扱われる。他方、高野山、智積院（京都府）、長谷寺（奈良県）で学んだ僧侶たちの間では、中世に成立した様々な神道言説（切紙・思想・縁起などもろもろ）を再整理した神道（御流唯一、雲伝、御流、三輪流…）が相承されていた。本稿で取り上げる素盞烏流も、高野山における神道相承の中に組み込まれている。

一　中世神道の展開―本稿の前提―

平安時代後期以降、神道、神宮（伊勢神宮）、神々や中臣祓、『日本書紀』などを、仏教（特に密教）の概念を用いて説明するようになる。

このように形成された秘説や注釈は、主として密教僧の伝授の中に組み込まれて伝わっていった。この動きは、鎌倉時代～南北朝時代以降、活発になり、『天照太神口決』『麗気記』をはじめとする様々な神祇書が成立してゆく。

これらの神道は、天照大神、嵯峨天皇、弘法大師（空海）[6]、醍醐天皇より相承されたとし、『神祇秘記』（真福寺大須文庫所蔵）[7]は天神七代、地神五代、神武天皇から嵯峨天皇、そして弘法大師が相続したものとしている。

僧侶たちの間において、神道や神祇に関わる言説は、神道灌頂などによって相承された。鎌倉時代頃までは、密教諸流内の秘説の一部であったと考えられているが、やがて、神祇や神道に関わる伝授を専門に行う流派が形成された[8]。これは体系だった思想・作法ではなく、相伝される知識の集り、あるいはその相承の流れを指すと考えたほうがわかりやすい。

室町時代後期には、いくつもの流派が形成されていたことが、以下の資料からわかる。『諏訪大明神深秘御本地大事』には「諏方（諏訪）流」「伊勢流」「筑波流」「関白流」「大師御流」「三輪」[9]が挙げられ、前掲の『神祇秘記』には、「伊勢流」「三輪流」「吉田流」「熱田」「素戔尾流」（あるいは熱田素戔尾流か）「八幡」「御室」「諏訪」「御流」が挙げられている。なお、この素戔尾流と本稿で取り上げる素盞烏流との関係は明らかではない。

室町時代後期頃には、それまでの秘説などを集め、整理した、いわゆる「八十通印信」なども成立してくる。この中には、「八雲立、出雲八重垣、妻籠、八重垣作苑八重垣」を秘歌として用いる「素戔尾灌頂」（五重）がある。

室町時代中後期には、吉田兼倶が吉田神道（唯一神道）[10]を興している。

また、諸社においても独自の神道が形成された。伊勢の神宮は別格であるが、諏訪社（諏訪大社、長野県）の諏訪流[11]をはじめ、熱田宮（熱田神宮、愛知県）[12]、津島社（津島神社、愛知県）[13]でも形成されている。このような諸社と密接に結びついた神道については、今後、研究の余地が残されているが、本稿で取り上げる素盞烏流神道も、この一つに位置づけることができる。

二　素盞烏流神道関連資料

二－一　慶雄伝授資料－素盞烏流神道形成以前－

日御碕神社宮司家・小野家所蔵文書の伝授関係資料のうちには、慶雄（古庄慶雄、順式）（一五七三～一六五二）から同社検校・政矩（一五九四～一六六一）に対して、元和十年（一六二四）二月二十三日伝授された切紙がある。慶雄は、同社の検校家に連なる人物であり、恵光院に住んだ。また、岩屋寺・頼雄に学び、松林寺・快粲に「神代巻」などを学んだとされる。

慶雄が授けた切紙[14]には、

- 「天一山　触穢除滅大事」（大阿闍梨法印慶雄→政矩）
- 「天満宮大事」（元和十年二月二十三日）
- 「御戸大事」（同、→政矩）
- 「上衣大事」（同、→政矩）
- 「神道鰐口大事」（同、→政矩）
- 「進酒大事」（同、→政矩）
- 「日祓大事」（同、法印慶雄→政矩）
- 「断簡（即位法に関わるか）」（元和十年二月二十三日）
- 「断簡（鳥居大事に関わるか）」（元和十年二月二十三日）

がある。このうち、「天一山　触穢除滅大事」「断簡（即位法に関わるか）」「上衣大事」「進酒大事」は、「三輪上人秘伝」とする。三輪上人とは、慶円（一一四〇～一二二三）のことであり、三輪流神道の始祖とされた。よって、慶雄の相承した神道のうちには同流に関わるものが含まれていたと推定できる。

寛永二十一年（一六四四）の「日御碕社建立次第」[15]によれば、慶雄は同社の造替事業の際[16]、江戸に赴くなどの勧進活動を行った。寛永二十年には、御殿、拝殿、護摩所、本地堂等が落成し、翌年七月十九日、遷宮が行われた。『雲陽誌』は、慶円（順式）は、この造替に際して、「両部習合の神道を加て薬師堂・多宝塔・護摩堂・大師堂・三重塔・鐘楼を建立」したとする[17]。なお、この遷宮に於いて慶雄は、七月十二日より七日間、護摩堂において「愛染明王護摩供」を修している。[18]

二―二　学雄が日御碕社において伝授した資料

慶雄の後、恵光院には学雄が入った。後の資料であるが、学雄について、國學院大學図書館所蔵『唯一神道集』所収「六根清浄祓」奥書には「松江自性院開基」とあり、『雲陽誌』の自性院（島根郡米子町）の項には「真言宗なり古義派龍宝山長久寺といふ。此寺は能義郡富田の郷にありて弘法大師の開基恵日山長久寺宝珠院ありといひつたへり、然に堀尾帯刀富田の城を松江へ移されしより後、但州の人大田垣氏学雄といふ人富田よりうつし龍宝山長久寺自性院と改たり、」[19]とある。今後、更なる調査・検証が必要であるが、これらにもとづけば学雄は但馬国・大田垣氏の出身で、松江・自性院の開基であることとなる。また、後述する高野山大学図書館三宝院文庫所蔵『神道印信』に含まれる素盞烏流神道の「血脈」には慶雄―学雄―海雄とあって、慶雄より神道灌頂をうけたことがわかる。[20]

学雄は、寛文三年（一六六三）～四年にかけて、検校・小野尊俊（一六四五～一六七八）に対して、神道伝授を行っている。尊俊に対して伝授した切紙[21]に、

・「烏帽子大事」（寛文三年五月、→尊俊、出雲流）
・「御階大事」（寛文三年五月、→尊俊、素盞烏流）
・「神道念珠大事」（寛文三年五月、→尊俊、素盞烏流）
・「花表大事」（寛文三年五月、→尊俊）
・「木綿四手大事（素盞雄大神木綿四手大事）」（寛文三年五月、学雄→尊俊、出雲流）
・「舞殿大事」（寛文三年五月、→尊俊、出雲流）
・「秘密神楽大事（出雲流秘密神楽大事）」（寛文三年五月、学雄→尊俊、素盞烏流）
・「八重垣大事（素盞雄流八重垣大事）」（寛文三年八月、→尊俊、出雲流）
・「頓宮大事」（寛文四年神在月［十月］、学雄→尊俊、出雲流）
・「三種神器大事（素盞烏流三種神器印明）」（寛文四年十月、学雄→尊俊、素盞烏流）
・「獅子狛犬大事」（寛文四年十月、→尊俊、素盞烏流）
・「浮浪山嶋根大事」（寛文四年小春［十月］、→尊俊、出雲流）
・「高天神風大事」（寛文四年十月、→尊俊、素盞烏流）
・「天巌戸大事（素盞烏灌頂天巌戸大事）」（寛文四年十月、→尊俊、素盞烏流）
・「素盞烏流天一山大事」（寛文四年小春［十月］、学雄→尊俊、素盞烏流）
・「経嶋大事」（寛文四年十月、→尊俊、素盞烏流）
・「垢離大事」（寛文四年十一月、学雄→尊俊、素盞烏流）
・「尚饗大事」（寛文四年十一月、学雄→尊俊、素盞烏流）
・「手柏子大事」（寛文四年十二月、→尊俊、素盞烏流）
・「神同座大事」（寛文四年十二月、→尊俊、出雲流）

などがある。また、伝授年や授受者などがみられないものに、

・「素盞雄三形尊形拝見大事」
・「柱立次第」
・「出雲浮浪山大事」（素盞烏流）
・「出雲不老山大事」（素盞烏流）

がある。

慶雄（元和十年（一六二四）二月）と学雄（寛文三（一六六三）～同四年）の神道伝授には大きな違いがある。それは、前者は「三輪上人（慶円）」（三輪流）との関連を示したものが見られるのに対し、後者は「素盞烏流」「出雲流」とする点である。「素盞烏流」と「出雲流」については、明確な区別をみることはできない。

「素盞烏流」の切紙は、日御碕神社・神剣奉天神事が行われる「天一山」、天照大神が降臨したとされる「経嶋」などが切紙に見える点が特徴である。今後は、他の流派あるいは他地域の神道切紙との比較から、その特徴を見出す必要がある。[22]そのためには、室町時代後期から江戸時代前期までの間に、どのような切紙が流通していたのかを、明らかにする必要があろう。

現時点の印象を記せば、右に挙げた素盞烏流神道の切紙類の多くは、それ

以前に成立していたものをもとにし、同流の大事としたものである。

学雄の後、日御碕社において、同流がどのように展開したのかは明らかではない。一方で、元禄年間には、検校家に連なる「天山雲門空厚舎彦雄」が橘三喜（一六三五～一七〇三）より神道を学んで伝授を行い、文化年間には白川伯家と関係の深い臼井孟雅と交流して、その学問を取り入れている。(23)

三 「素盞雄三形尊形拝見大事」にみる由来

素盞烏流神道の由来について、「素盞烏太神三形尊形大事」には、

> 尊形、於出雲太社、空海
> 御社参時、顕此尊形、
> 御対面ト云々。其時灌頂并
> 心経御講談ト申伝也。
> 素盞烏流灌頂式序ニ詳也。(24)
> 〈後欠〉

とある。金色日輪の中に梵字「カーン」と三鈷剣を描き、これを三昧耶形（象徴）とする。また、右手に三鈷剣、左手に宝珠を持った「素盞烏太神」を描き、これを尊形（神の姿）とする。

出雲太社に空海が詣でた時、この姿で顕れた素盞烏太神と対面した。その灌頂の時に、『般若心経』の講談があった。このことは「素盞烏流灌頂式」序に詳らかであるとする。この「灌頂式」とは、後述する『御流神道灌頂式 初後夜』のことであろう。ただし、日御碕社周辺において、神道灌頂が行われたかどうかについては、明らかではない。

印契は「不動刀印」である。尊形の根拠は、これらから推察して不動明王であろうか。

このように空海（弘法大師）が神社の祭神と対面したとする神道印信は、他にもある。真福寺第四世・政祝（一三六六～一四三九以降）が密教・神祇に関わる印信・大事・口訣類を集めた『諸大事』(25)には、空海が入唐する際に、宇佐宮（宇佐神宮）において八幡大菩薩と対面したとする「宇佐宮大師十念大事也 互御筆御影有之」。空海が熊野に参詣した際に神々が姿を現したとする異説を記す「熊野権現大事」（応身）、またその際に感得した大事とする「同」（報身）、「同」（法身）が収められている。

数少ない例ではあるが、これら点から考えれば、素盞烏流神道の縁起も、これらの類型とすることができるだろう。

四 学雄が高野山において伝授した資料

学雄は、後述する神祇書（「天照太神啓白」「六根清浄祓」『御流神道灌頂式 初後夜』）を高野山の明王院・懐宣（一五九一～一六六六）、普賢院・栄覚（?～一六六五）などに授与している。(26)『御流神道灌頂式 初後夜』を栄覚に授与したのは、検校・小野尊俊に切紙を伝授する寛文四・五年より前の万治三年（一六六〇）である。

四—一 神道印信

近年、高野山大学図書館三宝院文庫所蔵『神道印信』のうちに素盞烏流の印信七通と血脈一紙が含まれることが、木下智雄氏により報告された。(27)その印信は次の七通である。

- 「神道素盞烏流　秘伝　初重発起」
- 「三種神器至極」
- 「十種霊宝至極」
- 「△神道両部阿闍梨位」
- 「△素盞烏流／○地神五代」
- 「△父母代灌頂十戒両部合行従大日霊女 授忍々杵尊」
- 「素盞烏流／授天神七代至極印信　輪王御即位灌頂」

血脈には「慶円」の名が見え、また「慶雄　学雄　海雄」ともみえる。「△神道両部阿闍梨位」には「於高野山本中院谷明王院道場、神道灌頂伝、阿闍梨位、神感可恐貴云々、万治三年八月朔日授与海雄、伝授神道大阿闍梨学

雄」とある。ここから、学雄は、万治三年八月に高野山明王院において神道灌頂を行っていることがわかる。

木下氏は同血脈について、「快音相承の「血脈図」を底にしつつ、中途に「慶円上人」を挟み込むといったかなり特殊な系図である。此の血脈からは、素戔烏流の相伝に関して、御流神道の聖教・血脈が参照されつつ、三輪流の意識も組み込まれていることが推測される。[28]」とする。この点は、血脈に慶雄―学雄とあること、先述の慶雄が伝授した印信に「三輪上人秘伝」と見えることと関わるであろう。

四―二　神祇書

次に神祇書の伝授についてみていく。

四―二―一「天照太神啓白・六根清浄祓」

國學院大学図書館所蔵『唯一神道集』（外題「唯一神道」）には、「唯一神道」「三元十八神道次第」「神道口伝次第吉田流」「天照太神啓白・六根清浄祓」「唯一神道口伝次第」「神道大事十四ヶ条」「唯一神道神拝次第」「神道大事万神元起」「御流神道両部習合護摩次第」が収められる。同書は、高野山において相承された神道の伝書を集めたものであり、高野山における神道相承において重要な役割を果たした英仙や鑁善の手を経たものもある。

このうち「天照太神啓白・六根清浄祓」に学雄の名がみえ、これらを明王院・懐宣に授与したことがわかる。その詳細は明らかではないが、懐宣が明王院主であることから、万治三年に同院において神道灌頂が行われた際、一連の伝授の中で授与されたと推定されている。[29] 文久二年（一八六二）に両書を書写した普賢院・龍善（詳細不明）は、「予本国本院先師遺筆」（「天照太神啓白」）、「明王院懐宣所持、学雄直筆本」（「六根清浄祓」）を書写したとすることから、学雄は懐宣に自筆本を授与したことがわかる。

「天照太神啓白」は天照大神に関わり、「六根清浄祓」は、後述するように、その由来を付すことで素盞烏尊に関わるものとする。両神は日御碕社の祭神である。

日御碕社の祭神について新井大祐氏は、中世中頃は女神とされ、十羅刹女とする信仰がある程度広がっていたが、近世になると同社の祭神が天照大日孁貴・神素盞嗚尊以下十柱の神であることが広く知られるようになっていったと指摘する。[30] この点も踏まえるならば、同社の祭神を天照大神・素戔嗚尊とする認識がひろがっていく動きの中に、両書の授与を位置付けることもできよう。[31] ただし、天照大神及び神宮は真言神道にとって重要なテーマであるので、その点も考慮する必要がある。

「天照太神啓白」は「大神宮啓白文」として知られる。本資料ではこれに加えて、「我本秘密大日尊　大日日輪観世音　観音応化日天子」よりはじまる偈、「両宮形文深釈」（「両宮形文染釈」とある）（一巻本系統）を合わせて書写する。よって、「天照太神啓白」は天照大神に関わる言説をあつめたものといえる。

「六根清浄祓」は、六根（眼・耳・鼻・舌・身・意）から生じる不浄を祓うための詞である。吉田神道の教理及び行事の中で重視されたもので、吉田兼倶の制作ともされる。[32] 本資料には、

六根清浄祓、素盞嗚尊之悪心ヲ有憐愍天照太神令追善、自根国帰此土、成清浄ノ神。于今度衆生給所ノ祓、我家為重宝所、不他見也、故初重印可指加、為秘蔵者也、雲州日御崎住持学雄。

の一文が添えられ、「六根清浄祓」と日御碕社とが結び付けられている。

素戔嗚尊の悪心を憐れんだ天照大神が追善させたところ、素盞烏尊は根国よりこの国土に戻って清浄の神となったとし、現在、人々を救う祓は、我家（日御碕社、小野家）の重宝であるとする。この言説は、『日本書紀』などにおいて、素盞烏尊が様々な悪行を行ったこと、根国に赴いたことを前提とする。

追善により、国土に戻ったとすることから、根国＝地獄[33]という意識もあった可能性も否定できない。

重要であるのは、学雄が、ある程度流布していたであろう「六根清浄祓」を日御碕社や小野家に相承されたものとする点である。

四―二―二『御流神道灌頂式　初後夜』

学雄は万治三年八月に栄覚に対して、『御流神道灌頂式　初後夜』（以下、

『灌頂式』と表記する）[34]を授与した。高野山における同書の受容について検討した木下氏は、「学雄が高野山で八月一日に伝授を行っており、『灌頂式』がそう間を置かず授与されたことを考え合わせると、栄覚も伝授の席に連なっており、その際『灌頂式』の授与を所望したとみるのが穏当であろう。[35]」とする。筆者もこの考えに従いたい。

『灌頂式』の奥書には、次のようにある。私に（A）～（D）に分け、それぞれについて、検討する。

（A）右一流ノ灌頂ハ、嵯峨天皇御灌頂ノ次第、云御流。

（B）然ニ大師出雲国御下向ノ之時、素盞烏尊依二神託一両部灌頂御修行ト云云。御流ノ神道ニ合二両部習合一ヲ而行シ給フ故ニ大師流ト云。是ニ依二神託一被レ行故、素盞嗚流トモ云是ヲ、又出雲流トモ云也。雲州太社并日ノ御碕ニ此灌頂留メ置カレ師資相承シテ相伝于レ今不絶。

（C）爰ニ日ノ御碕別当明海上人上京ノ節、此ノ灌頂之次第不審ノ事共、源雅僧正ノ蒙レテ仰ヲ朱付等改レ之也。

（D）右次第我家ノ雖レ為二秘蔵一、依二御懇望一ニ令レ書二写之一相伝者也。

万治三年八月下旬　日御碕別当上人

阿闍梨栄覚公

（A）灌頂作法が嵯峨天皇の灌頂に由来するものであるとする。嵯峨天皇は、「神祇灌頂血脈」（称名寺聖教、真福寺大須文庫所蔵『諸大事』所収）においても、天照大神より伝わった神道を空海に授けたことになっている。[36]

（B）弘法大師が出雲に下向したときに、神託によって、「両部の灌頂」を行った。この由来が、先述の「素盞烏太神三形尊形大事」の言う「素盞烏流灌頂式序」に当たるかどうかは明らかではないが、弘法大師（空海）が出雲に下向した時に素戔嗚尊が現れ、それを同流の縁起とする点は一致している。

次に嵯峨天皇の神道に両部習合を合わせて行うので、大師流というとする。大師流神道については、今後、検討を要するが、本資料の外題が「御流神道灌頂私式 大師流初夜」「御流神道灌頂私式 後夜」、内題が「神祇灌頂私式大師流」「神祇灌頂私式次第」であることから、本書は大師流の次第であったと考えられる。

さらに、神託によって行うので、「素盞烏流」とも「出雲流」ともいう。この神道灌頂は、出雲大社と日御碕社に相伝されたとする。

（C）日御碕社の別当・明海上人が上京したときに、源雅僧正に不明点を尋ね、その仰せに従って、改めたとする。

ただし、源雅僧正[37]が注を付したこと、応永二十二年（一四一五）七月に明海が灌頂に際してこれを書写したと記す本があったことを思わせる注が付されている。

木下氏は高野山宝亀院所蔵『神道灌頂初夜式私御流』に「右之一流、嵯峨皇（ママ）御灌頂次第ト也、朱付、以口伝源雅僧正行之給也、本云、応永廿二乙未七月廿一日、灌頂伝受写之了、明海上人[38]」とあること、親王院には、応永二十二年七月二十一日に書写伝受申す明海との奥書を持つ『神祇灌頂授次第』（天文八年〈一五三九〉書写）があったこと[39]を挙げ、『神道灌頂初夜式私御流』や『灌頂式』が参照した聖教が『神祇灌頂授次第』であった可能性を指摘する。[40]学雄が、どのように『灌頂式』を入手あるいは著したのかは明らかではないが、既存のものに由来などを付け加えて素盞烏流神道の聖教とする点は、先に述べた諸資料と同じである。

（D）右の次第を、栄覚の懇望によって、書写させて相伝する。学雄は、出雲大社及び日御碕社の秘蔵とする神道灌頂の次第を高野山で伝授し、その中で、素盞烏流神道の由来を述べた。これは、自身あるいは日御碕社に伝わる神道の正統性を主張するものとも読める。

五　小括

以上、ここまでをまとめると、本稿で取り上げる素盞烏流神道は、万治・寛文年間（一六五八～一六七三）以前に、学雄周辺に於いて形成されたと考える。[41]

同神道の伝授は高野山や日御碕社において行われた。学雄は、日御碕社の別当であるが、素盞烏流神道においては、出雲大社も重視する。

素盞烏流神道が形成された背景には、この時期に出雲大社の神仏分離が進められ、祭神が素盞烏尊から大己貴神に変わった（復古した）こと[42]、日御碕社の祭神が天照大神と素盞烏尊であるとする理解が広まっていくことを想定したい。

今後は、これに加えて、出雲国内の真言僧のネットワークや高野山とのかかわり、江戸時代前期の神社・真言僧・神道説の関係を視野に入れながら再考する必要があると考える。

六　高野山における展開

学雄以降、素盞烏流神道が出雲国内においてどのように展開したのかについては、わからない。学雄一代で絶えたのかもしれない。一方で、彼が高野山で授与した資料は同山内で相承されていく。

六―一　近世における両部神道の展開

高野山においては、日光院・英仙（一六六六～一七四三以後、一七四八以前）以後、神道伝授が大きく変わる。学雄が高野山で神道伝授を行うのは、これ以前である。

英仙は、高野山に伝わっていた御流神道に「唯一神道」を合わせて相伝した。これまでは、この「唯一神道」を「吉川惟則」なる人物より学んだとされてきたが、近年、木下智雄氏の調査により、吉川惟足の門人・安田貞麿なる人物より学んだことが明らかになった[43]。また、この神道は快嵒（一六九六～一七七五～）や鑁善（一七七四～一八四五～）によって整備された[44]。

智積院二十三世・鑁啓（一七一八～一七九四）は、西福寺（現、京都府綴喜郡井手町）の活済・文済より神道伝授を受けた。これにより、智積院を経由して全国に御流神道が流布してゆく。なお、活済が相承した神祇書などの中には、高野山系統のものに加え、南山城から南都にかけて流布していた神道（大師流）もあり、十六世紀後半から十七世紀にかけて南都周辺で活動した僧の情報を含む[45]。

十七世紀後半、大和国内では矢田寺などに三輪流神道に通じる僧がいた。同神道は、三輪の大御輪寺や平等寺に伝わっていたが、大御輪寺の方では絶え、十八世紀になり、再び行われるようになる。文政年間（一八一八～一八三〇）には長谷寺において神道灌頂が行われ、憲誉（一七七四～一八三八）が三輪流神道書を収集している[46]。

このように江戸時代における両部神道の大きな変化は、十八世紀頃に起こると見て良い。

高野山、あるいは真言密教・真言宗における神道相承は、いわゆる中世神道の延長線上にあるといえるが、近世の時代状況などにあわせた変化が起こっており、中世のままであるとは言えない。斎藤英喜氏は、『日本書紀』や神話の理解を通史的に論じる中で、近世における出版文化の発達に注目し、それまでは限られた人物のみが書写してきた古典を、誰でもがお金を出せば購入できるようになり、読者層が拡大し、その理解にも影響を及ぼしたとしている[47]。神道を相承した僧侶たちも、この例外ではなく、儒者や国学者たちの神祇・神道に関わる出版物を、高野山をはじめとする僧侶たちがどのように受容していったのかを考えることは、今後の課題であると言える。

六―二　学雄が授与した聖教の相承

『灌頂式』の相承については、木下智雄氏が、丹念にその後の伝来などについてまとめている。それにもとづくと、栄覚の後、栄義（一六〇八～一六八七）が書写させている。この背景は明らかではないが、神道灌頂の執行に際して、関連する聖教を収集する中でのことであったと推測されている。栄義ののち、英仙がこれを書写した。書写奥書などがないため、時期は不明であるが、元禄十三年（一七〇〇）以降と考えられている。なお、英仙自筆の『神道水丁《灌頂》道場図』が残り、御流・伊勢流・出雲流（素盞烏流）・三輪流の神道灌頂の道場の荘厳の違いについて述べる。ここでは英仙は御流と素盞烏流を別の流派と考えているようである[48]。

「天照太神啓白」「六根清浄祓」の相伝については「中院所蔵神書目録（但し外典部）」に「天照太神啓白（神道阿闍梨学雄・授与懐宣 天長元年五月 日 入唐沙門空海）」とある（未見）。また、同目録には「天照太神啓白・六根清浄祓」（増応）のセットも見える。(49)

六―三　『御流神道灌頂式 初後夜』の相承

英仙以降の『灌頂式』の相承については、木下智雄氏が御流神道の聞書類を詳細に検討されている。同氏によれば、英仙は『灌頂式』を書写したものの、御流神道としては伝授せず、のちの鑁善が著した『伝授目録』（文政十年（一八二七）成立、翌年再訂）になって初めて録外の聖教として扱われるようになったとする。(50)

飲光（慈雲尊者）（一七一八～一八〇四）は大御輪寺で神道灌頂を受け、後に雲伝神道（葛城神道）を興した。その弟子・諦濡（一七五一～一八三〇）の系統の基礎を固めた天如（一七五二～一八二七）は『神祇灌頂或問』（文化八年〈一八一一〉）において、

問フ、神祇灌頂ノ式ニ大師流ト云本有リ。万治三年雲州日ノ御崎別当ノ奥書アリ。其文ニ曰。弘法大師出雲御下向ノ時、素盞雄ノ命ノ神託ニ依テ行シ玉フ式ナル故ニ素盞雄流ト云ヒ、亦ハ出雲流トモ云ト。此ノ式朱付校合ハ源雅僧正ナリトアリ。如何。答曰。我レ彼ノ式ノ文義ヲ味フニ、決シテ高祖ノ製ニ非ス。是レ後代ニ名ヲ借リ説ヲ設テ偽撰スルモノニシテ、麗気記并ニ雨宝童子啓白ノ類ナリ。信ズヘカラズ。用ユヘカラズ。且ツ御流ト称スル八十二通等モ、決シテ高祖ノ製ニ非ズ。是レ必ズ三輪慶円子ノ作ナルヘシ。彼ノ子ハ愚ニシテ直ナル人ナリシ乎。我レ曽テ三輪流ト号スル神道ノ書ヲ見ルニ、榊ヲ天竺ニテ波羅提木叉ト云フナトノ説アリ。何ニヨリテ云フカハ知ラサレトモ、恐クハ妄説ナルベシ。波羅提木叉、此ニハ別解脱ト云フ。豈ニ榊ノ言ヒナランヤ。是ヲ以テ其他ヲ推知スヘシ。出雲ノ式ニモ亦是ヲ出スカ故ニ、同シク円子ノ作ナルヘシ。(51)

とし、学雄が授与した『灌頂式』を、弘法大師の製作ではなく、偽撰であると批判する。また、三輪流の神道灌頂書に「別解脱」の意味である「波羅提木叉」を榊とすることを挙げて、これが「出雲ノ式」と共通することから、これも慶円の作とする。この点から、慈雲や天如も『灌頂式』をみていたことがわかる。

天如から神道伝授を受けた量観(52)は、栄秀に神道を伝授した際（嘉永元年〈一八四八〉六月二十四日）に『神祇灌頂或問』を講義し、当該部分に触れている。(53)

英仙より伝授を受けた英信・快嵒などがいる。英信の系統に鑁善がおり、英仙が整理した神道を再整理したことでも評価されている。(54)

鑁善は『日光院聖教目録』（文化十四年〈一八一七〉九月）おいて、『灌頂式』を三輪流に分類していたが、『伝授目録』（文政十年〈一八二七〉八月、翌年再訂）では、普通の御流神道や唯一神道ではなく、三輪流の式であることを認めながらも「御流」の極意として扱うようになる。また、天保六年（一八三五）五月に天如の『神道大意』（文政十五年以前の成立）を書写させ、八月に校合し、注を付した。天如は同書でも、『神祇灌頂或問』と同じく三輪流の書に「榊ヲ天竺ニテハ波羅提木叉」とあることを挙げる。鑁善はこの「三輪流」に注を付し、同文は御流の次第である『灌頂式（御流神道灌頂式 初後夜）』にみえており、三輪流の灌頂式には伝えないとする。このことから、この段階で、『灌頂式』を御流神道の聖教として扱っていることがわかる。天保十年（一八三九）八月に行った神道伝授（三輪流・雲伝・南都伝）の際に清書された『神道三輪流・慈雲伝・南都伝』でも『灌頂式』を御流神道の聖教として扱う。さらに、大師流と三輪流を合行する神道灌頂を「御流素戔烏灌頂」として位置付ける。(55)

『伝授目録』では、『灌頂式』の書名と奥書を挙げ、

上来ノ奥批ニテ大師流ノ由来已ニ顕然タリ、又大師於二勢南法楽舎一ニ行シ下フ二灌頂ノ略式一ヲ故ニ是ヲ伊勢流云。今マ云ハ二御流一ト彼等ヲ総括シテ云ナラム。但シ大師御修行ノ灌頂ハ、非二作法灌頂一ニハ歟。然ニ三輪ノ慶円上人ハ蒙リ二三輪明神ノ霊託一ヲ、感二得シテ彼ノ灌頂式一、正ク執リ二行下フ作法灌頂一ヲ、是ヲ云二三輪流ノ灌頂一ト。当山ニテハ宥快師始テ於二天野ノ社一ニ斯ノ灌頂ヲ執リ行ヒ玉フト云伝ヘタリ云々。(56)

とする。鑁善は、素盞烏流神道と同じように弘法大師が伊勢の法楽舎において始めたとされる「伊勢流」を挙げ、素盞烏流神道や伊勢流を総括して、「御流」（大師がはじめた神道）というとする。一方で、三輪明神の霊託によって慶円がはじめた灌頂は、三輪流というとする。木下氏は、鑁善の『灌頂式』理解の視点から、この時点において彼の『灌頂式』の解釈自体が漠然としており、御流神道の聖教の位置づけに苦慮しているとする。[57]

一方、素盞烏流神道の視点からすれば、本章でみてきた過程を経て、学雄の主張した素盞烏流神道は、地方・地域や個別の神社・神道の枠組みから離れ、大師ゆかりの両部神道の一つとなり、その由来も広く知られていくこととなる。[58]鑁善が伊勢流とともに『灌頂式』を挙げたことは、このことをよく示している。

結論

十七世紀後半、日御碕社別当・学雄は、同社検校に対して神道伝授を行った（日御碕神社宮司家・小野家所蔵資料）。高野山においては素盞烏流の神道灌頂を行い、『御流神道灌頂式 初後夜』や『天照太神啓白』『六根清浄祓』を授与した。学雄は、これを「素盞烏流」「出雲流」と称している。

この神道灌頂は、弘法大師が出雲に下向した際、あるいは出雲大社において、素盞烏尊の神託により、始められたとし、また、日御碕社に伝来したともする。よって、この神道は同社及び出雲大社を中心とする、神社・地域と密接に関連するものであったといえる。

この背景には、出雲大社において神仏分離が行われ、また素盞烏尊から大己貴神に祭神が変わったこと、日御碕社の祭神が天照大神・素盞烏尊であるとの認識が広まっていくことがあるだろう。

つまり、素盞烏流神道の形成は、出雲大社・日御碕社あるいはその周辺地域が《中世的》な神道・神話理解から《近世的》なそれへと変容していく過程において形成されたものと位置づけることができるだろう。これは、『日本書紀』に対する理解・解釈の変容ともかかわると考える。

高野山では、学雄が懐宣に授与した『六根清浄祓』・『天照太神啓白』が書写された。栄覚に授与した『灌頂式』は、高野山の神道を整備した日光院・英仙も書写した。英仙流の神道は高野山を中心に流布したため、学雄が高野山で授与した素盞烏流神道の伝書は、出雲以外の地域の人々にも流布した。高野山相承の神道の中に取り込まれたことで、素盞烏流神道の伝書における「出雲」あるいは日御碕社や出雲大社の地域性よりも、空海（弘法大師）と神との関係で捉え直されることとなる。

註

（1）同流については「出雲流」とも称されるが、本稿では「素盞烏流」に統一する。スサノヲノミコトについては「素戔嗚尊」に統一した。引用文については、この限りではない。
　また、同名の神道はいくつか存在するようである。例えば、『島根県立古代出雲歴史博物館　特別展　出雲大社展：平成の大遷宮』（島根県立古代出雲歴史博物館編、ハーベスト出版、二〇一三年）に掲載されている『素盞烏流神道大事・出雲大社秘哥』（天正十八年〈一五九〇〉、内神社所蔵）があるが、これとの関わりは不明である。
（2）素盞烏尊をめぐる神話の展開については、斎藤英喜『荒ぶるスサノヲ、七変化〈中世神話〉の世界』（吉川弘文館、二〇一二年）を参照した。なお、同書では、素盞烏流神道を、素盞鳴尊をめぐる神話の中に位置付けている。また、出雲国の〈中世神話〉については、『二〇一三年特別展　もう一つの出雲神話―中世の鰐淵寺と出雲大社』（出雲弥生の森博物館、二〇一三年）を参照した。
（3）近年、近世まで視野に入れた中世神道研究が行われつつある。代表的なものとして、左の研究がある。
・中山一麿編『神と仏に祈る山　美作の古刹　木山寺社史料のひらく世界』（法藏館、二〇一六年）。
・「〈平成二十六年度例会シンポジウム「南山城と神道灌頂―井出町西福寺所蔵資料をめぐって」〉」（『仏教文学』四十一、二〇一六年）のうち、とりわけ伊藤聡「西福寺の神道灌頂」、鈴木英之「神道灌頂道場図の復元」。
・国文学研究資料館　展示「南山城井手町西福寺神道灌頂資料」（会期：平成二十六年八月十九日～九月二十二日）。
・木下智雄「輝潭房鑁善の生没年に関する一考察―増福院文庫を中心に―」（『高野山大学大学院紀要』一七、二〇一八年）。
・同「日光院英仙が相伝した唯一神道の聖教について」（『印度學佛教學研究』六九―二、二〇一九年）。
・同「輝潭房鑁善による御流神道の体系化について：『御流唯一神道伝授目録附聴書』

を中心に」（『密教文化』二四二、二〇一九年）。
・同「輝潭房鑁善の神道観：『神道見聞録』を中心に」（『密教学研究』五十二、二〇二〇年）。
・同「輝潭房鑁善が相伝した御流神道の灌頂式について―『御流神道灌頂式初後夜』を中心に―」（『高野山大学大学院紀要』十九、二〇二〇年）。
このうち、木下氏の研究、特に「輝潭房鑁善が相伝した御流神道の灌頂式について―『御流神道灌頂式初後夜』を中心に―」は、本稿と密接に関連する。

（4）『神道大系 論説編八　卜部神道（上）』（西田長男校注、神道大系編纂会、一九八五年）を用いた。

（5）筆者はこれまで、英仙によってまとめられた「御流唯一神道」の一部となっていくとしていたが、木下智雄氏による近世高野山の神道についての詳細な研究や同氏の指摘により、「御流唯一神道」とはせず、「高野山相承の神道」と改める。

（6）本稿では、空海＝弘法大師について言及することが多いが、そのほとんどが歴史上の人物としての空海ではない。

（7）伊藤聡「神道諸流の形成」（『神道の形成と中世神話』吉川弘文館、二〇一六年［初出：二〇一一年］）二七五頁。『神祇秘記』（真福寺大須文庫、六四乙―八）は、国文学研究資料館・新日本古典籍総合データベースにて閲覧し（https://kotenseki.nijl.ac.jp/biblio/100174676/viewer/1）。中世における神道諸流の形成についても同論文に依拠した。

（8）伊藤聡「神道諸流の形成」（前掲）。

（9）『諏訪大明神深秘御本事大事』は諏訪教育会編『復刻　諏訪史料叢書』五（中央企画、一九八四年）に収められる。同資料の透写本が國學院大學図書館宮地直一旧蔵資料のうちに収められており、『諏訪史料叢書』で省略された梵字も確認できる。本稿では宮地本で確認した。宮地本の親本は未見。

（10）本稿では、吉田神道の名称を用いる。これは、後述する御流唯一神道も「唯一神道」を名乗ることから、混乱を避けるためである。

（11）『諏訪大明神深秘御本事大事』（『復刻　諏訪史料叢書』五〈前掲〉）など。宮地直一は『諏訪神社の研究』後編（信濃教育会諏訪部会、一九三七年、のち『宮地直一論集2　諏訪神社の研究（下）』蒼洋社、一九八四年）で触れている。

（12）阿部美香・大高康正ほか「菟足神社所蔵 富士山・熱田信仰史資料調査報告」（『学苑』九四九号、二〇一九年）のうち、第二部「熱田宮神道灌頂大事等八通」、阿部美香【解題】熱田宮神道灌頂等大事八通　熱田宮神道灌頂の輪郭」。

（13）津島市史編さん委員会編『津島市史　資料編（二）』「印信・縁起・講式類の部」（津島市教育会、一九七二年）。阿部美香・大高康正ほか「菟足神社所蔵 富士山・熱田信仰史資料調査報告」のうち阿部泰郎「中世熱田宮の神道伝授宗教テクストの諸位相―「鈴大事」との比較から―」。

（14）三橋健・上野力・芦葉抄苗「【資料】「國學院大學二十一世紀COEプログラム日御碕神社調査収集資料一覧（小野家文書）」（稿）」（『神道と日本文化の国学的研究発信の拠点形成 研究報告Ⅱ』文部科学省二十一世紀ＣＯＥプログラム 國學院大學「神道と日本文化の国学的研究発信の拠点形成」編集・発行、二〇〇七年）、拙稿「素盞烏流（出雲流）神道について―日御碕神社宮司家・小野家所蔵文書を中心として―」（『國學院大學研究開発推進センター紀要』二、二〇〇八年）による。

（15）『日御碕社建立次第』（『神道大系 神社篇出雲・石見・隠岐』、石塚尊俊校注、神道体系編纂会、一九八三年）一八頁。

（16）この造替及び慶雄については、『大社町史』中（大社町史編集委員会、出雲市、二〇〇八年）第四章第三節（三）「日御碕神社の造替遷宮と諸国勧化」（山﨑裕二 執筆）を参照した。

（17）『大日本地誌大系　雲陽誌』（蘆田伊人編、雄山閣、一九三〇年）三一三頁。

（18）『日御碕社堂塔建立次第記』（前掲『神道大系 神社篇 出雲・石見・隠岐』）四二頁。

（19）『大日本地誌大系　雲陽誌』（前掲）九頁。

（20）木下智雄「輝潭房鑁善が相伝した御流神道の灌頂式について」（前掲、以下、同論文を「木下論文」と表記する）三七頁。

（21）註（14）に同じ。

（22）中世神道研究に於いて印信研究は、他の神祇書の研究に比して遅れている。『大神神社史料』五・六・十巻（大神神社史料編修委員会編、同発行、一九七八～一九八二年）や『神道大系 論説篇　真言神道』上・下（校注：和多秀乗（上）・村山修一（下）、神道大系編纂会、一九九三・一九九二年）などに翻刻があるものの、分析は進んでいない。これを分析してゆくと、神楽や芸能、様々な宗教者との接点も見えてくると考える。
また、素盞烏流神道については、小野家のものしか見いだせておらず、今後、島根県下あるいは出雲に於いて流布していたのかどうかの検討が必要である。今後の資料調査の成果に期待したい。

（23）三橋健・新井大祐「神社の資料論的研究と「神社資料」の調査―日御碕神社関連資料調査報告を通路として―」（『神道と日本文化の国学的研究発信の拠点形成 研究報告Ⅱ』〈前掲〉）二四〇～二四三頁。

（24）拙稿「―発見と紹介―日御碕神社宮司家・小野家所蔵「素盞烏流（出雲流）神道」の切紙について」（『神道と日本文化』第三・四合併号、二〇〇八年）一〇五頁。

（25）阿部泰郎・大東敬明『真福寺善本叢刊〈第三期〉神道篇　第四巻　中世神道資料集』（臨川書店、二〇二〇年）所収、西田本『諸大事』を用いた。

（26）学雄と高野山との関わりについて、筆者はこれまで神祇書を「送った」としてきたが、近年、木下智雄氏の調査により、高野山において神道灌頂が行われたことが明らかとなった。ここに「伝授した」「授与した」と訂正する。

（27）木下論文二八頁、三七・三八頁。なお、これらの印信は、木下氏が別に翻刻なさる予定があるとのことであるので、出雲とのかかわりについての検討については、それを待ちたい。

（28）木下論文三七頁。

（29）木下論文二九頁。

(30) 新井大祐「日御碕神社の「異国防禦之神効」譚―応永二十七年『日御碕社修造勧進帳』所載縁起の成立と展開をめぐって―」（新井大祐・森悟朗ほか『言説・儀礼・参詣―〈場〉と〈いとなみ〉の神道研究―』久伊豆神社小教院叢書7、弘文堂、二〇〇九年〈初出：同年〉）六七～六八頁。

(31) かつて、拙稿では、天照大神は中世神道にとって中心的なテーマで有り、日御碕社の祭神と強いて結びつける必要は無いとも思われるとした。しかし、木下氏により、明王院における素戔嗚流の神道灌頂と関連付ける説が示されたことを受けて再考すると、祭神に関わるものとした方が良いように思う。

(32) 出村勝明「六根清浄大祓の成立」（『吉田神道の基礎的研究』神道史学会、一九九七年）に依拠した。

(33) 素盞烏尊と地獄を結び付ける言説は、春瑜本『日本書紀私見聞』（中世神道語彙研究会編『日本書紀私見聞』神道資料叢刊一〇、皇學館大学神道研究所、二〇〇四年、一三七頁）ほかに見える。この点については、斎藤英喜『荒ぶるスサノヲ、七変化〈中世神話〉の世界』（前掲）「冥府としての出雲」を参照した。

(34) 高野山大学付属高野山大学大学図書館　増福院文庫所蔵。本稿では、『増福院文庫善本集成』DVD-ROM（高野山大学附属図書館所蔵・監修、小林写真工業、二〇〇六年）を用いた。なお、翻刻及び詳細は木下論文、読み下し文は稲谷祐宣編・稲谷祐慈校訂『〈改訂版〉真言神道集成』（東密事相口訣集成3、青山社、二〇一五年）をあわせて参照した。

(35) 木下論文二九頁。

(36) 称名寺聖教は『金沢文庫の中世神道資料』（神奈川県立金沢文庫、一九九六年）六頁。真福寺大須文庫所蔵『諸大事』所収は阿部泰郎ほか編『真福寺善本叢刊〈第三期〉神道篇 第四巻 中世神道資料集』（前掲）二〇四・二〇五頁。「八十通印信」第七重「血脈図」の「日本紀灌頂（大日本紀相承）」は天照大神にはじまり嵯峨天皇から空海へ、「麗気灌頂（麗気紀三国相承系図）」は大日如来に始まり空海から嵯峨天皇へ授けられたとする。

(37) 源雅について木下智雄氏は醍醐報恩院十四世源雅（一四九一～一五六二）と推定している（木下論文二八頁）。

(38)『大日本史料』第七編二十三冊（東京大学、一九八一年）四〇〇頁。

(39) 大山公淳『神仏交渉史』（大山公淳著作集六、ピタカ、一九七八年〈一九四四年初版〉）三〇五頁。

(40) 木下論文二七・二八頁。

(41) 管見の限り、その形成に学雄以外の人物の関与が確認できる資料は無い。

(42) この点は拙稿「素盞烏流（出雲流）神道について」（前掲）で指摘した。同時代の出雲大社については、西岡和彦『近世出雲大社の基礎的研究』（大明堂、二〇〇二年）を参照した。

(43) 木下智雄「日光院英仙が相伝した唯一神道の聖教について」（前掲）一八〇頁。

(44) 注3掲、木下智雄氏の諸研究に依拠した。

(45) 注3掲、伊藤聡氏、鈴木英之氏の論文に依拠した。また、南都周辺における神道相承については、拙稿「「八十通印信」と南都」（『巡礼記研究』七、二〇一〇年）で考察した。

(46) 三輪流神道の展開については『神道潅頂―忘れられた神仏習合の世界―』（元興寺文化財研究所、二〇〇二年）を参照した。

(47) 斎藤英喜『読み替えられた日本書紀』第四章「儒学者・国学者たちの『日本書紀』」（KADOKAWA、二〇二〇年）ほか。

(48) 以上、高野山における『灌頂式』の伝来については、木下論文二九頁に依拠した。

(49) 水原尭榮「高野山の神道」（『水原尭榮全集』一〇、同朋舎出版、一九八二年〈初出：一九三六・一九三七年〉）五一四頁・五一五頁。

(50) 木下論文三一頁。

(51)『神祇灌頂或問』（『神道大系 論説編十四　雲伝神道』今井淳・山本真功 校注、神道大系編纂会、一九九〇年）五五三頁。

(52) 後述する鑁善からも神道伝授を受けている（木下「近世高野山における御流神道の基礎的研究」）。

(53) 三輪正胤『近代高野山の学問―遍照尊院栄秀事績考』（新典社、二〇〇六年）一五八頁。

(54) 註3掲、木下智雄「輝潭房鑁善の生没年に関する一考察―増福院文庫を中心に―」ほかに依拠した。

(55) 木下論文「鑁善の『灌頂式』理解」（三二～三四頁）を私に要約した。同氏が用いた資料はいずれも高野山大学図書館所蔵本である。

(56) 未見であり、木下論文四二・四三頁の翻刻に依拠した。

(57) 木下論文三三頁。

(58) なお、天保九年（一八三八）に智栄なる僧が、鑁善所持本を書写した國學院大學図書館所蔵『御流唯一神道伝授目録附聴書』にも注56の箇所を収める。同書所収の「同（岩戸…引用者）灌頂大事　初重　第一」の注には、

日光院所伝ノ神道灌頂私記ニ軸有リ、奥批ノ意ニ云、嵯峨帝灌頂ノ次第ニ大師雲州日ノ御碕ニテ素雄ヨリ口受スル所也、則日ノ御崎ノ別当代々相承シ来レリト云々、

として、『灌頂式』にふれる。

【付記】

本稿は、島根県古代文化センター　テーマ研究事業「日本書紀と出雲観に関する研究」第四回客員研究員共同検討会における発表「素盞烏流（出雲流）神道と御流唯一神道　―近世の中世神道―」（平成三十年三月二十二日）にもとづくものである。執筆に際しては、高野山で受け継がれてきた聖教ほかについて、調査・再調査を行うつもりでいたが、新型コロナウィルス感染

症感染拡大の影響により、行うことが出来なかった。本稿で用いた高野山関係資料については高野山大学大学院博士課程後期・木下智雄氏のご教示によるものである。記して御礼申し上げる。

近世杵築周辺の〝神学〟

西岡和彦

はじめに

近世の杵築周辺では、出雲大社を中心にさまざまな神学が時代ごとに伝えられ、それらを受容消化しては独自な文化にまで昇華させて全国に発信してきた。

まず本稿のあらましを記そう。林羅山の高弟黒沢石斎の紀行文『懐橘談』は、当時の出雲大社の神仏習合色を厳しく批判した。それが原因で、社家中に神仏習合を批判する空気が充満する。当時のグランドデザイナーである上官佐草自清は、これを機に出雲大社の復古を計り、幕府と藩を動かして実現し、林鵞峰の『出雲国杵築大社再興記』にそれらの意図を明記させた。

ところが、元禄期に佐陀神社との争論に敗訴した出雲大社は、幕府や藩から厳しい処分が下され、出雲国造の復古を保証した「永　宣旨」が公言できなくなる。こうした状況下で出雲大社と出雲国造の失地回復に神学的に支えたのが、山崎闇斎の学問であった。霊元上皇に献上した玉木正英の『天日隅宮考』や松岡雄淵の『穂日命神孫出雲国造事実』は、出雲大社の復古を改めて神学的に論じたものである。なお、『天日隅宮考』が献上された翌年、松井訒斎の『大社志』において、再び「永　宣旨」が公言できるまでに失地回復する。

享保期に入り、幕府は倹約を理由に延享度の造営遷宮への資金援助を渋り、かわりに全国で浄財を募る「日本勧化」を認可した。そこで「日本勧化」に向けて「御縁起」を作成し、ここまでに積み重ねてきた出雲神学を教化に応用したのである。

近世後半、本居宣長の国学が千家俊信を通じて出雲大社に入る。俊信は本居国学を継承するとともに独自の神学を展開させ、それが後の大社教の教学に繋がっていく。当時、平田篤胤が『霊能真柱』を刊行し、俊信同様大国主神を幽冥主宰の神とする神学を展開するが、禍津日神観や魂の行方観等に違いが見られた。その後、俊信の門人等が幕末維新期の神学を展開するが、本稿ではそこまで書き及ぶことはできなかった。

一　祭神大己貴神と「理当心地神道」

一―一　出雲大社の神仏習合

出雲国と仏教との関係は、飛鳥時代（持統天皇六年・六九二）まで遡ることができる（鰐淵寺蔵銅像観音菩薩立像銘）。奈良時代に編纂された『出雲国風土記』（天平五年・七三三撰上）は、国分寺・国分尼寺建立の詔（天平十三年）が出される前に、すでに国内に教昊寺や十の「新造院」、すなわち寺院が建立されていたことを伝えている。

平安時代になると出雲国造の郡司兼帯が禁じられ（延暦十七年・七九八）、それ以降活動の場を大庭から杵築へ移す。しかし、当時杵築には社領がほとんどなく、出雲国造はみずから開発をすすめるとともに、国衙の寄進等を得て十二郷（約三五〇町歩）の所領を獲得するのである[1]。

鎌倉時代には、「国中第一之霊神」と称された出雲大社と並んで、地元で最大の宗教勢力をもつ鰐淵寺が「国中第一之伽藍」と称され、両者が出雲国を代表する社寺となる。鰐淵寺はあらたな出雲神話を創作し、出雲大社をも仏教の世界に包み込む。たとえば、鰐淵寺の山号浮浪山とは、印度の霊鷲山という仏教における神聖な山の一部が欠け落ち、それがはるばるわが国まで浪に浮かんで渡ってきたのを、素戔嗚尊がそれを引き寄せ築き固めたことから、その土地に鎮座する出雲大社は「杵築」大社と称すとした。これにより、両者は仏教の聖地に鎮座する社寺として神聖視され、さらに鰐淵寺は、出雲大社の本寺であり、素盞鳴尊と鰐淵寺の本尊蔵王権現とは同体、もしくは素盞鳴尊は蔵王権現の垂迹神と教化される。こうして出雲大社も神仏習合化し、祭神まで素盞鳴尊になるのである。(2)

戦国時代には、戦国大名尼子経久による出雲大社の寺院化がすすめられた。境内に本願が常駐するようになり、神宮寺や護摩殿、三重塔や鐘楼、そして経堂などの仏教施設がつぎつぎと建立され、鰐淵寺の僧侶たちも毎年大祭の三月会になると下山しては大般若経を護摩殿であげるなどの仏会を行い、そのため杵築周辺に多くの僧坊や宿坊が建てられた。しかもそれにとどまらず、神事のみ行う神聖な本殿内にまで鰐淵寺衆徒が入り込み、そこで仏事を行う増長を犯しはじめる。その結果、本殿内はいつしか塔の内部であるかのような様相に変貌した。(3)こうした状態を歯がゆく見る出雲大社社家は少なからずいたが、江戸時代になっても依然それを食い止める力も改める術もなく、本殿をはじめ杵築中のあらゆるところで神仏習合が一般化していくのであった。(4)

一―二　出雲大社の神仏分離

そうしたなか、寛永十五年（一六三八）にあらたな領主として松平直政が入国する。直政は祖父に徳川家康を、父に結城秀康をもつことから、いわゆる松江藩は従来の外様から親藩に変貌した。それにあわせて出雲大社の運命もがらりと変わっていくのである。

直政は、祖父以来幕府で抱えていた林羅山に、藩儒にふさわしい優秀な弟子を推薦させ、黒沢石斎を招きいれる。承応二年（一六五三）、石斎は直政の嫡子綱隆とともに出雲大社に参拝し、その時の様子を『懐橘談』にまとめた。なかでも出雲大社の記事は、彼を案内した上官佐草自清の情報をもとにして作成したものであった。そのため、のちに千家国造から呼び出され、あらためて『国造事実再考』(5)を書くことになるが、その原因は、出雲大社の神仏習合を批判した「杵築」の項の原稿を、自清が借り受けて、出雲大社内に回覧させたからである。その当該箇所の一部をあげてみよう（ルビと注を便宜的に挿入した）。

此社は自余の社にかはりて正殿南向、柱は九本何も丹青（赤と青）にて彩り、後の不堊《ふあく》（白土でないこと）不丹と云聖法神勅とは事かはれり、階を昇れば正面の障子に金彩色に当社の地図を写し、左の障子には競馬《くらべうま》を絵き、昇殿して左へまはり内殿西に向ふ、故に人東に向て拝す、中子《なかご》（仏の忌詞）・染紙《そめがみ》（経の忌詞）やうの神宝といへるも又多し、宮を見ればば御正台と申して鏡のごとき内に仏像を鋳顕し、いくつ共なくかけならべ、旗は仏前の幢幡《どうばん》の制にて四方にかけなびかせ、社共阿良々伎《あららき》（塔の忌詞）共見分がたし、社の西に輪蔵あり、三重の塔あり、大日堂は胎蔵界、本尊は行基菩薩の作なりなどほこる、鐘楼にのぼりて、鐘の銘は如何にやと見れば、承和六年（八三九）伯州某山某寺とえり付たり、さればこそ上古には鐘はなきと見えたり。(6)

これによると、出雲大社の本殿は、神代以来の伝統から乖離した様相になり、しかも殿内はまるで寺院にある塔のようであり、しかも境内地にも神社に不要な仏教施設が多々見られたとある。

そもそも佐草自清が『懐橘談』の原稿を回覧させたのは、出雲大社社家中に、羅山の高弟石斎によって、神仏習合がいかに批判されるものであるかを知らせるためであった。(7)この記事を見て衝撃を受けた社家は、長年の神仏習合で麻痺してきた感覚を覚醒し、仏教不要論を唱えるようになる。そして、本願が幕府によって追放されるという事件が起こると、出雲大社は寛文五年までに境内から仏教施設を撤去していき、鰐淵寺との長年の関係をも解消したのである。(8)

一―三　出雲大社の復古

寛文五年（一六六五）七月十一日、幕府は「諸社禰宜神主等法度」（「神社条目」）を発布し、全国の神職は吉田家の神職免許状取得を命じる。この条目が出雲大社に届いたのは、その年の十二月二十五日で、すでに年頭礼使の上官向孝里は江戸へ発っていた。(9)出雲大社は、寛文三年から従来の本願に代わり上官が衣冠を着用して年頭礼使を務め、同五年からは正月十五日に独礼を行うことになっていた。しかし、同六年の年頭礼から、幕府は神職の装束を狩衣に統一したことから、出雲大社の使者にもそれを遵守するよう命じたのである。そのことを現地で知らされた向孝里は、将軍秀忠以来御目見では衣冠を着用してきた伝統がある、と抗議するも聞き入れられず、急遽松江藩の江戸藩邸から狩衣を借りて事なきを得たのである。[10]

　そもそも出雲国全十郡の神職は、出雲国造から神職免許状を取得するのが慣例であった。だが、この条目はそれを否定するものであったため、出雲大社は「御条目御断使」を幕府に派遣して、出雲国の実状を伝えることにした。そのときに使者が持参した文書が「勘文」（黒沢石斎と佐草自清との合作）と「解状」（佐草自清作成）で、「解状」には祭神と国造との関係を、次のように記したのである。

　大社国造者、天照大神第二之御子天穂日命、神勅を受て、大己貴大神之御杖代となり給しより以来、神火・神水を受嗣、当国造迄無㆓闕如㆒国内諸神之祭を主り候、其来由者、日本書紀・釈疏等ニも相見江申候[11]

　ここで注目するのは、出雲国造が天照大神第二の御子天穂日命を祖先に持つことと、出雲大社の祭神は大己貴神であることの二点である。そして、その根拠を『日本書紀』とその註釈書である『釈日本紀』、『日本書紀纂疏』等に求めたことである。つまり、典拠を従来の神仏習合色の濃い縁起物によらず、正史とその注釈書に求めることで、歴史的かつ合理的な解釈をもって、出雲大社側の正当性を訴えたのである。それに対し、幕府は老中奉書をもってその訴えを認め、[12]幕府の勧めで霊元天皇の綸旨「永　宣旨」を賜ることになるが、[13]これは祭神よりも、出雲国造復古の正当化を謳うものであったことに注意したい。[14]

一―四　林鵞峰『出雲国杵築大社再興記』

　寛文八年九月、かねてから林鵞峰に依頼していた『出雲国杵築大社再興記』が完成した。これは佐草自清が資料を提供してなされたもので、当時の出雲大社の神学を知る上でも貴重である。

　本文は、「出雲国杵築大社は大己貴神の鎮座するところなり」で始まる。すなわち、祭神は大己貴神であることを明記する。そして、大己貴神はわが国を平定し、草創の功績を成したが、皇孫が降臨するに及んで「遜譲」して、この「幽宮」に隠れられた。その後、尼子経久が「両部習合之説」を信じて境内に仏教施設を建立したため、寛文度の正殿式遷宮の際に、そうした仏教施設を境内の外に移すとともに、新たに文庫一宇を建てて、神書および和漢の群書を蒐集した。これにより「唯一宗源之道」が出雲大社に勃興したのである。また、出雲国造の祖先天穂日命は、菅公を生んだ菅原氏の出自でもある。[15]神儒は一致するものであるから、出雲大社のように神道が盛んになれば、儒教もそれに応じて盛んになるに違いないとある。[16]

　鵞峰は儒家神道の典型的な神学、神儒一致思想をもって出雲大社を説いた。出雲大社は寛文度の正殿式造営遷宮時に、神仏を分離して復古を成し遂げたことを林鵞峰に語らせることで、一連の事業を正当化させるのが目的であったのである。一方、鵞峰は出雲国造が菅公と同じ出自であることから、神儒一致が約束されていたかのように評価していることも注意されよう。[17]

二　皇統守護と垂加神道

二―一　佐陀神社争論後の出雲大社

　出雲大社と垂加神道との関係は、宝永二年（一七〇五）に玉木正英が、亀ト調査の一環で出雲大社に訪れたことに始まる。その際、出雲大社の神職から手厚い歓迎を受けたことが、正英の書状に残されている。[18]ただし、当時出雲大社一の知識人であった国造北島道孝すら、垂加神道の影響を受けていなかったことは、本書所収の拙稿「自重館文庫成立史」に詳述したので参照願いたい。ところが、道孝国造は、その後山崎闇斎の「神代紀」の講義録や垂加神道家跡部良顕の著書を書写するなど、垂加神道受容に関与していくのである。

　当時、出雲大社は佐陀神社との争論で敗訴した後、幕府や藩から厳しい処分を受け、長期の自粛状態に入っていた。この敗訴で、出雲国造の「出雲国神社惣検校職」が否定され、その権限を保証した「永　宣旨」下賜を公言できなくなる。この「永　宣旨」とは、霊元天皇から賜った綸旨のことで、内容は神賀詞奏上の史実から、出雲国造は出雲国内の祝部、すなわち神職を統率してきたこと（「出雲国惣検校職」）と、出雲の神々は天皇の守護神であり、その神々を司祭する重責（「自重」）を古代から続けてきたこと（「永職」）のお蔭で、皇統は無窮であり、人々もその恩恵に浴してきたことを評価するもので、これからも皇統無窮を祈り続けよ、との勅命であった。(19)

出雲大社は、吉田家に全国の神職等の免許取得を命じた「諸社禰宜神主等法度」（「神社条目」）を断固反対し、「御条目御断使」を幕府へ派遣して、出雲国内の事情を説明し、それが認められて老中奉書や「永　宣旨」が下賜されたことについては前述した。ところが、元禄十年（一六九七）に佐陀神社争論で敗訴してからは、出雲国内の神職（大社町内と意宇六社以外の神職は除く）は、すべて吉田家から免許を受けることになり、出雲国造の出雲国神社物検校職の続行は断念せざるを得なくなったのである。

しかし、そうした状況に陥っても、なお出雲国造は天皇の守護神大己貴神を祭り、皇統無窮を祈り続けることに何ら変わりはなかった。それを高く評価したのが、山崎闇斎の学問（崎門学や垂加神道）であった。

二―二　山崎闇斎の学問（崎門学と垂加神道）の受容

元禄十六年（一七〇三）、闇斎の高弟浅見絅斎《けいさい》の門人で、大社町とも縁のある熊谷《くまたに》常斎を、出雲大社は大社の儒者として招く。その二年後、玉木正英が出雲大社に参拝すると、出雲大社の神職が全員彼に入門したことは前述した。こうした一連の出来事は、偶然というよりも出雲大社が山崎闇斎の学問を強く求めていたからだと思われる。(20)

ところが、それ以後、出雲大社と垂加神道との関係を伝える史料は、正徳二年（一七一二）に上官千家正延が、旗本で垂加神道家の跡部良顕《よしあきら》に入門し、その時に持参した『出雲大社記』が紹介されるまで不明である。なお、この『出雲大社記』は、玉木正英が著したものである。(21)

正延は、この年の正月に年頭礼使として江戸に下向するが、そのまま延享度の造営遷宮に向けての造営願使として、しばらく江戸に滞在した。そして、その後もたびたび年頭礼使や造営願使を務めたことが、『江戸御年頭礼帳』（赤塚家文書）で確認できる。その間に、正延は跡部良顕に師事し、享保九年（一七二四）五月、ついに「三種神器伝」を伝授されるのである。

出雲大社上官千家利馬蒙㆓国造公之命㆒信㆓我国㆒尊㆓神道㆒仰㆓予之伝㆒、依㆓深志㆒雖㆓秘訣㆒伝㆓授之㆒、帰国之時告㆓国造公㆒以可㆑伝㆑伝㆓授之㆒者也、

享保九年甲辰五月吉辰　　跡部光海翁源良顕　在判(22)

「三種神器伝」とは、「神籬磐境伝」とともに垂加神道の最奥秘伝であることから、正延は正式に垂加神道家として独り立ちできるまでになったのである。なお、この奥書によると、正延は国造の命令で垂加神道を学ぶことになるが、熱心に学んできたことから、この秘決を伝授するのだ、とある。よって、良顕は正延に、帰国したらそれを国造へ伝授するようにと指示している。正延は千家国造方の上官であるが、年頭礼使や造営願使は、両国造名代という立場で行うため、ここにある「国造公之命」とは、両国造の命令と解すべきであろう。とすると、千家国造は豊実、北島国造は道孝の命令で、上官正延は垂加神道を学んだということになる。そうすると、前述の道孝国造が跡部良顕の神道書等を書写できたのも、正延がそれらを伝えたからであろう。

かくて当時の出雲大社における垂加神道の第一人者は、上官の千家正延であり、崎門学では熊谷常斎であった。(23)だが、享保十一年（一七二六）十二月十三日に、常斎が四十九歳で亡くなると、その翌年、常斎の高弟松井訒斎は上京し、若林強斎に入門した。強斎は、常斎と同じく浅見絅斎門下の弟弟子にあたる。訒斎は常斎の紹介で入門し、後に千家俊信の師となる西依成斎と席を並べて受講するのである。これを機に出雲大社と強斎の塾「望楠軒」との繋がりができ、それ以降、望楠軒を通じて、出雲大社は神儒兼学の闇斎の正統学問を受容することになったのである。

享保十五年九月十三日、国造北島道孝が帰幽した。享年六十一。道孝国造は、当時出雲大社でもっともすぐれた神道学者であり、出雲大社が垂加神道を受容する以前は、独自で高度な神道研究を行っていたことは、前掲「自重館文庫成立史」で記したので参照願いたい。これ以降、北島国造方では上官

の北島孝廉《のりかど》が中心になって垂加神道を本格的に導入していくのである。

　なお、その頃に玉木正英が二度目の出雲大社参拝を行ったことが、自重館文庫の調査から推測できるが、残念ながらその正確な年月日を明記した史料は未見である。そこで、その年を仮に享保十五年九月の国造道孝の帰幽を境に、その前後に再訪したと推測すると、同年五月に正英は江戸に下向し、岡田正利らに「神代紀」や「中臣祓」などを講じていることから、その年に出雲へ下向したとなると、大祭の三月会の前後は日程的にも、物理的にも困難と思われる。とすると、江戸から帰京後の七月から八月頃が候補に挙げられる。次に道孝国造帰幽後となると、その翌年八月十七日に東《あずま》上官で国造千家俊勝（豊実国造の次の国造）後見役（実父）である千家智通（貞通）が、正英に神道誓紙を提出している。それをどこで提出したかであるが、従来は智通が上京した上で、神道誓紙を正英に提出したと推測してきた(24)。しかし、それを出雲で行ったとすれば、その時に正英は再訪を果たしたとも考えられよう。今後の課題としたい。

二―三　玉木正英著『天日隅宮考』と皇統護持の精神

　千家智通が神道誓紙を提出した年（享保十六年）の十二月に、玉木正英は、正親町公通の命で『天日隅宮考』を著し、それを仙洞御所（霊元院）へ献上する。本書は、このたびの自重館文庫での調査で発見したものである。

　内容から、正英の神代紀注釈書『神代巻藻塩草』同様、出雲大社を実見した様子がうかがえる。本稿では、当時の出雲大社の神学を見るため、この書の要点を抽出し、簡単な解説を付しておきたい。

　本書は、墨付き（一丁表）から算えると、奥付（十五丁裏）まで十五丁からなる。外題は「天日隅宮考」、内題は「出雲国杵築天日隅宮考」とある。構成は、『日本書紀』神代巻から出雲大社に関する記事を掲載し、次に一字下げてそれを解説した文を載せたもので、左の通り六段からなる。

①　神代紀・上巻・第八段・第六の一書（一丁表～二丁表）
②　神代紀・上巻・第八段・第六の一書（①の続き、二丁表～三丁表）
③　神代紀・下巻・第九段・本書（三丁表～四丁裏）
④　神代紀・下巻・第九段・第二の一書（四丁裏～一二丁裏）
⑤　神代紀・下巻・第九段・第二の一書（一二丁裏～一四丁表）
⑥　神代紀・下巻・第九段・第二の一書（⑤の続き、一四丁表～一五丁表）
⑦　奥書

　①の段は、祭神大己貴神のさまざまな神徳から複数の神名があることを解説する。②の段は、大己貴神と少彦名命について解説し、両神は「日本医道の始り也」（二丁裏）とする。③の段は、稲佐の浜でのいわゆる国譲り交渉で、大己貴神が皇御孫命の国内統治のために、天上の使者経津主神と武甕槌神へみずからの広矛を授けたことを、正英は「如此忠義を立て、朝廷を守護し奉りたまふ御神徳にて、おはしましけるなり」（便宜上読点を付した。以下同じ）と評価する。
　④の段は、「顕幽分治」の条であり、正英がもっとも大事としたところで、解説も豊富である。そもそも顕幽分治とは、目に見える世界の顕事の統治を大己貴神から皇御孫命に委任し、大己貴神は目に見えない世界の幽事を統治せよ、と高皇産霊尊が勅命したものである。その幽事を統治することを、「神代紀」には神事を統治すること、とあるのを正英は次のように解説する。

　神事を治《シル》とハ、神明を敬ひ祭り、冥慮を以て　宝祚無窮・天下太平を祈り奉り申させ給ふ御事也、（五丁裏～六丁表）

幽事ともいう神事を統治するとは、神明を敬い祭ることであり、冥慮をもって皇統が永遠に続く事と、天下太平をお祈り申し上げる事である、という。ここにある「冥慮を以て」とは、山崎闇斎以来、垂加神道で重視してきたもので、簡単に言えば、目に見えない神意、すなわち神の御心を感応することである。垂加神道では、「冥慮を以て」生きる事が求められたが、その好例は大己貴神が自身の身に宿る幸魂奇魂に感応したことであろう。ただし、幸魂奇魂は大己貴神特有の魂ではなく、誰の身にも分け隔て無く宿るとされる。その魂（別名「心神」）によって、われわれは儒者の規準とされるシナ人とはちがった、日本人らしい生き方をしてきたのだ、というのが闇斎以来の考えである。では、シナ人とちがった生き方とは何か。それは「宝祚無窮・天下太平を祈り奉り申させ給ふ御事」、すなわち皇統護持なのである。

よって、この魂は日本人特有の魂とされ、のち若林強斎によって「日本魂」と称されるのである。(25)

正英は、それに続けて次のように説く。

我国ハ　神皇一躰の御事にてましませば、祭政一に行ひまいらさせ給ふ故、万々世に至るまで冥慮を以て皇統を守護し奉らせ給へとの　勅命也、凡そ諸社の社人、此旨を守り　皇統無窮を祈り奉らずんバ、其職をしらざるなるべし、(六丁表)

わが国は神々と天皇とが一体となって守られる国であるから、幽事の祭と顕事の政も一体となって行われなければならない。それゆえに高皇産霊尊は、永遠に冥慮をもって皇統を守護しなければならない、と命じられたわけである。また、おおよそ神社の神職も、神事を統治する神々をお祭りするのであるから、この旨を守って同じく皇統無窮を祈り申し上げるのが、神職の責務といえよう、と解説する。

その後、正英は、天日隅宮とは宮号下賜の最初であろうとし、本殿の規模についての伝承を記す。

中頃までハ高さ十六丈、広さ十八間許なりしが、近頃より高さ八丈、広さ九間の神殿、今にかはらず八雲山の雲にそびへて立せ給ふ、(七丁表)

この規模については、当時の大社神職から受けた情報であろうが、広さ十八間許りとは初見である。なお、ここで注目したいのは、「今にかはらず」続いている、との表現である。神代に皇統無窮・天下太平を祈るために建てられた天日隅宮が、今の代も変わらず残っているからこそ、皇統無窮・天下太平であり続けているのだ、と評価するのである。次に続く解説もその点を強調している。

此神殿に大己貴命御《ヲホン》生世より今にかはらず鎮り定り　皇孫尊の御世を千秋長秋と守り恵ミ奉り給ひける(七丁表・裏)

すミやかに国を奉り上給ひて、其御身に八坂瓊之曲玉を被《ヲビ》給ひ、全躰玉の御徳に成給ひて、此杵築大社天日隅宮に寂に長く隠れ鎮り定りましましき(九丁表)

そして、この祭神を祭る出雲国造を解説する。

汝の祭祀を主とらんものハ天穂日命是也、とて此神の御生世より祭官の家をも立たせ給ふ、此天穂日命ハ天照大神の御子、出雲国造の先祖也、此嫡孫今北島・千家とて本殿の東西に侍りて、此神に仕へ奉り、神代の昔より神水神火を伝へて、他の水火を食せず、常潔斎して神代より今に一日もをこたらず、大己貴命の治せ給ふ幽事の神秘を伝て、玉躰安全・天下泰平を祈奉る御事なり、如此祭官の家までも　朝廷より定めさせ給ひて、残る所なく　叡慮をめぐらしおはします御事、まことにたぐひなくめでたき御事にてぞ、(八丁表・裏)

ここで注目するのは、出雲大社は、「玉躰安全・天下泰平」のために、祭神、神殿、祭官まで朝廷が定められ、あらゆる面で天皇の大御心（叡慮）で満たされた、まことに類いなくめでたき神社である、と評価したところである。この解釈は、後世「出雲国造神賀詞」の奏上儀礼を大和朝廷への服属儀礼ととる説を否定するものでもある。大和朝廷は、出雲大社を「玉躰安全・天下泰平」のために、祭神、神殿、祭官まで朝廷が定められ、あらゆる面で天皇の大御心で満たされた、まことに類いなくめでたき神社にする必要があった。しかし、それはあくまで大和朝廷側の思いであり、それを出雲大社側が実行することの保証はない。それを実行したのが、「出雲国造神賀詞」の奏上儀礼なのである。そう考えると、それを服属儀礼ととる説の再考を要するものといえよう。しかも、正英が強調するのは、それが古代だけに限らず、神代から今に至るまで変わらず続いていることを高く評価するのである。

なお、本殿西に鎮座する筑紫社も、いわばそうした神社のひとつといえよう。この神社の祭神は天照大神の誓いによって誕生した宗像三女神であり、大己貴神と同じく皇統守護神である、とする。(26)この宗像三女神は、垂加神道特有の神学から心化の神とされる。その心化について、次のように解説する。

心化と申すハ、実の御形ましまさず、日神世々の皇統守護し思し召御心の御神霊のこらせ給へるに、神号を奉り斎き祭らせ給へる御神なり、(九丁裏〜一〇丁表)

この心化とは、実体はないが、天照大神が永遠に皇統を守護したいとの御心の神霊を凝らせられたものに、神号をお付けになってお祭りなされた神のことをいう[27]。そうした皇統の守護神も、出雲大社では祭られていることを、正英は高く評価するのである。

ところで、出雲大社には、寛文度の造営で境内地の東西に十九社を設置した。その神殿は、神在月に諸国の神々が神集う神殿という。

同(注、本殿)左に十九社、右に十九社の神社有、是ハ十月神在月に大己貴神の領《ヒキヒ》給へる八十万神々諸国より神集に集ひ給へる神殿也、十月に諸神つとひ給ふ故、此国に限りて神在月と申也、(十丁表)

出雲大社に諸国の神々が集うのは、そもそも大己貴神が八十万神を統率する神として知られているからである[28]。

次に興味深い記事として、素盞嗚尊と所縁のある「清地《すが》」とは、八雲山麓にある素鵞社である、という。

本殿の後八雲山の麓に素鵞社とて、素盞嗚尊鎮り定りまします、御生世の昔より今に宮処あらたまらず此処也、(一一丁表)

素鵞社の御前に素鵞の地の旧跡も今に残りてぞ侍りける(一一丁裏)

この説は、当時の出雲大社の神職から受けた説であろう[29]。また、神在月に龍蛇が海からあがることも神代より変わらないという。

此竜蛇、神代より今に断絶なく、としごとに一つ宛あがり給ふ(一二丁裏)

⑤の段は、大物主神と事代主神が八十万神を天高市に引き連れ、高皇産霊尊に表敬訪問したところ、高皇産霊尊は娘三穂津姫を大物主命に配し、八十万神とともに永遠に皇孫の為に守護するよう命じたところである。垂加神道では、高天原は大和国高市郡にあったとすることから、大物主神たちはそこにある「皇居に昇り、その誠款至を陳し上させ給ふ」(一三丁表)たと解説する。そして、三穂津姫命は、「今杵築宮の後の山道を二里計に鷺社と申すに鎮まらせ給ふ」(一三丁裏)とあり、この社は「疱瘡守護の神」とされている、と解説する[30]。

⑥の段は、「大己貴命の御神霊を　朝廷より祭らさせ給へる事」(一四丁表)を記載する。これを正英は、天穂日命すなわち出雲国造は、皇御孫命の名代(御手代)として大己貴命の神霊を祭ることを意味するもの、として高く評価する。

皇孫尊の御手代として此大己貴命の神霊を始めて祭り礼《イヤマ》び給ふませに、君の御手づから祭らせ給へるを准せらるる御事、たぐひなき御尊ミなれば、神恵もさてぞ　玉体安全・天壌無窮に天津神籬・天津磐境をおこしたててぞ守護《マモリ》たまふらめ(一四丁裏~一五丁表)

正英が出雲大社の祭神を高く評価したのは、本来ならば皇御孫命みずから祭るべきほどの神として尊ばれてきたからである。だからこそ、高皇産霊尊も天上にて「天津神籬・天津磐境をおこしたてて」「大己貴命」を祭ることで、「玉体安全・天壌無窮」の守護を祈られたのである。それを出雲国造が、「皇孫尊の御手代」として「大己貴命の神霊」を「今にかはらず」祭ってこられたことに、正英は高く評価した。そして、この神学が、江戸時代を通じて出雲大社を支えてきたのである[31]。

⑦は奥書である。それによると、正親町公通が玉木正英にこの書を記させて霊元院に献上したもの、とある。

享保十六年十二月　　玉木正英謹記

右一巻、正親町従一位公通卿、令玉木五鰭翁正英筆記之、所献　仙洞御所也、(一五丁裏)

出雲大社は「玉体安全・天壌無窮」のために朝廷が定めた神社である、と明記した『天日隅宮考』は、正親町公通によって「永　宣旨」を下賜なされた霊元院に献上された。もちろん、そうしたことを松江藩は知悉していたであろう。その翌年、出雲大社は松井訒斎に『大社志』を編纂させ、それを松江藩に提出し受理されていることからも容易に推測できる。

二―四　松井訒斎著『大社志』と失地回復

『大社志』が出雲大社にとって重要なのは、そのなかで佐陀神社争論敗訴以来公言すら禁止されていた「出雲国造神賀詞」、「出雲国神社惣検校職」に関連する史料、そして「永　宣旨」の三種の出雲国造に関するもっとも大事な文書の掲載が許可されたからである。さらに「大社事実」の項で、「按《スル》上古已ニ以テ天照大神・大己貴大神トヲ並祭ハ於天皇大殿之内ニ、則万世並ヘ称伊勢・大社以為宗廟・社稷ト、非ス溢辞ニ也」と、上古大己貴神は天照大神と並んで天皇の大殿で祭られていた神であるとして、祭神と天皇との関係を記し、伊勢・大社と並称されるのは、この両社がわが国の宗廟社稷、すなわちわが国を代表する神社であるからだ、と出雲大社の重要度を明記して、それを松江藩に提出し受理されたからである[32]。

「永　宣旨」が出雲国造にとっていかに大切な文書であったのかは、千家俊信の弟子で幕末維新期の国造千家尊孫が、「ありがたきこれの御書は玉かがみ剣にもます我家のたから」（『自点真璞集』雑[33]）と歌ったことからも明かである。「永　宣旨」は、出雲国造家にとって玉・鏡・剣のいわゆる三種の神器以上に大切な宝物である。それほどの宝物を霊元天皇から賜ったことは、出雲大社にとってたいへん名誉な事であった。それだけに、いままでそのことを公言すら許されなかったとは、出雲大社がいかに厳しい制裁を受けていたのかが想像できるであろう。

このように『大社志』が出雲大社にとって重要なのは、失地回復を象徴する書であったからである。そして、そのきっかけを作ったのは、前節で紹介した玉木正英の『天日隅宮考』ではなかったかと思うのである。

二―五　失地回復に尽力した功績者の相継ぐ帰幽

松井訒斎が『大社志』を著した享保十七年（一七三二）は、出雲大社が失地回復した年であるが、その前後にそれに尽力した御仁を次々と失う。

前述した通り、その二年前の享保十五年九月十三日、国造北島道孝が帰幽した。北島国造方が精力的に垂加神道を導入したのは、この道孝国造が、在職三十四年という長期にわたって支援したからであろう。

同十七年には、一月二十日に若林強斎が易簀した。自重館文庫には、松井訒斎や北島孝廉が強斎に師事した証として、『強斎先生尚書講義』（享保九年「八代氏所録口授」の転写、八代氏とは美濃の門人八代春竹か[34]）や『中臣祓師説』（同十三年[35]）、そして『神代巻師説』（同十四年[36]）などの講義録の写本が収められている。

また、同年八月六日には、「永　宣旨」を下賜なされた霊元院が崩御された。『天日隅宮考』を献上したのは、その前年で、生前にこの書を献上することで、「永　宣旨」の根拠を示すことができたといえよう。それとともに、出雲大社の境遇に大御心を痛めておられていたであろうことを、安堵させることもできたのではないだろうか。

翌年の七月十二日、垂加神道道統者正親町公通が薨去した。『天日隅宮考』の作成を玉木正英に命じ、霊元院に献上したのは、公通である。現在、出雲大社でよく見られる玉持ち大国神像も、おそらく公通と正英による合作であろう。正英は、『天日隅宮考』で大己貴神のその姿を、「御身に八坂瓊之曲玉を被給ひ、全躰玉の御徳に成給」うたものと表現したが、それはいうまでもなく幸魂・奇魂を最大限発揮された皇統守護神そのもののお姿という意味であろう。

その二年後の享保二十年四月九日、出雲大社でいち早く垂加神道家となった千家正延が帰幽した。正延は、延享度の造営遷宮を成就させるため、たびたび江戸へ造営願使として下向し、その間に跡部良顕に師事した。出雲大社が全国を対象に勧化活動を行う「日本勧化」を実現するため、幕府と交渉したのは正延で、出雲大社を出雲国の神社から全国民の神社である理由を示した『出雲大社勧化帳・御縁起』の「御縁起」（享保十一年[37]）を作成したのも、おそらく正延であったろう。だが、正延は造営遷宮の成就を見ることなく亡くなったのである。

その翌元文元年七月八日、出雲大社に垂加神道を導き入れ、失地回復に協力した玉木正英が帰幽した。

こうして出雲大社は佐陀神社争論敗訴以来、長い試練を経てようやく失地回復したが、その間に尽力した多くの功績者を次々と失い、まさに一つの時代が終了したのである。

三　「日本勧化」から国学以前

三―一　千家智通と北島孝廉

上官北島孝廉は玉木正英が帰幽してから、正英の高弟で、江戸の垂加神道家である岡田正利に師事する。その間に正利から橘家神道の蟇目神事を伝授され、それを両国造に伝えたことで、現在も両国造館にて蟇目の祈祷が行われている。その件を含め孝廉に関しては、前掲「自重館文庫成立史」で論じたので参照願いたい。ここは延享元年（一七四四）十月七日に出雲大社が正殿式造営遷宮を斎行する上で、孝廉が重責を担ったところを記しておこう。

孝廉は造営願使として享保二十年（一七三五）から四年間江戸詰めを務めた。おそらく、千家正延の重責を引き継いだものと思われる。「日本勧化」は正延の尽力で実現したが、集金面では効果がなかった。そこで元文六年（一七四一）に再勧化を寺社奉行に申請するが、その時の国造名代の一人が孝廉であった。だが、最終的には松江藩が全面的に補填することで、延享元年十月七日に正殿式遷宮が斎行された。なお、それが行われる前の七月に、孝廉は千家国造方上官長谷《ながたに》右兵衛と連署で『出雲大社御遷宮式』を松江藩に提出している。このように、孝廉は垂加神道家であるばかりか、両国造名代としても高く信頼されていたのである。

延享元年の暮れ、出雲大社は造営遷宮成就の御礼を十二月一日に江戸城白書院にて行う。その時の御礼使に選ばれたのが、千家国造方は東上官千家智通、北島国造方は上官孝廉であった。翌年一月十五日の年頭独礼には、孝廉が両国造名代として務めた。翌月一日、千家智通は遷宮成就の御礼として禁裏様（桜町天皇）へ玉串を献上し、同月二十八日に帰国する。一方の孝廉は三月に禁裏様へ年頭の挨拶とともに遷宮成就の玉串を献上したものと思われ、四月五日に帰国した。

残念ながら北島孝廉にくらべ千家智通の史料は数少なく、これ以上の活躍を知ることはできないが、智通の子国造俊勝の後見役として、また東上官家から千家国造宗家を長く指導したことは疑いない[38]。宝暦五年（一七五五）十月十二日、帰幽。享年六十七。本来ならば国造になるべき御仁であったが、佐陀神社争論敗訴により、父直治が国造を免職させられたため、東上官に下り、その後も数々の辛酸を嘗めたのである[39]。

宝暦十三年十一月四日、『大社志』を編纂した松井訒斎が亡くなった。享年七十七。熊谷常斎の弟子として崎門学を学び、常斎の推薦で若林強斎に入門する。その関係で、出雲大社をはじめ杵築の学問として、強斎の塾「望楠軒」との繋がりができた。訒斎は大社町に私塾「蒙養斎」を開き、杵築の学問を高めたが、その塾の後継者を地元から育てることができず、西依成斎（望楠軒学頭）の弟子大村蘭林（のち津山藩儒）を招いたりして、杵築の学問環境の向上とその維持をはかった。なお、蘭林は正式には国造から招かれたとあることから、「蒙養斎」の学問も両国造が支援していたのであろう[40]。

三―二　「日本勧化」の御縁起

千家正延は長年江戸に滞在して、延享度の造営遷宮費をまかなうため、幕府寺社奉行と交渉した。享保十年（一七二五）八月六日、寺社奉行から「諸国勧化」の免許を受けることになり、翌年から勧化を実施する。出雲大社では、それを「日本勧化」と称し、上官が中心になって勧化活動を行なったが、そのとき「勧化帳」とともに「御縁起」を持参し、出雲大社の教化活動も行なった。その「御縁起」から、出雲大社の神学を見ることができるので、要点を抽出して解説してみよう[41]。

まず、祭神は「大己貴命」とし、「天照太神の御弟素盞嗚尊」を父に持つとする。素盞嗚尊は「和歌の祖神」であり、「夫婦縁むすひの神」である。一方、祭神の大己貴命は、「大智大勇の神」であり、「天照太神の御孫」へ「顕露の事」を譲り、「日本国中一統に太平の化を成就」した神である。そして、「日本の朝敵」を討伐し、国をつくり繁盛させた「葦原の地主」であり、「日本医術の祖神」であるなど、「武運・農業・病災」に霊験あらたかな神である。また、永遠に「国家の御守」となり「軍神」と仰がれる神である一方、「万民の家々に仰ぎ奉る大こく神」といわれる「福神」としても尊ばれているように、出雲大社の神は天下国家の神であるとともに、万民に親しまれた庶民の神でもあるとした。

次に出雲大社と司祭者を説明する。前掲のそうした御神徳ゆえに「天照太神」によって出雲大社が造営されたとし、司祭者の「天照太神の第二の御子天穂日命」に「天下安穏長久」を祈らせられて今に至るという。また「天の日隅の社」として「日本の守護」になったことから、「此国の生としいけるもの、此神の御神恩をいただかざるものなし」という。ここは前述の『天日隅宮考』の影響が反映しているように思われる。

次に神在月のことを説明する。「日本の八百万神」が「日隅の社」に集まり、「神徳の光を現し、豊葦原の万民を恵養」う、との伝えがあるので、出雲国では神在月と称して、この月はだれもが忌み慎んできた。また、この頃に「海中より錦色の龍蛇」が浮き上がり、古来より神前に供えてきた。このようなわけで、古来「天下安穏国土長久之御祈祷」を行ってきたのである。この論の進め方も『天日隅宮考』によく似ている。

最後に、こうした出雲大社ご祭神の御神徳を仰ぎ、造営へのお志があれば、「祈祷冥加のしるし」、すなわち出雲大社ご祭神のご利益は「一身一家より子々孫々にいたり」、かつ「国々所々神の恵を蒙らん事、疑なし」とある。出雲大社のご祭神は、わが国の守護神であるから、この国でこの神の御神徳を受けない者はいないが、御造営の寄付に協力していただければ、「祈祷冥加のしるし」は未来永劫ゆきわたり、さらに出雲大社の集まる全ての神、すなわち地元の産土神からもご利益を蒙ることができよう、というのである。

ここに出雲大社は、出雲国の神社から全国民の神社として飛躍するのであるが、その理由は、出雲大社のご祭神が全国民のご利益にかかわる神であり、日本の守護神であるからこそ、天照太神が御造営なされたのであり、その証拠に神在月があるとする。神無月には全国の神々が出雲大社に集まり全国民を恵み養うお力を発揮なさるため、地元では神在月と称して古来忌み慎んできた。したがって、出雲大社は全国民のための神社なのである、と教化したのである。

三―三　松岡雄淵述『穂日命神孫出雲国造事実』

佐草家文書に『穂日命神孫出雲国造事実』がある。これは垂加神道家で、吉田学校学頭でもあった松岡雄淵の説であり、文化元年（一八〇四）十月に北島国造方上官佐草茂清が筆写したものである。これは冊子ではなく巻物で、奥書は左の通りである。

右者京都松岡中（仲）良の説也、宝暦年中向孝豫上京の節、口授いたすとの事ニて、茂清写し置、尤其節中良の処に先年国造より御頼有之、国造の考書記し差上置候、かひつまんで語れば如此との咄之由、

文化元甲子年神在月

佐草茂清写

松岡仲良とは雄淵のことで、彼の講述を筆記した向孝豫《のりやす》は、北島国造方の上官である。向が宝暦年中のいつ上京したかは不明だが、雄淵が吉田学校学頭であった頃に近づく事は、佐陀神社争論との事実上の争論相手が吉田家であっただけに疑問である。雄淵は宝暦事件で竹内式部が京都から追放された翌年の宝暦十年（一七六〇）に、吉田家から離れる。このことから、この書が筆録されたのはそれ以降と考えられよう。なお、向孝豫が年頭礼使になるのは、明和七年（一七七〇）で、明和九年三月に雄淵の神代巻の講義を筆録している（大倉精神文化研究所所蔵『神代巻口授』）。

当時、垂加神道家のなかで松岡雄淵の右に出る者はいなかった。よって、両国造は吉田家との縁が切れ、正真正銘の垂加神道家として独立した雄淵に接近し、国造の事実を解説してもらおうとしたのであろう。当時の千家国造は、千家俊信の父俊勝、北島国造は、道孝の嫡子直孝である。両国造は、まず自身の考えを書記したものを差し上げたとある。

この書は、ある人が質問し、それに応答する形をとっている。その質問は左の通りである。

或尋テいふ、出雲の国造にかぎり父母の服を受ず、又父の命終り、其子大庭へ神事を構へて行、神水・神火といふて神代の火・神代の水を以是を受継、是を神火・神水相続といふ、是ハいか成故ぞと尋る

この質問は、国造はなぜ両親の服（服喪）を受けないのか、また新国造になる上での「神火・神水相続」という神事をなぜ行うのか、という内容である。それについて雄淵は、「神代紀」にもとづいて答えてゆく。その要点のみを抽出しておこう。まず顕幽分治から始めるが、ここに雄淵の読みの深さが見られる。

瓊々杵（ママ）命の勅命を高産霊（ママ）命承り給ひて、大己貴命を御存生の内より朝廷

> 守護乃第一の神と祭り給ふ、生キながら日守木《ヒモリキ》の神と成せ給ひて勅祭に預り給ふハ、大己貴命御一神にかぎりたる也、然せば大己貴命日隅宮にかくれ給ひ、顕露《アラワニ》の事は皇孫へゆづり、御自身ハ幽隠《カクレ》乃事をつかさどり給ひて、万々歳の涯まで日嗣を守護を(せ)給ふ神とならせ給ふ、すれば大己貴命ハたとへ御命数つき給ふとも、朝廷守護の日もろぎの御心はいつまでもいきて御座なさるる道理也、

松岡雄淵は、神籬磐境の神勅とは、皇孫瓊瓊杵尊の勅命を受けて高皇産霊尊が出したとする。これは「神代紀」に太玉命を皇御孫命の御手代（天皇の代理）として大己貴神を祭らせたとあることから、遡ればこの神勅は皇御孫命が命じたものと考えたのであろう。つまり、雄淵は高皇産霊尊よりも上位にある皇御孫命の勅命で、出雲大社は成立したと見ていたのである。実はこれが出雲大社の神学なのである。

それゆえに大己貴神だけが、生前から日守木の神（皇統守護神）になり、勅祭に預かってきたのである。しかも、大己貴神は幽世から永遠に「日嗣」（天皇）を守護する神になられたので、「朝廷守護」の日守木の御心も永遠に生きたままである。

次にそうした大己貴神を祭る天穂日命について解説する。

> 然はその祭官につけさせられた穂日命なれば、穂日命も大己貴神の有んかぎりハ祭官し給ふべき事也、夫故穂日命の神孫は血脈だんぜつなく祭官乃職を勤させらるる故、親が死ナせられても忌服をきて壱年拾三ヶ月社へ仕ふる事をむなしふする事ならぬ、是がまつ忌服を受ぬ大概也、（中略）それゆへ世間一通りの家督相続の様にハない、大庭へ行て神水神火をつきて、神代の有様神事を構へて、ぬしが穂日命に成て来る合点也、

大己貴神が永遠に皇統守護神である限り、朝廷の命で祭官に任せられた穂日命も永遠に祭官であり続けなければならない。そのため世間一般に行う重服（二年と一月）を経た家督相続ではなく、神代のままの神水神火の神事を行って、出雲国造は穂日命になるのは当然であろう。それゆえ次の説に至る。

> 大己貴命のひもろぎの御神体が死ずに御座なるからハ、其祭官たる穂日命も死ずに御座る合点也、夫故国造には服忌といふ事ハない、

天皇守護の大己貴神が死なないのだから、祭官である天穂日命も死なないのである。それゆえ出雲国造に服忌がないのは当然であり、だからこそ宝祚が無窮なのである。

こうした不死の神学をもって、松岡雄淵も師の玉木正英同様、皇統守護を主眼において出雲大社の祭神と祭官を説くのであった。

三　国学と出雲神道

三―一　千家俊信

千家俊信は、宝暦十四年（一七六四）一月十六日、国造俊勝の次男として生をうけた。[42] 彼が生まれた頃は、杵築周辺の文化は、神道は垂加神道、歌道は二条家流歌道、茶道は細川三斎流茶道が主流であった。当時、俊信の叔父で、東上官の千家長通は、そうした文化の代表的人物であり、前掲『忌日帳』には、生前「神道・歌道・茶道の達人」であったことが伝えられている。[43]

その垂加神道は、玉木正英が出雲大社に参拝して以来受容されてきた。なかでも出雲大社に本格的に垂加神道を導入したのは上官千家正延であり、橘家神道の蟇目神事は上官北嶋孝廉であった。いずれも両国造名代として江戸に長期滞在し、当地の垂加神道家から伝授されたもので、決して個人的な意志からではなく、両国造の命令で授受してきたのである。よって、垂加神道も橘家神道も同時に両国造に伝わっている。長通はおそらく父の智通に師事し、達人と言われるまでの域に達したのであろう。

また歌道や茶道においても、両国造に伝えられた後、杵築周辺の文化として浸透していったものと思われる。ちなみに二条家流歌道は明珠庵釣月によって伝えられ、百忍庵常悦を経て千家長通に伝授されたとあり、細川三斎流茶道は、藩主不昧公の命令で茶道を修めた高井草休を経て長通に伝授された、と前掲『忌日帳』にある。

一方の千家俊信は、同じく『忌日帳』に「諸道に達した高名の御人なり」（原漢文）と記されている。[44] つまり、俊信は杵築周辺の文化の達人であるば

かりか、さらに本居宣長の国学を伝えた長通以上に有名な御仁であった。彼は青年期に上京し、望楠軒に入り神儒兼学の正統闇斎学を学ぶ。滞京中に安芸国竹原の礒宮八幡社の神職で垂加神道家の唐崎士愛《ことちか》と交流をもったのであろう。その関係からか、彼に師事した鎌田五根が出雲大社に参り、俊信に蟇目神事の秘伝を伝授したのである。

ところで、五根が出雲大社に参拝した天明六年（一七八六）は、全国的に風水害が発生し、農作物に大きな被害が出た年であった。(45) そこで翌年八月、将軍より出雲大社に五穀豊熟の祈禱執行が命じられる。出雲大社は八月七日から七日間社頭に僧侶を入れず御祈禱を執行し、それが成就したことを老中宛に俊秀国造（俊信の兄）が報告した。

　謹而致言上候、去年中所々大水打続作毛損毛等因為非常之儀、御祈禱被
　為　仰付則於
　大社神前此上安全之御祈禱、抽精誠目録之通奉執行　玉串神供奉捧之
　候、此等之趣宜預御披露候、誠恐誠惶敬白
　　八月十三日　　俊秀御判
　　　御老中御連名殿

それによると、八月七日から「目録之通」御祈禱を執行したとある。その目録とは、左の「大社御祈禱品目」にあたる。

一　従八月七日一七日国造并上官等社籠、於神前奉幣祝詞、
一　同月十三日読御供、奏音楽、
一　同日三千度詣、
一　同日蟇目行事、
　　以上
　天明七丁未八月十三日　　国造千家

すなわち、両国造と上官は別々に社籠し、七日間「大社御祈禱品目」通りに御祈禱を執行し、そのあと御祈禱連歌を三句づつ両国造家から奉納したのである。(46) ここで注目するのは、当時出雲大社は将軍からの祈禱依頼において、最終日に「蟇目行事」を行っていたことである。よって、俊信が五根から蟇目神事の秘伝を受ける意義は、十分あったことがわかろう。

だが、俊信は当時すでに本居宣長の国学こそ祖先伝来の神道、いわゆる「出雲神道」を明らかにすることができる学問と見ていた。そこで彼は宣長に入門し、杵築周辺に国学を広めようと考えた。しかし、元禄期から杵築周辺には山崎闇斎の学問が入り、享保期には垂加神道や橘家神道が入り、北島国造家には自重館文庫が設立されていた。そこで宣長を出雲に招き、直接杵築周辺の人々に国学の大切さを教授してもらうことを計画する。だが、宣長は老齢を理由に辞退し、代わりに弟子二人を派遣した。ところが、評判は芳しくなく、出雲には垂加神道が浸透していて国学を広めるのは到底無理だ、との報告を宣長は受ける。そうしたなかで、俊信は国学を杵築周辺に伝えていったのである。

三―二　「梅の舎三箇条」

俊信は宣長から「皇朝学」（「皇国学」）を学び、それを継承したことを誇りとした。それにゆえに、宣長没後、鈴屋社中（宣長の門人ら）の、「皇朝学」から離れるものをいぶかしがり、本居大平は歌道に走り、平田篤胤は神道に偏向している、と批判したのである。(47) そうした俊信の学問を見る上で参考になるものの一つに、左の「梅廼舎三箇条」がある。

一　御政事をよく守り上の御恩を忘れ申間敷事
一　家業出精之事
一　神の御所為を知る事(48)

俊信は、特に入門者にこの三箇条を示し、遵守するよう教えた。そして、時に応じて何度もそれを講義したのである。「梅廼舎翁三箇条講義打聴」(49) はそのひとつであり、俊信の学問姿勢がよく伺える。

まず、「神道ト申ハ今日行ハルル御政事ガ即チ神道ナリ」という。この「御政事」とは、顕幽の「顕事」のことで、

　其ノ御政事ノ生スル処ハ、掛マクモ畏キ天照大御神ヨリ皇御孫命ニ授ケタマヒテ、其皇御孫迩々芸命ヨリ御代々ノ天皇ヘ御相伝ニテ天ノ下ヲ平気久治メ玉フ道ナレバ、其道ヲ以テ今上皇帝ヨリ将軍家ヘサヅケ玉ヒテ、今如斯久ク大八島国ノ治レルモ皆大御神ノ道ナルガ故ナリ、抑神道

トハ神ノ道ト云事ニテ、スグニ天照大御神ノ道ナリ、(50)

という。顕事とは、抑も大己貴神が高皇産霊尊の勅命で皇御孫命に譲った世界の事である。その功績は我が祖先の功績でもある、と俊信は考えた。例えば、彼の歌に、

天穂日命

はたすきほひの命のいさをにぞ吾大神の(ハ)国さりましし(51)

がある。すなわち、我が出雲大神が顕事の世界を皇御孫命に譲ったのは、祖先の天穂日命の功績にあるぞ、というのである。そして、その顕事で行われる皇御孫命の御政事こそ、「天照大御神ノ道」＝「神道」なのである。現在は「御政事」を将軍家へ授けられて天下泰平であるのも、「天照大御神ノ道」を継承されているからである。よって、「御政事ヲ至極大事ニ思ヒ、役人タル人ハ即大御神ノ御教ヲ説ク人と思ヒ努々、ソマツニ思フ事ナリ失礼ナドナイヤウニ常々ココロカクヘキ事ナリ」(52)と説くのであった。

それに対し、下々のわたくしどもは、家業に励みつとめることが、天照大御神に御奉公することであり、延いてはそれが神道を行うことに繋がる。よって、各々が家業に励みつとめれば、「八百万神モ其人ヲ守リ玉ヒ、万民モ其人ヲヨク敬ヒテ、子孫繁栄・家運長久之処ウタカヒナキモノナリ」(53)と諭したのである。

最後に、「神の御所為」であるが、それが「顕事」に対する「幽事」であるという。例えば、意志に反して、善人に悪しきことが起こったりすることがある。それは禍津日神の御所為《みしわざ》であり、悪いことをしてそれに気付かないでいると、「禍津日神ノ御霊」をますます多く受けて悪心になる。それに対し、悪いことだと気付き、改めようとすると、今度は直毘神がその人に寄りつき心が「直毘ノ魂」になる、という。すなわち、俊信は心の持ちよう一つで、その心に「禍津日神ノ御霊」が宿って悪心になるのか、「直毘神ノ御霊」が宿って善心になるのかを制御することができる、というのであろう。よって、

此神代ノ道ヲヨクシレハ、掛マクモカシコキ天照大御神ノ御教ノ御政事ヲ至極大切ニ守ラデハカナハヌ事、自カラ思ヒ知ラルルナリ、ヨツテ家業出精ヲナシ、御神恩ヲ報シ奉リ、上乃御恩ヲ知リテ朝日乃豊サカノボリニ夕日ノ降《クタチ》ノ末マテ懈怠ナク家業ヲヨクツトメバ、家富ミ子孫繁栄ノ御所為ヲモ神ニ祈リ奉リ、吾ガ神道ノ道モ自カラ栄エ、天ノ下オダヤカニ長ク久シク目出タキ御世ノ御恩ヲ思ヒテ、神ノ道ヲ執行ウ致スヘキ事肝要ナリ、(54)

と説くのである。このところを別本の千家国造家所蔵「梅之舎三箇条」と比較すると、あまり変化がないことがわかる。例えば、

此直毘ノ御霊ガ入セラルトキハ諸事吉事アリ、禍津比(ママ)ノ御霊ガ入セラルト或ハ病気ト云ナリ、又ハ災難トモナリ、此御所為盛ナルトキハ終ニ死スルヤウニモナル也、都テヨキモアシキモ万事ミナ神ノ御斗ナレハ、人力ノ及ヒカタキコトヲサトルベシ、然レハ天津神国津神八百万神神々(衍字カ)ヲ祈リテ、禍事ヲマヌカルルヤウニ信心スヘシ(55)

とある。すなわち、知らないうちに直毘神又は禍津日神の御霊が身体に入り、前者が入ると諸事吉事であるが、後者が入ると凶事をもたらし、時にはそれが原因で死ぬことすらあるという。したがって、そうならないように信心しなさい、とあり、心の持ちようである程度の制御が可能との考えを示している。しかし、別本の「梅之舎三箇条」は、より神学的な要素をも付加している。例えば、

此天地ノ間ニハ神明ノ御霊ト云モノ満テアル、其御霊ガ人ノ呼吸ニツレテ胎内ヘ通ハセラルル、其御霊ニヨリテ存在シテ居也、(56)

とあるように、天地に充満している「神明ノ御霊」を呼吸で取り入れることで活かされているとする。しかし、そうした御霊のなかに直毘神の御霊のような善き御霊もあれば、禍津日神の御霊のような悪しき御霊もあるので、悪しき御霊を寄せつけないように信心せよ、というのである。これは平田篤胤の神学とは違う。とくに禍津日神を悪事をなす神とは見ず、悪事を見ては捨て置けない神、悪事を忌み嫌う神としており、悪事はあくまで火の神の仕業としているからである。(57)

この別本には、魂の行方や死生観についても補足されている。例えば、

死テ後ハ我モ人モ御霊ヲ家ニトトメテ永ク子孫ヲ守護スヘキ也、是存生

ノ内ヨリ其念ナクテハ家ニトトマルコトナリガタシ、（中略）死シテ後モ此御神ヨリ預奉ル家子孫ヲ守護シテ大御神ヘ御奉公ヲツトメ、御所為ヲ助奉ント云念ナクテハナラヌ筈也、（中略）死シテハ遠キ国ヘ行ベキコトト思ヒツメタル人ハ、彼ノ黄泉国ト云地下根底ニアル穢キシキ国ヘ行ベシ、此国ヘ行人ハ大御神ノ御政事ニ背テ御仕置ニアヒ、此国ノ住居ナラザル人ノ御霊ノ行ク国ナリ、(58)

とある。すなわち、わが身に宿る御霊は、死ねばわが家に留まって、長く子孫を守護するもので、それが天照大御神の御政事への御奉公にも繋がり、神の御所為を助けることにも繋がるというのである(59)。ただし、そのためには、生前からそうしたことをよく理解して、念を入れておかねばならない、という。

では、黄泉国とはどういった国なのか。ここに俊信の死生観を見ることができる。俊信は、黄泉国とは死ねばわが家から離れて遠い国に行く、と考えるものが行くところという。なぜならば、そうした意思表示が天照大御神の御政事に背く行為にあたるからだ。われわれは、生死の別なく顕事の天照大御神の御政事に御奉公する義務がある。生きているときはしっかりと御政事に御奉公し、死んでからは子孫が御政事に御奉公することを守護することで、御政事に御奉公するのだ、というのである。だが、そうした義務感を持たない者は、出雲大神の神罰を受けることになるという。俊信は同書で、

御政事ニモレタル罪重ルトキハ出雲大社ノ幽事ノ罪ニアフ也、ヲソルヘキコト也、（中略）何事モ出雲大神ノ幽冥ヲカシコミテ神ノ御所為ニ背カサルヤフニスヘシ、(60)

と論すのである。なぜならば、この世は顕事と幽事を治める神のお蔭であるからである。

御政事ハ御代御代天皇ツカサトリ玉ヒ、幽冥ハ大社ノ大御神ノツカサドリ玉フナリ、天地ノ間ハ何事モ天照大御神ノ御光ト、大社大御神ノ幽事ト此二ツニヨリテ立テアル也、（中略）天地ノ間万国ミナ天照大御神ノ御光ヲイタタキ、出雲大御神ノ御定ニヨリテ立テアルコト也、(61)

俊信の説には、平田篤胤の大国主神「幽冥主宰」観と同様の説が見られる(62)が、「御政事ニモレタル罪重ルトキハ出雲大社ノ幽事ノ罪ニアフ也」との生前の罪過を、特に天照大御神の御政事に背いた者を出雲大神が罰する、との説は俊信特有の説ではないだろうか。

俊信は、生前は天照大御神の御政事に遵守し、死後は魂となって家に留まり、子孫が御政事に遵守することを助けることが務めである、と説く（ここはまるで望楠軒の神学や松岡雄淵の『神道学則日本魂』の精神を彷彿とさせよう）。しかし、この御政事に背いたものは、出雲大神の神罰を受け、御魂は家に留まらず、穢らわしき黄泉国へ行くのである、と論すのであった。

おわりに

大幅に規定枚数を超過してしまった。以上を簡単に纏めておわりにしたい。近世を通じて出雲大社を中心とする杵築周辺の「神学」を見てきた。当初は神仏分離と祭神復古に主眼がおかれていたが、それとともに出雲国造が天照大御神の第二子天穂日命の子孫であることを主張し、その伝統とともに出雲大社の復古を計画していたことが確認できた。その成果が、出雲国造の「出雲国神社惣検校職」であり、それを保証したものが「永　宣旨」であった。「永　宣旨」は出雲国造家にとって、天皇の三種の神器に匹敵するものである。しかし、佐陀神社争論敗訴後、それを公言することができなくなった。その失地回復の間に、垂加神道の神学により、出雲大社の祭神が皇統守護の祭神であり、それを天照大御神が讃えて建てられたのが出雲大社である、との神学が付加される。さらに、その神学のなかで大己貴神と一心同体である出雲国造の不死の神学も現れたのである。

千家俊信の「皇国学」は、本居宣長の現実を重視した神学を踏襲したものであるが、死生観においては、独自の神学を表していた。たとえば、死ねば誰もが黄泉国に行く、との宣長の神学を受けず、御魂は家に留まって子孫が天照大御神の道を継承する御政事を遵守することを見守るという。そして、生前にその御政事に背いたもののみ、出雲大神の神罰を受けて行くところが黄泉国である、と説いた。これは後に受容される平田篤胤の神学とも異なる

ところであろう。このように俊信の神学も、天照大御神の道である神道を支えることが、日本人としての使命である、との近世以来の出雲大社の伝統的な神学を踏襲していたのであり、それが中村守臣の『神籬伝』に繋がっていくのである。(63)

註

(1) 井上寛司「開発ラッシュと中世的所領の成立」（大社町史編集委員会編『大社町史』上巻、大社町、平成三年所収）四一九〜四二六頁。
(2) 井上寛司「大社祭神の転換と中世『出雲神話』の成立」（前掲『大社町史』上巻所収）四三一〜四三五頁。
(3) 『懐橘談』に、本殿内を見た黒沢石斎が「社共阿良良伎（注、「アララキ」塔のこと）共見分がたし」と伝えている。『懐橘談』下巻「杵築」の項（『続々群書類従』九、続々群書類従完成会、昭和四十四年所収）、四三三頁。
(4) 『懐橘談』に、「我もとより仏神水炭の差別不知にはあらねども、国主の旨そむきがきゆゑ」、どうすることもできなかった、との出雲大社神職（佐草自清と思われる）の言葉を記録している。註③参照。
(5) 『懐橘談後編』（谷口為次編『出雲文庫』第二編、松陽新報社・文明堂、大正三年所収）参照。
(6) 註③参照。
(7) 『懐橘談』「杵築」の項は、佐草自清の草稿を記載したものであるからこそ、自清は黒沢石斎の名を借りて、出雲大社の神仏習合を批判したかったのであろう。前掲『懐橘談後篇』に「佐草が草稿を其儘に一字も不レ改して書載せたり」とある（一四一頁）。
(8) 以上は、千家和比古「出雲大社の、いわゆる神仏習合を伝える絵図の検討」（『古代文化研究』四、平成八年所収）、拙稿「唯一神道の再興—寛文度の造営遷宮考—」（拙著『近世出雲大社の基礎的研究』大明堂、平成十四年所収）等参照。
(9) 千家和比古「出雲国造家の『永 宣旨』は一通であるか両通であるか」（『日本歴史』五一八、平成三年所収）、拙稿「史料抄録「寛文度造営遷宮」」（『出雲大社の寛文造営について—大社御造営日記の研究—』島根県古代文化センター調査研究報告書48、島根県古代文化センター、平成二十五年所収）二四頁参照。
(10) 千家尊統『大梁灰儿一家言』（出雲大社社務所、昭和五十三年）二五頁、前掲「史料抄録「寛文度造営遷宮」」二四〜二五頁参照。
(11) 前掲「史料抄録「寛文度造営遷宮」」二六頁。
(12) 同右。
(13) 前掲『大梁灰儿一家言』二二頁。
(14) 「永宣旨」については、拙稿「寛文度の造営遷宮概論」（前掲『出雲大社の寛文造営について—大社御造営日記の研究—』所収）、拙稿「出雲大社の寛文造営と永宣旨」（公益財団法人いづも財団出雲大社御遷宮奉賛会編『出雲大社の造営遷宮と地域社会（下巻）』今井出版、平成二十七年所収）ほか参照。
(15) 『尊卑分脈』「菅原氏」の項に、「天穂日命十四世孫野見宿祢、垂仁天皇御世賜土師臣姓、三世孫身臣、仁徳天皇御世改賜土師連姓、十一世孫古人等、天平元年六月廿五日改賜菅原朝臣姓」とあり。黒板勝美・国史大系編修會編『尊卑分脈』第四篇（吉川弘文館、昭和四十九年所収）五七頁参照。
(16) 前掲「史料抄録「寛文度造営遷宮」」三二〜三三頁。
(17) 矢崎浩之「林家学と出雲大社—『懐橘談』の一考察—」（『神道宗教』二二六・二二七合併号、平成二十四年所収）参照。
(18) 拙稿「『出雲大社記』と玉木正英」（前掲『近世出雲大社の基礎的研究』所収）、同「玉木正英と出雲大社—出雲大社参拝を示す書状を補足して—」（『國學院雑誌』一〇七—一一、平成十八年所収）参照。
(19) 前掲「出雲大社の寛文造営と永宣旨」参照。
(20) 全員入門したことは、玉木正英の書状で確認できるが（前掲「玉木正英と出雲大社—出雲大社参拝を示す書状を補足して—」参照）、実際に出雲大社の神職全員が垂加神道を受け入れていくのは時間を要したであろう。そのことは本書所収の拙稿「自重館文庫成立史」を参照。
(21) 前掲「『出雲大社記』と玉木正英」参照。
(22) 朝山晧「春日紀重と其神学」（『神道講座（六）—課外篇』原書房、昭和五十六年新装版所収）三一九〜三二〇頁。
(23) 熊谷常斎は出雲大社の「忌日帳」（赤塚家文書）十三日の項に、「熊谷孝三良一徳先生／享保十一年丙午十二月／清地儒者、松井百次良守正先生師匠」とある。松井守正とは訒斎のこと。なお、『忌日帳』に「先生」と敬称が表名されているのは、彼のみである。
(24) 前掲「近世出雲大社の思想史的研究」四二〜四三頁参照。
(25) 拙稿「『日本魂』論再考—谷川士清の辞世と本居宣長の『敷島の歌』との比較から—」（田尻祐一郎・西岡和彦・城﨑陽子・山下久夫・志水義夫『文学研究の思想—儒学、神道そして国学』東海大学出版部、平成二十六年所収）参照。
(26) 『出雲大社記』も「筑紫社　田心姫・湍津姫・市杵島姫」（七〇五頁）とある。
(27) 神が一心不乱に思い凝らすことで神の誕生につながることを重視した学者に、幕末の平田篤胤がいる。彼の著書『霊能真柱』上巻に「伊耶那岐・伊耶那美二柱の神の、神々を生《う》み給へる御跡《みあと》を、熟察奉《つらつらみたてまつ》るに、すべて、その大御霊《おおみたま》を一偏《ひとむき》に所念《おもお》し凝《こ》らし給ふ時に神々は生《あ》れ坐《ま》して、其生れ坐せる神々の其《その》事に幸《さちわ》ひ坐《ま》すなり。」（子安宣邦校注『霊の真柱』岩波書店、平成十年、七六頁）とある。明治維新を迎え、出雲大社はこの平田神学を受け入れる。その前に、こうした垂加神道の神学があったのである。
(28) なお、『出雲大社記』には、十九社の記載がなく、三十八社の記事がある。『大社志』には、「三十八社　桁三十八間／梁二間」とある。『大社志』は佐草家文書（通巻九四）を参照。

(29)「清地」の説は、外に見たことがないが、その後に成った『大社志』「素鵞宮事実」には、「按新古今ノ序所レ称素鵞ノ里ナル者、即此地ニ而、日隅宮経営之後、明ムル二杵築ノ郷ノ名一ヲ、然ルニ亦未嘗移二動セ素鵞ノ社ノ位取一ヲ、（中略）又按スルニ大原郡海潮郷有二須我ノ社一、然ルニ延喜式不レハ録則不下是　素盞鳴尊詠二八雲ノ歌一ヲ之地上ナラ、而非二ル官舎一ニ可レ知矣」とある。おそらく、当時の出雲大社側の説であったのであろう。なお、素鵞社については、拙稿「『出雲大社記』と玉木正英」（前掲『近世出雲大社の基礎的研究』所収）一一二頁参照。

(30)鷺社の祭神を三穂津姫とする説は、玉木正英以外に未見である。たとえば、正英が編纂したと思われる『出雲大社記』には、「御向社　美穂津姫」とあり、「鷺社　疱瘡守護神イナセハキノヨシ」とある（『続々群書類従』第一、国書刊行会、明治三十九年所収、七〇五頁）。また、黒沢石斎の『懐橘談』下巻「杵築」の項には、「御向の社は稲田姫なり」「筑紫の社は素盞鳴の三女」（一〇五頁）とあり、「鷺宮」の項には、鷺宮の祭神に「素盞鳴の妾」説と「瓊瓊杵尊」説（一一五頁）があることを紹介している（谷口為次編『出雲文庫第二編　懐橘談前後篇・隠州視聴合紀』松陽新報社・文明堂、大正三年所収）。なお、『雲陽誌』の鷺宮祭神説は、『懐橘談』とほぼ同じ内容である。

(31)出雲大社の祭神を皇統守護神として評価した説は、幕末の中村守臣『神籬伝』で体系化される（拙稿「幕末出雲大社の祭神論」前掲『近世出雲大社の基礎的研究』所収参照）。

(32)前掲「『出雲大社記』と玉木正英」参照。『大社志』については、平井直房「大社志の成立」（『神道宗教』一〇一、昭和五十五年所収）参照。

(33)国文学研究資料館新日本古典総合データベースより。千家尊孫については、中澤伸弘『徳川時代後期出雲歌壇と国学』（錦正社、平成十九年）参照。

(34)若林強斎の「門人簿」享保元年の条に、「美州高屋村　八代春竹」がある（近藤啓吾校注『神道大系　垂加神道（下）』神道大系編纂会、昭和五十三年、四七五頁）。吉岡勲『山崎闇斎美濃国の門流　覚書』（岐阜郷土出版社、平成二年）一六五～六頁参照。

(35)前掲『神道大系　垂加神道（下）』所収の『中臣祓師説』とは別種であり、それは解題によると享保十五年秋冬頃の講説とされる。

(36)前掲『神道大系　垂加神道（下）』所収の『日本書紀弁』は、解題によると享保八年の講義とある。大阪天満宮文庫所蔵『守中翁神代巻講義』（松本丘編『垂加神道未公刊資料集　一』皇學館大学神道研究所、平成二十四年所収）は、解題によると享保十五年・十六年の講義とされる。よって、本書もそれらとは別種である。

(37)「御縁起」全文は、拙稿「出雲大社の「日本勧化」―延享度の造営遷宮考―」（前掲『近世出雲大社の基礎的研究』所収）一五四～五頁参照。この内容は「天日隅宮考」に類似するものであるが、出雲国造にとって重要な三種の史料「出雲国造神賀詞」、「出雲国神社惣検校職」に関する文書、「永　宣旨」については、一言も触れられていない。

(38)東上官はもともと千家国造家の宗家を支えるために創設された分家であることから、江戸時代上官の取り分が三十石であったなかで、二百石という破格の取り分があった。なお、智通（貞通）以降、東上官は通可―長通―敬通―孫通と「通」が通り名になっていることがわかる。これは垂加神道道統者正親町公通から賜ったのではないか、と推測する。智通のあと東上官を継承した長通は、「神道（垂加神道）の達人」（『忌日帳』赤塚家文書）として知られることから、東上官家は千家国造方の垂加神道を担う家とされたのではないだろうか。

(39)正徳三年（一七一三）、徳川家継が将軍に就いた。その年の五月に出雲大社は「御代始御祝儀」使を派遣するが、当初千家国造名代は智通を候補にしていた。しかし、藩は直治国造の嫡子という理由で遠慮するようにと指示したのである（前掲「江戸御年頭礼帳」参照）。

(40)拙稿「崎門学と杵築大社」（前掲『大社町史』中巻所収）三二九～三三三頁参照。国造との関係では、寛延元年（一七四八）、松井訒斎六十一歳の祝いに国造北島直孝から祝歌が贈られている。また、訒斎の活躍は藩主も注目しており、私塾「蒙養斎」の自筆額を藩主松平宗衍が贈っている（『大社町史』下巻参照）。

(41)「日本勧化」については、前掲「出雲大社の『日本勧化』―延享度の造営遷宮考―」参照。

(42)俊信については、千家尊澄『建玉大人略伝』（國學院大學日本文化研究所所蔵）を参照。「大人ハ先祖天穂日命ヨリ七十代ノ御杖代俊勝国造ノ次男ニテ　年　正月十六日誕生、幼名世々丸ト云ヘリ、御母ハ松江ノ医師天野　女ニテ、妾腹ニマセリ、（中略）大人ノ子九人アリツ、抑大人名ハ後ニ主水、又清主ト改メ玉ヘリ、名ハ俊信、号ハ梅舎、又建玉トモ云ヘリツ、儒学ノ時ハ葵斎トモ称シ玉ヘリ」とある。

(43)千家俊信については、おもに拙稿「出雲大社の国学受容と千家俊信」（前掲『近世出雲大社の基礎的研究』所収）、拙稿「千家俊信の学問形成と国学の普及活動」（公益財団法人いづも財団出雲大社御遷宮奉賛会編『出雲地域の学問・文芸の興隆と文化活動』今井出版、平成三十年所収）による。

(44)前掲『建玉大人略伝』に「大人若年ヨリ儒学ヲ松江其外ニテモ学ヒ玉ヘリ、後大坂ニ昇リテ西依儀兵衛ニツキテ学ヒ玉ヘリ、（中略）若クマシシ時ニハ鎗術ヲ出精《イツシミ》玉ヒ、三弦ノ道ヲモ学ヒ、眼ノ療術ニ迄イソシミ玉ヘリ、其外諸道ニ入テ学ヒ玉ヘリ、若キ程ハ垂迦流ヲ学ヒテ、歌ハ後世風ヲ学ヒ、連歌ヲモ学ビ玉ヘリ」とある。

(45)いわゆる天明の飢饉で、天明二年から七年にかけて全国的に大飢饉が発生した。桑田忠親監修『日本史分類年表』（東京書籍、昭和五十九年）所収「災害年表」によると、天明六年（一七八六）に「東北地方飢饉、凶作」「関東大雨、洪水（8・5～10）。東京では二〇〇年来の洪水」「島根・福岡に虫害発生」（以上、三一九頁）とある。

(46)以上、赤塚家文書『従　公儀五穀豊熟御祈禱被仰付候節之取引始終日記／天明七未八月／同八申三月／寛政四壬子六月／天保八丁酉四月／赤塚』参照。

(47)原田宣昭編『岩政信比古著作集（二）付研究論文集』（出雲大社玖珂教会、平成六年）所収「はしがき」より。

(48)佐野正巳『近世国学新資料集解』（三和書房、昭和四十七年）一一三頁。

(49)同右、一一三～一二九参照。これは門人の藤原春彦が、享和三年（一八〇三）十二月二十三日、俊信四十歳の時の講義録である。この書には、ほかに記録年代不明で千家国造家所蔵本「梅之舎三箇条」（森田康之助翻刻・解説「史料紹介　梅之舎三箇条」『神道学』八五、昭和五十年所収）がある。本書は、前者より内容が豊富である。おそらく、後年の講義録であろう。

（50）前掲『近世国学新資料集解』一二四頁。

（51）『梅舎大人御詠草』（國學院大學日本文化研究所所蔵より）。本書表紙横に、「此ノ詠草ハ尊澄公ノ乞ヒニヨリ、信比古書キテ送レシモノ也、最後ノ尊澄公ノ書ニテ知ラレル」とある。森田康之助翻刻・解説「史料紹介　梅の舎歌集　桜乃垣内」（『神道学』八八、昭和五十一年所収）五一頁参照。「吾大神ハ」とするのは、森田博士翻刻の千家国造家所蔵本。

（52）前掲『近世国学新資料集解』一二五頁。

（53）同右一二七頁。森田康之助先生曰く、俊信は「徹底した現実の肯定」（「千家俊信」『日本歴史』三五〇、昭和五十二年所収、二二頁）を説く御仁であった。

（54）同右一二八～一二九頁。

（55）前掲『神道学』八五、六一頁。千家俊信『皇学口授伝』（森田康之助翻刻・解説「史料紹介　皇学口授伝」『神道学』九四、昭和五十二年所収）にも同様の説明があり、「さて御魂によき神の御魂あり、あしき神の御魂ありて、（中略）よき神の御魂をうくるハ、神の御心にもかなひける事そよ」（六〇頁）とある。

（56）同右六一頁。前掲『皇学口授伝』にも「天地のうちに、みちたる御魂のあれハこそ、人もその御魂をうくるなれ、（中略）神の御魂をうけて、人も万物も生々としたる事也」（六〇頁）とある。また、俊信の『道の八千種』（森田康之助翻刻・解説「史料紹介　道の八千種」『神道学』九三、昭和五十二年所収）にも「人ハ天地のうちに満たるむすびのみたまを御たまとして、そのみたまをうけてこそ、身のはたらきもあることなかれ」（五七頁）とある。

（57）篤胤は『霊能真柱』で「（禍津日神とは）伊邪那岐命の、穢を悪《にく》み賜ふ御霊に因りて生れ坐せる神に坐す故、穢のあれば怒り荒び坐して、理《ことわり》の如くならぬ曲事《まがごと》をさへに為《し》給ふを、汚穢《けがれ》たる事のなければ、荒び給ふこともなく、幸ひをさへに賜ふなり。此神を、ひたすら悪く邪《よこさま》なる神とのみ思はむは、あなかしこ、甚き《いみじき》非こと《ひがごと》ぞ」（前掲書七六頁）とある。

（58）前掲『神道学』八五、六二頁。

（59）篤胤は死ねば魂は「社、また祠などを建て祭りたるは、其処に鎮まり坐《お》れども、然在《しから》ぬは、其墓《おくつき》の上に鎮まり居り」（一七二頁）とある。

（60）前掲『神道学』八五、六五頁。

（61）同右六四頁。

（62）前掲『霊能真柱』下巻に「大国主神は、杵築宮に鎮まり坐して、いはゆる冥府の事を掌《し》りしろし看《め》すなり。」（一一四頁）、「凡人《ただびと》も如此生て現世《うつしよ》に在るほどは、顕明事にて、天皇命の御民とあるを、死ては、その魂やがて神にて、かの幽霊・冥魂などもいふ如く、すでにいはゆる幽冥に帰《おもむ》けるなれば、さては、その冥府を掌《しろし》り治めす大神は、大国主神に坐せば、彼神に帰命《まつろ》ひ奉り、その御制《みおきて》を承け賜はることなり」（一一五頁）とある。

（63）中村守臣『神籬伝』については、前掲「幕末出雲大社の祭神論」参照。

出雲国における宝物開帳とその展開
—須我神社三十三年目宝物開帳を事例として—

面坪紀久

はじめに

「開帳」とは、秘仏や秘宝として普段であれば参拝できない仏像や社宝を期間を設けて一般に公開することで、元来信者に神仏との結縁の機会を与える宗教的な行事と捉えられてきた。(1)既に鎌倉時代には京を中心に確認されているが、近世には全国に普及し、京・江戸・大坂などの大都市をはじめ、農村の寺社に至るまで、規模の差異はあるが広く行われるようになった。そうのうち、境内で実施されるものを居開帳《いがいちょう》、他所の寺社に出向いて行うものを出開帳《でがいちょう》と言う。その目的は、風雨や劣化によって破損した建造物の修復費用を確保することにあった。一八世紀、幕府は宗教政策の一環として寺社に対する公的な援助の縮小・削減を実施した。公的に寺社修復助成が得られるのは領主や藩との間に深い縁を持つごく一部の寺社に限定され、多くの中小寺社では自力で費用を調達しなければならなくなったのである。そのため、こうした寺社では氏子や檀家《だんか》に勧化《かんげ》を募《つの》るほかに、寺社領や境内の一部を貸し地にしたり、藩に許可を求めて富籤《とみくじ》興行を行い、これによって得た収益を費用に充てるなどの様々な対策が講じられた。(2)勧化活動や当日の喜捨《きしゃ》など多額の収益が期待される宝物開帳も、寺社をとりまく厳しい財政状況を背景に各地で行われるようになっていった。

近世における開帳研究の嚆矢《こうし》とも言えるのが比留間尚氏による『江戸の開帳』で、宝物開帳を幕府の宗教統制によって逼迫《ひっぱく》する寺社財政を建て直す救援策として捉えるとともに、宗教的立場からの本末関係を更に強化すること、即ち教線の拡張と推進活動を展開する絶好の機会であったとしている。(3)続く北村行遠氏は、主催者たる寺社側の立場から、開帳を支えた講集団の存在やその基盤たる近世社会の信仰、開帳場を盛り立てる境内商人や芝居小屋などの民衆文化に注目された。(4)さらに両氏の研究成果を引き継ぐ形で、江戸で実施された開帳の時代的な変遷を明らかにされたのが湯浅隆氏である。氏は時代的な開帳の画期を安永期に求め、当初の開帳は氏子と神仏との純然たる結縁の場であったが、民衆を取り巻く生活環境の変化—具体的には旅や行楽の多様化—によって、開帳を取り仕切る寺社側でも流行や興行を取り入れ、一層賑々しく次第に大型化・興行的な性格を強めていったと指摘されている。(5)

このように、近世における開帳研究は主に江戸や京・大阪などの都市部を中心に進められてきたが、その一方で地方の中小寺社において実施される開帳の研究事例は決して充分とは言いがたい。不特定多数の集客を見込んで行われる都市部の大規模な開帳に対して、地域との密接な関係において存立する地方の中小神社では、開帳を支える支持基盤はさることながら、主催者たる神社側の社会的な位置づけや構造、藩の体制そのものに差違が見られる。したがって、都市部における成果や展開をそのまま地方にはめ込んで考えることは聊《いささ》か乱暴であろう。

本稿で取り上げる松江藩でも一八世紀に至ると、藩内の寺社統制を本格化させていく中で、秩序を守ることを目的として一般寺社に対する厳しい建築規制が設けられた。(6)その中には松江藩作事所が建築を指揮して修復を行う御修復寺社などがあったが、御修復寺社に選定されるのは代々の藩主と深い関わりをもつ特定の寺社に限定され、一般寺社の多くは自力で修復費用を調達しなければならなかった。そこで、公的な援助を受けることができない中小寺社に対して、逼迫する寺社財政を救済する手立てとしての相対勧化《そうたいかんげ》や富籤興行・宝物開帳が容認された。出雲国における宝物開帳については、神門郡杵築中村の養命寺《ようめいじ》や松江城下の白潟天満宮で行われた九五〇忌の宝物開帳などが知られている。[7] しかし、主催者たる寺社側の記録に乏しく、その規模や執行形態・経済効果など、その実態についてはほとんど明らかにされてこなかった。

さて、出雲国大原郡諏訪村に鎮座し、一一ヶ村の惣社として崇敬を集めてきた須我神社では、「三十三年目宝物開帳」と称して、三三年を周期とする順年開帳が行われてきた。その最も早い記録は文政二年（一八一九）に遡り、嘉永三年（一八五〇）・明治一五年（一八八二）・大正三年（一九一四）と、およそ三三年という原則を維持しつつ執行されてきたが、昭和三〇年前後を最後に現在は廃止されている。本稿では、まとまった史料が残る文政二年と嘉永三年の宝物開帳を取り上げ、当該期における神社を取り巻く環境の変化にも留意しつつ、地方で執行される宝物開帳の実態を明らかにしたい。また、開帳を支えた人々や開帳に際して展開される神社側の様々な言説のうちに、新たな信仰を開拓していく神社側の戦略を見ていく。

一　一九世紀出雲国における神社社会の様相

一―一　出雲国の神社組織とその変容

まずは、近世出雲国の神社や神職達がどのように組織されてきたのか、前提となる神社神職組織制度を共有しておきたい。

松江藩による神社神職体制は、「社頭」の下に国内の社家が統率される仕組み「社頭幣頭制《しゃとうへいがしらせい》」として展開した。所謂《いわゆる》、触頭触下制《ふれがしらふれしたせい》である。「社頭」として出雲国内の社家を統率したのは、「出雲国惣検校職」を称して国内社家に多大な影響力を及ぼしてきた杵築大社であり、国内社家の多くは杵築大社が発給する独自の神道裁許状を取得することで、国内における神職としての活動が保証されてきた。ところが、元禄六年（一六九三）、自社の莫蓙替神事に嶋根郡・秋鹿郡・楯縫郡・意宇郡西半部の神職を出仕させるなどして、これらの神職を実質的に支配してきた佐陀大社との間で、その支配権をめぐって争論に及ぶ。元禄一〇年（一六九七）には、杵築大社が出雲国一円支配の根拠としてきた「出雲国惣検校職」が否定され、杵築大社の敗訴が判じられた。これによって、佐陀大社が主張し続けてきた三郡半の支配権が名実ともに認められ、支配権は次のように確定をみた。すなわち、杵築大社が意宇郡東半部・飯石郡・大原郡・神門郡・出雲郡・仁多郡・能義郡の六郡半を、残る三郡半を佐陀大社が「社頭」として統率することが確認されたのである。[8]

さて、社頭の下には各郡数名の「幣頭」が置かれ、郡内社家の「支配頭」として小規模な神職集団（「幣組」）を率いた。幣頭の役割は多岐にわたり、社頭を介して触達される藩寺社奉行からの通達を幣下社家中へ順達するほか、幣下社家の祭礼執行願や逗留・出国願の取次といった諸事を担った。また、神職同士あるいは下職との間で生じた争論の仲介や、組内で執行される祭礼に監督役として出仕するなど、幣組の潤滑剤としての役割も求められた。

さらに、先の争論以降、国内社家の多くが、当時「本所《ほんじょ》」として全国の神職を配下に取り込みながらその影響を確実なものとしつつあった吉田家からの神道裁許状を求めるようになっていった。その際、杵築配下の六郡半では、社頭たる大社側が本所吉田家への取次を拒否したために、各幣頭に吉田家との交渉を担う本所触頭としての役割が与えられ、複層的な支配（社頭―幣頭―幣下／本所―幣頭―幣下）が生み出されることになったのである。[9]このように、多忙を極める幣頭の補佐役として配置されたのが「幣老《へいろう》」であり、これには各組につき数名の神職が任命された。

「幣頭」の任命は、郡内でも比較的社格の高い神社の神職に委任される傾向にあったため、役の多くは世襲制であり、役の剥奪や移行は極めて稀であった。跡継ぎに恵まれない場合や幼年のため引き継ぎが困難な場合は、他組の幣頭を「後見」とするか、或いは「幣頭仮役」として代役を立てるなどの措置が執られたが、これはあくまでも一時的な代替措置に過ぎなかった。[10] それは、幣頭制そのものが在地の旧来的な秩序に依拠しており、そうした幣頭の性質上、組の秩序を揺るがしかねない幣頭職の完全な移行は容認し難かったものと思われる。

そのほか、幣頭を介さずとも社頭との直接の交渉が認められた「一社立《いっしゃだち》社」や、社頭の支配を受けずそれと同等の権限を有する「一社一例社《いっしゃいちれい》」などの格別の神社も存在した。

さて、幣頭によって統率される社家の集団を「幣組《へいくみ》」と称し、先述の通りこの「幣組」を基準としてあらゆる諸事が執り行われた。中でも「幣組」の最たる機能は祭礼時の助勤にあった。ところが、一九世紀初頭に至ると、幣下社家を中心に本所吉田家からの官位を求める動きが相次いだ。そのねらいは、幕府という最大権威を後ろ盾とする本所吉田家の官位を得ることで、その正当性を以て自身を在地慣例的秩序の上位に位置づけ、「慣例」という縛りからの脱却を図ることにあった。こうした動きは、とりわけ「神楽職」「神楽役」などといって、ある特定の神社の祭礼に下職として出仕することが義務付けられてきた神職を中心に巻き起こり、祭礼への出仕拒否などが横行する事態となった(11)。

社家共幣頭を令軽蔑候族も有之哉ニ相聞候処、幣頭茂従上被立置候支配頭之儀、即上を軽んし候筋ニ相当不埒至極之事ニ候、以来何事も幣頭之指揮ニ随ひ礼義を不乱先規を守淳直ニ可令神勤候□此上ニも心得違之族猶有之者遂糺明厳敷咎可申付候、右之趣支配下之社家へ不洩様可被申触候、以上

坂田喜大夫
早川太兵衛

五月十六日

嶋弾正殿
竹下将曹殿

右御書附之趣被得其意各幣下之社家並鼓取等ニ至迠心得違不致様屹度可被申渡候、尤各受之印形可有之候、以上

嶋弾正
竹下将曹

六月

陶山代勤　古瀬斎宮殿
古瀬斎宮殿
秦権少輔殿
諏訪石見殿

右御書附之趣被其意受之印形ヲ以無滞早々順達可有之候、以上

諏訪石見（判）

天保十三年
寅七月晦日

新田帯刀殿
佐々木和泉殿
（以下、幣下社家中省略）

天保一三年（一八四二）七月、藩寺社奉行から大原郡の社家中に対して触達された右の文書には、「幣頭」とは御上によって任じられた「支配頭」であり、幣頭を軽《かろ》んじることは、即ち御上を軽んじることに等しいとし、以来何事も幣頭の指揮に従うようにと厳しく申し付けている(12)。同様の触は、神門郡や松江藩の支藩である広瀬藩領の社家に対しても広く触達されており、以上の事態が出雲国内全域に及んでいたことが窺える。

右の動きが主として集団の中でも下位に位置付けられてきた神職の側から生じた一方で、これまで幣頭を勤めてきた神職の側からも位格上昇の動きが看取できる。幣頭による一社立社昇格に向けた動きがそれである。宝暦年間にはわずか八社であった一社立社は、弘化三年（一八四六）には二〇社を数え、それに伴って幣頭職の交替が相次いだのである(13)。

このように、一九世紀初頭、出雲国内ではこれまで幣頭制を支えてきた慣例的な秩序の動揺が顕在化し、祭礼時の助勤にも影響をきたすなど、その綻《ほころ》びは急速に拡大していた。

一―二　須我神社について

次に、宝物開帳の舞台となる須我神社についても確認しておこう。本社は「出雲国風土記」に所載の須我社である。「古事記」には、素戔嗚尊が八岐大蛇を退治した後、宮居を求めてこの地に降り立ち、「我御心須賀須賀斯」と仰せになり、その際に「八雲立つ出雲八重垣妻ごみに八重垣つくるその八重垣を」の歌を詠じられたとある。御祭神は素戔嗚尊・稲田姫命・清之湯山主三名狭漏彦尊で、中世に信濃国諏訪より当地の地頭職となった中沢豊前守神家寿が武御名方尊を勧請されて以降、右四柱を御祭神として祀ってある。

神職は代々諏訪家が勤めたが、延宝五年（一六七七）に杵築大社から取得した神道裁許状には受給者として「中沢相模守平秀正」と見え、続く元禄一六年（一七〇三）に吉田家から取得した裁許状には「門脇丹治平秀久」と記されている。[14] 享保年間には再び「中山」姓を名乗り、さらに寛保三年（一七四三）から文化七年（一八一〇）にかけて取得した神道裁許状では「中沢」を名乗っている。[15]「諏訪」姓に改称するのは、諏訪家が幣老に任命される文政期以降のことであった。

さて、大原郡では四名の神職が幣頭を勤め、各幣頭を中心に四つの幣組が組織されていた。[16] 諏訪家は当初、立原村幸大明神の神職内田家を幣頭とする内田幣組に属していたが、文政九年（一八二六）に幣頭内田家が主営社とする幸大明神の一社立社昇格が確定。幣頭の後任には、佐世村の白神八幡宮検校原家が就任した。[17] ところが、その僅か八年後の天保五年（一八三四）に白神八幡宮の一社立社昇格が承認されると、その後任として当時幣老を勤めていた諏訪権頭が抜擢されたのである。[18] 以降、明治三年（一八七〇）の幣頭制廃止に至るまで幣頭職を勤め上げている。

次に諏訪家が奉仕する須我神社の社中構造を確認しておきたい。平時は神主と一～二名の下男が在駐する、極めて一般的な形態を執るが、祭礼時には奏楽を担う三名の「神楽役」を抱えていた。天正五年（一五七七）の領主中沢豊前守神家寿による下知状には「諏訪御祭諸事申定事」として、すでに「大森神主・山王寺神主・奥田神主・一神子役」とみえており、これらに「弐十疋《ひき》」の神楽銭を遣わすと定めている。[19] さらに、享保一二年（一七二七）に松江藩に提出された「神社指出帳」にはその職掌が記されており、「正月十七日御祭礼」には「鼕《どう》ノ役」として山王寺村神主（石原氏）、「七月廿七日御祭礼」には「鼕ノ役」として南村神主（新田氏）、両祭礼に「神子《みこ》役」として飛石村神主（佐々木氏）の出仕が定められている。[20] このように当初は特定の祭礼への出仕に限定されていたが、一九世紀に至ると二季の祭礼に加え、遷宮式や宝物開帳など、ほぼ全ての祭礼に奏楽方として出仕することが求められていった。

ちなみに、先に論じたような、神楽役を中心とする官位取得の動きは、須我神社においても例外なく生じている。文化年間には、神楽役を務める神職が本所吉田家から斎服官の許状を取得し、従来風折《かざおり》烏帽子《えぼし》・狩衣《かりぎぬ》を「古例」としてきた須我神社の祭礼に斎服を着用して臨んだことから、「古例」を遵守すべきとする須我神社との間で出入に及んだ。

このように、当該期の須我神社周辺では、一社立社昇格に伴う幣頭の交替や神楽役による官位取得、祭礼出仕拒否などが横行していた。弊組の統制が、相当の困難を伴うものであったことが想像される。

二　宝物開帳の執行形態と実態
―文政二年宝物開帳―

二―一　文政二年開帳の概要

須我神社の宝物開帳は神社境内で行われる居開帳であり、文政期・嘉永期共に三月～四月に開催された。[21] 開催にあたっては、藩寺社奉行へ開催場所・開催期間・目的の届出が義務付けられ、その手続きについては、神主→幣頭→社頭→寺社奉行といったルートで行われた。

　　御届申上御事

大原郡牛尾郷惣社諏訪大明神於境内ニ任先例宝物開帳当月廿八日ゟ四月朔迄三日之間執行仕候、仍之御届申上候、是等之趣宜被仰上可被下奉仰候、以上

文政二年
卯三月　　　　　　　　　神主
　　　　　　　　　　　　　諏訪伊勢　判
　幣頭　内田薩摩殿

右は文政二年の宝物開帳に際して、諏訪伊勢から当時の幣頭内田薩摩を介して社頭へと提出された開帳執行願である。[22] これによれば、文政二年の開帳は、「諏訪大明神於境内」で「廿八日ゟ四月朔迠三日之間」と定めている。注目されるのは「任先例ニ」との表現であり、仮にこの通りであるとするならば、以前にも開帳が開催されていることになるが、これ以前に執行されたとする記録は残存しておらず、真偽の程は定かではない。このとき、当時の幣頭内田薩摩に対しては社頭への取次礼として銀札一匁の謝礼が、また社頭両役所に対しても、それぞれ四匁が礼金として納められた。

さて、文政二年の宝物開帳は三月二八日〜四月一日の三日間の日程で行われた。その次第は次の通りである。

○三月二八日
九ツ〜〈湯［欠］清目〉〈宝物開帳〉〈千度祓〉
夜〜〈御神事〉入拍子・剱舞・清目・御座・勧請・祝文・八乙女・
　手草・弓鎮地・注連加持・榊祭
○三月二九日
九ツ〜〈御供献上〉〈神能神事〉勧請・祝文・住吉・式三番・八頭・
　佐陀・三韓・恵毘須・田村・磐戸・弓八幡・荒神・切目・
　日御碕
○四月朔日
五ツ〜〈太祓〉〈湯神事〉〈成就御神楽〉

右の通り、単に宝物類を展示し参拝者に自由な拝観を認めるものではなく、開帳の前後には神事を伴う宗教的行事として位置付けられている。二日目には神能神事として神能一二番が奉納され、神能執行のため、大原郡内外からのべ一八名の神職とその家族らが参集した。神職の多くは、諏訪家が属する内田幣組から集まり、幣頭・内田薩摩を筆頭に、須我神社の神楽役を務める新田蔵人（南村）・佐々木繁美（飛石村）のほか、幣老千原美濃（清田村）・長妻近江（上佐世村）・春木能登（下佐世村）・春木大武（上佐世村）・春木大弐の次男清之の八名が参集している。また、幣組外からは三代村古瀬幣組の古瀬播磨（新庄村）・北川和泉（山方村）・門脇石見（金坂村）の三名の助役を得ている。さらに特筆すべきは、隣接する意宇郡から和田遠江（忌部村）・同土佐（同）・菅野和泉（菅原村）・村上薩摩（福富村）、飯石郡から古瀬市之正（根波村）・名原大弐（加食田村）・佐藤信濃（多久和村）が参集し、神能や神事にも関与している点である。神職による助勤が幣組内に留まらず、郡をも越えた広域なネットワークが築かれていたことが分かる。

では、以上のような組を超えた助勤関係は藩や社頭にどのように受け止められていたのだろうか。[23] 次に示す史料は、宝物開帳とは直接関係しないが、当該期におけるこのような助勤の在り方が藩や社頭に危機感を以て受け止められていたことを示している。[24]

一筆申入候、然者春木能登儀明三日奉仕八幡宮正遷宮致執行候□□（虫損）候処、いまた講式へ不致案内哉ニ相聞候、如何様之訳ニ候哉、第一幣頭幣老へ可致案内義専要之事ニ候処、無其儀親類或ハ懇意之者相頼候哉ニも相聞へ候処、左候而ハ講式之不和ニ可相成甚以不宜事ニ候事、先例之通早々講式中へ致案内候様能登へ急度可被申談候、右為可申入態飛脚を以如此ニ候、恐々謹言
　　九月二日　　　　　　　　　　　佐草尚書
　　　　　　　　　　　　　　　　　嶋弾正
　　諏訪石見殿
追加遷宮式ハ大切之義ニ候□（虫損）以来於何方ニも専先格決而新規之儀不致様惣方へ兼而可被申聞置候、以上

右は、当時佐世村八幡宮の遷宮式を執行するにあたって、神職春木能登が「講式《こうしき》」（幣組中）に対して出勤の案内をせず、親戚や懇意の者に助勤を依頼していることを問題視したものである。杵築大社側ではこうした実情が講式の不和を招きかねないとして、早急の対策を幣頭に求めている。ここからは、従来「講式」を単位として定められてきた助勤が、次第に親類や懇意の者によって執り行われるようになっていたこと、そしてそれは従来の形からは大きく逸脱した姿であったことが示されている。

このような広範な助勤ネットワークについて、錦織氏は神能の広がりという観点から、神能の舞の所作や奏楽が周辺に留まらないより広範囲で共有されていたことを示すものとして評価されているが、裏を返せば、神職ら個々人の新たな繋がり（縁戚関係や文化的交流など）がより強固となる中で、元来幣組に備わっていた「助勤」の機能が次第に形骸化しつつあったことを示していよう(25)。

表１　文政二年宝物開帳宝物品々

No.1	神燈台（天正八年七月廿六日中沢牛尾大蔵左衛門春信寄進・明珎作）
No.2	金幣（天正二年）
No.3	粟田口藤四郎吉光
No.4	相州正宗（中沢牛尾大蔵左衛門春信寄進）
No.5	備州長船忠光（中沢豊前守寄進）
No.6	三条小鍛治宗近（中沢牛尾大蔵左衛門春信寄進）
No.7	鎗（中沢牛尾大蔵左衛門春信寄進）
No.8	弓（中沢牛尾大蔵左衛門春信寄進）
No.9	越前住吉重
No.10	備前清光
No.11	無銘太刀
No.12	稲田姫御持用御鏡
No.13	稲田姫御首ニカケ玉フ玉
No.14	須我社宝玉
No.15	蜀光ノ錦
No.16	ヲヽドン
No.17	天狗ノツメ
No.18	大鏡（信州より諏訪明神御勧請に際して授受）
No.19	龍蛇（杵築大社より借用）
No.20	四十鰒（上同）

※出典：「須我神社宝物開帳前例雑記」より「宝物品々」（須我神社文書7・1）

これらの神職達には、参集日数に応じて「礼金」として役料の配当があった。例えば、三日間全てに出勤した神職には「銀札四匁」、二日間の者には「銀札三匁」といった具合であり、そこに年齢や関与の別はない。宝物開帳が参集する神職らにとっても貴重な収入源であったことが窺える。

さて、開帳の対象となったのは「宝物開帳」とある通り、須我神社が所有する社宝の数々である。文政二年の宝物開帳では、第一表に示す二〇点が公開された(26)。「神燈台」（No.1）・「相州正宗」（No.4）・「鎗《やり》」（No.7）・「弓」（No.8）など、領主中沢牛尾大蔵左衛門春信による寄進を伝える四点のほか、「天狗ノツメ」（No.17）といった珍品に至るまで、多種多様な社宝が参詣者の目を楽しませた。その中でも一際目を引くのが、杵築大社から借り受けたという「龍蛇」「四十鰒《ふぐ》」であろう。これらがどのような品であるのかは不明だが、借用の経緯については、「此二品ハ杵築へ届いたし候処、須我社ハ当社ト縁有故ニ是ヲ取たり氏子共拝見為致候様との事ニ而借用いたしたる」との記録が残されている。諏訪家が開帳執行の許可を得るべく参上した折、杵築大社側から須我社との縁故を記念して、「氏子共拝見為致候様」との申し出があり、「龍蛇」「四十鰒」の二品が授けられたという。

二―二　勧化活動とその範囲

宝物開帳の執行にあたっては、潤沢《じゅんたく》な資金と人員をいかに確保するかが課題である。当日配布する御守や神職への役料・人足料《にんそく》・賄料《まかない》のほか、宝物類の中には開帳までの三三年の間に錆《さび》や劣化が進み、修繕を必要とする場合もあったからである。こうした開帳にかかる費用は、当日の喜捨に求められるほか、何よりも勧化に依るところが大きい。はたして須我神社においても積極的な活動が展開された。幸いにも、文政二年・嘉永三年ともに、当時の勧化記録が残存しており、諏訪家が展開した勧化口上の文言の内に、須我神社の戦略を見て取ることができる。

まずは、文政二年の宝物開帳の勧化口上を「須我川の流れ」と題した初穂帳から確認しておきたい(27)。

茲に得塩郷惣社清地須我社ハ神代より□をたれまします大御神と申ハ素戔嗚尊・稲田姫命・其御子湯山主三名狭呂彦命、此則大己貴命にして杵築大社とひとしき大御神なり、此三柱の神鎮座故に須我社と称し所を須我村といふ、其後故あつて信州諏訪明神健御名方尊を此社にうつし合祭りて得塩郷惣社須我社と唱ふ、此時にして須我を諏訪村と改るとなり、

此度まれに矢野氏藤原守光大人遠くより来りて御膳献上・御祈祷の御供御守、殊ニ御教の祓を書入りたる扇子壱本ツヽ相添氏子衆中江配当いたし、各朝なく御神仰神拝これあり報謝いたしたく事ニ候、扨こそ来ル卯の春吉日をえらひ須我社の神代より相伝りし宝物のかすく開帳いたし千度祓并ニ神能神事執行いたして　下の誓祈をいのり万風時を違ず五穀豊穣・当国大主御武運長久・此郷十二の氏子家門繁栄・子孫長久の祈り申度、某の願心に候なり、

宝物の数々年久しくなりにけれハ劔等まゝさび等入たるもこれあり、大切の宝物なる故当冬宅の水をもつて研置たく、然といへとも自力ニいたしかたく、此度御人信氏子衆中物の多少々によらす初穂の分へ置取つ〳〵のいたしたく、偏ニ御心信仰く所なりと云々

文政元年寅霜月　　総社

執事（印）（印）

氏子衆中

右は、文政元年（一八一八）一一月に氏子一一ヶ村に宛てて告知されたもので、これに続いて寄進者と寄進額が村別に記載される。まずは、右の勧化口上から確認しておこう。ここでは、須我神社の御祭神が素戔嗚尊・稲田姫命・湯山主三名狭呂彦命・健御名方尊の四柱であること、信州諏訪大社から健御名方尊を勧請した由縁で「諏訪村」と呼ばれるようになったことなどが簡単に語られる。続いて、この度の宝物開帳の経緯が記されている。これによれば、この度「矢野氏藤原守光大人」なる人物が来社し、氏子中に対して、「御膳献上・御祈祷の御供御守」のほか、「御教の祓を書入りたる扇子壱本ツヽ」を配当して廻ったという。各々の「御神仰神拝」に感じ入り、この信心に「報謝」するため、春のよき日に神代より伝えられてきた社宝の数々を開帳し氏子中の繁栄を祈りたい、としている。ところが開帳予定の宝剣類の中には、「まゝさび等入たる」ものもあり、これを新たに研《と》ぎ直したいが、自力ではいかんともしがたいので、初穂を募って修繕に充てたい、というのである。

開帳の契機となった「矢野氏藤原守光大人」とは、神道講釈師・矢《や》野《の》佐倉《さくら》太夫《たゆう》のことであろう。神道講釈師とは、全国の小社を巡業して一般庶民や神職に向けて神道講談を行い庶民教化に務めた者達のことである。矢野佐倉太夫の山陰地域における活動の実態については、小林准士氏が既に明らかにされており、神道講釈師たちが一定期間特定の地域に滞在し、地域の神職や有力者の支援を受けながら講釈を行ったこと。また激しい仏教批判を伴う講釈は、不特定多数に向けて公開されたために広く知れ渡っていったことなどが明かにされている。矢野の経歴についても確認しておきたい。和泉国金熊権現社の神職矢野家に生まれた矢野佐倉太夫は、寛政一三年（一八〇一）に垂加神道家の栄名井《さかない》聡翁に入門し、栄名

表２　文政二年宝物開帳収支表

(a)入方		(b)払方	
内容	額	内容	額
勧化収入	米18石9斗8升（銭151貫840文）	杵築役所取次礼（銀札4匁宛）	銀札8匁（銭840文）
	銭2貫680文	幣頭取次礼	銀札1匁（銭105文）
	銀札19匁（銭1貫995文）	龍蛇・四十鰒、借用礼	金１両
当日喜捨	記載なし	神職役料(神職18名)	銀札60匁程度（銭6貫300文）
御守札料	記載なし	研料(松江茶町権現研屋親子へ)	銀札70匁（銭7貫350文）
		諸雑費（御守札・備物料など）	銀札130匁（銭13貫650文）
		飯所方（3名、銀札5匁宛）	銀札15匁（銭1貫575文）

註1)額（銭換算欄）は当時の換算レートをもとに算出。実態が掴めないものも多く、あくまでも概算であるので総計は算出しない。
註2)換算レート：1合＝８文（嘉永3年時点）、銀札１匁＝105文（文化13年時点）
註3)出典：（a）「須我川の流れ」（須我神社文書7−7）、「須我神社宝物開帳前例雑記」（同7−1）
（b）「須我神社宝物開帳前例雑記」（同7−1）

井に伴って全国各地の小社を巡回した。文化一二年（一八一五）以降、活動の場を山陰地域に移し、文化一三年（一八一六）には楯縫郡平田や津和野城主亀井隠岐守の屋敷で御前講釈などを行った。同一四年には上直江村や大根嶋、飯石郡広瀬藩領などで活動した形跡が残っており、同一五年には松江城下で講釈を行っている[28]。その後、文政五年（一八二二）までの足取りについては明らかにされていなかったが、今回の「須我川の流れ」からは、空白期間であった文政元年に須我神社に滞在しており、氏子を対象とした教化活動を行っていたことが窺える。

　実際に矢野がどのくらいの期間滞在していたのか、また開帳そのものにどれほど関与していたのかについては不明である。しかし、この度の宝物開帳が、あくまでも、矢野の来訪をきっかけとして、神社と氏子達との信仰による結びつきを確認し、さらに強固にすることを目的とした、極めて宗教的な行事として実施されたことが分かる。そのため、活動の対象も氏子村域に限定され、氏子域や郡域を超えた広範な活動は行われなかった。

　とはいえ、一二月に実施された呼びかけに対して寄せられた勧化額は、氏子村一一ヶ村からおよそ五三〇件にも及んでいる[29]。その内訳は御供米一八石九斗八升・銭二貫六八〇文・銀札一九匁であり、その多くが御供米納入であった。これらを仮に嘉永三年における換算レート（一合＝八文）で計算すると、銭一五一貫八四〇文となる。さらに、銀札一匁の当時における正確な銭量は不明だが、文化一三年の銀銭相場（銀札一匁＝一〇五文）を参考にすると、銭一貫九九五文に換算できる。あくまでも概算であるが、氏子村一一ヶ村からおよそ一五六貫五一五文余りが寄せられた計算である。こうして得られた氏子等の援助によって、刀剣類の研磨は、松江茶町権現町の研屋恵助親子に依頼され、研料として銀札七〇匁が納められた[30]。

三　宝物開帳の展開と変容—嘉永三年宝物開帳—

三—一　嘉永三年宝物開帳の概要

　次に、嘉永三年に執行された宝物開帳を取り上げる。前回と同様、杵築役所に対して提出された開帳届から確認しておこう[31]。

　　御届申上御事

一大原郡牛尾郷惣社諏訪大明神ニおゐて当三月廿二日より同廿八日迄為天下太平国家安全五穀成就氏子中より御供献上仕御祈祷執行仕候依之参詣之者へ宝物拝見為仕候間、此段御届申上候、宜奉仰候、以上

　嘉永三年　　　　大原郡諏訪村
　　戌二月　　　　神主幣頭諏訪石見（印）
　　　佐草尚書様
　　　嶋弾正様

前回と同じく須我神社境内で行われる居開帳である。前回と大きく異なるのは、開帳期間が大幅に延長され、三月二二日から二八日の七日間に及んでいる点である。さらに、開帳の目的については、「天下太平」「国家安全」「五穀成就」のためと述べられており、「報謝」を名目に執行された前回から、その対象は「国家」へと移行し、開帳の公的な側面が強調されている。勿論、社頭に提出される公的な届であるから、あくまでも形式的なものであることには留意しておかねばならないが、この度の開帳が前回からその意義を大きく変化させたことは、後述する勧化活動などからも窺える。

また、届の差出人は「大原郡諏訪村神主幣頭諏訪石見」となっているが、相次ぐ幣頭の一社立社昇格によって諏訪家に幣頭職が移行したことは、既に述べた通りである。

　さて、嘉永三年宝物開帳の次第は史料が残存しておらず詳細は判然としないが、二五日には疱瘡《ほうそう》祈祷《きとう》、二七日夜から二八日にかけては、神職等による神能一六番が奉納されている。さらに、二七日と二九日には、松江中原の神主科戸（阿羅波比《あらわい》神社幡垣科戸か）を招いて、須我神社の縁起に因み、「神代巻」から「八岐大蛇ノクダリ一序」と、「古事記」から「武御名方尊千引岩ノ所一序」の神道講義が行われた。講義を行った中原神主に対しては、後日「謝礼」として、金一歩二朱・酒二斤・肴三〇〇文が支払われた[32]。

この講義の詳細は不明だが、そのねらいは、神道講義という手段を用いて縁起の権威付けを行い、公開している宝物の価値を高めることにあったものと思われる。人々を境内に集め、宝物や御祭神の御神徳や霊験を説くことで、人々の信心を深め、縁起が事実であると実感させることが期待されたのであろう。新たな信仰やより深い信心を獲得するという点において、宝物開帳という非日常的な高揚感を孕《はら》んだ空間は恰好《かっこう》の機会であった。

このとき、助勤に訪れた神職一八名のうち一一名は、幣下の神職とその家族等である。幣組外からは、三代村古瀬幣組の古瀬大和（新庄村）・土屋相模（東阿用村）・門脇遠江（金坂村）が応援に駆けつけ、神能の奏楽や舞方を務めている。そのほか大原郡外からは、意宇郡の川上家（意東村）・石倉家（平原村）・平林家（西岩坂村）など、諏訪家と縁戚関係にある神職らが訪れている。しかし、これら意宇郡の神職はいずれも神能や神事にはほとんど関与しておらず、主に宝物開帳にかかる雑事を担っていた。特に平林清麿などは三月一四日から四月六日まで須我神社に詰め、勧化活動や守札の作成・祈祷の手伝いといった諸雑用を担っていた。このように、幣組外からの助勤がおよそ半数を占めていた文政二年と比較すると、神事や神能に関与する神職はほぼ幣組内に限定されていることが分かる。幅広い助勤関係が見られた文政二年から組内に収斂していく背景は不明であるが、要因の一つとして、組内の秩序が揺らぐ中で、藩による統制がより強化された可能性は考えられよう。

助勤に訪れた神職に対しては、前回と同様、後日礼金が支払われている。参集日数に応じて一律の役料が定められていた文政二年の宝物開帳とは異なり、この度は「神能格別」の者には「銀札七匁・酒切手一斤」、神事のみの者には「銀札弐匁・酒切手一斤」などというように、神能への関与の度合いに応じた役料が設定された(33)。そのほか、神職に同道し勧化活動や式三番の舞方を務めた子息らにも「札壱匁」が、諸雑事を担った親類達に対しても「札壱匁～四匁」が配当された。このように宝物開帳は、従来寺社普請《ふしん》と密接に関連する点が強調されてきたが、一方で参集する神職達の側からしても、決して少なくない役料を受納する貴重な収入源となっていたのである。

表３　嘉永三年宝物開帳勧化収入

勧化額（銭）	郡	人数(人)
1文～99文	大原郡	174
	意宇郡	135
	能義郡	94
	飯石郡	54
	出雲郡	24
	嶋根郡	8
	神門郡	4
	仁多郡	3
	秋鹿郡	3
	不明	1
		500名(銭11貫846文)
100文～1貫199文	大原郡	260
	意宇郡	2
	飯石郡	2
	不明	2
		266名(銭116貫38文)
1貫200文～	大原郡	70
		70名(銭101貫520文)
銀札		13
		13名(15匁＝銭1貫575文)
不明		83
		合計　932名(銭230貫979文)

註1)銭量は当時の換算レートをもとに算出。概算であり総数には変動がある。
註2）1合＝８文（嘉永3年時点）、銀札１匁＝105文（文化13年時点）
註3）出典：「牛尾郷惣社嘉永三年宝物開帳書類」（須我神社文書7―3）

三―二　勧化口上にみる須我神社の戦略

これまで見てきたように、嘉永三年の宝物開帳では、開催期間の延長や神道講義などの新たな試みが行われたことが窺えるが、こうした変化は当該期に実施された勧化活動にも顕著に表れている。勧化の告知は前年一一月から行われており、時期によって文言に若干の変化が見られる。まずは、最も早い前年一一月に告知された案内から確認しておこう(34)。

大原郡牛尾郷惣社ニおゐて閏月有之候年ニハ五穀成就・疫病火難雷除等之御祈祷仕、當年ハ七月廿九日ニ執行仕候間、御守頂戴被下候様奉願上候、且又来年ハ三拾三年目宝物開帳ニ而三月廿八日ニ御供献上宝物開帳執行仕候□、御供壱貫弐百文之御方々者前夜ゟ御越被下、前夜明朝明昼三度之簾飯差出し候間、神能拝見可被下候、此外ニ半御供・四半御供・百五拾銅等多少ニよらず志次第之御初穂御上ケ被下候様奉願上候、尤此御供御初穂ハ、開帳中ノ入用ヲ引、残之銭ヲ以毎年正月十七日・七月廿

七日・廿八日御名前木板ニ書社納致し置、社内ニ餝永代御供献上仕、御家運長久之御祈願執行仕候間、苗字御名前此帳ニ御記し被下候様奉願上候、以上

右には、神社の縁起や御祭神に関する言及はなく、二八日に御供献上を行うことなどが極めて簡潔に記されている。また、この度は、初穂料に応じて特典が用意されていた。一貫二〇〇文を納めた者には、神能が行われる二七日～二八日に三度の食事を提供するという。寄せられた初穂は期間中の入用費に充てるほか、その余りで初穂人の名前を記した板木を拵え、毎年の正月・七月に行われる祭礼の際に、家運長久の御祈願を執行するとしている。右の呼びかけは、秋鹿郡・嶋根郡・神門郡・出雲郡を順村して行われたが、第三表に見る通り、これに応じたのは約四〇名程度に留まり、その寄進額も一文～一〇文程度と少額に留まった。

ところが、開帳が間近に迫る三月に至ると、勧化口上はとみに須我神社の威風を顕彰するものへと変化していった(35)。

御鎮座四神、素戔嗚尊ハ八岐之大蛇を切此地ニ至り八雲立の歌を詠し賜、和歌三十一字之祖神候間、和歌・狂歌・俳諧之御自詠作之分御社納被為下候様奉願上候、悪魔退散之神なり、稲田姫の命に櫛を拵さゝしめ賜へてより櫛こをがへかんざし夫婦婚姻之禮式始り、則縁結を守り賜ふ、清湯山主御名狭漏彦尊を御出生令成賜ふ、是ハ世上ニ大黒神と申神の生名ニて大黒神御誕生之地也、此神五穀を業作し賜ため田畑と申物を始賜ふ、五穀成就・福縁円満を守賜ふ事神跡ニ仍而殊ニ厚し、武御名方尊ハ千引の岩と神書ニ有、千人力の岩を手の上ニのせ賜ふほどの神代無双之強力の神ニて武勇・角力・鷹狩等勝手を守り賜ふ、病火諸難消除・五穀成就之御祈祷仕候間、御神札差上度候、

且又当三月廿二日より同廿八日迄宝物開帳御供献上仕、天下太平・国家安全・五穀成就・御家運長久・御家内安全・悪魔退散・諸難消除・疱瘡安全之御祈祷執行仕候、御名前此帳ニ御記し可被下候、本御供壱貫弐百文之御方々へハ同廿五日乍簾飯差出し申候、壱貫百文より百文迄を御供御人別として開帳後大黒神御影御神札差上申候、其外ハ此度之御神札斗りニて御祈祷斗り仕候間、御苗字御名前御書記し可被下候、別而同廿五日疱瘡まじなゐ仕、同廿八日極朝ゟ神能執行仕候、御信心之思様ヲ以宜敷奉願上候、以上

嘉永三年　庚戌三月

神主　諏訪石見［花押］

右は、開帳月の三月に大原郡内で展開された勧化の口上である。須我神社の縁起を語る前半部では御祭神個々の偉業が御神徳として落とし込まれている。例えば、素戔嗚尊は、和歌三十一文字の始まりとされる「八雲立つ」の歌に因んで和歌上達の神として称えられる。また、八岐大蛇退治に因み、悪魔退散・疫病退除の神としても語られる。続く稲田姫命には、笄《こうがい》の始まり・夫婦婚姻の礼式（結婚式）の始まり・縁結の神・安産の神としての姿が与えられた。その子・清湯山主御三名狭漏彦尊に至っては、世上にあっては大黒神と称されることから、五穀成就・福縁円満の象徴として描かれ、その御神徳が様々に説かれていった。このように、御祭神を新たに現世利益をもたらす存在として出現させることで、自社と民衆との間に新たな接点を獲得することが期待されたのである。とりわけ、歌の上達や和歌短冊の社納を促すなど、和歌を嗜む文化人層を対象とした取り込みも見られ、信仰層の拡大を図らんとする神社側の思惑も読み取れる。

また、ここでも勧化に応じることで、寄進者にもたらされる受益が明示されている。例えば、前年一一月時点では、一貫二〇〇文という多額の初穂を納めた者に対してのみ三度の食事や神能拝観の権利が与えられたのに対して、一貫一〇〇文～一〇〇文を納めた者にも開帳後に「大黒神御影御神札」を授けるとし、それ以下の者にも神札授与と祈祷の特典があるという。特に、一貫二〇〇文以上を納めた者に与えられる食事については、地域毎に提供日を変えるなどの工夫がなされている。すなわち、大原郡内で行われた勧化口上には二五日に提供するというが、意字郡を対象にした勧化では二八日

と変え、能義郡では二六日としている。参詣者を分散させることで殺到する事態を回避しようとしたのであろう。

また、当該期における最も大きな特徴は、氏子村を中心に展開された文政二年の勧化活動と異なり、氏子村域を越え、松江藩領全域にその範囲を拡大させた点にある。領内を順村し勧化を行ったのは諏訪家であったが、意宇郡西岩坂村の平林喜麿や大原郡下久野村内田因幡の三男亀丸など、社家の若連中の援助があったようである。こうした助力によって前年一一月から行われた勧化活動は、郡内外から延べ九三〇名にも及ぶ寄進者を集め、その額も約二三一貫に及んだ。第三表に示したように、遠方になるほど寄進者は減少し、その額も一文～一〇文程度と少額に留まるが、その一因は当初展開された勧化口上の簡素さにもあろう。一方、直前の二月～三月にかけて、新たな勧化口上を以て臨んだ、意宇郡・能義郡・飯石郡での活動では、全体の四割に及ぶ寄進者を獲得している。一人頭の寄進額は総じて少額ではあるものの、勧化に応じる人々が広範囲に存在していたことが窺えよう。[36]

おわりに

最後に、本稿で明らかになったことを整理して終わりたい。

従来、近世における宝物開帳の研究は、都市部の大規模社を対象として行われ、主に寺社修復費用補填《ほてん》の観点から、開帳のもたらす経済効果が強調されてきた。出雲国大原郡須我神社おいて文政二年・嘉永三年に執行された宝物開帳について見ても、開帳が神社にとっての募縁手段として有効的であったことが分かる。しかし、須我神社における開帳の目的は、単に社殿修復費用への充当のみにあったわけではない。

文政二年の宝物開帳では、神道講釈師・矢野佐倉太夫の来訪を契機とし、信心への「報謝」を名目として実施された。開催期間は三日間と短期であり、勧化活動の範囲も氏子村一一ヶ村に限定され、あくまでも、氏子と神社との結縁を目的としたものであった。参詣者も、もとより氏子を想定していたものと思われる。

ところが、嘉永三年には、開帳期間は七日間に延長され、その間には須我神社の縁起に因んだ神道講義や疱瘡祈祷のほか、参詣者への食事提供なども行われた。こうした変化の有り様は、勧化活動において展開された勧化口上の中にも表れている。活動の範囲は、松江領内全域に及び、少額ながらも氏子村外からの多数の寄進者の存在も確認された。当初遠方の地域で行われた勧化活動では、縁起に依拠しない極めて簡潔な口上を以て行われ、少額ながらも四〇名程度の寄進者を獲得したが、必ずしも充分ではなかった。しかし、開帳月が近づくにつれて、口上の内容は大きく変容していく。すなわち、御祭神を、神社縁起を基軸としつつ現世利益をもたらす神（縁結びや和歌の神など）として新たに描出し、これによる引き込みが行われたのである。こうして行われた勧化活動によって、結果的に、大原郡外から全体の四割に及ぶ寄進者を獲得することに成功した。新たな信仰層の取り込み、さらに国内における須我神社の存在価値を高めていくという点において、一定の効果があったと評価できる。

勿論、寄進者数や寄進額だけで信仰の度合を図ることはできない。また、書物文化や旅文化といった庶民文化の隆盛の中で、地方の神社が地域社会にどのように受け止められていくのかという点とも併せて考えていく必要がある。また、嘉永三年宝物開帳に見られる変化の意義の追求も不十分である。こうした変化は、矢野佐倉太夫といった神道講釈師や中原神主のような在地の神道家など、教養人や外部宗教者との交流を通じて行われていく、縁起・由緒の再解釈や権威付け、これに伴う神職自身の意識の変容なども無関係ではあるまい。特に、縁起が神社の格式を高めるための手段として用いられるようになると、従来弊組を規定してきた慣例的な序列への対抗手段として利用されることも考えうるからである。当該期における神社を取り巻く諸要素を多角的に見ていく視点が必要である。

謝辞

本稿の遂行にあたり、須我神社（雲南市大東町）宮司・勝部和承さま、同社氏子総代・新田清文さまには御所蔵史料の調査・閲覧について大変お世話になりました。この場を借りて、心より感謝申し上げます。

註

（1）久野俊彦「縁起のメディア―開帳における縁起」（『寺社縁起の文化学』森話社、二〇〇五年）

（2）比留間尚『江戸の開帳』（吉川弘文館、一九八〇年）

（3）前掲二

（4）北村行遠『近世開帳の研究』（名著出版、一九八九年）

（5）湯浅隆「江戸の開帳における十八世紀後半の変化」（『国立歴史民俗博物館研究報告』第三三集、一九九一年）

（6）『松江市史 通史編4近世Ⅱ』（松江市史編纂委員会、二〇二〇年）

（7）前掲六。松江城下の商人新屋太助による日記「大保恵日記」には、嘉永五年（一八五二）に白潟天満宮で行われた九五〇年忌宝物開帳に関する記述がみられる。六月二三日～二五日の三日間を会期とする居開帳で、新屋太助は最終日の二五日に参詣している。そのときの様子について、「天神社灘へ出ル所へ小屋ヲ打テ」とあり、開帳場（小屋）が拵えてあったことが窺える。開帳された宝物には「菅公御震筆御姿」「弘法之御筆」「山中鹿之助之馬ノ鞍」「一休和尚ノ筆」などがあり、「其外、数々筆紙ニ尽しかたく誠ニありかたく事共也」と感想が述べられている。

（8）『大社町史』中巻（大社町史編集委員会、二〇〇八年）そのほか、出雲国における社頭幣頭制の研究には、朝山晧「出雲に於ける旧藩時代社頭の幣頭制度」（『國學院雑誌』三七巻八号、一九三一年）、石塚尊俊「近世出雲における神職制度」（『神道学』八〇号、神道学会、一九七四年）などがある。

（9）佐陀触下の三郡半では佐陀大社が吉田家の触頭としての役割を果たし、裁許状取得には佐陀大社の添状を必要とするなど幣下社家との取次を担った。一方、杵築大社配下の六郡半では各幣頭が吉田家との取次を行う触頭的機能を担ったため、吉田家と社頭・藩との方針に齟齬が生じることがあった。

（10）幣頭や、その補佐役たる幣老の任命は社頭によって行われたが、仮役を立てる場合も同様に社頭の認可を仰ぐ必要があった。幣頭と同格か或いはそれに次ぐ者を代役に立てることで、幣組の秩序を守ることが優先されたものと思われる。

（11）「天保五年四月ら同申二月　御用留」（須我神社文書一七―一）

（12）「天保十三寅年ヨリ同卯　御用留」（須我神社文書一七―八）、同様の触が神門郡松寄下村朝山八幡宮神主朝山幣下の古志村比布智神社神主春日家、飯石郡広瀬藩領下の幣頭赤穴八幡宮神主倉橋家の各文書の内にも確認できる。

（13）拙稿「近世後期、出雲国社家組織の変容―本所吉田家の神道裁許状をめぐって―」（『古代文化研究』第二八号（島根県古代文化センター、二〇一九年）

（14）延宝五年（一六七七）に杵築大社両国造より発給された神道裁許状には「中澤相模守平秀正」（須我神社文書二〇―一）とある。須我神社でも、元禄十六年（一七〇三）には「門脇丹治平秀久」（須我神社文書二〇―三）が本所吉田家から裁許状を取得しており、以降幕末まで吉田家の裁許状を受給している。

（15）寛保三年（一七四三）に取得した裁許状には「中山石見平秀清」（須我神社文書二〇―四）と見えるが、明和二年（一七六五）の裁許状には「中沢和泉守平秀直」とあり、文化七年（一八一〇）頃までは再び「中沢」姓を名乗っている。文政一〇年（一八二七）にはじめて「諏訪石見正平秀屋」（須我神社文書二〇―一二）として裁許状を取得している。

（16）「宝暦一四年改出雲国中社家帳　母里領広瀬領除之」（比布智神社文書一〇〇）には、宝暦一四年時点の大原郡の幣頭として、木次村八幡宮神主陶山尾上・三代村日吉山王社神主古瀬武衛・仁和寺村三体妙現社神主秦対馬・立原村幸大明神神主内田播磨の名が見える。

（17）文政九年、幣老の後任に諏訪権頭が就任する。（須我神社文書二〇―二一―一）

（18）天保五年甲午正月、千家宮内・竹下将曹より諏訪権頭宛に下された申渡の中には「右者同郡佐世村神主原検校儀年来幣頭役相勤罷有候処、今般首尾能被差免候ニ付而右幣頭役其許江被仰付候」とある（須我神社文書二〇―二一―二）、弘化四年（一八四七）に諏訪幣組に属した社家一五名は以下の通り。内田因幡（下久野村）・斎藤左馬之助（遠所村）・新田帯刀（南村）・佐々木和泉（飛石村）・千原美濃（清田村）・長妻近江（上佐世村）・春木能登（佐世村）・錦織山城（近松村）・宮川薩摩（南加茂村）・山本伊勢（宇治村）・斎藤豊前（東谷村）・山本石尾（砂子原村）・原日向（下分村）・吉岡周防（田中村）・石原薩摩（山王寺村）

（19）「享保十二年ノ控」（「古差出帳」）に写しあり（須我神社文書一―一―一―二）

（20）前掲一九

（21）文政二年宝物開帳の詳細については、「須我神社宝物開帳前例雑記」として一冊にまとめられている（須我神社文書七―一）

（22）「御届申上御事」（「須我神社宝物開帳前例雑記」、前掲二一）

（23）かつて、朝山晧氏は、祭事への助勤は原則として幣組内に限定され、これに逸脱する場合は厳しい取り締まりを受けたと述べている（「出雲に於ける旧藩時代社頭の幣頭制度」『國學院雑誌』三七巻八号、一九三一年）。しかし実際には、文政二年宝物開帳のように、神職の個人的な関係に基づく、組や郡を越えた広範な助勤の実態が各地で見られた。

（24）須我神社文書（三―一三―二二―一）

（25）錦織稔之「出雲市域における近世神職神楽の実例」（『中国地方各地の神楽比較研究』、古代文化センター、二〇〇九年）

（26）「宝物開帳品々」（前掲二一）

（27）「須我川の流れ」（須我神社文書七―七）、初穂趣意書。口上に続き、初穂人別と初穂料が村別に記載される。

（28）小林准士「神道講釈師の旅と神仏論争の展開―矢野佐倉太夫の活動に即して―」（『社会文化論集』第七号、島根大学法文学部、二〇一一年）

（29）前掲二八

（30）前掲二一

（31）嘉永三年宝物開帳については「宝物開帳関係書類第二号」（須我神社文書七―二）に関係書類が一括してまとめてある。嘉永三年開帳について、特に断らない限りは本史料による。

（32）神職らは独自に様々な文化的ネットワークを構築していた。文化人・教養人との知的交流を通して縁起の再解釈や考証が盛んに行われた。須我神社では諏訪石見が医業を兼任していたことが分かっているが、在地神職による学問受容の問題は、一九世紀に顕在化する幣組制の動揺とも無関係ではあるまい。今後の課題としたい。

（33）開帳は当然多くの参詣者を見込んで行われる。都市部の宝物開帳では諸商人に境内地を貸すなど、出店や芝居小屋によって境内は一層賑わった。滅多に見ることのできない神霊との結縁を求めて訪れる参詣者もあれば、数一〇年に一度訪れる非日常の高揚感を求め行楽として訪れる参詣者も多くあった。須我神社の宝物開帳では、商人や芝居興行などの記録は見つかっていないが、会期中に神職らによって行われる「神能」に同様の効果が期待されており、神能が集客の要として重要な役割を担っていたことが窺える。

（34）「牛尾郷惣社　嘉永三年宝物開帳書類」（須我神社文書七―三）、初穂帳。

（35）前掲三四

（36）大原郡・意宇郡の寄進者のうち約八割は御供米納入であったが、これを除く地域ではほとんどが銭払であった。

第四部

出雲国造北島家　自重館文庫

自重館文庫成立史
―北島国造家と垂加神道―

西岡和彦

はじめに

北島国造《こくそう》家自重館《じちょうかん》文庫の調査（島根県古代文化センター研究テーマ事業「日本書紀と出雲観に関する研究」）を通じて、近世中期（元禄期〜安永期の十八世紀）の北島国造家ならびに北島国造方《かた》の神道研究の様子をうかがい知ることができた。ここにその報告を兼ねて、自重館文庫の成立過程と垂加神道との関係を論じてみたいと思う。

自重館文庫の「自重」とは、詳しくは後述するが、霊元天皇下賜の「永《よう》宣旨《せんじ》」に、「出雲国造《いづものくにのみやつこ》は本《も》と寿詞《よごと》を奏し、恒《つね》に潔敬を異《こと》にし、神の為め自ら重んず」から採られた言葉である。

自重館文庫に所蔵する書籍や資料は、かつて調査に入った島根大学作成の『自重館文庫目録』（手書き印刷）の「凡例」に、「和歌の部（狂歌・歌論等を含む）」（一四二点）、「連歌・誹諧の部」（四六点）、「物語の部（随筆・謡曲等を含む）」（六〇点）、「語学の部（辞書・韻書等を含む）」（二八点）、「教訓書の部（往来物等を含む）」（四〇点）、「有職の部（刀剣鑑定書等を含む）」（六二点）、「史籍の部」（一四点）、「神道の部」（三〇九点）、「記紀風土記の部（神代関係の書は、神道の部もしくは史籍の部と内容的に相通じる面を有するが、その注釈の意図を持つと思われる類が多数に及んだので別分類とした）」（八〇点）、「漢籍の部」（一五八点）、「雑の部（右の各分類に洩れるもの）」（一〇九点）、「其の他の部（明治以後のもの、手習又はメモ風の写本等で、一部の書としてのまとまりが見られないもの）」（九八点）、「この外、特に貴重本として別置されたもの」（七点）に分類され、総数は一一五三点になる[1]。

作成者は、いずれも元島根大学法文学部教授の小原幹雄、下房俊一、鈴木亨、曽田文雄の四名である。目録には年紀が記されていないが、曽田氏が研究代表者として昭和五十五年度科研費研究課題「出雲国造北島蔵書の研究」が受理執行されていることから、この目録はその前後に作成されたものといえよう。

今回の調査でとくに注目したのが、「神道の部」と「記紀風土記の部」である。前者は三〇九点のうち板本は二〇点で、残り二八九点は写本であり、後者は八二点のうち板本は二四点で、残り五八点は写本である。つまり、大半が写本で占められている。写本には単に出板されなかったために転写した場合と、転写するに相応しい人格とともに学力に達している、と師に認められた者のみ師や塾が所有する講義録や秘伝書の書写が許可された場合のものとがある。なかでも今回注目したこの二部は、後者の伝授的性格のものが大半で、具体的には、おもに垂加神道関係の伝授書であった。

このたび、そうした書籍や史資料を島根県古代文化センターご支援のもとで調査するなかで、近世中期の北島国造家ならびに北島国造方の神道研究の様子をうかがい知ることができた。なお、ここでいう近世中期とは、元禄十年（一六九七）八月に佐陀神社争論敗訴による国造北島兼徳《かねのり》の免職とその弟道孝《みちのり》の国造襲職に始まり、上官北島孝起《のりゆき》が垂加神道関係の書物や秘伝書等を北島国造家に奉納した安永八年（一七八二）の、八十五年間を指す。その間の主要な神道家は、国造北島道孝、上官北島孝廉《のりかど》・孝起父子である。そして、自重館文庫所蔵の「神道の部」等の書も、この三名に関係する書籍や史資料が大半であった。

そこで、この主要な神道家三名を中心に、自重館文庫の成立過程と垂加神道との関係を論じてみようと思う。

一　国造北島道孝と神道書

一―一　国造襲職とその時代

北島国造方が山崎闇斎の学問（神道の垂加《すいか》神道と朱子学の崎門《きもん》学）を導入したのは、おそらく国造北島道孝からであろう。彼は国造に襲職する以前から神道書を本格的に研究していたことは、後述する自重館文庫所蔵の道孝自身の著書や筆写本等から伺うことができる。彼はもともと国造になるべき嫡子ではなかった。それゆえに、わりあい自由に神道研究をはじめ学問に専念してきたことがうかがわれる。

ところが、佐陀神社争論での思わぬ敗訴が、道孝の運命を変更させた。幕府や松江藩は、千家・北島両国造を罷免するとともに出雲国造惣検校職《そうけんぎょうしき》や「永　宣旨」下賜の意義を否定し、出雲大社全体に謹慎処分を命じたのである。そのため、当時二十九歳であった道孝は、兄兼徳の突然の罷免で、急遽国造に襲職することになったのである。(2)

それから六年経った元禄十六年（一七〇三）、山崎闇斎の高弟浅見絅斎《けいさい》の門人熊谷《くまたに》常斎が、京都から帰郷し、大社儒臣として仕えることになる。(3)これ以降、崎門学が出雲大社に受容されていくが、彼がどのような活動を行ったのかを知る具体的な事蹟があまり伝わっていない。そうしたなかで赤塚上官《じょうがん》家（千家国造方）所蔵のいわゆる「忌日帳」に、「熊谷孝三良一徳先生」と記載されていることは注目するにあたいしよう。これは熊谷常斎が「先生」との敬称をもって、没後も江戸時代を通じて出雲大社で霊祭が行われていたことを物語るものである。こうした「先生」の敬称が付されたのは、「忌日帳」では、彼だけであることからも、敗訴で打ちひしがれた多くの大社町民が、彼の学恩に救われ、感謝し続けたことが想像できよう。(4)

常斎が帰郷した二年後の宝永二年（一七〇五）八月、垂加神道家の玉木正英が、門人数名と出雲大社を参拝する。その目的は、大嘗祭に関わる亀卜調査であったが、彼が大社に訪れるや大社神職が残らず入門したという。(5)それ以降、出雲大社に垂加神道が受容されていくのである。(6)

しかし、大社神職と垂加神道との関係を物語る事例は、その後七年間空白である。その七年後の資料が、『続々群書類従』所収『出雲大社記』の奥書である。それによると、正徳二年（一七一二）四月に、上官千家正延《まさのぶ》持参の同書を、師で垂加神道家の旗本跡部良顕《あとべよしあきら》が書写したことを伝えている。(7)

そもそも大社神職が、遠く離れた江戸の旗本と交流できたのは、正延が将軍の年頭礼や幕府への造営願を兼ねて、両国造名代として長期江戸に滞在できたからである。なお、後述する北島孝廉も同様の役目で長期江戸に滞在し、その間に江戸の垂加神道家に師事したのである。(8)このことから、年頭礼や造営願等での江戸詰の役目に、両国造方は垂加神道受容も視野に入れて人選していたのかもしれない。(9)

一―二　国造道孝と「中臣祓」講義

ところが、今回の自重館文庫調査で、その正延の例より前に、垂加神道ではないが、大社神職の神道研究の動向がうかがえる資料を発見することができた。それが国造北島道孝の『中臣祓鈔并秘伝　全』（外題）である。この書は、玉木正英が大社に参拝した翌月の九月三日（同書所収「中臣祓講述」と十三日（同「中臣祓秘伝」）に、道孝が『中臣祓』を講述したときの筆記録である。しかも、道孝がどういった参考書をもって講義したのかがわかるメモ書きが、同書内扉裏面に記されている。それが左の通りである。

所集抄目録

中臣祓和註	同古註	同釋義
同釋註	同問答本	同集説
同考索	同白雲鈔	同直指抄
同假名抄	同瑞穂鈔	同一盲集
同訓解	同纂言	同大抄
同義解		

これらの書を国文学研究資料館「日本古典籍総合目録データベース」にて書誌情報を調べたのが、左の通りである。

中臣祓和註（延宝五年刊、中臣祓抄、光成和註）
中臣祓古註（吉田兼倶）
中臣祓釋義（河村秀辰）
中臣祓釋註（不明）
中臣祓問答本（中臣祓問答本家伝秘訣・静嘉堂文庫）
中臣祓集説（橘三喜、寛文二年刊）
中臣祓考索（和田静観窩、承応元跋、万治四年刊）
中臣祓白雲鈔（白井宗因、寛文十三年自跋）
中臣祓直指抄（不明）
中臣祓仮名抄（吉川惟足）
中臣祓瑞穂鈔（度会延佳、万治二年自跋）
中臣祓一盲集（不明）
中臣祓訓解（両部神道書）
中臣祓纂言（宮城春意、寛文八年刊）
中臣祓大抄（不明）
中臣祓義解（流泉散人、元禄四年自序、元禄六年刊）

ここから分かることは、当時刊行された『中臣祓』の注釈書をできるだけ多く蒐集し、それらを参考にしていたことである。なかには不明な書もあるが、両部神道、伊勢神道、吉田神道、儒家神道系の注釈書（とくに板本）を幅広く用いていたことが確認できよう。それに対し、垂加神道関係の注釈書は一冊も見当たらない。そのことは別の意味で興味深い。すなわち、国造北島道孝は、当時垂加神道の影響をまったく受けていなかったことが確認できるからである。とはいえ、それら注釈書の説を無批判に折衷していたのでもない。その例として、同書所収の「中臣祓講述」と「中臣祓秘伝」の「高天原」の解釈をあげてみよう。

「中臣祓講述」

此ノ高天原ト云ヲ、大抄ニハ延喜式□諸神ヲ祭ル祭文ニ、凡ソ二十餘品、ミナ其ノ始ノ詞ニ、高天原トアルナレハ、是発語ノ辞ジヤト書マシタレトモ、是深意ヲ知ラザルノ説テ御サリマスル、扨又名法要集ニハ、大極ノ天ヲ指スト云ヒ、又口訣ニハ虚空清浄ノ名、在《ラハ》レ人無《キ》二一念一胸中ヲ云ト書マシタレトモ、是レ皆事理ノ二ツヲ説キマセズ、致ヒテ、只理ヲ説テ、事ヲ説キマセヌニ依テ、文義カ明カニ御ザリマセヌ、タダ纂疏ニ於テ、天上皇居ヲ指スト書マシタガ、ヨイ説テ御ザリマスル、則天照大神ノ留リ坐マス皇居ヲ指シテ高天原仁神留坐須ト申マスル、

「中臣祓秘伝」

三　高天原仁トハ、或ハ天上、自己ノ胸中ト云ヒ、或ハ虚空極天清浄ノ田地ト云ヒ、或ハ心清浄ナレハ心神留マルト云ハ、皆附會ノ説デ御サリマスル、此ノ処ハ此ノ祓一篇ノ綱目テ御サリマスル、此即皇居ヲ指シテ申マスル、今モ朝廷ノ皇居ヲ天上トモ大空トモ申マスル、大君ノ御住居アソバサレマスル所ヲ、尊敬シテ、天ニ比シテ天上ノ雲ノ上ノト申マスル、其ノ所何レノ地ト申マスルニ、大和国香語山ノホトリ、高市ト申ス所ニテ御サリマスル、天照大神ノ皇居、此ノ所ニ有ルニ依テ申マスル、高トハ広大ナルヲ云ヒ、天《マ》トハ尊ンテ申マスル、畢竟ハ和訓ヲ以テ説マスルニ、先ツ天子ノ御座所ヲハ、タカマト申マスル、原トハ遥《ハルカ》ト云辞ノ反語テ御サリマシテ、帝ノ御住居、タカマヘハ臣下事ヲ奏シマスルニハ、遥ノ下《シモ》ヨリ申上ルニ依テ、タカマノハラト申マスル、

国造道孝は高天原または天上を、自己の胸中と言い、虚空極天清浄の田地（境地のこと）と言い、あるいは心が清浄なれば心神がそこに留まる、との説を「皆附會ノ説」とする。この説は、忌部正通『神代口訣』にある説で、道孝の引く宮城春意『中臣祓纂言』、白井宗因『中臣祓白雲鈔』、度会延佳『中臣祓瑞穂鈔』では、それを直接引用して説明しており、また高天原を心中をも指すとの説は、参考書の大半が採用していた。[10]だが、道孝はそれらの説をみな附会の説と批判し、『日本書紀纂疏』の説から、高天原とは「天照大神ノ皇居」「帝ノ御住居」を指す、としたのである。ところが、彼が附会説とする心神説は、そもそも伊勢神道から出た説で、その伊勢神道や『神代口訣』を高く評価したのが垂加神道であった。このことからも、当時北島国造家や同国造方に垂加神道が受容されていなかったことは明かである。

なお、この書を見る限り、道孝は橘三喜の説を高く評価していたことがわ

かる。たとえば、同書「中臣祓講述」（「第一段神孫降臨祓」）に、

サスカ橘三喜ハ神道ノ達人ト見ヘマシテ御サリマスル、何レモ皆三喜ノ説ハ鎌足ノ本説ニ近フ御ザリマスル、安国止定奉氏トハ、集説ニ安国トハ天孫ノ宝祚、万代不易ニ致テ、民百姓等ニ至ルマテ、安穏ナルヲ云ヒ、定奉氏トハ、主《アルジ》定テ天下平安尽ル期ナキヲ云ト書マシテ御サル、此レ治国平天下ニシテ御主定テ、他ニ洩マシキ事ヲ申マスル、

とある。「鎌足ノ本説」とは、神祇道の吉田家が始祖のように崇敬する藤原鎌足以来伝えられてきた説のことで、すなわち吉田神道の本説を意味しよう。道孝も、吉田神道の説を尊んだことから、「中臣祓」を十二段に区分して論じる方法を採用している。(11) その「第十段徳化利生祓」の段（「中臣祓講述」）で、

祓賜比清賜事於トハ、此ヲ陰陽家《ヲンヤフケ》并伊勢流ニハ、祓比申之清咩申須ト読ミマスル、集説ニト部家ノ点、此ノ訓ニ甚タ有リ二奥義一ト書キマシテ御サル、コレハ其ノ理ヲ知リタル人ト見ヘマシテ御サル、釋註ニハ神祓レ之神清レ之使二ルト人ヲシテ身心潔白ナラ一書マシテ御サル、然レトモ人自罪咎ヲ不レシテ改而何ンソヤ、神ノ祓ヒ給ハランヤ、此ノ説ハ取ルニ足リマセヌ、此ニ云フ心ハ人自邪意悪念ヲ払ヘハ、神明清ク感《メデ》サセ玉フト云フ義ニテ、人ト一点ノ私ナク胸中清浄ナレハ、天地ノ神明感応アツテ、イヨイヨ祓ヒ清メ給ハルトノ文勢ニテ御サリマスル、此レ自他合力ノ田地、ヨクヨク工夫ヲナサルルカ干要ニテ御サリマスル、

と説く。これは「中臣祓」にある「祓たまひ清めたまふ」とあるところを、陰陽家と伊勢流神道では、「祓ひ申し清め申す」と読むことについて、前者は神に祓い清めることを祈る他力的な要素があり、後者は自ら身心を祓い清める自力的な要素があることを示す。それに対し、橘三喜は『中臣祓集説』で、ここに奥義があるとし、それは自力と他力を合わせることで、自ら身心を清めると、神明がそれに感応して、神からも清められるようになるとあり、それを道孝は「自他合力ノ田地」と説く。(12) この説は、自力を重んじながら宗教的な境地を説いた垂加神道に類似することから、吉田神道説を受け入れてはいるが、決して鵜呑みしていたのではなく、ここに垂加神道を受容する素地があったと考えられよう。(13)

そうしたなか、垂加神道家の玉木正英が出雲大社に参拝し、出迎えた大社神職が残らず入門した、ということは興味深い事例である。

一―三　国造道孝と山崎闇斎

ところで、道孝と垂加神道との関係を伝える史料が、自重館文庫にある。それが『山崎加右衛門覚書写』（外題）である。何時書写されたものかは不明だが、この書の一丁表に「國造北嶋出雲臣道孝」の朱印が付され、本書奥書に朱書きで、

右ノ覚書ハ山崎氏嘉右衛門自筆ヲ以書写、尤文字等覚束ナキハ本侭ナリ、谷口カ両説(14)ハ聞取ヲ引交ヘヲク者也、

国造北嶋道孝（花押）

とあることから、道孝が山崎闇斎の神道を学んでいたことは明らかである。内容は、「神代紀」と「中臣祓」を項目毎に解説した筆記録であるが、おおよそ闇斎の説であると見て間違いなく、極めて貴重な書である。(15)

その書とともにさらに貴重な書として、闇斎の「神代紀講義」と思われる写本が残されている。それが「国造北嶋道孝（書判）」の署名がある『日本書紀全部弁書』（外題）である。(16) この書の中に「延宝三六月念二日　再返講述畢」とあり、この右斜め下に朱筆で「国造出雲北嶋道孝（花押）」と記入されている。

この講述が行われた延宝三年（一六七五）とは、闇斎五十八歳の時である。闇斎は、延宝元年に保科正之の葬儀を終えて六月四日に帰京するが、それ以降恒例の江戸行きを停止し、京都で研究と教育に専念する。翌二年二月十二日には、生祠を自宅から下御霊神社境内に遷座しているので、この「神代紀講義」が行われた延宝三年は、神道の境地に既に達していた頃といえる。なお、現在よく知られている闇斎の「神代紀講義」は、浅見絅斎に行ったものであるが、絅斎が闇斎に入門したのは、同五年ないし六年の頃と考えられているので、(17) 道孝が転写した「神代紀講義」は、それよりも三年ほど早い頃の講述録であることが分かる。なお、道孝は寛文十年（一六七〇）生まれで、

延宝三年は六歳であることから、これは国造襲職後に写本を得て転写したものと思われる。

ほかに同年九月十七日に、おもに『日本書紀』や『先代旧事本紀』を参考に、国常立尊から天児屋命や前玉命までを表した『神系正統』（一冊）を著している[18]。

ところで、国造道孝と垂加神道の関係が時期的に分かる初見資料は、正徳三年（一七一三）四月に跡部良顕の『大黒夷伝記』を書写した奥書と、同年八月に同じく良顕の『神代巻三諸草』を書写したことを記す奥書であろう。なぜ跡部良顕の神道書を書写したのかは不明だが、千家国造方上官の千家正延が、その前年に良顕に入門していたことが、少なからず関係しているのではないだろうか[19]。

自重館文庫には、この正徳三年以降の年次を示す国造道孝の奥書や朱印が付された書はない[20]。そして、道孝に代わり登場するのが、上官北島孝廉の書である。北島国造方に本格的に垂加神道が受容されるようになるのは、おそらくこの孝廉からであろう。もちろん、それを支えたのは国造道孝であったことは想像するに難くない。そこで次節では、孝廉を中心に論じてみることにしよう。

二　上官北島孝廉と神道書

二—一　北島孝廉と玉木正英

自重館文庫に『神代巻初重潮翁語類』（内題）という奥書の無い神道書がある。書名にある「神代巻」とは、基本的に『日本書紀』神代巻を指す。「初重」とは、奥秘伝などのない初級の水準という意味である。「潮翁」とは、垂加神道では師匠を『日本書紀』神代巻や「神武紀」にあらわれる「塩土翁」に因んだ総称であるが、一般に玉木正英を指すと見て間違いない。ただし、この語類は、玉木正英から直接受けた語類だけではなく、複数の門人を介した潮翁の語類とからなり、それらを項目ごとに組み合わせたものであることが、本書内扉裏面のメモ書きから分かる。左の通りである。

旧　初上京
亥　再上京
午　藪氏
未　三上京
酉　観世氏
戊　潮翁下向
木　木本氏／多門氏

このメモは、調査当初国造道孝のことを示すものかと思ったが、干支を調べていくうちに、道孝ではなさそうであることがわかった。とすると、候補にあがるのは上官北島孝廉となる。そこで、しばらく孝廉のメモ書きと仮定して、このメモ書きを検討してみようと思う。

まず「旧　初上京」とは、干支が記されていないので時期は不明であるが、正徳三年（一七一三）以降享保三年（一七一八）の間であろう。なお、自重館文庫所蔵『神代巻風葉集首巻』（外題）奥書に、朱筆で「戊戌冬以従一位公通之御本校合之」（筆者不明）とある。すなわち、享保三年の十月、閏十月、十一月、十二月の冬の期間に、正親町公通所有本と校合したという。公通は存命中であったから、玉木正英を介して『風葉集』の閲覧が許されたのであろう。とすると、初上京は享保三年ではないだろうか。それとともに、玉木正英から『神代巻』の講義を直接受け、その時の口述を筆記したものと思われる。

次の「亥　再上京」とは、己亥の享保四年（一七一九）に再び上京したことを指し、同じく玉木正英の口述を筆記したものであろう。

次の「午　藪氏」とは、丙午の享保十一年（一七二六）に藪氏の講義を通じて玉木正英の口述を筆記したものであろう。この講義は、おそらく江戸で受講したのであろうが、藪氏については不明である。

次の「未　三上京」とは、その翌年丁未の享保十二年（一七二七）に、三度目の上京を果たし、玉木正英の口述を筆記したものであろう。

次の「酉　観世氏」とは、己酉の享保十四年（一七二九）であろう。それに関係する書として、自重館文庫に『己酉講義　観世氏』（内題、『神道輯拾磯波翁』（外題））という神道書があり、その巻頭に本書の成立事情が記されている。

潮翁講習口授

享保十四己酉七月薄太仲へ口授、服部克徳侍坐、其後克徳ヨリ再傳ス、是ハ許可以後ニ傳ラルル講習ノ由

これによると、玉木正英が享保十四年七月に、薄太仲へ「神代紀」（巻頭から潮涸満瓊まで）を講義し、その場に服部克徳も同席していた。その後、服部克徳から同じ内容を再伝されたものが本書であることがわかる。なお、書名に「観世氏」とあるのは、「服部克徳」のことである。この講義をどこで受講したのかは不明であるが、おそらく京都ではないだろうか。孝廉は本書によると享保十二年に三度目の上京をしたとあるが、その年に熊谷常斎の弟子松井訒斎も上京し、浅見絅斎の高弟若林強斎に入門している。(21)そこで孝廉も、若林強斎に師事したのではないだろうか。自重館文庫には『若林強斎先生　中臣祓師説』（内題、『中臣祓　五鰭翁講義』（外題））があり、本書一丁表に「中臣祓師説　　享保十三年戊辰十月廿七日」と開講日が附されている。また、翌年の三月十四日から二十日（十九日除く）まで「神代紀」を受講した筆記録（『神代巻師説　自開闢段至浮橋』）も残されている。受講者の情報は不明だが、おそらく訒斎か孝廉のいずれかであろう。

さて、次の「戌　潮翁下向」とは、庚戌の享保十五年（一七三〇）を指す。同年五月に、玉木正英が江戸で弟子の岡田正利等に「神武紀」や「中臣祓」などを講義した、という記録が残っている。(22)ところが、孝廉の子息孝起が自重館文庫へ垂加神道書をはじめ神書関係一式を奉納した、その目録の草稿『神和書品目　上』（自重館文庫目録草稿）に、「一　五鰭翁神代巻講義正段斗　一冊」とあるその左脇に、「享保年中、五鰭杵築参拝之節、講義」とある。(23)すなわち、玉木正英は宝永二年以降享保年中に再度出雲大社に参拝し、神代紀の「正段」のみを講義していたのである。とすると、その下向とは、前回同様八月頃に出雲大社へ参拝したのかもしれない。なお、翌年の八月十七日に、東《あずま》上官の千家智通が玉木正英に神道誓紙を提出している。それを、その下向を受けて上京したと見るのか、それとも同年に正英が出雲へ下向した時に提出したと見るべきであろうか。(24)ただし、九月以降に参拝したとは、考えにくい。なぜならば、同年（享保十五年）九月十三日に、国造道孝が帰幽しているからである。北島国造方では、すぐさま新国造直孝の火継ぎ神事や、道孝の葬儀が行われ、その後多くの関係者が喪中に入ったことと思われる。とすると、それ以後年内に玉木正英が出雲大社に参拝し、現地で神代巻講義を行うことは考えにくいのである。

最後に「木本氏／多門氏」とは、いずれも玉木正英や岡田正利の弟子である木本惣五郎成理（会津藩士）と多門（正玄か）であろう。自重館文庫には、元文二年（一七三七）に木本成理から「三科祓」を受講した伝書が残っている。孝廉は享保十九年（一七三四）から元文二年（一七三七）六月までの四年間江戸詰であったから、そこで木本氏や多門氏を通じて正英の口述録を筆記したのであろう。

二―二　北島孝廉と岡田正利

孝廉は、元文二年六月七日に江戸から帰国した。それは当初から決まっていたのであろう。そのため、帰国するまでの半年間で、孝廉は岡田正利からつぎつぎと奥秘伝を伝授されている。

まず、同年二月に同門の谷垣守から「十種神宝問目」を借りて「東武旅舎」にて筆写したことが、自重館文庫所蔵の『十種問目』（外題）奥書から伺える。「十種神宝伝」とは最奥秘伝の「三種神器伝」と「神籬磐境伝」を伝授される前に受けるもので、「自従抄」と同水準の奥秘伝である。なお、谷垣守は山崎闇斎の高弟谷秦山の嫡子で、当時岡田正利に師事していたのである。孝廉は、その垣守と共に「十種神宝伝」を伝授され、次に最奥秘伝の「三種神器伝」へと進むのであるが、そのまえに正利は両名にその覚悟を尋ねた。その時の様子を、孝廉の子孝起が前掲の『十種問目』で伝えている。

岡田磯波翁ヨリ文彦三種傳來ノ節、土佐ノ士谷丹四郎へ磯波翁ヨリ尋ニ、丹四郎ニハ、今土佐殿逆反ヲ起シ、朝敵ト成玉ワバイカガ取捌カルルカト有リシニ、丹四郎答ニ、其儀ハ覚悟有、先逆反ノキザシ見ヱナバ幾度モ諫言ヲ加ヘ、ソレトモ聞入ナキ時ハ、外ニ致シ方ハナシ、腹ニ□

ニテモアケル覚悟ナルト答ヱラレシニ、磯波ヨリ、成程夫ナラバ三種ヲ傳ヘテモヨシ、シカシ腹ヲ切ラズトモ、處シヨウアルベシ、夫ハ其時ニ臨ミテノコトヨ、トテ傳來有シ也、文彦ヘハ、社家ノコトナレバ、トテ尋モナカリケレトモ、一通リ覚悟ノ旨ヲ申述ントテ、私儀ハ當時御大名方逆反デモ起サレ、コノコト成就ノ旨祈念ヲ致シ呉ヨ、トイカ程ノ金銀ヲ以頼マルルトモ、ソレハ祈念ハ致サヌ覚悟、ト申述シコトアリ、

文中の文彦とは孝廉のことであり、谷丹四郎とは谷垣守のことである。ここで問うているのは、国主が朝廷、具体的には天皇に謀叛しそうな場合、どのような覚悟で対処するのか、との問題である。国主を朝敵にすることは、垂加神道家としては絶対に許されないことであるから、そうした時の覚悟を尋ねたのであろう。垣守は自身が武士だけに、切腹する覚悟で諫言する、と答えた。それならば三種神器伝を伝授してもよい、と正利は許可するが、切腹以外の対処法を考えよ、と課題を与えている。それに対し、孝廉は社家ゆえに、そうした覚悟を尋ねられることはなかったが、やはり国主が天皇に謀叛するための祈祷を依頼された場合は、たとえいかなる大枚の金を積まれても応じない、と答えている。

二―三　「自重」の真意

ただし、こうした尊王の意識は、垂加神道を受容したことで芽生えたのではなく、出雲大社では古代に「神賀詞」を天皇の大前で奏上していた頃からの伝統であり、その精神が「永　宣旨」にある「自重」のことである、と同書は記す。

延喜式神賀ノ詞ニ、奏壽詞トアルモ、則天壤無窮ヲ祈ラセラルル奏明カニシテ、天子ヲ守護ノ外ナシ、且近ク云ハバ、永　宣旨ノ文ニモ、出雲國造者本奏壽詞爲神自重トアルモ、大己貴全ク寶祚無窮ヲ守護シ玉ヒ、其祭ヲ司トリ玉ヒ、共ニ宝祚ヲ祈リ玉フ重キ御職分ニシテ、夙夜口祝、心ニ祈リ玉ヘトノ勅命ハ、寶祚ヲ祈ラセラレヨトノコトニシテ、自重トアルモ、寶祚守護ノコトヲ自ラ重ンジ玉フ御職分、比類他ニハナシ、

そもそも「自重」とは、寛文七年（一六六七）五月七日に千家・北島両国造が霊元天皇より賜った「永　宣旨」にある文言である。出雲国造は出雲国惣検校職である、と主張していた出雲大社にとって、「永　宣旨」下賜は当時の宿願であった。それを賜った大社の社家は、「永　宣旨」にある「自重」をもって、あらためてその重責に身を引き締め、祭務にいそしんだのである。だが、佐陀神社との争論で敗訴した元禄十年（一六九七）以降、出雲国惣検校職が否定されるとともに、「永　宣旨」を公式の場で述べることが禁じられた。(25) よって、前述の『出雲大社記』は「永　宣旨」について一言も触れられていなかったのである。それが解除されるのは、享保十七年（一七三二）十一月に松井訒斎が編纂した『大社志』からである。(26) よって、ここで「永　宣旨」にもとづく「自重」という言葉が強調できたのは、元の状態に戻ったことを示す象徴的な事柄なのである。

かくて、「自重」とは、孝廉曰く、大社神職は「宝祚守護」の神、大己貴神を司祭し、ともに「宝祚」、すなわち天皇を祈る、という重い職務が課されていることを「自ラ重ンジ」なければならない、という使命感を意味する。それゆえに、そうした使命を担う大社の社家孝廉も、垂加神道の最奥秘伝を伝授されるに相応しい、というのである。(27)

二―四　垂加神道道統者

その翌三月、孝廉は岡田正利から最奥秘伝の「三種神器伝」を伝授された。自重館文庫には『三種口授極秘　磯波翁』（外題）が伝わっている。なお、同月十七日に最奥秘伝の『持授抄』を岡田正利から伝授されたことが、佐草家文書に伝わっている。そして同月二十四日、孝廉は垣守とともに「神籬磐境伝」を伝授された。それを表すのが自重館文庫所蔵の『文彦神籬傳口授抜書』（外題）と『神籬傳　礒波翁口授』（外題）である。そのうちの前者には、玉木正英の言葉として、「譬天下ノ人朝敵トナルトモ、我獨日徳ヲ守リ、天子ヲ守護セント、キツト君臣ノ忠義ヲ立ル也」とあり、後者の巻頭には、岡田正利から下された門人をとる上での心得が、左の通り記されている。

神籬傳礒波翁口授　元文二年丁巳三月吉日　北嶋孝廉手記

一　先無二心天皇ヲ尊フヘシトノ誓約ヲ可聞、
一　君父ニ仕ヘ二心ナキヲ見届テ傳ヲスル也、
一　傳授道統ノ次第、（以下略）

このように垂加神道では、尊皇と忠孝の大事を遵守せよ、として最奥秘伝が説かれたのである。

これにより孝廉は、垂加神道の道統者に正式に入った。それを表すのが、自重館文庫所蔵の『天津神籬相傳血脈』（内題）である。そこに孝廉が岡田正利から道統を継承したことが記されている。

高皇産霊尊─一天児屋命─（中略）─五十五敬義（山崎嘉右衛門／号垂加霊社）─五十六公通／信直─五十七正英─五十八正利（岡田氏／号儀波）─五十九孝廉（出雲氏／號文彦）＊一部省略した

この血脈は、もちろん学脈のことであるが、高皇産霊尊を始祖にするのは、「神籬磐境の神勅」を出された神だからである。この神勅は、そもそも高皇産霊尊が天孫を守護するため天上で神籬と磐境を設けて祭祀を行うので、天孫降臨にともなう天児屋命と太玉命は、神籬を携えて地上へ降り、そこで高皇産霊尊のように天孫を守護する祭祀を行え、と命じたものである。よって、神籬磐境之傳を受けると言うことは、この神勅を賜った重責を担うことを意味する。ところで、天孫守護のために高皇産霊尊や天児屋命等はどの神を祭祀したのか。実は、その神こそ出雲大社の祭神大己貴神であった。したがって、神籬磐境之傳を受ける資格は、出雲大社の社家である孝廉は、問題なくあるのである。

孝廉は、これにより出雲大社等において垂加神道の秘伝を門人に伝授できる資格を得た。その神道伝授の次第書が、自重館文庫所蔵の『神道傳授次第磐斎翁』（外題）である。磐斎翁とは岡田正利の斎号をあらわす。それによると、次のような次第で垂加神道が伝授されたことがわかる。

神道傳授次第　　磐齋翁
一　三種大祓　　一切成就祓　　神拝
一　神代巻　　初度本文計　　再講一書共
一　神武紀
一　中臣祓
一　神代巻・神武紀・中臣祓反講
一　切紙　　輕キ傳ハ二三通宛
一　神代巻二重
一　神武紀二重
一　中臣祓二重
一　五部書
一　古語拾遺
一　三元五大経
一　自従抄　　是ハ三種前
一　十種傳
一　三種傳
一　神籬傳
一　神代巻三重　　神籬後
一　旧事紀・古事記
右之通次第傳授可有之也、
橘家傳（以下略）

「神道伝授」とは垂加神道に関係する伝授のことであり、そのあとに「橘家傳」として橘家神道の伝授次第等が続く（各国造方の祈祷からすれば、この「橘家傳」のほうが実用的であったと思われるが、この点は後考に期したい）。そして、大社で切紙伝授をするために、同年四月に『八重垣翁切紙録』（内題、自重館文庫所蔵）の書写が許された。八重垣翁とは、江戸の垂加神道家伴部安崇《ともべやすたか》のことである。

孝廉は、江戸詰の任務を終え、同年六月に帰国した。ただし、孝廉は、その後も元文六年（一七四一）の年頭礼使、延享元年（一七四四）十二月に延享度の造営遷宮成就の御礼使、翌年の年頭礼使として、その都度江戸へ下向し、延享二年に禁裏へ遷宮成就の御礼使と年頭礼使を兼ねて上京している。よって、その間においても江戸や京都の垂加神道家との交流があったことは疑いない。それは自重館文庫に、元文三年に成った岡田正利の『旧事本紀事蹟鈔』や『日本書紀事蹟抄』（第四巻以降持統天皇紀まで）、同五年に成った岡田正利『神代巻日蔭草』がいずれも写本として残されているからである。

三　上官北島孝起と神道書

三―一　孝起と孝廉の門人

その後、北島孝廉は地元で垂加神道を傳授していく。おそらく、真っ先に伝授したのは、両国造であろう。孝廉が務めた年頭礼使や造営願使とは、両国造名代として務めたのであり、北島国造方として務めたのではない。江戸滞在四年間で両国造名代として幕府と折衝を重ねたほかに、岡田正利に師事して垂加神道を伝授されたのも、個人的な関心からではなく、両国造の命によるものであったことは、注19に述べた千家正延と跡部良顕との関係と同様である。赤塚家文書所収の『古知言抄』「天明四年辰年中」条に、

五穀祭行事伝ハ、橘家ニ伝候而、先年北嶋市正孝廉江戸ニおいて、岡田盤斎師より伝来之儀ニ而、孝廉被参御両家へ、御伝来申上ル、

とある。出雲大社では、凶作の翌年などに幕府や松江藩から五穀成就の御祈祷が命じられてきた。両国造方はそれぞれ七日間の御祈禱を行ったが、そのなかで「蟇目行事」が必ず行われていた（赤塚家文書『従　公儀五穀豊熟御祈禱被仰付候節之執行始終日記』、本書所収拙稿「近世杵築周辺の〝神学〟」参照）。この史料は、そうした祈禱法を北嶋孝廉が岡田正利から伝授されてきたのを、両国造に伝授したことを伝えている。

自重館文庫には、松江藩士の生田仲原永之や内田憲和等、そして実子の孝起に伝授した垂加神道書が伝わっている。たとえば、宝暦二年（一七五二）二月、孝廉は生田永之に玉木正英・若林強斎・山本復斎の三名の口授を纏めた『橘家三科祓』を講習したり、同年四月には「六根清浄大祓」を講習したりしている。また、永之は孝廉所有の『斎部八箇祝詞鈔』や『原根録』の筆写が許されたが、そのうちの『原根録』は「三種神器伝」や「神籬磐境伝」のまえに伝授される奥秘伝であった。

孝廉の嫡子孝起は、宝暦五年（一七五五）九月に松江にて『三種傳以後可附與　玉籤集裏書附録』（頭書・朱筆、自重館文庫所蔵）を書写している。このことから前述の生田永之あたりから筆記を許されたのであろう。これは「三種神器伝」を伝授された後に筆写を許される書であるから、孝起も最奥秘伝「神籬磐境伝」まで伝授されていたことを意味する。なお、このなかに興味深い一節があるので紹介しよう。

孝廉云、日御碕社伝ハ真野左衛門在江戸之節、光海翁へ物語リシヲ、追而五鰭翁モ聞玉ヒ記シ置玉フカ、光海翁モ以後ハ千家利馬入門シテ大社ノ事実ヲ聞玉フ、五鰭翁ハ其后大社ヘ参拝マテアリシホドノコトニテ、事実ヨリ知玉フ也、

これは孝廉の伝言で、垂加神道家が日御碕神社や出雲大社について、関心を示していたことを伝えるものである。なかでも、玉木正英は出雲大社へ参拝してまで大社の事実をお知りになった、というのである。

宝暦六年四月十七日、孝起は孝廉の門人青沼久中から岡田正利・北島孝廉伝書『口授秘傳　前』を傳授される。そして、翌年九月二十六日に同じく青沼久中から岡田正利伝書『極秘口授』を傳授された。これにより孝起も垂加神道の道統者になったのである。

三―二　国造惟孝と自重館文庫創設

孝起は、この道統の秘伝を北島国造道孝の孫家孝（のちの国造惟孝）に伝えていく。その初見は、宝暦六年一月二十七日の奥書がある『神武巻　北嶋市正講儀《ママ》』（外題、自重館文庫所蔵）である。「市正」の受領名を名乗るのは、孝廉の家である。よって、この講義は孝廉の講義かも知れないが、後々のことを考えると、孝起の講義と見てよいと思う。

安永三年（一七七四）六月、孝起は北島国造家、すなわち家孝に「橘家行事傳品目」を差し上げ、そして同年十二月、「十種神宝問目」を授与する。同六年五月十八日、孝起は家孝の厳命により伝書・口授ともに相伝し、『口授秘伝　前』を書写して指し上げた。そのことが同書奥書に記されている。

右三種傳者、今般奉蒙家孝尊公之厳命、乍恐傳書口授共奉為御相傳畢、慎而莫怠矣、且此書以孝廉道統之翁岡田儀波自筆之傳書、書寫仕奉指上

者也矣、恐惶敬白、

安永六丁酉年五月十八日　　北嶋孝起（朱印）

安永八年二月二十三日、孝起は家孝に『極秘口授』を伝授する。これにより家孝は、垂加神道の道統者になったのである。そこで孝起は、垂加神道の道統が北島国造家に繋がったことから、同年四月と七月に、孝廉・孝起並びに孝廉門弟の青沼久中・生田永之・内田憲和の遺書二七五冊・秘巻二〇巻・傳書二通と同六包を北島国造御文庫に奉納した(28)。これが自重館文庫のもとになったものである。

自重館文庫所蔵本で、これ以降の年紀をもつ垂加神道書はない。この事から見ても、この奉納が自重館文庫の近世神道書のもとになっているといってよいであろう。

おわりに

それから三年後の天明二年（一七八二）四月十一日、上官北島孝起は五十三歳をもって帰幽する。そのため、その翌年、家孝は「性始《さねもと》霊神」号を上官佐草真清から受けている(29)。その翌年の九月一日、家孝は第七十代出雲国造職を襲職し、惟孝と改名した。その後、北島国造方における垂加神道の情報は見えなくなる。おそらく、内部で醸成されていったからであろう。その一方で、千家国造方から千家俊信が登場し、新たな時代を形成していくのである(30)。

自重館文庫は、国造北島道孝と上官北島孝廉・孝起父子に関わる神道書、なかでも垂加神道関係の神道書が基礎になっている。この調査のなかで、玉木正英が宝永二年以降享保年中にも出雲大社に参拝し、「神代紀」を講じていたことが明らかになった。それまでは、東《あずま》上官の千家智通が享保十六年に玉木正英に入門誓紙を出していたことしか、正英と出雲大社社家との関係はわからなかった。だが、宝永二年時の参拝で、国造道孝は正英に対面したであろうことは疑いなく、その後、上官北島孝廉が享保三年に上京して、智通よりもはやく正英に入門していたことが明らかになったのである。

正英がはじめて出雲大社に参拝した七年後の正徳二年、出雲大社と垂加神道家との接触を記す初見資料が、千家正延が跡部良顕に『出雲大社記』を持参したことであったが、それを著したのは玉木正英である(31)。しかし、その書には、出雲大社が自負してきた「永　宣旨」について一言も記されていなかった。当時の出雲大社は、まだ「永　宣旨」を公言できる状況にはなかったからである。

自重館文庫の「自重」とは、その「永　宣旨」にある「神の為自ら重んず」からとられたものである。それは天皇の守護神大己貴神を司祭する出雲大社の使命感とその重責を表すものであり、古代からの伝統と誇りを再評価するものである。その資格をあらためて「神籬磐境之傳」として賜った北島孝廉・孝起父子は、高皇産霊尊から大己貴神の司祭者として命じられた天穂日命の子孫である北島国造に伝えることで、その使命を果たしたのである。

なお、北島国造方には、孝廉・孝起父子以外に、上官北島孝祥《のりなか》が同じく岡田正利に師事している。孝祥は、前国造兼孝の次男である。ほかに松岡雄淵に師事した向孝豫《のりやす》がいる。彼も両国造の命令で雄淵に『穂日命神孫出雲国造事実』を著してもらっていた(32)。そのほかにも北島国造方に垂加神道家が複数いたが(33)、今回の調査で、ある程度まとまって北島国造家、延いては出雲大社と垂加神道との関係性を明らかにすることができたことは、北島国造様はじめ島根県古代文化センターのご協力あってのことである。ここにあらためて感謝申し上げたい。

註

（1）（　）内の自重館文庫所蔵点数は、島根県古代文化センター（佐藤雄一氏）作成『自重館文庫目録　分類別一覧』による。

（2）佐陀神社争論については、拙稿「出雲大社の『日本勧化』―延享度の造営遷宮考―」（『近世出雲大社の基礎的研究』大明堂、平成十四年所収）、拙稿「第四章、第四節　杵築大社の中興と消長、四　杵築・佐太争論」（大社町史編集委員会編『大社町史』中巻、出雲市、平成二十年所収）等参照。

（3）ただし、彼は京都生まれで、父親が大社町の出身者であった。こうした縁から、出雲大社が常斎を呼び寄せたものと思われる。ただし、常斎がよばれた理由か、それともその後に影響をあたえることになったか、現在は不明だが、この年の二月四日に、赤穂浪士が切腹している。常斎の師浅見絅斎は、その三年後に佐藤直方がその赤穂浪士を批判した「四十六人之筆記」に対して、「赤穂四十六士論」を講じ、赤穂浪士を義士として評価した。絅斎は、おそらく当初からこの事件に関心を寄せていたようで、この事件の詳細を知るべく、書生に資料を集めさせていたのである。とすると、ここで論じられた四十六士論は、以前から門人の間に話していたもので、直方が批判書を出したことで、改めて持論を纏めたものと思われる。さて、絅斎はこの四十六士論のなかで、まずはじめに「所詮記録ノ詳略異同少々カハリアレドモ、畢竟四十六人ノ輩、忠義ノ大要ハマギルルコトナシ」と評価する。ところが、世間では四十六人の浪士は「天下ヘ対シテノ不義」と批判する者もいたので、その意見を批判し、日頃講じている『靖献遺言』に見られる忠孝一致論から四十六士を評価したのである。その内容は、彼ら四十六士は、「一点一毫公上ヘ対シテノ意ニアラズ。又公儀ハトモアレ、憚ル処ナキノ心有レ之ニ非ズ。（中略）大石ガシワザハ始終本末全ク上ニ対シテ手ザスコトナシ。自害ニモ不レ及、面々ノ首ヲサシ延ベテ上ニ任セ奉ルノ義、主人内匠頭平生上ヲ奉ズル忠義ノ心ヲ得タルモノト云ベシ。（中略）親ノ敵ヲ上ヨリユルシヲカルルホドニト云テ、子タル者討ベカラザルノ理ナシ。是ハ上ニ背クニテハナシ。（中略）意アリテ上ニ背クニ非ズ。何ホド親謀叛ヲ起スト云テモ、親ノ命ニ従ハズ、親ヲ諫テ死テモ謀叛ヲ起サセヌヤウニスル、是亦親ニ背ト云フモノニ非ズ。君父同前之理、此則忠孝之至也。（中略）一分ノ忿ニ公廷ヲ不レ顧、其罪固ヨリ不レ可レ逃。然ドモ一点毛頭君上ヘ対シテ不敬ノ意アツテスルニ非ルコトハ同事也。サレバ四十六人書置ニモ、一言ノ上ヲ怨ルノ心ナク、極テ道理ヲ尽シ礼義ヲ弁ヘタル書様ナリ。」（近藤啓吾・金本正孝編『浅見絅斎集』国書刊行会、平成元年）と。絅斎は四十六士が法を犯したことは否めないが、将軍への忠誠は絶対であり、ただただ家臣として主君の仇討ちを行ったまでで、「極テ道理ヲ尽シ礼義ヲ弁ヘタル」態度であった、としたのである。このような教えを受けた熊谷常斎が、厳しい謹慎処分を受ける出雲大社に招聘されたことは注意したい。近藤啓吾『浅見絅斎の研究』（神道史学会、昭和四十五年）、田原嗣郎『赤穂四十六士論―幕藩制の精神構造―』（吉川弘文館、平成十八年復刊）参照。

（4）熊谷常斎については、曽田文雄氏執筆「第五編第一章　熊谷一徳」（『大社町史』下巻、大社町、平成七年所収）、拙稿「近世出雲大社の思想史的研究」（前掲『近世出雲大社の基礎的研究』所収）、拙稿「第四章、第十節　杵築大社の失地回復と発展、一崎門学と杵築大社」（前掲『大社町史』中巻所収）等参照。

（5）（宝永三年）正月二十三日付徳弘惣右衛門宛玉木正英書状に、「八月ニハ、能連御座候而、出雲大社へ参詣仕、首尾能神拝仕、社中不残入門被致、殊外、預馳走、罷帰り申候」とある。拙稿「玉木正英と出雲大社―出雲大社参拝を示す書状を補足して―」（『國學院雑誌』一〇七―一一、平成十八年所収）一三六頁参照。

（6）出雲大社と玉木正英との関係については、拙稿「『出雲大社記』と玉木正英」（前掲『近世出雲大社の基礎的研究』所収）、前掲「玉木正英と出雲大社―出雲大社参拝を示す書状を補足して―」参照。

（7）「正徳壬辰三月大社上官千家正延、来二予之家一請二神道之教一、依二深志一伝二授之一、故問二大社事跡一出二一冊一以述二其意一、喜而写レ之者也、／四月　日　　光海翁」（『続々群書類従』第一・神祇部〈国書刊行会、明治三十九年〉七一二頁）。

（8）拙稿「近世出雲大社関係年表」（前掲『近世出雲大社の基礎的研究』所収）参照。

（9）出雲大社の年頭礼使や造営願使については、前掲「出雲大社の『日本勧化』」、拙稿「第四章、第十節、二『日本勧化』と御師の活動」（前掲『大社町史』中巻所収）、拙稿「出雲大社の寛文造営と永　宣旨」（公益財団法人いづも財団出雲大社御遷宮奉賛会編『出雲大社の造営遷宮と地域社会（下巻）』今井出版、平成二十七年所収）参照。

（10）道孝が抄出した「中臣祓」の注釈書から、参考までに「高天原」説を一部をあげておこう。ただし、引用は宮地直一・山本信哉・河野省三編『大祓詞注釈大成』上・中・下全三巻復刻版（名著出版、昭和五十六年）による。

・和田静観窩『中臣祓考索』「日本紀纂疏云。天上也。公望私記。謂二虚空一。名法要集。太極天也」（下巻、六頁）。

・橘三喜『中臣祓集説』「按ニ。高天原ハ指シテ心ヲ言フ。蓋シ心者混沌ノ之宮。神明ノ之舎也。天清浄ニシテ而天神留座之。心清浄ニシテ而人神可レ留ル也。非二心清浄ナレハ則神留マルニ一レ之ニ。心清浄ナレハ則舎清浄ナリ。舎清浄ニシテ而祭レトキハ之ヲ則神明来格ス。」（下巻、三九頁）。

・宮城春意『中臣祓纂言』「田公望ノ日本紀私記ニ、高天原ハ、上天ヲ云、又ハ虚空ヲ云。忌部正通神代口訣ニ、高天原ハ、空虚清浄ノ名ナリ。人ニ在テハ、一念モナキ胸中ト云ヘリ。一條兼良日本紀纂疏ニ、高天原ハ、天上ヲサス。高ハ、天ノ形ハ、至テ高シ。原ハ、説文ニ、高平ヲ原ト云フ。天上ハ、寛廣平正ナル故ニ、原ト云ト見ヘタリ。此段ニハ、天上ヲサスト云ノ義ヲ用ユヘシ。高天原ト云ニ付テ秘説アリ。人心ノ虚霊ニシテ、一物ヲ蓄ヘヌ処ヲ、則高天原ト云ナリ。」（下巻、一一六頁）。

・白井宗因『中臣祓白雲鈔』「高天原　神代口訣云。高天原トハ者。虚空清浄之名。在テハレ人ニ者無レ一一念胸中也。予按ニ、先輩多ハ天上ナト云説アリ。清浄静虚之形勢ヲ譬ンニハ可也。神蒼天ニ住在ノ様ニ聞ンモ否ナレハ、此説ヲ略ス。若外面ノ工夫ヲ云ハハ、何処ナリトモ廣ク神トレ及人ヲ安シ留ルノ地也。尤工夫アルヘシ。人ニ於テモ、雑念ヲ払タル心ヲ云ナルヘシ。高天ノ二字ハ、仮用ノ字ナリ、深ク泥ヘキニ非。」（下巻、一五二頁）。

・流泉散人『中臣祓義解』「天上をいへども、心中をさしてたかまのはらといへり。高平をたかまのはらとも心得べき歟。空虚清浄の名なり。上天也云云」（下巻、五〇七頁）。

・度会延佳『中臣祓瑞穂鈔』には、高天原について忌部正通の『神代口訣』の「高天原者空虚清浄之名。存レ人者無二一念一胸中也」を引き、「近ク身ニ取テ工夫ヲ内ニ用テ云トキハ、心中ヲ指ト云ヘトモ、字面ハ天上ヲ云フ。神代ノ故事ヲ以テ此祝詞ニ述タレバ、上天ト見ベキナリ。」（上巻、二五二頁）とある。

・吉川惟足『中臣祓仮名抄』「高天原に二儀あり。一には天地の間、大虚をさしていへり。又人身にとりては正直をいへり。」（上巻、四九一頁）。

なお、道孝が引く書では無いが、吉田兼倶の説と伝える『中臣祓解』には、「高天原トハ、天上ノ事也。高トハ、天ノ至高ナルヲ云。原トハ、説文ニ、高平ヲ曰レ原トナリ。

内典ニイヘル三界ノ中ニハ、イツレノ所ソト云ニ、神道ニハ、タタ虚空ヲ指シテ、高天原トハ申也。（中略）タタ虚空ヲ、高天原ト、師説ニ習也。」（上巻、三八四～五頁）とある。

以上からも、道孝が批判する説は、「中臣祓」注釈書には一様に引かれていたことが分かる。

(11) 山崎闇斎『風水草』冒頭箇所「嘉按」に、「延喜式、六月晦大祓祝詞載レ之。伊勢・吉田二本有レ之、各有二同異詳略一焉。吉田分二十二段一、伊勢分二十段一。今従二伊勢之本一。」（大系、三頁）とある。

(12) 「中臣祓」の「中臣」の説においても、橘三喜の説が良いとする。「中ハ者内也、即チ心《ナカコ》也、性《サネ》也、神也、臣ハ者富《トム》也、コレ内ヲ冨スルノ義テ御ザリマスル、凡ソ人ハ七情ノ邪、過不及ノ私アルトキハ、躰中カ動乱致シマシテ、静ニ御ザリマセヌ、然ルトキハ心神ヲ破リ傷《イタマシ》メマシテ、神性ノ光明ヲ昧シマスル、時ハ一元気共ニ減リ、内虚ニ致シマシテ、五臓共ニ衰ヒマスル、此ノ堺ノ能ク考ヘ知テ、七情ニ邪ナク過不及ノ私ナキヤウニ致マスレバ、躰内ノ心神心《ナカコ》ニ位シ、五臓全ク安寧トヤスラカニ致シマシテ、躰中満チ冨ムト云モノテ御サリマスル、此ノ祓ノ理ヲ以テ今日ヲ行ヒマスルトキハ、躰中清浄安寧ニ冨ミ足テ、天地同根万物一体ニ至テ、所レ向ミナ、至善ニ止リマスル、此ヲ以テ中臣祓ト申マスル、古歌ニ

物ゴトニ起ル心ヲ拂ヒミハ自ラナルナカトミノ神

ト読マシテ、一念邪意ヲ拂テ、見タレハ則チ、我ハ神明、神明ハ我ノ境界ニ至リマスルカ、此ノ祓ノ義テ御ザリマスル」（「中臣祓講述」）

(13) なお、「自他合力ノ田地」や高天原＝皇居説は、吉田神道説よりも垂加神道説に近似していると考えられる点について、拙稿「垂加神道流天孫降臨考」（『藝林』六八―二、令和元年所収）、同「神武創業の精神と垂加神道」（阪本是丸編『近代の神道と社会』弘文堂、令和二年所収）参照。

(14) 谷口とは、石見国浜田の谷口源兵衛のことで、藩士と思われる。彼は加茂の社家で、現在嵯峨に隠棲する是丸（不明）という神道家の弟子という。この『覚書』には、谷口の二つの説（三種大祓の伝とヤマトの秘訓）が載せてある。以下の通りである。

「石州濵田谷口源兵衛カ傳ニハ、三種ノ祓ヲ、トホハ、トボコノ略訓、カミハ、鏡ノ略訓、ヱミタメハ、ウツクシキ璽ノ略訓、メトマト通音ト也、カンコン・・・・ハ、八方ヲ祓フ事ト也、谷口ハ、加茂ノ社家、嵯峨ニ隠逸シタ是丸ト云シ者ノ神道弟子ト也、流浪スル事ヲ、サスラウト云ソ」

「大和ヲ、谷口源兵衛、賀茂ノ是丸傳ニハ、日本、船ノ出入スル戸ノヤウニ、山ノ左右ニアルヤウ□□(虫損)八ツ在ル、故ニヤマト、ト云、トノ大秘訓ナリ」

(15) 前述の道孝の高天原説と比較する上で、その書の中から高天原の説明を引用しておこう。

「高天原　人テモ地テモケカレヌ時カ高天原ソ、先天地ノ間ノ清浄ナ処カ高天原ト是□□(虫損)説テ人ノナンノト云ハ、分テ云タモノソ」

「心ニ少テモケカレカアレハ、ハラウテ清浄ニシテヲラルテ、其心カ神明ニモカナイ天地ヲモ感動サスルソ、其心ハ吾心ヲ清浄ニシテヲクソ、□□□(虫損)高天原ソ、高天原ヲハライタテテヲクテ、神明モヤトラセラルソ」

「高天原ハ天地ノ間ナリ、天地ノ間ニ気カ満テヲル、其天地ノ気ヲ人カ喰テヲルソ、天地ノ間ニ満テヲル八百万神カ直ニ人ノ身ニ満ルソ、此身サヘ清浄ナレハ、神ハ留リ玉フソ、天地ノ気カ人ニシミツイテヲルユヘニ、春ノ気カ天ニ行ハルレハ、此ノ身カ煖気ニナルソ、ソレハ此ノ身カ天ト一致ナル故ソ、ソレテ天地ノ神モ我身ニ留リ玉フソ、是カ高天原仁神留須ナリ、高天原留玉フ神ハ天御中主也、天照太神也、高天ハ高キ天ト云事、原ハ地、□(高カ)ハアタマナリ、原ハ腹也」

「天子ノ御座ナサルル処ハ高天原也、公方ノ御座ナサルル処モ高天原也、トコテモ神ノ留リ玉フ処カ高天原ソ、天地ノ間カ皆高天原カラ□□□(虫損)モ高天原テハアルハツナレトモ、タタ□□(虫損)居ル処ヲ高天原トハイハレヌソ、天照太神ノ御国故ニ天下ノ間ハ皆高天原ソ、此ノ高天原ヲ皆汚穢不浄ノ処テモ、ハライタツレハ高天原ニナルソ、タトヘ霊社ニナレハ其人ノ屋敷ノ中ハ、皆高天原ソ、人ニムリヲ云カケルヤウナルト云□□(虫損)□ハツソ、其ヤウナ人ヲハ、霊社ニハセヌ、□□□□(虫損)ノ清浄ニシテ、人欲悪念カナケレハ、是モ神ハ留玉フソ」

「天照太神ノ御座ナサルル禁中ヲ高天原ト云ヘハ、其時ノ御座処カ高天原也」

「高天原仁留坐ハ大日霊(ママ)ソ、高天原行生神天御中主ソ、二尊ノ天照太神ハ高天原ヲ可知トヲヲセラレタ、天御中主ト配テヲカセラレタ、天御中主ト御徳儀カヒトシキユヘニ、大日霊ヲ天照太神トモ云ソ」

(16) この書が闇斎の神代紀講義である証拠のいくつかをあげておこう。例えば「何ソ西方日入ノ地ノ俗ヲ用テ、死ヲ先ニシテ生ヲ後ニシ、生根ヲタチステンヤ、我神国ノ罪人ナルヘシ」との説で、「生根ヲタチステンヤ」の横に道孝が朱字で「山崎氏カ佛書ミヤフル本意在是カ」と加筆している。また、「高天原」に関して前述した闇斎と同様の説が見えるので、あげておこう。「祓テ高天原ニ神留坐スノ神ハ天照太神・高皇産霊・神皇産霊ト当ルナリ、又天照太神ノ高天原ニ坐スハツナリ、檍原祓ノ処ニ、天照太神ハ高天原ノ治ヲスヘシト諸尊ノヲヲセラレタリ、神魯岐神漏美是カ高皇産霊・神皇産霊ナリ、扨高天原ノ相伝トテ大事ノ相伝、神道ノ根元ナリ、先天地ノ間ニテ清浄ノ地カ高天原ナリ、禁中又ハ公方ノ城ナトモ、其ノ外宮・社モ皆高天原ナリ、天ノ中ハドコモ高天原ナリ、地ノ上ハドコモ天也、則居ル処々皆高天原也、ソレテハラヒタツル爰モ高天原ナリ、（中略）扨又我カ身テハ心カ高天原ナリ、少モケガレヌ処カ高天原ナリ、心ニ少シニテモケカレガアレハ、早神退給フナリ、宝基本紀ニ心藏傷而神散去トアレハ、必人テハナイ、是ノ心神アルヲ人トハ云、神道ハ我心ヲ高天原ニスルヤウニ工夫スルナリ、天照太神ヘ神道ノ根元ハ帰スルハツナリ、又祓テ天御中主ノ順ヘ、天照太神ヲ配スル筈也、造化ノ神テハ天御中主、人体テハ天照太神ノ筈ナリ、高天原ヲ可レ所レ治ト諸ノ尊神勅アレハ、動ヌハツナリ、」とあって、いかにも闇斎の説であることが分かる。また、伊弉諾尊が「桃ノ実テハラハセラレタ、此レカ縁ニ成テ、札ヲハ桃板ニ書ツ、神垂冥加ノ事ナトカヨイ札也」とある。「神垂冥加」とは、闇斎が重視した言葉で、闇斎自身霊社号をこの四字から二字をとって「垂加」としたことはよく知ら

れている。

(17) 近藤啓吾「年譜」(『山崎闇斎の研究』神道史学会、昭和六十一年所収)五二六頁。

(18)『神系正統』の奥書「神系正統畢／宝永二年酉九月念七日／国造北嶋出雲道孝（花押）」。

(19) 上官千家正延は、享保九年（一七二四）五月、跡部良顕より「三種神器伝」を伝授されている（朝山晧「春日紀重と其神学」〔『神道講座（六）―課外篇』原書房、昭和五十六年新装版所収〕三一九〜三二〇頁）。

出雲大社上官千家利馬蒙二国造公之命一信二我国一尊二神道一仰二予之伝一、依二深志一雖二秘訣一伝二授之一、帰国之時告二国造公一以可レ伝レ伝二授之一者也、

享保九年甲辰五月吉辰

跡部光海翁源良顕在判

ここにある「国造公之命」とは、両国造の命令と解すべきであろう。とすると、千家国造は豊実、北島国造は道孝の命令を受けて、正延は両国造名代として垂加神道を学んだということになる。そのように考えると、前述の道孝国造が跡部良顕の神道書を書写していた意味も推測できよう。

(20) なお、国造道孝の朱印が付された書は、自重館文庫に数多く収められている。たとえば、神道書に限れば、前述の闇斎の両書や『神系正統』以外に、佐草自清『試筆抄』(写本)、『出雲風土記』(写本)、『神詠塩焼草』(写本)、和田静観窩『神代系図伝』(板本)、北畠親房『東家秘伝』(板本)、『秘伝中臣祓直抄』(写本)、『伊勢両所太神宮宝基本記』(写本)、『六根清浄太祓』(写本)が残されている。

(21) 前掲「近世出雲大社の思想史的研究」、前掲「崎門学と杵築大社」。

(22) 自重館文庫には、玉木正英が江戸で『神武紀』を講じ、岡田正利が筆録した『神武紀抄』や『神武紀嬰辞鈔』が伝わっており、また『中臣祓』の講義録『中臣祓　五鰭翁講義』(外題)も伝わっている。

(23) 自重館文庫所蔵『神代巻上下講義』(外題、安永四年〔一七七五〕閏十二月　北嶋惟常著)にも、「先年玉木正英当地下向ノ節述ラレシ神代講義ノ所見ニ」とあり、正英が出雲で神代紀を講義したことを伝えている。

(24)『牛王宝印―祈りと誓いの呪符―』(町田市立博物館図録七八、平成三年)四〇頁参照。千家智通は、国造千家俊勝の父で後見人、国学者千家俊信の祖父。前掲「近世出雲大社の思想史的研究」参照。

(25)「永　宣旨」については、橋本政宣「出雲国造の永　宣旨受領と『出雲国神社惣検校職』」(二木謙一編『戦国織豊期の社会と儀礼』吉川弘文館、平成十八年所収)、前掲「出雲大社の寛文造営と永　宣旨」参照。

(26) 前掲「『出雲大社記』と玉木正英」参照。『大社志』については、平井直房「大社志の成立」(『神道宗教』一〇一、昭和五十五年所収)参照。

(27) 皇統守護と出雲大社との関係については、本書所収の拙稿「近世杵築周辺の〝神学〟」参照。

(28)（包み紙）「奉納　御文庫神書和書目録　上下両冊／北嶋孝起」

『和國秘傳書錄』(外題)

（奥書）「以上貳百六拾六冊／安永八己亥年／四月吉日」

『神和書品目』上下（合冊）

（奥書）

「上下目録

〆　貳百七十五冊

秘巻　貳十巻

傳書　貳通

同　六包

右文彦門弟松江士官青沼久中・生田永之・内田和憲遺書

（中略）

右上下目録之通奉納　御文庫者也

安永八年己亥七月十二日

孝起」

(29) 前掲「近世出雲大社の思想史的研究」四八〜四九頁参照。

(30) 谷省吾「鎌田五根と千家俊信」(『垂加神道の成立と展開』国書刊行会、平成十三年所収)、森田康之助「出雲国造家の伝統と学問」(『日本思想の構造』国書刊行会、昭和六十三年所収)、拙稿「出雲大社の国学受容と千家俊信」(『近世出雲大社の基礎的研究』所収)、同「千家俊信の学問形成と国学の普及活動」(『出雲地域の学問・文芸の興隆と文化活動』今井出版、平成三十年所収)等参照。

(31) 前掲「『出雲大社記』と玉木正英」参照。

(32)『穂日命神孫出雲国造事実』については、前掲「近世杵築周辺の〝神学〟」参照。

(33) 前掲「近世出雲大社の思想史的研究」参照。

自重館文庫本『出雲国風土記』の系譜

髙橋　周

はじめに

近世出雲において、寛永十一（一六三四）年に徳川義直が日御碕神社へ寄進した写本（日御碕神社本）を始めとして、多くの『出雲国風土記』の写本が伝写された。これらの写本の多くは伊勢に由来し、郷原家本や高野宮本、あるいは未知の「自清本」（佐草自清所持本）を起点に展開したとみられる。(1)

そうした中で、出雲大社に関わる写本としては、「自清本」を祖本とし奥書に出雲大社の名が見える渡部氏本、(2)親本が出雲大社儒者の松井守正の所持本である沢田氏本(3)が知られるのみであった。

本稿で検討する自重館文庫本とは、北島国造家の蔵書・自重館文庫の一冊である。(4)これまで存在も知られていなかった写本であるため、その概要をまとめるとともに、本文異同や書き込みの検討から、どのような位置にある写本なのか考えたい。

一　写本の概要

初めに写本の概要を示す。

自重館文庫本

[書誌]

袋綴一冊。

外題「出雲風土記」（表表紙左、題箋）

前遊紙一丁、本文五〇丁、後遊紙一丁。

半丁あたり一一行一八字

蔵書印「自重」「国／北嶋」（1オ）。

奥書「国造北嶋扣道孝（花押）」（50ウ）。

前遊紙表裏・後遊紙表に「出雲国一百八十七座～」として『延喜式』神名帳・出雲国の神社名を墨書で列記する。また、表表紙見返しに『続日本紀』の出雲国関連記事の抜書きが記される。

[本文・書き込みの特徴]

本文は「脱落本」に同じ。島根郡朝酌促戸条273、同郡蜛蝫島条287、出雲郡健郡郷条517の頭注記載なし。

島根郡長島条313、秋鹿郡恵曇浜条426「也上文」から427「南北」、大原郡幡屋小川条942から屋代小川条945が脱落。

仮名や訓点は付される。

秋鹿郡条と楯縫郡条の間は、秋鹿郡条末尾に三行分の空白をつくり、楯縫郡条は丁冒頭から書き出す。他の郡条間に空白は見られないため、日御碕神社本などの初期の写本に見られる半丁分の空白の名残とみられる。

その他、出雲国総記5「一百歩」で改行がなく、「九十三一百歩／七十三里卅二歩」とする。国総記17・18・23で、余戸等の戸数の記載を次行に書き送るため、行頭部分が各一行分空く。また、意宇郡郡名条76「意宇」も改行されず、前文末尾から一文字分の空格に次いで記される。「意宇」に連なる割書注との間にも一文字分の空格がある。

その他書き込みは、墨書と朱書の頭注や傍書がある。これらについては、後に検討する。

[書写・伝来について]

奥書に見えるように、本書は第六八代出雲国造北島道孝（一六七〇～一七三〇）の旧蔵本とみられる。本書を収める自重館文庫は北島道孝と上官北島孝廉・孝起父子、並びに孝廉の門弟青沼久中、生田永之、内田憲和の旧蔵本によって構成され、北島国造方において垂加神道が受容されたころの書物が中心となっている。本書の来歴についても、そうした流れの中で捉えられるが、その詳細は諸本との系譜関係や書き込みを検討した上で提示したい。

二　諸本との系譜関係

次に、本文異同を通して、本書の写本的な位置を捉えたい。

本書の本文の特徴として挙げられるのが、①島根郡長島条313、②秋鹿郡恵曇浜条426「也上文」から427「南北」、③大原郡幡屋小川条942から屋代小川条945の脱落である。

この脱落を一致させる写本には、吉田氏本と総国風土記本[5]がある。両写本ともに本文四九丁、半丁あたり一一行一八字の体裁で、本書と同一の系譜上にある蓋然性が高いと言える。

吉田氏本には「洛陽錦小路之旅館出京之尋／延宝三年八月廿二日（　）吉田長舊」の奥書があり[6]、延宝三（一六七五）年に京都の錦小路通の旅籠で書写された写本と分かる。したがって、本書の祖本は京都に由来する写本と推定できる[7]。

こうした関係性を踏まえ、本書の対校本には、細川家本、日御碕神社本、西教寺本、松下氏本、日本総国風土記本、吉田氏本、山岡氏本、谷氏本を設定した。

日本総国風土記本と山岡氏本には共通の奥書があり、貞享五（一六八八）年に延暦寺雞足院覚深が「松下見林翁本」を書写した写本を同雞頭院厳覚が伝領したものを祖本とし、前者はこれを享保十二（一七二七）年に出雲寺で某が書写した写本、後者は享保十年に雞頭院の天忠が善本で校正した写本の系統である。このうち、山岡氏本では、①島根郡長島条と③大原郡幡屋小川条～屋代小川条、④島根郡粟島条317～小島条319の条文が脱落しており、本書と①③の脱落が一致する。日本総国風土記本にはその脱落は見られないが、同書には校正による異同が認められ、覚深書写本にも①③④の脱落が存在したと考えられる。

同様に、①③が脱落するのが谷氏本である。同書の享保三（一七一八）年の跋文によれば、原本は「垂加翁」（山崎闇斎）所蔵本で、天和三（一六八三）年に谷重遠（一六六三～一七一八）が「安芸氏」とともに校正を行い改写したものと分かる。重遠は闇斎の門弟で、土佐藩主山内豊房に登用され儒臣となった。天和三年の春には高知におり、校正は同地で行われたと考えられる[8]。「安芸氏」とは、同門の安芸恒実（一六六二～一六八六）と考えられる。跋文には校正改写したとあるが、脱落は原本のままであったとすると、山崎闇斎旧蔵本は覚深書写本と同一系譜上にある写本と捉えられる。また、「松下見林翁本」とも近い関係にあったと考えられる。

このように写本の関係を捉えると、本書と吉田氏本の共通の祖本では①②③の条文が脱落し、覚深書写本と谷氏本（あるいは山崎闇斎旧蔵本）の共通の祖本では①③の条文が脱落していたと捉えられる。すなわち、これらの諸本の共通の祖本で、①③の条文が脱落していたとみられる。この共通の祖本として位置付けられるのが、覚深書写本の親本の「松下見林翁本」である。

しかしながら、現存する松下氏本[9]（松下見林旧蔵本）には①③の脱落は見られない。したがって、「松下見林翁本」とは同書の転写本であった可能性がある。

次に本文異同を踏まえて、諸本間の関係を確認したい。

［表1］は西教寺本および松下氏本との関係を示す異同である。1～14は西教寺本以下の諸本、15～50は松下氏本以下の諸本で共有する。脱字の共有も多く、松下氏本以下の諸本が祖本を共有し、それが西教寺本系統の写本であることを異同の上から確認できる。

西教寺本は慶安三年（一六五〇）に近江芦浦観音寺の舜興（一五九三～一六六二）が所蔵したとする奥書をもつ写本で、書写は同年以前と考えられる。当時、芦浦観音寺は幕府の湖水奉行として江戸屋敷を有したことから、林家周辺で伝写された日御碕神社本系統の写本を入手し得たと考えられる[10]。［表1］に見るように、西教寺本系統の写本が京都で伝写されることとなる。

[表1]

	行番号	郡名	条名	細川家本	日御碕神社本	西教寺本	松下氏本	総国風土記本	吉田氏本	自重館本	山岡氏本	谷氏本
1	160	意宇	神社	賣布社	賣布社	賣布×	賣布×	賣布社	賣布×	賣布×	由宇社	賣布×
2	243	島根	加賀郷	鉾長	鉾長	鋒長	鋒長	鋒長	鋒長	鋒長	鋒長	鋒長
3	303	島根	粟江埼	粟江埼	粟江埼	西江埼	西江埼	西江埼	西江埼	西江埼	西江埼	西江埼
4	337a	島根	加賀神埼	位太大神	位太大神	位太×神	位太×神	位太×神	位太×神	位「佐ヵ」太×「大」神	位太×神	位太×神
5	451	楯縫	郡名	奉出	奉出	奉公	奉公	奉公「於ィ」	奉公	奉公「イニ於」	奉於公	奉於公
6	466	楯縫	新造院	大田之	大田之	大田×	大田×	大田×	大田×	大田×	太田×	大田×
7	501	楯縫	通道	堺	堺	×	×	×	×	×	×	×
8	513	出雲	総記	美漆郷	美談郷	三談郷	三談郷	三談郷	三談郷	三談郷	三談郷	三談郷
9	613	出雲	辛大保浜	辛大保濱	辛大保濱	×大保濱	×大保濱	×大保濱	×大保濱	×「宇ィ」大保濱	宇太保濱	×大保濱
10	703	神門	草木	當皈	當皈	當帰	當帰	當帰	當帰	當帰	當歸	當歸
11	744	飯石	総記	来嶋郷	来嶋郷	来嶋×	來嶋×	來嶋×	來嶋×	來嶋×『郷』「和名田井郷草原郷」	来嶋郷	來嶋×「郷ィ」
12	799	飯石	通道	志都	志都	志志都	志志都	志志都	志々都	志々都	忠々都	志々都
13	831	仁多	横田郷	四段	四段	×段	×段	×段	×段	×「四」段	×段	×段
14	901	大原	海潮郷	押上	押止	神止	神止	神止	神止	神「ィ押」止	神「押」止	神「押ィ」止
15	138	意宇	賀茂神戸	神子戸	神子戸	神子戸	神之子戸	神之子戸	神之子戸	神之子戸	神之子戸	神之子戸
16	146	意宇	教昊寺	有山國郷	有山城郷	有山城郷	在山城郷	在山城郷	在山城郷	在山城郷	在山城郷	在山城郷
17	182	意宇	草木	白相	白桐	自梧	白梧	白梧	白梧	白梧	白梧	白梧
18	200a	意宇	砥神島	嵩	嵩	山高	蒿	蒿	蒿	蒿	山蒿	蒿
19	245	島根	法吉郷	郡西家正西	郡西家正西	×西家正西	郡家正西	郡家正西	郡家正西	郡家正西	郡家正西	郡家正西
20	252	島根	神社	以上卌五所	以上卅五所	以上卅五所	以上×五所	以上×五所	以上×五所	以上×五所	以上×五所	以上×五所
21	260	島根	草木	高本	高本	高木	稾×	高×	稾×	稾×	稾×	稾×
22	308a	島根	大島	議昆	議昆	議昆	磯×	磯×〈大字〉	磯×	磯×	磯×「昆」	磯×
23	342a	島根	許意島	松芧澤林	松芧澤林	松茅澤林	松林茅澤	松林茅澤	松林苐澤	松林苐澤	松林茅澤	松林茅澤
24	394	秋鹿	安心高野	高之胰園	高「膏」之胰園	膏之胰園	膏胰之園	膏胰之園	膏胰之園	膏胰之園	膏胰之園	膏胰之園
25	430	秋鹿	恵曇浜	風々	風々	風々	風之	風之	風之	風之	風之	風之
26	452	楯縫	佐香郷	西里	西里	西里	四里	四里	四里	四里	四里	四里
27	486	楯縫	多久川	同	同	同	郡家東北	郡家東北	郡家東北	郡家東北	郡家東北	郡家東北
28	504	楯縫	郡司	高善史	高善史	高善史	高善央	高善央	高善央	高善央「イニ史」	高善央「臣一本」	高善央
29	522	出雲	健部郷	此巡處	此巡處	此巡處	此×処	此×処	此×處	此×處	此×處	此×處
30	526	出雲	漆治郷	志刃治	志刃治	志刃治	志司沼	志司沼	志司沼	志司沼	志司沼	志司沼
31	526	出雲	漆治郷	字改漆治	字改漆治	字改漆治	改字漆沼	改字漆沼	改字漆沼	改字漆沼	改字漆沼	改字漆沼
32	529b	出雲	河内郷	五尺	五十	五十	五尺	五尺	五尺	五尺「八寸也」	五尺	五尺
33	541	出雲	宇賀郷	一千七里	一千七里	一十「ナシ」七里	××七里	××七里	××七里	××「ィニ一十ノ字アリ」七里	××七里	××七里
34	599	出雲	出雲大川	穎枝	欵枝	欵枝	欵×	欵×	欵×	欵×「ィニ枝」	欵×	欵×
35	613	出雲	大前島	周二百五十五歩	周二百五十歩	周二百五十歩	廣二百五十歩	廣二百五十歩	廣二百五十歩	廣二百五十歩	廣二百五十歩	廣二百五十歩
36	678	神門	多伎駅	女即也	女即也	女即也	如郷也	如郷×	如郷也	如郷也	如郷也	如郷也
37	701	神門	草木	×	×	×	凡	凡	凡	凡	凡	凡
38	734	神門	郡司	外大初位下	外大初位下	外大初位下	外大初位上	外大初位上	外大初位上	外大初位上	外大初位上	外大初位上「下ィ」
39	740	飯石	総記	伊鼻郷	伊鼻郷	伊鼻郷	伊鼻志	伊鼻志	伊鼻志	伊鼻志	×鼻志	伊鼻志
40	751	飯石	飯石郷	飯石×	飯石×	飯石×	飯石郷	飯石郷	飯石郷	飯石郷	飯石郷	飯石郷
41	773	飯石	琴引山	四丈尺	四丈尺	四丈尺	四×尺	四×尺	四×尺	四×尺	四×尺	四×尺
42	787	飯石	須佐川	源於	源於	源於	源出	源出	源出	源出	源出	源出
43	839b	仁多	御坂山	×塩味葛	×塩味葛	×塩味葛	有塩味葛	有塩味葛	有塩味葛	有塩味葛	有塩味葛	有塩味葛
44	840	仁多	志努坂野	紫菜	紫菜	紫菜	紫草	紫草	紫草	紫×	紫草	紫草
45	863	仁多	通道	浴々	浴々	浴々	浴×	浴×	浴×	浴×	浴×	浴×
46	886	大原	神原郷	郡×	郡×	郡×	郡家	郡家	郡家	郡家	郡家	郡家
47	888	大原	屋代郷	一百十六歩	一百十六歩	一百十六歩	一百六十歩	一百六十歩	一百六十歩	一百六十歩	一百六十歩	一百六十歩
48	909	大原	新造院	×所	×所	×所	一所	一所	一所	一所	一所	一所
49	970	巻末	総記	**在**南道	**在**南道	**在**南道	正西道	正西道	正西道	正西道	正東道	正西道
50	997	巻末	総記	×門郡家	×門郡家	×門郡家	神門郡家	神門郡家	神門郡家	神門郡家	神門郡家	神門郡家

【各写本の所蔵機関】細川家本：永青文庫（東京都）／日御碕神社本：日御碕神社（島根県）／西教寺本：西教寺（滋賀県）／松下氏本：石川武美記念図書館（東京都）／日本総国風土記本：国立公文書館（東京都）／吉田氏本：多和文庫（香川県）／山岡氏本：静嘉堂文庫（東京都）／谷氏本：高知城歴史博物館（高知県）

松下氏本以下の諸本については、20「以上×五所」（島根郡神社条252）が特徴的な異同である。当該条は、脱落本の多くで神社五社を列記し、その総数を「以上卅五所」とする。しかし、松下氏本以下の諸本では、その総数を列記された神社数のままに「五所」とする。この異同は松下氏本の系譜に連なる諸本で共通しており、この系統の写本の指標になる異同と言える。また、22「磯」、39「伊鼻志」、46「郡家」、49「正西道」もこの系統に限られる異同である。これらは先行する写本の字句よりも文意が通じた形となっており、共通の祖本での校訂の可能性を指摘できる。

[表2]は本書、吉田氏本、山岡氏本、谷氏本で共有する異同である。

本書と吉田氏本では先掲条文①②③の脱落が共通し、多数の異同の共有（21〜38）も確認できる。したがって、本書と吉田氏本は同一の祖本に由来すると言える。吉田氏本の書写が延宝三（一六七五）年であり、祖本の書写は同年以前と言えよう。

さらに、本書と山岡氏本、谷氏本との関係では、①③の脱落が共通するとともに、異同の共有（1〜13）も認められる。4「今」、8「×捌（別）」、9「×人」等、誤写・脱字を共有し、本書と吉田氏本、山岡氏本、谷氏本には共通の祖本があることを窺わせる。したがって、本書と吉田氏本、山岡氏本と谷氏本では、各祖本が系譜的に並列の関係と推定できる。

その上で注目できるのが、24「×多×」（出雲郡気多島条612）である。本書と吉田氏本では本文を「多」字のみ記し、これに割書注を付加する形となっている。一方で、山岡氏本と谷氏本では「多」字が小字となり割書注冒頭に取り込まれ、本来割書注のない前条の意保美浜条611に取り付く注記として、気多島条は脱落する。つまり、この異同から見ると、本書と吉田氏本は山岡氏本と谷氏本よりも先行する形を残していると言える。

こうした本文異同の関係をまとめると、［図1］のようになろう。本書の系譜的な位置としては、延宝三（一六七五）年書写の吉田氏本と祖本を同じくし、「山崎闇斎本」や「覚深書写本」等の一六八〇年代には存在した写本とも近しい関係にあると言える。そして、いずれの写本も京都に所在しており、本書は一六七〇～八〇年代の京都に所在した写本に由来すると見ることができる。

[表2]

	行番号	郡名	条名	松下氏本	総国風土記本	吉田氏本	自重館本	山岡氏本	谷氏本
1	85	意宇	楯縫郷	布都努志命之	布都努志命之	布都怒志命之	布都怒志命之	布都怒志命之	布都努志命之
2	144	意宇	忌部神戸	万病	万病	萬病	萬病	萬病	萬病
3	152	意宇	新造院	百廿歩	百廿歩	一百廿歩	一百廿歩	一百廿歩	一百二十歩
4	191①	意宇	筑湯川	々	々「于也」	今	今	今	×「山ィ」
5	235	島根	手染郷	有	有	在	在	在	在
6	313	島根	長島	長島	長島	××	××	××	××
7	321	島根	鳥島	鳥嶋	鳥嶋	島嶋	島「皀」嶋	皀「島ィ」嶋	島「皀ヵ」嶋
8	365	秋鹿	総記	郷捌	郷捌	×捌	×捌	×別	×捌
9	380	秋鹿	大野郷	今人	今人	×人	×人	×「今」人	×人
10	390a	秋鹿	神社	以下	以下「上」	以上	以上	以上	以上
11	475	楯縫	神名樋山	許	許	計	計	許	計
12	689	神門	神社	并	并	×	×	×「并ィ」	×「并ィ」
13	771	飯石	琴引山	古老傳云	古老傳云	古老傳曰	古老傳曰	古老傳曰	古老傳曰
14	301 b	島根	戸江	夜見島	夜見島	夜見鳥	夜見鳥	夜見島	夜見島
15	319	島根	小島	二百卅歩	二百卅歩	二百廿歩	二百廿歩	××××	二百卅歩
16	408	秋鹿	多太川	々海	于海	々入	々入	入海	々海
17	411	秋鹿	伊農川	並無魚	並無魚	并無魚	并無魚	也「並ィ」無魚	並無魚
18	426	秋鹿	恵曇浜	佐太川	佐太川	×××	×××	佐太川	佐太川
19	492	楯縫	入海	者	者	×	×	者	者
20	529 b	出雲	河内郷	之	之	×	×	之	之
21	550	出雲	新造院	×内郷	×内郷	×内郡	×「河」内郡	×内郷	×内郷
22	595	出雲	出雲大川	引沼村	引沼村	引沼×	引沼×「ィ村ノ字アリ」	引沼村	引沼村
23	603	出雲	出雲大川	沼訢	沼訢	× 訢	× 訢	沼訢	沼訢
24	612	出雲	気多島	氣多嶋	氣多嶋	×多×	×多×「ィ島」	×××	×××
25	659	神門	八野郷	須佐能表	須佐能表	須佐能袁	須佐能袁	須佐能表「袁」	須佐能表
26	729	神門	通道	同安農郡	同安農郡	同×農郡	同×「ィ二安」農郡	同安農郡	同安農郡
27	758	神門	須佐郷	小須佐田	小須佐田	××××	××××「ィ二此ノ間小須佐田トアリ」	小須佐田	小須佐田
28	813	仁多	郡名	婆	婆	波	波	婆	婆
29	863	仁多	通道	身体	身体	身躰	身躰	身体	身体
30	918	大原	神社	赤秦社	赤秦社	赤秦×	赤秦×「ィ社」	赤秦社	赤秦社
31	956	巻末	通道	柱北道	柱北道	正北道	正北道	柱北道	柱北道
32	69	意宇	郡名	支大	支大	支大	支太	支太	支大
33	117	意宇	拝志郷	天下大神	天下大神	天下大神	天下太神	天下太神	天下大神
34	863	仁多	通道	男女老少	男女老少	男女老少	男女老女	男女老少	男女老女「少ィ」
35	829	仁多	三津郷	千巳	千巳「子亡ィ」	千己	千「子ヵ（朱）」己「亡ヵ（朱）」	子亡	千「子歟」巳「亡歟」
36	497	楯縫	許豆島	許豆嶋	許豆嶋	許豆島	許豆島	×××「許豆島」	×××「許豆島」
37	665	神門	古志郷	伊弉弥	伊弉那弥	伊弉「那」弥	伊弉「那ヵ（朱）」弥	伊弉郡祢	伊弉那祢
38	789	飯石	須佐川	神門郡門立	神門郡門立	神門郡門立	神門郡門「関歟」立	神門郡×立	神門郡×「門ィ」立

[図1]

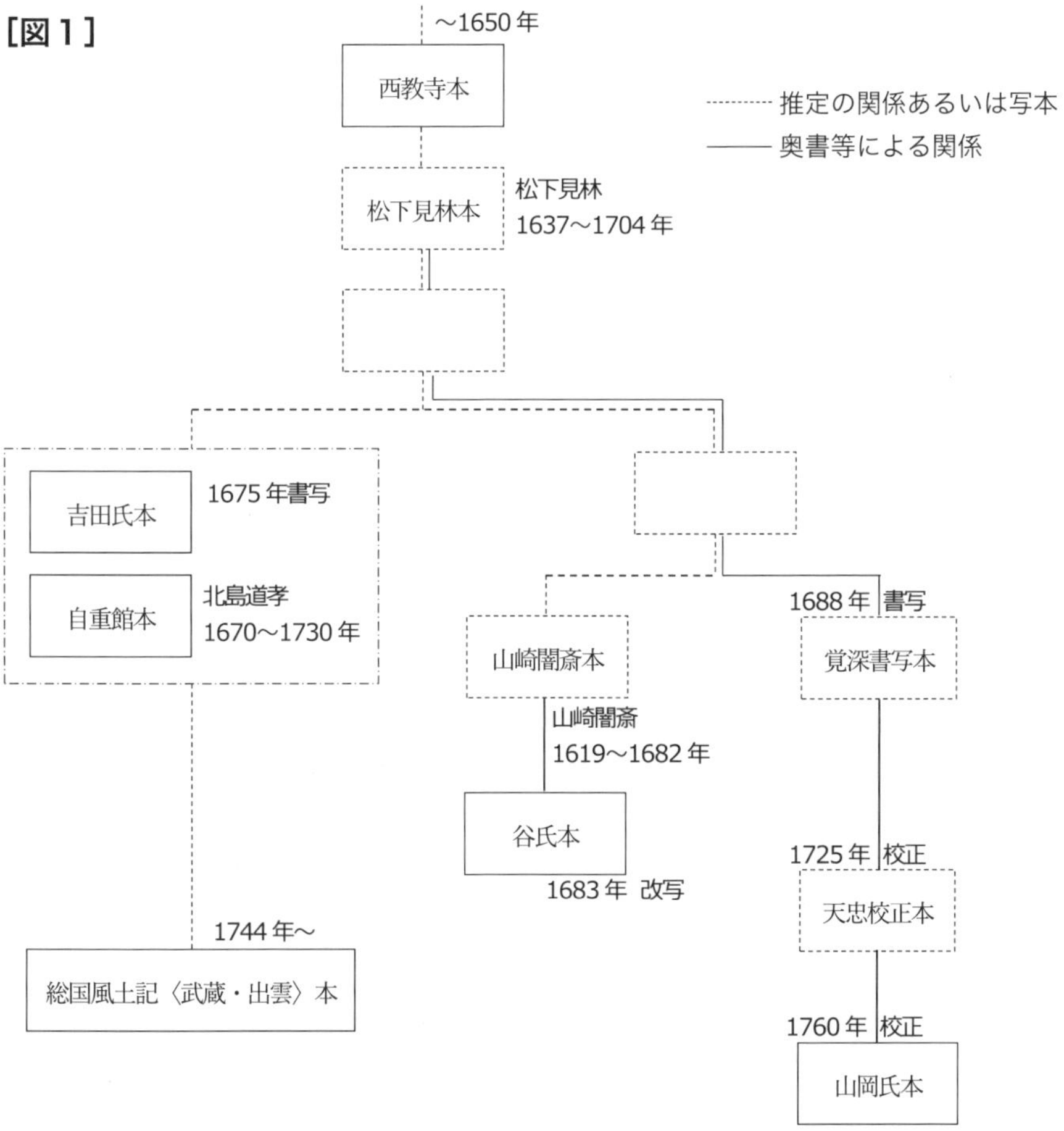

三　本文への書き込みの検討

次に、本書に書き込まれた本文以外の注記を検討する。本書には約二八〇か所の注記を確認でき、その内容によって、いくつかのグループに分類できる。

［表3］は主に朱書きによる注記であり、本文異同の検討から祖本を同じくすると推定した、延宝三（一六七五）年書写の吉田氏本の注記と一致する。吉田氏本の注記も朱書きとみられ、これらの注記は、吉田氏本と共有する祖本に由来すると言える。

したがって、本文異同や書き込みの一致からして、本書は吉田氏本と親本を同じくする蓋然性が高く、京都で書写された後に出雲へ持ち込まれたと考えられる。

［表4］は渡部氏本（藤間氏本）の系統の写本との対校を窺わせる書き込みである。

渡部氏本は、藤間半太夫所持の正徳五（一七一五）年書写本を、享保一八（一七三三）年に渡部保良が模写した写本で、藤間半太夫は千家国造方の近習と推定される[11]。奥書に「出雲大社」とあり、大社の神職間で伝写されたことが窺えるとともに、その書き込みから、北島国造方の上官佐草自清の所持本「自清本」からの系譜上にある写本と考えられる[12]。

本書の注記には、「イニ～」と書き出すもの、「～欤（カ）」を付すもの、異同の文字のみを記すものがある。「イニ～」は対校本（イ本[13]）の異同を記したと言え、後二者についてはどのような意図で書き込まれたものかは断定できない。

渡部氏本系統の写本との対校が窺える注記（1～13）では、1・2・10・11・13が注目できる。いずれも渡部氏本の本文との異同を示し、2は渡部氏本での「鹿麻」の上下転倒に対応しており、渡部氏本に近い写本が対校本であったことを窺わせる。

さらに、「～欤（カ）」を付す注記でも、14では「米」とする本文に対して、『延喜式』に「八百丹」とあるので「尓」か、とする。これと同様の注記が渡部氏本にも見える。17「ハ部也」の注記も渡部氏本の「私云、健部也」に対応する。近世出雲で伝写された写本で「健部」とするのは、渡部氏本系統の写本でしか見られない。

また、26～46は、本書の注記と渡部氏本の注記が対応する例である。本文の異同に関わるものだけでなく、現地比定に関する注記も散見される。これについて注目したいのは30と42である。

30（意宇郡暑垣山条）は、本書で「暑」字について「ハ星ノ字欤、星神山ト云アリ」と注記するのに対して、渡部氏本は「暑垣山」の次行の「高野山」に右傍書で「私云、星神欤、今星上山アリ」と記している。つまり、両写本で同様の注記を異なる山に付しているのである。

現在、「高野山」は京羅木山（松江市東出雲町）、星上山（松江市八雲町）を「荻山」に比定する説が支持され[14]、「高野山」を星上山に比定するのは『出雲風土記抄』とこれを継承した注釈書だけである。『出雲風土記抄』がなぜ星上山に比定したのかは判然としない。

本書の「暑垣山」に対する注記は渡部氏本系統の写本に基づいたと考えられるが、その比定の是非は別として、「暑」を「星」字の誤写と見て「暑垣山」を星神（星上）山とした理解は整合的と言える。したがって、本書の注記が転写位置を誤ったとは考えられず、むしろ、渡部氏本の「高野山」への傍書が本来は前行の「暑垣山」に付されたものを誤写した可能性を指摘できる。『出雲国風土記抄』の比定もこの誤写の影響を受けたのであろうか。このことからすると、本書の注記は渡部氏本、その親本の藤間氏本よりも「自清本」に近い写本に基づくと言えるのではなかろうか。

同様の齟齬は42（飯石郡琴引山条）にもある。本書の注記では琴引山の石神に「私云、今ノ八神ト云処カ」と記されるが、渡部氏本では次行の「石穴山」の頭注に「私云、今号八神山所ナラン欤」とある。

八神とは、飯石郡西部、現在の飯南町八神に相当し、「石穴山」は風土記の里程からすると飯石郡最南端（飯南町赤名）の山に相当する。八神地区は琴引山の北西にあり、「石穴山」よりも琴引山に近い。つまり、この注記は琴引山の「石神」から「八神」の地名を引き出したと言え、これについても

[表3]

	行番号	郡名	条名	傍注 頭注	朱/墨	本文	注記	吉田氏本			渡部氏本			古代出雲歴史博物館本『出雲風土記抄』			桑原家本
								本文		注記	本文		注記	本文		注記	
1	53	意宇	郡名	傍注	朱	三身之「総」	綱歟	三身之「総」	傍注	綱歟	三身之総			三身之綱			
2	64	意宇	郡名	傍注	朱	童「意」女	衍字歟	童「意」女	傍注	衍字歟	童「」女	傍注	意イ二	童女			
3	69	意宇	郡名	傍注	朱	童「意」女	衍字歟	童「意」女	傍注	衍字歟	童「」女	傍注	意イ二	童女			
4	103	意宇	安来郷	傍注	朱	安来郷「入」	人カ	安来郷「入」	傍注	人カ	安来郷入			安来郷入			
5	202	意宇	蚊島	傍注	朱	蚊「鳥」	島カ	蚊「鳥」	傍注	島カ	蚊嶋			蚊嶋			
6	243	島根	加賀郷	傍注	朱	故云「」生馬	衍文有也	故云「」生馬	傍注	衍文有也	詔云生馬			故云生馬			
7	244	島根	加賀郷	傍注	朱	生馬「」	脱文有	生馬「」	傍注	脱文有	生馬			生馬			
8	291	島根	タコ島	傍注	朱	蒿「路」等	蕗カ	蒿「路」等	傍注	蕗カ	蒿路等			蒿「路」等	傍注	蕗也	(傍) 蕗也
9	447	楯縫	郡名	傍注	朱	栲「紀」	縄カ	栲「紀」	傍注	縄カ	栲縄			栲縄			
10	665	神門	古志郷	傍注	朱	伊弉「」弥命	那カ	伊弉「」弥命	傍注	那カ	伊弉弥命			伊弉弥命			
11	806	仁多	総記	傍注	朱	「四」十二	里歟	「四」十二	傍注	里歟	里十二			里十二			
12	824	仁多	三津郷	傍注	朱	「間」給	問カ	「間」給	傍注	問カ	「間」給	傍注	同歟	「間」給	傍注	問也	(傍) 問歟
13	828	仁多	三津郷	傍注	朱	「活」土	治カ	「活」土	傍注	治カ	「活」土	傍注	治出歟	「活」土	傍注	治也	(傍) 治カ
14	829	仁多	三津郷	傍注	朱	「千①」「己②」	①子カ ②亡カ	「千①」「己②」	傍注	①子カ ②亡カ	千巳			千己			
15	763	飯石	神社	傍注	墨	多「位」社	倍イ	多「位」社	傍注	倍イ	多「祢」社	傍注	位歟	多倍社			
16	833	仁多	神社	傍注	墨	「弍」澤社	三イ	「弍」澤社	傍注	三イ	弍澤社			三沢社			
17	813	仁多	郡名	傍注	墨	度「」	之	度之			度之			度之			
18	892	大原	佐世郷	傍注	墨	「」老傳云	古	古老傳云			古老傳云			古老傳曰			

※「」は注記が付く文字あるいは挿入される部分、下表も同じ。

[表4]

	行番号	郡名	条名	傍注 頭注	朱/墨	本文	注記	吉田氏本		渡部氏本			古代出雲歴史博物館本『出雲風土記抄』			桑原家本
								本文	注記	本文		注記	本文		注記	
1	139	意宇	賀茂神戸	傍注	墨	此神之「」子戸	イ二此ノ間二神ノ字アリ、■八子ノ字衍文	此神之子戸		此神之「神」子戸	傍注	衍字也	此神之神戸			
2	149	意宇	新造院	傍注	墨	「鹿」麻呂	イ二麻	鹿麻呂		麻「廉」呂	傍注	鹿	猪麻呂			
3	226	島根	郡名	傍注	墨	「負」給	イ二頂イ	負給		頂給			「順」給	傍注	異本作負	
4	299	島根	美佐島	傍注	墨	美「佐」嶋	イ二作	美佐嶋		美作島			美佐嶋			
5	319	島根	玉緒浜	傍注	墨	唐「砥」	イ二磯	唐砥		唐砥磯			唐砥			
6	388	秋鹿	神社	傍注	墨	田「仲」社	イ中	田仲社		田中社			田仲社			
7	459	楯縫	玖潭郷	傍注	墨	「並」覔	イ二ナシ	並覔		×覔			「並」見	傍注	イナシ	
8	766	飯石	神社	傍注	墨	「粟」谷社	イ粟	粟谷社		粟谷社			粟谷社			
9	778	飯石	城恒野	傍注	墨	城恒「野」	イ二山	城恒野		城恒山			城恒「野」	傍注	山イ	(傍) 山イ
10	840	仁多	志努坂野	傍注	墨	志努坂「野」	イ二野ナシ	志努坂野		志努坂×			志努坂野			
11	868	仁多	通道	傍注	墨	「此」市山	ハ比カ、イ二北トアリ	此市山		北市山			比市山			
12	869	仁多	通道	傍注	墨	権置「多」	イ耳	権置多		権置耳			権置多			
13	991	巻末	軍団	傍注	墨	圍「」	闕字アリ	圍		圍〔 〕			圍			
14	55	意宇	郡名	傍注	墨	八穂「米」	延喜式二八百丹ト在米尓歟	八穂米		八穂「尓」	頭注	延喜式、八百丹、杵築	八穂米			
15	73	意宇	郡名	傍注	墨	「火」神岳	ハ大歟	火神岳		「大」神岳	傍注	火歟	「火」神岳			(傍) 大
16	73	意宇	郡名	頭注	墨	火神岳	延喜式二大神山ノ神社アリ	火神岳		「大」神岳	傍注	火歟	「火」神岳			(傍) 大
17	507	出雲	総記	傍注	墨	健「郡」郷	ハ部也	健郡郷		健部郷	頭注	私云、健部也、宇夜可訓歟	健耶郷			
18	536	出雲	伊努郷	傍注	墨	之「祖」	社字歟	之祖		之社			之「祖」	傍注	社也	(傍) 社歟
19	544	出雲	宇賀郷	傍注	墨	松「■」	菜カ	松■		松菜			松「■」	傍注	菜イ	(傍) 菜イ
20	558	出雲	神社	傍注	墨	「守」加社	宇歟	守加社		宇加社			加守社			
21	615	出雲	手結浜	傍注	墨	「手」給濱	米歟	手結濱		米結濱			「手」結濱	傍注	米也	(傍) 朱歟
22	914	大原	新造院	傍注	墨	有「尼」一	僧カ	有尼一		有僧二			有尼二			
23	170	意宇	神社	傍注	墨	「置」一石神祇予	者不有神祇官	置一石神祇予		並不有神祇「官」	傍注	予	並「一」不在神祇官	塗抹		
24	197	意宇	宍道川	傍注	墨	入「」海	入	入海		入々海			入于海			
25	520	出雲	健部郷	傍注	墨	健「郡」	部郷	健郡		健部			健耶			
26	256	島根	大倉山	傍注	墨	一百八「」歩	十イ	一百八歩		一百「八歩」	傍注	八十歩イ二	一百八歩			
27	141	意宇	忌部神戸	傍注	墨	神吉調「望」	望ハ奏ノ字歟	神吉調望		神吉「調」「望」	傍注	「詞歟」「奏歟」	神吉「調」望	傍注	詞也	
28	291	島根	蜈蚣島	傍注	墨	「蜛 蝫」島	蜈蚣歟	「蜛蝫」島		「蜛蝫」島	傍注	蜈蚣歟	「蜛蝫」島			
29	566	出雲	神社	傍注	墨	「加」佐伽社	伊歟	加佐伽社		「加」佐枷社	傍注	私云、伊佐伽社	加佐加社			
30	172	意宇	暑垣山	傍注	墨	「暑」垣山	ハ星ノ字歟、星神山ト云アリ	暑垣山		高野山	傍注	私云、星神歟、今星上山アリ	高野山	鈔文	高野山、意宇郡大草郷岩坂村、星上山也	
31	177	意宇	神名樋野	傍注	墨	「押」名樋野	ハ神歟山代山ノ事歟	押名樋野		押名樋野	頭注	自清案、神名樋山也、カミナミト訓ス野ハ衍字歟	神名樋山			
32	473	楯縫	神名樋山	傍注	墨	神名「樋」山	ミトヨムヘシ	神名樋山		神名「樋」山	傍注	ミ	神名樋山			
33	584	出雲	神名火山	傍注	墨	神名「火」山	ミトヨムヘシ	神名火山		神名火山			神名火山			
34	257	島根	小倉山	傍注	墨	郡家「正東」	西北	郡家正東		郡家正「東」	傍注	北歟	郡家正西			
35	567	出雲	神社	傍注	墨	波「弥」社	子、今ハ波根ト書	波弥社		波「弥」社	傍注	子	波弥社			
36	603	出雲	意保美小河	傍注	墨	「意保美」小河	ハ今ノ川下ト云処、此所ノ浦二（意保美）ト云名アリ	意保美小河		意保美小河	頭注	私云、今ノ俗号川下浦所也	意保美小川			
37	611	出雲	意保美浜	傍注	墨	「意保美」濱	ハ今ノ川下也	意保美濱		意保美濱	傍注	今ノ川下浦也	意保美濱			
38	639	神門	総記	傍注	墨	「」置郷	日	置郷		置郷	頭注	和名抄二日置郷	置郷			
39	645	神門	総記	傍注	墨	多伎郷「」	順和名二伊秩郷アリ	多伎郷		多伎郷「」	傍注	和名抄二伊秩郷アリ	多伎郷			
40	656	神門	日置郷	傍注	墨	「伴」部	塩冶ノ南二半部ト云処有	伴部		伴部	頭注	私云、今世、半部云所ナラン	伴部			
41	744	飯石	総記	傍注	墨	来嶋郷「」	和名、田井郷、草原郷有	来嶋×		来嶋郷	頭注	和名抄有田井郷、草原郷	来嶋郷			
42	773	飯石	琴引山	傍注	墨	石「神」	私云、今ノ八神ト云処カ	石神		石神	頭注	私云、今号八神山所ナラン歟（石穴山頭注）	石神			
43	830	仁多	三津郷	傍注	墨	三「津」	澤	三津		三「津」	傍注	澤歟	三「津」	傍注	津	
44	905	大原	来次郷	傍注	墨	八「十」神	事八十神ヤ	八十神		八神「下」十「上」	頭注	私云、事八十神ナラン	八十神			
45	917	大原	神社	傍注	墨	汗「乃」庭社	須美弥社ナラン	汗乃庭社		汗乃庭社	頭注	須美祢之社ナラン（御代社）	宇乃遅社			
46	918	大原	神社	傍注	墨	世裡陀社「」	今俗号清田社カ	世裡陀社		世裡陀社	頭注	今俗号清田社ナラン	西裡陀社			

[表5]

	行番号	郡名	条名	傍注 頭注	朱/墨	本文	注記文	吉田氏本		渡部氏本			古代出雲歴史博物館本『出雲風土記抄』			桑原家本
								本文	注記	本文		注記	本文		注記	
1	56	意宇	郡名	傍注	墨	佐比「黄」山	イニ賣ニ作	佐比黄山		佐比黄山			佐比「賣」山	傍注	一本作黄	
2	177	意宇	神名樋野	傍注	墨	西北「」一百	三里イ	西北一百		西北一百			西北三里			
3	198	意宇	津間抜池	傍注	墨	二里「卅」歩	イニ卌	二里卅歩		二里卅歩			二里四十歩			
4	245	島根	法吉郷	傍注	墨	正西「」二百	一十四里ノ字イニ	正西二百		正西二×			正西一十四里二百			
5	268	島根	河川	傍注	墨	无魚「皮」也	イニ川	无魚皮也		无魚皮也			無魚川也			
6	271	島根	匏池	傍注	墨	周「一」里	イニ三ニ作	周一里		周一里			周三里			
7	327	島根	千酌浜	傍注	墨	西北「」廿九	イニ一十九里一百八十歩此則	西北廿九		西北廿九			西北一十九里一百八十歩			
8	353	島根	通道	傍注	墨	一十「一」里	一ハイニ七	一十一里		一十一里			一十七里			
9	355	島根	通道	傍注	墨	一十「一」里	イニ九	一十一里		一十一里			一十九里			
10	378	秋鹿	大野郷	傍注	墨	「持」人	イニ狩ニ作	持人		時人			狩人			
11	391	秋鹿	神名火山	傍注	墨	「高」卌歩	イニ高二百三十丈周一十四里	高卌歩		高卅丈			高二百三十丈周一十四里			
12	392	秋鹿	足日山	傍注	墨	「正」北一里	イニ東北七里	正北一里		正北一里			東北七里			
13	394	秋鹿	女心高野	傍注	墨	一十「」廿歩	里イ	一十廿歩		一十里廿歩			一十里廿歩			
14	404	秋鹿	佐太河	傍注	墨	「両」水	西イ	両水		西水			西水			
15	423	秋鹿	恵曇浜	傍注	墨	磐壁「二」所	イ三	磐壁二所		磐壁二所			磐壁三所			
16	424	秋鹿	恵曇浜	傍注	墨	「」郡内根部也	イニ西ハ秋鹿郡也ト在テ内根部ノ三字ナシ	郡内根部也		郡内「根」部也	傍注	衍字也	西者秋鹿郡内也			
17	447	楯縫	郡名	傍注	墨	百「」八十結々	イ結々ノ二字在	百八十結々		百××結々			百結結八十結結			
18	480	楯縫	見椋山	傍注	墨	見「掠」山	椋ニ作	見掠山		見掠山			見椋山			
19	524	出雲	漆沼郷	傍注	墨	正東「」二百	イニ五里	正東二百		正東二百			正東五里二百			
20	527	出雲	河内郷	傍注	墨	正南「」三百	イニ一十三里一百歩	正南三百		正南三百			正南一十三里一百歩			
21	527	出雲	河内郷	傍注	墨	「野」	ヲ此字ニ作	野		「野」	傍注	衍字	此			
22	595	出雲	出雲大川	傍注	墨	来「以」	イニ次	来以		来以			来次			
23	621	出雲	栗島	傍注	墨	「粟」嶋	イ栗	粟嶋		粟嶋			栗嶋			
24	719	神門	神門水海	傍注	墨	廣「三」里	イニ四	廣三里		廣三里			廣四里			
25	761	飯石	来島郷	傍注	墨	正南卅「一」里	イニ六	卅一里		卅一里			卅六里			
26	799	飯石	通道	傍注	墨	「」佐経	イ須	×佐経		×佐経			須佐経			
27	843	仁多	大内野	傍注	墨	「廿」二里	イニ二里	廿二里		廿二里			×二里			
28	904	大原	海潮郷	傍注	墨	毛間「林」川	イニナシ	毛間林川		毛門林川			毛間川			
29	931	大原	船岡山	傍注	墨	東北「」一里	イニ一十六里	東北一里		東北一里			東北一十六里			
30	947	大原	通道	傍注	墨	「夆」谷村	イ辛	夆谷村		峯谷村			辛谷村			
31	954	巻末	通道	傍注	墨	「二」百八十歩	イニ一	二百八十歩		二百八十歩			一百八十歩			
32	977	巻末	通道	傍注	墨	東「」八里	イ卅	東八里		東八里			東方卅八里			
33	984	巻末	通道	傍注	墨	一「百」六里	イニ一百五十四里二百十四歩トモ	一百六里		一百六里			一百五十四里二百十四歩			
34	997	巻末	軍団	傍注	墨	正東廿「里」	イニ二十八里十歩	正東廿里		正東廿里			正東二十八里十歩			
35	62	意宇	郡名	傍注	墨	引来「綱」	縫欤	引来綱		引来綱			引来縫			
36	160	意宇	神社	傍注	墨	「寄」道社	ハ完欤	寄道社		寄道社			完道社			
37	166	意宇	神社	傍注	墨	在「社」祇	ハ神祇官欤	在社祇		在神官社			在神祇官			
38	337	島根	加賀神埼	傍注	墨	「位①」太「②」神	①ハ佐カ／②大	位太神		佐太神			佐太大神			
39	892	大原	屋裏郷	傍注	墨	「笑」給	矢欤	笑給		笑給			矢給			
40	253	島根	布自枳美高山	傍注	墨	高「大」周	二百七十丈、大字衍文ナラン	高大周		高七丈周			高二百七十丈周			
41	267	島根	加賀川	傍注	墨	「正」北	西	正北		正北			西北			
42	285	島根	前原埼	傍注	墨	蓊「爵」濵	欝	蓊爵濵		蓊爵濵			蓊欝濵			
43	312	島根	鳥島	傍注	墨	「島」嶋	鳥	島嶋		島嶋			鳥嶋			
44	393	秋鹿	女心高野	傍注	墨	高野「」	山	高野		高野			高野山			
45	404	秋鹿	佐太河	傍注	墨	是「」	也	是		是			是也			
46	816	仁多	布勢郷	傍注	墨	大神「」命	大巳貴	大神命		大神命			大神大己貴命			
47	941	大原	海潮川	傍注	墨	北「」海	自ー潮西流	北海		北流			北自海潮西流			
48	942	大原	佐世小川	傍注	墨	北「」海	流入ー潮川	北海		北流			北流入海潮川			
49	963	巻末	通道	傍注	墨	「夜①」秋鹿「」②	①抹消符②郡家	夜秋鹿		×秋鹿			×秋鹿郡家			
50	970	巻末	通道	傍注	墨	「」十四里	正南道	×十四里		×十四里			正南道十四里			
51	977	巻末	通道	傍注	墨	「」一道	其	一道		一道			其一道			
52	242	島根	加賀郷	傍注	墨	（行間）	加賀郷、郡家北西二十四里一百六十歩、佐太大神所産也、御祖神魂命御子支佐加地賣命、闇岩屋哉詔、金弓以射給時、光加々明也、故云加々			（行間）		私云、此是生馬郷之説名也、加賀郷之説名脱簡ス	加賀郷、郡家北西二十四里一百六十歩、佐太大神所坐也、御祖神魂命御子支佐加地賣命、闇岩屋哉詔、金弓以射給時、光加加明也、故云加加			
53	411	秋鹿	河川	傍注	墨	（行間）	長江川源出郡家東北九里卌歩神名火山南流入々海						長江川源出郡家東北九里卌歩神名火山南流入于海			
54	695	神門	山	補注	墨	「宇比多伎山」		×××××		×××××			宇比多伎山			
55	979	巻末	通道	傍注	墨	「」正西道	備後国堺遊詫山至	×××		×××			備後国堺至遊託山			
56	981	巻末	通道	傍注	墨	「」至郡西堺	至出雲郡家自郡家西方二里六歩	×××		×××			至出雲郡家自郡家西二里六歩			
57	992	巻末	軍団	傍注	墨	「正」東七里	イ西北	正東七里		正東七里			「正東」七里	傍注	西北イ	
58	822	仁多	三津郷	傍注	墨	「十八」神	ハ大ノ字欤	十八神		十八神			「十」八神	傍注	大也	（傍注）大欤
59	828	仁多	三津郷	傍注	墨	活「土」	ハ出欤	活土		活土			活「土」	傍注	出也	（傍注）出カ
60	242	島根	加賀郷	傍注	墨	「加賀」郷	生馬ノ二字也	加賀郷		賀加郷	頭注	本書加賀			生馬郷	
61	289	島根	タコ島	傍注	墨	持「飛燕」来	ノ二字衍文ナラン	持飛燕来		持飛燕来			持飛「燕」来	傍注	衍字也	（傍注）衍字
62	827	仁多	三津郷	傍注	墨	「津」水	澤	津水		津水			「津」水	傍注	沢也（塗抹）	

［表6］

	行番号	郡名	条名	傍注頭注	朱/墨	本文	注記文	吉田氏本		渡部氏本			古代出雲歴史博物館本『出雲風土記抄』			桑原家本
								本文	注記	本文		注記	本文		注記	
1	916	大原	神社	傍注	墨	宇乃「追」社	遅イ	宇乃追社		宇乃「追」社	傍注	遅	宇乃遅社			
2	177	意宇	神名樋野	傍注	墨	「押」名樋野	八神歟山代山ノ事歟	押名樋野		押名樋野	頭注	自清案、神名樋山也、カミナミト訓ス野ハ衍字歟	神名樋山			
3	146	意宇	教昊寺	傍注	墨	「山」城郷	野歟イニ舎人	山城郷		「山」城郷	傍注	野歟	舎人郷			
4	159	意宇	神社	傍注	墨	「予」原社	八市ノ字歟	予原社		「予」原社	傍注	市	市原社			
5	381	秋鹿	伊農郷	傍注	墨	出「野」「郷」	「雲歟」「郡歟」	出野郷		出野郷	頭注	私云、出野郷、此一字出雲郡之写誤ナラン	出雲郡			
6	397	秋鹿	都勢野	傍注	墨	「萩」「莚」「土」	「荻歟」「箏歟」「木歟」	萩莚土		「萩」莚「土」	傍注	荻歟、等歟	荻箏等			
7	719	神門	神門水海	傍注	墨	意美「定」努命	豆ノ字歟	意美定努命		意美「定」努命	傍注	豆歟	意美豆努命			
8	560	出雲	神社	傍注	墨	鳥「屎」社	屋	鳥屎社		鳥「屎」社	傍注	屋	鳥屋社			
9	720	神門	神門水海	傍注	墨	之「総」	八綱	之総		之「総」	傍注	綱歟	之綱			
10	826	仁多	三津郷	傍注	墨	「名」川	石〈イハ〉	名川		「名」川	傍注	石〈イハ〉歟	石川			
11	829	仁多	三津郷	傍注	墨	「」云也	不、モノイハス	×云也		「云」也	傍注	不云歟	不云也			
12	587	出雲	出雲御崎山	傍注	墨	郡家「」正北七里	イニ西、西北今廿七里三百六十歩、意保美川ヲ以考	郡家正北七里		郡家正北七里	頭注	私云、御崎山郡家西北二十七里三百六十歩、以意保美川自清考正之	郡家「正」北二十七里	傍注	異本作西北	（傍注）異本作西北
13	110	意宇	舎人郷	傍注	墨	日「宣」臣	置歟	日宣臣		日「宣」臣	傍注	置	日「宣」臣	傍注	置也	（傍）置歟
14	241	島根	方結郷	傍注	墨	坐「池」者	八地歟	坐池者		坐「池」者	傍注	地歟	坐「池」者	傍注	地也	（本文）坐地者
15	277	島根	朝酌促戸	傍注	墨	成「墨」矣	八鄽歟イチクラ也	成墨矣		製「日」鹿	傍注	鄽歟	成墨矣	頭注	鄽也	
16	295	島根	蜈蚣島	傍注	墨	此「渕」所	津歟	此渕所		此「渕」所	傍注	津歟	×「渕」所	傍注	津也	（傍注）津也
17	382	秋鹿	伊農郷	傍注	墨	之「居」	后歟	之居		之居	頭注	是ノ和気能命之居ソ字后字誤ナラン	之「居」	傍注	后也	（本文）之后
18	544	出雲	宇賀郷	傍注	墨	上「坐」	生カ	上坐		×「坐」	傍注	生歟	上「坐」	傍注	生也	（傍注）生歟
19	991	巻末	軍団	傍注	墨	「阜」宇	意ノ字	阜宇		「阜」宇	傍注	意歟	「阜」宇	傍注	意也	（傍注）嘉歟
20	86	意宇	楯縫郷	傍注	墨	天「名」楯	釈日本記ニ天石楯ト在	天名楯		天「名」楯	頭注	私云、釈日本記、天石楯	天「名」楯	傍注	釈日本紀ニ天石楯トアリ	（傍）釈日本紀ニ天石楯トアリ
21	228	島根	朝酌郷	傍注	墨	御饌「」勘養	延喜式祈年之祝詞ニ在リ	御饌勘養		御饌勘養	頭注	私云、延喜式祈年之祝詞云、朝御食夕御能加牟加比尓云々	（行間）	傍注	自清本云、按延喜式祈年祝詞云、朝御食「夕御（塗抹）」能加牟加比尓云云	〔行間〕自清本云、按延喜式祈年祝詞云、朝御食一能加牟加比尓云云

渡部氏本の頭注の位置は誤りと考えられる。『出雲風土記抄』の琴引山の鈔文には「俗呼言琴神山」とあり、右の「八神」「八神山」の注記が影響を与えた可能性もある。

さらに、32（楯縫郡神名樋山条）・33（出雲郡神名火山条）で「樋」「火」を「ミトヨムヘシ」と注記するが、渡部氏本の31意宇郡神名樋野条「自清案、神名樋山也、カミナミト訓ス野ハ衍字歟」の注記に対応すると言えよう。

以上の検討からすると、本書は「自清本」に近い写本を対校本に用いたと考えられる。

次に［表5］は、『出雲風土記抄』との対校を窺わせる書き込みである。1〜34は「イニ〜」で書き出す注記、35〜56は「〜歟（カ）」を付す注記やその他の注記で、『出雲風土記抄』本文と対応する。これらの一致は、『出雲風土記抄』系統の写本も対校本に用いられたことを示唆する。また、57〜62は、『出雲風土記抄』の本文に付された注記と対応する。

ただし、52（島根郡加賀郷条）で『出雲風土記抄』は「佐太大神所坐」とするのに対し、本書の注記は「佐太大神所産」とし、一致しない書き込みも散見される。この相違が誤写によるものか、未知の『出雲風土記抄』系統の写本を対校本としたためか、いずれの可能性も考えられる。

［表6］1〜11は、本書の書き込みが、渡部氏本の注記や『出雲風土記抄』本文に対応する例である。どちらの写本に基づいたのか判断し難いものが多いが、3（意宇郡教昊寺条）では渡部氏本の注記と『出雲風土記抄』本文の異同との双方について記載する。

また12〜21は本書の書き込みと、渡部氏本、『出雲風土記抄』の注記が対応する例である。12（出雲郡出雲御崎山条）で渡部氏本には「以意保美川自清考正之」とあり、21（島根郡朝酌郷条）で『出雲風土記抄』には「自清本云」とあるように、これらの注記は「自清本」に施されたものに由来すると考えられる。

なお、ここでは列挙しないが、本書の書き込みと渡部氏本、『出雲風土記抄』の本文が一致する例が九〇か所ある。このうち「イニ〜」で書き出す注記は五五か所ある。佐太水海の周囲の里程について、「イニ七里ト云ハイ

[表7]

	行番号	郡名	条名	傍注 頭注	朱/墨	本文	注記文	吉田氏本		渡部氏本			古代出雲歴史博物館本『出雲風土記抄』			桑原家本
								本文	注記	本文		注記	本文		注記	
1	341	島根	櫛島	傍注	墨	二百「卅」歩	イ二卌	二百卅歩		二百卅歩			二百卅歩			
2	553	出雲	神社	傍注	墨	御向「社」	イ二祖ト在リ	御向社		御向社			御向社			
3	555	出雲	神社	傍注	墨	「審」伎乃夜社	イ曽	審伎乃夜社		審伎乃夜社			審伎乃夜社			
4	556	出雲	神社	傍注	墨	「伊」波社	イ二卯	伊波社		伊波社			伊波社			
5	597	出雲	出雲大川	傍注	墨	更「柎」	イ二析	更柎		更折			更折			
6	884	大原	郡名	傍注	墨	田一十町「」	イ許リ	田一十町×		田一十町許			田一十町許			
7	99	意宇	安来郷	傍注	墨	「浄」囲繞	諍欤	浄囲繞		浄囲繞			浄囲繞			
8	153	意宇	新造院	傍注	墨	置「郡」根緒	君欤	置郡根緒		置「郡」根緒	傍注	部欤	置那根緒			
9	168	意宇	神社	傍注	墨	「予」穂社	八市ノ原欤	予穂社		予穂社			予穂社			
10	342	島根	許意島	傍注	墨	高一十「丈」	歩欤	高一十丈		×××	脱落		高一十丈			
11	559	出雲	神社	傍注	墨	加「立」利社	毛欤	加立利社		加立利社			加立利社			
12	561	出雲	神社	傍注	墨	「尓」豆伎社	支欤	尓豆伎社		尓豆伎社			尓豆伎社			
13	372	秋鹿	恵曇郷	傍注	墨	造「事」者	給カ	造事者		造事者			造事者			
14	412	秋鹿	恵曇陂	傍注	墨	参「陂」	八池欤	参陂		参陂			参陂			
15	462	楯縫	沼田郷	傍注	墨	「負」然	八頂カ	負然		負給之然			負給之然			
16	519	出雲	健部郷	傍注	墨	社「主」今	至欤	社主今		社「主」今	頭注	私云、主衍字欤	社主今			
17	545	出雲	宇賀郷	傍注	墨	「■」人	邑カ	■人		■人	頭注	私云、■人八里人欤、亦八幾人	「■」人	傍注	里也、又幾也	(傍注) 里欤又幾欤
18	579	出雲	神社	傍注	墨	「伊」尓社	八卯波カ	伊尓社		伊尓波×			伊尓社			
19	724	神門	神門水海	傍注	墨	「乎」須	平砂欤	乎須		乎須			乎須			
20	789	飯石	須佐川	傍注	墨	「門」立村	八闕欤	門立村		門立村			門立村			
21	656	神門	日置郷	傍注	墨	「」置	日ノ字脱スルカ	×置		×置			×置			
22	900	大原	海潮郷	頭注	墨	宇能「活」比古	活八治欤	宇能活比古		宇能活比古			宇能活比古			
23	966	巻末	通道	傍注	墨	東「邊」	道欤	東邊		東邊			東辺			
24	117	意宇	拝志郷	頭注	墨	拝志郷	順和名抄、来待郷在リ、来待八能義郡割分ノ時、里為郷欤	拝志郷		拝志郷			拝志郷			
25	251	島根	神社	傍注	墨	「努」那弥社	今野波ト云カ	努那弥社		奴那弥社			努那弥社			
26	392	秋鹿	神名火山	傍注	墨	山下「之」	八坐ノ字	山下之		山下之			山下之			
27	392	秋鹿	足日山	傍注	墨	「足」日山	八今朝日山ト云ナラン	足月山		足日山			足日山			
28	512	出雲	総記	傍注	墨	伊努郷「」	伊努八今林木ノ郷欤	伊努郷		伊努郷			伊努郷			
29	523	出雲	健部郷	傍注	墨	健郡「」	姓氏録二健部ノ姓アリ、宇屋健部ノ二名在于今也	健郡		健郡			健耶			
30	529	出雲	河内郷	傍注	墨	五「尺」	八寸也	五尺		五十			五尺			
31	73	意宇	郡名	傍注	墨	有「」伯耆	名	有伯耆		有伯耆			「有」伯耆	傍注	在	
32	545	出雲	宇賀郷	頭注	墨		纂疏云、黄泉平坂今出雲国、風土記曰、宇賀郷、自磯西方有窟高廣各六尺許、窟内有穴、人不得入、又不知深浅、号黄泉坂									
33	562①	出雲	神社	傍注	墨	同「」社	古老云、此ノ同社ト云ヨリ阿受枳社タルヘシト也	同社		同社			同社			
34	622	出雲	門石島	傍注	墨	「門石嶋」	考旧記、永正七年午三月二十六日、安置弁才天于此岩上、故俗云弁才天島	門石嶋		門石嶋			門石嶋			
35	635	出雲	郡司	行間	墨	(行間)	△薗、所謂所造天下大神之御薗也、自離宮村以南至湊川〈此出雲神門二川之水門也〉十八町餘ノ連山都曰之園、見視之、五十年前赤塚村ノ南長二町餘、廣壹町計、砂山残突而古松猶存矣、其東原野数十町之間、高七八丈廣一二町ノ山数点有之、俗曰之北山匿、思夫川東流而後早湿都乾、西北風来而年々山崩、砂流東積而成白砂堆矣〈俗号高濱〉、堀尾山城守高階忠晴朝臣、国司之時、元和二年辰之春、決池澤於西〈号堀川〉流而入之大海、其跡涸而為田圃也、今新田〈菱根・江田・八嶌・入南・馬見、開発之時、百姓之名氏以為村号也〉、然寛永十年酉五月二十七日、洪水泛溢、壊山襄陵、塘崩川填、以為平原矣、又寛永十七年辰之春、国司松平出羽守直政朝臣、課数郡之民力以決二川一水者、自菱根池穿乙見山、流于赤塚浦、一水者自馬見池合流于湊川、自是五ヶ村之田畝成熟矣、所謂北山匿之■平悉以成原野也、寛文年中、栽松為林下種為圃矣	門石嶋		門石嶋			門石嶋			
36	655	神門	日置郷	傍注	墨	「置」郷	和名二日置郷アリ	置郷		置郷			置郷			
37	709	神門	神門川	傍注	墨	「間①」「土②」村	①間来村、②伊土村	間土村		間土村			間立村			
38	835	仁多	神社	頭注	墨	石壷×	石壷八、岩坪大明神欤、尾原村二アリ	石壷×		石壷×			石壷社			
39	935	大原	草木	傍注	墨	「卑」解	草	卑解		萆薢			萆薢			
40	942	大原	河川	傍注	墨	無魚「」	幡屋小川源出郡家東北幡箭山南流〈無魚〉ー脱落文の補訂	無魚								
41	943	大原	河川	頭注	墨		△水曰氷合西流入出雲大川 △屋代小川、出郡家正東正除田野、西流入斐伊大河ー脱落文の補訂									
42	972	巻末	通道	傍注	墨	(行間)	令義解曰、長三十歩廣十二歩為段、十段為町、[　　] 地五尺為歩、三百歩為一里									
43	994	巻末	軍団	傍注	墨	土「椋」烽	土倉山カ	土椋烽		土掠烽			土椋烽			
44	996	巻末	軍団	傍注	墨	「暑」恒烽	星神山カ	暑恒烽		暑恒烽			暑恒烽			
45	999	巻末	識語	傍注	墨	「天平」五年	八聖武帝改元ヨリ廿年迄有	天平五年		天平五年			天平五年			

カヽ」とする注記もあり、校合に際しての批判的な姿勢も窺える。これらの注記も、渡部氏本系統の写本か、『出雲風土記抄』系統の写本に基づいたと考えられる。

最後に掲げた［表7］は、渡部氏本、『出雲風土記抄』のいずれにも対応しない書き込みである。

2（出雲郡神社条）では「御向社」に「イニ祖ト在リ」と注記する。「御向祖」とする写本は日御碕神社本で、同系統の八雲軒本や西教寺本もこれを継承する。榊原文庫本は「祖」を「社」と修正し、同写本の系譜上にある伊勢系の写本などは「祖」としない。

したがって、この注記の基づく対校本は日御碕神社本に直接関わる写本か、同系統の八雲軒本[15]や西教寺本に関わる写本と考えられる。後者の場合、松江藩儒黒沢石斎所持の写本が西教寺本系統の写本であった蓋然性が高く、石斎所持本を対校本とした可能性もある。5（出雲郡出雲大川条）に付される「イニ析」も同様で、渡部氏本系統の写本や『出雲風土記抄』とは別の対校本が存在したことを示唆する。「御向祖」とする写本には、出雲大社儒官松井守正所持本を親本とする沢田氏本もあり、対校本は出雲大社周辺に存在したようである。

そして、7～45は字句の校訂や現地比定などを記す注記である。特に35（出雲郡郡司条）の注記は長文で、かなりの部分が左の佐草自清『出雲水青随筆』乙見社の項と一致する。

乙見社（中略）〈愚按〉（中略）古老相伝、元和二年春、中古出雲川東流後、旱湿乾、西北風来、自仮宮以南至于湊川〈出雲与神門二郡之堺、名所集載所之湊是也〉之砂山〈此即大神御園也、昔松繁多也ト見ヘタリ、今ノ仮宮村中村大土地小土地赤塚湊等也、風土記所謂園長三里一百歩、広一里二百歩〉年々崩、砂流レ東ニ積ンデ白砂堆ト成ル〈俗号高浜〉因之乙見湊之人家モ埋リ、為平原云々、

傍線部が一致する文で、その表現はほぼ同じである。したがって、35の注記は自清の著作から転記した蓋然性が高いと言えるだろう。

また、34（出雲郡門石島条）の注記に関しても、『出雲水青随筆』杵築大社の項「門石嶋」の注記に次のようにある。

風土記号門石嶋、後柏原院永正七年午三月二十六日、安置弁才天于此岩上、故俗呼曰弁才天島矣

全く同文であり、これも自清の著作を転記したと考えられる。

このことから、本書の書き込みには、「自清本」に近い写本や『出雲風土記抄』で対校したものだけではなく、自清の著作も参考としたものもあると考えられる。

おわりに

以上、自重館文庫本『出雲国風土記』について検討した。

本書の奥書には「国造北嶋扣道孝」とあることから、第六八代出雲国造北島道孝（一六七〇～一七三〇）の手沢本であったと考えられる。

その写本としての系譜は、延宝三（一六七五）年に吉田長舊が京都錦小路の旅館で書写した写本と兄弟関係にあり、その親本や祖本は同年以前の書写であることが分かった。さらに、その親本は松下見林や山崎闇斎の所持本と近い関係にあったと考えられる。こうした状況からすると、本書は一七世紀後半～一八世紀前半の京都で書写され、出雲へ持ち込まれたものと考えられる。したがって、道孝が国造となった元禄十（一六九七）年以降に落手したとみられる。道孝が国造職を襲職した元禄十年は、出雲大社が佐太神社に神社支配をめぐる争論で敗れ、松江藩から社家の活動が規制された厳しい時期であった。そうした中で、出雲大社は失地回復を図るため、山崎闇斎の学問（神道の垂加神道と朱子学の崎門学）を導入することとなる。元禄十六（一七〇三）年、山崎闇斎の高弟浅見絅斎の門人熊谷常斎を大社儒臣として京都から招聘し、これ以降、崎門学が大社で受容されていくようになった。

さらに、宝永二（一七〇五）年、垂加神道家の玉木正英が出雲大社へ参拝した際、ほとんどの大社神職が正英に入門し、垂加神道の受容も始まった(16)。自重館文庫には、本書を所持した道孝が垂加神道に転向したことを示唆する書物も残る。

道孝が本書を落手したのは、このように京都の学者や神道家との交流が深まっていく中であった。本書が山崎闇斎の所持本とも近い関係にあることは示唆的である。

また、本書への書き込みは、書写時に親本の注記を転記したものも一部あるが、多くは道孝の落手後に書き込まれたと考えられる。奥書に道孝の名があることから、その閲覧は限定的であったと言え、基本的には北島国造家の中で保管された状況にあったと考えられる。おそらく道孝没後も同様であったとみられる。そのように捉えると、書き込みは道孝自身によるものか、そうではなくとも、限られた範囲の人々の手によると言える。

その書き込みの内容を見ると、北島国造方の上官・佐草自清の所持本「自清本」の系譜上にある渡部氏本と、『出雲風土記抄』を対校本とした注記を確認できた。特に、渡部氏本よりも「自清本」に近い写本との校合を窺わせる注記もあることや、佐草自清の著作に基づく注記も多く認められることが注目される。

現存の自重館文庫で『出雲国風土記』に関わる書物は本書の他にはなく、北島国造家における風土記への関心は判然としない。しかしながら、本書への書き込みはその関心を示唆すると言える。おそらく、「自清本」に近い写本（あるいは「自清本」そのもの）を借用して、本書と校合したのであろう。

また、『出雲風土記抄』も松林寺宏雄が甥の北島伝之丞に伝えており、北島国造家の周辺に存在した。ただし、島根郡加賀郷条の補訂文が現存の『出雲風土記抄』とは少し異なっており、本書に自清の著作に関わる注記が多いことや、『出雲風土記抄』の編述に自清が関与したとみられることからすると、その草稿を対校本とした可能性もある。

このように、本書は出雲大社における文化的な交流が窺える書物と評価できるだろう。

註

（1）髙橋周「近世出雲における『出雲国風土記』の写本とその系譜」（『古代文化研究』二六、二〇一八年）。
（2）國學院大学図書館蔵。
（3）東京都立中央図書館蔵。
（4）今回、自重館文庫本『出雲国風土記』の調査が可能となった経緯を付言しておく。発端となったのは、筆者が島根大学の調査による「自重館文庫目録」の存在と、その目録中に「出雲国風土記」が列記されるのを知ったことである。その後、芦田耕一氏（島根大学名誉教授）から目録の写しを得て、下房俊一氏（島根大学名誉教授）に調査の詳細について伺うことができた。その上で、島根県古代文化センターのテーマ研究事業「日本書紀と出雲観に関する研究」の一環として調査が開始された次第である。
（5）国立国会図書館（東京都）蔵。
（6）「吉田長舊」がいかなる人物かは判然としない。ただし、奥書に「出京之尋」とあることから、京外の人物であることは分かる。
（7）総国風土記本は「武蔵国風土記」との合本。「出雲国風土記」の奥書は無いが、「武蔵国風土記」の奥書に、延享元（一七四四）年に伊奈忠賢が酒井忠昌所蔵本を謄写したものとある。伊奈忠賢は幕府儒官中村蘭林が延享四年に著した『講習余筆』に識語を記し、酒井忠昌は寛延四（一七五一）年に江戸周辺の地誌『南向茶話』を著している。したがって、一八世紀半ばから後半にかけて江戸で合本として書写されたと考えられ、吉田氏本の後継本と位置付けられる。
（8）吉崎久「谷秦山年譜稿」（『山内文庫谷秦山・垣守・真潮関係書目録』、皇学館大学神道研究所、二〇〇八年）。
（9）同書の奥書には、文化七（一八一〇）年に京都吉田神社の公文所司山田以文が松下見林旧蔵本を千家俊信『訂正出雲風土記』で校訂した写本とある。蔵書印「松下見林」があることからしても奥書の信憑性は高いと考えられ、本文を確認すると、文化七年の校訂による本文の改変は認められない。
（10）髙橋周「大名榊原家文庫本『出雲国風土記』と榊原忠次」（『大倉山論集』六二、大倉精神文化研究所、二〇一六年）。
（11）西岡和彦「近世出雲大社の思想史的研究」（『近世出雲大社の基礎的研究』、大明堂、二〇〇二年）。
（12）髙橋注（1）論文。
（13）イ本とは他本あるいは異本の意。
（14）関和彦「『出雲国風土記註論』その八　総記・意宇郡」（『「出雲国風土記」註論』、島根県古代文化センター、二〇〇三年）。
（15）国立公文書館（東京都）蔵。
（16）西岡注（11）論文。

第五部
近現代の出雲観

近代史学史からみた「古代出雲」観の変遷

田中　聡

歴史学による「古代出雲」論では、日本の国家形成史における出雲地域の位置づけと、出雲神話が表す地域と国家との関係が主に論じられてきた。本稿では、大正期に編纂された『島根県史』（一九二一年〜一九三〇年）に注目し、その基盤となった同時代の歴史学の推移について近代史学史の観点から大掴みに整理し、「古代出雲」認識の変遷の一端を考えてみたい。

はじめに

古代の出雲に関する近代以降の研究は非常に幅が広い。『古事記』『日本書紀』や『出雲国風土記』、出雲国造神賀詞、『先代旧事本紀』等、基礎史料間の相互関係についての文献史学・文学研究における検討に端を発し、考古学的成果との対応関係（杵築大社の建造時期、祭祀の実態、「神殿」論争）が問われた。また神話学による出雲神話論、中近世思想史における「出雲の古代」理解を基礎とし、当地域における小国《クニ》の形成から大和政権支配下での地域秩序の再編、そして出雲国造家の成立と律令国家との関係に至るまで、多様な分野からの研究が蓄積されている。ただ、それぞれ個別の研究史はあるが分散しており、「古代出雲」観の変容を通観するような研究は管見の限りまだ無い。背景や学問的基盤となる同時代の歴史学や考古学等との関係性を問わず、分野間の議論との接点があまりないため、「古代出雲の特異性」が強調される傾向があるのではないか。

では、こうした研究状況は、どのようにして現れたのだろうか。本論集の基礎となった「日本書紀と出雲観に関する研究」プロジェクトの検討会では、「歴史的に出雲はどのような地域と観念されてきたのか」、「記紀神話や風土記が出雲にどのような影響を与えてきたのか」という視点で様々な出雲論を貫通的に検討するとの視点に立ち、品川知彦氏が近代の地誌における「神の国」イメージと三条教則を取り上げた。また斉藤英喜氏は、折口信夫の『日本書紀』の読み直し（まれびととしての天皇像）を論じた（品川氏、斎藤氏の論は本書第五部に掲載）。これらはいずれも従来あまり無い切り口で、史学史上の出雲認識を新たな視角から捉えたものといえよう。

一　「古代出雲」研究の新たな方法の模索―一九二〇年代―

今回のテーマを検討するにあたり、島根県内務部島根県史編纂掛編纂『島根県史』（一九二一年〜一九三〇年）を改めて読み、その叙述の特異性に驚いた。一見、大正期に各地で数多く編纂された郡志の一種のように思われるこの全九巻の県史は、目次の構成や叙述形式において、同時代の郡志や後の一般的な自治体史とはかけ離れた作品であるといえる。撰者は歴史家・教育者として島根県を舞台に活躍した野津左馬之助（一八六七〜一九四三）である。島根郡東持田村（現・松江市）に生まれ、島根県の中学校で教鞭を執り、島根県史編纂委員として一九一一年から約二〇年間、県史の編纂に従事し、刊行後は『鹿足郡誌』『飯石郡誌』『大原郡誌』なども編んだ。考古学史においては前方後方墳の命名者として知られている（稲田二〇二〇）。

『島根県史』を見る前に、一九二〇〜三〇年代当時一般的だった郡志の構成を見ておきたい。同じ野津の編纂になる『鹿足郡誌』（一九三五年）の目次をみると、1地文（地理的特徴）、2人文（先史時代及び歴史時代）〔其一　王朝時代〕人文の燭光、鹿足郡分置、本郡の郷、郷の戸口、当時における行政、朝政の破壊と荘園の乱設　〜〔鎌倉期以後徳川幕府の創立に至る〕〜〔徳川幕府時代〕〜〔明治・大正期〕となっている。県史と比べて分量が

図1　『島根県史』第1巻目次（第四章部分）

少ないこともあるが、当該地域の地勢の説明に続き、先史時代から時代を追って現代まで至る通史となっている点は、現代の一般的な自治体史などとさほど変わりはない。因みに現代の概説的な県史である『島根県の歴史』（二〇〇五年）の構成をみると、1文明への足取り、2地域王権の時代、3古代国家の展開と出雲・石見・隠岐三国、4日本海水運時代の幕開け、5戦乱の拡大と地方の「自立」化、6戦国大名尼子氏の登場と没落、7幕藩体制の成立、8藩政の展開、9幕藩体制の動揺、10近代島根の人と地域、11過疎地に芽吹くものとなっており、古代にあたる1〜3章は基本的に先史から古代国家形成期の一地方史として、出雲地域の通史を概略している。

ところが、野津編『島根県史』全九巻は、これらと全く異なる叙述スタイルをとる。第一巻冒頭の凡例には、下記のように本書の編集方針が書かれている。

先史時代に関しては今日学者の定説となれるもの尠し故に現時学界の権威ある諸学者の意見を載録し以て公平なる研究の資に充てんことを期せり。

神代史に関しては其史料の記載茫漠として史実を捕捉するに難し故に記紀二典に據り主として本文を立て特に参照欄を設け諸学者の異説を併載し以て其見解の偏せざらんことを期せり。

特徴は、編纂当時の最新の歴史研究の成果を参照し、出来る限り科学的で公平な論述を心がけたこと、そのために対立する立場の研究も抄録をそのまま引用、併置して、読者が両説を自ら読み比べて考えられるよう工夫している点である。自治体史の論述は、一つの立場・学説に依拠して歴史像を構築して示すのが一般的であり、『島根県史』のスタイルは異例である。県史の形を採った「出雲」に関する歴史百科であり、また関連する多様な分野の学説を集約・紹介した研究資料集と評することも可能だろう。全九巻は編年的に構成され、一先史時代・神代、二神代（続）、三国造政治時代、四古墳、五国司政治時代、六守護地頭時代、七京極・大内時代／尼子・毛利時代上、八尼子・毛利時代下／藩政時代上、九藩政時代下・明治維新期と区分されている。特筆すべきは県下の遺跡のみで第四巻を立てる点であるが、本稿では特に神話と有史時代を扱った第一巻に注目したい（図1参照）。

この巻ではまず島根県の地理・沿革・国号（出雲・石見・隠岐）を概括し、先史時代については県内で出土した石器・土器をもとに社会像を論じる。次いで神代に関して記紀神話の物語の概要を紹介し、それぞれに関わる学説を選んで抄出を並べている。県下の地名比定への関心も高く、生者と死者を分かつ黄泉比良坂やイザナミの陵の比定地についての諸説を論じ、野津自らも「出雲地理上の変遷と国引に関する研究」という論考全編を本文中に掲げ、論敵であった後藤蔵四郎への批判を行っている。本書の叙述方法の特色がはっきり表れているのは、第二編第一章「神代史の観察」である。野津は従来の日本神話研究を、①神典的観察（国学・仏教・崎門派・平田派）、②芸術的観察（神代史成立以降、「神の歴史的価値を実在視」）、③歴史的観察（科学的解釈）の三方法に分類し、とくに神代史のなかで歴史的事実に基づく伝説か否かを区別して考察する③を最新の研究としている。姉崎正治や高木敏雄の比較神話学、白鳥庫吉・津田左右吉の神代史論、人類学・考古学・土俗学・博言学等（中田薫・喜田貞吉・安藤正次・小林庄次郎他）が近年注目すべき学説であると研究動向を整理する。

たとえば「天地の剖列」（＝天地開闢）を論じる際に引用した文献は、一古記伝、二古史徴、三古史伝、四高木敏雄『比較神話学』、五筧克彦「古神道講演録」、六中村徳五郎『我等の祖先』、七津田左右吉『神代史の新しい研究』、八福田芳之助『神代の研究』の八点であり、これらの関係部分を順に抄出し十数頁にわたって列記している。近世の古学派や国学者による古典研究から、明治後期の新しい思想史研究、さらに津田による「神代史」（後述）まで幅広い文献が並ぶが、これら全体に対する野津自身の評価は明確には書かれていない。

また出雲の先住民は誰かに関しては、この当時の考古学・人類学界を中心に展開されていたコロボックル説・蝦夷＝アイヌ説・古代日本人説を並べた上で、土器分布などを根拠に独自の「出雲民族論」を立てている。さらに、黄泉比良坂や根国、大国主命が計略した範囲（のちに朝廷の支配下に置かれる）をもとに出雲朝廷（文明）の存在を想定している。

以上、厖大で多岐にわたる本書の内容をここで全面的に論じる用意はないが、野津による『島根県史』が同時代の一般的な郡志の論述スタイルとは全く異質で、当時の歴史学界や人類学・考古学界に展開していた最新の研究方法を大きく取り入れて書かれた、独創的な歴史研究書であることがわかる。他の郡志のなかに、これほど多岐にわたる分野の学説を並べる例はない。ここには、自身の故郷である出雲の歴史を、日本全体の歴史過程に位置づけ、いわば地域史の中に普遍的な歴史を読み解こうとする、野津の強い志向性が明瞭に表れている。それでは、史学史的な観点から考えたとき、『島根県史』に表れた出雲のイメージの基盤となった学問とはどのようなものであっただろうか。同時代の歴史研究の何が参照され、その知見が記述の中に組み込まれたのか。また以後の研究の進展が、出雲のイメージをどう変えていったのか、推移を追って整理する。

二　前史―一八八〇年代～九〇年代における二つの史学論争

まず前史として、那珂通世（一八五一～一九〇八）らによる記紀の干支記述の検討に端を発して展開された紀年論争と、日本人の起源をめぐって戦わされたコロボックル論争を取り上げる。

二―一　紀年論争

日本の近代歴史学（実証史学）の出発点においては、基盤となる単一の時間軸が設定された。近世まで『古事記』『日本書紀』等の巻頭に置かれている神代の記述は、文字通り日本における神々の時代を示すものとして宗教的な解釈が与えられ、そこに何らかの人間の活動の跡を読み取ろうとするような論著は見られなかった。これらが人間の歴史として読み換えられるには、登場する神格を当時の人間による思考が生み出した非実在のもの、自然や人間の活動を人格化して象徴的に描いたものとみなす必要がある。その際に必須となるのは、観念化された神の時代と、現実に存在した人間の時代とを区分したうえで、確実な人間の歴史の起点を確定する作業であった(1)。

近世までの時間認識は大まかにいうと、「古」と「今」とを直接に対比するもので、その内部に近代のような逆行不可能な歴史の階梯を想定していなかったが、国家により強制的に実施された新暦への切り替えと「皇紀」の創出（一八七二年）は、あらためて暦のもつタイムスケールの機能（時間の保持と指標）を想起させることとなる。明治初年当時、古代を論じた歴史家たちは、記・紀に記された年代観への不審をどう合理的に説明するかという難問に直面する。たとえば『日本書紀』の神武即位前紀には、天孫降臨以来、神武天皇即位までが一七九万二四七〇余年とあり、歴代天皇をはじめとする古代人が異様に長寿であること（三代の天皇に仕えた武内宿祢など）は、合理的な解釈が困難である。また、基礎となるべき記紀間に無視し得ない干支の齟齬が見られ、もしそこに先人による作為があるとすれば、これまで史料の紀年に従って復元されてきた歴史像は根本から成り立たなくなるおそれがある。

そこで当時の歴史家は、神代の記述に人類に普遍的な原始状態を読みとり、また紀年の異同に関しては伝承過程での逸脱が発生したとみなすことで矛盾の解決を図り(2)、那珂通世（一八五一～一九〇八）らはさらに一歩進んで、記紀などの史料の外部に、史料の中の時間とは別の真実の時間（真の時間＝実年代）があると考え、複数の史料の各条を組み合わせて一本の時間軸を再構成しようと試みた。那珂は一八七八年以降、記紀が神武天皇即位を現代より二五〇〇年も前に置くような疑わしい点は除いて「真ノ年代」を定めることで、はじめて「国初ノ民種風俗」を「他国ノ同時代ニ比較」し得ると主張し、いわゆる三韓平定を記した神功・応神朝は「韓史」（朝鮮の歴史書『東国通鑑』等）によって、また履中以下五朝は「漢史」（中国の国史等）にて紀年を決定した。干支を使用する歴史的経験を共有する儒教文化圏のなかでの共通の「真暦」の存在を想定し、見習うべき西欧の時間軸＝太陽暦に基づく「耶蘇紀元」と対照しようとした(3)。そして神武即位念の辛酉の説明に讖緯説の辛酉革命思想による粉飾を認め、暦を導入した推古一二年以前の紀年は「概史家ノ妄撰ニ成レル者」と断定したのである。

記紀などに用いられている紀年が、その編者、もしくは暦を導入した聖徳太子の創作ではないかとの問いが示されるに至り、賛否をめぐる激しい論争が巻き起こった（紀年論争）。記紀などの古史は内在する論理によって読むべきであり、もし百済の暦法によって一括的に記録されたならば干支のズレはそもそも起こらないはず(小中村義象)といった全面批判が出される一方、神武紀元の史実性を疑うのであれば、なぜ神代の人物と上古の天皇の相似をも疑い、両者の実在性自体を否定しないのか（チェンバレン）といった、さらに過激な主張も現れる。(4) 那珂や久米邦武らはこれを受け、神武紀元（那珂の理解では西暦紀元前後と同じ頃）の日本社会の実態として、「筑紫島ノ南東ナル日向ノ国ニ我ガ太祖ノ御先祖住ミ玉ヒ、稍開化ノ技術ヲ有スル臣民ヲ統べ給ヒ、又熊襲・筑紫・出雲・倭等ノ地方ニハ、開化ノ度ニ差等アル各種ノ民族散處シテ統一セズ、其ノ土豪ノ中ニハ既ニ亜細亜大陸ト交通シタル者モアリキ」（那珂「日本上古年代考」（『文』一巻八・九号、一八八八年）との歴史像を示し、記紀における神代と人皇時代とは同一の論理で理解できると主張した。(5)

こうして「神代」とは文字をもたず民族的統一のみられない未開の（普遍的な）原始の世界であるとの理解が明確に提示され、人類史のなかに普遍的にみられる原始時代＝「太古」（文字―干支―暦の欠落によって「上古」と区別される有史以前）に読み換えられるに至った。まさにこれが『島根県史』第一巻で取り上げている神代に他ならない。この時代観を基礎として、例えば神代紀における伊弉諾神や天照大神の衣服、山幸彦海幸彦の物語の食物等が太古の日本人の風俗として論じられる（小中村清矩「太古の風俗」『風俗画報』五〇号、一八九三年）など、神話を歴史に読み換える論が広くみられるようになった。(6)

近世国学において神典とされた『古事記』も、中世以来に新たな神話を生み出していった『日本書紀』も、同一の歴史過程＝日本史の起点を語る史料として同列におかれるべきであるという。紀年論争を通じ、神代は「太古」に読み換えられ、併行して存在する同時代の文献との比較に際して、その素材となる原資料それぞれの成り立ち（口承が文字化される過程）を問い直す素地が生み出された。記紀も含めた史料上の表現にこそ、伝承過程の錯誤などでは無く、その史料を残した後世の人の意図的な作為があり、そこから脱するためには複数の史料を対照・比較し、人類の発展史、唯一の「史実」を明らかにしなければならない。ここに、近代的な実証史学の定立の基礎が生み出されたと言えよう。

二―二　コロボックル論争

近代日本は、蝦夷地・樺太・千島列島におけるアイヌの日本国民化（一八六九年行政管区「北海道」設置。一八七五年樺太千島交換条約によるアイヌの道内移住）と、琉球王国の解体（一八七九年の「琉球処分」）により、北と南の国境線を引いた。急激に作られた国境により、日本列島周辺地域の住民と「日本人」とが人種あるいは民族として区分されることとなった。いいかえれば「日本人」に科学的な輪郭を与える作業が求められたということである。(7)

この作業を担ったのは主に人類学・考古学の研究者であり、人体の各部を測定して他の人種と比較し、土器の型式を想定し、各地で採集した「口碑」の分析により、日本の先住民の風俗・文化などを復元した。その過程で一八八六年、日本の人類学・考古学界における最初の本格的な論争＝「コロボックル論争」が起こる。「日本人」の源流を探る際に格好の対照軸とされたのがアイヌだった。坪井正五郎・鳥居龍蔵・小金井良精らは、アイヌが「日本人種」の直接的起源なのか、それともアイヌ以前に列島全域に居住した先住者（坪井はこれをアイヌの口碑にある「コロボックル」とする）がおり、こちらが原日本人なのかで厳しく対立した。だが記紀や『風土記』などの文献史料に表れる蝦夷・土蜘蛛・隼人などを、そのまま過去に実在した人種として実体的にとらえ、それぞれ出自の異なる種族と考える点ではみな一致していた。(8) 論争は結局、坪井の死去（一九一三年）により終息し、以来一九三〇年代頃まで原日本人＝アイヌとする説が通説化するが、この論争を通して日本人の形成史をアイヌ＝蝦夷など先住民と、中国大陸から朝鮮半島を経由して日本列島に移住した「天孫人種」との混血・棲み分けの歴史であるとする理解が定着したことに注意したい。

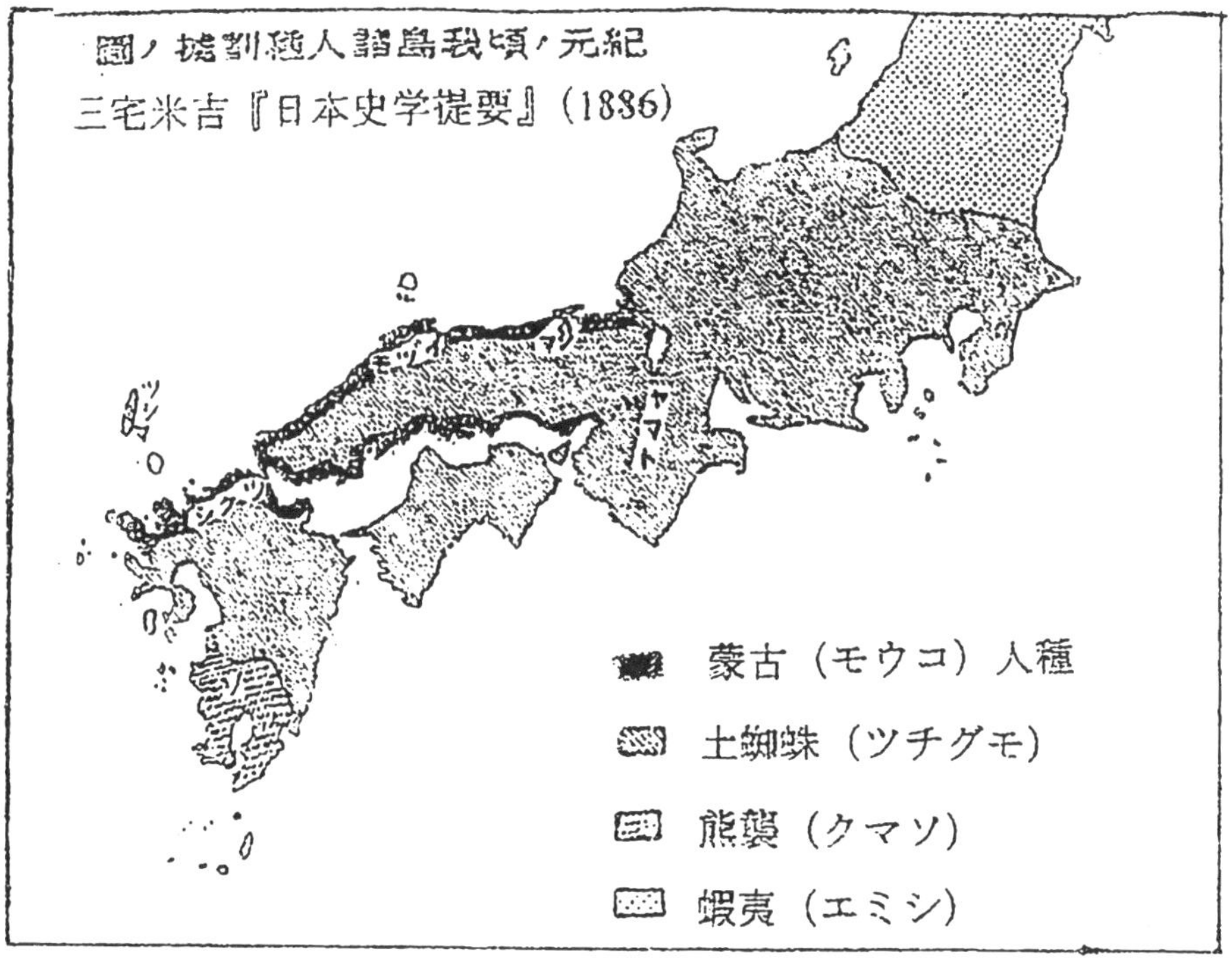

図2　三宅米吉による紀元前後の日本列島人種分布図

こうして人類学的概念としての「人種」と文献史料における蝦夷や隼人などとを相即的に直結する理解が生まれ、一般的にも広く流布していった。三宅米吉は紀元前後の日本列島内の人種分布図（図2参照）を作成し、『日本書紀』や『風土記』などの神話に表れる伝承上の集団「土蜘蛛」（景行天皇らにより制圧される、地方の反乱勢力）を東日本の先住民族として「蒙古人種」や「蝦夷人種」などと同列に位置付けている（同『日本史学提要』、初出一八八六年。木代修一編『三宅米吉集』、築地書館、一九七四年）。また黒板勝美が日本史の研究法についてまとめた初学者向けの教科書『国史の研究』（文会堂書店、一九一三年初版）の第六章「国号と民族」においても、同様の民族形成過程が想定されている。

以上、一八八〇年代に展開された紀年と日本人種を巡る二つの論争を通じ、近代史学における日本史の通時代的な時間軸と、複数人種の混血からなる日本人種像という基礎概念が成立したことを確認した。一章で紹介した『島根県史』は、明らかにこうした歴史学界の最新知見を前提にして独自の「出雲民族」説を立てている。それでは、出雲の古代史の独自性を考える上でもう一つの重要な材料である出雲神話については、同時代の歴史研究においてどのように理解されていただろうか。章を変えて論じたい。

三　同時代の歴史学（一九一〇～二〇年代）
――「神代史」における出雲勢力の位置づけ

一九世紀末頃、イザナギノミコトとイザナミノミコトによる国生みや、スサノヲノミコトの八岐大蛇退治等の建国神話は、太古の歴史的事実が物語化して反映したものと理解されていた(9)。たとえば当時広く読まれていた概説書、久米邦武『日本古代史』（早稲田大学出版部、一九〇五年）では、記・紀神話中のカミムスヒを出雲族（出雲地方の有力豪族）の祖、タカミムスヒを天孫族（朝鮮半島からやって来た支配者）の祖とし、その政略結婚が行われたことが神話の中の神の系譜関係に反映しているとみる。また海幸彦（九州南部の隼人族の祖）・山幸彦（天皇家の祖）の対立の物語も大和朝廷による「隼人及び土蕃」の征服と理解する。総じて「伝説は譬喩《ひゆ》なり」、つまり実際に太古の昔に起こった事件や実在の人物について、抽象的な思考力が未熟であった古代人たちは、それを物語的に語り伝えることで理解してきたのだと考えた（神話譬喩論）。この理解の基盤にあるのは、二章で見たとおり、日本の歴史を中国大陸・朝鮮半島からのさまざまな人種の渡来と混交・交替の過程であるととらえる混血人種史観であり、田口卯吉・三宅米吉ら文明の発展史観に立つ啓蒙的歴史家から、黒板勝美ら東京帝国大学史料編纂所の実証史学者、坪井正五郎・鳥居龍蔵ら考古学・人類学者にいたるまで、思想や学問的方法を異にする人々の間で同じ枠組が共有されていた。久米邦武が論文「神道は祭天の古俗」の発表を契機として東大から追われる筆禍事件が起こったが（一八九一年）、神話を史実の反映とする右のような理解は一般社会に浸透しつつあった。

　ところが二〇世紀初頭、こうした状況に変化が生じ始める。一八九九年、作家の高山樗牛が「古事記神代巻の神話及び歴史」（『中央公論』一―三）を発表し、古事記神話の本質を太陽神話であるとし、神代は「歴史と神話の混淆」と主張したのを契機として、高山とも交流が深く、ヨーロッパやインドで当時最新の宗教哲学を学んだ姉崎正治や、文科大学在学中の高木敏雄らが、外国神話における神の造型や象徴的な意味などを『古事記』などのそれと対比する新しい研究法を提示し、従来の譬喩論を厳しく批判した。姉崎はスサノヲの本質をインド神話のインドラ神などとも通じる嵐の神格化・天然崇拝とみなすなど、日本神話のなかに人類文化の普遍性を読みとり（同「素戔嗚命の神話伝説」、『帝国文学』五―八・九・一一・一二、一八九九年）、高木は久米に代表される従来の譬喩論は明確な根拠がなく、もはや成り立たないと批判する（『増訂日本神話伝説の研究』、原著一九二五年、平凡社東洋文庫、一九七三年）。彼らの問題提起は神話研究の新思潮として受け止められ、神話を古代人の思想による「作り物」として自由に研究する姿勢が、アカデミズムの世界において定着し始める。日本民俗学の生みの親である柳田国男はこの頃、久米らの神話解釈を批判しつつ、各地の伝承の歴史的理解を深め（佐伯有清『柳田国男と古代史』吉川弘文館、一九八八年）、考古学者の沼田頼輔も「神代史は国体を説明すべきために作られた神典である」と主張した（同「銅鐸考」、『考古学雑誌』三―一〇、一九一三年）。

　同じ年、こうした新たな研究潮流を受け、以後の歴史学的神話研究の基本的方向を定めた著作、津田左右吉『神代史の新しい研究』（二松堂書店、一九一三年。同全集別巻第一所収）が公刊される。同時期、まさに『島根県史』を編みつつあった野津左馬之助は、この学界に突然現れた野心的な主張を早速受け止め、論述に取り込んでいる。それでは津田の論法はいったいどこが斬新だったのか。

　津田は「神代の物語は歴史的伝説として伝はつたもので無く、作り物語である」と明言し、「神代史全体の組織、其の精神」、「物語と歴史的事実との関係」を究明することを目的に掲げる。まず記・紀の神代の物語をまとまったエピソードごとに分解し、「遊離分子」（物語の全体を成り立たせるために不要な挿話。物語の展開に無関係な歌謡、民間説話など後人が潤色添加した要素等）を除いて、各エピソードに共通するものを本来的要素（①イザナギ・イザナミによる国土・日月神・スサノヲ生誕、②スサノヲの高天原行きと日神の岩戸隠れ、③日孫（天孫）降臨とオホナムチの国譲り）とみなし、これらを時系列上へ配列しなおして神話全体の形成過程を想定する。国土が生まれた後に日神が生まれ、その支配下にあるはずの国土がオホナムチからわざわざ地上に降りた日孫へと譲られるという、非常に入り組んだ構造となった原因は、以下の成立史に基づくという。

　まず最初に最も単純で総ての物語に通ずる根本思想として、太陽信仰に基づく日神＝皇祖とする物語が作られ、現在の皇室の由来を日神と関連づけるために③天孫降臨の物語が付加された（第一段）。次に、なぜ日神が皇祖なのかを明らかにするために②国土・日月神生誕の物語が作られる（第二段）。最後に大和朝廷が敵対する出雲地方の有力者を服属させたことを正当化するため、②スサノヲおよび③オホナムチの物語が案出された（第三段）。大和に敵対する出雲勢力の服属と大和への東征・奠都という歴史的事実に基づき、一・二段の矛盾を解消し、結びつけるため、スサノヲとオホナムチの物語が最終段階で創設されたのだという。本来「民衆の幸福の神」を象徴する神格であるオホナムチが皇室といったん敵対し、降伏するという大矛盾を解消するために持ち出されたのが血縁関係である。日月神―スサノヲ―オホナムチから木の祖ククノチや海の神ワダツミなど民間信仰の対象となる神々までもが血縁で結びつけられ、「民間信仰と国家の統治権との結合が血族主義で説明せられた」。こうした「神代史」の基本的骨格が成立したのは、氏族間の家格の争いや傍系からの皇位継承が起こり、血族主義による統一の機運が高まったであろう継体朝（六世紀初め）頃であり、この骨格に、外来の新知識による部分的な潤色や神の増幅（属性や性別による同一神の分化）、家ごとの伝承の変容などが繰り返し重ねられ、記・紀の神代が完成する。

以上のように論じた上で、津田は、記・紀神話は人類一般や民衆の由来などは全く説明しておらず、皇室の由来を具体的に説明するために宮廷で作られた政治的神話であったと結論づける。ギリシャやインド、「支那」にみる古代の神話と日本の「神代史」が根本的に異なるのは、古来より皇室による平和的な統一がなされた日本では「国民がみな同一民族であつて、其の間に争闘の起ることも少なく、絶海の孤島にあるから異民族の侵入もうけず、概して平和な生活を営んでゐた」ため、絶対的な天の支配や根源的な悪魔の観念を生む必要もなかったからであり、これを治める皇室は氏族―国民と血縁で結ばれ、国民を外部から威力で圧伏することもなく自然に「民族的結合の中心点となり国民的団結の核心となってゐ」るため、他の地域のような民族的闘争が生じにくく、個々人の「人生を精神的に支配する」絶対的な神や悪魔の観念が育たなかった、とする。[10]

従来、民族形成史の神話への反映・説話物語化として論じてきた譬喩論などの諸学説に対し、津田はそうした民族対立のない日本の歴史こそ、皇室と親和し一体化した「国民史」[11]と呼ぶべきだと主張し、建国以来いまに至る皇室と国民との永続的な関係性を端的に表しているのが記紀の建国神話であると位置づけるのである。

このように、一九・二〇世紀の交、姉崎正治・高木敏雄らによる比較神話学が創出され、日本神話の世界史的普遍性が主張されたことで、具体的な「日本人＝祖先の物語」としての神話が再発見されたことを契機とし、アジアを対照軸としつつ「国民史」の一部として神話を据え直すための実証的な方法論を確立したのが津田左右吉であった。その歴史的背景として想定されるのは、日清・日露戦争を経た日本が台湾・朝鮮・「南洋諸島」へと植民地的膨張を進めていたことである。「大日本帝国」はその過程で多くの異種・異文化集団を支配領域内に包摂し、これにより「日本人」の範囲が改めて問い直された。歴史学や人類学が示す文化的・歴史的な位置づけは、それぞれの民族集団の帝国内における社会的あるいは政治的地位を端的に表すものと受け取られ、文化的開明度や日本化の程度をめぐって序列化や対抗、あるいは同化／異化の意識が異種間に生じる。急速な拡張が伴う国民間の分裂の危機に直面した帝国が、天皇家を中心とした秩序を構成することの正統性を語るとき、古代以来の神話の体系、その中に認められる血縁意識の存在が強調されることとなる。津田の神話論は、こうした状況に応じて作られ、広く受け入れられていく。

『島根県史』は、まさに歴史学やその他の学知が大きく変動する同時期に編まれた。古代以来、独自の文化をもつ「出雲人」の位置づけも不安定化・流動する。一方では、石器時代の遺跡のなかに「出雲民族」の実在を認めつつ、他方では神代史における出雲神話を津田説に基づいて位置づけようと試みるなど、異なった歴史像や神話理解をする対立的な立場の各論を併記するスタイルをとり、いずれが正しい解釈かについて断定しない点が特徴的である。結果として「出雲族」を日本史のなかで突出した異民族集団とはせず、「日本民族」の原型としての「出雲人」の歴史がこれ以後語られ始める。『島根県史』には、三宅米吉らが先住の人種として構想した土蜘蛛に加え、独自の「出雲民族」、そして日本民族の一部が当地域で打ち立てていた「出雲朝廷」が共存しており、この書が「古代出雲」認識のまさに分岐点に位置していることがわかる。一八八〇年代〜一九二〇年代の日本史研究の動向と不即不離の緊張感のもとに成立した、特異な歴史書と評することが出来よう。野津は本書刊行後、一九四三年に亡くなるまで地域史の研究を続けたが、晩年の彼が「古代出雲」についてどのようなイメージを持っていたかについては、未だ充分な検討はなされておらず、不明な点が多い。

それでは、『島根県史』後の「古代出雲」像は、どのような変貌を遂げていったのだろうか。昭和戦前期から戦後にかけて、いわゆる十五年戦争期の歴史学における日本史像の転換に注目し、そのなかでの「古代出雲」像の変質を考えてみよう。

四　デスポットの物語の一部としての出雲神話
—一九五〇年代〜一九七〇年代—

津田による記紀神話論の出現により、出雲神話は異質な人種や民族の由来を語るものでは無く、日本国民＝民族史のなかに出雲地域の統治過程を位置づけ、天皇家による国家形成への不可分の関わりを表現した物語と理解されることとなった。そこでの出雲地域は皇祖であるアマテラスの弟であるスサノオの住む世界であり、またその義理の子となった大国主命が大和朝廷に服属し、自らが作ってきた国土を天孫に譲って自ら隠棲した地とされ、「出雲神話」は天皇家を中心とする神話の系譜に必然的に組み込まれた存在として特別な位置を占めることとなる。

津田は自ら記紀神話の構成上の破綻（二章の「大矛盾」）に気づきながら、対立する要素が血縁によって親和的な結合を示し、神の地を継ぐ天皇家のもとに国民が集結する予定調和的な物語として記紀神話を論じた。この点を厳しく批判し、古代の国家権力による支配イデオロギーを神話のなかに読み解く論が、一九三〇年代に現れる。同時期に日本史学界の一部に急激に受容された、マルクス主義史学の国家論・民族文化論が、この新たな議論の形成に大きく影響している。

一九二〇年代後半の日本社会では、金融恐慌による複数の銀行の破綻（一九二七年）、世界大恐慌の波及による昭和恐慌（一九二九年）のもとで農村の窮乏、商工業不振による深刻な不況と失業者の急増により社会不安が蔓延していた。政府は京都学連事件（一九二五年）を皮切りに、三・一五事件（一九二八年）など、国家・天皇に批判的な共産党員やそのシンパ、自由主義者、宗教家への治安維持法による弾圧を強めた。また併行して、一九二六年から広範な国民を組織して大規模に行われた建国祭で記紀神話に基づく「建国精神」の涵養が求められるなど、「国体」の起源を神聖化する動きを活発化させる。[12] こうした状況において、社会変革の具体的展望を求める知識人・労働者の間でマルクス主義への関心が高まっていた。

ソ連から急速に紹介されたロシア・マルクス主義的歴史学の影響を受けつつ、独自の世界史像を構想しようとしていた一九三〇年代の日本のマルクス主義者らは、「アジア的共同体」概念の受容を巡る論争を展開し、人格的隷属・土地所有関係の二つの支配の基本原理から新しい国家形成史を描こうと試みる。その起点となったのが、一般向けに刊行された日本通史の概説書、『日本歴史教程』第一冊（一九三七年）だった。[13] 日本列島の人間社会の始まりは、もはや未開の「神代」とは呼ばれず、分業が未発達な新石器時代とされる。当時の社会の基本構造は氏族制だった。中国大陸から朝鮮半島を経由してもたらされた青銅器文化と水田耕作（文明）の定着によって人口が増加し、複数の氏族が結合して「部族」が生まれる。先進的な北部九州・畿内地方の部族社会と発展が遅れた辺境社会との間に明確な格差が現れ、経済的交通の活発化が不均等発展に拍車をかけた。有力な氏族共同体の内部に家父長制的大家族を核とする村落共同体が次々と成長し、氏族の分裂と部族間対立が激化する。有力な部族同盟によって周辺共同体の征服が行われ、三世紀には各地に「国」が出現した。大和政権による国土統一運動（国造・県主・稲置の設置）は、このような共同体間・共同体内部の奴隷的階級の生産活動の発展を原動力として進められ、大和政権を核とする畿内勢力が強大化し、畿内を中心とする統一国家が出現するという。

以上のように、津田左右吉が天皇と一体の均質な「国民」として理解していた日本民族内部に、非和解的な階級対立があることが明らかにされ、初めて天皇と国民の間の断絶が認識された。マルクス主義理論の定立した経済的社会構成の諸段階（アジア的・古典古代的・封建的・近代ブルジョア的生産様式）は、普遍的な人類史の枠組みとして、日本民族の原始時代以来の連続性を確認する際の新たな参照系となる。[14]「神代史」として考えられてきた神話的古代社会は原始共産制と読み換えられ、続く上代は奴隷制の範疇でとらえられてゆく。従来の社会史と異なるのは、歴史過程のなかに地域共同体や身分集団の存在を読み取り、それらが時代を経て規模を拡大させ、互いの対立・抗争をへて統一的な国家体制が成立するという「進化」の過程として説明される点である。そこでの記紀神話は、階級社会のなかに残存する「氏姓制度時代のイデオロギーたる原始神道」とみなされ、諸氏の祖先を有力な神として記す体系的な物語の集積と考えられるに至った。

こうした理解は当然ながら、当時の国家が進めていた「国体」神聖化と真っ向から対立するものであったため、戦時中の国民に広く受け入れられることはなかった。敗戦後、天皇制批判が公然と行われるようになると、マルクス主義史学の示す階級闘争による人類史の発展という枠組みが、日本史研究においても次第に受容された。日本社会そのものが支配隷属関係を必然的に含んでおり、天皇と国民との間の断層がどのような歴史を経て現在の天皇制支配にまで至っているのか、なぜ社会を分裂するまでに至らなかったのかが、戦後の歴史学界における重要な課題と認識された。

そこでクローズアップされたのが、共同体の人民を代表するオホナムチやヤマトタケルのような「英雄」の存在であった。戦後の日本史学界を領導した石母田正は一九四八年、津田の神代史と高木市之助の久米歌研究[15]、ヘーゲル『美学講義』[16]の理論枠組みに多くを負いつつ、記紀神話の叙事詩的側面を古代国家におけるデスポティズムの思想という視点から問い直す論考「古代貴族の英雄時代」（石母田一九八九）を発表する。ここでのデスポティズム（ｄｅｓｐｏｔｉｓｍ）とは、西欧の自由主義社会のように個人が自立することなく、共同体と一体化したアジアの社会に顕著な専制主義のことを示す。石母田によれば、法律以前の時代に歴史に登場する「英雄」は「彼自身が国家の創建者」であって、「法の秩序と慣習が彼から発し、しかも彼自身の個性的な作品であるような段階」を「英雄時代」と名付ける。それは古代／中世封建制／近代資本主義・社会主義の各社会に存在するが、叙事詩が書かれた時代においては「人民の支配者たる王族のみが独立自由の個性」を示すことが可能であり、「原初的共同体的社会構成が崩壊して古代国家形成にいたる時期」にあたる。日本史においては、階級対立が明確化するなか、半ば自由な農民経営が社会の基盤をなしている時代、統一国家が形成されつつある七世紀以前にあてはまるという。

生命に溢れた英雄は、国民＝民族精神の体現者であり、それが「一個の具体的な全体として描かれる」のが叙事詩の特徴である。英雄時代においては、国家権力の行使や法は、そのままむき出しの暴力・戦争や裁判のような形では表れず、英雄的個性の具体的行動として文学に語られる。こうした生き生きした英雄は、通説のような停滞した族制的政治体制ではなく、各共同体の族長が独立し、王権が「自ら甲冑をつらぬき各地を平定した」時代（五世紀頃）にこそ相応しい。だが、七・八世紀には国家形成はすでに終わり、その体験と業績を回顧し誇る余裕が支配階級に生じるなかで編まれた記紀は、「皇室が日本を統治すべしという理念が、絶対的なものとして歴史の中に実現されてゆく過程を物語っているに過ぎ」ず、生きた事件から「叙事詩的独立性」が奪われ、単なる素材の地位に貶められている。神代紀の神武東征の物語は「叙事詩の完全な堕落」であり、「高い詩的な調べのかわりに散文的退屈が全体を覆うている」。これに対し、皇室の絶対的権威の前に隷属することにより独立性が保持されている七世紀の現実に向き合う貴族が、大和国家が膨張した五世紀＝「過去の英雄時代」を再生しようとしたのが記紀の歌謡群であるという。

石母田は以上の時代認識を踏まえ、敗戦直後の執筆当時、天皇制の存続や国家との関係をめぐり沸騰していた世情を意識しつつ、皇室の二重性を、地域を支配する豪族のなかでの最高有力者であり、同時に世襲的王制として国家に君臨する存在と位置づける。記紀ではこの両面がしばしば矛盾して表れており、たとえばヤマトタケルの東征物語を例に挙げると、『古事記』では英雄の遍歴物語・悲劇の浪漫的英雄（孤立者）として描かれている。タケルが統一する対象は神々（自然神）であり、開拓者＝族長の永遠に続く「自然に対する闘争」を典型化・象徴化し、一個の芸術的性格を創造したものであって、ここには「（紀からの）見事な跳躍」がみられる。対して『日本書紀』では、景行天皇の皇命にしたがわぬ辺境の後れた人民を、武力・権威によって征服する思想の肉付けをするために構想された物語であり、「拙劣な政治理念実体化」にとどまるという。その意味で英雄時代そのものが「実体的かつ人倫的」な性格をもつと主張している。

この論文は、当時の歴史学界に大胆な問題提起として受け止められた。石母田が津田の史料批判について、記紀作者が述作した英雄物語をそのまま歴史的事実もしくはその根拠とする譬喩論的理解と対峙した点を高く評価しつつ、後代の作家の観念から英雄が創造されると言う理解は困難であると批判した点は、以後の研究者に継承されていった。「英雄の内容、性格形態はその物語が製作される時代の構造、過去の時代に英雄を形成しようとする階級の主体的条件によって規定される」とする石母田の視点は現在も広く共有されている。[17] 他方、石母田や、彼と共に当時精力的に古代の「英雄」について論じていた藤間生大の時代観に古代のデスポティズム概念の拡散がみられ、その歴史解釈が「歴史離れ」「民族主義的傾向」に繋がっているとの手厳しい批判が北山茂夫らから寄せられた。[18] 後年「英雄時代論争」と呼ばれるこの議論は、日本古代において「英雄時代」を想定しうるか否か、それが「天皇」という政治権力の出現・形成や変容とどう関わっているかについて、戦前には無かった新たな研究視点をもたらした。

それでは出雲神話に関するこれまでの理解は、「英雄時代論」の登場によりどのように変化しただろうか。『古事記』のオホナムチの国作りの物語は、八十神との対決、成婚、スクナヒコナとの国作りを主な内容とする。これについて津田左右吉は、神代史の物語が民間に広く普及した結果、その一部が『風土記』などに定着したと理解する。これに対し石母田は、一九五七年の二論文で出雲神話を主に取り上げ、本来民間信仰の神であったオホナムチ・スクナヒコナの二神が物語の基盤だが（「経営天下」に属する「国」に、群集墳発展や「戸」成長の反映をみる）、この物語と後から国家的理念が介入した部分との間に矛盾が生じていると論じる。神武天皇の物語に含まれる出雲系神話（熊野の服属・正妃の家系）も、同時期における出雲系諸氏族の多様な活動と、天武天皇自身の政治的意思によって、もともと存在した国作り神話のなかに付加された。

> 出雲国造と中央との対抗関係、公式には隷従の儀礼をとりながらそのためにかえって強められる自己主張と対抗意識をかんがえなければ、国引きの詞章が現存のような形で完成されることも、また風土記のはじめを飾る物語としてかかげられることもなかったろうということも忘れるべきでない。（石母田一九五七①）

出雲国造にのみ従属する語部の存在にみるように、律令国家がほぼ完成段階にあった七世紀第４四半期においてなお、出雲国造は天皇家へ対抗意識をもっていた。それを包摂するために、一見デスポティズムの神話にはそぐわない『古事記』の出雲神話が採用され、また『出雲国風土記』に国引きの詞章が組み込まれる必要があったのだという。

壬申の内乱に勝利して後、天武天皇のもとで整えられてゆく「血族的ヒエラルヒー」（石母田一九五七②）は、決して津田が想定するような天皇家からの一方的な作為ではなく、律令国家形成過程で急速に地域支配が進む中で、自らの支配の正統性を確保しようとする有力族長層の広範な要求に支えられて成り立っていた。それをストレートに汲み取っているのが『古事記』や『風土記』であり、天皇制デスポティズムの主張が明瞭に表現されているのが『日本書紀』の神話である。このような質的差違を認めることが出来る。

こうして「英雄時代」論の登場により、出雲神話は新たな役割を改めて担うこととなった。津田以来、出雲勢力の大和政権への敵対と服属という実際の歴史を反映して構築された物語として理解されてきた出雲神話は、大和政権による国土統一の過程で軍事的・政治的に統治下へ組み込まれていった地方の有力豪族の祖先が、必然的に大和朝廷に従った過程を象徴的に描き出す、まさに天皇制の神話としての位置づけを役人によって与えられ再編されたと考えられることとなった。

こうした理解は以後の日本史学界に広く共有されてゆく。例えば出雲の国譲り神話は、全国の族長層が繰り返し行ってきた、天皇に対する服属を一回的に集約して儀礼の形で神話的に表現したものとの理解が通説化した。[19] 一九七〇年代には律令国家の神祇令に規定される祭祀体系の形成過程に、記紀神話の反映（物語化）を読み解く「祭儀神話論」が登場する。そこでの出雲神話は、諸国の有力国造の服属の物語を一体化・抽象化して七世紀後半に新たに造形された神格である大国主命を中心とする政治物語との位置づけを与えられてゆく。岡田精司は祭儀神話論の視点から記紀神話の体系全体について検討し、祭儀との対応関係と物語の内容から、次のように分類した（岡田一九七五）。

まず宮廷祭儀と不可分な神話として、イザナギ・イザナミの国生み、神生み、アマテラスの織殿や岩戸隠れ、スサノヲの高天原追放、天孫降臨の物語を挙げ、これらが神祇令四時祭の八十島祭・鎮火祭・道饗祭・神衣祭・神嘗祭・大祓・祈年祭等の祭儀内容の記載とそれぞれ対応するという。またこれらとは別に、山幸彦の海神宮訪問や神武天皇東征神話のように天皇と伴造の祖先（海部を管掌し宮廷の食膳に奉仕した阿曇連や隼人、軍事担当の伴造である大伴・物部両氏）のみが活躍し、他の中央・地方豪族の神はほとんど登場しない物語があり、これらは新嘗祭や大嘗祭と対応すると考える。こうした神話体系の核となる物語を基盤として、国土生成に始まり神生み、誓約、神逐い、国譲り、天孫降臨と展開する、天皇の国土支配を正当化するための政治神話が構成されている。これらにはローカルな神話伝承は直接には登場せず、中央臣姓豪族・地方国造層の物語は出雲神話の中に、またその神の名は欠史八代へ記される。出雲神話は宮廷神話と無縁で、農耕儀礼・成年儀礼（民俗的な）を抽象化して結合したものだとする。

祭儀神話の形成には大きく分けて三段階がある。まず六世紀前半頃、宮廷祭祀を背景に物部・大伴等の伴造の奉仕起源譚として、高天原―日向―イワレヒコ（神武天皇）の物語が体系化する。六世紀中葉の政治的混乱を経て成立した継体朝を安定させるため、宗教的儀礼の整備が行われ、伴造間の結合を強化するために皇別氏族系譜の形成・殯宮儀礼の整備が進んだ。

七世紀初頭、神話体系が一度整備される。イワレヒコ即位の辛酉年が六〇一（推古九）年を基準として定められ、崇峻朝に滅亡した物部氏をニギハヤヒの子孫として位置づけた。伴造の阿曇氏神話群の舞台が日向・薩摩に固定され、隼人の服属伝承の由来を説くものへ転じ、推古朝に進められた天皇記・国記修史事業に関わり、欠史八代（綏靖・安寧・懿徳・孝昭・孝安・孝霊・孝元・開化）の神の系譜中、臣姓氏族のもののみ蘇我氏を軸とする武内宿禰の系譜に再編成された。律令国家の形成段階である舒明～天智朝には、大王家の最高神が、それまでのタカミムスビ一神からタカミムスビと天照大神の同格二神の並列となる。

そして孝徳～天武朝には、諸国の国造神話を抽象化して「大国主」が創出される（出雲神話の形成）。地方神の物語は「出雲国譲り」を高天原神話に割り込ませて完成された。また、主催神としてのタカミムスビとアマテラスを逆転させて後者を主神とし、道教の神話中にある北極星＝元始天王を導入してアメノミナカヌシを神話の冒頭に追加する。地名改変や省略、神の順位変更、中臣氏の神の過大評価など細部に手を入れ、全体として天皇の支配を正当化する神話体系を完成し、持統三年（六八九）に百官に公表した。

以上見てきたように「祭儀神話論」における出雲神話は、古代の天皇と族長間の不即不離な支配関係（対抗と依存関係）を明示する、代表的な事例として捉えられている。天皇制の神話体系が形成される過程で、各地の有力族長層とその祖先である国つ神がそれぞれの地でこれまで担ってきた「国作り」を彼らに代わって行い、全国土を治めるのが天皇であるという形で、統治の正統性を物語によって表現されているといえる。古代国家の神話体系を完成する最後のピースが出雲神話であったとの理解だが、祭儀神話論においてはそれがなぜ出雲を舞台とした神話でなければならなかったかという点は重視されていない。『島根県史』以来強調されていた「古代出雲」の地域的特質という視点は、日本古代史の神話研究のなかで後景に退き、次第に検討の中心から外れていったといえるのではないだろうか[20]。

おわりに

本稿では、一九二〇年代に野津左馬之助がほぼ独力で執筆した『島根県史』に再度注目し、その厖大な記述のなかに表れる歴史学の視点や方法について、前史となる一八八〇年代、野津が『島根県史』編纂に従事した時代、野津の死後（～一九七〇年代頃まで）の時期に分けてごく大掴みに整理した。その際、「古代出雲」像を描く上で重要と思われる要素として、「出雲民族」および出雲神話を取り上げ、その内容理解の変遷を読み解くことで、「古代出雲」像の変質を跡づけようと試みた。その結果、『島根県史』が近世の儒家や国学者による記紀神話の解釈から、一九世紀末に日本へもたらされた比較神話学、紀年論、人種・民族論、それらを基盤とする神代史論に至るまで、幅広く多岐にわたる要素を取り入れ、立場が異なる多様な「古代出雲」像を撚り合わせた書であることの一端が明らかになった。野津はなぜこのような叙述方法を選んだのであろうか。今一度その意味を問い直す必要があると思う。

本稿で取り上げたのは一九七〇年代までであるが、一九八〇年代半ば以降、現在もなお地域史研究に一定の影響力をもつ「古代出雲」観として、門脇禎二の「イツモ王国論」が登場する（門脇一九八七他）。この説は、出雲西部を中心とする「原イツモ国」が二世紀に成立し、全域に勢力を伸張するも（四～六世紀）、キビ勢力の進出によって危機を迎え、やがてその衰退に伴い、ヤマト政権の支配下に置かれつつ、国造のもとで独自の文化を維持してゆくという歴史像を骨格となしている。考古学研究の進展により、出雲地域に特徴的な四隅突出型墳墓の分布が明らかとなり、また一九八四年に三五八本という多数の銅剣が一括出土したことで話題となった荒神谷遺跡の発見は、出雲地域の文化的・政治的特性の再検討を迫った。門脇はこれらの考古学的成果と文献史料による地域社会構造・神の系譜等の復元を基礎として、独自の「地域王国論」を提唱し、イツモ王国はその代表例とされるに至った。この学説は、大和政権による日本列島各地域社会の支配から天皇を中核とする律令国家の形成までを一貫した歴史過程と考える古代史の通説的理解に対し、地方史から一石を投じるものであったが、それぞれの王国独自の政権構造や制度的実態が不明瞭との批判が多く寄せられ、現在の文献史学において古墳時代に「出雲王国」の存在を想定する議論は少数派といえよう。その成否についての検証は必要だが、門脇説の提起した問題は、単に大和政権に敵対した地方政権が六世紀にまで独立を維持していた可能性を問うのではなく、日本古代の歴史過程全体のなかに出雲地方の独自性をどう位置づけるかという大きな課題を改めて示したものといえるのではないだろうか。

「古代出雲」に関する解釈は、日本古代史の新たな枠組が一九二〇年代（神代史）、一九五〇年代（英雄時代論）、一九七〇年代（祭儀神話論）に登場するなかで変容していくが、各論の研究の精緻化が進むことで、野津左馬之助が共有しようとしていたような出雲の歴史像を巡る多彩な議論の論点が見えにくくなったといえるのではないか。研究の閉塞が問われている現在、百年前に纏められた『島根県史』のユニークな歴史叙述から学ぶべき点は極めて多い。

附記　なお、本来であれば本稿の論述にあたり、松江市史編纂室所蔵の野津左馬之助関係資料等の一次史料を調査して論じるべきであったが、二〇二〇年のコロナウイルス禍に起因する移動自粛により調査を断念せざるを得ず、本稿に活かすことが叶わなかった。私は野津のユニークな地域史研究は、日本史学史において欠くことの出来ない位置を占めると考えており、別の機会に改めて論じたい。

《参考文献》※本文中で言及しなかったが、立論に際して参考にした文献も含む。

石母田正「古代貴族の英雄時代―『古事記』の一考察―」（一九四八年）、「古代文学成立の一過程―『出雲国風土記』所収「国引き」の詞章の分析―」（一九五七年①）、「国作りの物語についての覚書」（一九五七年②）。いずれも同著作集第十巻、岩波書店、一九八九年に再録。
稲田信「野津左馬之助先生と『松江市史』」（松江市史編纂課『松江市史編纂コラム』、二〇二〇年）
井上光貞『日本古代の王権と祭祀』（東京大学出版会、一九八四年）
大林太良・倉塚曄子・松前健・水野正好・水野祐『シンポジウム出雲神話』（学生社、一九七三年）
岡田精司「記紀神話の形成」（『岩波講座日本歴史2』、一九七五年）
門脇禎二『古代出雲』（初版一九八七年。講談社学術文庫版、二〇〇三年）
呉哲男『古代文学における思想的課題』（森話社、二〇一六年）
島根県立古代出雲歴史博物館『平成の大遷宮　出雲大社展』（二〇一三年）
島根県立古代出雲歴史博物館『出雲国風土記　語り継がれる古代の出雲』（二〇一七年）
椙山林継・岡田荘司・牟禮仁・錦田剛志・松尾充晶『古代出雲大社の祭儀と神殿』（学生社、二〇〇五年）
関和彦『出雲国風土記註論』（明石書店、二〇〇六年）
瀧音能之『古代の出雲事典』（新人物往来社、二〇〇一年）
瀧音能之『古代出雲を知る事典』（東京堂出版、二〇一〇年）
田中聡「上古の確定―紀年論争をめぐって」（『江戸の思想』八、一九九八年）
田中聡「転機としての『日本歴史教程』―早川二郎のアジア的共同体論」（磯前・ハルトゥーニアン編『マルクス主義という経験　1930―40年代日本の歴史学』、青木書店、

二〇〇八年）
田中聡『日本古代の自他認識』（塙書房、二〇一五年）
寺田和夫『日本の人類学』（角川書店、一九八一年）
直木孝次郎「記・紀と神話」（初出一九六九年。同『神話と歴史』、吉川弘文館、一九七一年）
野津左馬之助編『鹿足郡志』（初版一九三五年。臨川書店、一九七三年復刻版）
原武史『〈出雲〉という思想　近代日本の抹殺された神々』（初版一九九六年。講談社、二〇〇一年）
前田晴人『古代出雲』（吉川弘文館、二〇〇六年）
松尾寿・田中義昭・渡辺貞幸・大日方純夫・井上寛司・竹永三男『島根県の歴史』（山川出版社、二〇〇五年）
松前健『出雲神話』（講談社、一九七六年）
村井康彦「古代出雲王国の相貌」（『現代思想』二〇一三年一二月臨時増刊号）
山尾幸久『日本古代王権形成史論』（岩波書店、一九八三年）

註

（1）以下、紀年論争に関する行論は田中一九九八に拠る。論争の当事者である那珂通世や三宅米吉、小中村義象らの主張の詳細についてはそちらを参照されたい。

（2）神代の記述に不可思議な内容がみられることに関し、田口卯吉『日本開化小史』（全六巻。経済雑誌社、一八七七～一八八二年）には、「偖て古を尋ぬるには、偏に旧き言伝に拠らざるべからず、夫の感じ少き草昧の人心をして、面白しとか恐ろしとか、偉なりとか感ぜしめたる事は、之を言伝ふるに或は十分なる言語もなく、或は忘れ、或は重大に話し、或は憶想を交へて話し、口より口に伝へて、益々転訛したる言伝なれば、愈よ奇異の姿を為せり。而して之を聞く人々は、意外の事に多く遭遇せる者共なれば、之を怪しむの心なくして、終に祖先は人間に非じ、必ず神聖の通力あるものならんとの思を起したり。」とする。また同じ頃、小中村清矩は「神道」（初出一八八二年。同『陽春廬雑考』、一八九七年所収）と題する論考で、「又神代の事體には奇怪なること多し。是れ等は如何に心得るかと云ふ人あり。古代の事實の奇怪なることは我国のみに限らず、西洋にても、支那にても、印度にても皆同様なり。殊に我が国の古傳説は、もと諸家の祖先より語り継き、云ひ継きたるを、後に至りて、其まゝ書に筆したるものなれば、最も不可思議の談多し。此れ従来の神道家の、種々の説を為す所以なり。然れども、予は大學に於て講述を為すにも、此事はかくの如く、此事は何々なりなど強いて辨解を加へず。只上古の人の、かく云ひ傳へたることなりと述るのみ。」などと論じる。

（3）那珂は、『神功紀』『応神紀』に記された百済王系の干支が、実年代を干支一元（一二〇年）分下げることによって「韓史」のそれと合うのは、『日本書紀』が、干支により百済列王の事績を記録した原史料＝「原書」をもとにしているためと考えた。日本と朝鮮の間での頻繁な往来によって、一定の知識が神武建元以前から双方で共有されており、一国の枠を越えて共有される歴史認識の成立は文字伝来以前にまで遡ると主張する。ここから記紀の「神代」とは、文字をもたず民族的統一がまだみられない原始の世界であるとの認識に至る（田中一九九八）。

（4）①小中村（池辺）義象「日本紀年ヲ論ジ併セテ那珂氏ノ説ヲ駁ス」（『文』第一巻一五号付録、一八八八年）。②チェンバレン「ちゃんべれん先生の回答」、『文』第一巻一三号、一八八八年）。後者にはさらに、紀元五世紀以前の日本についていえるのは「既ニ数多ノ開化ノ技術ヲ有スル人民住シ、其ノ一部分ハ常ニ大和ニ住メリシ帝王ニ支配セラレ、亜細亜大陸トノ交通ハ既ニ開ケタリキ」ということにすぎないとある。

（5）那珂の論を支えているのは、記紀の編纂過程で利用された主な原史料（原書）が、帝室・諸王「イヅレノ家系ニテモ其ノ祖先ノ名ヲ記憶シテ相伝ヘ」たものが文字化して残った家伝の類であり、そこでは神代・人皇時代を区別する必然性はなく、一見「奇恠ノ談」にみえる荒唐無稽の記事にも口伝による「史実」の断片が伝えられている可能性がある。口承によって語り継がれたことの一部は、後に百済人によって「神代」の物語、また神武以来歴代天皇の名・世系などとして記録された、との史料論であった。

（6）那珂と共にこうした神代の認識を広める役割を果たした久米邦武は、この転換について次のように語っている（同「仲哀帝以前紀年考」、『史学雑誌』一三編二号、一九〇二年）。

> 今は万国歴史の比較中より、史学てふもの生れたれば、書紀の紀年は自然と消滅し、書紀は全く年暦の位置に排序せぬ事実となり、古事記と同様のものになりたり。是に於て一種の古き尺度は取出されたり。其は何たるかといへば、度会延佳本居宣長さへ削除したる古事記に、崇神帝以降は干支年月崩と注しあるを復活して以て書紀の紀年に代へるの説是なり。（傍線田中）

（7）この作業は、近世以来蓄積された世界の「人物図譜」などの知識の「再コード化」を伴いつつも、「人種」の徴候を身体・骨の各部分に見出して記述する、新たな「住民の国家への登記作業」に他ならなかった。冨山一郎「国民の誕生と「日本人種」」（『思想』八四五号、一九九四）を参照。

（8）日本人種の形成過程を問うこの論争において、原日本人＝コロボックル説を主張した坪井正五郎の論拠の核となったのは、考古史料よりむしろ記・紀などの文献史料、各地に残る風俗や言い伝え、そしてアイヌの伝承などの「口碑」であった。坪井はこうした史料を扱う学問分野を「土俗学」と命名し、考古学と並んで人類学の一分野とすることで、日本人の起源を求めようとした。坪井正五郎「石器時代の遺物遺蹟は何者の手に成たか」（『東京人類学会雑誌』三一号、一八八八年）他。

（9）以下、三章の叙述は、田中「近代歴史学のなかの『日本書紀』」（山下久夫・斎藤英喜編『日本書紀一三〇〇年史を問う』、思文閣出版、二〇二〇年）に基づいている。

（10）引用部分は総て『神代史の新しい研究』による。津田は、ギリシャやインド、「支那」に豊富にみられる国民的英雄神が活躍する叙事詩（国民的精神の結晶）が日本に欠落する理由を「風土が温和豊饒で、適当に労作すれば適当な報酬を得ることができ」

る点に求め、神代史が「生きた神の世界」ではないのは、インドの神や「支那」の神仙のように、「常に人の世界と共にあり」「人生を精神的に支配する」神の観念が日本に存在しなかったためであり、神代は国民の人世観・世界観の表象として発展することもなく、「現実の人生とは何の関係も無い遠い昔」のこととして神秘の扉が堅く閉ざされてしまったのだと断じる。田中聡「津田左右吉『神代史の新しい研究』―民族史の誕生―」（子安宣邦編『日本思想史』人文書院、二〇一一年所収）を参照。

(11) 鹿野政直は津田の想定する「国民」について、市民的権利主体としての意識に満ちた「公民」であり、国体史観論者の名分論本位を排して事実に忠実、他国と交渉しつつもはっきりと弁別される歴史的個性を有し、一国の枠内にあって皇室に強い親近感をもつ集団であると論じる。同『近代日本の民間学』（岩波書店、一九八三年）を参照。

(12) 尾川昌法「建国祭の成立―日本主義と民衆・ノート―」、『立命館文学』五〇九、一九八八年。

(13) 伊豆公夫・早川二郎・三澤章・渡部義通『日本歴史教程』第一冊（白揚社、一九三六年）。その概略は次の通りである。日本「列島社会史」は新石器時代に始まり、当時は縄紋土器・石器にみるように分業が未発達で、個人による社会的富の蓄積は殆ど不可能であった。『万葉集』の歌垣にみるような集団婚が行われ、「列島の社会史は大体氏族制時代をもつて出発したと仮定」される（第三章）。人口増加に従い、複数の氏族が結合して「部族」が生まれ、中国で前漢から三国時代にかけて発達した水田耕作と青銅器文化など、高度な「漢文化」が朝鮮半島を経由して日本列島に及ぶと、先進的な北部九州・畿内地方社会と発展が遅れた辺境社会との間に明確な格差が現れ、経済的交通の活発化が共同体間の差異を一層拡大する（第四章）。この不均等発展は、氏族共同体内部における家父長制的大家族（世帯共同体）を核とする村落共同体の自立、氏族の分裂傾向を生む。部族間対立が激化すると、有力な部族同盟による周辺の共同体の征服が行われ、各地に征服統一者＝「国造」が現れる（『魏志』倭人伝の「国」はこうした征服共同体）。被征服共同体成員は、征服部族・氏族に服属して「種族奴隷」に転化、あるいは部族としての自立性を維持したまま余剰労働を貢納する。また私有財産の形成に伴い、共同体内部でも貧者の奴隷化が進む（第五章）。四世紀以降に展開する大和政権による国土統一運動（国造・県主・稲置の設置）は、このような共同体間・共同体内部の奴隷的階級の生産活動の発展を原動力として進められ、大和政権を核とする畿内勢力が強大化するに至る（第六章）。なお、本書の史学史上の位置については、田中聡「転機としての『日本歴史教程』―早川二郎のアジア的共同体論」（磯前・ハルトゥーニアン編『マルクス主義という経験　１９３０―40年代日本の歴史学』、青木書店、二〇〇八年）を参照。

(14) 一九四〇年代に渡部義通らとともに歴史研究を始めた石母田正・藤間生大は、日本の実質的支配下にあった中国華北地域や植民地朝鮮における農村調査の成果をもとに、日本古代の戸籍分析を行い、日本古代においては地縁的共同体（村落共同体）が未成熟であり、それに代わって律令制国家の基盤となったのが孤立性・封鎖性の強い世帯共同体＝郷戸であったこと、西欧のような自立した「自由と民衆生活の唯一の炉」としての村落共同体を欠くために、世帯共同体は常に離散の危機にさらされ、大土地所有の侵攻に遭わねばならなかったとの理解に至った。戦後、『歴史学研究』一二九号（一九四七年）にマルクスの「資本主義的生産に先行する諸形態」が訳出・紹介され、共同体的土地所有の一類型としてアジア的形態があり、種族同士の征服活動の結果、総括的統一体＝専制君主が出現し、被征服集団とその土地とを「財産または奴隷」として唯一所有し、全面的に支配するとしている。この理論が「総体的奴隷制」論の有力な根拠となってゆく。田中同前論文を参照。

(15) 高木市之助『吉野の鮎―記紀万葉雑考―』、岩波書店、一九四一年。

(16) ヘーゲルの一八二〇・二一年のベルリン大学での講義録。石母田はグロックナー版三巻本を使用している。

(17) 石母田は、古代の浪漫的精神は七世紀に解体・腐朽し、宮廷貴族的生活様式を身につけた貴族は「大陸の専制主義的儒教的教養」を至上のものとみなすようになるという。壬申の乱を経て柿本人麻呂へ至り、叙事詩への道を官府的なもので塞がれた文学精神は抒情へ向かったと述べている。また藤間生大は『日本武尊』（創元社、一九五三年）を刊行し、民衆の象徴的英雄としてのヤマトタケル像を描いた。

(18) 北山茂夫「日本における英雄時代の問題によせて」、北山茂夫・吉永登編『日本古代の政治と文学』青木書店、一九五六年所収。上田正昭「ヤマト王権の歴史的考察―英雄時代をめぐって―」同前書所収。北山は、石母田の所論が古代天皇制の形成と、地域の一般豪族の「個性的独立性」とを無批判に同一視している点を問題視し、石母田が重要な根拠とした高木市之助の柿本人麻呂論が、古代的階級性を捨象した「民族」を基盤として萬葉の文学を天皇専制の現実と切り離していることを全く問わない点を批判している。また上田は藤間の枠組みを批判しつつ、英雄時代をどのような歴史的段階として理解するか、三～五世紀にかけての社会発展をいかなる歴史法則のなかで位置づけるか（奴隷制の規定）、藤間のいう「県主民主制」が成立するかの三点を分析することから「東洋的専制」、とりわけ日本の専制君主体制の成立事情を明らかにする研究」を進める必要があるとの課題を挙げる。

(19) 井上光貞『日本古代の王権と祭祀』（東京大学出版会、一九八四年）。本書は一九七七年に東京大学で行われた最終講義の内容を纏めたものである（同あとがき）。

(20) たとえば松前健『古代出雲』（講談社、一九七六年）は古代出雲について、「けっして畿内・大和より古い文化の母胎でもなければ、大和朝廷の成立以前に栄えていた「出雲朝廷」の根拠地でもなかった。」とする。七・八世紀頃の出雲は、シャマニズム風の民間宗教の本拠地であって、出雲国造は巫覡の徒の統率者、出雲大社はその総本社というべきものであると主張する。独自の出雲信仰圏が存在したが、天皇への敵対勢力ではなかったと見ている。

近代の「出雲」観の解明に向けた覚書

品川知彦

はじめに

現在、出雲は小泉八雲の『見知らぬ日本の面影』をひきながら、「神々の国」、「神話の国」などと紹介されることが多い。そこには、真偽はともかく、出雲には古い歴史があり、古代日本の中心地であったという自負が多かれ少なかれ伏在していよう。また、それが出雲の観光パンフレットに多く記されるようになったことからすれば、そのような意識が、出雲地方以外の人々にも少なからず共有されているとみなすことができよう。

小論は、近代において、このような一般の人々に見られる意識がどのように形成されてきたのか、その解明のための手がかりを得ることを目的とした。もちろん、「出雲」を「神国」とみなすことはすでに吉田兼倶の『日本書紀神代巻抄』に見え、また本居宣長が「出雲」に強い関心を払っていたことは周知の通りである。また、明治初期の祭神論争―教化活動を行う大・中・小の教院、後には神道事務局に造化三神とともに、幽を支配するとされたオオクニヌシを合祀するように求めたもの―においても、平田篤胤、千家尊福などの議論を背景としながら、オオクニヌシを通じて「出雲」がクローズアップされている。そのような神（道）学的な議論そのものが、一般の人々の認識に与えた影響も考慮すべきであろう。しかし小論では、一般の人々の認識の形成を探るという視点から、神（道）学的な議論を背景に持ちつつ展開された三条教則の衍義書を手がかりに、オオクニヌシの神徳等を通じて明治初期に「出雲」がどのように理解されていたのか、その論点を提示することによって、近代の「出雲」観の形成の一端を探ることとしたい。

一　三条教則の概要

三条教則とは、「明治新政府による大教宣布の一環として、国民思想の帰一すべき目標に向けて思想善導する役目をになった教導職に与えられた三ケ条からなる箇条項目」（下一〇六二）[1]であり、神ながらの道を国民に教化・理解させるための「国民生活に関わる倫理的ガイドライン」（下一〇六一）とされる。まず、その背景を簡単に確認しておきたい。

明治二年（一八六九）七月に太政官の上に神祇官が置かれ、九月にはその下にキリスト教に対する防御とともに国民教化にあたるために宣教師が設置された。翌三年正月に「宣布大教詔」が出されたが、これは祭政一致と惟神之道の宣揚という、いわば当時の政府の方針を理解させるためのもので、宣教師設置の目的もそこにあった。ところが、宣教師による教化は「人員の不足や教義の未熟さもあってその活動は不振であった」[2]とされる。そのため政府は、「宣教活動を活発化」するため、またキリスト教に対抗するために、仏教とともに国民教化にあたろうとして、同五年三月に神祇省（同四年八月に神祇官に変わって設置）を廃して、宗教行政全般を監督する教部省を設立した。そして同年四月には、宣教師を廃して教導職を設けた。教導職には、神職や僧侶を中心に落語家など「口頭演説をもってその業をする人々」（下一〇六二）が多く任命されている。明治七年（一八七四）当時では、その数は「七〇〇〇人を超え」（下一〇六二）ていたという。教導職は、例えば小教院とされた地域の神社や寺院に氏子や信徒を集めて、三条教則（及びそれに基づいた十一兼題[3]・十七兼題[4]、これらは明治六年に布達され、説教の演題の具体的な指針としてそれぞれ十一、十七の項目が立てられた）を説教・講義した。しかしながら、仏教側からの合同布教への反対などがあり、明治八年四月には大教院は解散し（神道側は大教院に代わる機関として神道事務局を設置）、神仏合同の宣教活動は終息した。そして、明治十年には教部省も廃止され、同十七年には教導職の制度も廃止されている。

このようなことから、教導職による三条教則の説教・講義も教化の点からみれば「効果はそれほど大きくなかった」[5]とされている。しかし、三条教則の説教などによって、一般の人々が『古事記』・『日本書紀』などに記された神話伝承を知る大きな機会になったことは疑いなく、三条教則の衍義書が教則の解説書もしくは講義の内容が筆記されたものであることからすれば、衍義書を取り上げることは、一般の人々の認識の形成を探るという小論の目的に合致していると言えるだろう。

さて、三条教則は以下の三箇条からなっている。

一　敬神愛国ノ旨ヲ体スヘキ事
二　天理人道ヲ明ニスヘキ事
三　皇上ヲ奉戴シ朝旨ヲ遵守セシムヘキ事

これらの具体的内容や宗教史上の位置づけについては小論の目的ではないためここでは詳述はしない。しかしながらまず、その全般的な傾向を示すために、宣教師の活動にあたって教義を確立する必要のために撰述されたとされる『神魂演義』の内容を紹介しておきたい[6]。これは「宣教師を置れし時の定説なる神魂大旨の義を演たる」[7]ものとされ、『神魂大旨』のいわば衍義書である。ここでは八箇条挙げられている。

・神人万物の霊魂悉く産霊神の賦り給へる事
・幽を本世とし、天を本所とする事
・霊魂ハ、皆其本所とる天に帰るべき事
・善悪邪正の所行に由て帰する所も亦種々の差別ある事
・顕世にては　天皇朝廷の御治めを受け、幽にしては　大国主神の糺判を受けて其の賞罰に預る事
・顕政にては所々に政庁ありて　朝憲を分掌し、幽にては　産土神ありて幽政を分掌したまふ事
・天神の御教に違はず、世に功あるものは、朝廷の御褒賞を蒙り、死て ハ　大国主神の御賞をうけ、天に帰るべき事
・神の御教に違い、法令を犯し、諸の悪行をなしたる者は、大国主神の冥府にて其御罰を受けて夜見国に逐らるゝもあるへき事

『神魂大旨』は、三条教則と同様に、敬神、朝旨の遵守など基本的に倫理的な傾向が強いものであったことがわかる。しかしながら三条教則に比すと、死後の霊魂の問題を扱うなど、神道色が色濃いものであったことがわかる。このことは、三条教則が神道と仏教が合同で宣揚することを前提に、より倫理的な側面から国民教化にあたろうとしていたことに由来するものであろう。

「出雲」に関することで言えば、宣教師の時代の『神魂演義』では、天皇と出雲大社に鎮座するオオクニヌシとの顕幽の分任、幽におけるオオクニヌシの賞罰、さらにオオクニヌシによる死後の魂の賞罰などに触れている。しかしながら大教院の時代になると、顕幽の分任は十一条兼題の中の一項目となっている。ちなみに大教院の時代、明治五年（一八七二）に発行された『神教要旨』の衍義書である『神教要旨略解』（近衛忠房・千家尊福撰）では、「善悪之應幽明匪誣」の解説において顕幽の分任、オオクニヌシの幽の支配等に触れているものの、オオクニヌシによる死後の霊魂の支配については明確ではない[8]。この影響もあるのか、三条教則の衍義書の中ではオオクニヌシの死後の霊魂の支配など「出雲」への言及が見られないものも多くある。

前置きが長くなってしまったが、それでは具体的に三条教則の衍義書の中で、「出雲」がどのように理解されていたのか、その論点についてまとめることとしたい。ただ、個々の衍義書の思想内容については省察しておらず、その意味で覚書に留まることをあらかじめお断りしておきたい。なお、小論で扱う衍義書は、基本的に一〇一編の衍義書が収録された『三条教則衍義書資料集』を用いた。

二　国土開発・天下経営の地

これは出雲大社に鎮座するオオクニヌシ（そしてその祖であるスサノヲ）

が国土を開発し、天下を経営していたことに言及するものである。

二―一　オオクニヌシの天下経営

3　樋口龍温〈真宗大谷派円光寺講師・中講義〉（下一〇九〇）『教則三条講述』（明治六年一月）(9)

（一）サテ別シテ諾冊二神、此大八嶋ノ国々ヲウミ玉ヒケルコトナレハ、コレ開国ノ祖ト謂ツヘシ。又大己貴ノ尊素盞嗚尊ノ御子也。素盞嗚尊天照大神ニ罪ヲヱ得玉ヒテ神逐ニヤラハレテ出雲ノ国ニ行玉ヒ、大蛇ヲキリ、稲田姫ヲメトリテウマシメ玉フ子也。父ハ根ノ国ニ付玉ヒタレトモ、子ハコノ国ニト、マリテ天下ヲ経営シ玉フ。ヨテコノ大汝ノ尊ヲ大国主ノ神トモ又大物主ノ神トモ申ス。コノ国ヲ開キ玉フニ大ナル功アリ。コレ今ノイヅモノ大神ニテ在ス。コレヲモ此中ニ合シテミナ敬フヘキコト（後略）（上八四―八五）

9　岡本経春〈下賀茂神社大宮司・大教正〉（下一一〇九）〉『三則示蒙』（明治六年七月）

（一）愛国トハ。（中略）伊邪那岐命。伊邪那美命ニ。修二理固成是多陀用幣流之国一。トノ御神勅ニ起源シ。其ヨリ建速須佐之男命。マタ大国主神。少名毘古那神ナド。継々ニ其洪業ヲ祖述シテ。此国土ヲ経営シ給ヒシ神意ヲ体認シ（後略）（上一九三）

15　総生寛〈戯作者（下一一二九）〉『三則説教原義』第一編（明治六年）

（一）愛国（中略）神代国常立尊天地開闢の元始たりしよりして後、伊弉諾尊、伊弉冊尊の二尊相共に天浮橋の上に立玉へて（中略）諸の国土山川草木など、又群神蒼生を化成し玉へてより、天照大神高天原に居て宇内を御し、大巳貴尊少彦名命と共に国土を経営し人物を愛惜す。（上三三五）

19　安江静〈伏見稲荷大宮司・大講義（下一一三九）〉『説教目的』（明治七年二月）

（一）須佐之男の大神には天下を任し賜ひし処、此大神は乞て妣国夜の食国月界を云ふに到り給ふ天照大御神は上天に坐て、（中略）故に無上至尊とも最上徳尊とも称してたてまつるなり。（中略）天神の曾孫大国主大神又御名大名牟遅神は、（中略）少彦名神と共に神輿を経営し、医の術禁厭の法まで定め給ひ、其御子百八十神を天下の国々へ分配して四面八隅を経営せしめ給ふ。（上四二三―四二四）

C　満川成種（国学者）『十一条兼題辨義』（明治七年八月）(10)

（神徳皇恩説）素戔鳴尊ハ出雲ノ國ニ降臨シ、鳥上峰ニテ大蛇ヲ斬リ人害ヲ除キ、草薙ノ神劒ヲ得テ是ヲ大神ニ奉リ、樹種ヲ山々ニ播殖シ給ヒ生産ノ原始、御孫大国主神ハ少彦名命ト共ニ国土ヲ開キ天下ヲ経営シ墾拓ノ原始、蒼生ノ為ニ療病禁厭ノ法ヲ定メ給フモ醫業ノ原始、皆天神化育ノ靈徳ヲ賛成補翼シ給フ處ニシテ、玄妙不可思議ノ神功ト云フベシ。（三―一〇一）

24　平田長子・久保悳隣〈小講義〉・久保理茲〈大神神社宮司・中教正〉『明教事実』（明治七年一〇月）

（二）朋友ハ（中略）。少彦名神ノ大国主神ノ御許ニ来リ給ヒシ時（中略）汝、葦原醜男大国主神一名ト兄弟ト成リテ、其国ヲ造リ堅メヨト、ノリ給ヘリ。是ヨリ二神（中略）力ヲ合セテ天下ヲ経営シ、国ノ為、民ノ為、大功ヲナシ給ヘリ。（上六二〇）

27　矢野玄道『三条大意』一之巻・二之巻（明治八年五月）

（一）出雲ノ大神と申は。此ノ大国を御造り固め遊ばし。又人民の道とて。万教道を始め。万の漢方呪禁までも。世に粟嶋様と申す少彦名大神と。諸共に御定めなされ。此ノ天ノ下を悉く。御治め遊ばされしを。（一之巻、下六九〇）

さて出雲ノ大神と申シ奉るは。杵築大社に鎮座して。御名を大国主ノ大神と申て。天照ス大神の御弟。須佐之男ノ大神と申す。月神なり。神様の御曾孫に座て。神代の時。此ノ世界のまだ出来訖ずて有しを。悉くに御造固め成されし時に。少彦名ノ命様と申す神の。（中略）此時に人民の為に。医薬とて疾を療治る道。又禁厭の方などを。種々御初め成され。（中略）大物主ノ神様の。（中略）共々に国を造成賜へり。（中略）かくて御二柱ノ大神の御伊豆に因て。天下四方八方を尽くに。御造固遊ばして。天下の大国主として。出雲ノ国に都を御建成されて。（二之巻、下七一二―七一三）

30　深川照阿〈連歌師・大講義〉(下一二〇六)「愛国」『本教講録』第一輯(明治十三年一〇月)
(一)大名持少名彦のよろしくも作り固めしおおやしま国
(中略)此大日本国は、大名持、少名彦、二柱の神の御心を尽されて、(中略)美しくよろしく御作り固めなされた、大八洲国、則大日本国であるとの意でござる。抑大名持神は、国神に坐まして、顕露界と言て、目に見ゆる世界を御主宰なされて、遂に幽冥界と言ひて、目に見へぬ世界に御入遊され(後略)(下一〇四七)
参考　浦田長民〈伊勢神宮小宮司(下一一六九)、中教正〉『大道本義』(明治十年一月)
初「諸尊」命二「素尊」一為二下土之主一。而「素尊」不レ肯レ奉レ勅。「諸尊」怒謫二之於底國一方二是時一。「素尊」所レ生「大巳貴」雖レ有下經二営国土一之功上而負譴者子。不レ可三以為二下土之真主一。是天孫降臨之議所二由起一也。(中略)「大巳貴」與二少彦名一。同心戮力。経二營國土一。愛二護人物一定二醫藥禁厭之方一。(上巻一〇)[11]
以上から、当時、オオクニヌシがこの国土を開発し、天下を経営、すなわちこの国を支配していたという理解があったことがわかる。それ故にオオクニヌシが基本的に敬神の対象とされたのであろう。またオオクニヌシの国土開発などを前提として、27のように出雲国に当時の都を作ったとするものもある。さらに、天下経営の中で、医薬・禁厭の方法を定めたことへの言及(19・27・C・参考)もなされている。
　ところで、オオクニヌシが天下を経営するという表現、医薬・禁厭の方法を定める等の国作りの具体的な内容を明確に記しているのは『日本書紀』第八段一書第六である。この一書第六の記述が衍義書の中で採用されていることに注意しておきたい。
　また、参考で挙げた浦田長民においては、オオクニヌシ(オオナムチ)の国土経営は、後に触れるように天祖・イザナキの勅を受けたものではなく、スサノヲの詞によるものとしている。したがってオオクニヌシは真の支配者ではなく、それ故に天孫降臨がなされたと理解されていることも注意しておきたい。

二―二　オオクニヌシの国土開発

オオクニヌシが天下を経営していたことまでは言及していないが、国土を開発、いわば国作りに触れる衍義書は他にもある。
23　小池貞景〈大原野神社権宮司・中講義(下一一五二)〉『教説三則百談』(明治七年一〇月)
(二)抑大国主命様は、出雲の国の大社に、御鎮座まし〳〵て、幽冥に預かることは、総て御主宰遊ばれて(中略)。扨この神様は面々の家にも御祭申てある。大国様の事で(中略)人に福を与へる神様でござるじやに依て、朝夕信仰して、福を授て貰が宜でござる。(中略)大国主の命様が少彦名の命様と二柱相供に、此日本国を御造りなされて未だ成就いたさぬうちに(後略)(上五五五―五五六)[12]
29　西川須賀雄「前号の続き」(教院講録　明治九年四月)
(三)天照大御神ヲ天日ノ御主宰と御定メナサレ。須佐之雄命ヲバ地球ノ御主宰トナサレタレドモ。至テ深キ故有テ須佐之雄命ハ月球ニ御出ナサレタデゴザル。(中略)扨コノ下界ハ一タン須佐之雄命ヘ仰付ケラレタ謂ニ因テ。此神ノ御子ト坐ス大国主神ガ専ラ土地ヲ開キ国ヲ造リ彼青草人草ノ為ニ。医薬。方術ヲ施シ。教ヲ布テ。御愛撫アラセラレタレドモ。(下九七七)
32　渡辺正輝〈伊勢岩淵町神童社主(下一一八一)〉『三条教憲亼教講録』(明治三十五年九月)
(三)天照大御神は高天原の主宰と立てられて天上の神と為り。(中略)須佐之男命が此天下の君と定まりましたが。(中略)須佐之男命は天照大御神に奏して泉黄国に入ること〻なりました。(中略)須佐之男命は此土に還降りまして。多くの御子達を産みおいて。終に黄泉国に入らせられましたが。(中略)さて此大国主神が高御産巣日神の御子の少名毘古那神と与に此天下を開拓して。(中略)現身ながら幽界に入らせられました。(下九五一)

二―三　スサノヲの国土開発

衍義書の中には、オオクニヌシの祖であるスサノヲが国土開発を行ったことに触れるものもある。

16　角谷隆音『三則和解』（明治五、六年頃カ）

（一）愛国《くにをめでたてまつれとなり》夫我国は天祖様の御詔を蒙らせ、伊若諾伊若冉の二神様、自ら開き給ふのみならず、服狭雄尊は、其底根を岩根堅洲に堅固ならしめ給ひ、（中略）天道自然黄泉に沈まんものを救はむと、黄泉の穢れも厭わず、悪鬼世に将鬼と称すの荒を制し給へり。（上三五六）

21　根本真苗『大祓詞三条弁』（明治七年三月）

（須勢理毘売の）御父、須佐之ノ男大神、又祓によりて、罪穢清まりて、世に大功を立給ひ、其ノ御末大国主ノ神はしめ、しは〳〵、八十神の禍事に遇給ひしを、根ノ国に至リ坐て（中略）此ノ比売神の御はからひによりて、顕国にかへり世にたくひなき大功を立給へる（上五〇七）

25　大賀賢励〈真宗大谷派学僧（下一一五六）・権小講義〉『三条述義』（明治七年一二月）

（一）如キ下素盞鳴ノ尊、五十猛ノ命、生二布シ木種一ヲ、大己貴ノ命、少彦名ノ尊、制カ中医療禁厭之法上ヲ（下六二六）

他にも上記のCの満川成種（国学者）による『十一条兼題辨義』では、「素戔鳴尊ハ出雲ノ國ニ降臨シ、鳥上峰ニテ大蛇ヲ斬リ人害ヲ除キ、草薙ノ神劔ヲ得テ是ヲ大神ニ奉リ、樹種ヲ山々ニ播殖シ給ヒ生産ノ原始」と記されている。少なくとも25、Cにおいては『日本書紀』第八段一書第四・五の記述が影響を与えていることに注意しておきたい。

二―四　スサノヲの継承

これは二―一、二―二で挙げたオオクニヌシの天下経営、国土開発が、スサノヲの意思を継承してなされた、とするものである。3では「父ハ根ノ国ニ付玉ヒタレトモ、子ハコノ国ニト、マリテ天下ヲ経営シ玉フ」とされ、9では、『古事記』に記される天神による修理固成の神勅をスサノヲ、オオクニヌシなどが継承したものと理解されている。29では「須佐之雄命ヲバ地球ノ御主宰トナサレタ」と記されており、いわゆる三貴子の分治において、スサノヲが天下を治めるようにとのイザナキの神勅（『日本書紀』第五段一書第六）を受け、それを引き継いでオオクニヌシが国土開発を行ったという理解がなされている。

この理解は上記以外にも見られる。19では、「須佐之男の大神には天下を任し賜ひ」、32では「須佐之男命が此天下の君と定まりました」と記されている。また参考で挙げた浦田長民も、「「諾尊」命二「素尊」一為二下土之主一。」とスサノヲが天下を治める勅を受けたことは認めている。他にも小池は以下のように記している。

23　小池貞景〈大原野神社権宮司・中講義〉『教説三則百談』（明治七年一〇月）

（三）天照大神様には、高天原をしろしめせと勅が有って、高天原へ御送上奉り、須佐之男命様には、此地球上の国々をしろしめせと詔が有たでござる。然るを須佐之男命様は、御母の国、根の国へ御往なさりたいと仰せられて（後略）（上五七八）

これらのことは、明治初期において、スサノヲが神勅により、本来、天下を治める存在であったという『日本書紀』第五段一書第六に基づく理解が浸透していたことを示している。そうであるなら、第八段一書第六に記されたオオクニヌシの国土経営も神勅に基づくものという理解も生じてくる。[13] 参考で挙げた浦田長民は、オオクニヌシの国土経営は、神勅ではなくスサノヲの言によるもので、オオクニヌシは真の支配者ではない、と論じているが、逆に言えば、当時、そのような理解があったことも示しているだろう。

原武史によれば、「（大国主神が）この御国を知看すことは、始めに、伊邪那岐命の、速須之男命に、依したまへる国土を、承け継ぎしろし看す理になむ有りける[14]」という平田篤胤の理解を挙げ、スサノヲが正統的な支配者であるとするのは、篤胤の「革新的な解釈」であったとしている。[15]

ところで、オオクニヌシがスサノヲを継承して天下を経営したという理解は、篤胤以前においても出雲大社神職層の間に見られる。出雲大社の御師とされる佐々誠正は、安永二年（一七七三）の『大社幽冥誌』において、「伊奘諾尊より素戔嗚へ天下の人道を治むべしとの勅許あり、吾又素尊の令嗣なれバ顕露の人道を治むハ則諾尊の勅言に叶ふらめ[16]」としている。なお、祭神論争の中、明治十三年（一八八〇）六月に千家尊福から神道事務局に提出した覚書に「須佐之男尊ハ、諾冊二尊ノ偉業ヲ継承シ玉フノミナラズ、皇統ノ因テ出ル所ナリ、故ニ造國治民ノ職ハ、避テ大國主神ニ継カシメ玉フト雖モ（後略）[17]」と記されているように、このような理解は、出雲大社の中で徐々に形成されてきたとも見ることもできよう。したがって、二―四、および二―三の理解は、平田篤胤の国学のみならず、出雲大社の影響も想定して良いだろう。

以上のように、オオクニヌシ（そしてその祖であるスサノヲ）が、国土開発・天下経営をなしたという理解は比較的多くの衍義書に見ることができ、また、それ故に当時の都が出雲であった、とするものもあった。明治時代初期には、一般にこのような「出雲」理解があり、それが三条教則に関する講義などを通じて浸透していったことを想定することもあながち不可能ではないだろう。

三　文化発祥の地

これは二の理解を前提としているものではあるが、オオクニヌシが医薬・禁厭の方を定めたなど、国土経営の内容を具体的に挙げているものである。このことに触れるのは二で挙げたもの（19、25、27、29、C、参考）の他にもある。

5　千速定朝〈法隆寺（下一〇九五）〉『公令三箇条布教則大意』（明治六年二月）

（一）我皇国ハ天祖肇テ天地一世界ヲ創立シテ女男ノ二柱神先ツ是ノ国ヲ造リ堅メ、諸神此ノ国に生坐して各々其ノ分ヲ司リ賜ヒ、衣食住ノ道ニ就テ草木穀物等諸品ノ種ヲ生シ、山野ニ殖繁ラシメ、殊ニ天照大御神ハ天地ノ主宰トシテ穀物ハ愛シキ青人草ノ食ヒテ活ヘキ物ソト詔リシテ田畠ヲ作リ殖シメ（中略）医薬ノ道禁厭ノ方ハ大国主、少彦名ノ二神ニ始マリ（後略）（上一一七）

9　岡本経春〈下賀茂神社大宮司・大教正〉『三則示蒙』（明治六年七月）

（一）大己貴神。少彦名神ノ。蒼生マタ一切ノ物ノ為ニ。医薬禁厭ノ法ヲ定メテ。人ヲシテ各自其徳業ヲ。修メ成サシメ給ヒ。（上一九二）

このうち5は、全体的にアマテラスを天地の主宰としているが、それでも医薬・禁厭の方の起源をオオクニヌシ・スクナヒコナに求めている。

さて、原武史によれば、第八段一書第六に記された国土経営の内実を、「古史」として「一生豊かなもの」としたのは平田篤胤であったという。具体的には『古史徴』の中で、オオクニヌシが「地」の中心であった出雲国を巡回し、また稲作を開始し温泉を開拓するとともに、病気治療の方法を人々に広め、作物に害を与える鳥や昆虫を駆除して農耕の基盤を安定させたことなどを記しているという[18]。

ところで出雲大社において、第八段一書第六の記述などに基づき、オオクニヌシが医薬・禁厭の方を定めたという理解は遅くとも近世半ばには見られる。享保十一年（一七二六）、出雲大社神職が延享の造営に向けて勧化を求める際に持参した縁起書には以下のように記されている[19]。

国作り大己貴命（中略）此葦原の地主たるによって、大国主の神とも申すなり（中略）万民のために病を癒し、薬の方を初て教給ひ、温泉に浴して病を癒す事を教、又は牛馬の煩にいたるまで薬を与ふるの法をしめし給ふ、日本医術の祖神とも申奉、また鳥獣昆虫のわさハひを祓ハんため、ましなひの法を教給ひ、或妖怪、或田畑を妨る毒虫をも速にはらひ除き給ふ御神なり

また上述した『大社幽冥誌』においても、国作大己大神の神徳として巻一では「天か下を経営なし邪鬼を撥平国家を興作し人の大倫忠孝の道医の術士農工商の職業に至るまで悉く教訓」したと記している。巻三ではより具体的に「蝗除け禁ひ厭るの法」、「耕作」、「塩焼業」を教え、また「和歌の祖神」であり、文字（真名）を作ったと記している[20]。

勧化のための縁起も『大社幽冥誌』も、基本的には出雲大社の神職が地域をめぐって人々にその神徳を説いた、という性格を有している。それ故、近

世半ば頃からこのようなオオクニヌシの神徳が一定程度、浸透していたことが予想される。したがって衍義書の中で、単に第八段一書第六の記載に留まらず、オオクニヌシが「人ヲシテ各自其徳業ヲ。修メ成サシメ給ヒ。」（9）、「人民の道とて。万教道を始め。」（27）、「教ヲ布テ」（29）などの記載が見られるのも、平田篤胤の影響のみならず、出雲大社の影響も想定して良いだろう。

衍義書では、オオクニヌシが国土経営の中で、医薬・禁厭の方など人々が生きていくための様々な方法を創始しそれを教えた、と理解されていた。誇大表現かもしれないが、国土開発・天下経営の地とする論点を背景としながら、オオクニヌシは様々な文化を生み出した、という理解が見られるとしても良いだろう。

四　オオクニヌシが幽を治める地

四―一　オオクニヌシの幽の支配（死後の世界を含む）

オオクニヌシが幽[21]を支配すると捉えるのは、『日本書紀』第九段一書第二に基づくものである。そして、オオクニヌシの幽の支配が死後の世界にまで及ぶとしたのは、周知の通り平田篤胤である。まず、オオクニヌシが死後の世界を含む幽を支配することを記しているものを挙げよう。

1　国井清廉〈神職　平田鉄胤に師事（下一〇八〇）〉『神教三条大意』（明治五年一〇月）

（一）後ニ三神ハ天地ノ主宰ヲ天照大神ニ任シ玉ヒテ幽明ノ大本ヲ主リ（中略）天照大神ハ、又此地ノ幽冥ノ政ハ大国主神ニ任シ、顕明ノ政ハ皇孫瓊々杵命ニ任シ玉ヒ、其ニ源ヲ主リ給フ（中略）其天地ノ間ニ別ニ幽界在リテ則霊魂ノ居所ナリ。其幽界ハ大国主神是カ主宰トナリテ治メ給フ。其冥府ハ出雲ノ国杵筑紫ノ宮是ナリ。国々ノ一ノ宮、産土神ノ社是小冥府ナリ。（中略）其政ハ其ノ地ノ災害ヲ攘ヒ、五穀ヲ始、人間有用ノ動植を繁茂セシメ、悪ヲ陰ニ為ス者ハ或ハ顕政ニ罰シ、或ハ幽冥ニ帰シテ後、罰ヲ下シ玉ヒ（後略）（上三六）

7　細谷環〈永平寺第六一世・大教正（下一〇九九）〉『三条弁解』（明治六年四月）

（一）上見タル事ヘ下タルヲ愛シミ深ク顕幽両界ノ賞罰ヲ畏ミ奉リ、顕界トハ朝廷ノ御賞罰ヲ云フ（中略）幽界トハ人ノ死シテ行ク未来ノコトトシテ、大国主大神ノ治ラセ給ヘル冥府ヲ云フ。（中略）大国主神ハ漏スコトナク能ク之ヲ照覧シ給フテ、顕世ノ賞罰ヲモ与ヘ賜ヒ、又死後ノ善悪ヲモ糺断シ給フ。賞善罰悪ハ大国主ノ大権ナレバ、遅速ノ差ハリト雖モ、ソノ善悪ニ適フ賞罰ヲ行ヒ玉ハズト云コトナシ。（上一四六）

8　仮名垣魯文〈戯作者〉『三則教の捷経』（明治六年七月）

（一）悪人ながら此世にて　福をうる者偶さかに　ありとはいえど死ぬ後は　神の御罰を蒙りて　くるしみ限りないたとて　泣あかされぬ目を見する　大国主の神業を　俗に地獄のせめといふ（上一七六）

9　岡本経春『三則示蒙』（明治六年七月）

（一）次ニ幽冥大神ノ。身後ノ事ヲ所知看恩トハ。マヅ大国主神ト奉ㇾ称ハ。須佐之男命ノ。御曾孫ニ御坐テ。幽冥事トテ。人ノ目ニ見エヌ。幽界ノ大政を統轄シ。人ノ在世間ノ功罪ヲ審判シ。其神魂ノ黜陟シ給フ。大神ニ御坐が故ニ。幽冥大神トハ奉ㇾ称ナリ。サレバ人死スレバ。（中略）ヤガテ産土神ノ処分ニテ。速カニ大国主神ノ所知看ス。冥府ニ参リ。在世間ノ善悪業ノ撿覈ヲ受ケ。既ニ前世ニテ受ケシ応報ト照応テ。公賞公罰。（上一九二）

10　大久保好伴〈中講義（神道系）（下一一一一）〉『説教大意』（明治六年七月）

（一）大抵神様の御賞罰は歳月を以て云がたけれど、終には其死後に御施しなさる、なり。（中略）抑死後の事は誰も心にか、り恐る、所にて、世に色々の説ともあれと、実は天照大御神様の御心として大国主神様の御掌り遊ばす趣なり。（上一九八）

13　安江静〈伏見稲荷大宮司・大講義（下一一三九）〉『説教之一端』（明治六年一一月）

（一）天照大御神は奇異なる御子にして（中略）無上至尊と称し奉り（中

略）、又大国主神は眼睛にみえぬ幽冥の事を主宰し給ひ、専ら人の歿後の霊魂を審判し給ふ大神なれば（中略）幽世にて此大神の刑戮は免れ難きことなれば恐れ慎むべき事なり。（上二五五）

18　渡辺重春〈広田神社大宮司・大講義（下一一三七）〉『教義諺解』（明治七年二月）

（一）巻之一（中略）又氏神様、産土ノ神様ハ其氏子々々ノ、此世ハ申スニ及ばす、死デ先ノ世マデモ御守下サレバ、別シテ大切ニ致サネバナラヌ事。又其先キノ世ノ大本ヲ御支配遊バスハ大国主神、即出雲ノ大社様デゴザレバ、此以テ大切ナル神様、其外天神地祇八百万神ト申シテ（後略）。（上三七二）

巻之二（中略・『日本書紀』第九段一書第二引用）高天原ニ座坐ス高皇産霊神様ト申ス広大無辺ノ神様ガ、大己貴神様ニ勅諚ガ有ラセラレルニハ（中略）其方ハ此世ノ神々、尚又此世ノ人ノ死ダル魂ヲモ支配致セ。（中略）今日ニ至ルマデ長ク出雲大社ニ御体ヲ御隠シ遊バシテ御鎮リ遊バシタ、ト申ス御文面デゴザル。（中略）尚又此世ノ死ダ魂ヲモ大己貴命様ガ御支配遊バシテ、其人ノ生涯中ノ行ヒノ善悪ニ依テ御賞シモアリ、御罰シモ在ラセラレル様ニナリ、（中略）今日国ガ治ツタリ、乱レタリ、又盛ニ成ツタリ、衰ヘタリ至スノハ、皆神々様ノ思召ヨリ出ルコト、其大本ハ出雲大社様ガ御支配ナサレルト申スコトハ知レル。（上四〇七―四〇八）

19　安江静『説教目的』（明治七年二月）

（一）大国主大神は天神の御言に遵い顕世の御政事を皇御孫命に譲り賜ひて（中略）幽世の御政事を所ㇾ治賜ふ。此に於て顕幽の分始て定れり。（中略）其幽事とは大国主大神の各処の産土神及び八百万神に令して冥々の中に行せ賜ひ、此顕世の大政を其冥々より保祐し賜ふ大政を云ふ。（中略）抑幽政とは大国主大神の人生の吉凶禍福、没後の霊魂を神律の至厳を以て審判したまふを云ふ。（上四二六）

23　小池貞景『教説三則百談』（明治七年一〇月）

（一・二・三）一・（冒頭『日本書紀』第九段一書第二の引用）（中略）扨顕明事とは、顕はれて目に見える事で、此世の間の人の行ひの上のことで、夫れは御上の御役人が見付次第に、よい事をした人には、御褒美を下され（中略）是に対して、人の目にか〻らぬ事を、幽冥事と申して、此御政事を、大国主の命様が御掌り遊ばれて、御賞罰なさるでござる。（中略）又その身死て後も、其善悪の所業が、其魂に付て廻て、生きかはり死にかはり、その善悪の報が尽るまでは、其身に付まとふ事と見えるでござる。（上五五〇―五五一）

（二）其二（中略）大国主の命様が、是迄しろしめして御居で成れたる、顕幽の御政事を二つに御分なされて（中略）幽冥事の御政事と申て、是を大国主命様が御掌り遊さる〻でござる。（中略）扨この大国主命様は、出雲の国の大社に、御鎮座まし〳〵て、幽冥に預ることは、総て御主宰遊ばされて、八百万神といふて、広い神様を始め、いわゆる化物、また人の死だ後の魂の御世話まで成下さる、有りがたい神様でござる。（上五五四―五五五）

27　矢野玄道（国学者）『三条大意』二之巻（明治八年五月）

（一）かくて後に大神宮様。また皇産霊大神の御詔に因て。天子様の御先祖。（中略）此ノ天下ノ顕明政と云ひて。目に見ゆる現界の御政事は。御譲り遊ばし。幽冥政とて。目に見えぬ世界中に。神界。仙界。鬼界。又此ノ世人の死て往く地の。御政事を御統掌遊さるべく。（中略）杵築ノ大社を。本ッ宮と定め鎮座して。無窮に幽冥事を知看す御事と成りぬ。（下七一三）

オオクニヌシが幽を支配し、死後、オオクニヌシによる冥罰がなされることは、宣教師時代の『神魂演義』では明瞭に示されていた。それにもかかわらず、このことを記す衍義書は多いとは言えない。繰り返しとなるが、このことは、顕幽の分任が十一条兼題の中の一項目となり、『神教要旨略解』でもオオクニヌシによる死後の霊魂の支配については明確ではないことなどに起因していると考えられよう。

ところで出雲大社において、オオクニヌシが死後の世界を含む幽を支配することを明確に主張したのは、現状では千家尊福が明治五年（一八七二）一月に出雲大社大宮司を継いだ後の八月二五日（教部省の資料では九月二日）に、教部省に提出した出雲大社の昇格願である。[22] ここでは、オオクニヌシに天下大造の功業があり、幽事主宰に職掌においては神祇中の統領で、崇敬も伊勢神宮に並ぶべきものであること、天下の治要は幽顕の二道にあることなどから、出雲大社を諸官社の上位に定めることを願い出ている。その中でオオクニヌシが「大神幽冥ノ大権ヲ執テ此国ニ祝祭スル神霊及び幽界ニ帰向スル人魂を統括[23]」することを記している。もちろんそこには、平田篤胤などの影響があっただろう。しかしながらこの観点は、国学の影響を受けながら出雲大社の中で徐々に醸成され、尊福においてその結実を見、積極的に主張されるようになったと捉えることが妥当であろう。というのも、寛文度の造営を主導した佐草自清が、すでに元禄七年（一六九四）の『出雲水青随筆』において第九段一書第二に注目し、また佐々誠正は、幽冥におけるオオアナムチ（オオクニヌシ）の賞罰に触れている。そして千家俊信が「梅之舎三箇条」の中で人の死後における神の賞罰に触れ、尊福の父である千家尊澄が本居内藤との問答集『和歌の浦嶋抄』において、神と人との区別を注視し、とりわけその一四篇において、霊魂の行方を問題にしているからである。[24]

なお、祭神論争の中でいわゆる伊勢側の論客の一人であった田中頼庸も、明治六年（一八七三）の段階ではオオクニヌシが死後の世界を含めた幽を支配することを認めている。

６　田中頼庸〈権小教正、後に伊勢大宮司〉『三条演義』（明治六年四月）

（一）霊魂は神界に復命して無窮の福を受るなり。（中略）陰に悪を行い道に反く者は必ず死後には神明の法ありて其魂を罰し給ひ、或は夜見国に逐遣れて永世艱難を受るなり。（中略）時に初て幽顕の分を定めて、皇孫尊には専ら顕世の人道を統治奉しめ給ひ、幽世の神事は大国主神に總掌しめ給ふことは、神典にも見たるが如し。幽世とは即ち神界を謂なり。（中略）大国主神は神界の幽事を總掌り給ひて、産土神にも各其職を分掌しめ、人民を蕃息し（中略）皇朝の大政を幽に助奉り給ふ所なり。（上一三六―一三七）

ただし、「天神の賦る本分を尽して（中略）神界に復命しては有功の神と為りて永世の福を蒙り（中略）子孫をも守り助くべきこと、天神の賦る本分にして、神恩の尊きこと是より大なるは無し」（上一三七）と記すなど、幽における賞罰の主体については明瞭ではなく、あえていえば天神を主体としていると想定できよう。

四―二　オオクニヌシの幽の支配（死後の世界を含まず）

死後の世界を含むかどうかは明瞭ではないが、オオクニヌシが幽を支配する、と記す衍義書は他にもある。

２　大教院経典局編『諸宗教要義』（明治五年冬）

（一）天台宗（中略）顕世ニテハ天照大御神在之、幽冥ニハ大国主ノ神在之、陰陽不測ニシテ自然万物ヲ造化シ給フノ御徳ヲ崇メテ神ト称シ奉ルナリ（上五一）

４　田中知邦〈元教部省出仕（下一〇九四）〉『示蒙教導三条略弁』（明治六年一月）

（一）敬神とは（中略）まず第一に無上至尊たる天祖を崇敬するを主とす。（中略）次に大国主神は地球中の幽事を総括したまふの大神なり。又産土神は各その土地を分掌し、殊に其氏子を愛護し給ふの大神也。（上一〇八）

５　千速定朝『公令三箇条布教則大意』（明治六年二月）

（二）我朝ノ秘説ニハ不善ヲ顕明ノ中ニナセハ天照大御神ノ御心トシテ、人ヲ以テ之ヲ誅セシメ玉ヒ、不善ヲ幽間ノ中ニナセハ大国主ノ大神照臨シテ鬼神ヲシテ之ヲ誅セシメ玉フ。（上一一九）

14　宇喜多練要〈教義新聞関係者（下一一〇八）〉『説教道話』続編（明治六年一二月）

（二）巻六　幽冥の照覧を話して五倫の道を正しくするの話

又幽闇の密室にて犯す悪事は顕れにくしといへども（中略）幽冥界の神明はこれを能く照覧成し給ふ。（中略）故に朝廷八百万神を尊敬し給ふ事の深重なるは、天地の化育を助け（中略）顕界の眼の届かざる所の万民の陰悪を罰し給ふを以て敬神尊崇し玉ふなり。（中略）されば顕界

の吏員の如く、幽冥にも大国主神を司として多員の冥官の神あるべし。（上三〇九―三一〇）

20　渡辺助信〈天満天神関係者（下一一四二）〉『教義要宗』（明治七年三月）

（二）天祖ノ皇孫ヲ天下ノ大君ト定メ玉フ時ニ幽顕ノ分ヲ定メテ、皇孫尊ニハ専ラ顕世ノ人道ヲ統治セシメ、幽世ノ神事ハ建速須佐之男ノ御子孫大国主神ヲシテ総掌セシメ玉フ。幽世ハ即チ根国底ノ国ナリ。所々ノ産土神は各土地ヲ分司シ（中略）皇朝ノ大政ヲ幽ニ助ケ奉ル。（上四五四）

B　佐々木祐肇〈大谷派樂運寺〉『説教　十一条兼題録評』（明治七年四月）

（幽顕分界説）素盞嗚尊ノ御子大國主神、コノ葦原中津國ナル顯世ノ國界ヲ皇孫ニ獻シ奉リ、御自ラハ幽事ヲ掌リ、冥府幽界ニ坐シテ、賞罰ヲ治メ玉ヒ、以テ顯世朝廷天皇ノ太政ヲ助ケ玉ハムトテ（中略）凡ソ神典ニ出ル處ノ夜見國ト云ハ、幽界ノ冥府ナレドモ、本ハ二世再生の國界ニハ非ズ。既ニ冉尊モ現御身ノ儘ニテ、出雲ノ平坂ヨリ往キマセシ國ニシテ、諸尊モ現身ニテ往來シ玉ヒタル國界ナレバ、死マシテ往キ玉ヒタル冥途ニハ非ズ。（三―七〇）

22　堀秀成〈大講義・後に皇大神宮祢宜（下一一五〇）〉『教憲本拠』（明治七年八月）

（三）（第九段一書第二引用）神世に大己貴神は幽世を治めし、皇孫は永く顕事を治めすこと、定まる。然れは世に生てあるほどは、必ず皇上を奉戴せざればあるべからぬ真理の本此なり。（上五四四）

29　西川須賀雄「前号の続き」（教院講録　明治九年四月）

（一）天神ノ御子ノ次々ハ顕政ノコトヲ知看セ。吾ハ退テ幽境ニ入リ神事ヲ以テ陰ヨリ天神ノ御子ノ御政事ヲ助ケ奉リ。近キ守神ト成リマセウト申上ニナリマス□。（中略）其御恩賞トシテ幽ヨリ禍福ヲ裁判遊バスベキ大全権ヲ御委任アラセラレマシタ。是が幽顕判然ト分レタル処又神ト人間ト程遠クナツク［夕］始リデゴザル。（下九七七―九七八）

32　渡辺正輝『三条教憲衍教講録』（明治三十五年九月）

（一）敬神弐回（中略）大国主神は皇孫の御殿の如き宮を造って。建夷鳥命を神主として我を祭らば。我は幽界より天皇の政事を助けて世の中を治めやうと仰せられ。（後略）

敬神参回（中略）然るに我大日本の地は。形化の源一とも云ふべき陰陽二神の直接開かせられた国であり。又日神の御生れなされた国であり。幽冥の大主宰たる大国主神の現身の侭に鎮まります国であり。（下九三六―九三七）

このように見れば、死後の世界を含むかどうかは別として、オオクニヌシが目に見えない世界としての幽を治めているという理解は、当時、一定程度浸透していたと見ることができる。そして、このオオクニヌシによる幽の支配は、「顕界の眼の届かざる所の万民の陰悪を罰し給ふ」（14）、「此顕世の大政を其冥々より保祐し賜ふ大政を云ふ」（19）、「皇朝ノ大政ヲ幽ニ助ケ奉ル」（20）、「神事ヲ以テ陰ヨリ天神ノ御子ノ御政事ヲ助ケ奉リ」（29）、「幽界より天皇の政事を助けて世の中を治めやう」（32）、「顯世朝廷天皇ノ太政ヲ助ケ玉ハム」（B）など、天皇の顕の支配を支えるものと考えられていたのである。このことは、「皇朝の大政を幽に助奉り給」（6）と記した田中頼庸や「「大己貴」之去レ顯就幽。實出ニ於神勅一。（中略）故使之治レ幽以護ニ佑天孫顕界之治一。」（上巻一四）と記した浦田長民も同じである。

また、「国々ノ一ノ宮、産土神ノ社是小冥府ナリ」（1）、「産土神は各その土地を分掌」（4）、「産土神にも各其職を分掌」（6）など、各地に鎮座する産土社などがオオクニヌシの幽の支配下にあることも述べられている。この点も、出雲大社の神徳が広まる上で重要な要素になったと推定され得よう(25)。

ところで、小論の目的からは外れるが、顕幽の分任や死後の魂の判断に触れるものの、オオクニヌシには直接言及しない衍義書もあるので紹介しておきたい。

11　清水彦介〈神道家・権中講義（下一一八二）〉「三条教憲要解」（教義新聞二九号　明治六年九月）

右ノ三条ハ皇国神道ノ本教ニシテ能ク此三条ヲ守リ履行ヘハ、生テハ賢人君子トナリ衆人ニ尊バレ、死シテハ其魂高天原ヘ復ヘリ神明ノ御側ニ侍坐シ（中略）。若シ此三条ニ戻ル者ハ即チ無知無類ノ悪人ニシテ（中略）死シテハ其魂厲鬼ト成リ夜見国ニ追ヒ遺ラレ（後略）（下九六一―九六二）

17　伊藤経児郎〈神道家（下一一三六）〉『三条説教講義』（明治七年一月）

第一則　天神ニ敬事ス可キ事（中略）人ハ生テモ天ツ神ノ御蔭ヲ蒙リ、死後モ亦天神ノ恩徳ニ預ル。（中略）

第六則　不善ヲ為ス可カラザル事（中略）蓋シ凡ソ世界ニ於テ天神ノ照鑑在ラザル所ナク（中略）故ニ不善ヲ為セバ、則天神ノ照鑑ニ遇ヒ、必ラズ其譴罰ヲ蒙ラザルハ無カル可シ。（上三六一―三六三・三六七）

26　小川持正『童蒙魁読説教手引草』（明治六・七年頃カ）

（二）是等の天理人道に。もしも背かず刑にあひ。死ても消ぬ冥府の罰。うけてくるしむ事なれば。（下六八八）

A　倉谷智勇〈僧〉『十一兼題私考』（明治六年―七年）

第四ニ顕幽分界（中略）幽界トハ冊ノ尊ノ行キ玉ヒシ黄泉國、或は素戔嗚ノ尊ノユキ玉ヒシ根ノ國、底ノ國、コレラガ皆幽界ト云フモノナリ、（中略）今神々ハ顯露ノ事モ幽冥ノ事モコト〱クミナ互ニ通シテシロシメスユヘニ、今世ニ惡ヲ造テタチヒ王法ノ刑罰ヲノガル、トモ、神明幽ニアリテコレラ罰シ玉フト云神德ヲ擧テ、勸善懲惡セシメ、皈スルトコロ敬神セシメ玉フ御心ト伺フ所ロナリ（二―三九九）

31　深川照阿「敬神之説　前号の続き」『本教講録』第四輯（明治一四年二月）

（二）罪人の此世を去りては、先ッ冥府の神判を受け、其罪の軽重によりて、或は禍物の部類に入て辛苦めらるゝもあり（後略）（下一〇五八）

このうち17では、幽における神の賞罰は「天神ノ照鑑」、すなわちオオクニヌシによるものではないと理解されている。このような理解は、他にも見られる。例えば9では、「大国主ノ。冥府ノ事ヲ統轄シ。万魂ヲ黜陟シ給フモ。畢竟天神ノ神意ヲ受持タテシノ御事ナレバ。時ヲ以テ逐一天神ノ御許ニ。覆奏シ給ハン事。云モ更ニテ。」（上一九二）と、オオクニヌシの死後の世界を含めた幽の支配は認めながらも、その主体は天神に置かれている。同様に参考で挙げた浦田長民も、オオナムチ（オオクニヌシ）の幽における職分を「其職在下簿二録宇内人民生前之善惡。及予中奪其生前之禍福上。毎レ有二死者一。輒以二其善惡禍福一奏二之於天神天祖一。奉二其賞罰之勅一。」（上巻一五）とし、死後の魂の判断の主体を天神・天祖に置いている。また、10では大国主が死後の世界を含めた幽を治めるのは「天照大御神様の御心として」であり、基本的にはアマテラスが主体とされている。また、次のように記すものもある。

12　山本与助〈心学者（下一一九一）〉「出来心の事」『説教しるべ草』第一号（明治六年一〇月）

神〃の数々は八百万の神といひておびたゞしき数なれば（中略）家の内にも満して在すなれ共、人の眼には見へぬ也。こは神〃人の善悪を見留めおきて高間が原にて御詮議あって、賞罰を下し玉ふなれば恐るべき事なり（下九八二―九八三）

ここでは、神による賞罰は高天原でなされることになっている。このように、オオクニヌシの幽の支配を限定的に理解しようとする衍義書も多いのである。

少なくとも三条教則の衍義書を見る限り、祭神論争が激しくなる明治十三年（一八八〇）以前の段階において、神職のなかにもおいても、オオクニヌシの幽の支配に触れないもの、幽の支配に触れたとしてもその職分を限定的に捉えるものが少なからずあることに注意しておきたい。もちろんこのことは、神道・仏教が合同して国民教化にあたるという三条教則の性質、またわかりやすく教則の内容を説明するという衍義書の性質、神職であってもいわゆる神道の教法上のこと（安心の問題）に積極的には触れない[26]という側面もあったことが考えられる。しかしながら、十一兼題で顕幽分任の項目があるにもかかわらず、その内容に触れないものが少なくないことは、大教院の時代においても、死後の世界を含めたオオクニヌシの幽の支配を積極的に支持しない神職も一定程度存在していたことが想定できよう。この点から言えば、祭神論争は少なくとも明治維新からの神道思想の全般的な流れの中で把握する必要があるように思える。[27]

五　神徳が伊勢神宮に次ぐ出雲大社が鎮座する地

敬神の対象として、出雲大社、もしこはそこに鎮座するオオクニヌシを、例えば諸国の大社の筆頭などとして挙げるものである。

7　細谷環渓『三条弁解』（明治六年四月）

（一）諸国ノ大社は大名牟遅神ヲ始メ天児屋根命等ノ神孫ニ扈従シ、御国ヲ経営シ勲伐アルノ神ナリ（上一四三）。

27　矢野玄道『三条大意』一之巻（明治八年五月）

（一）まづ第一に知り奉らでは叶わざる神様のみを申さむに。天御中主大神。又御名天魂大神。皇産霊大神。伊邪那岐大神。また伊勢ノ両大神宮。出雲ノ大神宮と。氏神産土ノ神等に坐すなり（下六九〇）。

28　西川須賀雄〈月山湯殿山宮司・権小教正（下一一八八）〉「前号ノ続キ」（明治九年三月）

（一）諸神ノ社ヲ敬フハ更なり。家内の一間を正常ニシツラヒ。注連引回テ神籬ヲ立。（中略）其前ニ敬々シクヒレフシ。乎手高ラカニ打鳴ラシテ、先ヅ造化ノ三神。天照大御神。大国主神。産土神。（中略）神号ヲ申上ゲ（後略）（下九七三）。

7では諸国の大社の筆頭としてオオナムチ（出雲大社）を挙げている。27・28では敬神の対象として、造化三神、天照大神（伊勢神宮）とともにオオクニヌシを挙げている。また他にも4の『示蒙教導三条略弁』には「敬神とは（中略）まづ第一に無上至尊たる天祖を崇敬するを主とす。（中略）次に大国主神は」（上一〇八）としている。全体から見るとこのような記述は多くないものの、出雲大社が伊勢神宮に次ぐ神社として捉えられているとして良いだろう。なお上述した『神教要旨』とともに、いわば公式の神葬祭手順書である明治五年（一八七二）の『葬祭略式』などは、伊勢神宮の祭主である近衛忠房と出雲大社宮司である千家尊福撰となっている。明治五年に設けられた教導職は東西二部制[28]であったが、その東部管長が近衛忠房、西部管長が千家尊福であった。このことは、明治政府においても伊勢神宮と出雲大社が日本を代表する二つの神社として意識されていたことを示していよう。このことも、出雲大社の神徳が伊勢神宮に並ぶ（次ぐ）という認識を広めた一因になったと言えるだろう。また、四章で触れた幽を支配する冥府が出雲大社にあるという理解も、この認識の浸透に寄与していったことと思われる。

六　神集いの地

旧暦一〇月に出雲に神々が集うことに触れるものは一点のみだが確認できる。

27　矢野玄道『三条大意』二之巻（明治八年五月）

また仙境異聞に。（中略）毎年の十月には。出雲ノ大社に。大小の神祇悉く集ヒ賜ふと云フことあり。（中略）また龍蛇の到は。大社のみならず。耳嚢に。日ノ御碕の神事の時に。（中略）諸国里人談。（中略）などにも。秋鹿ノ郡佐田ノ神社に。十月十一日より十五日までに。海上より一尺計リの錦紋の小蛇。海上に浮来る。（下七一五―七一六）

これは、平田篤胤の『仙境異聞』二之巻や『諸国里人談』などからの引用だが、出雲大社など諸社に神々が集うことを記している。また参考で挙げた浦田長民も『大道本義』の中で、産土神が幽を分任していることを説明する文脈で次のように記している。

故産土神分㆓司之㆒。而「巳貴」之總㆓管之㆒。世言。毎歳孟冬。萬國之神。會㆓於出雲之社㆒為㆑此也。（上巻一六）

出雲への神集い伝承は、延享度の造営における勧化や佐々誠正など出雲大社御師の活動などにより、近世末の『諸国風俗問状』の質問項目に含まれるなど、一定程度浸透していたと考えられるが[29]、三条教則に関する説教等においても語られたとすれば、その浸透に寄与したことであろう。

以上、三条教則の衍義書から、「出雲」に関して一般の人々に対して講演・説教された論点を紹介してきた。これらの点などを通して、少なからず一般の人々に「出雲」に対する認識が深められていく契機になっていったことが推測できよう。

おわりに

では、このような論点が後に与えた影響の一端を、明治時代半ばから昭和初期頃の島根県で発行された地誌や観光パンフレット等で確認しておきたい。

その前に、まずこの頃の出雲に関する交通路等の整備について概観しておきたい。航路では明治十二年（一八七九）から境港・阪神間に航路が開かれ、同十四年には境港・大阪間の定期航路が開かれた。この定期航路は明治十七年（一八八四）に大阪商船に引き継がれ、四日おきに運航された(30)。また、明治三十九年（一九〇六）には、舞鶴・境港間の定期運航も行われるようになった。出雲内では、明治二十年頃（一八八七）に宍道湖・中海航路が開かれ、明治四十年（一九〇七）には合同汽船が設立された。

一方鉄道では、明治四十一年（一九〇八）に山陰本線が松江まで開通し、同四十五年には出雲今市まで延伸し、また同年には大社線も開通している。出雲内では大正三年（一九一四）、一畑軽便鉄道の出雲今市・雲州平田間、翌四年に雲州平田・一畑間が開通し、昭和二年（一九二七）には出雲今市・一畑間が電化され、翌三年に北松江まで延伸された。このような交通網の発達により、県外から出雲に訪れやすくなり、いわゆる観光もなされるようになったと考えられる。

この状況は他の地域も多かれ少なかれ同様であり、観光パンフレット等においては、観光客の誘致に向けて、他地域とは異なる出雲の特徴、しかも観光客もある程度まで共感できる特徴を表出する必要があったであろう。したがってこの時代の観光パンフレット等に、当時の「出雲」観が反映されていると見ることは可能であろう。

そこで、観光パンフレットの中で、三条教則の衍義書における論点に関わる記述を抜き出してみたい。

(一) 国土開発・天下経営の地

a『嶋根縣案内記』（明治三十六年(31)）

・（島根県は）神代より疾く闢けし吉國

・出雲大社（中略）神代の創立にして大國主命を祭る（中略）天下を經營し給ふに及んで大國主命と尊稱す

b 奥原碧雲編『島根縣名勝誌』（明治四十一年）

・三千年來の史籍を有し、上つ代の神都として知られる古雲州の地

・建國の歴史に大関係を有せる出雲の名勝舊跡

・その昔、隆盛を極めたる出雲國

・この國は神代の舊國にして、伊弉諾・伊弉冊両尊の神蹟はじめ、素盞嗚尊の、高天原より根國に赴かせらる、や（中略、大蛇退治の記載）、こ、に出雲開拓の端緒を開きたまひぬ。かくて、大國主命、その後を承けて山澤を拓き（中略）南は瀬戸内海沿岸より東は、畿内・東山・北越に及び（後略）

c『一畑薬師及出雲名所圖繪』（大正十三年）

・出雲大社の祭神大国主大神は、皇祖天照大御神の御弟、建須佐之男尊の御子にて、父神の御遺志を繼ぎて国土を開拓し（後略）

d『一畑薬師及出雲名所圖繪』（大正十三年）

f『松江を中心とせる出雲名所圖繪』（大正十五年）

g『出雲大社御案内』（大正十五年）

・大國主大神は多年辛苦經營あらせられた、全領土を擧げて天照大神に献上して（中略）忠君愛國の範を千載に垂れ給ふ

j 島根観光協會『島根縣鳥瞰圖』（昭和五年）の吉田初三郎による序文

・神話の國、風景の國、史跡の國…出雲と（中略）島根縣は、さながら古名筆になる三千年來の繪巻を繰り広げている

・有史以來（中略）出雲大社を中心として、本邦建國以前を物語る神話の数々が（中略）遺されている

l『出雲大社御案内』（昭和七年）

・大國主大神は神代に於て国土を經營され（後略）

n『島根めぐり』（昭和十一年）

・神代の故国

・上代の神都―大社町

o 『結婚ハ出雲大社ニテ』（昭和十五年―十八年）

・神の國「出雲」は（中略）。開國の祖神大国主の大神が、わが國最初の都をこの地に築き、國土經營あらされてより上下幾千年、出雲民族の聖都大社町を中心に（後略）

このように出雲は、神代より開けた地・国土開発の中心地であり、上代の都があった地と見なされていることがわかる。[32] このような理解は、三条教則の衍義書でも見られたものである。とりわけb・dでは、オオクニヌシの国土開発がスサノヲの事業を継承したものとされている。ちなみにd・f・gではオオクニヌシの国譲りが愛国の範を示したものと、三条教則等の意図そのものが見られる。

出雲が三千年の歴史を有すると理解されているのは、明治五年（一八七二）に明治政府が神武天皇の即位年を紀元前六六〇年に定めており、それ以前、という理解からであろう。また出雲の領土範囲に言及しているものや、oのように国土開発・天下経営をした出雲の人々を「出雲民族」と表記しているものがあり、興味を引くが、その由来等は今後の課題としておきたい。

（二）文化発祥の地

d 『一畑薬師及出雲名所圖繪』（大正十三年）

・出雲大社の祭神大国主大神は（中略）農行を勧め水利を通じ、醫薬、禁厭の法をはじめ、國利民福の増進に盡力し給へたれば、そこで大神の領土は、出雲を中心として、中國四國九州より遠く北陸東山に渉りて、豊葦原中津國の大部分に及びたれば（後略）

e 『島根縣名勝誌』（大正十三年）

・島根縣、殊に出雲の國は、古代文化の發祥地にして史跡に富み、かつ形勝の地頗る多し

j 島根観光協會『島根縣鳥瞰圖』（昭和五年）

・日本文化の發祥地島根縣へ（中略）神國出雲

k 松江観光協会『水郷松江と神国出雲』（昭和七年）

・神國出雲（中略）古代の出雲は日本文化の中心地であった

l 『出雲大社御案内』（昭和七年）

・大國主大神は神代に於て國土を経営され、農業を勸め水利を起し害虫を除き、醫薬、禁厭の法をはじめ、國利民福の増進に御盡力になりました。

m 『出雲大社と一畑まゐり』（昭和九年）

・八雲立つ出雲の國は建國三千年來の歴史を祕め、我が日本文化と共に大和魂發祥の地

n 『島根めぐり』（昭和十一年）

・建國三千年の歴史を遡って、日本文化は此地に發祥した。

これらは三条教則の衍義書同様に、オオクニヌシが国土開発、天下経営をなしたという論点を前提に展開されているものと思われる。その中で、d・lでは、オオクニヌシが農業を進め、水利を通じ、医薬・禁厭の方を定めるなど、国利民福の増進に尽力したことに触れている。このような理解をもとに、出雲を文化発祥の地とみなしたことが想定されえよう。

（三）オオクニヌシが幽を治める地

d 『一畑薬師及出雲名所圖繪』（大正十三年）

・身は退きて皇室国家の守護神とならせ給ふた

h 『出雲大社案内』、昭和初頃

・毎年奮十月に日本国中の神々が集まられて幽政を議り給ふという上の宮神社

o 『結婚ハ出雲大社ニテ』（昭和十五年―十八年）

・大神は（中略）此国土を擧げて皇孫に御返上になりましたので、天神はその御心を賞され御神勅によって幽冥主宰の大神となり（中略）精神界、靈魂等の御司配を遊ばす事となりました。

オオクニヌシが幽を治めるという論点は、端的にわかりにくいためか、観光パンフレットなどで触れるものは多くはない。ただ、少なくとも出雲大社が皇室国家の守護神であるという理解は、この論点を背景に置いているだろう。

(四) 神徳が伊勢神宮に次ぐ出雲大社が鎮座する地

c 『一畑軽便鐵道名所案内』(大正四年)

・出雲大社は大國主命の霊蹤にして　神威實に伊勢大廟に亞き　神徳いや高き官幣大社なり

d 『一畑薬師及出雲名所圖繪』(大正十三年)

f 『松江を中心とせる出雲名所圖繪』(大正十五年)

g 『出雲大社御案内』(大正十五年)

・殊に出雲は日本最古の神國にして　神徳伊勢亞ぐ出雲大社あり

i 『一畑薬師と出雲名所圖繪』(昭和三年)

・八雲立つ出雲は、日本最古の神國にして神徳伊勢大廟に亞ぐ出雲大社あり

dでは、との比較から見て、出雲が神国とされる理由としては基本的に出雲大社の神徳が伊勢に次ぐからとされている。なおdは、現状では観光パンフレット等で出雲を神国とみなした最初の例として重要であろう。(33)

(五) 神集いの地

h 『出雲大社案内』(昭和初頃)

・毎年奮十月に日本國中の神々が集まられて幽政を議り給ふという上の宮神社

ここでは、オオクニヌシが幽を支配しており、神々は様々なことの議り事をするために上宮(仮宮)に集うとされている。上宮は出雲大社の境外社で稲佐浜にほど近い所に鎮座しているが、出雲大社では神議りの場所は上宮とされている。このパンフレットはその題名が示すように出雲大社を紹介したものであり、現在の出雲大社による神在祭の理解に基づいた記述である。(34)

上記の他にも、a・nでは出雲大社、佐太神社の神在祭、eでは多賀神社、佐太神社、売豆紀神社への神集い、iでは万九千神社への神集いなどが紹介されている。これらの神集い・神在祭の紹介は、衍義書との直接的な関係は少ないと考えられるが、神集いは出雲特有のものであり、観光パンフレットに採用されたものであろう。(35)

雑駁な議論となってしまったが、三条教則の衍義書に見られた論点は、形を変えながらも多かれ少なかれ観光パンフレット等に見られる「出雲」観に引き継がれていることがわかる。したがってこのような「出雲」観の形成に、明治維新期の三条教則の教宣が何らかの影響を与えている、と推定するのもあながち不可能ではないだろう。とはいえ、このような「出雲」観の浸透過程の解明のためには、明治時代の教科書等を詳細に分析する必要であろう。今後の課題としておきたい。

註

(1) 三宅守常編『三条教則衍義書資料集』(明治聖徳記念学会、平成十九年)。以下、本書からの引用は括弧内に記すこととする。(上一〇六一)は上巻の一〇六一頁を示している。

(2) 國學院大學日本文化研究所『神道事典』(弘文堂、平成十一年)、一四一頁。

(3) 神徳皇恩、人魂不死、天神造化、顕幽分界、愛国、神祭、鎮魂、君臣、父子、夫婦、大祓の一一項目。

(4) 皇国国体、道不可変、制可随時、皇政一新、人異禽獣、不可不勉、不可不教、万国交際、国法民法、立法沿革、租税賦役、富国強兵、産物製物、文明開化、政体各種、役心役形、権利義務の一七項目。

(5) 前掲『神道事典』、一四一頁。

(6) 藤井貞文「宣教師に於ける教義確立の問題」(『神道学』五一、神道學會、昭和四十一年)。この論文の中に『神魂演義』が翻刻されている。『神魂演義』の内容はこの論文による。

(7) 藤井前掲書、一二頁。

(8) 「神教要旨略解」『明治文化全集十九巻　宗教編』(日本評論社、昭和三年)。なお、死後の霊魂は、その本源とされる天に帰すとしている。

(9) アラビア数字は、小論で引用する衍義書の年代順番号。括弧書きの漢数字は、三条教則の三箇条のうち、どの衍義であるかを示す。

(10) 英数字は十一条兼題、十七条兼題の衍義書を年代順にしたもの。引用は『明治仏教思想資料集成』(同朋舎、昭和五十五年)による。(三―一〇一)は三巻の一〇一頁を示している。

(11) 国立国会図書館デジタルコレクション(https://dl.ndl.go.jp/info:ndljp/pid/815763)を用いた。本書は衍義書そのものではないが、下巻第九章に「論守三條教憲」が挙げられており、参考としてここに紹介している。上巻冒頭の「上巻論道之本源」において、多神教は野蛮もしくは半開の国の宗教とする開化論者の意見に対し、皇国の多神は一神に異ならず、として、天祖一神を敬うものとして神道を展開しようとしたもの

と思われる。以下『大道本義』の引用は国立国会図書館デジタルコレクションによる。（上巻一〇）は上巻一〇丁を示している。

(12) 本書において、オオクニヌシが種々の難儀に遭ったことについて、スサノヲが犯した罪穢が尽きておらず、六代後のオオクニヌシに掛かったものとする、『古事記伝』で展開された本居宣長の説に言及している。また、オオクニヌシを、家々で祀られている福神としてのダイコクとも見なしていることにも注意しておきたい。

(13) 第八段一書第五では、スサノヲがこの国を「吾兒児の知御す国」としている。この文脈では御子はイソタケルと想定されるが、スサノヲのこの言葉も第五段一書第六を念頭におけば理解できよう。

(14)『霊の真柱』（岩波文庫、平成一〇年）、一〇九頁。

(15)『〈出雲〉という思想』（公人社、平成八年）、四五頁。

(16) 出雲大社蔵。『出雲大社の御師と神徳弘布』（島根県古代文化センター、平成十七年）、一五三頁。

(17) 藤井貞文『明治國学発生史の研究』（吉川弘文館、昭和五二年）、九九頁。なお、この理解は松江藩儒、桃節山にも見られる。『出雲私史』（文久二年〈一八六二〉頃）によれば「古典記出雲事。起於素戔嗚尊也。（中略）伊弉諾尊分命三貴子之職。使素戔嗚治天下。（中略）命孫曰大巳貴命。承素戔嗚尊後爲大国主。」（引用は国立国会図書館デジタルコレクションhttps://dl.ndl.go.jp/info:ndljp/pid/766053による）と記されている。もちろん、篤胤の影響があったのかもしれないが、少なくとも、オオクニヌシの天下経営が神勅に基づくとする理解が出雲地方に浸透していた、その一端を示していよう。

(18) 原前掲書、五一—五四頁。

(19) 佐草家蔵。島根県立古代出雲歴史博物館『遷宮』（平成二八年）、三三頁に写真掲載。また、西岡和彦『近世出雲大社の基礎的研究』（大明堂、平成十四年）、一五四頁に翻刻されている。

(20) 前掲『出雲大社の御師と神徳弘布』、一三九頁、一六〇—一六一頁。

(21) ここでは便宜的に「幽」を目に見えないこと、神々に関すること、「顕」を目に見えること、この世の政治、としておく。

(22) 藤井は、前掲書の冒頭でこの昇格書を後の祭神論争の端緒とすることによってこのことを示唆している。また松長直道もこの昇格願を初出としている（「近代神社制度における出雲大社、神葬祭」、島根県古代文化センター調査研究事業『日本書紀と出雲観に関する研究』第五回客員共同研究会発表、令和元年九月四日）。

(23) 引用は「出雲大社大宮司千家尊福社格之義ニ付願之件」『社寺取調累纂』一八五冊、国立国会図書館蔵による。『編纂一三〇〇年　日本書紀と出雲』（島根県立古代出雲歴史博物館、令和二年）、六〇頁、に写真掲載している。

(24) 詳細は前掲『編纂一三〇〇年　日本書紀と出雲』、一六四—一六五頁、及び拙稿「『大社幽冥誌』における神徳の弘布」（『出雲大社の御師と神徳弘布』、島根県古代文化センター、平成十七年）、を参照のこと。『和歌の浦嶋抄』については、『増補　本居宣長全集』第一二（吉川弘文館、昭和十三年）、四六〇—四六一頁、を参照のこと。

(25) 佐々木幸見・吉川賢太郎編『出雲問答』（明治十二年・島根県立古代出雲歴史博物館蔵）によれば、「大神は大地官として幽冥の大主宰となれば大地に祭るは天神國神の別なく一切悉管轄し給ふ所なりこの故に幽冥の神政上につきては諸國分掌の諸神時々集り給ひて」と記している。つまり幽における諸神の分掌は、垂仁紀二十五年三月の「我親治大地官者」という倭大神の託宣に基づくものとしているのである。オオクニヌシの幽の支配の根拠付けには、第九段一書第二とともに、垂仁紀のこの記述も用いられていたことがわかる。

(26) 曹洞宗の僧侶のものではあるが、鴻春倪による『三条要論』（田中頼庸序）によれば、「死生ハ人ノ大事ニシテ、其死後霊魂ハ皆常ニ己ノ依信スル所ニ帰託セント欲ス」（上五四六）と記している。

(27) 注11でも触れたが、浦田長民の『大道本義』は神道を天祖主体の一神教として理解しようとした試みであったと考えられる。それは西洋から宗教の概念や宗教進化主義が導入された中で、多神教は野蛮な宗教であるという見地に対抗しようとするものであり、それは明治政府が進めるいわゆる文明開化へも対応した試みでもあっただろう。なお、やはり天神の神勅を重視する千家尊福は、天神の神勅によりこの地における幽顕の分任がなされた以上、直接人はアマテラスや天神（アメノミナカヌシ）に帰依することはできないとする。オオクニヌシを通じてアマテラス、最終的にはアメノミナカヌシの帰依へと向かうべきとしている。オオクニヌシへの帰依を強調する千家の主張は、一神教的な信仰を志向しようとした浦田には相容れない部分であったと思われる。なお、千家尊福の幽冥を中心とした思想については、拙稿「補論　千家尊福の幽冥観」（前掲『出雲大社の御師と神徳弘布』所載）、を参照のこと。

(28) 神職の教導職が東西どちらに属するかは自由とされた。

(29) 拙稿「縁結び信仰と神在祭」（『山陰の暮らし・信仰・芸能』、ハーベスト出版、令和元年）、などを参照のこと。

(30) 内藤正中ほか『鳥取県の歴史』（山川出版社、平成九年）、二八六—二八七頁。

(31) アルファベットは利用した観光パンフレット類を年代順にしたもの。

(32) 出雲に最古の都が作られたという理解は、出雲以外の地域で発行されたものにも見られる。例えば、昭和五年（一九三〇）の『日本地理風俗大系』第十巻には「神代の昔大國主命が最古の都を出雲に築かれて以來上下幾千年、出雲の山川草木一つとして神話と歴史に彩られざるなく、やまと島根は昔ながらの平和の仙境である。」（新光社、三六四頁）と記されている。

(33) 出雲を神国とみなす理解については、三条教則の衍義書には見えないが、すでに明確な表現ではないものの、建長六年（一二五四）の「鰐淵寺衆徒勧進帳案」に「我朝是神國也、當洲又神境也」（鰐淵寺蔵〈前掲『編纂一三〇〇年　日本書紀と出雲』に写真掲載〉）と記されている。それ以来、吉田兼倶の『日本紀神代巻抄』、天正十一年（一五八三）の「神魂社造営覚書断簡」など様々な文献に記されている。ただし、神国とみなす理由は、文献によって様々であり、この理解は多用な伝承を基盤に成立したものと考えられる。その概略については前掲「縁結び信仰と神在祭」および『編纂一三〇〇年　日本書紀と出雲』の展示解説などを参照していただきたい。

なお、明治四十一年（一九〇八）十二月二十三日付の山陰新聞に、出雲神楽の公演を他国にみざる専売物とした上で「吾出雲国は太古よりの神国」と記している（有馬誉夫『島根の観光レジャー史　明治・昭和戦後』〈平成二十三年〉）。そうであるなら、やはり出雲を神国とする表現は、他国にはない特徴を示すフレーズとして観光パンフレット等に採用されたものと考えられる。

本文冒頭で触れたが、出雲は小泉八雲の『見知らぬ日本の面影』をひきながら、「神々の国」、「神話の国」などと紹介されることが多い。『見知らぬ日本の面影』では、出雲が神国とされる理由として、出雲が日本最古の国であること、杵築が仏教伝来以前の宗教とする神道の発祥の地であること、人間の御祖の神とするイザナキ・イザナミが出雲に一定期間住んでいたことを挙げている。神徳が伊勢に次ぐ、とは理解されていないのである。

ところで、『見知らぬ日本の面影』は明治二十七年（一八九四）に刊行されている。本書の翻訳については、「杵築」の抄訳を含む『日本印象記』が大正九年（一九二〇）に発行されている。また、bの『島根縣名勝誌』にはごくわずかではあるが、「美保関」からの引用が見られる。しかしながら、観光パンフレット等で小泉八雲がクローズアップされてくるのはi、昭和三年〈一九二八〉の『一畑薬師と出雲名所圖繪』などからである。つまり大正十五年（一九二六）の『小泉八雲全集』発刊以後のことと考えられるのである。工藤泰子が「八雲を松江観光における文化資源として活かす動きが顕著に見られるのは、時代が大正から抄へへと移り変わる頃である。その背景には『小泉八雲全集』の出版という、全国的な八雲評価の高まりがあった。」（「戦前松江における文化資源としての小泉八雲」〈『日本観光研究学会全国大会学術論文集』三〇、平成二十七年〉）と指摘しているのは、当を得ていよう。つまり、観光パンフレット等において、出雲を神国とみなしたその当初においては、小泉八雲とは直接の関係がないのである。

(34) オオクニヌシが幽を支配するが故に出雲大社に神々が集うとするのは、十八世紀半ば以後の出雲大社の神集いの論理である。神集い・神在祭については、前掲「縁結び信仰と神在祭」などを参照のこと。

(35) 三条教則の衍義書の論点をトレースするという観点で本文では触れなかったが、他にも興味深い記述がある。

・伊邪那美命は獨り自ら黄泉國即ち根の國（今の出雲、伯耆地方（中略））に赴かれたのであつた（e所載の大竹巽『出雲神代史』）

・祖國日本の魂の故郷（中略）出雲路を行くことは、魂の故郷を、訪れることに外ならぬ（n）

eは出雲を黄泉国・根国と見なすものである。衍義書ではこのことに直接言及したものはない。ただ、本居宣長が「根ノ國とは出雲を云フと云ヒ、或ヒは須佐之男ノ配所の名なりなど云説は、例の私の漢意なり」（『古事記伝』（二）、〈岩波文庫、平成八年〉、九六頁）と根国を出雲とする説を批判していることからすれば、十八世紀後半の段階で、少なくとも根国を出雲とみなす説があったことがわかる。kのように出雲を日本の原郷、もしくは妣の国とみなすイメージもここに由来するものかもしれない。

大本《おおもと》の聖師《せいし》、出口王仁三郎《でぐちおにさぶろう》が見た出雲

松尾充晶

写真１　大本の開祖、出口なお
（明治30年代／写真提供：宗教法人大本）

はじめに

「大本」とは出口なお（天保七（一八三六）～大正七（一九一八））が明治二五年（一八九二）に開教した創唱宗教である。おおきくは習合神道系に分類される。開教当初は金光教、稲荷講社といった既存教団に組み込まれて活動した時期があるが、大正五年（一九一六）に「皇道大本」を組織して以降は急激に信者を獲得し、独自の教団として大きく展開、発展をとげた。巨大な組織となった大本は大正十年（一九二一）と昭和十年（一九三五）に、不敬罪、また国体変革を企てる陰謀団体との疑いをかけられ、国家警察組織から二度の大弾圧を受けることになる。これが日本の近現代史上、最大の宗教弾圧ともいわれる第一次・第二次大本事件である。

　こうした激動の時代に教団の中心にいたのが、開祖・出口なおの娘婿にあたる出口王仁三郎（明治四（一八七一）～昭和二三（一九四八））であった。なおの言動が多分に感覚的であったのに対して、『日本書紀』『古事記』の神話に通じ、降霊術の一種である鎮魂帰神法を学んだ王仁三郎の教理は説論的で人々に訴える力が強かった。大本独自の神体系と教義構築に最大の役割を果たしたのが、この出口王仁三郎のカリスマ的な力量であったことは疑いない。彼は『霊界物語』の口述をはじめ、大本の教学面に関わる膨大な情報を発信し教団を牽引した。大本では聖師と尊称され、開祖なおと並び尊崇の対象とされている存在である。大本の教典を構築しただけでなく、和歌や絵画、陶芸、演劇など多面に才能を発揮し、さらには洒脱な諧謔性、ユーモア、サービス精神に富んだ性格で多くの信者、人々の心をつかんだ魅力的な人物であった。

　本稿では、大本の開祖である出口なおと、信仰上の指導者である聖師、出口王仁三郎の思想と言動の中から、「出雲」に関わる部分に着目する。膨大な分量の大本教典、教団史や教団地方組織に伝えられた記録類、さらにふたりに関する数多くの評伝をひもときながら、宣教初期にあたる明治三十年代～第二次大本事件が起こる昭和十年の頃、大本の中で「出雲」という地がどのように位置づけられ、表現されたか、を見ていきたい。なお参考・引用文献は本文末尾にまとめて記載し、個別の典拠記載を省略したことをお許しいただきたい。

一、出雲への「火の御用」

一―一、開祖、出口なお

大本の開祖、出口なおは、貧しい大工の未亡人として京都府綾部市に暮らしていた。三男五女を育て経済的に極めて厳しい困窮生活を送るなかで、明治二五年（一八九二）、はげしい神がかり状態となる。寺子屋にも行かず文字を知らないなおであったが、平仮名とわずかな漢数字を用いて、憑依した「神の言葉」を紙に書き連ねた。これが大本で「筆先《ふでさき》」とよばれる神の啓示であり、二七年間にわたってあらわされた膨大な量の筆先は「大本神諭」と

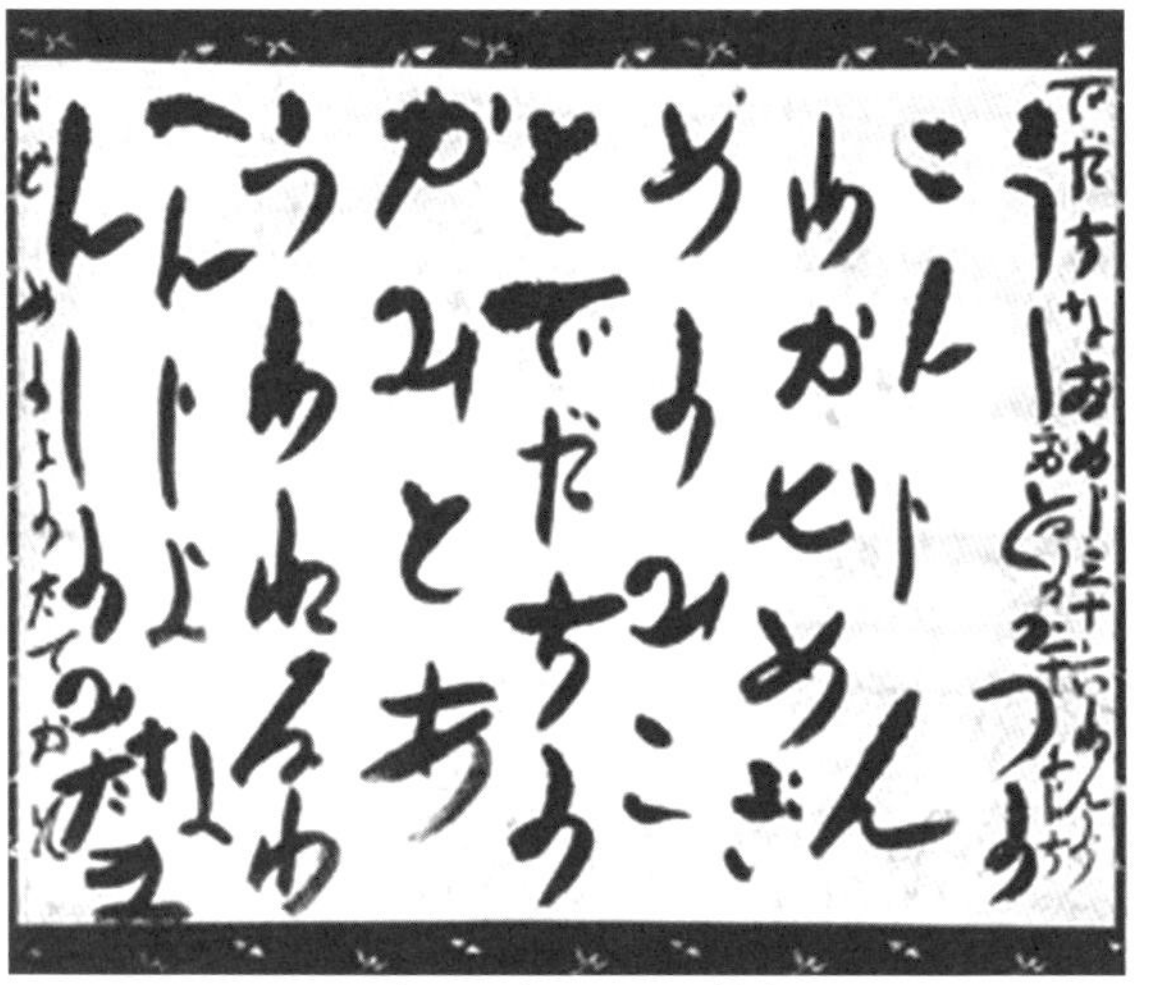

写真２　出口なおの筆先
（明治36年／写真提供：宗教法人大本）

して再編され、大本の霊典とされることになる。

なおに憑依した神は、世界の立替え・立直しをするため出現した「艮《うしとら》の金神《こんじん》」であった。筆先には「この神は三千世界を立替え立直す神じゃぞよ。三千世界一度に開く梅の花、艮の金神の世になりたぞよ。とどめに艮の金神が現れて三千世界の大洗濯をいたし、一つに丸めて万劫末代続く神国にいたすぞよ」とある。すなわち、艮の金神による世の立替え・立直しの預言が大本の出発点であった。「世直し」への希求は天理教、金光教の教理にもみられる要素であり、当時の民衆の中に広がる不満感、不安感の反映であったといえる。

なおの筆先は、他人の犠牲を顧みない利己的精神を「われよし」として厳しく戒め、こうした強者の論理は外国の考え方であって、「世界のまんなか」としての神国日本の魂に反するものと説いた。その主張は人々に根本的改心を求め、神による立替え立直しの必要性を説くものであったが、その時代的背景には、日清戦争前後に国家主義、排外主義の思想が強まり、対外的危機感を大いにあおられた民衆心理があったとみられる。後の大本教団史の中では、なおの世の立替え・立直しが近いという叫びは資本家や官僚政治指導者に向けられたものであって、近代化による経済的恩恵の外にあった民衆の不満をすくい上げたという農本主義的な側面が強調される。

一―二、出口王仁三郎との出会い

なおは、神がかり霊感による病人なおしなどが話題を呼び「綾部の金神さん」と徐々に信者を得ていたが、教団の展開上、最大の画期となったのが上田喜三郎、のちの出口王仁三郎との出会いであった。王仁三郎は京都府亀岡近郊の穴太村の貧農に生まれ、牛乳販売業を経営するなどしていたが、明治三一年（一八九八）に突如、霊的世界に踏み入る。同年はじめて開祖と対面、翌年には入信し、稲荷講社の分会の形で金明霊学会を結社。教団を合法に組織化して布教する方面で力を発揮した。

写真３　聖師、出口王仁三郎（右）と二代教主すみ（左）
（写真提供：宗教法人大本）

そして明治三三年（一九〇〇）元旦、後に二代教主となる、なおの五女すみと結婚し、出口王仁三郎となってその後の教団の中心人物となっていくのである（正式に出口王仁三郎となったのは明治四四年）。

王仁三郎の大本入りによって、宗教としての教義が体系化されるとともに、祭儀、教団組織、施設も次々に整えられていく。明治三三年から明治三八年にかけておこなわれた一連の「出修《しゅつたい》」とよばれる活動も、その中に位置づけてとらえることができよう。出修とは、日本の伝統的な「正しい神々」が鎮まる霊地を訪れる行為であり、その霊地の聖性を大本に迎えることがはかられた。具体的には、明治三三年の冠《お》島開き、沓《め》島開きに始まり、鞍馬山参拝に続く。こうした活動によって、綾部に生まれ艮の金神をいただく地域的集団である大本が、「神典」に基づく伝統的な神話体系や既存信仰と結合され、普遍的価値を掲げて布教しうる性格を具えていったのである。その点で、教団史上もっとも重要かつ根幹に位置づけられるのが、「元伊勢と出雲」への参拝であった。

一—三、「水の御用」と「火の御用」

明治三四年（一九〇一）四月、出口なおと教団一行は元伊勢内宮（皇大神社／京都府福知山市）を参拝する。その目的は、産《うぶ》だらい・産釜といわれる清水を汲み持ち帰ることであった。なおの筆先には「元伊勢のうぶだらい・産釜の水晶の御水は、昔から傍らへも行かれん尊とい清き産水でありたなれど、こんどの世の建替えについて、綾部の大本から因縁のある霊魂に大望な御用をさして、世を立直すには、昔の元の水晶の変わらん水をとりにやらしてあるぞよ。艮の金神の差図でないと、これはめったにとりには行けんのであるぞよ。」とある。世の立直しには、近寄ることすら許されない禁足地の清水が必要であること、その採取が艮の金神の指示により求められていること、が説かれている。この清水は、世界の泥をすすぎ身魂の洗濯に必要なものであり、立替え・立直しが近づいていることを説くことと清水の必要性は一体のものであった。

清浄性に水のはたらきを見出す点はごく自然な観念であり、利己的な世の人の改心をうながすために、汚れた身魂を清水で洗い流すという発想はなおの心性からおのずと生じたものであろう。一方で、「（明治）三十四年に世の立替えをいたして、世界には火と水とで不思議があるぞよ」とあるように、聖なる火による浄化を強調した点はきわめて特徴的であり、その後の王仁三郎の言説や大本の信仰上も火と水の重要な対比、は継承されていく。そして明治三四年の時点で「元伊勢の水」と対比的にあげられたのが「出雲の神火」であった。なぜ「元伊勢と出雲」の両者を世直しに不可欠な対照的な聖性として掲げたのか、その背景は明らかでない。教団史の中には、皇祖神の重要地でありながら政府から尊重されない元伊勢と、国津神の首領として神話上独自の位置を占める出雲が、いずれも表舞台ではない神性として特別な意図を持って選定された、とする見方もあるが、これは難しいであろう。元伊勢は綾部から二〇㌔弱の地点にあり、初期の大本が活動した丹後・丹波地域に含まれる霊地のひとつである。なおの知識の中で、「元伊勢の産だらい」は実体をもつ身近な聖地であった。一方の「出雲」は、なお、王仁三郎ともに足を踏み入れたことのない特別な地である。上述したような、大本の信仰を伝統的神体系と接続していくうえでは、観念的霊地と想念された「出雲」の要素が不可欠であったと考えられる。その背景には、いわゆる祭神論争を経て明治一五年に初代管長となった千家尊福《せんげたかとみ》による、大社教の布教拡大があったことも想定できよう。出雲の火の御用はあくまでなおの筆先を契機としているが、「国造霊継《ひつぎ》の神火」などの要素は王仁三郎の知識が組み込まれていた可能性も考えられる。

なおの筆先は「もう一ど出雲へ行て下されたら、出雲のご用を出来さして、天も地も世界を平均すぞよ。このご用をすまして下さらんと。こんどの大もうなご用はわかりかけがいたさんぞよ。わかりかけたら速いぞよ」、すなわち出雲への出修、出雲大社への参拝が成就すれば、たちまち世の立替え・立直しの仕組が理解される、と示した。出雲へおもむき、「大望な御用」が明らかになることへの期待が高まったのである。なおと王仁三郎、すみを含む一行十五名は、明治三四年七月、綾部を出て出雲大社を目指した。徒歩で鳥取賀露、美保神社を経て、十一日に大社着、出雲大社千家国造館前の宮亀旅館に宿をとる。十二日には出雲大社に参拝して神楽をあげ、八足門内に参入して祈願をし、「神火の消えずの火」と「御饌井《みけい》の清水」「社殿床下の土」をもらいうけたとされる。大社詣での目的は、出雲国造のみが用いる、絶やすことのない霊継ぎの神火を分けもらうことであった。国造家の神火がやすやすと分け与えられたとは考えがたいが、王仁三郎は歌集『浪の音』に「火と水と砂を請へどもなかなかに与へざりけり大社の教師ら」「宮亀を介して相当の金を出し砂と火水をようやく貰へり」と詠んでおり、一行が「出雲の火」と御饌井の水、社殿床下の土を得たことは事実であったとみられる。火は桧皮製の火縄につけて二十日、綾部に無事持ち帰られた。

このように苦労して出雲大社から持ち帰られた神火であったが、その後は「出雲の火」そのものに特別な意味が付加されることはなかった。しばらく綾部では火を点じて祭典がおこわれ絶やさぬようにされていたが、「天に預けることにせよ」との開祖なおの指示により蝋燭に移し、最終的には燃え尽き消えたようである。また、教団初期の霊場である冠島・沓島、弥山山、高熊山などがその後も大本独自の聖地として参拝、遥拝の対象となり続けたのに対し、当初の出修の地である鞍馬山、元伊勢、出雲は定期的な参拝対象とはなっていない。このように、出雲と元伊勢の「火と水のご用」は参拝して綾部に持ち帰ること自体に意味性が持たされていたが、それは「ご用」が「明治三十四年でさっぱり世の立替えになるぞよ」という世直し預言の実現過程の一部であったことによる。なおの筆先を信じた信者たちは、明治三四年には天地がひっくり返る立直しが起こると信じ込み、家業を放棄して綾部に移住するものもあった。出雲の火の御用が済めば、全ての神の仕組みが明らかになると信じていた教団役員の中には、何も立直しが起こらないことに不満を示すものもあったという。

それはともかくとして、出雲大社から神火を受けたことは教団史上の重大事であり、「火の御用」から七〇年後の昭和四六年（一九七一）には出雲大社境内の勢溜（参道二の鳥居付近）に、「大本教祖火の御用記念碑」が立てられた（1）。この碑前において、御用から一二〇年となる令和三年（二〇二一）にも宗教法人大本による記念祭典がおこなわれるように、開祖による出雲の火の御用は今も大本にとって大切な事績とされている。

前述のように、開祖なおにとって「出雲への出修」は自らが参拝し、神火を持ち帰ることに意義があって、出雲やオオナムチ・スサノヲを自らの教説に取り込むことはなされなかった。しかしそれとは別に、「神集いの地である出雲」を綾部に置き換える言説は「火の御用」以前から認められる。なおは神がかりになった初期のころ、隣り屋敷に小石を投げて、ここへ出雲の社が建つ、と予言していたという。筆先で「綾部の地は神に昔から因縁のある結構な神の元の霊地であるから、明治二十五年から、神界の経綸で、世界一切の大本と相定まりたから、八百万の神を集めて、世の立替えの本をはじめる所である」とし、七月七日に天地の太神が集まり相談をする、とした。これをもとに王仁三郎も同様に説き、大本では、もと出雲に集会していた神々が、明治二五年の大本開教以来、綾部に集まる定めになった、という言説をもとにして七夕祭（神集祭）をおこなうようになった。また、その後の王仁三郎が説く『霊界物語』においては、真の主神である大国常立大神の前に、天津神八百万神は天使、国津神八百万神は現実世界の宣伝使であり、主神の命によって各々の神務を分掌する存在であることが、スサノヲの神訓を通じて語られる。このように、「綾部に集う八百万神」は、なお・王仁三郎によって大本の主神のもとに新たな位置づけがなされていったのである。

一―四、出雲の大社教・祖霊社と大本

次第に信者を増やした教団であったが、宣教のための叙述を盛んに進め新たな言説を展開した王仁三郎は、教団内の古参役員との間に軋轢を生じ、教団を離れて活動することになる。王仁三郎は明治三九年京都の皇典講究所分所に入学して神職資格を得、建勲神社主典や御岳教の教会長をつとめるなどした後、明治四一年に綾部に戻って大日本修斎会を組織した。公認宗教に所属しなければ新たな民間宗教の布教活動が認められなかった時代にあって、警察の圧迫から逃れ合法的に活動するために、御岳教など教派神道の系列下にはいる工作を試みる。そこで試みられたのが、大社教の傘下となることであった。

明治四四年一月、王仁三郎は出雲大社を訪問する。明治三四年の「火の御用」以来の大社詣でであった。この時の目的は、大本の祖霊社を大社教祖霊社の分社にする手続きであり、同月二六日には分社化が許可され、表向きには大社教本宮教会本院と称することになった。翌年五月には祖霊社が新築竣工し、祖霊祭祀の面でも大本の祭式、機構が整えられていく。このように大社教と接触し傘下の教会化したことはあくまで形式的な方便であり、大本の教義を変えるものではなかったが、大社教との関係はしばらく継続した。大正三年には出雲大社教管長千家尊福が綾部をおとずれ、大本の施設に宿泊している。王仁三郎はこうした大社教との接点を介して、平田篤胤の幽顕論や、大社教の幽冥主宰神の概念に触れたものと推定される。ただし王仁三郎は、大社教の説く顕幽観をそのまま取り入れることはしなかった。のち大正十二年頃以降に口述した『霊界物語』には、「幽の幽神」「幽の顕神」「顕の幽神」「顕の顕神」という神の四区分概念が提示され、王仁三郎独自の幽顕観が提示されることになってゆく。

二、松江での宣教　―第一次大本事件への道のり―

二―一、皇道大本の設立

金明霊学会、大日本修斎会へと発展した教団は大正五年（一九一六）に「皇道大本」と改称し、急激に信者を増やして成長していく。大正七年（一九一八）には開祖なおが亡くなり、その五女すみが二代教主となった。いよいよ教団の宣教、思想を担う聖師王仁三郎の役割は大きくなっていく。この時期は第一次世界大戦とかさなり、世界と日本国内の情勢が大きく変動しているさなかであった。また、大正七～九年にはスペイン風邪（新型インフルエンザ）の猛威が吹き荒れ、史上例をみない世界的パンデミックの発生に世界中がおののいていた。教団内には天変地異を強調し、世界の大掃除が迫っていると説く浅野和三郎らの過激な終末思想も展開し、危機意識をもった知識層や海軍関係者にはこれに傾倒し入信する者も多かった。国際関係、国内経済や社会構造においても様々な矛盾が激化し不安が満ちた社会において、世界の立替え・立直し思想と神による救いを説く大本の主張は好適なものと受け止められたのである。世界的な大戦争、感染症流行だけでなく政治・経済など社会のあらゆる現象が立替え立直しに引きつけて解釈され、改心して神に従うべき土壇場に迫っているという訴えは大きな説得力をもった。鎮魂帰神と激烈な予言、警告を説き、大正十年に世界が大戦や天変地異により動転するという一種の終末論を前面に出して、大本は急速に信者を獲得し、異常な速度で成長を遂げたのである。

二―二、松江の心霊研究者と地方宣教

大本の本拠地綾部を遠く離れた島根県松江市でも、こうした流れといちはやく呼応するような動きがあった。松江で雑誌「彗星」を発行していた岡田建文は、もともと霊魂や妖怪といった存在を重んじる心霊主義者として活動していた[2]。大正六年（一九一七）十二月、大本の主張にひかれて綾部を参拝し、そこで鎮魂帰神に感動して傾倒する。松江に戻り、主筆であった「彗星」に「皇道大本」と題してその紹介記事を連載した。また同様に松江で雑誌「心霊界」を発行していた心霊哲学会の木原鬼仏もまた、大正七年（一九一八）一月に綾部を参拝。そこで触れた大本の予言や鎮魂帰神法などに感銘を受け、「心霊界」に「皇道大本号」を特集する。二十年来霊界を研究し心身健康法を宣伝していた自身より大本を高度なものととらえ、「日本人たる天職を全うし、君国のために微力を尽くして活動せんため」松江を去って綾部に移住したのである。

このように松江から発信していた「彗星」「心霊界」など心霊研究の論説が紹介した大本の主張は地元、山陰地域に影響を与え、大本宣教の土壌を作る先駆的役割を果たしたと考えられる。大本の機関誌が月二回の発行となり宣教が活発化する大正七年三月には王仁三郎が松江・鳥取に宣教し、五月には松江支部が設立、六月には浅野和三郎らが松江・米子・鳥取で宣教し、九月には鳥取支部が設立された。このように、地方支部の設立はまず山陰地方が契機となり、綾部本部からの地方宣教もだんだん活発化していく。

二―三、宣教拡大の軋轢と第一次大本事件

一方で、そうした教勢発展に対する社会的拒否反応もまた、他地域より早くあらわれた。松江の新聞「松陽新報」は「大本の教勢がのびていることは、社会問題である。」とした。また、大正八年（一九一九）二月三日紙面で「…この邪教が多少の知識階級に属する種類の人物を其の信仰者の裡に加へてゐるといふ事が、衆愚を惑はす一つの理由でもある。」とし、大本の信仰が農村民衆だけでなく、教育界や神社神職層などに広がっていることを危険視している。実際に大正八年二月の松陽新報は「社会問題となれる皇道大本教」と題した記事を掲載し、大本の宣教拡大が島根県の教育上の問題となっていること、島根県庁に松江市内県立学校長を招集して対大本の協議会が開かれたこと、を報じたし、島根県神職会松江支部は大本信者となり伝道に従事する神職があること、注意に応ぜざるものには辞職を勧告すること、などを決議している。既存の神社神道や教育界といった枠組みと、急激に拡大する大本の布教が軋轢を生じていたことを具体的にうかがわせる。こうした各地での軋轢は政府にとっても看過できない社会問題となり、大正九年

（一九二〇）には教義書の発禁処分が始まり、大正十年（一九二一）二月には綾部本部に警官隊が突入し検挙、神殿破壊が大規模に強行された。これが第一次大本事件であった。

大正十年に不敬罪ほかに問われた王仁三郎の公判は、出所中に巨費を投じた入蒙、その失敗などを経て、大審院にかけられる。これも昭和二年（一九二七）、大正天皇大葬の大赦令により免訴の判決を得て、ここに第一次大本事件が決着した。こうした大正十年の第一次事件を境にして、王仁三郎は大本宣教の改革をおこなっている。そこでは「大正維新」や「大正十年立替え説」は影をひそめ、過激な教団指導者であった浅野和三郎とその説を信奉する信者は教団から離脱していった。彼等が信じていた大正十年の立替えが実現されなかったことは、熱狂的な終末論者と袂を分かつ契機になり、神と同体化する神秘現象である鎮魂帰神は主たる布教手段から外れていった。これにともなって、大本の教典として発表されたのが「霊界物語」であるが、これは王仁三郎が創出した新たな大本の神話であり、開祖なお以来の、立替え・立直しに別の解釈を加えていく行為でもあった。

大赦による免訴直後にあたる昭和二年十一月十日には、王仁三郎、すみらの一行六七人は早速綾部を発ち松江分所を訪ねている。この時、松江分所には六〇〇人を超える信者が参集したという。第一次事件は教団に大きな打撃を与えたが、松江を始めとする地方組織の人たちは聖師の復活を歓迎し、大本は再び立ち上がったのであった。

三、素尊霊地としての出雲　―王仁三郎の説いた「神話」―

三―一、王仁三郎とスサノヲ

大本初期の明治三十年代、王仁三郎は自身に素盞嗚命の分霊・神使である「小松林《こまつばやし》の命」が神がかっており、これが自身の守護神だと説いていた。鎮魂帰神法を重視する王仁三郎の初期の信仰において、素盞嗚命を降霊し自身を同体化させるのが大きな意味をもったことに注目したい。一方、開祖なおと王仁三郎は明治末年の一時期衝突しており、王仁三郎を攻撃するなおの筆先をもとに旧役員らは王仁三郎に宿る小松林の命、素盞嗚命が悪霊であると排斥していた。しかし大正五年（一九一六）、神島（兵庫県高砂沖の上島のこと）に参った開祖なおは、小松林命の霊も素戔嗚尊の霊も、すべて「みろくの神の御霊」であるとの神示を受ける。その後、大本の信仰上、王仁三郎は「みろくの神」の顕現と重ねられていく。創造神である国常立尊が「地の先祖」であるのに対して、乱れた世を立直して救うみろくの神は「天の先祖」であり、みろくの出現により三千世界の世直しが実現する、このみろくが王仁三郎の精霊である、と大きく位置づけが転換されたのである。

これは教団としての皇道大本の組織化と同調したものであり、以降、教団内における王仁三郎の神格、使命は格段に重要になっていく。前述したように、それが大正十年に向かう大本宣教の急拡大につながっていった。一方で、なおの筆先に拠っていた、それまでの大本の神観には修正が必要となった。平仮名ばかりであった開祖なおの筆先を、形を変えて世に出すことはそれまで許されていなかったが、王仁三郎によって漢字化しつつ選択加筆して意味を明確化した「大本神諭」が公然と示されるようになった。

こうした「みろくの神」という構造提示以降、王仁三郎は大本の目指す理想世界を為すみろくに自らを重ねて体現することに重きをおくが、それでもやはりスサノヲを重視する点は踏襲された。王仁三郎の言説に基づく大本の神観では、「厳の霊」と「瑞の霊」という対局観が示される。「瑞の霊は此の世の罪穢れを救ひて、大神へお託をする苦労の深い御魂」であり、これを信じ頼めばいかなる罪も贖われる、贖罪救世の神霊であった。王仁三郎は「瑞の霊」のはたらきを、スサノヲの神格と同一視する。そのことは「古は、此世の救主として瑞の御霊速素盞嗚尊天使が現れたまひて、天津罪、国津罪、許々多久の罪穢を御身独りに引き受け、世界を救ひたまうたのである。其の有難き情けの深き吾等の救主たる事を知らずして、素戔嗚尊を猛悪なる天使と思ふものは実に罪深き恐れ多き事である。此の神は、今も厄神にして人の災難を救ひ給ふ神である。」という主張からも読み取れよう。

こうした「瑞の霊」が自身のうちに天降ったという自覚は、明治三十七年（一九〇四）の「王仁のこころのうちにみづのみたまあまくだりて、あまねくよのひとをすくはせたまふ」という神夢を契機にしたとされる。時系列で追えば、王仁三郎は自身の霊格を「小松林の命（素盞嗚尊）」→「瑞の霊」→「みろく神（・豊雲野尊）」と変化・重層させてゆく。そのなかでも、自らを救世主、贖い主と位置づける神観＝スサノヲの神格に重ね合わせる視点は一貫していたとみることができる。

三―二、地恩郷《ちおんきょう》とスサノヲ

このように、一身に大罪を負った救世主としてスサノヲを位置づけ重視する王仁三郎にとって、八岐大蛇神話の舞台である出雲はその気配を色濃く感じる土地であり、特別な思いがあったとみられる。王仁三郎は出雲を訪問する折々に、スサノヲの神蹟を霊視し、多くのスサノヲに関する新たな言説を生み出した。そしてそうした王仁三郎の語る新たな神話は地域に息づき、教団地方組織の信者らの中に継承されていくことになった。これらは大本全体の信仰体系とは別の次元の、王仁三郎による「地域神話」とみることができる。その一つが、「地恩郷」と名づけられた土地にまつわる物語であった。

大正八年（一九一九）、王仁三郎は出雲大社へ参拝する途上、島根県出雲市鹿園寺町（当時は簸川郡東村）の吾郷勝哉邸に立ち寄る。吾郷勝哉（一八九三〜一九七〇）は画家を志して上京中に結核に罹患、その治療中に松江で怪異研究をしていた岡田建文らから皇道大本の存在を聞かされる。大正七年五月に綾部に向かい、大本の教えに共鳴して直ちに入信修行、このとき王仁三郎にも面会したという。そしてただちに大本の熱心な信者となり、六月には邸内の二階に神殿をしつらえ、綾部から持ち帰った大本の神を奉斎していた。

写真４　地恩郷を訪れた出口王仁三郎（中央）とすみ（中央左）
（大正８年６月、地恩郷吾郷邸前にて／写真提供：大本島根本苑）

こうしたゆかりがあって、吾郷の結婚披露宴の機会に際して、王仁三郎は吾郷邸を訪問したという。その際王仁三郎は、宍道湖西北端の田園地であるこの一帯を、素盞嗚尊にゆかりの深い地であるとして「地恩郷」と名付けた。地恩郷とは大本本部のひとつ亀岡の「天恩郷」に対比される名称であり、『霊界物語』第二五巻に登場する聖地でもある。

そして昭和五年（一九三〇）四月、王仁三郎はこの地を再度訪れ「皇道大本別格別院地恩郷」を開き、さらに吾郷邸を「瑞苑荘」、その裏山を「神路山」と命名した。山そのものがご神体である、と説かれた神路山には、王仁三郎の指示により「大本神社」と称する小祠が建設され、昭和七年（一九三二）一月にはその鎮座祭に王仁三郎、すみ夫妻が訪れている。さらに別院から東に向かう山道沿いには歌碑、静生舘、緑陰亭が建てられ、吾郷邸すなわち地恩郷別院は地方布教の拠点となっていく。

吾郷邸来訪時に画帳にしたためた歌には「八雲たつ出雲の国は宇豆の国瑞の御魂の生れし神久仁」とあり、出雲は救済の霊である「瑞の御魂（前

写真５　地恩郷に建てられた歌碑と出口王仁三郎
（昭和10年12月／写真提供：大本島根本苑）

述）」が誕生した神国であると称え、さらに「鹿園寺地恩の郷を吾が郷と天降り坐すかも素盞嗚の神」と詠み、この地恩郷を自らの郷（別院長となった吾郷氏の姓にかけられている）としてスサノヲが天降り坐した、との言説を示した。王仁三郎の「霊視」はスサノヲが出雲の地恩郷に天降った、というような漠然・観念的なものにはとどまらない。八岐大蛇がハルナの都より自轉倒島《おのころ》に逃避した時、素盞嗚尊はその後を追って、島根半島を押して攻め寄せ（この時に楯のように押したので楯縫という）、この地を都に定めて国土を経営した。吾郷邸敷地はその殿舎、八尋殿があったところである。その後、大己貴命、少名彦命の統治になりスサノヲの根本霊場が久しく世から隠れていたものを、王仁三郎が「神定め」したのだ、と説く。こうした言説には『出雲国風土記』国引神話のモチーフが織り込まれていたり、古い地名である楯縫郡の由来説話風の語りも組み込まれている。信者民衆にとってはどこか聞き覚えのある神話が少し形を変えながら、自分たちの眼前に実体をもって像を結んでいくかのような神秘的体験であっただろう。見慣れた景色が神代につらなる聖性を帯びていくような、不思議な感覚であったとも推察できる。

写真６　聖師、出口王仁三郎（左）と二代教主すみ（右）
（昭和７年１月、地恩郷神路山大本神社の鎮座祭にて
写真提供：大本島根本苑）

三―三、王仁三郎の「出雲観」と地域神話

　なお出雲の地恩郷に別院を開いた翌月の昭和五年（一九三〇）五月、王仁三郎は岡山県赤磐市の熊山遺跡を訪ねている。ここには八世紀頃の建造と推定される石積み仏塔（国史跡）が伝わっているが、これについて王仁三郎は「熊山の山頂にある戒壇は、神素盞嗚大神様の御陵である。」と述べた。さらに、「古昔出雲の国と称せられたる地点は、近江の琵琶湖以西の総称であつて、素盞嗚大神様のうしはぎ給うた土地である。湖の以東は天照大神様の御領分であつた。この故に誓約は其中央にある天の真奈井即ち琵琶湖で行はれたのである。出雲の国と言ふのは、いづくもの国の意にて、決して現今の島根県に限られた訳ではないのである。素盞嗚大神様は八頭八尾の大蛇を御退治なされて後、櫛稲田姫と寿賀の宮に住まれた。尊百年の後出雲の国の中、最上清浄の地を選び、御尊骸を納め奉つた。これ備前国和気の熊山である。大蛇を断られた十握の剣も同所に納まつて居るのである。」と語っている。「出雲とは琵琶湖以西の総称」という王仁三郎の出雲観が、明確に示されている点が注目されるが、このような「大出雲観」は訪問先ごとに示し分けられていたようで、出雲でそのような言説は示されなかったようである。ただ、地恩郷の範囲を一畑山・大船山から宍道湖岸までと示しながらも、「みんなが想像もつかぬような広いことになる」と語っており、これは「大出雲観」の示唆なのかもしれない。スサノヲの降臨地（楯縫郡）、クシナダヒメとの宮居である須賀の宮、さらに埋葬地である備前国和気郡までを含めた地恩郷＝大出雲、というような構想がぼんやりとながら描かれていた可能性も考えられる。

　ただし、こうした「出雲観」が理路整然と説かれることはなかった。というのも、王仁三郎の心身からほとばしるようにして描き出された神話は、あらかじめ周到な世界観、構想を準備したものではなく、はなから不整合や矛盾点をいくつも内包したものであったからである。例えばス

写真７　熊山遺跡の石積み遺構

サノヲの来臨に関しても、別の神話がある。「月の国ハルナを追われた大黒《おおくろ》主《ぬし》は日本に逃げてきて、境港の夜見が浜から上陸し、大山にひそんだ。素盞嗚尊はこれを追跡して安来港に上陸し、大黒主が正体をあらわした八岐大蛇を大山で退治した。」というもの。こうした言説は何をモチーフに発想されたものか理解できないが、王仁三郎がそれを語った場にこそ、その鍵がある。昭和三年（一九二八）一二月、王仁三郎は鳥取県西伯郡日吉津村の神刕別院の開院式に臨んでいた。この地は大本の地方布教の足掛かりとなった松江～鳥取の一画に位置しており、全村をあげてほとんどが大本に入信していた。王仁三郎夫妻は村をあげて歓迎されたという。このとき王仁三郎はこの地の由来を説き、「素盞嗚命が八岐大蛇を退治したといわれるのは大山のことであり、この別院がそのとき神庭会議を開いた因縁の地である。」と語っている。このように、だれもが知る神話にかこつけつつ土地の起源や「神代に由来する土地の聖性」を示してみせるのが王仁三郎の神話語りであり、人々は驚きを感じながら、土地の神話を受け止める。このように、訪れた先々の、その現地でだけ機能するような神秘潭が王仁三郎の地域的な神話の特質であって、特にスサノヲに関しては出雲周辺に濃く投影されたといえる。

三―四、八雲山と須賀の宮

第一次大本事件が決着した昭和二年（一九二七）以降、王仁三郎は全国に布教する巡教の旅を再開し、教団勢力は再び盛り返すことになった。王仁三郎の巡教先は、中四国はもちろん九州、奄美大島、沖縄、さらに北陸、東北、北海道、樺太、千島列島におよび、ほぼ全国をくまなく廻っている。こうした訪問先で、王仁三郎は前述したように多彩な「地域神話」を説いたことが想定されるが、王仁三郎に供し同行した者が残した『三鏡』など王仁三郎の言動録に記されるか、あるいは訪問先の地方組織が編んだ刊行物に採録されたもの以外は、その内容を個別に知ることができない。その種の説話の一つであるのが、八雲山（島根県雲南市）にまつわるものである。

『古事記』では八俣をろちを退治したスサノヲが、イナダヒメと八重垣を廻らし鎮まったのが出雲国の須賀の宮であり、その舞台は現在須我神社が鎮座する地に比定される。その背後には、両神の磐座とされる巨岩がある八雲山がそびえている。王仁三郎、すみ夫妻は昭和七年（一九三二）十月、この八雲山に初めて登り、ここが八雲神歌発祥の神蹟であると示した。これを受けて翌十一月には山頂に小祠を建てて大本八雲神社鎮座祭を斎行、約三十年前に麓から発掘され保管されていた古鏡を御魂代として納めたという。さらに昭和八年（一九三三）、八雲山山頂には王仁三郎の歌碑が除幕され、松が手植えされた。

王仁三郎はその生涯に膨大な数の和歌を詠んでおり、和歌発祥の地に対して特別な思い入れがあったとみられる。歌碑に刻まれた「八雲たつ出雲の歌の生れたる須賀の皇居の八重垣の跡」からも、和歌の聖地に対する思いが見て取れ、現地の信者もそれに応えるように熱心に祭儀をおこなったようだ。この地を神蹟として整備するように、という王仁三郎の指示を直ちに実行している。そして当地を訪れ行事がおこなわれた際に、王仁三郎一行の宿所とされたのが山頂直下の麓にある細田茂太郎邸であった。王仁三郎はそこに滞在中、眼前の八雲山を縁側から見ながら、目の前の田んぼ一帯に「古代のスサノヲの宮殿が建て込んでいるのが見える」、と霊視したという。細田邸は屋号が「大門」であるが、これはスサノヲの殿域に入る門にあたるからである、細田邸眼下の田は字が「桧が本」というが、それはスサノヲが新羅国から桧、杉、槙、楠の苗を持ち帰って日本各地に植えたからである、という説話も併せて説いている。このように、時に『日本書紀』神代巻を引き合いにしながら、目の前にある地名の由来を当意即妙な語りで神話的に説いていくのは王仁三郎の天才的な才覚である。この種の言説

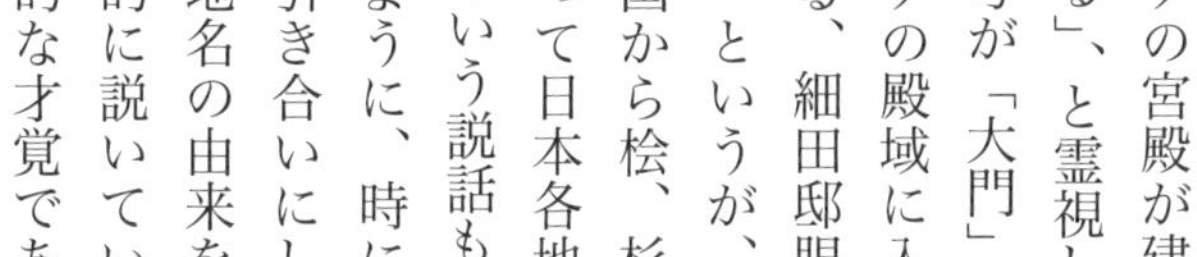
写真８　細田邸から望む八雲山（中央奥）と手前の水田

は、当地に暮らす大本信者にとっては土地の由来を語る宇宙起源説話に近く、神格化された王仁三郎への信仰とあいまって伝承されていった。しかしながら、こうした言説の多くは口伝に留まり、大本関連のいずれの刊行物にも掲載されないものも多い。上述の八雲山「スサノヲの宮殿」に関しても、王仁三郎から直接聞かされた細田茂太郎の、娘婿の甥にあたる森脇泉氏から、筆者が御教示いただいたことではじめて知り得た内容である。王仁三郎の所説は『霊界物語』など膨大な書籍によりすべて文字化されていると考えられがちであるが、実際には記録化されなかった「土地の神話」も多く語られたのであろう。

四、島根別院、第二次大本事件とその後

松江は大本の地方宣教の拠点であり、昭和初年には松江分所が置かれていたが、昭和五年（一九三〇）、松江市北堀町赤山にあったバックストン邸を購入し、これを大本島根別院と呼ぶことになった。なおバークレー・バックストンはイギリス聖公会の宣教師として来日した人物で、明治二六年（一八九三）に伝道活動の拠点とするため修養道場を併設した邸宅を構えている。大本が購入したこの邸宅敷地は広大なもので、ここに開明殿など大本の施設が次々と新設され、大本の布教拠点とされた。

昭和十年（一九三五）十二月八日未明に電撃的に起こった第二次大本事件の内容を詳細に述べる紙幅はないが、綾部、亀岡の教団施設への襲撃と同時に、王仁三郎・すみ夫妻が滞在していた松江の島根別院にも午前二時、松江署所轄の全警官、大社・安来両署の警官総勢およそ二八〇人が一気に踏み込み、「三六八《みろく》亭」で就寝中の王仁三郎を検挙、京都二条駅まで鉄道で護送したのであった。その後、昭和十一年にかけて大本の施設は徹底的な破壊がおこなわれた。島根別院の殿宇はもちろん、前述の地恩郷にある建物や石碑、八雲山の小祠や石碑なども含め、この時に破壊されている。第二次大本事件の弾圧は苛烈で、徹底的なものであった。

事件から十年を経た昭和二十年（一九四五）九月、大審院法廷で上告棄却、さらに有罪となった不敬罪も翌月には大赦となり、ここに第二次大本事件は終結する。翌年大本は「愛善苑」として、王仁三郎は「苑主」として再び新たな歩みを踏み出した。昭和二一年五月には、山陰に向けた王仁三郎・すみ夫妻の巡教の旅がおこなわれ、第二次事件で自身が捕らわれた島根別院の地を十一年ぶりに訪れ、さらに地恩郷の吾郷邸で二泊、出雲大社に参拝などをしている。これがその二年後に天に召された王仁三郎にとっては生涯最後となる、出雲への旅路であった。このように事件解決後ただちに出雲への巡教がおこなわれたことに特別な意味はあったのか。もちろん、大本の教団史上、島根別院、地恩郷が重要な役割を果たし、大本の再出発に欠かせない組織が残されていたことは重要であっただろう。それに加えて、王仁三郎の出雲行きには、受難を一身に受ける贖罪神、世の救世主としてのスサノヲに、あらためて再出発を期した自らの姿を重ねる決意があったようにも思える。

おわりに

小論では、大本の開祖である出口なお、そして聖師として教団の発展を牽引した出口王仁三郎が出雲をどのように見ていたのか、という点に焦点をあてた。王仁三郎のコスモスは無限の広がりがあってとらえどころがなく、容易に中核に切り込むことを許さない。小論は単に、既存の事績録から関連事項を抄出したに過ぎないものである。

とはいえ、本論集の目的のひとつは、「『日本書紀』をもとに、出雲がどのような地域とみられてきたかを明らかにする」という点にある。この問題について通時代的に論じるには、明治・大正・昭和を駆け抜けた一人の宗教上の「異端たる巨人」の言動は避けて通ることができないであろう。小論では、出口王仁三郎が『古事記』『日本書紀』さらには『風土記』を引きつつ展開した「新たな出雲神話・スサノヲ神話」の一面に光を当てた。王仁三郎の中では大本の教義根幹に関わる教理教説と、特定の地域のみで語られる、いわば「地域神話」のような言説が多元に重層的に存在していた。とりわけ出雲

は、自身を重ね合わせた贖罪・救世の神と位置づけたスサノヲの霊地と位置づけられており、多彩なスサノヲ地域神話が語られたことが確認できた。

本稿執筆にあたり、次の方々には画像・資料・情報提供など、格別の御高配をたまわった。厚く御礼申し上げたい。

宗教法人大本／同総務課鬼塚義彰／大本出雲本苑／同本苑長原俊正

大本信徒連合会／大本島根本苑／同本苑長高木平三郎／大本地恩郷別院／地恩郷事務局吾郷道雄

森脇泉　（敬称略）

《参考文献》

大本の教団史全般、出口なおと出口王仁三郎の経歴等に関しては、主に下記文献を参照した。

・岩田久太郎編『大本略史』第一天聲社、一九三一年
・宗教法人大本『大本七十年史』上巻　一九六四年、下巻　一九六七年
・宗教法人大本『大本事件史』、一九六七年
・出口京太郎『巨人出口王仁三郎』講談社、一九六七年
・出口栄二『写真図説　民衆の宗教・大本』學燈社、一九七〇年
・村上重良『評伝　出口王仁三郎』三省堂、一九七八年
・伊藤栄蔵『新宗教創始者伝　大本　出口なお・出口王仁三郎の生涯』大本本部監修、講談社、一九八一年
・赤坂憲雄／武邑光裕／四方田犬彦「討論〈神国／日本〉という物語　出口王仁三郎をめぐって」『季刊GS　たのしい知識』vol.7　株式会社UPU、一九八八年
・早瀬圭一『大本襲撃―出口すみとその時代―』新潮社、二〇一一年
・飯塚弘明／窪田高明／久米晶文『あらすじで読む霊界物語』文芸社文庫、二〇一九年

島根県内の大本の活動史については、下記文献を参照した。

・大本島根本苑五十年史編纂会『大本島根本苑五十年史』大本島根本苑、二〇〇七年
・金山澄編『いづもの神業　大本出雲道場史』、大本出雲道場、一九八四年
・金山澄編『いづもの神業　続　島根主会から出雲本苑へ』大本出雲本苑、一九八六年
・大本島根本苑『素尊ゆかりの神仙境　地恩の郷』二〇一七年
・大本信徒連合会／大本島根本苑『素尊山と聖師の出雲経綸―平和祈願祭研修資料―』二〇一七年

王仁三郎および大本の著作刊行物である『大本神諭』『霊界物語』『三鏡』『出口王仁三郎全集』などの内容閲覧、語句検索にあたっては、飯塚弘明氏が運営、公開する下記HPを利用させていただいた。

・「霊怪物語．ネット～出口王仁三郎大図書館～」https://reikaimonogatari.net/
・「出口王仁三郎と霊界物語の総合検索サイト　王仁DB（王仁三郎データベース）」https://onidb.info/

註

（1）この建碑の経緯については、金山澄編『いづもの神業　大本出雲道場史』一九八四年に詳しい。

（2）岡田建文の来歴、活動に関しては西島太郎氏の論考に詳しい。西島太郎「松江の郷土史『彗星』主幹・岡田建文の霊怪研究」『島根史学会会報』第五五号、島根史学会

『日本書紀』注釈史と折口信夫の「出雲」
―読み替えられた「出雲神話」をもとめて―

斎藤英喜

はじめに

一三〇〇年にわたる『日本書紀』の注釈史を見渡したとき、その画期をなすのは、中世という時代であった。それを教えてくれたのは、一九七〇年代以降に展開する「中世日本紀」の研究である。(1) それまで「自家の神道教義に立脚した空理空論」と批判され、「書紀の学問的研究のために今日読むに値するものは一つもない」(2)とまで貶められていた、中世に膨大に生み出された注釈世界にたいして、あらたな可能性を提示してくれたからだ。

その要点をまとめておこう。(3) まずは和歌、物語、あるいは謡曲注釈に見られる「日本記（紀）に曰く」という言説の背後に潜んでいた中世びとの教養・知識・学問の広がりを究明することから始まり、「日本紀」のネーミングをもちつつも、古代の『日本書紀』とは懸け離れた中世固有の「神話」創造の運動を解明したことにある。そこで注釈とは原典を理解するための補助作業という近代的な文献学の認識を超えて、「注釈」することを媒介にして、あらたな神話テキストを創造する実践行為が見出されていく。注釈を通して『日本書紀』が読み替えられていくことに中世固有の価値を見出したのだ。

さらに中世日本紀は「中世神話」という視界へと広げられ、荒神、土公神、新羅明神、赤山明神、牛頭天王、といった記紀神話には登場しない「異神」たちの信仰世界に分け入り、両部、伊勢、山王、三輪、吉田などの中世神道の世界や、御伽草子・寺社縁起・本地物などの物語草子、さらに地域社会に生成した神楽・祭文へと拡大され、ここに神話といえば古代、という既成概念の変革がもたらされたのである。

そればかりではない。中世日本紀、中世神話の研究方法は、「中世」の画期性とともに、中世をも超える視野を切り開いてくれた。注釈による、あらたな神話創造の実践は、一方では、中世日本紀の基盤となった平安時代前期の「日本紀講」（日本紀講莚）へと遡及するとともに、(4) 他方では、中世的学問を否定した近世の本居宣長や平田篤胤たち国学者の注釈言説への読み直しをもたらした。宣長の『古事記伝』、篤胤の『古史伝』もまた、近世的文献学の注釈を通した、あらたな神話創造＝「近世神話」として読む、という視界が開かれたのである。(5) かくして中世日本紀の研究視座は、七〇年代以降の学知を変革する起爆剤となったといえよう。

本稿では、以上の研究史を踏まえつつ、『日本書紀』注釈史のなかで生成した「出雲神話」の立ち位置を検証するとともに、その系譜のなかで折口信夫（一八八七～一九五三）の読み直し＝可能性を明らかにすることを目的とする。折口信夫といえば、一般的に詩人的直感による独創的なものと評価されるか、逆に近代的な学問から逸脱した、恣意的な解釈として否定・批判されてきた。けれども、『日本書紀』一三〇〇年の注釈史、すなわち読み替えられた神話テキストの系譜のなかに折口の古代研究を再配置したとき、そこに展開する世界もまた、テキストの読み替えを通して創生した、近代における「出雲神話」として読めるのではないだろうか。(6)

以上の問題意識と方法的視野のなかで、さっそく本論に進むことにしよう。

一　『日本書紀』注釈史のなかの「出雲」の神々

一―一　「日本国事之濫觴」と「邪正一如」の神

中世における『日本書紀』注釈の嚆矢は、周知のように、文永・弘安の

「蒙古襲来」の時代に、京都平野社の神主・卜部兼方（生没年不詳）によって撰述された『釈日本紀』である。(7) 本書は、平安時代の日本紀講博士の「私記」や逸文「風土記」をはじめとした古文献、あるいは卜部兼文（兼方の父・生没年不詳）と摂関家の一条実経、家経らとの問答を数多く引用することから、「古伝に即した」注釈態度、「古代的な訓詁の学」の「集成事業」として評価される一方、(8)『日本書紀』注釈の到達点」と見るか、「中世日本紀」のような中世註釈の始発点」と捉えるかは、「中世日本紀に対する認識」によって見解がわかれるともいう。(9)

しかし、以下に見る「素戔烏尊」をめぐる注釈言説からは、注釈を通してあらたなスサノヲ神話が創造されていく「中世日本紀」の始発点であることは間違いない。

「稲田宮主神」

先師申云、今世天子后宮主職者、此濫觴也。摂問云、当事宮主者、非ニ稲田宮主神之苗裔一歟。大仰云、素戔烏尊、児宮首賜ニ宮主之号一、只官職之濫觴也。必不レ可レ為ニ彼神之苗裔一也。凡素戔烏神者、雖レ似ニ悪神一、為ニ日本国事之濫觴一、大略起レ自ニ此神一歟。善悪不二、邪正一如之謂、殊勝事也。」（『釈日本紀』巻第七、175～176頁）

ヤマタノヲロチを退治したスサノヲがクシナダヒメと結婚し、さらに彼女の父母を「宮主」に任命した場面の注釈である。それについて「先師」＝卜部兼文は、スサノヲの宮主任命の神話が、「今の世」において天子・皇后の「宮主職」の起源であると説いていく。これにたいして「摂問云」＝摂関の一条家経が、では宮主は「稲田宮主神」の子孫なのかと問うと、「大仰」＝太政大臣・一条実経が、スサノヲが任命したのは、あくまでも「宮主」という「官職之濫觴」であって、「稲田宮主神」の「苗裔」を起源とすることではないと明言していく。

注目されるのは、続く一節だ。「素戔烏神」という神は、「悪神」に似ているけれども、「日本国事之濫觴」はおおよそスサノヲが担っていることが多い。これは「善悪不二、邪正一如」という仏教の教理とも即応している、と。スサノヲを仏教で解釈するのだ。

その教理とは、たとえば「愛染明王の体は即ち内証清浄の心理の上に貪欲煩悩の形相を持ち、善悪不二・邪正一如なり」（伝最澄『修禅寺決』）と説かれる、天台本覚思想にもとづくことは、すでに知られているところだ。(10) 善と悪、正と邪とが「不二」「一如」という認識は、善悪・邪正を超えた、超越的な存在を志向するという教理であった。(11) それによって、スサノヲの超越神としての神格が中世に生成していくことになるのである。

以上のように、『釈日本紀』のなかで、「悪神」に見まがうスサノヲは、「日本国事」の起源神でもあることで、「善悪不二、邪正一如」という仏教教理をまとう神として解釈され、変貌していくことが見てとれるだろう。さらにその言説が、卜部兼文ではなく、一条実経の側からリードされていることも注目される。『釈日本紀』は、一条家の学問、信仰的教養が大きなウエイトを占めていたようだ。(12)『釈日本紀』の基礎は、卜部家と一条家との「共同研究」の一面をもつといってもよい。

なお、兼文と一条摂関家の面々との問答の背景には、摂関家が大嘗祭で重要な役職をもつことと不可分なものとされている。(13) 大嘗祭執行にかかわって『日本書紀』は読まれた、といってもいいだろう。「宮主」職は卜部が世襲した職能で、大嘗祭でも重要な役割をもった。(14) それゆえに、「宮主」の起源をめぐる問答が交わされたと理解できよう。

では『釈日本紀』で解釈されたスサノヲの二面性、すなわち「悪神」とされながら「日本国事」の「濫觴」の神であること、すなわち「善悪不二、邪正一如」という天台教理で解釈された中世的相貌は、これ以降、どのように展開していくのだろうか。

たとえば「邪正一如」としてのスサノヲ像は、慈遍（一二九〇?～一三六一以降没）撰述の『天地神祇審鎮要記』（元弘三年〔一三三三〕）に、次のように語られている。

達多《カ》悪逆《ハ》素戔烏《ノ》行、論《ハ》ニ其性悪一邪正一如《ナリ》、謂ニ其修用《ヲ》一、善悪互転《ニス》。（410

頁）

「達多」とは『法華経』で「悪人」とされる提婆達多（デーヴァダッタ）のこと。釈迦の従兄弟ともいう[15]。その悪行とスサノヲとが同一化され、その「悪」とは「邪正一如」なので、善悪は相互に転ずるものと教説化されていくのである。『法華経』（提婆達多品）では、悪逆の提婆達多も「成仏」＝悟りに至るとされる。現象的な善悪、邪正を超越した普遍的な真理としての「仏」を至る道が説かれるわけだ。提婆達多とスサノヲが同一化されることで、古代神話の荒ぶる神スサノヲは、「仏教」という東アジアにおける普遍的存在へと読み替えられたといえよう。まさに「中世日本紀」の展開だ。

なお慈遍は卜部家の出身でありながら、天台の仏門に入った人物。天台教学と卜部家の神道や伊勢神道とを習合させた、独自な神道説を展開させることで、近年注目を集めている[16]。ここからは中世のスサノヲ像が一条家の言説から『釈日本紀』によって卜部家に定着し、さらに慈遍によって展開されていくことが見てとれるだろう。

次に注目されるのは、室町中期の碩学・一条兼良（一四〇二～一四八一）に学んだ卜部の吉田兼倶（一四三五～一五一一）の言説である[17]。後に吉田神道と呼ばれる特異な神学を生み出す兼倶は、『日本書紀』の講義のなかで、スサノヲについて、次のように説いている。

> 三界ノ衆生ヲ、アカラサマニ夭死サセテ、短命ニナスモ、此神ソ。悪神ノ出タモ面白事ソ。善悪不二ノ処ヲ、後代ニ示サン為ソ。（吉田兼倶『神書聞塵』）

『日本書紀』が記すスサノヲの誕生譚には「国内の人民を多《さは》に以ちて夭折《わかじに》せしめ…」（神代上・正文）とあった。兼倶は、人民を夭折させる「悪神」が生まれたことを「面白事ソ」と肯定する。それは「善悪不二」の教えを「後代」の人びとに教えるためと説くのである。そしてその教えが、仏からではなくスサノヲからもたらされたと解釈する。それは吉田神道の「神主仏従」の発想とも通底していくところだ。またスサノヲが「善悪不二」を後代に示すという言説は、「道徳」の発生と繋がる問題として折口信夫が説くところだが、それは後述しよう。

では、一方、「日本国事」の「濫觴」＝起源神としてのスサノヲの相貌は、中世のなかでどう展開していくのか。ここで舞台は、「出雲」へと移る。スサノヲは、出雲の地を開いた始祖神へと変貌していくのだ。

一―二　国引きするスサノヲの中世神話

『太平記』巻二六「伊勢国より宝剣の進《まいら》す事」は、伊藤正義によって「中世日本紀」の始発として注目されたところである。そのなかには「素戔烏尊は、出雲大社にておはします」と、中世出雲大社の祭神がスサノヲであったという言説の発端となる語りが見出されるのだが、さらに以下の記述が重要となる。

> 素戔烏尊《そさのおのみこと》、一人となつて、かなたこなた迷ひ歩《あり》き給ふ程に、出雲国に行き至り給ひぬ。海上《かいしょう》に浮かんで流るる島あり。この島は、天照太神も知らせ給ふべき所ならずとて、尊、御手《みて》にて撫で留めて栖み給ふゆゑに、この島をば、手摩島《てなでじま》と申すなり。（『太平記』巻二六、186頁）

悪神たるスサノヲは「出雲国」に放逐されるのだが、そこで海上に浮かび流れてくる島を見つける。それはアマテラスも認知していないと、自らの手で撫で留めて、領有しようとする。『記』『紀』神話には、まったく出てこないエピソードだ。問題となるのは、「御手にて撫で留めて栖み給ふ」の一節。すでに指摘があるように、『出雲国風土記』の「八束臣津野」の国引き神話との関連が考えられるところだ[18]。ここで悪逆の神スサノヲは、出雲国における国土創成の神へと変貌する契機を手に入れたのである。

『太平記』のなかで、これらの記述は、「日本記（ママ）の家」と称えられる、平野社の神主、卜部兼員（？～一三七九）が北朝の廷臣たちのまえで語ったという設定になっている。寿永元年（一一八五）、壇ノ浦の合戦で安徳天皇とともに海底に沈んだ宝剣＝草薙剣が、貞和四年／正平三年（一三四八）、突如、伊勢の海に浮上したという報告を受けて、その真偽の詮議のなかで、卜部兼員が、宝剣とかかわる「日本記」の神代を語ったというわけだ。

このエピソードは、語られた「日本記《ママ》」の内容の荒唐無稽さとともに『太平記』のフィクションともされてきたが、近年、小川剛生によって、『宇治入条々』紙背文書に卜部兼員の名前で、近日取り沙汰されている宝剣について先例を調べた結果、たしかな所見は得られなかった云々、という九条家当主・右大臣経教への奏達の記述が発見された。『太平記』の記述は「中世日本紀」として脚色されたが、「宝剣発見」の枠組みは史実であったと小川は見ている。[19] なお他の記録からも、兼員は、暦応三年（一三四〇）に花園上皇に『日本書紀』を進講し、また貞和四年（一三四八）には持明院統（北朝）の「高貴の方」に『日本書紀』の講義＝進講をしている。[20] 卜部兼員は『釈日本紀』の撰述者の兼方の孫にあたる。まさしく卜部家の『釈日本紀』に発する、中世的に変貌していく『日本書紀』の継承者のひとりであったことは間違いない。

ここでスサノヲは、『出雲国風土記』の国引き神話の神とも重ねられていく。その神話は、出雲現地の側で、さらに拡大されて、語りなおされていくのである。

出雲の地で展開していく中世出雲神話の世界は、井上寛司の先駆的な研究によって明らかにされた。[21] その研究を踏まえていくと、まずは建武三年（一三三六）の年号をもつ「国造出雲孝時解状土代写」には、「当社（出雲大社）大明神は、伊弉諾伊弉冉の御子、天照大御神の御弟、天下社稷の神、素戔烏尊これなり」と、出雲国造家において、出雲大社の祭神がスサノヲであることが明言されている。そして出雲大社の祭神スサノヲは、「天下社稷の神」＝国家の主宰神・守護神とまで称えられていくのである。さらにその一文の末尾には、「浮山を留めて垂れ潜む。故に、これを杵築大社と称す」というように、卜部兼員が語った「日本記」の国引き神話とも呼応する一文も見える。出雲国造家の資料のなかに、卜部家の伝える中世スサノヲ神話との共通点も見出せるのは興味深いところだ。

さらに出雲の地における中世スサノヲ神話を生成させる拠点となったのは、天台系寺院の浮浪山鰐淵寺であった。ここにスサノヲの繋ぎ留めた「浮島」は天竺の霊鷲山から流れてきたという神話が生まれていく。その始発は、建長六年（一二五四）の年号がある「鰐淵寺衆徒勧進帳案」に「当山者異国霊地、他州神山也。蓋摩《（陀脱カ）》竭国中央霊鷲山巽角、久浮風波、遂就日域、故時俗号、曰浮浪山云」（268頁）に見られる。天竺の霊鷲山の一角が流れてきた出雲の地を形成するとは、まさに中世の「三国世界観」のなかで「仏教東漸」の思想があらわれていよう。ここにはスサノヲの名前はないが、元亀年間（一五七〇〜一五七六）と推定される資料では、

当社者、最初、西天鷲嶺之艮隅欠而、浮浪流来於、素盞烏尊築留玉フ、故ニ浮浪山矣、麓ニハ、建霊祇利生之大社、定諸神降臨之勝地。峯ニハ構権現和光之社壇、示仏天影向之結界。（「寺僧某書状断簡」567頁）

「西天鷲嶺」から流れてきた島を繋ぎとどめたのがスサノヲであると語られている。さらに注目されるのは、「麓には、霊祇利生の大社（杵築大社を指す）を建て……」とあるように、鰐淵寺と出雲大社とが一体のものと認識されていくところだ。「出雲国内の蔵王信仰の拠点をなす鰐淵寺」と、それに近接する出雲大社とのあいだで「宗教的な一体性」が強まったのである。[22] なお、鰐淵寺には平安後期の「牛頭天王像」とともに、常行堂には摩多羅神が祭られている。牛頭天王、摩多羅神とともにスサノヲと習合する「異神」であったことが、スサノヲの中世神話を生み出す土壌となったと考えられよう。[23]

かくして中世出雲においては、出雲大社と鰐淵寺が相互補完の関係によって、その宗教的支配が貫徹されていた。「国内第一之霊神」＝出雲大社と「国内第一之伽藍」＝鰐淵寺とは「一社／一寺」が一体となって相互に権威を高め、「出雲国の一宮制」を構成していったのである。[24]『日本書紀』が読み替えられていくなかで生成する、あらたなスサノヲ神話は、地域社会の支配構造の「起源」を語る働きをもったのである。けっして机上の空想ではな

い。

しかし、スサノヲの中世神話は、出雲の内部に留まるものではなかった。「天下社稷の神」たるスサノヲは、伊勢神宮の周辺でも「素盞烏尊は、伊弉諾伊弉冉尊の、御譲を得て、我朝の御あるじにてましましが、国土を皇御孫にゆづり奉り。御身は出雲の国に御垂迹あり。いまの大社是なり」（坂十仏『太神宮参詣記』）と語られ、あるいは室町期の謡曲のなかにも「素戔烏尊の、守り給へる神国なれば、花の都の春ものどかに……」（「草紙洗小町」）といったように見出されるのだ。中世出雲に生成したスサノヲ神話が、全国的に広がった可能性が見えてこよう。中世の列島社会には、古代神話をベースにしつつ、そこから大きく読み替えられ、変貌したスサノヲ神話が流布していたのである。[25]

ちなみに、折口信夫の言説中にも、「出雲大社にあつても、記・紀では、おほくにぬしの神と教へてゐるのに、中世の事実では、立派にすさのをを祭ることになつてゐる。此は、神が代つてゐるのである」（「古代人の思考の基礎」全集3、394頁）という一文があることを確認しておこう。

一―三　寛文六年、銅鳥居の銘文をめぐって

寛文七年（一六六七）三月、出雲大社は宝治二年（一二四八）以来、じつに四二〇年ぶりに正殿式遷宮が挙行された。その経緯、実態については西岡和彦の研究に詳しい。[26]すなわち朱塗の本殿ならびに諸神殿は白木作りに改められ、また境内にある三重塔や大日堂などの仏教施設は撤去された。それと並行して鰐淵寺の僧侶が境内で大般若経を読経することや、「本願」が大社の造営遷宮の管理運営を担当することなど、鰐淵寺との関係が一切、遮断されたのである。それにともなって出雲大社の祭神は中世の神仏習合にもとづく「素盞烏尊」から「大己貴神」へと「復古」していったのだ。それをリードしたのは、北嶋国造家方上官の佐草自清《さくさよりきよ》であった。また幕府との良好な関係構築も影響したようだ。その転換は、すでに慶長期から始まっていたが、寛文度の遷宮に際して、正式に「大己貴神」が祭神と確定されたのである。だが、それはけっして単線的、一元的な変化ではなかったようだ。

そこで問題となるのが、寛文六年（一六六六）の年号がついた、毛利綱広によって造立された荒垣門正面に立つ銅鳥居の銘文である。銘文によれば、綱広の祖父の輝元が寄進した銅鳥居をあらためて、あらたに鋳造したものを大社の廟門に建てた、という。問題となるのは、その銘文の冒頭の一節である。

夫扶桑開闢而来　尊信陰陽両神而　曰伊弉諾伊弉冉尊　此神生三神
一曰日神　二曰月神三曰素戔烏也　日神者地神五代之祖天照太神是也、
月神者月読尊是也、素戔烏尊者雲陽大社神也。

文中のアマテラスを「地神五代之祖」とするのは、中世神話の基本的な語り方である。中世では国常立神から伊弉諾・伊弉冉までを「天神七代」、天照大神から彦波瀲武鸕鷀草葺不合尊までを「地神五代」と表現することが一般化していた。したがって、末尾の「素戔烏尊は雲陽大社の神なり」の一文は、スサノヲが出雲大社祭神であるという中世神話にもとづくと解釈できる。[27]

しかし「雲陽」の表記で「出雲」をあらわす例はあるが（『雲陽誌』など）、出雲大社を「雲陽大社」と呼称する例はないこと、さらに銘文中には「雲陽大社」と区別して「出雲大社」の表現もあることなどから、近年、三浦佑之によって「雲陽大社」とは「熊野大社」を指すという新説が提示されている。[28]古代においてスサノヲは熊野大社の祭神であったと解されていたからだ（『先代旧事本紀』、「出雲国造神賀詞」など）。三浦は「寛文造営時の銅鳥居銘文に出てくる「雲陽大社」が熊野大社を指しているのは明らかなはずなのに、だれも疑問を差し挟まないままに、出雲大社説が横行することになってしまった」と強く主張している。だが、はたして本当に「雲陽大社」は「熊野大社」なのだろうか。それを検証してみよう。

まず銘文の語り口は、「日神者地神五代之祖天照太神是也」から見えるように「天神七代、地神五代」の中世神話のフレーズにもとづく。つまりここに語られる由来は「中世」の神話と理解しなければならない。そして中世に

あっては「熊野大社」の勢力は後退していた。その背景となっているのは、十一世紀の中頃に至り、国造出雲氏が意宇から杵築の地に移住したことによる。それまで熊野大社を中心に行われた国造の祭祀が、杵築大社（出雲大社）に移り、「出雲大社」が出雲国を代表する神社としての位置を占めていくからだ。[29] スサノヲ祭神説も、そのことと不可分にある。こうした歴史的過程を踏まえると、中世神話の文脈のなかにある銘文に、スサノヲを熊野大社の祭神と記述する必然性はないことが見えてこよう。出雲大社の荒垣門の銅鳥居に刻んだ銘文に、そもそも「熊野大社」の祭神を記す理由があるとも思われない。

それだけではない。寛文六年（一六六六）の造営以降、国造家のなかにも出雲大社の祭神は「大己貴神」とする認識が定着しつつあった。そうした時代にあって、中世神話のままのスサノヲ祭神説が荒垣門の鳥居の銘文にあることは、不都合なものと認識されていたようだ。それは近代にあっては決定的となる。昭和一七年（一九四二）、神祇院において、伊賀上五郎主任技師から千家尊統《たかむね》宮司にたいして、銅鳥居の銘文の「素戔烏尊者雲陽大社神也」が不都合なので、スサノヲを祭る素鵞社前への移築が提案されたという。[30] 後に千家尊統は、その著『出雲大社』のなかでも、銅鳥居の銘文のスサノヲ祭神説にたいして「本殿の背後真北、八雲山の麓にある摂社素鵞社の祭神がスサノオノミコトであるので、これと混同でもあろうが……」と記している。[31] 国造家内部でも問題になるように、銘文の「雲陽大社」が熊野大社であることは、まず考えがたいだろう。「雲陽大社」というほかに見えない表記は、寛文度の遷宮以来、出雲大社祭神を「大己貴神」とする説が定着していくなかで、あえて中世神話によるスサノヲ説を曖昧とするために、それまでにない表現をとったことも考えられる。さらに鳥居の銘文が、毛利輝元（一五五三～一六二五）の寄進のときにすでにあったとすれば、中世的支配秩序にもとづくスサノヲ出雲大社祭神説が強くなるだろう。

以上、「日本記の家」＝卜部から発する中世のスサノヲ神話が、出雲の鰐淵寺との相互関係のなかでさらに増殖し、それが近世前期にあっても鳥居の銘文として記されていたことが確認できた。中世神話の定着ぐあいがわかる例だ。しかし一七世紀以降、スサノヲ祭神説は国造家のなかで問題とされたように、神話は、新しい時代のなかで変容するべきことが要求される。近世以降に出雲大社の祭神がオホナムヂ（オホクニヌシ）へと転換したのは、あらたに変成した「出雲神話」とみなすことが必要となるだろう。

なお、近世の出雲大社では、元禄十年（一六九七）に、佐太神社との神職管理権をめぐる争論に敗れて以降、また出雲の地に広がっていく吉田・白川両家の祈禱に対抗するために垂加神道が普及浸透していく。[32] 垂加派の創始者・山崎闇斎によれば、スサノヲは「荒金ノ暴悪ノ気象モ変化シ、終ニ土金錬熟シ敬ミノ神徳ニ帰シ給ヘル…」（『神代巻藻塩草』）という、独特な神学的存在へと読み替えられている。こうしたスサノヲ神学が近世の出雲大社内部にどのように受容されたかは不明だ。だが西岡和彦によれば、垂加神道（橘家神道祭式）の受容は、あくまでも国造家内部の「庁舎等での斎行」、「御殿向」の祈禱に限られていたという。[33] 恒例祭祀とは区別されていたというわけだ。祭祀と祈禱の二重構造である。あるいは垂加神道による祈禱は、スサノヲを祭る素鵞社の場で「祈禱」として行なわれていたのかもしれない。素鵞社が特別の信仰を集めていることは、現代においても見られるところだ。[34]（なお、素鵞社の建立は寛文七年（一六六七）の正殿式遷宮のころと推定されている）

一―四　幽冥界の神へ

『日本書紀』注釈のなかで「出雲」に深くかかわるのは、周知のように、いわゆる国譲り神話のなかの「吾が治らす顕露之事《あらはなること》は、皇孫《すめみま》治らしたまふべし。吾は退りて幽事《かくれたること》を治らさむ」（神代下・第九段・一書（第二））の一文であった。「顕露之事」と「幽事」（神事）をめぐる注釈は、一条兼良『日本書紀纂疏』によって「顕露ノ事」＝「人道」、「幽事」＝「冥府ノ事」と定義付けられ、出雲大社の祭神が「冥府」の神と認識される下地を作り、これが江戸後期の平田篤胤（一七七六～一八四三）によって神学的な解釈が深められたのである。けれども出雲の神々と「冥府」との関係は、さらに多くの注釈言説が見出せる。

たとえば伊勢・内宮の荒木田氏出身の僧侶である道祥の弟子・春瑜（一四〇一～一四五九）は、「素戔烏尊ト者琰魔法王也」「根国トハ地獄之名也。仍炎魔王ト者素戔烏尊也。本地　地蔵也」（『日本書紀私見聞』）というように、「根国」は仏教的な「地獄」に、スサノヲは「炎魔王」や「地蔵」として読み替えられ、文字どおり「中世日本紀」の濃密な世界を作り出していく。さらに中世のスサノヲ神話が冥府神の神話へと広がっていくことは、「ソサノヲハ決定此ノ国ノ主也。然トモ悪神ナレハ根ノ国ニ送リ捨ツ。炎魔王是也」（『山王神道秘要集』）、「其後、索莽烏尊、母ノ跡ヲシタヒテ迷土ニ下リ、閻魔王トアラハレ玉フナリ」（『十王経注』）、「素盞烏尊文、閻魔王ヲ云也、委細下巻ニ可レ有（良遍『日本書紀巻第一聞書』）などの、中世神道の言説からも見てとれる。「天下社稷の神」が冥府の神へと反転していくのである。とりわけト部出身の慈遍においては、「素戔烏」と「大己貴」ともに「此等の命も、亦幽国の主として、皆冥界を領す」（『旧事本紀玄義』巻第三）と、スサノヲのみならずオホナムヂも、「冥界」の主宰神と述べていることも注目しておきたい。中世にあっても、オホナムヂが「幽国の主」として俎上にのぼっているからだ。

それにしても、あらためて「冥府の神」であるとは、いかなる信仰的な意味をもつのだろうか。たんに死後の世界を領有している、というだけではない。そこには仏教の教説における「地獄」の世界観が投影されていく。現世における「悪」との関係である。それをもっとも顕著に語っているのは、やはり一条兼良であった。あらためて引こう。

顕露ノ之事者トハ、人道ナリ。幽冥ノ之事ハ者、神道也ナリ。二道ハ猶ヲ昼夜如シ陰陽。二ッ而為リ一。人ノ為ス悪ヲ於顕明ノ之地、則チ帝皇誅ス之。為ス悪ヲ於幽冥ノ之中ニ、則チ鬼神罰ス之。為テ善ヲ獲ル福ヲ者モ亦同シ之。神事ハ則チ冥府ノ之事、非ス祭祀牲幣之礼ニ、祭祀牲幣ハ、猶ヲ属ス顕露ノ事ニ也。（『日本書紀纂疏』下第二、311頁）

注目したいのは、「顕明」の地における「悪」は「皇帝」が誅し、「幽冥」のなかでの「悪」は「鬼神」が罰すると述べているである。冥府を領有する「鬼神」は、冥界での悪にたいして罰する力をもつということだ。

兼良の解釈が後の平田篤胤に大きく影響を与えたことは、篤胤自身が自説の根拠として「兼良公の纂疏」を引くところからもあきらかである。だが、問われるべきは、近世後期の篤胤が、兼良の「中世」をどう読み替えたのか、という点にある。篤胤の代表作、『霊能真柱』で、次のように語る。

さて顕明事《アラハニゴト》と幽冥事《カミゴト》との差別《ケヂメ》を、熟想ふに、凡人《タヾビト》も如此《カク》生て現世《ウツシヨ》に在るほどは、顕明事にて、天皇命の御民とあるを、死ては、その魂《タマ》やがて神にて、かの幽霊・冥魂などいふ如く、すでにいはゆる幽冥に帰《ヲモム》けるなれば、さては、その冥府を掌《シ》り治《シロシ》めす大神は、大国主神《ノ》に坐《マ》せば、彼神に帰命奉り《マツロヒマツ》、その御制《ミオキテ》を承賜《ウケタ》はることとなり。（『霊能真柱』下巻、77頁）

兼良が説いた、冥界で賞罰をくだす「鬼神」を、篤胤は「大国主神」と読み替える。それだけではない。顕明界にあるときは「天皇命の御民」であるが、死後は冥府の主宰神たる「大国主神」のもとに服することが強調されることで、現世における「天皇命の御民」を相対化してしまう可能性をもったのである。

さらに『古史伝』では「さて君上は、いかに聡《サト》く明に坐せども、現世人の倣《ナラヒ》にし有れば、人の幽に思ふ心は更なり、悪行にても、顕に知られざるは、罰《キタ》むること能はず」（『古史伝』巻二三、全集3、172頁）とも述べる。すなわち顕界を支配する「君上」はいかに聡明であっても、現世にしか認識は及ばない。顕界の範囲を超えた「悪行」は罰することができない。しかし、

幽冥事を治メ給ふ大神は、其をよく見徹《ミトホ》し坐て、現世の報をも賜ひ、幽冥に入たる霊神《タマ》の、善悪を糺判《タヾシワカ》ちて、産霊大神の命賜《オホセ》へる性《マゴコロ》に反ける罪犯《ツミオカシ》を罰《キタ》め、其性の率《マニマ》に勉めて、善行ありしは賞《メグ》み給ふ。（同前、172頁）

と、「幽冥事」を支配するオホクニヌシは、顕界のこともすべてお見通しな

ので、幽冥界に来た霊神＝死者の霊魂の現世にあったときの善悪を判定する……。ここからは、天皇の支配は、結局現世のことにしか及ばない、というかなり過激な認識が提示されることになるのだ。いうまでもなく、こうした発想は、現世に生きることの限定性と結びつく。すなわち――、

抑《ソモ〳〵》此世は、吾人の善悪きを試み定《メ》賜はむ為に、しばらく生《アレ》しめ給へる寓《カリ》世《ノヨ》にて、幽世《カクリヨ》ぞ吾人の本《ツ》世なるを、然る故義《コトノコヽロ》をば弁へずて、仮の幸を好み、永く真《マコト》の殃《ワザハヒ》を取ことを知ざるは、最《イト》も悲き態なり。（同前、177頁）

「此世」はわれわれ生き方の善悪を試み定めるための「寓世」でしかない。「幽世」こそが、われわれの「本世」なのだ……。その発想は一見「仏教」と似ているように見えるが、しかし篤胤の視野にあるのは、「此は信に、外国籍に謂ふ如くにぞ有ける」（同前、178頁）と、近世社会の底流に広がりつつある「天主教」（キリスト教）であったのだ。ちなみに『古史伝』の記述が、「天主教」の概説にもとづく勉強ノート『本教外編』をもとにしていることは、すでに指摘されているところだ[35]。

ここで「出雲」や「大国主神」は、仏教的世界観を大きく超えて、「西洋」を視野におく近世後期のグローバルな神話へと読み替えられ、変貌していく。大国・ロシアの南下によって動揺していく幕藩社会を超える想像力が「出雲」の神話を通して醸成していくことを見ることができよう。篤胤の『古史伝』は、一九世紀の時代に作られた、あらたな近世神話であった[36]。そしてその「近世」は、次なる「近代」という時代と密接にかかわるのである。

一―五　祭神論争と『日本書紀』の近代

神武創業、天壌無窮の神勅、万世一系、天皇親政、八紘一宇など、近代日本の国家スローガンは、『日本書紀』に由来するものは多い。『日本書紀』が近代の天皇制国家のイデオロギーを支えたとも認識されるところだ。だが、近代における『日本書紀』の解釈、受容はけっして一義的なものではなかった。それを教えてくれるのが、「出雲」の神話解釈をめぐって神道界を二分した事件である。明治一三年～一四年（一八八〇～八一）の「祭神論争」である。

明治初年の極端な「神仏分離」政策が挫折すると、明治政府は「神仏合同」をめざして、教部省下に大教院を創設し、教導職を設けた。しかしこれも島地黙雷ら真宗僧侶による分離運動によって廃止される。その後、大教院から離れた神官や神道家たちが、あらたな拠点として創設したのが「神道事務局」であった。問題はその事務局内神殿の祭神をめぐって起きた。もともと神宮遥拝所でもあった事務局神殿には、アマテラスを筆頭にアメノミナカヌシ・タカミムスヒ・カムムスヒの「造化三神」と定められていたが、これにたいして出雲大社の宮司である国造の千家尊福《たかとみ》（一八四八～一九一八）が「大国主神」も祭ることを主張した。それにたいして、伊勢神宮の大宮司・田中頼庸《よりつね》（一八三六～九七）が真っ向から反対したために、祭神をめぐる問題は、出雲派と伊勢派に二分した、大論争へと発展したのである。これが世にいう「祭神論争」である。

祭神論争をめぐっては、藤井貞文による基礎的な研究、近代史からの中島三千男、思想史的な検証を行なった原武史、近代神道史からの戸浪裕之の研究があるが[37]、近代における『日本書紀』注釈史の問題として注目されるのは、千家尊福の以下の主張である。

神道ノ教ハ天地ト共ニ開ケ、幽顕分任ニ大成スル者ナレバ、顕事則《すなわち》行政上ノ事ハ、一ニ皇孫ニ服従シ、幽事則教法上ノ事ハ、唯　大国主大神ニ信頼スベキ者ニシテ、是則天地神明ノ定メ玉フ所ニシテ、則人民ノ因テ以テ立ツ所ナリ。（千家尊福「教信徒への示論書」58頁）

「顕事則行政上ノ事」は「皇孫」に服従し、「幽事則教法上ノ事」は「大国主大神」に求めるという、篤胤の「顕幽分任」論をベースにした言説である。出雲派が篤胤の教説をもとにしていることは明らかだ。だがその表現上に「行政上ノ事」、「教法上ノ事」というように、近世とは異なる思想が盛り込まれていることに注目したい。その背景にあるのは、『日本書紀』が、立憲

制国家と「宗教」との関係、という近代固有の思想によって読み替えられていく姿である。とりわけ、明治十年代においては、尊福＝出雲派の動きは、当時台頭しつつある民権運動と結び付けて批判されるという事態も起きた[38]。オホクニヌシは「民権派の神」とされたのだ。篤胤の神学のなかに内在していた、現世における天皇権力を相対化する『日本書紀』解釈が、近代の「民権」思想と結び付けられたともいえよう。

さて、祭神論争は、明治一四年（一八八一）二月、東京で開催された「神道大会議」の天皇の裁定（勅裁）によって、ひとまず決着する。事務局の祭神は、皇祖神を軸とする宮中三殿（賢所・歴代皇霊・天神地祇）と定められた。伊勢派の「勝利」とも「喧嘩両成敗」とも判定されるところだが、重要なのは、これ以降に、出雲派／伊勢派という神道の流派を超えたかたちでの「国家神道体制」が成立したことだ。それは同時に「宗教」として教派神道へと分立していく歴史の動向を生む[39]。じつは明治一四年は、政府内部での政争をへて、「憲法」と「議会」の開設が「明治二三年」と設定された年でもある。「明治一四年の政変」である[40]。祭神論争の経緯は、近代国家へのステージアップと呼応していたと見るべきだろう。

一方、『日本書紀』の注釈・研究は、近代的な大学制度の成立と見合うように「学問」としての自立性を獲得するが、それはあくまでも国家による統制との相互規定のなかにあった。その端緒となるのが、明治二五年（一八九二）に起きた帝国大学教授・久米邦武（一八三九〜一九三一）の「神道は祭天の古俗」事件である[41]。

そうした近代という時代における『日本書紀』と「出雲」をめぐって、次に折口信夫に焦点をあわせて分け入ることにしょう。

二　折口信夫の「出雲神話」論

二—一　「日本紀」論から「呪言」論へ

まずは、折口信夫の『日本書紀』研究の基本的視座を見ておこう。折口が、本格的に『日本書紀』について論じた論考は、大正一五年（一九二六）、『史学』（第五巻第二号）に発表した「日本書と日本紀と」である。発表誌からもわかるように、『日本書紀』成立にかんする歴史的な研究であった。従来から議論されてきた『日本書紀』と「日本紀」の、どちらが古い題号かという問題について、「私の考へでは「日本書紀」は誤りである。「日本紀」が正しい称へだ」（「日本書と日本紀と」新全集1、464頁）と明解に述べていく論考だ。現在でもほぼ定説となっている見解である。それだけできない。「日本紀」の成立背景に中国史書の影響を捉えて、次のようにいう。

> 私は、日本紀は漢紀・後漢紀を学んだ「紀」の体の歴史、言ひ換へれば「伝」の形式を具へた物と思ふ。けれども、漢紀の序を見ると、紀は帝紀の意義から出てゐるものと考へられて居る様である。（中略）そこで、順序から言へば、日本紀以前に、正史体の「日本書」と言ふものがなければならぬ。さうした、其日本紀は、むざうさに謂《い》へば「日本書」の伝であり、其「帝王本紀」を中心として、編年体に「日本書」を整理したものでなければならない。（「日本書と日本紀と」新全集1、468〜469頁）

中国史書の「漢紀」にたいして「漢書・後漢書」が持ったような関係から、「日本紀」の以前に「正史体としての「日本書」」を想定していくのである。「日本書」の想定は、その後、神田喜一郎から近年の三浦佑之において展開されたところである[42]。「日本紀」が中国の律令制下の「修史」と「地理書」の撰述の意図のもとに編まれた、ということも折口が指摘している。「為政者の政策として、日本書なしに日本紀を編纂して国際関係の上からある虚栄を満してゐた」（前出、471頁）というわけだ。

けれども折口の問題意識は「国史」の問題を超える。「奈良朝の史書もやはり村人の生活よりも村君・国造の生活を述べるのに急であつた」（「国文学の発生（第三稿）」新全集1、43頁）と論じるように、国家の「史書」にたいして「村人の生活」に根ざした詞章、語りの世界へと向っていく。いうまでもなく、大正一〇年（一九二一）、一二年（一九二三）の二度の沖縄探訪を踏まえて生み出されていく、来訪神＝まれびと神による「呪言」「叙事詩」

の発生論である。

　次に引くのは、折口学のエッセンスとして有名な一節である。


春の初めに来る神が、自ら其種姓を陳《の》べ、此国土を造り、山川草木を成し、日月闇風を生んで、餓ゑを覚えて始めて食物を化成した（日本紀一書）本縁を語り、更に人間の死の起源から、神に接する資格を得るための禊《ミソ》ぎの由来を説明して、蘇生の方法を教へる。又、農作物は神物であつて、害《そこな》ふ者の罪の贖《あがな》ひ難い事を言うて、祓《ハラ》への事始めを述べ、其に関聯して、鎮魂法の霊験を説いて居る。（「国文学の発生（第四稿）」新全集1、125頁）

　引用文中に「日本紀一書」とあるように、「春の初めに来る神」が発する呪言・叙事詩は、『日本書紀』神話にもとづいて構成されている。「奈良朝の史書」以前の「村人の生活」に根ざした呪言、詞章の世界を想定していく折口であるが、じつはそこで描き出されたのは、『日本書紀』神話が「神授の呪言」へと読み替えられた姿であったのだ。そうした「本縁を語る呪言」が土地家屋の安泰、家長の健康祈願の呪言、農業に災いをなす土地の精霊を威嚇する呪言として読み替えられていく。このように『日本書紀』の詞章を生活上の呪言、祈禱文として「読む」ことは、近世の垂加神道などの『日本書紀』の読み方の系譜のうえにあったのである。(43)

　ここから折口の問題意識が展開する。「春の初めに来る神」が伝えた神授の呪言は、神と精霊との関係のなかで、「のりと」、「よごと」、「いはひごと」などの言語詞章へと分化することが捉えられていく。『延喜式』収載の祝詞のさらに古層が想定されていくのだが、それが折口にとって「出雲」を考えるときの重要な視点となっていくのである。

二―二　「出雲種族の心を籠絡する」方法

　まずは折口の「出雲」への言及を見てみよう。じつは彼は、若いときから、「出雲」にたいする特別な関心をもっていたようだ。明治四〇年（一九〇七）、國學院の学生のときに入会した神風会（宗派神道教儀研究団体）の機関紙、『神風』に掲載された演説筆記の一節に、次のようにある。

私は平常《へいぜい》から思うて居ります天孫種族と出雲種族と古史に記せるとほり又は多数の歴史家が認めて居るとほり同人種に相違ないのでありませうが其は何れにして伊奈佐《いなさ》小浜の誓《ちかひ》、建御名方神《たけみなかたがみ》の行動などに徴しても全く平和に国ゆづりは行はせられたものとは解し兼ねます出雲種族の心を籠絡《ろうらく》するには必ず一種の方法を講ぜられなければならぬ様な事情があつたのです。（「韓国伝道と古伝説と」『神風』五二号、明治四〇年一一月二五日）(44)

　『記』『紀』の神々の世界を「天孫種族」「出雲種族」という「種族」の関係のように説くこと、そしてふたつの「種族」が「同人種」であるという認識は、明治期の歴史学では定説化していたようだ。若き折口は、最新の研究を踏まえた学知をもっていたのである。

　さらに注目したいのは、出雲種族と天孫種族が同人種であったとしても、いわゆる「国ゆづり」が平和的に行なわれたのではなく、「出雲種族の心を籠絡するには必ず一種の方法」があったに違いないと論じているところだ。たとえ「同人種」であっても、社会や国家はけっして親和的、友好的にのみ作られるのではなく、闘争や侵略、征服と服従などを必然とする認識が読みとれるだろう。(45)

　こうした折口の問題意識は、たとえば國學院大學の学長となった芳賀矢一（一八六七～一九二七）の「大国主命が天孫と聞いておとなしく其国土をお譲りわたしになるといふ精神が、即ち大化改新や明治維新の場合にも、同じく我国民の精神としてあらはれて居るのである。我国の神話は極めて平和である」（『国民性十論』明治文学全集44、238頁）と対比させたとき、若き折口の出雲神話にたいする独特な認識の萌芽が読みとれるだろう。ちなみに後年、折口は「芳賀先生の「国民性十論」以来、日本の国民性と言へば、よい処ばかりを並べてゐるが、事実はよい事のみではない」（「古代人の思考の基礎」新全集3、412頁）と痛烈な批判をしている。均一な「国民性」という近代の国民国家を前提とした神話解釈にたいする違和・批判が、折口学の根柢にあることを確認しておこう。[46]

なお、若き折口が寄稿した『神風』は、神道家の宮井鐘次郎が主宰する「神風会中央倶楽部」を中心組織とした、宗派神道教儀研究団体である。折口は学生活動家として靖国神社での街頭布教にも積極的に参加していたという。会の「顧問」には、文学博士・井上頼圀《よりくに》、神道本局幹事・神崎一作、神宮奉斎会会長・藤岡好古《よしふる》、神道家・宮地厳夫《いつお》、神田神社社司・平田盛胤、大社教・千家尊弘、皇典講究所幹事・目黒和三郎といった、当時の錚々たるメンバーが名を列ねている。また折口の演説筆記のタイトルが「韓国伝道と古伝説と」とあるように、明治四〇年に神風会を主宰する宮井鐘次郎が、「韓国伝道」を開始した際の演説であったことがわかる。この時代、多くの教派系神道団体が韓国への「伝道」を始めていたこととクロスするところだろう。[47] 神風会の「伝道」のその後は不明であるが、[48]「出雲種族の心を籠絡するには必ず一種の方法を講ぜられなければならぬ」という一文が「韓国伝道」に際して語られていることは注目されよう。

では、若き折口がこだわった「出雲種族の心を籠絡する」ための「一種の方法」とはなにか。それこそ、折口学の根幹にあるテーマと密接にあったのである。

二―三　のりと・よごと・いはひごと

折口は、昭和一〇年度（一九三五）の慶應義塾大学文学部の「国文学」講義で、「祝詞」について講じている（全集ノート編9）。代表作『古代研究』（昭和四年、五年）で論じた「のりと」論をベースに講義したものだ。『古代研究』では「私は祝詞ほど、暗示の豊かな文章はない」と称えつつ、「かういふ事を公言するのは、或は敬虔な先達に、礼を失することになるかも知れぬが、私は式の祝詞を、それ程古いものとは思つてゐない」（「神道に現れた民族論理」新全集3、148頁）と、平安時代中期の『延喜式』巻第八所収の祝詞が、そのまま古い姿を伝えてはいないことを明言していく。講義のなかでも「私の説がいいと思うが、世間の人が賛成しないのは、今の人のもっている「のりと」についての考えを不安ならしめるからである」（全集ノート編9、118〜9頁）と述べている。

それにしても、なぜ、折口の「のりと」の認識は、「敬虔な先達に、礼を失する」ことになり、「今の人」がもっている祝詞認識を「不安」にさせるのだろうか。そこには何が暗示されているのだろうか。

そこで当時の一般的な祝詞にたいする認識を見てみると、『延喜式』の祝詞は「勿論少しづゝの改定は行はれたらうが、大体に於いて古の姿を伝へてゐるものである。是神社が伝統の府であり、殊に朝廷に於かせられては、其の伝統を十分に保持して行く力があつたからである」（岩橋小弥太「古文書学上より見たる祝詞・宣命」『神道講座』6、25頁）[49]という見解がある。ここでは、今ある祝詞が古い姿を伝えるのは、祝詞を誦む「神社」が「朝廷」とともに、「伝統の府」としてあることと密接な関係として認識されていたことがわかる。現存する「祝詞」の古さは、神社祭祀の伝統と密接に繋がる認識である。逆にいえば、折口が『延喜式』祝詞は古いままの姿ではないと明言することは、同時に、伝統的な存在とされる「神社」への認識が相対化されてしまうことになるのだ。これは、現在の「神社神道」だけが神道のすべてではないとか、「神社神主」は、二三代まえに遡ると修験や陰陽師の家であったものが少なくない（「民間信仰と神社と」新全集20）と述べることと繋がる。[50] 折口の「のりと」論は、近代が作り上げた「神社神道」にたいする違和、批判の言説と結びついていくのである。

なお折口の「祝詞」講義が行なわれた昭和一〇年（一九三五）とは、美濃部達吉の天皇機関説への攻撃に端を発した「国体明徴運動」が展開していく時代である。六年（一九三一）の「満州事変」以降の準戦時体制が構築されていくなかで、「神社神道」が国家の戦時政策との繋がりを強めていくのである。そのような時代のなかで折口の「祝詞」講義はあった。彼の古代研究とは、時代の動向と鋭く拮抗する、きわめてアクチュアルな学知であったことを確認しておこう。[51]

では折口は、『延喜式』の「祝詞」にたいして、古層の「のりと」の姿をどのように描き出しているのか。以下のようにまとめられる。「のりと」(宣詞)とは、天つ神が下にむけて発することばであり、それにたいして下から奏上することばを「よごと」(寿詞)という。そしてその中間にあって両方に働きかける「いはひごと」(鎮護詞)へと分化していく。この「のりと」と「よごと」の関係は、異界から来訪する「まれびと」と、それによって屈服させられる「精霊」との関係が前提になっている。したがって「のりと」の「のる」は、「叱る」という意味で「のろふ」という言葉に分化すると説く。「まれびと」が精霊を屈服させ、服従させる力をもつことと「のりと」の語義は、繋がっているわけだ。一方の「よごと」は、屈服させられる「精霊」の側から発せられることばであった。その関係について、『古代研究』の論考から見てみよう。

精霊は自身の生命の根源なる土地・山川の威霊を献じて、叛かぬことを誓約《ウケヒ》する。精霊の内の守護霊を常世神の形で受けとつた邑落或は其主長は、精霊の服従と同時に其持つ限りの力と寿と富とを、享ける事になるのである。(「国文学の発生(第四稿)」新全集1、131頁)

この精霊の側の「誓約」の詞章が、神に服従した由来・本縁を語る「よごと」(寿詞)になる。したがって「よごと」のなかには、精霊自身が服従するに至った「まれびと」との言葉が反復・復演される。神の「のりと」(宣詞)が、「よごと」のうちに再現される、という複雑な表現構造をもつのである。それゆえ服従した「精霊」が、「まれびと」神として認識されることも起きる。たとえば奥三河の花祭では、舞処に訪れる「鬼」は、山の神=「まれびと」として村人に迎えられるのである(52)。

以上のように折口の「のりと」論は、「まれびと」論と密接不可分な関係にあった。そして、この問題こそ、若き折口がこだわった「出雲種族の心を籠絡する」ための「一種の方法」と繋がっていく。「よごと」の名をもつ「出雲国造神賀詞《かんよごと》」である。

二―四　「出雲国造神賀詞」をめぐって

『延喜式』巻八「祝詞」に収載されている「出雲国造神賀詞」は、文字どおり「よごと」の名をもつ詞章だ。この「神賀詞」は、出雲国造が代替わりしたとき、出雲国司とともに朝廷に参向して奏上するもの。以下のような儀式である。

まず太政官曹司庁で新国造の任命の儀が執行される。続いて神祇官庁で出雲国司と出雲国造にたいして「負幸物《おひさちもの》」(金装横刀一口・糸二〇絇・絹一〇四・調布二〇端・鍬二〇口)が下賜される。国造は賜った品々をもって帰国し、出雲大社、熊野神社以下一八六社の神々を、斎屋に招き奉り一年間祭ったのち、ふたたび都に参向する。そこで「神宝」(玉六八枚〔赤水精八枚・白水精一六枚・青石玉四四枚〕金銀装横刀一口・鏡一面・倭文二端・白眼鴾毛馬一疋・白鵠二翼)と「御贄」を奉り、大極殿の南庭で「神賀詞」を奏上する。そして出雲に帰国し、ふたたび潔斎一年の後に入朝し、前回と同じく神宝・御贄を献上し、再度「神賀詞」を奏上するのである(53)。

問題となるのは「神賀詞」の内容であるが、その中心となっているのは、『記』『紀』神話とも共通する、いわゆる「国譲り」神話である。オホクニヌシ(オホナムチ)が、国土の支配権を天つ神に移譲し、その見返りとして巨大神殿で祭祀される、というストーリーである。折口は、この「神賀詞」について、次のように述べる。

この神賀詞は、出雲の国に古くから伝わったものをそのまま唱えていると考えてはいけない。宮廷と出雲国造家との関係上、宮廷化しているものである。だからこの祝詞の中の歴史的内容は、国造家に伝えていたものというより、大和宮廷に伝えられたもので、そのとおりにいたしました、ということになる。換言すれば、出雲本来のものとは別のものである。それがある時代に出雲のものと信ぜられるようになった。(全集ノート編9「祝詞」336頁)

『延喜式』所載の「祝詞」が新しいように、この「出雲国造神賀詞」もけつして出雲に古くから伝わったもの、そのままではない。「宮廷と出雲国造家との関係上、宮廷化している」というのだ。「宮廷化」とはなにか。『記』『紀』の神話では、オホナムヂ（オホクニヌ）を祭る出雲氏、すなわち出雲国造は、天つ神から派遣されたアメノホヒの子孫となっていることだ。これは「神賀詞」でも「出雲臣等我遠祖天穂比命」と唱えられている（引用は全集ノート編9、による）。『記』『紀』では天つ神を裏切り、オホナムヂ（オホクニヌシ）の側に寝返ったとあるが、「神賀詞」では、その部分は省かれ、あくまでも「大穴持」を「媚鎮」と語られる。

折口の説によれば、「よごと」は、まれびと神に屈服した「精霊」が「自身の生命の根源なる土地・山川の威霊」を献上し、服従を誓う詞章。出雲国造の「神賀詞」は、その構造をもっている。けれども、「神賀詞」を奏上する出雲臣は、けっして屈服したオホナムチの子孫ではなかった。つまり彼らは「精霊」の子孫ではない。出雲臣・国造は天つ神から派遣されたアメノホヒの子孫とされるのだ。そしてアメノホヒはアマテラスとスサノヲの「うけひ」によって誕生した、まさに天つ神の系譜をもつ。それこそが「宮廷と出雲国造家との関係上、宮廷化している」部分であったのだ。それゆえ、「出雲国造神賀詞」の奏上は、単純に「服属儀礼」とみなすこともできなくなる。

その点、さらに折口の講義を聞こう。

> 出雲人の頭は国造である。大和人からみれば出雲人は異族で、それで統べている者は大和人であると説明しなければならぬ。そうすると昔からある神に対して、斎主を考えねばならない。神の系統は別にあって、それをおさえるのに斎主が別にある。つまり出雲人と国造家との関係を明らかにせねばならない。出雲国造は出雲人の本家ではなく、神代から宮廷の人が出雲人に臨んでいるとしておかねばならない。（中略）さて、記紀では天菩比神が久しく還らなかったので、更に建御雷神、天鳥船神二人を遣ったことになっている。すなわち戦争によって出雲の国を征服したことになる。出雲人を征服した歴史と出雲人を宗教的におさえた歴史とは、別に伝えている。（前出、353～354頁）

出雲人を征服したという歴史とともに、彼らを宗教的におさえた歴史とが二重化されていく。出雲の土地神（精霊）たるオホナムヂ（オホクニヌシ）がアマテラスに服属を誓ったという神話とともに、その土地神オホナムヂを祭る「出雲人の頭」である出雲国造＝「斎主」は、天つ神の子孫に由来するというように二重化されるのである。このことが「宮廷と出雲国造家との関係上、宮廷化している」を意味している。天つ神に屈服したオホナムヂを祭るのは、その子孫ではなく、天つ神から派遣された神の子孫＝出雲臣・国造となるのだ。(54)

ここから「出雲国造神賀詞」の特異な位置づけがなされていく。「寿詞というよりも、実は鎮詞というべきもので、魂を人の身体に鎮める詞である」とか、「寿詞は自分のもっている護り魂を奉り服従を誓うと同時に、鎮詞のような意味がついてくる」という、複雑な説明をしていくのである。この「鎮詞」（いはひごと）とは、「宣下するところの宣詞、下から奏上するところの寿詞」にたいして「その中間で両方へ働きかける」役割をもつ。「神賀詞」が、出雲のオホナムヂが「皇孫命《すめみまのみこと》能近守神《ちかきまもりがみ》登貢置《みつぎおき》天、八百丹杵築宮《やほにきづきのみや》爾静坐《しづまりまし》支」と自らの「魂」を献上すると誓うとともに、「倭大物主櫛𤭖玉《やまとのおほものぬしくしみかたまの》命《みこと》」、「阿遅須伎高彦根《あじすきたかひこね》乃命《のみこと》乃御魂《のみたま》」、「事代主命《ことしろぬしのみこと》能御魂《のみたま》」、「賀夜奈流美命《かやなるみのみことの》乃御魂《みたま》」などの大和地方の在地の神々の魂を献上するように働きかける。ここに上と下からの「中間で両方へ働きかける」という「いはひごと」の複雑な性格をもつことが読みとれよう。逆にいえば、折口の「のりと」「よごと」「いはひごと」をめぐる言説は、じつは「出雲国造神賀詞」を読み解くなかから、導かれたのではないか。古代のテキストを読み替えるなかで得られた、折口の「古代研究」の姿である。

ところで「出雲国造神賀詞」とその奏上儀礼については、これを「服属儀礼」と見るか、否かをめぐって、いまも議論が続いていることは、周知のところだろう。(55) しかし、その議論のなかで、折口説が取り上げられることは、少ない。(56)「出雲国造神賀詞」をめぐる議論が、「服属」や「支配」をめぐる近代的な国家認識、権力認識に留まっているとするならば、今こそ、折口の解釈に注目すべきだ。まさに「出雲人を征服した歴史と出雲人を宗教的におさえた歴史とは、別に伝えている」という見解を再考する必要があるだろう。

二―五　「神　やぶれたまふ」から「神道宗教化」へ

折口信夫の「出雲」を探索するとき、異彩を放つのが、敗戦直後に読まれた詩「神　やぶれたまふ」である。その冒頭のフレーズにはこうある。

> 神こゝに　敗れたまひぬ―。／すさのをも　おほくにぬしも／青垣の内《ウチ》つ御庭《ミニハ》の／宮出でゝ　さすらひたまふ―。　（「神　やぶれたまふ」新全集26、305頁）

折口は、アジア・太平洋戦争の敗北を、日本の神々の「敗北」と表現した。それは戦前までの「国学」や「神道」の敗北と認識されるわけだが、興味深いのは「やぶれたまふ」神々が、「すさのを」と「おほくにぬし」という出雲の神とされるところだ。そして敗れた「すさのを」「おほくにぬし」は、「青垣の内つ御庭の宮」を出て流離う。天皇の始祖、伊勢のアマテラスではなく、「やぶれたまふ」神は、出雲の神々というのだ。

この詩で、折口は何を語ろうとしているのか。なぜ「やぶれたまふ」神は、出雲の神々なのか。

ここで折口が「神　やぶれたまふ」と同時期に、「神道宗教化」の議論を展開していたことを想起しなければならない。たとえば昭和二二年（一九四七）七月に刊行された『神道宗教』創刊号の「発刊のことば」には、「在来の倫理神道と別れて、宗教神道の地固めに勤しんでいる我々の作業は……」（新全集32、414頁）とある。「倫理神道」から「宗教神道」の別離とは、何を意味しているのだろうか。いうまでもなく、昭和二一年（一九四六）に創立された神社本庁を拠点に繰り広げられていく主流派との拮抗である。その契機となるのが、昭和二二年（一九四七）二月二日に行なわれた、神社本庁創立一周年の記念講演「民族教より人類教へ」である。そのなかで折口は、こう語っていた。

> 神社人の方々は、天皇御自ら神性を御否定になつたことは神道と宮廷との特別な関係を去るものであり、それが亦、神道が世界教としての発展の障碍を去るものであることを、理会されるであらう。（「民族教より人類教へ」新全集20、284頁）

神道が宮廷・天皇から離れたとき、それまでの「国民道徳」＝「倫理神道」の限界を超えて、「世界教」という普遍的な神道＝「宗教神道」へと発展できる、という主張である。それは天皇の人間宣言、「非即神」の認識とリンクするものだ。もちろん、神社本庁に結集する主流派とは異質な見解として非難され、とりわけ本庁設立を主導した葦津珍彦（一九〇九〜九二）からは弾劾・排斥されたことが、後年の書簡から明らかにされている。[57] そうした動きと対抗するように創刊されたのが『神道宗教』であったといえよう（ただし、学会の講演会などは本庁内で行なわれていた）。

ここであらためて「神　やぶれたまふ」のフレーズに戻ろう。「やぶれたまふ」神は、スサノヲ、オホクニヌシという「出雲」の神々であったこと、彼らは「青垣の内つ御庭の宮」、すなわち宮廷を離れて流離ったということ。ここには、じつは宮廷・天皇から離れた、宗教としての「神道」の可能性が読み込まれているのではないか。戦後の「神道宗教化」の担い手こそ、宮廷から離れたスサノヲやオホクニヌシら「出雲」の神々であったと……。[58]

折口にとって、宗教としての神道とはなにか。それは「贖罪の観念」と結びついたものだ。戦時中、昭和一六年（一九四一）の論考で、次のようにいう。

> 古い宗教的な形を持つてゐるもので、贖罪の観念のないものはありません。神道だつてあります。我々も無暗に宗教といふ名前を命《ツ》けるのは嫌つて居りますけれども、それは間違ひであります。神道の宗教方面―世間普通の宗教と同じに、是だけの信仰があつて、是だけの情熱があつ

て、宗教でない訣がない。唯その、儀式ばかりしてゐるやうに思うてゐるのは間違ひなのであります」（「禊ぎと祓へと」新全集20、215頁）

当時の「神道非宗教論」への批判の文脈である。宗教としての神道の「贖罪の観念」を担うものこそ「罪の起源のすさのを」とされたのである。ここに折口の「出雲神話」の一面が浮かび上がってこよう。その認識をさらに突き詰めることが、折口にとっての宗教としての神道の勘所であったのだ。だが、戦後の「神道宗教化」の議論では、「古事記に素戔烏尊の罪悪のことがあるが、それは余りにも叙事詩的に現れてゐるので、宗教的な罪悪観念が少ない」（「民族教より人類教へ」新全集20、285頁）と、スサノヲを超える「神」を希求していくことになる。もちろん、それは出雲の神々から見出されていく宗教的観念の延長でもあった。ここで折口が到達するのは、「既存者」（「道徳の発生」新全集17）という存在である。[59]

我々にとって「既存」としてある存在とは何か。それは天地の創造者であると同時に「我々を罰する」存在である。折口は「既存者」を考えるときに、「原始基督教的にえほば」を参考にしてもよいとも述べている。戦後折口の「神道宗教化」論が、キリスト教の影響があることは、すでに指摘されるところだ。[60] そして折口に先行して、神道の宗教性を「天主教」との関係のなかで考えていた人物がいた。そう、平田篤胤だ。「幽冥」の主宰神たるオホクニヌシは、また現世における罰を与える神でもあったのだ。

おわりに

以上、「出雲」を拠点として、『日本書紀』の注釈史とともに、近代における「出雲神話」の創造者としての折口信夫の学問の可能性を検証してきた。すでに紙数は尽きているのだが、最後に、「出雲」の地とかかわる近代の神道家として出口王仁三郎（一八七一～一九四八）にも触れておこう。彼は「祭神論争」で出雲派についた長沢雄楯《かつたて》のもとで「鎮魂帰神法」を修得し、篤胤の『霊能真柱』、『古史伝』などを愛読した。さらに明治三四年（一九〇一）七月には、「皇道大本」となる大本教の幹部たちが出雲大社に集団参拝し、大社から国造家に代々受け継がれた「神火」や、神に供える井戸の清水、社殿床下の土をもらいうけ、綾部に持ち帰っていたというのだ。[61] 王仁三郎もまた、スサノヲを自らの神として信仰したのである。

ここで戦後の折口信夫が、神道宗教化論のなかで、「それ（宗派神道）に深い理会を持たねばならぬ」（「神道宗教化の意義」新全集20、292頁）、「大本教を信じてゐた人々も、その周囲の人に幸福をもたらしたに違ひない」（同前、295頁）、あるいは「友教である宗派神道の中から信仰の情熱を学び、また内省して……」（「民族教より人類教へ」新全集20、285頁）などと繰り返していたことも、あらためて読み直す必要があるだろう。

かくして「出雲」とは、『日本書紀』注釈史の焦点であるとともに、あらたな「神話」が創成される現場としてあったことが浮かびあがってくる。「出雲」というトポスをめぐる探求は、さらに続く。

引用原典

『釈日本紀』神道大系　古典註釈編　神道大系編纂会
『太平記』岩波文庫（兵藤裕己校注）
『日本書紀纂疏』神道大系・日本書紀註釈（中）神道大系編纂会
『神書聞塵』神道大系・日本書紀註釈（下）神道大系編纂会
「国造出雲孝時解状土代写」大社町史・上巻　大社町史編集委員会
「鰐淵寺衆徒勧進帳案」「寺僧某書状断簡」鰐淵寺文書の研究　鰐淵寺文書刊行会
『太神宮参詣記』群書類聚　第二輯神祇部
「草紙洗小町」謡曲叢書　第二巻　臨川書店
『日本書紀巻第一聞書』神道大系　論説編　天台上　神道大系編纂会
『旧事本紀玄義』日本思想大系　中世神道論　岩波書店
『神代巻藻塩草』神道大系・垂加神道（上）神道大系編纂会
『霊能真柱』日本思想大系　平田篤胤・伴信友・大国隆正　岩波書店
『古史伝』新修　平田篤胤全集3　名著出版
「教信徒への示諭書」日本近代思想体系5・宗教と国家 岩波書店

註

(1) 伊藤正義「中世日本紀の輪郭」(『文学』一九七二年十月号)

(2) 家永三郎「研究・受容の沿革」(日本古典文学大系『日本書紀』上、解説、岩波書店、一九六七年)

(3) 以下の研究を踏まえる。山本ひろ子『異神―中世日本の秘教的世界』(平凡社、一九九八年)、同『中世神話』岩波新書、一九九八年)、原克昭『中世日本紀論考』法蔵館、二〇一一年、小川豊生『中世日本の神話・文字・身体』(森話社、二〇一四年)、斎藤英喜「いざなぎ流祭文と中世神話―中尾計佐清本「金神方位の神祭文」をめぐって」(佛教大学『歴史学部論集』第四号、二〇一四年)、伊藤聡『神道の形成と中世神話』(吉川弘文館、二〇一六年)、阿部泰郎『中世日本の世界像』(名古屋大学出版会、二〇一八年)、同『中世日本の王権神話』(名古屋大学出版会、二〇二〇年)。

(4) 神野志隆光『古代天皇神話論』(若草書房、一九九九年)、斎藤英喜「日本紀講から中世日本紀へ」(伊藤聡編『中世神話と神祇・神道世界』竹林舍、二〇一一年)、津田博幸『生成する古代文学』(森話社、二〇一四年)

(5) 山下久夫「「近世神話」からみた『古事記伝』注釈の方法」(鈴木健一編『江戸の「知」』森話社、二〇一〇年)、同「『古事記伝』を近世以前から照らし出す」(山下久夫・斎藤英喜編『越境する古事記伝』森話社、二〇一二年、同「宣長『古事記伝』と重胤『日本書紀伝』」(山下久夫・斎藤英喜編『日本書紀一三〇〇年史を問う』思文閣、二〇二〇年)、斎藤英喜『古事記はいかに読まれてきたか』(吉川弘文館、二〇一二年)、同「中世日本紀から『古事記伝』へ」(山下久夫・斎藤英喜編『越境する古事記伝』森話社、二〇一二年)など。また神話研究史における「中世日本紀」の意義については、斎藤英喜「「中世日本紀」と神話研究の現在」(『国文学　解釈と鑑賞』二〇一一年、五月号)、『日本書紀』一三〇〇年史の全体的概要としては、同『読み替えられた日本書紀』(角川選書、二〇二〇年)を参照してほしい。

(6) 折口信夫の「古代研究」を、中世以来の「読み替えられた神話」の近代的な実践として位置づける方法的視点は、斎藤英喜『折口信夫―神性を拡張する復活の喜び』(ミネルヴァ書房、二〇一九年)、同「読み替えられた『日本書紀』の系譜と折口信夫」(山下久夫・斎藤英喜編『日本書紀一三〇〇年史を問う』思文閣、二〇二〇年)で提示した。本稿は、その展開である。

(7) 小野田光雄「解題」(『神道大系・古典註釈編・釈日本紀』神道大系編纂会、一九八六年)

(8) 久保田収「釈日本紀について」(『芸林』一九六〇年六月号)、家永、前掲(2)

(9) 原、前掲書(3)

(10) 権東祐『スサノヲの変貌』(法藏館、二〇一三年)

(11) 田村芳朗「天台本覚思想概説」(日本思想大系『天台本覚論』岩波書店、一九七三年)を参考。

(12) 久保田、前掲論文(8)、西田長男「卜部神道の成立と一条家の人びと」(『日本神道史研究』第五巻、講談社、一九七四年)、岡田荘司『兼倶本・宣賢本日本書紀神代巻抄・解題』(続群書類従完成会、一九八四年)を参照。

(13) 岡田、前掲(12)、安江和宣「『釈日本紀』と大嘗祭」(『神道史研究』一九八〇年七月)、同「中世に於ける卜部氏の『日本書紀』研究と大嘗祭」(『皇學館論叢』十四巻―一号、一九八一年二月)

(14) 安江、前掲論文(13)

(15) 中村元『原始仏教の成立』(中村元選集第一四巻、春秋社、一九九二年)

(16) 慈遍に関する最新の研究としては、末木文美士『鎌倉仏教展開論』「仏教と中世神道論」(トランスビュー、二〇〇八年)、門屋温「解体する神話・再生する神々―中世における『旧事本紀』の位置」(伊藤聡編『中世神話と神祇・神道世界』竹林舍、二〇一一年)、舩田淳一「中世神道論における冥と顕―慈遍の著作を中心に」(池見澄隆編『冥顕論―日本人の精神史』法藏館、二〇一二年)を参照。

(17) 吉田兼倶と一条兼良の関係・交流については、中村光「中世における日本書紀の研究」(史学会編『本邦史学史論叢』上巻、冨山房、一九三九年)、久保田収『中世神道の研究』(臨川書店、一九五九年)、岡田、前掲(12)、を参照。

(18) 伊藤、前掲(1)

(19) 小川剛生「公家社会と太平記」(市沢哲編『太平記を読む』吉川弘文館、二〇〇八年)

(20) 西田、前掲(12)

(21) 以下の井上寛司の論考を参照した。「中世杵築大社の年中行事と祭礼」(『大社町史研究紀要』第三号、大社町教育委員会、一九八八年)、『大社町史』上巻〔第三章〕(大社町史編纂委員会、一九九一年)、「中世の出雲神話と中世日本紀」(大阪大学文学部日本史研究室編『古代中世の社会と国家』一九九八年)、「「出雲神話」における古代と中世」(『出雲古代史研究』10号、二〇〇〇年)

(22) 井上、前掲(21)『大社町史』上巻〔第三章〕

(23) 山本ひろ子「出雲の摩多羅神紀行・前後編」(『文学』二〇一〇年七・八月号、九・一〇月号)

(24) 西岡和彦『近世出雲大社の基礎的研究』(大明堂、二〇〇二年)

(25) その全体像については、斎藤英喜『荒ぶるスサノヲ、七変化』(吉川弘文館、二〇一二年)を参照してほしい。

(26) 西岡、前掲書(24)参照。

(27) 井上、前掲(21)「中世杵築大社の年中行事と祭礼」

(28) 三浦佑之『出雲神話論』(講談社、二〇一九年)

(29) 井上、前掲(21)『大社町史』上巻〔第三章〕

(30) 以上は西岡和彦氏の教示による。なお資料としては、『幽顕　昭和正遷宮紀年号』(第486号、一九三一年)がある。

(31) 千家尊統『出雲大社』(学生社、一九六八年)

(32) 西岡、前掲書(24)

(33) 西岡、前掲書(24)

(34) 稲佐の浜の砂を素鵞社の社殿床下に納め、またその砂を持ち帰って「清めの砂」とするなど。近年では素鵞社は「パワースポット」として、多くの人びとが参拝している。

(35) 三木正太郎『平田篤胤の研究』(神道史学会、一九六九年)

(36) 斎藤英喜『異貌の古事記』(青土社、二〇一四年)で論じたので、参照してほしい。

(37) 藤井貞文『明治国学発生史の研究』(吉川弘文館、一九七七年)、中島三千男「大教宣布運動と祭神論争」(『日本史研究』126号、一九七二年六月)、原武史『〈出雲〉という思想』(公人社、一九九六年。後に講談社学術文庫、二〇〇一年)、戸浪裕之『明治初期の教化と神道』(弘文堂、二〇一三年)

(38) 原、前掲書(37)

(39) 中島、前掲論文(37)

(40) 明治十四年の政変については、牧原憲夫『民権と憲法』(岩波新書、二〇〇六年)参照。

(41) 久米邦武事件については、宮地正人『天皇制の政治史的研究』第二章「近代天皇制イデオロギーと歴史学」(校倉書房、一九八一年)を参照。

(42) 三浦佑之『神話と歴史叙述[改訂版]』(講談社学術文庫、二〇二〇年)

(43) この点は、斎藤英喜、前掲論文(6)で論じた。また折口が敗戦後、自宅で『日本紀』(日本書紀)の講義を行なったこと、折口学の形成に『日本書紀』の注釈が密接にかかわることについては、渡邊卓『『日本書紀』受容史研究』(笠間書院、二〇一二年)が指摘している。

(44) この論考は新全集にも未収録である。現在、神戸大学所蔵。安藤礼二『折口信夫』(講談社、二〇一四年)にも翻刻、紹介されている。

(45) こうした論点は、安藤礼二『神々の闘争』(講談社、二〇〇四年)、同、前掲書(44)を参照。

(46) この点は、斎藤、前掲書(6)で提示した。

(47) 権東祐「教派神道の『日本書紀』解釈と朝鮮布教」(山下久夫・斎藤英喜編『日本書紀一三〇〇年史を問う』思文閣、二〇二〇年)を参照。

(48) 木村悠之助氏によれば、この段階では団体としての形成途中にあり、組織的な「伝道」は行なえなかったという。なお木村「明治後期における神道改革の潮流とその行方」(『神道文化』第31号、二〇一九年)も参照。

(49) 岩橋小弥太「古文書学上より見たる祝詞・宣命」(神道攷究会編『神道講座』6[新装版]原書房、一九八一年)。なお、原本は昭和四年(一九二九)の伊勢神宮式年遷宮を記念して刊行されている。昭和三年の「御大典」とともに、「神道イデオロギー」が社会に広がっていく時代である。この点については、阪本是丸「昭和戦前期の「神道と社会」に関する素描―神道的イデオロギー用語を軸にして」(國學院大學研究開発推進センター編『昭和前期の神道と社会』弘文堂、二〇一六年)を参照。

(50) 斎藤、前掲書(6)。また同「折口信夫の「陰陽道」研究・再考」(佛教大学『歴史学部論集』第11号、二〇二一年三月)、同「折口信夫・陰陽道・いざなぎ流」(『現代思想』二〇二一年四月臨時増刊号「陰陽道・修験道を考える」)は、「陰陽道」の問題からの展開である。

(51) 斎藤、前掲書(6)

(52) 保坂達雄『神と巫女の古代伝承論』(岩田書院、二〇〇三年)

(53) 岡田莊司「古代神祇祭祀と杵築大社・宇佐八幡」(今谷明編『王権と神祇』思文閣出版、二〇〇二年)を参照。

(54) この点、岡田莊司「古代律令神祇祭祀制と杵築大社・神賀詞奏上儀礼」(『延喜式研究』第25号、二〇〇九年)は、「杵築大社の祭祀は祭神(大己貴神・大国主神)の神裔ではなく、天つ神から派遣された神裔による祭祀」であると重要な指摘をしている。ただし岡田は、そこから「服属儀礼説」を否定していくが、その点は折口信夫の説との違いである。

(55) 服属説の代表としては岡田精司『古代王権の祭祀と神話』(塙書房、一九七〇年)がある。戦後歴史学(マルクス史学)における古代祭祀、神話研究のひとつの成果として、その意義は大きい。しかし、その支配・服属の観念には、近代的な政治・権力認識も見受けられる。また近年では、三浦佑之、前掲書(28)が、「この儀礼(神賀詞奏上儀礼)を「服属」とみなさないという認識には、根本的なところで誤りがある」と断言している。ただし三浦は出雲国造が「天津神」の子孫となるところに「捩れあるいは屈折」を理解しなければならず、「出雲氏一族が抱えるヤマトとの関係性の複雑さについては、あらためて考えなければならない」とも述べている。一方、「服属説」を否定する議論としては、岡田莊司、前掲(53)(54)論文が代表される。また大浦元彦『出雲国造神賀詞』奏上儀礼の成立」(『史苑』四五巻二号、一九八六年)が先駆的な見解を述べている。

(56) 保坂、前掲書(52)「出雲国造神賀詞奏上儀礼の再検討」では、折口の「祝詞」講義(「出雲国造神賀詞」)を引用しているが、本稿が着目したところとは異なっている。

(57) 葦津珍彦「神道教学についての書簡」(『葦津珍彦選集・第一巻』第二部第一章「神道論」神社新報社、一九九六年。

(58) 岡野弘彦『折口信夫伝』(中央公論社、二〇〇〇年)は、次のように述べている。「折口信夫の年譜を見ていて何よりも不思議に思うのは、出雲を訪れた記録の無いことである。その研究の中には当然、さまざまな形で古き出雲が出てくる。殊に戦後、日本の神話の神々に関して、神道を宗教化する意識を持って神道概論を説くことが多かった。すると「すさのを」や「おほくにぬし」など、出雲系の神が格段に、愛の神としての要素や人間的な性格を多く持っていて、大和の神々よりも魅力ある面を多く持っていた。」

(59) 「既存者」への注目は、安藤、前掲書(44)も参照。

(60) 濱田辰雄『神道学者・折口信夫とキリスト教』聖学院大学出版会、一九九五年

(61) 原、前掲書(37)

あとがき

―歴史的に、出雲はどのような地域と観念されてきたのか、
それはなぜか―

島根県古代文化センターが平成二九～令和元年度の三年間実施したテーマ研究「日本書紀と出雲観に関する研究」は、このような大きな課題意識のもとで出発した。あまりに茫洋とした課題意識ではあるが、あくまで研究の主軸にあるのは令和二年（二〇二〇）に編纂一三〇〇年となる『日本書紀』であった。言い換えればこの研究は、『日本書紀』を糸口にして〝出雲観〟の形成・展開・変容過程を通時的に明らかにしようとするもの、である。『日本書紀』が編纂された古代から中近世を経て、近現代に至る長い時間軸の中で、出雲がどのように観念されていたかを探る意欲的な試みであったといえよう。研究スタート時の資料から転記すれば、その研究視点は

イ、『日本書紀』の出雲に関する記載が、どのように形成され採録されたのか、その歴史的背景を明らかにする。

ロ、『日本書紀』神代巻を根拠とする出雲観が、中世神話や日本紀注釈、近世近代の神道思想などに組み込まれ変容展開していく過程について、その内容を明らかにする。

ハ、記紀、風土記の記載、神話伝承が中近世以降の出雲社会に受容され展開する過程について、その具体的実態を明らかにする。

と整理できる。

三年間の研究の歩みは本書冒頭に記した通りである。これを一覧して分かるように、結果的に研究の重点は前記ロ・ハ、すなわち『日本書紀』の受容史にあたる部分に置かれることになった。神話・伝承論、神道史、上代文学、『出雲国風土記』写本研究等を専門とする四名の先生方に客員研究員を委嘱し、三年間を通じて共同研究に加わっていただいた。さらに、計六回開催した検討会においては、ゲストスピーカーとして指導者の先生方に研究報告をお願いした。こうして研究報告いただいた内容は、検討会での討論、さらに関連地の巡見調査等を踏まえたうえで、本書に論文化して寄稿いただくことができた。いずれも最新の研究成果を反映したものであり、「出雲観」の歴史的経緯に対して様々な視点から光を当てたものである。冒頭に掲げた「出雲はどのような地域と観念されてきたのか」は容易に答えが出る課題ではないが、この論集によって、ひとつの解答が示せたものと考えている。

また今回の研究事業の中で大きな成果のひとつとなったのが、出雲国造北島家に伝わる自重館文庫の調査であった。調査にあたって所蔵者である北島国造館、出雲国造北島建孝氏より格別のご協力をたまわったことに、厚く御礼申し上げたい。この調査成果の一部については本書第四部に西岡和彦氏、髙橋周氏による論文として掲載させていただいた。

このテーマ研究の成果をふまえた島根県立古代出雲歴史博物館企画展「編纂一三〇〇年　日本書紀と出雲」は、新型コロナウイルス感染症による外出控えの時期でありながら、二万人近い多くの方々に観覧いただいた。このことからも、「日本書紀と出雲」が極めて魅力的なテーマであり、関心が高いことがうかがえる。今回の研究事業は本論集の刊行をもって一旦の完結とはなるが、日本書紀と出雲に関する研究はさらに視点を変えつつ、継続して取り組むべきテーマであろう。

末筆ながら、この研究事業に参画いただき、本論集に論考を寄せていただいた客員研究員・研究指導者の先生方に厚く御礼申し上げ、結びとしたい。

島根県古代文化センター研究論集第二六集

日本書紀と出雲観

令和三（二〇二一）年三月三一日　発行

刊行　島根県教育委員会
編集　島根県古代文化センター
販売　ハーベスト出版
〒六九〇-〇一三三
島根県松江市東長江町九〇二-五九
ＴＥＬ〇八五二-三六-九〇五九
ＦＡＸ〇八五二-三六-五八八九
印刷・製本　株式会社谷口印刷

落丁本・乱丁本はお取替えいたします。

Printed in Japan

ISBN978-4-86456-374-1 C0021